从创意到实践：
大学生专创融合创业项目中的思政教育

赵　曦　吴轩辕◎编著

湘潭大学出版社
XIANGTAN UNIVERSITY PRESS

图书在版编目（CIP）数据

从创意到实践 ：大学生专创融合创业项目中的思政
教育 / 赵曦，吴轩辕编著．-- 湘潭 ：湘潭大学出版社，
2024.9
ISBN 978-7-5687-1279-8

Ⅰ．①从… Ⅱ．①赵… ②吴… Ⅲ．①大学生—创业
—研究 Ⅳ．①G647.38

中国国家版本馆CIP数据核字（2023）第195019号

从创意到实践 ：大学生专创融合创业项目中的思政教育

CONG CHUANGYI DAO SHIJIAN：

DAXUESHENG ZHUANCHUANG RONGHE CHUANGYE XIANGMU ZHONG DE SIZHENG JIAOYU

赵曦 吴轩辕 编著

责任编辑： 张宝香 唐姝莹 郭 瑜
封面设计： 李 平
出版发行： 湘潭大学出版社
社 址： 湖南省湘潭大学工程训练大楼
电 话： 0731-58298960 0731-58298966（传真）
邮 编： 411105
网 址： http://press.xtu.edu.cn/
印 刷： 长沙鸿和印务有限公司
经 销： 湖南省新华书店
开 本： 710 mm×1000 mm 1/16
印 张： 19.5
字 数： 340千字
版 次： 2024年9月第1版
印 次： 2024年9月第1次印刷
书 号： ISBN 978-7-5687-1279-8
定 价： 78.00元

前　言

PREFACE

习近平总书记给第三届中国“互联网+”大学生创新创业大赛“青年红色筑梦之旅”的大学生回信中指出，实现中华民族伟大复兴，需要一批又一批德才兼备的有为人才为之奋斗。

高校是为党育人，为国育才的主阵地，作者一直在探索如何更好地完成党和国家赋予高校的立德树人的历史使命，推进高等教育的深入变革，赋能高校教师纵深推进教育教学过程的专创融合，引导学生将所学专业知识与创业、创新、创造能力相融通，从而培养有理想、有道德、有担当、有技能的人才。基于此，本书从创业项目的起源、项目发展过程中的关键点、创业者的反思与经验及项目计划书的展示四个维度来呈现大学生创新创业实践过程，以此给学习者心中播撒创新创业的种子，激发创新创业灵感，为各高校开展创新创业教育的管理人员继续深化探索高校创新创业教育改革提供示范性过程参考。

湘潭医卫职业技术学院师生积极践行实践育人，协同“政府、高校、企业”“校内管理部门、科学研发机构、实习实训基地”等资源，形成一套较为完整的创新创业协同实践育人机制，盘活了“资金、技术、市场”，打通了“创新链、专业链、产业链”，并将实践成果与理论成果结合，培育了一批优秀的项目。

项目打造过程中，以“志不求易者成，事不避难者进”的决心，星夜兼程地下基层、科技创新、服务人民群众，师生团队先后参加了中国国际“互联网+”大学生创新创业大赛、黄炎培职业教育奖创业规划大赛、“挑战杯”全国大学生课外学术科技作品竞赛、湖南省医学技能创新创业大赛，获得国家级奖项5个，省级奖项45个，培养了一批省级大学生创新创业典型，全面培养了学生“敢闯会创”的精神，把促进高校毕业生更高质量创业就业真正落到实处。本书主要将14个大学师生创业团队研究实践过程呈现出来，展现各级创新创业大赛的智慧与结晶，撰写团队中既有国家级创业培训师作为专业保障，也有师生团队对于项目起源的说明与深度科学论证、田野调研历程，还有项目负责人对创新创业实践的人生感悟，我们希望本书充分发挥创新创业大赛的实践育人作用，能培育新时代创新型大学生。

本书是湖南省社会科学成果评审委员会课题《“大思政”视域下高校就业育人松散耦合机制研究》（批准编号：XSP24YBC381）、湖南省教育科学“十四五”规划课题《产教融合背景下高职院校链接式创新创业教育生态系统构建研究》（批准号：ND240112）、湖南省教育科学研究工作者协会课题《高职院校“思创”融合育人的创新与实践研究》（批准编号：XJKX22A042）研究成果。

本书的出版得到了湖南省医学教育科技学会医学技能创新创业专业委员会、湘潭医卫职业技术学院、湖南交通职业技术学院许多领导、同行的关心和支持，正是他们的鼓励与殷殷期望，才给了我们继续前进的动力。

成就归于过去，梦想属于未来。

作者
癸卯年夏于湘潭医卫职业技术学院

目　录

CONTENTS

创业项目一

“百安宁心”——百合皂苷的提取与产业化　/1

一、创始人介绍　邹远俊　/1

二、“百安宁心”创业项目的起源　/2

三、项目发展过程中的关键点　/3

四、创业者邹远俊的反思与经验　/8

五、导师寄语　/9

六、项目风采小视频　/10

七、项目计划书　/10

创业项目二

“智引医航”——智能仿行走康复治疗床　/22

一、创始人介绍　钟伯谦　/22

二、“智引医航”创业项目的起源　/23

三、项目发展过程中的关键点　/24

四、创业者钟伯谦的反思与经验　/27

五、导师寄语 /29
六、项目风采小视频 /30
七、项目计划书 /30

创业项目三

“吐得快”——小儿气道异物窒息急救仪 /44
一、创始人介绍 陈晨曦 /44
二、“吐得快”创业项目的起源 /45
三、项目发展过程中的关键点 /47
四、创业者陈晨曦的反思与经验 /51
五、导师寄语 /53
六、项目计划书 /53

创业项目四

“华膳养生坊” /66
一、创始人介绍 罗斌 /66
二、“华膳养生坊”创业项目的起源 /67
三、项目发展过程中的关键点 /68
四、创业者罗斌的反思与经验 /70
五、导师寄语 /72
六、项目风采小视频 /72
七、项目计划书 /72

创业项目五

“康复无忧”——多功能脑卒中康复装置领航者 /92
一、创始人介绍 刘宇菲 /92

二、“康复无忧”创业项目的起源 /93
三、项目发展过程中的关键点 /93
四、创业者刘宇菲的反思与经验 /97
五、导师寄语 /99
六、项目风采小视频 /99
七、项目计划书 /99

创业项目六

“医心乡印”——筑牢“三位一体”农村医疗健康服务网底 /113
一、创始人介绍 王柯铁 /113
二、“医心乡印”项目的起源 /114
三、项目发展过程中的关键点 /115
四、创业者王柯铁的反思与经验 /120
五、导师寄语 /123
六、项目风采小视频 /123
七、项目计划书 /123

创业项目七

“压立停”——自动充气控制按压止血技术开拓者 /137
一、创始人介绍 曾于祯 /137
二、“压立停”创业项目的起源 /138
三、项目发展过程中的关键点 /139
四、创业者曾于祯的反思与经验 /143
五、导师寄语 /145
六、项目风采小视频 /145
七、项目计划书 /146

创业项目八

天使伴“履”——新一代弹灸足底按摩护士鞋 /158
一、创始人介绍 邹悦 /158
二、天使伴“履”创业项目的起源 /159
三、项目发展过程中的关键点 /160
四、创业者邹悦的反思与经验 /164
五、导师寄语 /165
六、项目风采小视频 /166
七、项目计划书 /166

创业项目九

“广德苑”——嵌入式养老模式先行者 /180
一、创始人介绍 刘佳豪 /180
二、“广德苑”创业项目的起源 /181
三、项目发展过程中的关键点 /182
四、创业者刘佳豪的反思与经验 /185
五、导师寄语 /186
六、项目风采小视频 /187
七、项目计划书 /187

创业项目十

“扶安”——助老爬楼拐杖 /199
一、创始人介绍 伍诗意 /199
二、“扶安”——助老爬楼拐杖创业项目的起源 /200

三、项目发展过程中的关键点　/201
四、创业者伍诗意的反思与经验　/203
五、导师寄语　/204
六、项目风采小视频　/205
七、项目计划书　/205

创业项目十一

“龙腾狮舞”　/222
一、创始人介绍　周洲　/222
二、“龙腾狮舞”项目的起源　/223
三、项目发展过程中的关键点　/224
四、创业者周洲的反思与经验　/227
五、导师寄语　/229
六、项目风采小视频　/229
七、项目计划书　/230

创业项目十二

守护“家”——智能养老手环　/245
一、创始人介绍　徐乐健　/245
二、守护“家”创业项目的起源　/246
三、项目发展过程中的关键点　/246
四、创业者杨群珍的反思与经验　/249
五、导师寄语　/250
六、项目风采小视频　/251
七、项目计划书　/251

创业项目十三

“顺风耳”——无线示教电子听诊器　/269

一、创始人介绍　龚利　/269
二、“顺风耳——无线示教电子听诊器”创业项目的起源　/270
三、项目发展过程中的关键点　/270
四、创业者龚利的反思与经验　/272
五、导师寄语　/274
六、项目风采小视频　/275
七、项目计划书　/275

创业项目十四

文菖“莲”盟　/284

一、创始人介绍　刘雨倩　/284
二、“文菖‘莲’盟”创业项目的起源　/285
三、项目发展过程中的关键点　/286
四、创业者刘雨倩的反思与经验　/288
五、导师寄语　/289
六、项目风采小视频　/290
七、项目计划书　/290

后记　/300

创业项目一

“百安宁心”

——百合皂苷的提取与产业化

一、创始人介绍　邹远俊

邹远俊，男，湖南浏阳人，2001年出生，湘潭医卫职业技术学院2020级护理专业，新安筑梦团队创始发起人，“百安宁心”项目联合创始人，“中国大学生自强之星”奖学金获得者。项目团队研发的“百安宁心”——百合皂苷的提取与产业化在2021年被评为校级重点A级学生科研课题，成功入驻湖南省大学生创新创业孵化基地。获评2021年度“百优十佳”创新创业之星，先后得到了人民日报、红网、一线聚焦等多家媒体报道，湘潭公共频道对其进行专题采访。先后带领团队斩获第七届中国国际“互联网+”大学生创新创业大赛铜奖、第七届湖南省“互联网+”大学生创新创业大赛一等奖、第三届湖南省医学技能创新创业大赛二等奖、第八届湖南省“互联网+”大学生创新创业大赛一等奖。

二、“百安宁心”创业项目的起源

2020年的秋天，我作别家中父老，毅然地踏入了医学院的大门。那一年，疫情肆虐了祖国的大江南北。而南山、伯礼等先生“侠之大者，为国为民”的形象在我心中更是挥之不去。每个少年人都有着梦想，而我的梦想，就是希望有朝一日也能成为这样的“侠之大者”。而当梦想照进现实，医学院繁重与琐碎的课程沉甸甸地压在了我的肩头，与同窗好友一起挑灯夜读成了家常便饭，长期的熬夜令我的睡眠质量每况愈下。现在回想起来，当时的我一定想不到，自己会因为熬夜与“助眠”二字，结下如此深厚的缘分。

我仍记得2020年10月15日的中午，刚刚结束了一上午满课的我打开手机看到了一条触目惊心的新闻推送——“妇女因一月来无法入睡，喝下百草枯自杀”。我震惊于事件惨痛的同时不由得有一些意外，在我的印象里，失眠除了让人第二天精神不好之外似乎也没有多大的影响，怎么会有这么严重的后果。失眠问题到底有多严重？这成了那几天我脑子里挥之不去的疑问。

有疑问就一定要解决，我开始不停地穿梭于图书馆与寝室，在书本和网络上搜索着失眠的各项资料，得到的答案令人触目惊心。据世界卫生组织（World Health Organization，简称WHO）调查显示，全球有超过五分之一的人群有失眠问题，严重影响着人们的正常工作生活。我国每年更是超过3亿人饱受失眠折磨，长期失眠不仅会让人工作精神不佳，生活质量明显下降，还会出现记忆力减退、食欲减退、机体免疫力下降等症状。进一步还会诱发高血压、糖尿病，导致慢性肝病加重，激素分泌发生紊乱。严重的甚至出现精神障碍、严重焦虑，乃至抑郁和神经症等。

得到的信息让我大吃一惊，原来平时看起来是小问题的失眠能产生这么大的影响。我的脑子里不禁出现了一个大胆的想法，如果我能帮助人们解决失眠的困扰，那一定是一件很伟大的事。但是想法刚出来就被自己否定了，我不过是个大专院校的医学生，凭什么能解决这么高端的问题，还是留给其他医学院的大佬们解决吧。现在回想起来，如果不是自己正值年轻，有着这么一丝不服气的态度，也许就没有后面的故事了。自我否定的当天晚上，难得能按时睡觉的我却躺在床上辗转反侧，我真的做不成吗？我问自己。罢了，既然内心是不肯放弃的，那就去试试吧，输了总比放弃好，我与“百安宁心”的缘分，便从此开始。

失眠既然是当前社会最大的“痛点”之一，市场上的助眠产品品类又如此繁多，其具体情况到底如何？这个疑问推动着我开始了为期一个多月的市场走访。我每天课余之时便出入于商场、药店、医院、社区等各种场所，访问了各行各业200余人，调研发现市面上现有的助眠产品主要是褪黑素片等激素类物质。但是长期使用将产生依赖性、脑神经损伤等副作用。有没有一种对改善失眠既安全又有效的方法？我是否可以从这个方面着手去研发一款助眠产品？我兴奋于有了这样的思路和方向，然而一个人终究难以将想法变成现实。所幸的是，在这一段时间的走访里，我找到了一群志同道合的伙伴。尤其是吴慧林和刘惠芷的加入，她们是新安医学第37代传人，通过她们我了解到传统中医在睡眠改善上十分有建树，尤其是其中的新安医学分支有着800余年治疗失眠的经验，只可惜始终依赖于过程烦琐的汤剂呈现，无法契合现代人忙碌的生活节奏。在与校领导、老师们深入交流后，创造一种可以将传统中医利用现代技术简便呈现的助眠产品，成为我们共同的奋斗目标。

三、项目发展过程中的关键点

拨雾见明，确定产品类型

每一个成功者都有一个开始，勇于开始，才能找到成功的路。但就是这“开始”二字，令整个团队笼罩在了长久的雾霾之下。做什么？怎么做？我们数百次地问自己这个问题。迷茫、彷徨、躁动不安的情绪在团队中蔓延，在那段最黑暗的时光里，我们甚至想过放弃，但未曾起步的放弃怎能令人甘心，我们咬牙坚持着。直到在一次团队会议上，指导老师对我们说了一句话，“既然大家的目光都着眼于传统中医，那何不查阅古籍寻找灵感呢？”虽然没有根本上解决问题，但无异于给了团队一个工作的方向。

那一段时间里，我们埋头在中医古籍的海洋里，如《黄帝内经》《伤寒论》《神农本草经》等，我们前后翻阅了35本典籍。而我的目光逐渐被百合这一传统中药所吸引。《本草备要》言“百合，甘平，润肺宁心……亦清心安神之效耳”，《医宗金鉴》言“百合病者……欲卧不能卧……精神忽忽……而莫知所适从也”。通过大量的中医典籍，尤其是新安医学著名医籍——被誉为中医临证三大典籍之一的《医宗金鉴》中对不寐症的记载，我们发现，中国人有着数百年以百合为主药治疗虚烦不眠的历史。经过了大量的探讨与病案查阅，我们决定将研究的目光集中在百合这一寓意美好的传统中药上。也正是由于思路来源于新安医学传承，团队将“传承新安医学，筑梦绚烂人生”作为理念，团队名“新安筑梦”正式确立。

难题从来都不是单独出现，有了研究的方向，接下来做什么类型的产品又成了拦路虎。团队的意见可谓是五花八门，有说做熏香的，有说做茶包的，还有说直接做奶茶的，我不禁调侃道“大家要是想喝奶茶了就直说，我请客”，欢声笑语间，那几天犯了口腔溃疡的吴慧林正拿着一瓶维 C 泡腾片走进教室，我眼前一亮，“我说同志们，就做泡腾片怎么样?”我记得当时大家集体沉默了一秒，然后全体通过，毕竟用泡腾片这么新颖的剂型去呈现中医传承，真是一件很有成就感的事。而后我也查阅资料论证，发现泡腾片不仅使用简单方便，还具有提高生物利用度等优点，就这样，产品的类型被敲定了下来。而当我带着团队兴冲冲去找指导老师汇报时，老师的一个问题瞬间让大家安静了下来。“想法很棒，那大家想过是做药准字还是食健字产品吗?”我们终归是学生，思考问题的角度还是不够全面，是啊，产品类型想出来了，怎么定性呢，团队又一次陷入了僵局。

不过这一次的僵局并没有很久，很快就被我们打破，从之前解决问题的过程中我们早已累积经验，有问题，就应该亲自去论证。第二天我们就前往湘潭市食品药品监督管理局进行咨询，接待我们的阿姨得知我们是医学生十分的热情。通过咨询我们得知，如果做食健字，最核心的难点就是通过 CDC 食品卫生监督检验所的审核，但若是做药准字，在向食品药品监督管理局提出申请前，还必须先通过国家市场监督管理局的药品注册管理办法，其要求有专业的临床试验基地，而我们学校虽然有九大附属医院，却不能提供专业的临床试验场所。而且药准字的审批周期长达数年，对于团队来说风险过大。经过了综合考量，我最终敲定，团队要打造一款以百合为主要原料的泡腾片剂型保健食品，接待我们的阿姨听到我们的志向，鼓励我们一定要勤奋努力，不要轻易放弃，并表示等产品做出来了，可以带我们去市药检所做免费的检验，我们十分地开心。

就这样，新安筑梦团队在通往成功的海程中竖起了第一片风帆。

踏足阡陌，选定原料产地

回想起做项目至今，“新安筑梦”能走到今天，我觉得“务实”两个字非常中肯。但凡做项目过程中遇到了问题，我们都尽可能地去实地考察、走访、请教，我们信奉读万卷书也要行万里路，只有自己设身处地地去感受，才能得到客观的判断。就拿选定百合原材料产地这件事来说，当时的我们就切身实地地去到田间地头，去到那百亩阡陌之间，现在回想起来仍历历在目。

确定好产品类型后，摆在我们面前的一大难题就是百合的选取。要知道作为我国一个种植历史达近千年的作物，百合的品种和门类可谓是五花八门。想选出好的百合品种，就一定要自己熟悉了解百合。为此我带领团队走访了市区的 5 个农贸市场和湖南省著名的廉桥中药材批发市场，询问了百合种植户、外地来的销售商、中药师等百合行业各类人员 335 名，了解到市面上的百合主要是三大品类，即兰州百合、龙牙百合、龙山百合。那么这三大类百合哪个是最适合我们的？我想没有什么比医学生的机能学实验测定更靠谱了。在此之前，我们在指导老师的建议下，已经在知网、万方、维普等权威文献检索处了解了百合的现代药理学研究，这已经形成较为成熟的学术成果，百合皂苷是百合起到宁心安神作用的主要成分。所以，哪类百合的百合皂苷成分含量最高，哪类就是我们需要的百合原料。

在学校的帮助下，药理学、生理学、生物化学三大实验室对我们 24 小时开放。精密称量、母液制备、萃取进样、色谱分析，我们加班加点地进行着实验测定。为了符合统计学规律，保证实验结果的准确，我们采取了最单纯也最有效的方式——加大实验次数。数百次枯燥的重复实验对我们的精神和体力是极大的考验，但是没有人有过怨言。现在回想起来，这种为了梦想去拼命的感觉，是一种别样的幸福。最终，我们得出实验结果，龙牙百合的百合皂苷含量最高，且分布部位较为平均，在全株范围。而其他两种百合的百合皂苷含量相比于龙牙百合较低，且主要分布在鳞茎和鳞叶部。我们进一步咨询了百合种植户，从湖南省龙牙百合的七大主要种植地（邵阳隆回县、娄底涟源、衡阳衡东县、临湘云山、怀化通道县、浏阳中和镇、岳阳长寿镇）又进购了一批百合做百合皂苷测定，最终对比发现，邵阳隆回县的龙牙百合，其百合皂苷含量居第一。当晚，我在网上查询隆回龙牙百合，惊喜地发现，隆回的龙牙百合是国家地理标志产品，周恩来总理曾命名隆回为“中国宝庆龙牙百合之乡”（古宝庆府即今邵阳一带）。思考了两分钟，我给指导老师发了一条微信“老师，我想带团队一起去隆回，亲眼看看那里的百合”，十五分钟后老师给我回复“票已订好，叫大家收拾行李，我们明天就出发”，感谢创新创业，让我有了人生中第一次说走就走的旅行，更庆幸自己拥有这一群说走就走的伙伴。

到达隆回时，我们拦下一辆出租车，告诉师傅，“带我们去百合种植地”，谁承想师傅来了句“这哪都种百合，您要去哪一片？”这下我们都懵了，好在我灵机一动，“师傅，这一片有做百合生意的公司吗，带我们去一家”。就这样，我们来到了隆回县三珍农产品开发有限公司，谁又能想到，后来他们成了我们的第一个合作伙伴。当我们告知对方我们的来意时，隆回县三珍农产品开发有限公司的沈总热情地接待了我们。他告诉我们，隆回当地的主要经济作物就是百合，百合的种植对土壤的要求极高，又很依赖天气，隆回也是因为其有名的富硒土壤，种植出的百合质量十分优秀。但是这样优秀的百合，历年来都是以单一的作物本体售卖，本地农民根本赚不到大的利润。外地的采购商以十几元到几十元一斤的价格收购了农户的百合，转手卖到广东沿海地区、东南亚地区就可以翻到一百多元一斤的高价。他们早就想拓宽百合的产品种类，苦于没有技术和想法，得知我们想做一种百合为原料的产品，他们表现得十分积极。

那几天，在沈总的带领下，我们走遍了300余亩百合种植地，15个百合生产合作社，看到了龙牙百合过硬的质量。晚上，我们就在百合的简易加工厂里和当地农民一起在昏暗的灯光下剥着一筐筐的百合。那天，团队在星空下聊了很久，我们喜欢这里的山水，喜欢这里的人民，更喜爱这瓣型肥大、色泽洁白的优质龙牙百合。如果我们选用这里的百合作为原料，不仅能解决我们项目的原料选取问题，更是给当地的经济发展带去一丝机遇。后来指导老师告诉我们，这就是助力乡村振兴，我们感到十分有成就感。之后在当地乡村振兴局的牵头下，我们与隆回县三珍农产品开发有限公司签署了合作协议，迈出了项目历史上里程碑式的一步。

废寝忘食，研发提取技术

如果有人问我，怎么去做一个项目，我一定会笑着告诉他，多做事，少睡觉。笑容的背后，是我们项目执行阶段的真实缩影。百合是选好了，可我们总不能就磨成粉做泡腾片吧，有效成分百合皂苷的提取成了挡在我们面前的又一只拦路虎，而我更没想到的是，打败这只老虎，会花费我们如此久的时间。

一开始我们询问药理学老师现有的百合皂苷提取技术时，老师告诉我们还是比较成熟的，让我们完全放松了警惕。直到操作了几次，我们才直呼大意了。原因就是传统的百合皂苷提取技术虽然成熟，但是过于烦琐，先要严谨地制备百合原液，然后将百合原液采用 AB-8 大孔树脂吸附分离杂质后，再用乙醚-丙酮分步沉淀才能获得纯百合皂苷。其提取效率约为40%，且成本较高。症结就在于以往的提取技术都是针对实验室研究设计的，完全不符合大批量工业生产要求，要是按这个技术做提取，我们的产品不仅成本高昂而且生产周期极长，中间的质量把控难度也会异常大，到时候产品出来不卖个“天价”都回不了本。当时还不懂市场营销知识的我傻傻地说，“要不咱到时候就卖贵点，做个高档定位。”说完后团队里平时最严肃的哥们都开了个玩笑，“你说要是一盒一千多的产品上写着‘湘潭医卫职业技术学院技术支持’，你会买吗?”笑了没多久我们就笑不出来了，每个人脸上布满了愁容，这提取技术应用不了，怎么办呢。

做了几天无用功后，我提出了一个大胆的想法，“我们自己创新提取技术吧”，当时团队的成员都不认同我的想法，毕竟在大家的普遍认识下，这种类似于创造发明的事情，根本不是大专生能做得出来的。何况学校的设备条件做一些已有的学术成果研究没问题，想做创新性科研，相对于本科院校条件还是差了点。现在回忆起这一段，不由得就理解了为什么第七届中国国际“互联网+”大学生创新创业大赛的口号是“我敢闯，我会创”了，有时候打败你的不是别人的优秀，而是自己的不自信。如果你自己觉得自己不行，那就必不可能成功。自己学校的实验室条件不够，我们就去想办法借用其他大学的实验室。感谢各位指导老师的大力支持，先是毕业于湘潭大学的刘老师为我们联系了湘潭大学化工学院的研究生实验室，在那里，靠着更为专业的仪器设备，我们由一个个科研小白变成了能熟练使用各项实验器具的老手。但是问题的关键在于没有研究的思路，而且化工学院的设备偏向于重工业化学，我们更需要专业的药物化学实验室。在大家一筹莫展时，刘老师又一次利用自己的资源，为我们请来了湖南省科技厅二级巡视员刘铁兵老师做技术指导，同时毕业于湖南中医药大学的陈老师也通过校友会为我们联系到了湖南中医药大学的国家三级药理学实验室。这一渠活水的涌入，再一次给项目注入了活力。

有了大佬带队，有了专业设备，剩下的，就只有一刻不停地研发。一遍遍地提纯、分液、萃取，一次次的反复失败，但我们不曾停下。在实验室吃外卖，困了就在实验室摆个行军床休息，废寝忘食就是我们的真实写照。团队历经1326次专项实验，数十次的方向优化，通过分析百合原液纯度后，使百合原液在回流管中多层次加压减压提纯，最终以正丁醇为萃取剂进行百合皂苷纯原液萃取，并通过重结晶技术获得百合皂苷。新型提取技术研发成功时，每一名成员的脸上没有想象中的激动与大笑，有的只是冷静与沉着，那一刻的我，内心是从未有过的坚定，结果令我们坚信，只要不懈努力，我们一定能做到自己想要做到的事。

“新安筑梦”团队所取得的成绩

湘潭医卫职业技术学院2021年度“百优十佳”创新创业之星
第三届湖南省医学技能创新创业大赛二等奖
第七届湖南省“互联网+”大学生创新创业大赛一等奖
第七届中国国际“互联网+”大学生创新创业大赛铜奖
第八届湖南省“互联网+”大学生创新创业大赛一等奖

四、创业者邹远俊的反思与经验

穷且益坚，不坠青云之志

在茫茫人海中，我们本不是天赋异禀者，但我们就是敢想、敢拼、敢创。回望过去一年，可谓是栉风沐雨，历久弥坚。最大的收获就是让我们面对再大的压力时，也能保持着一颗平常心去对待，用理性的思维去综合评估。什么事情都只有做了才知道问题在哪里，做了才知道自己离成功多近。一开始就自我否定的人，注定就是成功者的垫脚石。

当时的我们是极不被看好的，大学生创新创业大赛给了我们证明自己的舞台。学校参赛已有些许年了，还从来没有过新项目第一年就能获奖的历史。所有的老师和同学看到我们都说，“安心沉淀，第一年不要想拿奖的事”。但是我们不服气，凭什么我们就一定拿不到奖项，凭什么我不能比别人花更短的时间取得成绩。我至今仍记得陈老师教导我的那句话“既然这个世界上要有优秀的人，那为什么不是你?”创新创业不仅仅带给了我荣誉和各方面能力的提升，最重要的是收获了一群共患难的伙伴。挺有意思的是，参与过一次创新创业大赛后，大家感觉学习压力少了很多，不过想想也是，学习再累，还累得过做项目吗?

创业大赛的舞台给予了我们更多获取关注度与资源的机会。一等奖绝不会是我们的终点，而只会是我们漫长旅程中的一个小节点，行医者无疆，虽万里吾往矣。我们将穷尽自己的一生去为解决民众的失眠问题而努力。穷且益坚，不坠青云之志，方能到达成功的彼岸。朋友们，如果你打算踏足创新创业的旅程，请保持一颗坚强的内心，不管沿途多难，历经多少失败，要坚信自己的坚持能取得最终的胜利。毕竟，为众人抱薪者必不使之冻毙于风雪。与所有创新创业者共勉。

五、导师寄语

湘潭医卫职业技术学院“新安筑梦”大学生创新团队，将中医古法与现代技术结合，对龙牙百合进行深度价值挖掘和品牌提升。其百合皂苷提取技术创新性强，有很好的实际推广价值。可以肯定的是，该团队创立的“百安宁心”品牌，必将在传承中医传统文化，推广我国第五批非物质文化遗产——邵阳龙山药王医药文化，助力隆回乡村振兴方面，添上浓墨重彩的一笔，有很好的推广价值和前景。

——陈熙（湘潭医卫职业技术学院教师）

六、项目风采小视频

七、项目计划书

本项目计划书选自第七届中国国际“互联网+”大学生创新创业大赛铜奖、第七届湖南省“互联网+”大学生创新创业大赛一等奖作品“百安宁心”项目（内容酌情修改）。

案 例 目 录

一、执行摘要
1.1 产品简介
1.2 市场前景
1.3 社会“痛点”
1.4 产品研发
1.5 推广合作
1.6 文化创新
1.7 市场营销
1.8 项目规划
二、项目背景
2.1 政策背景
2.2 行业背景
三、产品介绍
3.1 产品简介
3.2 产品功能
3.3 产品优势
3.4 产品结构
3.5 研发历程
四、市场分析
4.1 市场机会
4.2 市场容量
五、营销计划
5.1 目标市场
5.2 产品分类
5.3 推广方式
5.4 价格策略
5.5 营销队伍
5.6 产品服务
六、管理体系
6.1 职责分工
6.2 管理方法
七、发展规划
7.1 公司规划
7.2 项目规划

案/例/正/文

一、执行摘要

1.1 产品简介

"百安宁心"助眠泡腾片可以有效缩短入睡时间，延长睡眠时长，稳定快速眼动睡眠比例。其口感清甜，使用简单，只需将一片本产品置入200~300ml水中，静候20~30秒即可饮用。泡腾片剂型不仅使用便捷，更可有效增加生物利用度，增进助眠效果。现已与湘潭市第三人民医院签署合作协议书进行有效率检测。

1.2 市场前景

调研显示，纯天然提取物保健品市场极为宽广。2000余份调查问卷显示，85.24%的人群对该产品有浓厚购买兴趣。"百安宁心"产品在湘潭地区，尤其是25~45岁上班族群体的购买欲望最为强烈。

1.3 社会"痛点"

据世界卫生组织（WHO）数据显示，我国每年有超过3亿人饱受失眠折磨。长期失眠患者其生活质量严重降低，自身慢性疾病发病率显著增高，甚至诱发抑郁症等心理疾患。市面上的助眠保健品以褪黑素等激素类物质为主，副作用十分明显。

1.4 产品研发

"新安筑梦"创新创业团队传承新安医学（中医非物质文化遗产）800余年以百合为主药治疗不寐症的思路，精选曾经的皇家贡品隆回龙牙百合，通过团队研发的"基于色谱分析法的层压正丁醇萃取"技术（已申请专利），从百合中提取出有效助眠成分百合皂苷，其进入人体后可与5-HT受体结合，引起神经负反馈调节，刺激γ-氨基丁酸的分泌，防止神经细胞过热，降低神经元活性，使人安然入睡。

1.5 推广合作

团队已与隆回县三珍农产品开发有限公司签订了合作、投资协议书。形成了一条选材—粗加工—精加工—委托生产的完整产业链。

1.6 文化创新

产品传承新安医学百年古法，融合新型萃取技术与现代制剂技术，精选国家地理标志产品隆回龙牙百合，将从中提取出的百合皂苷作为主原料与崩解剂材料结合制成泡腾片。

1.7 市场营销

采用避强定位的市场定位方式，迅速在保健品市场站稳脚跟。采取线上线下相结合的营销模式，针对不同人群采取不同的推广。通过自建营销网络和战略联盟两种销售渠道，以病毒营销和主流媒体广告为主要方式对产品进行推广。

1.8 项目规划

项目研发前期以技术为基础，集中投入人力和物力，专注于对睡眠障碍人群保健产品的开发与生产。在与工厂合作的基础上，应用代加工方式完成成品的试制、生产与检测。

项目第二阶段将在产品的研制过程中不断进行技术改进、优化，目前试验产品已通过湖南省食品质量监督检验研究中心检测，准备逐步推入各大药店、保健医疗机构。在第一代产品所占市场的基础上，技术团队针对更多失眠人群对改善睡眠质量的需求，以了解的情况为基础，扩展产品的功能，逐步实现产品的自主生产。随着团队发展规模的进一步扩大，通过不断深入的研发，我们将尝试其他中医古法保健产品的研究与开发，并进行相关的保健品研制、生产、销售与售后服务等。

二、项目背景

2.1 政策背景

近年来，党中央、国务院高度重视保健品产业发展，出台了不少政策给予支持。尤其是《“健康中国 2030”规划纲要》的制定，明确支持健康产业的发展，并要充分发挥中医药独特优势。国民健康意识的日益增强及我国人口老龄化进程的加快，也带动了保健品市场的蓬勃发展。

2011 年 12 月，国家发展和改革委员会、工业和信息化部共同发布了《食品工业“十二五”发展规划》，首次将“营养与保健食品制造业”列入国家发展规划。

2016 年 10 月，中共中央、国务院印发《“健康中国 2030”规划纲要》，纲要强调，推进健康中国建设，要坚持预防为主，强化早诊断、早治疗、早康复。而保健品的主要作用是增强免疫力、促进细胞再生、促进病体康复等，同时也对健康的人体发挥预防和保健作用。大健康政策将有利于“百安宁心”助眠泡腾片的产业发展。

2017 年 6 月，国务院办公厅印发《国民营养计划（2017—2030 年）》，提出要着力发展保健食品、营养强化食品、双蛋白食物等新型营养健康食品。

2.2 行业背景

据世界卫生组织（WHO）调查显示，全球有超过五分之一的人群有失眠问题，严重影响了人们的正常工作生活。我国每年更是超过 3 亿人饱受失眠折磨，长期失眠者主要有三类问题产生：一是生活质量明显下降，出现记忆力减退、工作效率下降、食欲减退、机体免疫力下降等症状；二是基础疾病加重，胸闷、气短、心律失常，甚至出现心肌缺血等症状。诱发血压升高，糖尿病、慢性肝病加重，激素分泌发生紊乱；三是出现精神障碍，严重焦虑甚至出现抑郁和神经症等。我们团队在湘潭市的各大医院睡眠管理中心、心理科调查得知，湘潭市中心医院等三家医院平均一年接诊失眠患者超过 1.2 万例，其中伴随着心理疾病的患者比例接近 42%。

市面上现有的助眠保健产品主要是褪黑素片等激素类物质，长期使用将产生依赖性、脑神经损伤等副作用。传统中医在睡眠改善上十分有建树，新安医学有着 800 余年治疗失眠的经验，却始终依赖于过程烦琐的汤剂呈现。人们迫切需要一种产品可以将传统中医用现代技术简便呈现，“百安宁心”助眠泡腾片应运而生。

三、产品介绍

3.1 产品简介

“百安宁心”助眠泡腾片是一款百合皂苷提取物助眠保健食品，具有缩短入睡时间、延长睡眠时长、稳定快速眼动睡眠比例的功效。适用于 20~60 岁的失眠人群（孕妇、癫痫及慢性心脑血管病史者不适用本产品），尤其适用于25~40 岁的繁忙上班族。产品传承新安医学百年古法，融合新型萃取技术与现代制剂技术，精选国家地理标志性产品隆回龙牙百合，将从中提取出的百合皂苷作为主原料与崩解剂材料结合制成泡腾片，具有生物利用度高、助眠效果佳等优点。

3.2 产品功能

百合皂苷是百合中的甾体皂苷物质，经口服被胃壁吸收，通过首关效应后，不会与血红蛋白结合，而呈完全自由型物质。其物质结构可与 5-HT 受体结合，引起神经负反馈调节，刺激 γ-氨基丁酸的分泌，防止神经元过热，降低神经元活性，使人安然入睡。同时，γ-氨基丁酸还能部分与抗焦虑的脑受体结合并使之激活，阻止与焦虑相关的信息抵达脑指示中枢，产生明显抗焦虑作用，延长睡眠时间，稳定快速眼动睡眠比例。

3.3 产品优势

（1）团队传承新安医学以百合治疗失眠的思路，并将现代崩解剂的制剂技术应用在百合提取物上。

（2）采用纯天然中药提取物，其化学结构简单，进入人体后不与血红蛋白结合，呈自由型物质，避免了形成血红蛋白结合型物质影响疗效。符合传统中医“以己治己”的理念，安全放心。

（3）通过自主研发的“基于色谱分析法的层压正丁醇萃取技术”提取出百合的主要助眠物质——百合皂苷。其提取效率比传统提取技术提升 65%，成本降低 35%。

（4）泡腾片剂型新颖，受到大量年轻人的追捧，且服用方便、起效迅速，生物利用度高，可有效提升百合皂苷的助眠效果。

3.4 产品结构

产品名称：“百安宁心”百合皂苷助眠泡腾片。

1g＊30 片/盒，每片直径 6mm，厚度 3mm，每片含百合皂苷 500mg。

3.5 研发历程

第一阶段（2019 年 10 月 12 日—2019 年 11 月 8 日）确定原料：团队在新安医派传人陈熙老师的带领下，分析数十种治疗虚烦不眠的中医方剂，将研究的目光锁定在百合这一味方剂主药上。

第二阶段（2019 年 11 月 9 日—2020 年 1 月 5 日）确定百合皂苷：团队通过查找大量现代药理学报告，通过提取物直接助眠率机能学实验确定了主要助眠物质为百合皂苷，并通过色谱分析实验对比了各百合主产地的不同种类百合，分析确定了隆回县龙牙百合的百合皂苷含量居全百合种类之首。

第三阶段（2020 年 5 月 9 日—2020 年 6 月 25 日）提取百合皂苷：采用传统技术从龙牙百合中提取百合皂苷，并以药理学纯度鉴定实验验证，发现传统提取技术存在提取量低、纯度低等缺点。

第四阶段（2020 年 6 月 26 日—2020 年 10 月 19 日）提取技术创新：团队分析比较各种提取技术，研发出一种新型百合皂苷提取技术，并准备申报专利。

第五阶段（2020 年 10 月 10 日—2020 年 11 月 15 日）确定剂型：基于现代生活观念及习性，团队将现代药剂学崩解剂的制剂技术与百合皂苷提取物结合，确定泡腾片为产品剂型。团队进一步研发出一种新的泡腾片配比技术，并作了全新产品包装设计，填报专利申报书。

第六阶段（2020 年 3 月 1 日—2020 年 6 月 28 日）确定生产基地：团队实地走访隆回县百合产地，与隆回县三珍农产品开发有限公司达成合作协议。

四、市场分析

4.1 市场机会

4.1.1 国家政策支持：国家大力支持大学生创新创业

《财政部 税务总局 人力资源社会保障部 国务院扶贫办关于进一步支持和促进重点群体创业就业有关税收政策的通知》《财政部 税务总局 人力资源社会保障部 国家乡村振兴局关于延长部分扶贫税收优惠政策执行期限的公告》《财政部 税务总局关于小微企业和个体工商户所得税优惠政策的公告》等文件指出，大学生创业可以放宽一定的行业限制，比如，申办个体工商户、个人独资企业、合伙企业时，除法律法规另有规定外，将不受最低出资金额限制。另外，某些省市还对高校毕业生创业提供其他的优惠政策，比如，只要从事高科技、现代制造、现代服务业等行业、领域的投资与经营，还可将家庭住所、租借房、临时商业用房等作为创业经营场所。

《关于促进以创业带动就业工作的指导意见》指出，毕业 2 年之内的普通高校学生从事个体经营（除国家限制的行业外），自其在工商部门首次注册登记之日起 3 年内，免收管理类、登记类和证照类等有关行政事业性收费。

4.1.2 产品潜力市场进一步扩大

《“健康中国 2030”规划纲要》强调，推进健康中国建设，要坚持预防为主，强化早诊断、早治疗、早康复。而保健品的主要作用是增强免疫力、促进细胞再生、促进病体康复等，同时也对健康的居民发挥预防和保健作用，大健康政策将有利于保健品产业发展。

4.2 市场容量

4.2.1 市场人群购买力

国家统计局数据显示，2020 年全国居民人均可支配收入达到了 32189 元，人民的消费力水平与日俱增，随着民众对健康的关注程度持续提升，保健品市场的消费人群具有较强的购买力，有利于产品的市场投放。

4.2.2 市场潜力巨大

根据我们对于市场的调查与分析得知，市场上的相关助眠保健产品没有形成具有代表性的产业，且纯天然提取物助眠产品市场几近空白。

线上查询：国家知识产权局官网未查询到任何一款产品专利与纯天然提取物助眠有关。各大搜索引擎（谷歌、百度等）以及专业的学术网站（知网、万方、维普、PubMed）搜索到的与纯天然提取物助眠产品相关的文献极少。

线下调研：团队以问卷调查的形式走访了湘潭市中心医院、湘潭市第三、第五、第六人民医院心理科和心脑血管科的 522 名医生与失眠患者，均表示未曾了解市场上有此类型助眠保健产品。其中 85%的人群对我们研发的产品表现了极大的兴趣。

"新安筑梦"团队在湘潭市和平桥社区、云峰社区等进行义诊服务时，咨询了 150 位表达解决失眠诉求的患者，并发放了电子调查问卷。90%人群表示没有听过有类似的助眠保健品存在，且对我们研发的产品表现了极大的购买欲。

调研显示，纯天然提取物保健品市场极为宽广，"百安宁心"产品在湘潭地区，尤其是 25~45 岁上班族的购买欲望最为强烈。

4.2.3 市场需求迫切

我们走访湘潭市云峰、和平桥等社区，对社区人群进行线上和线下调查。调查问卷显示，有 85.24%的人群对纯天然提取物为主要成分的助眠保健产品有浓厚的兴趣，其中 64.32%的人群有强烈的购买欲望。通过对调查数据的人群信息分析，我们发现其中湘潭地区 25~41 岁的上班族人群对本产品兴趣最大。

4.2.4 市场前景可观

根据现阶段从湖南省卫健委获取的资料显示，2021 年湖南省零售药店有

21325所，还未包括私人诊所、医院等病患主要聚集性场所，这些地方都可投放我们的助眠保健产品，市场前景十分可观。随着近年来人们健康观念的不断深入以及社会人口老龄化的加速，许多保健医疗场所正在逐渐兴起，这些都是未来“百安宁心”可投放的市场。

五、营销计划

5.1 目标市场

5.1.1 普通消费者市场

通过与“老百姓”“益丰”等大型医药企业的门面店合作，上架销售本产品的方式全面铺开消费者市场。同时团队还将为合作的每一家门店提供专业产品介绍及功能指导培训。

5.1.2 非营利组织市场

失眠作为亚健康人群的主要问题，产品可以通过各社会公共服务组织、地区红十字会等非营利组织进行推广销售，给予其一种新型解决失眠问题的方案，前景十分广阔。

5.1.3 国际市场

随着我国国力的不断强盛，“一带一路”的持续发展，本产品作为中医传统文化在现代简便应用的标志性产物，可以大力推广到国际市场，增进经济收益的同时扩大中国传统文化国际影响力。根据《国务院办公厅转发商务部等部门关于扩大进口促进对外贸易平衡发展意见的通知》（国办发〔2018〕53号）文件，应该大力开拓国际市场，完善《湖南省重点境外展会目录》。这一系列政策都在鼓励发展国际市场。政府机构在接待外宾时亦可将本产品作为中医传统文化新型现代化产品赠送，弘扬中华文化。

5.2 产品分类

目前设计了礼盒装、普通装、随身装三种包装型号产品。本团队将始终致力于中医传统养生保健的现代应用，开发具有自主知识产权的“纯天然提取物保健”系列产品。

5.3 推广方式

考虑保健品的产品特殊性，过度的线上宣传会降低群众的公信力。但在互联网时代，单一的线下宣传也不利于产品的发展。本团队采取“病毒营销+主流媒体广告宣传”的推广方式，兼顾推广力度与公信力建设。

5.3.1 病毒营销推广策略

为各合作药企的门店培养产品专业指导人员，并教授中医养生知识。在客户选购产品时提供完善的产品咨询服务，还可根据客户需求提供一定的养生保健指导。利用用户之间的主动传播，让信息像病毒那样扩散，从而达到推广的目的。

5.3.2 主流媒体广告

与各大主流媒体谋求合作，单纯设计广告进行宣传推广。舍弃直播等互联网最热门宣传方式，保持产品在民众心目中的公信力。

5.4 价格策略

我们依据市场成本、利润核算、回馈客户、市场价格形势等综合考虑，制定合理的价格，进行准确的价格定位等。初期适当采用产品促销活动形式，做好品牌推广，使更多的人认识和使用这款产品。

公司采用分等级销售：根据包装设计的精美程度与盒内产品数量，分为豪华礼盒、高档标准盒、随身携带盒三个等级进行销售，每一等级商品价格不同，消费者可视实际情况选购。我们初步将豪华礼盒定价为 140 元每盒，高档标准盒定价为 83 元每盒，随身携带盒定价为 28 元每盒。

5.5 营销队伍

由技术部为各合作药企门店提供专业的产品介绍培训，并教授中医养生保健知识，让其成为团队的主力营销队伍，充分发挥药店的门店宣传能力。同时随着产品销售区域的拓展，我们将开设专营连锁店并招收专业的产品营销人员充实产品营销团队，同时采用招商加盟方式拓展产品营销区域和优化产品售后服务。

5.6 产品服务

5.6.1 产品溯源

依托隆回县三珍农产品开发有限公司，从隆回县十五家百合生产合作社进购龙牙百合为原料，经过隆回县三珍农产品开发有限公司的粗加工后进行百合皂苷提取与泡腾片加工制作。

5.6.2 售前服务

售前服务是一种以交流信息、沟通感情、改善态度为中心的工作，是企业赢得顾客良好印象的最初活动。因此，为了确保做好售前工作，本公司准备从以下几个方面开展工作：

1. 提供综合咨询服务

由于产品的特殊性，所需的专业知识性强，需多方面了解消费者需求以推荐选购不同标准的产品，构建强大的咨询服务平台，为客户提供和制定优秀的解决方案，借以引导和刺激他们的购买欲。

同时，我们会向买主进行电话随访，了解消费者的心理动态，提供专业的养生保健咨询服务，从而增加买主对产品的信任度和购买信心。

2. 提供配套指导服务

我们会对买主在电话随访后针对其问题提供专业保健养生指导服务。实际工作中，我们会与一些同行形成战略联盟，提升产品的保健效果，以求增强自身规模、扩大市场份额。此外，我们会为患者长期免费提供相关保健养生指导，以期为消费者提供最完美的服务。

5.6.3 售后服务

售后服务首先体现出一个品牌企业应该具备的品质，即“承诺”。同时，售后服务在企业的竞争中发挥着越来越重要的作用。为此，我们将设立专门的售后服务部，精益求精地开展售后工作。

我们团队售后服务部将搭建专门服务平台，人工24小时在线服务，为及时提供售后服务打好良好的基础。公司专业的售后服务人员，需全程参与了解产品研发，有着丰厚的保健医疗相关行业知识，确保能精准定位客户需求，为客户解决相关保健养生问题。

六、管理体系

6.1 职责分工

邹远俊：创办人兼企业负责人，有较强的行政管理、组织协调与沟通能力和决策能力，能够掌控全局，负责组织与协调公司组织管理工作及人力资源管理工作。

刘惠芷、吴慧林：保健养生技术总监，专业知识扎实，对市场有较深入的了解，协调与沟通能力较强，可以组织培训员工专业的保健养生指导能力。

钟伯谦：管理主管，对市场情况有敏锐的嗅觉和处理分析问题的能力，风控能力一流。

冯俊玉：销售主管，产品形象代言人，有较强的技术分析解决能力，组织决策能力。

陈基、余青松：运营主管，对公司的运营有较强的掌控力，保证公司运营。

田坤民：财务总监，负责财政管理的全面工作，有较强的财务组织协调、判断、分析及处理问题的能力。

整个管理团队结合个人特长优势，各司其职，责任明确，能够很好地将本公司运行。

6.2 管理方法

6.2.1 目的

为达到人尽其才、各尽其能的目的，达成优良的工作绩效，满足公司和员工个人发展需要，提高公司和员工个人的核心竞争力，进而提升经营绩效，特制定本管理办法。

6.2.2 适用范围

适用于公司所有员工。

七、发展规划

7.1 公司规划

为实现战略目标，公司在未来五年内将一直以全球化战略为核心，以品牌战略、精细化营销战略、技术创新和人才战略、信息化战略为支撑，实现如下目标：优化客户结构，争取融入跨国企业的全球产业链；公司将继续采用积极的进取式的市场营销战略，专注于市场开拓，形成覆盖全国的销售网络；继续加大科研投入，加大对各类人才的引进培养和对新产品、新技术的研究与开发，预计未来五年公司能拥有10余项发明专利，研发投入较目前增长一倍，且达到销售收入的5%。

7.2 项目规划

第一阶段（1—2年）：立足湘潭，辐射长沙与株洲，针对各大药店和私人诊所对睡眠障碍患者的睡眠改善需求，不断推广“百安宁心”百合皂苷助眠泡腾片，建立长株潭核心产业区。

第二阶段（3—4年）：根据客户需要，开发更多的百合皂苷提取物保健产品，如百合止咳糖、百合养颜茶等。辐射周边城市，逐步形成完整省内市场。

第三阶段（5—6年）：加大公司宣传力度，逐步占领市场并向周边省市辐射。加大技术研发力度，增加专利数量，建立起全国产业结构，累积资本以期向国际市场发展。

创业项目二

“智引医航”

——智能仿行走康复治疗床

一、创始人介绍　钟伯谦

钟伯谦，男，湖南怀化人，2001 年出生，湘潭医卫职业技术学院 2019 级医学影像技术专业，谦硕医疗器械研发工作室创始人兼 CEO，“智引医航”项目联合创始人。项目团队研发的“智引医航”——智能仿行走康复治疗床在 2020 年被评为校级重点 A 级学生科研课题，成功入驻湖南省大学生创新创业孵化基地。2020 年度该团队被评为年度百优十佳学术科研之星集体优秀团队，先后得到了多家媒体报道。先后带领团队斩获第八届中国老年福祉产品创意创新创业大赛银奖、第九届“挑战杯”湖南省大学生创业计划竞赛金奖、第三届湖南省医学技能创新创业大赛一等奖、第十四届“挑战杯”湖南省大学生课外学术科技作品竞赛二等奖等。

二、“智引医航”创业项目的起源

所有的故事都起于平凡，人会因为一件事去记得一个人，也会因为一个人去做一件事，我们都不是英雄，只不过有压力与责任迫使我们不得不负重前行。

2017 年 12 月 11 日上午 11 点 35 分，我会永远记得这个时间，因为我的外公在这一天永远离开了我们。他当了一辈子英雄，当过兵打过仗，守卫了祖国，也守卫了我们这个家，敌人的枪炮没有迫使他倒下，生活的压力也没有压弯他的脊梁，可最后败给了病魔，而我，只能无奈地呐喊。

他患了癌症，为此全家人都束手无策，因为这是一个目前人类还无法攻克的难题，但我却知道，如果没有脑卒中的并发后遗症，他就能承受更多次的化疗，能够自己走动进行康复，或许就能陪伴我更长的时间。他走的时候我在他身旁站了一夜，就这样默默地看着他，眼泪止不住地往下掉，从那时起我便暗自发誓，我要学医，我想去做一点有意义的事情，而不是只能站在病床边强颜欢笑掩饰自己内心的恐惧。

很幸运，我如愿走进了湘潭医卫职业技术学院，开始去试着成为一直想要成为的样子。但我也深刻地明白，以我现在的水平，对于癌症根本无从下手，所以我将目光转向为“脑卒中”，也就是人们常说的“中风”，我逐步去了解它的病因病理，不禁瞠目结舌，现实远远比我想象中的更加残酷。我国现有脑卒中患者超 1400 万人，每年新发脑卒中患者 300 万人，且发病率以每年 8.7%速度增长，每年死于脑卒中超过 150 万人，全球每 12 秒钟新增一例，每 6 秒死亡一人，在存活的患者中，约 70%～75%会留有不同程度的残疾，其中重度残疾超过 40%。约有 1/4 至 1/3 可能在 2 至 5 年内复发。脑卒中同冠心病、癌症并列为威胁人类健康的三大疾病，严重危害中老年人健康。“脑卒中”已成为我国居民死亡和残疾的主要原因之一。残酷的数据更加坚定了我想要去做这件事情的决心。

我不是英雄，没想过去比肩神明，只是想做一些力所能及的事情，在仔细研究了脑卒中的病理后我决定从后遗症入手，因为就我在临床上收集到的数据而言，只要能得到良好的康复训练，便能行之有效地缓解后遗症，缩短患者的康复周期。“纸上得来终觉浅”，在医院里，脑卒中患者的康复训练到底是怎样进行的呢？于是我开始去学校附近的医院调研，在数次观察记录和不断向医护人员请教的过程中，我了解到：脑卒中影响广泛，作为危害程度较高的疾病，治疗后康复训练不能落下。有不少患者在疾病的威胁下肢体偏瘫，运动能力降低，经过治疗后好转，后续想要恢复正常活动能力，应该经过专业人员的指导，逐渐增加自己的运动量，在康复锻炼的过程中循序渐进，逐渐增加运动的强度，通过自主训练让肢体的灵活程度提高，从而减轻不良症状。但是康复训练往往需要他人的协助或者利用工具来让活动过程更加顺利，大多数出现脑卒中的人年龄都偏大，本身骨骼功能降低，肢体的活动能力也下降，受到严重疾病的影响，行走、活动等容易遇到难题。

在这样的认知基础上，我开始想：如果能做一个产品，可以更便捷有效地实现脑卒中患者的康复治疗，那该多好！这一想法奠基了我的创新创业之路。而当时的我，只是职业院校的一名大一学生，这样的目标听上去是那么的遥不可及。我也曾一度害怕自己的理想会遭到他人的耻笑，但有人告诉过我一句话："只要你决心去做一件事情，全世界都会为你让路。"这句话自然成了我的座右铭，也在后来做项目的漫长艰苦中一直支撑着我前进。我鼓起勇气找到了我现在的指导老师，向他讲述了我的想法，本以为等来的会是一句"幼稚"，未曾想得到了老师的高度赞扬与认可，并给我提了很多宝贵的意见，还为我引荐了很多优秀的同学，经过我们的商榷，最后决心研发一款集成化人机共融式康复辅助器具，梦想也就此启航。

三、项目发展过程中的关键点

深入了解患者需求，确定研究方向

我一直坚信一句话——同类到处都是"借鉴"，站在巨人的肩膀上，我们可以看得更远。在暗无天日的世界里，总会有那么一丝光亮出现在你的眼前，创新创业，创新才能有创业，创业之初永远都是最艰难的，因为你可能根本没有方向，只能像一只无头苍蝇四处乱窜，但人一旦有了方向便会一往无前。

我虽然有了明确的方向，但却是一个非常抽象化的概念，我们所理解的集成化只是对现存产品功能的拼接，就理论实验的结果而言，远远达不到我想要的效果，研发进度也一度搁浅。迷茫之际，一位老师的出现彻底改变了我的思路。我将自己的想法向老师详细介绍了一遍后，得到的是无数的否定，最后送给了我们四个字：步态分析。这四个字对我而言犹如醍醐灌顶，我们之前看的都只是一些表面的东西，没有深层次地去了解脑卒中患者康复最基本的需求，只是在原有设备的基础上照猫画虎。

有了这样醍醐灌顶的认知，我便开始着手调研，立即召集了团队的小伙伴们商讨，进行具体的分工安排，精心设计问卷和量表，在湘潭市各大医院进行实地走访。我们选取了400例脑卒中患者作为研究对象，采用一般资料调查表和脑卒中患者康复需求量表收集资料，分析影响脑卒中患者康复需求，我们发现，在影响脑卒中患者康复需求的分值表中，信息需求维度总分最高。多元线性回归分析结果显示，年龄、文化程度、职业、危险因素、正规康复训练均为影响脑卒中患者康复需求的独立因素。但是，这些独立因素都指向一个共同的需求，就是步态康复。既然是行走功能异常，那么就很好理解了，只要做好步态康复即可。再次与老师商议后我们决定研制一款仿行走康复训练设备，基于神经系统重塑理论，通过重复不断的训练来刺激患者脑功能重塑，从而帮助其重新获得已丧失的正确运动模式。步态训练与评估系统不仅帮助患者运动起来，更强大的功能在于它能帮助患者走出正常人的步态。

扎实推进理论研究，敲定设计方案

研究一个项目，文献查阅是必不可少的环节。习近平总书记说，要"知行合一"，既要加强理论学习，走在前列；又要结合实践，干在实处。只有不断深化理论学习，才能走在前列，激发创新思维。我查阅了大量的文献资料，一点一点地了解了步态治疗训练的方法和原理。资料显示，步态治疗训练法分为平躺式、倾斜式、站立式三个模式，适用疾病有脑卒中、脑瘫、脊髓损伤、截瘫等。其中脑卒中又分为软瘫期、痉挛期、恢复期三个时期，而脑卒中软瘫期在生命体征平稳状态下最好是平躺式步态训练，利用生物力学、人体动力学、人体运动学原理锻炼竖脊肌、背阔肌、斜方肌、肩胛提肌等肌肉，使肌肉活力达到顶峰，确保患者恢复后行走时躯干可保持正直。在恢复期适用于倾斜式和站立式，锻炼了髂腰肌、臀大肌、股四头肌、缝匠肌、腘绳肌等肌肉，使骨盆起稳定作用，可以控制躯干向前维持下肢关节伸展。在步态治疗训练过程中，每一分钟步频约为95~125steps/min，步速约为1.2m/s，治疗后防止肌肉的萎缩，让病人恢复肌力，提高肌张力，从而达到康复的效果，使患者生活可自理。这些科学实际的数据和原理便是我们项目设计的理论基础。

理论基础是有了，但是现实的操作远比理想的构建难太多，当行动跟不上思想时，这是最痛苦的事情，不愿放弃，却又很想解脱，恨不得自己有三头六臂，甚至开始天马行空，想起了曾经看过的综艺节目《奇葩说》中的一个辩题：你愿意植入一种可以共享知识的芯片吗？现在的我肯定毫不犹豫地说："我愿意！"植入知识芯片，我就什么都会了，也不会愁了……一个人的寸步难行在我身上体现得淋漓尽致。也就是在这段无比难受的时期，让我深刻地明白了一个团队优势互补的重要性，雄狮也架不住群狼，在指导老师蒋老师的帮助下，我组建了自己的项目团队，融合了临床医学以及设备等工科专业的人员，让理论有了成为现实的可能。鉴于我们总结出来的医学理论基础，团队初步设计方案为：十二块医用床板、四个推动伸缩杆、三台步进电机，采用人体工程学设计，将之分为六个区块，设计固定安全、托架、驱动、核心控制、供电五个模块，各板块之间相互配合，从而达到仿行走的功能，控制模块内输入与人体正常行走完全一致的数据，以实现行走康复的效果。

倾力汇聚强大合力，完成产品问世

作为一个学生创新创业团队，我们遇到过的最大问题不是理论有多么难以突破，而是受制于资金的不足，仅凭我们的经济实力，连产品的一次开模都支撑不起，哪怕学校给予了我们极大的支持，也只是杯水车薪。因为资金短缺，我们的研发进度一度停滞不前，但年少之人，自有韶华倾负，我们做了一个大胆的决定——自己动手做。没有医用床板，没有框架，没有适合的零件，我们自己加工、切割、焊接。老师带着我们去乡下买了两棵大树，把它从原木加工成板材，最后切割成我们所需要的形状，自己找了一个金属加工厂，用一块钢板通过水割切成零件，甚至为了赶进度在工厂里面睡了一个月，在一次次失败后，产品终于达到了我们想要的状态，虽然并不算完美，但也让我们的产品，从空想变成实际，切切实实摆在我们的眼前，并且具备了仿行走的功能。

我们迫不及待地想去查验成果，可惜命运再一次跟我们开了玩笑，我们的产品并未得到患者与医生的肯定，一时间为整个团队蒙上了一层阴影，我们辛辛苦苦半年多的成果就这样被人否定，甚至一度质疑自己是不是一开始就错了。在上天给你关上一扇门的时候，必然会给你开一扇窗，学校把我们的事情说给了一些专家听，在知道我们现在所面临的困难时专家毅然决定帮助我们，在专家的指导下，我们再一次从基本的框架结构、技术原理反复论证，最后又历时半年，一代产品终于成功问世，并且得到了患者与医生的基本肯定，同时也提出了很多宝贵的建议，这将是我们后续迭代更新最主要的参考依据。

脚踏实地，心存高远，我很喜欢爱因斯坦的一句话：每个人都有一定的理想，这种理想决定着他的努力和判断的方向。就在这个意义上，我从来不把安逸和快乐看作生活目的的本身，我叫它“猪栏的理想”。我们在原有的基础上一次次改进，从不满足于现状，永远在思考自己还有何许不足，永远都在质疑与反省，这促使我们虽然一路艰辛但也越走越远。

“智引医航”团队所取得的成绩

第八届中国老年福祉产品创意创新创业大赛银奖
第九届“挑战杯”湖南省大学生创业计划竞赛金奖
第三届湖南省医学技能创新创业计划大赛一等奖
第十四届“挑战杯”湖南省大学生课外学术科技作品竞赛二等奖
第六届湖南省“互联网+”大学生创新创业大赛三等奖
第七届湖南省“互联网+”大学生创新创业大赛二等奖
2022 年湖南省黄炎培职业教育奖创业规划大赛一等奖
2020 年湘潭市创新创业大赛优胜奖

四、创业者钟伯谦的反思与经验

拼搏奋斗，励志笃行

成功从来都不是一蹴而就的，它是一个在不断失败中突破自己的过程，犹如凤凰涅槃，有人失败过后一蹶不振，也有人越挫越勇，激流勇进。方向很重要，这是我作为一名创业者所领悟出来最重要的一点，只有具有明确的方向，才能向之前行。不用去害怕失败，因为年轻的我们本就除了年轻一无所有，就算失败我们也还有时间从头来过。《借你一半忧伤》中作者这样感慨：有些事情我拼了命去争取，最后还是输给了时间。所以请大胆地去做自己想做的事情，有了明确的方向，前路哪怕满是荆棘也有穿过的可能，而不是只能停留在原地踌躇不前。

在最开始的时候，我曾做了很多自己不喜欢做的事情，也吃了很多没必要的苦，只是为了去取悦别人，让自己显得合群。当一个人在人群中表现得与旁边的人不一样时，就会显得格格不入，有人会对你现在所做的事情感到不解，提出质疑。那么作为一名学生，我的本职工作就只是学习吗？我觉得并不是的，书本上的知识固然重要，这是决定我们未来发展方向的主要因素之一，但绝对不是决定性因素，书本上从来都是在教我们如何去成功，但却没有告诉我们如何去失败。是的，你没看错，就是去学会失败，我甚至觉得失败比成功更重要，因为只有失败得越多才能看到自身更多的不足，才能一次次去超越自己，取得更大的成功，凝练出一种永不服输的精神。不要害怕失败，害怕别人投来异样的目光，大胆地去做自己想做的事情，抬头挺胸面向未来。

我从来不会把世界局限于眼前，从踏上创新创业这条路开始，创赛便是我们最好的舞台。读万卷书不如行万里路，闭门造车永远是不行的，得借鉴别人的经验，听从别人的建议才能走得更高，看得更远。在创赛的舞台上，我们见识了别人的优秀，同时也意识到了自己的不足，评委一个个犀利的问题深刻印证出我们的缺陷。每一次比赛过后我们都会将评委的问题一一罗列，逐条解答，寻找改进的方法。在指导老师的帮助下一次次完善改进产品，最后我们的成果初见成效，也获得了一些专家评委的肯定。

在历尽磨难的项目发展过程中，我深刻地认识到，团队才是制胜之本，个人的力量永远是局限的。投资界流传着这样一句话：宁可投资一流的团队操作二流的项目，也不投资二流的团队操作一流的项目。一个好的团队并非需要每个人都是最顶尖的，而是能相互默契配合，优势互补。渔夫们在捕获了沙丁鱼之后会往里面放一条鲶鱼，是为了保持沙丁鱼的鲜活，这就是著名的鲶鱼效应，要在团队内部引入竞争机制，使沙丁鱼们产生危机感，从而产生活力。一个优秀的团队里永远都会有一个扮演鲶鱼的人，只有居安思危，有危亡意识、奋进精神才能走得长远。当彼此有着共同的理想信念，向着一个共同的目标前进时，必能所向披靡。

不忘初心，方得始终。永远不要忘了自己最开始的目的是什么，给自己树立一个长远的目标，同时也要将这个目标分为数个阶段，明确每一个阶段该做的事情，多学习多请教，借助身边能借助的一切资源，只有自己足够优秀才能接触到更多优秀的人，永远走在变得更加优秀的道路上。我们现在所做的一切都只是在为未来奠定基础，现在我们所做的每一件事情都不会浪费，都会在未来的某个时间段展现出它应有的作用，看得多，做得多，自然懂得也就多了。

创业之路从来都没有鲜花和掌声，有的只是遍布的荆棘，一次又一次鞭策着我们，让我们走得更远，走向成功的这个过程可能会很久很久，但希望我们归来仍旧是少年，眉眼藏山河。

五、导师寄语

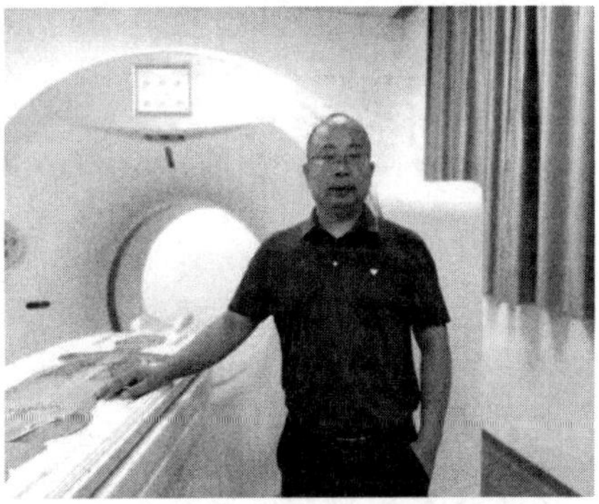

“智引医航”创新创业团队用三年的时间，以实际行动践行了新时代大学生立志成为高素质、高技能、有理想、有责任的社会主义接班人的初心和使命。回想他们十余次参加创新创业竞赛的历程，从最初的失败到荣膺金奖的顶峰，其实就是“专创融合”精神的最好诠释。同时，我认为鼓励更多的大学生参与创新创业实践必将有利于提升大学生勤于思考、团结合作、承受挫折等个人能力，实现学生从被动参与实践到自主自发地参与实践的转变，期待团队成员在今后的创新创业路途中，用竞赛过程中激发的原生动力把项目继续优化打磨，使“智引医航”项目真正落地。

——蒋求生（湘潭医卫职业技术学院教授）

六、项目风采小视频

七、项目计划书

本项目计划书选自第九届“挑战杯”湖南省大学生创业计划竞赛金奖作品“智引医航”项目（内容酌情修改）。

案例目录

一、执行摘要
1.1 产品简介
1.2 市场前景
1.3 市场“痛点”
1.4 项目规划
二、项目背景
2.1 政策背景
2.2 行业背景
三、产品介绍
3.1 产品简介
3.2 产品功能
3.3 产品优势
3.4 功能模块
3.5 产品结构
3.6 工作过程
3.7 治疗模式
3.8 产品参数
3.9 产品特色
3.10 竞品分析
3.11 生产计划
四、市场分析
4.1 市场机会
4.2 市场容量
4.3 市场细分
五、营销计划
5.1 目标市场
5.2 产品分类
5.3 销售渠道
5.4 价格策略
5.5 推广策略
六、团队介绍
6.1 组织结构
6.2 专家团队
6.3 指导老师
七、发展规划
7.1 公司规划
7.2 项目规划

案/例/正/文

一、执行摘要

1.1 产品简介

本产品是一款针对脑卒中患者的智能仿行走康复治疗床，主要适用于脑卒中早中期患者。该床集平躺、斜立、坐立、按摩、理疗、智能步行、生理指标检测等功能于一体，聚焦"适应患者个性化特征的人机共融协作控制"的科学问题，首创仿真行走康复模式，实现了机械功能与人体康复需求的完美结合，可对头、颈、躯体、四肢进行科学、合理、有效的康复训练。可应用于医院康复科、康复中心、养老院、家庭里脑卒中患者的康复治疗。

1.2 市场前景

脑卒中患者逐年增加。脑卒中俗称"中风"，据统计，我国现有脑卒中患者超1400万人，每年新发脑卒中患者300万人，且发病率以每年8.7%的速度增长，每12秒钟就有一个人被它"缠上"，每五位死亡者中，就有一个人死于这种疾病，"脑卒中"已成为我国居民死亡和残疾的主要原因之一。

康复治疗是降低脑卒中致残率最有效的方法之一。70%~80%的患者因脑卒中引发功能障碍，不能独立生活，给家庭及社会带来沉重的负担。循证医学证实，康复是降低脑卒中致残率最有效的方法。

市场上同类产品难以满足脑卒中早中期患者多功能康复需求。通过调查了解治疗脑卒中相关设备的功能与参数，常见的有下肢康复器、康复治疗床、电动起立床等产品，并将本产品与相关产品参数比较，康复治疗床进行运动康复训练，存在价格高、操作难的缺点。总之，以上产品都存在对脑卒中早中期患者康复训练针对性不强、功能较单一等不足，无法满足脑卒中早中期患者康复需求。

1.3 社会"痛点"

脑卒中早中期患者肌张力逐渐增高，肢体呈强制性收缩，出现痉挛、腱反射亢进、异常运动模式等，导致人工康复难度大、成本高，步态等被动训练基本无法完成。目前脑卒中患者主要采用治疗师一对一人工康复治疗，徒手指引和帮助患者进行抬升或屈伸运动，每个患者每个部位平均训练30分钟，每个治疗师平均每天需接待20名患者，康复治疗过程单调乏味、劳动强度大、效率低，特别是脑卒中早中期患者很多康复训练人工无法完成，这也是影响脑卒中患者功能恢复而致残的最主要原因之一。

1.4 项目规划

第一阶段（1—2年）：针对康复医院和养老院对运动功能障碍患者的康复需求，完善临床版康复治疗床的功能，立足湘潭、面向长株潭。

第二阶段（3—4年）：针对居家运动功能障碍患者的康复需求，开发临床旗舰版的康复运动治疗器械，如下肢康复器、上肢康复器等。辐射全省推广产品，并成立智引医航科技有限责任公司。

第三阶段（5—6年）：针对城市白领等长期办公缺乏运动的亚健康人群，开发集按摩与运动休闲一体的旗舰版康复治疗床并向全国进行推广。

二、项目背景

2.1 政策背景

《国务院关于加快发展康复辅助器具产业的若干意见》中提出，围绕老年人、残疾人和伤病人多层次、多样化的需求，一是增强自主创新能力。激励创新人才，搭建创新平台，促进成果转化，提高康复辅助器具产业关键环节和重要领域创新能力；二是促进产业优化升级。优化产业空间布局，促进制造体系升级，大力发展生产性服务，提高国际合作水平，推动康复辅助器具产业向中高端迈进；三是扩大市场有效供给。培育市场主体，丰富产品供给，增强服务能力，加强质量管理，打造“中国制造”品牌；四是营造良好市场环境。完善法规政策体系，发挥标准导向作用，维护良好市场秩序，平等保护各类市场主体合法权益。

国家卫生计生委办公厅、国家中医药管理局办公室制定的《脑卒中综合防治工作方案》中明确指出应“结合脑卒中防控实际需求，遴选成熟有效的脑卒中预防、诊疗、康复保健、中医药等适宜技术，加快科技成果转化和应用推广”，带来了发展的新机遇。

2019年5月28日，加快发展康复辅助器具产业部际联席会议第三次全体会议在京召开，会议指出，要完善扶持措施，充分激发各类市场主体活力和创造力，不断加快产业发展，让人民用得上、用得起、用得好康复辅助器具产品，满足其日益增长的美好生活需要。

2.2 行业背景

2016 年至 2020 年，我国医疗器械的市场规模年复合增长率达 20%左右。随着人们生活水平的提高、人口老龄化的加剧，康复器械作为提高失能者及老年人生活质量的重要工具，必将在全球范围内愈来愈受到重视，市场业务潜力巨大。

三、产品介绍

3.1 产品简介

智能仿行走康复治疗床适用康复中心、医院、疗养院等，提供舒适、安全、系统化的康复运动治疗，融合了康复医学、生物力学、机械力学、电子学、计算机科学等技术。集倾斜、起立、按摩、理疗、智能步行、生理指标检测等功能于一体，可自动升降、调整体位，以及脚步受力情况，模拟仿真行走、操控肢体运动，进行头、颈、躯体、四肢的康复训练，具有预防骨质疏松、维持肌肉活性、改善血液循环等作用。功能全面，能进行科学、合理、有效的康复训练，并采用智能监控设备，基于 5G 与各种移动终端设备进行远程智能控制。

3.2 产品功能

3.2.1 自动升降

由电动推杆拉伸顶杆，顶杆带动主杠杆并带动托架，托架托起坐垫，使运动床整体上升。

3.2.2 颈部康复

通过头部电动推杆带动头部床垫对康复者的颈部进行康复，颈前屈时活动胸锁乳突肌，后伸时活动斜方肌、头夹肌、颈夹肌、骶棘肌、颈棘肌、肩胛提肌。

3.2.3 躯干康复

由腰部电动推杆拉伸腰部床垫，可以让康复者坐位、仰卧位、半卧位，对康复者进行腰部康复，屈髋时活动髂腰肌、股直肌，髋后伸时活动臀大肌、半腱肌、半膜肌、股二头肌长头，躯干前屈活动腹直肌，躯干后伸时活动胸髂肋肌、腰髂肋肌、胸棘肌、腹直肌、骶棘肌、腹内斜肌、腹外斜肌。

3.2.4 肩部康复

机械驱动肩水平和上下进行康复运动，前屈时活动三角肌、喙肱肌，肩后伸时活动三角肌后束、大圆肌、背阔肌。

3.2.5 关节康复

机械带动大腿与小腿通过关节屈伸完成腿部运动，屈膝时活动股二节活动范围、疼痛得到改善，防止肌萎缩，避免关节僵硬、关节活动响声等问题。

3.2.6 体位调整

自由任意位置控制床体升降以及各部位的弯曲程度，可避免康复者脊柱侧弯、长期受压，压迫神经根和硬膜囊而出现腰腿疼痛、麻木等症状。

3.2.7 整体行走

手脚协调运动进行仿真人体行走功能，可调节康复患者协调运动、锻炼平衡功能、使患者早日回归正常生活，缓解肢体麻木。

3.2.8 自动落脚

踏板加塔簧的组合给康复者脚踏实地般的感觉。可防止脑瘫患者足下垂、内翻、内收，增加胫前肌、胫后肌、股四头肌、比目鱼肌、腓肠肌肌力。

3.3 产品优势

3.3.1 功能丰富

采用现代仿生原理为设计依据，针对头、手、腿、腰多方面进行康复治疗，可模拟行走、体位调节等整体性动作。并可通过自动检测人体参数，来调节运作时的状态。为方便医护人员，床体可上下调节。

3.3.2 操作便捷

集遥控器、语音控制功能于一体，实现基于微电脑的控制设计，有效提高了产品操作的智能度，简化了人工操作的烦琐。极大地实现了智能化、一体化，真正地实现了效率的提高。

3.3.3 安全可靠

针对治疗对象的特殊性，产品设计时在头、颈、腕、腿等部位，添置了护板及安全绑带等配件提高安全性，更有检测仪器在危险时发出警报，可有效防止患者受到二次伤害。

3.4 功能模块

3.4.1 核心控制模块

核心控制模块的组成：STC 单片机通信系统、传感数据控制电路、语音与遥控解码电路、红外探头、位置传感器、角度传感器等。

核心控制模块的工作原理：当有患者需要康复运动治疗时，可使用红外遥控器选择需要运动的部位，运动部位选择好之后，使用红外遥控器发出运动指令，语音与遥控解码模块开始对红外遥控器的指令进行解码，同时发出语音提示，说明当前运动状态。同时，语音与遥控解码模块开始与驱动模块进行串口通信，将需要执行的控制命令发送给驱动模块。

3.4.2 驱动模块

驱动模块的组成：STC 单片机通信系统、电机驱动电路、电动推杆、直流电机、交流电机等。

驱动模块的工作原理：驱动模块接收到核心控制模块发送的运动指令之后，开始驱动电动推杆、交流电机、直流电机，完成相应的动作。传感数据控制电路将位置传感器、角度传感器采集到的运动数据进行处理，通过串口通信将数据发送给驱动模块，实时监测运动角度是否达到设定值。

3.4.3 供电模块

供电模块的组成：AC220V 输入端口、AC220V 转 DC+24V，DC+5V 电路、电源稳定电路、电源输出接口等。

供电模块的工作原理：利用开关电源控制技术，将 220V 交流电转换为 +24V、+5V 直流电。

3.4.4 安全固定模块

安全固定模块的组成：左右头部运动护板、腰部安全绑带、左右大腿安全绑带、左右小腿运动护板等。

安全固定模块的工作原理：利用运动护板以及安全绑带的固定作用，使患者在使用的过程中不会发生意外跌落，提高了设备的使用安全性。

3.4.5 托架模块

托架模块的组成：床体（头部活动板、手臂活动板、背部活动板、腰部活动板、臀部活动板、腿部活动板、足部活动板）、床体活动支架、床体底座等。

托架模块的工作原理：托架模块的机械结构是根据人体工学以及行走原理设计而成，安装在托架模块各部分的电动推杆、交流以及直流电机，在驱动模块的控制下，输出设置好的行程动作，进而实现仿行走治疗功能。

3.5 产品结构

本产品主要由十二块医用床板、推动伸缩杆、三个步进电机、滑轮底座、承重脚踏板、智能控制系统、人体生理检测系统等部分组成。主要结构模块有：（1）床架；（2）主杠杆；（3）连杆；（4）托架；（5）顶杆；（6）电动推杆；（7）直流电机；（8）驱动齿轮；（9）水平同步齿轮；（10）左凸轮；（11）颌心轮轴；（12）驱动齿轮；（13）垂直传动轮；（14）右踏脚支架；（15）电控箱；（16）左踏脚支架；（17）主杠杆；（18）主杠杆；（19）主杠杆；（20）直流电机；（21）腰部电动推杆；（22）左底板电动推杆；（23）右底板电动推杆；（24）下肢左电动推杆；（25）下肢右电动推杆；（26）滑轮；（27）连杆；（28）水平同步齿轮；（29）驱动齿轮；（30）右凸轮；（31）直流电机；（32）头部左护板；（33）头部右护板；（34）头部床垫；（35）右臂床垫；（36）左臂床垫；（37）腰部床垫；（38）右腿坐垫；（39）左腿坐垫；（40）右下肢护板；（41）右下肢床垫；（42）左下肢床垫；（43）左下肢护板；（44）头部底板；（45）肩膀关节右底板；（46）腰部底板；（47）肩膀关节左底板；（48）坐垫右底板；（49）坐垫左底板；（50）下肢右底板；（51）下肢左底板；（52）头部电动推杆。

3.6 工作过程（以下括号内是对应结构模块的序号）

3.6.1 智能运动床整体上升过程

电动推杆（6）推动顶杆（5）带动主杠杆（2）（17）（18）（19）和托架（4），托架（4）与左臂床垫（36）、右臂床垫（35）连接左腿坐垫（39）、右腿坐垫（38）然后使运动床整体上升。

3.6.2 手臂水平摆动过程

直流电机（7）带动驱动齿轮（8）与水平同步齿轮（9）带动肩膀关节左底板（47）连接左臂床垫（36），同时直流电机（31）带动驱动齿轮（29）与水平同步齿轮（28）带动肩膀关节右底板（45）连接右臂床垫（35）进行双手水平摆动。

3.6.3 手臂上下摆动过程

直流电机（20）带动驱动齿轮（12）和垂直传动轮（13），通过颌心轮轴（11）带动左凸轮（10）和右凸轮（30），牵引肩膀关节左底板（47）和肩膀关节右底板（45）连接左臂床垫（36）与右臂床垫（35）进行手臂上下协调康复运动。

3.6.4 头部运动

电动推杆（6）通过拉伸头部底板（44），连接头部床垫（34）进行头部位置调节和康复运动。

3.6.5 腿部行走舒展运动

由左底板电动推杆（22）与右底板电动推杆（23）通过分别拉伸坐垫左底板（49）与坐垫右底板（48），下肢左电动推杆（24）与下肢右电动推杆（25）通过分别拉伸下肢左底板（51）与下肢右底板（50）实现整个腿部的运动和关节运动。

3.6.6 整体仿行走过程

首先左底板电动推杆（22）顶起坐垫左底板（49），同时下肢左电动推杆（24）拉伸下肢左底板（51），右底板电动推杆（23）顶起坐垫右底板（48），同时下肢右电动推杆（25）拉伸下肢右底板（50）。然后直流电机（7）带动驱动齿轮（8）与水平同步齿轮（9）带动肩膀关节左底板（47）连接左臂床垫（36），同时直流电机（31）带动驱动齿轮（29）与水平同步齿轮（28）带动肩膀关节右底板（45）连接右臂床垫（35）进行仿人体行走康复运动。

3.7 治疗模式

本设备采用步态训练模式防止脑卒中患者长期制动产生体位性低血压，提高患者的下肢负重能力，平衡能力和上下肢协调功能，抑制痉挛模式，输入接近正常步态参数的运动，加速大脑中受损神经的网络重建，对患者的下肢肌肉产生刺激作用，同时对患者受损的感觉神经进行促进，因其以床的形式在三种不同体位下运动，所以给予患者足够的安全感。

3.7.1 平躺式

适用于脑卒中软瘫期或其他神经疾病生命体征平稳后的早期。此期患者下肢无负重能力，运动属于被动运动，可以保存下肢肌肉围度，促进患者下肢肌肉泵的功能，为患者后期康复储备功能。

3.7.2 坐立式

适用于脑卒中痉挛期，下肢负重能力差，或中枢神经受损后体位性低血压治疗期。可以实施循序渐进的适应性训练，根据患者的能力逐渐增大倾角，预防压疮等。

3.7.3 斜立式

适用于各种适应症的痉挛期或恢复期，下肢负重能力提高。输入接近正常的步行数据，促进大脑神经网络重建。锻炼下肢髂腰肌、股四头肌、腘绳肌、胫前肌、小腿三头肌等的功能。

3.8 产品参数

产品自重185kg，承重可达260kg；长1.95m，宽0.7m，高0.46m至0.76m可调；工作电压220V，最大工作功率350W；头部上下18°可调运动，腰部在20至70°可调运动，手臂左右30°平移，上下45°摆动，腿部可智能仿行走。

3.9 产品特色

3.9.1 生理指标控制治疗

新型智能康复治疗床使用了目前最先进的生理指标自动检测功能（如血压、脉搏、体温等）。此检测功能不仅可以检测各项人体生理参数的数值，还可以根据机器测得的数值进行自我康复程序的调整（如床面倾斜的角度、步行的速度等），大大地减少了护工和病患家人的工作量；同时因其拥有危险报警功能，使康复更加安全，有效地弥补了市场同类产品的不足，更加体现出它的人性化、高效性、智能性。

3.9.2 渐进倾斜仿真行走智能设计

我们所研发的新型智能康复治疗床除具备了与市场中同类康复理疗床等同的功能外，还设计了针对人体实际感受所研发的仿真行走功能装置，仿真行走装置采用了双电机协同和转换阀门设计，其床面可以在0°～60°的范围内倾斜，让患者在不同的负重能力下都可以进行步行训练或锻炼，其中各关节的运动角度参数设计，与人正常行走的参数完全一致。同时该新型智能康复治疗床的手脚协调行走功能，带给人的体验是和真正的自由行走一样。

3.9.3 步态训练

步态治疗训练法分为平躺式、倾斜式、站立式三个模式。适用疾病有脑卒中、脑瘫、脊髓损伤、截瘫等。其中脑卒中又分为软瘫期、痉挛期、恢复期三个时期，而脑卒中软瘫期在生命体征平稳下最好是平躺式步态训练，利用生物力学、人体动力学、人体运动学原理锻炼竖脊肌、背阔肌、斜方肌、肩胛提肌等肌肉，使肌肉活力达到顶峰，确保患者恢复后行走时躯干可保持正直。

3.10 竞品分析

通过淘宝、京东等电商平台和企业网站了解治疗脑卒中相关设备的功能与参数，常见有下肢康复器、按摩治疗床、电动起立床，并将本产品与相关产品参数比较。

3.10.1 电动直立床

电动直立床由训练床框架、扶手桌面、固定带、站立板、床面板及角度调节装置六部分组成。站立训练时，使用人平躺在床面上，床面板及固定带和扶手桌面可以使患者固定在桌面上，床面板通过角度调节装置可改变人的身体姿态，可以由“0°卧姿”逐渐变化为“90°站姿”，调节角度可以随意选择。

3.10.2 多体位治疗床

多体位治疗床可分成1~9段，各段均装有气动弹簧，可调节角度，可以使用多种方法安全有效地治疗病人，对颈、胸、腰椎病患者有显著的治疗效果。床面装有气弹簧扶手，升降可调，平面旋转360°，方便患者舒适体位。腿部采用分离式，可提供患者单个下肢独立完成各种康复训练。

3.11 生产计划

本产品目前尚处于样机试验阶段，项目研发前期以技术为基础，集中投入人力和物力，专注于对脑卒中患者康复产品的开发与生产。在与工厂合作的基础上，应用代加工方式完成成品的试制、生产与检测。

在产品的研制过程中不断进行技术改进、优化，完成产品性能和质量检验测试，并逐步推入患者家庭和基层医疗卫生机构。

四、市场分析

4.1 市场机会

脑卒中是我国成年人致死和致残的首位原因，随着社会老龄化和城市化进程加速，居民不健康生活方式流行，心血管病危险因素普遍暴露，我国脑卒中疾病有爆发式增长的态势，并呈现出在低收入群体中快速增长、性别和地域差异明显以及年轻化趋势。

4.2 市场容量

据前瞻产业研究院发布的《中国康复医疗行业发展前景与投资预测分析报告》统计数据显示，预计到2022年中国康复市场规模将达到1000亿元。随着中国老龄人口逐年增加，医保政策对残疾人以及住院患者的覆盖度提高，未来“预防、治疗、康复”的理念将更深入人心。

4.3 市场细分

4.3.1 康复市场

《2020年中国残疾人事业发展统计公报》显示，截至2020年底，全国有残疾人康复机构10440个，其中残联系统康复机构2550个。康复机构在岗人员达29.5万人，其中，管理人员3.1万人，业务人员21.3万人，其他人员5.1万人。

4.3.2 医疗市场

按照《综合医院康复医学科建设与管理指南》和《康复医院基本标准（试行）》的要求，将有约1万家综合医院须新建康复科，如果按照平均每家医院需要购置康复器械的费用为100万元~200万元计算，市场规模将超100亿元。

4.3.3 教育市场

《“十四五”特殊教育发展提升行动计划》指出，到2025年，普及程度显著提高，适龄残疾儿童义务教育入学率达到97%，义务教育阶段特殊教育生均公用经费补助标准提高至每生每年7000元以上。

五、营销计划

5.1 目标市场

由于公司的客户主要是医院以及康复医疗机构，后续延伸为家庭场所，前期非单个消费者，因此，我们的目标市场为产业市场。项目初期面向长株潭，在区域市场上，将全国划分为东北、华北、华中、华南、华东、西北、西南七大区域，先进入大中城市，后攻占小城市，凭借领先的科学技术，在适当的时候进入国际市场。

5.2 产品分类

目前设计了临床版三种型号产品，分别为临床基础版、临床豪华版、临床旗舰版。本公司将始终致力于医疗康复产业，走“精工低价”的发展之路，成功开发具有自主知识产权的“智能运动康复治疗床”系列产品。

5.3 销售渠道

拟采取的销售渠道有两种：自建营销网络、战略联盟。

5.3.1 自建营销网络

建立以湖南为中心的销售网络，将全国划分为东北、华北、华中、华南、华东、西北、西南七大区域，每一区域设一个分销中心，由区域分销中心组织开发市场，并且负责监管这一区域工作和二级网络的建设。销售网络的建立原则是为客户提供最高效率的服务。

5.3.2 战略联盟

公司将与同行业康复治疗器械公司联合推出多种康复治疗方式，建立以销售联盟方式为主的战略联盟，以求增强自身规模、扩大市场份额；同时，公司还将与其他行业建立以市场共享联盟方式为主的战略联盟，以求优势互补、互利互惠。

5.4 价格策略

公司采用分等级销售：根据产品功能的完善及产品质量，分为临床基础版、临床豪华版、临床旗舰版三个等级进行销售，每一等级商品价格不同，功能不同，消费者可视实际情况选购。我们初步将临床基础版价格定为19800元每台，临床豪华版价格定为24800元每台，临床旗舰版价格定为35888元每台。

5.5 推广策略

5.5.1 人员推销

由于我们的客户主要是医院以及康复医疗机构等，初期公司的推销方式以人员推销为主。在发展中后期，则调整促销方式，将人员推销与适当的营业推广方式有机地结合起来。

5.5.2 广告

由于产品的特殊性，我们将从以下几个方面展开广告宣传工作。

5.5.2.1 直接邮寄宣传

直接邮寄具有针对性强、实效性强、费用低的特点，我公司将广泛开展邮寄活动，以获得更多市场机会。

5.5.2.2 公益广告宣传

根据本公司产品不适合直接在媒体上做广告的特点，本公司将在媒体上展开各类公益广告，从侧面进行宣传。

5.5.2.3 网络推广

借助互联网平台最短时间内使产品最大化融入市场。

六、团队介绍

团队创建于2019年，在指导老师的带领下，由各专业多名优秀学生组成，团队成员都是各自专业的佼佼者，具有丰富的学识和强大的学习能力，在校期间共斩获80余项各级奖励。团队结构合理，成员优势互补。同时，团队成员均有丰富的社会实践经历，经验丰富，有一定的管理能力和团队协作能力。

6.1 组织结构

早期组织架构为：设公司负责人一名，下设技术部、财务部、营销部、运营部四个部门负责人，采取严谨的机构管理。

6.2 专家团队

戴厚德，中国科学院大学博士生导师、研究员。现任泉州装备制造研究所课题组长、研究员，首批福建省引进高层次人才海外B类、福建省科技创新领军人才、泉州市高层次创新创业人才计划入选者，获得授权专利14项，主持国家自然科学基金青年基金，自2015年以来获得竞争性经费1000多万元。

谭建中，医学硕士，硕士研究生导师。大肿瘤科学科带头人。先后获得“湘潭市十大杰出青年”、“湖南省青年五四奖章”、“湘潭市优秀专家”、首届中国医师节“湘潭好医生”、“湘潭市D类人才”等多项荣誉。

6.3 指导老师

第一指导老师蒋求生，副教授，硕士，嵌入式系统工程师，医疗器械工程师，电气自动化专业，研究特长为智能控制，指导学校创新创业孵化基地项目1项，指导学生参加国家级竞赛获奖11人次，申报专利9项。

第二指导老师黄菊，副主任护师，美国旧金山太平洋医疗中心访问学者，研究特长为老年康复护理、护理管理、护理教学等。从事康复护理、护理管理、医院管理及教育教学工作17年，在老年康复护理方面有丰富的临床实践经验。主持或参与省市级科研课题7项，发表论文6篇。

第三指导老师肖云波，讲师，学士，计算机科学与技术专业，研究特长为软件开发和数据库管理，主持4项横向课题、2项校级课题和1项实用新型专利，参与1项湖南省教育科学“十三五”规划课题和1项湖南省教育科学研究工作者协会课题，指导1项学生校级课题。

七、发展规划

7.1 公司规划

为实现公司战略目标，公司在未来三年内将一直以全球化战略为核心，以品牌战略、精细化营销战略、技术创新和人才战略、信息化战略为支撑。

7.2 项目规划

7.2.1 项目研发规划

第一阶段（1—2年）：针对康复医院和养老院对运动功能障碍患者的康复需求，完善临床版康复治疗床的功能，立足湘潭、面向长株潭。

第二阶段（3—4年）：针对居家运动功能障碍患者的康复需求，开发临床旗舰版的康复运动治疗器械，如下肢康复器、上肢康复器等。辐射全省推广产品，并成立智引医航科技有限责任公司。

第三阶段（5—6年）：针对城市长期办公缺乏运动的亚健康白领人群，开发集按摩与运动休闲一体的旗舰版康复治疗床并向全国进行推广。

7.2.2 项目生产规划

第一阶段（1—2年）：初期利用科研项目经费生产出第一代产品，投入临床试验阶段。

第二阶段（3—4年）：投入市场一定时间后收集反馈，优化模块精细化程度和提升产品质量，逐步实现自主生产，生产出二代产品。

第三阶段（5—6年）：提高生产能力，扩大生产规模，致力于集按摩与运动休闲一体的旗舰版康复治疗床的生产。

创业项目三

“吐得快”

——小儿气道异物窒息急救仪

一、创始人介绍　陈晨曦

陈晨曦，女，汉族，2000 年出生，湖南株洲人，湘潭医卫职业技术学院 2018 级临床医学专业。2019 年带领同届学员成立“吐得快”团队，带领团队研发产品——“吐得快”小儿气道异物窒息急救仪。项目荣获湖南省卫健委副主任祝益民、中科院博士生导师戴厚德亲笔推荐，并先后得到了多家媒体报道。团队荣获首届湖南省医学技能创新创业大赛一等奖、2019 年湖南省黄炎培职业教育奖创业规划大赛二等奖、第九届“挑战杯”湖南省大学生创业计划竞赛银奖、2020 年湘潭市创新创业大赛铜奖、第四届“中国创翼”创业创新大赛岳塘区选拔赛一等奖等众多奖项。陈晨曦被评为 2020 年度“百优十佳”学术科研之星。

二、“吐得快”创业项目的起源

“健康所系，性命相托……”在庄严的医学生誓词中，我踏进了湘潭医卫职业技术学院这座神圣的医学殿堂。从此，我叩开了悬壶济世的大门，踏上了救死扶伤的征途，开始与病魔斗争，与死神赛跑，为肩上沉甸甸的生命而努力！成为一名受病人尊敬的好医生是我从小奋斗的目标。学校老师也一直教导我，要从身边的小事做起，从细节做起，时刻谨记自己是一名治病救人的白衣使者，要用自己微薄之力，为祖国的医学事业贡献自己的一份力量。

身为“00后”，我也是一名手机控，但并不是玩游戏、刷剧之类，很多人都觉得很不可思议的是，我居然喜欢刷新闻，今日头条、腾讯新闻、新浪微博、澎湃新闻……各种新闻App（手机应用软件）是我手机里的常用软件。也就是在日常刷新闻的过程中，我经常看到儿童因异物窒息意外死亡的新闻。作为一名临床医学学生，每当看到此类新闻时，我就会陷入深深的沉思中：孩子是每个家庭的希望和未来，每一个儿童意外死亡的背后都是一个悲痛、破碎的家庭。这也让我不禁想了解得更多，想着我是否能做些什么？

于是，我开始反复查阅相关资料，竟悲痛地发现，我国每年有5万名儿童因意外伤害而死亡，其中因气管异物堵塞引起意外窒息而死亡的儿童有超过5000名。如坚果、硬币、纽扣、笔头、笔帽这类异物卡在了气管里，引起呛咳、喘气等一系列呼吸困难的表现，甚至导致窒息死亡。根据2009年至2019年的不完全监测数据显示，这十年间“意外窒息”一直是6岁以下儿童死亡原因的前两位，而低龄儿童相较成人更容易窒息死亡，是因为儿童气管直径比成人的小得多，是成人气管直径的0.5倍，加之儿童天性好玩，即便是很小的颗粒被误吞入或吸入，都极可能阻塞气道，导致窒息。这些数据让我瞠目结舌。

对于恐怖的数据，面对无助家庭，到底有没有什么方法，可以降低儿童因为异物窒息而致残或死亡的可能性呢！当儿童因意外情况导致气道异物窒息时，儿童家长如果没有专业的医学知识及技能，有什么简单、快捷、有效的办法可以从容处理，从而挽救儿童的生命。另外，我还惊奇地发现：很多儿童突发气道窒息意外案例常常因错失抢救的“黄金四分钟”而失去生命。

面对这一悲痛的现象，我不禁暗暗下定决心：我一定要利用自己的专业知识及能力，解决这个难题，发挥医学生的价值，为社会做出自己的贡献。

我开始利用空暇时间，走访学校附近的幼儿园和中小学。依稀记得，从2019年春季开始到临近暑假，历经三个多月的实地走访，我累计收获了一千多份调查报告，也因此获得了真实可靠的第一手资料。通过统计、分析，我发现儿童家长、幼儿园老师、中小学老师等对小儿气道异物窒息急救知识的了解相当匮乏，有些虽然经过培训，但很快就忘记了；有些只是听说过有相关的急救方法，但不知道如何实施；还有一些人根本就不知道从何入手。

于是，我把自己了解到的情况和自己的想法同赵蔚林、郭玲两位指导老师交流，得到了两位老师的高度认同。老师们和我一起进行了深入分析及总结，得出以下结论：第一，作为医学生，我们应努力提高社会公众对预防小儿气道异物窒息相关知识的认知水平；第二，要增强社会公众处理小儿气道异物窒息的能力；第三，经过调研，我们发现目前市面上没有针对小儿气道异物窒息的急救仪，这是市场的空白领域。我希望能够利用自己的专业知识，开发一款简单、有效、实用的气道异物窒息急救仪，帮助无任何医学知识的家长及老师，通过“傻瓜”式的操作，快速、安全处理小儿气道异物窒息。

当看着这些结论，我无比兴奋、彻夜难眠，感觉自己在做一件对于我的人生意义非凡的事情。在近三个月的实地走访、调研中，我发现了平常生活中的空白点，这也是每个育儿家庭的“痛点”。目前市场上诸如此类的产品非常缺乏，近乎空白，如果我能利用自己的专业知识，开发一款小儿气道异物窒息急救仪，像“守护神”一样守护着每个儿童的成长，那将是一件多么有意义的事情啊！但是兴奋同时，我又感到深深的焦虑，作为一名临床医学专业的学生，要想设计这款急救仪，必须得到设计学、人体工程学、材料学等多个学科的专业人士支持，仅凭我一人之力根本无法完成。幸运的是，当我周围的小伙伴们知道后，都毫不犹豫地加入团队，而校领导、指导老师也不断为我的想法出谋划策、攻克难关。

至今回想，还是会感叹：贯彻“黄金4分钟”急救理念，开发一款小儿气道异物窒息急救仪，守护千家万户儿童的生命，竟成了我整个大学生涯不懈追寻的目标。

三、项目发展过程中的关键点

抽丝剥茧，论证项目实施可行性

刚开始，我整天在学校图书馆里冥思苦想，广泛查阅相关文献资料，分析相关数据，但始终找不到论证的依据。那时我感觉一天的时间很长很长，每天很迷茫、很惆怅、很痛苦，不知道自己的想法到底是不是社会的“痛点”、真需求，还是我自己的天马行空、不符合实际的想法。我每天不断问自己，到底要不要坚持，坚持是否会有意义，慢慢地，内心信念逐渐开始松动，心中也有了放弃的想法。正当我内心迷茫、徘徊，不知如何进一步推进项目的时候，赵蔚林老师推荐了《医药高价值专利培育实务》一书给我，还跟我说：“医学研究之前，你可以先查阅他人的研究成果，找出空白点，再脚踏实地、实事求是地调研分析，然后再得出结论，推出自己的想法和产品。”这就像给我注入了一剂强心针，暗室逢灯的幸运感扑面而来，我又看到了希望。

于是，我们团队利用休息日在一起进行各种研讨，正如书中所讲，在研发立项阶段，需要充分利用专利分析的手段寻找市场空白点以及技术突破口。专利分析就是通过检索等手段，对获得的专利信息进行科学的加工、整理与分析，经过深度挖掘与缜密剖析，转化为具有较高技术与商业价值的可用信息。通过研讨，团队成员逐渐有了更加清晰的方向。

为了进一步论证该急救项目的可行性，我们在赵蔚林、郭玲两位老师的带领下，对市场进行了调研。短短一个月时间，我们就走访了湘潭市的各大急诊、耳鼻喉科，也从调查中得知，仅湘潭市第三人民医院一家医院的耳鼻喉科在2019年就做了213例气管异物手术，其中2例有纵隔气肿，4例出现四度喉梗阻，1例窒息，而199例病人都不到4岁。我们还了解到，纵然是心肺复苏这样已经在社会上推广多年的急救技术，普及率也仅在1%左右，对比海姆利克急救法，知名度比心肺复苏更低的它，普及的难度和所需力度更是又上升了一个档次。通过实地调研总结，我们也基本确定：研发一款类似于AED自动体外除颤仪的小儿气道异物窒息急救仪，目前已经势在必行。

为了排除“伪痛点”和“伪需求”，避免闭门造车的窘境，我们又继续进行更深入的市场调研。在指导老师的带领下，走访了湖南省多个幼儿园、社区、游乐园等儿童聚集场所，我清晰地记得，那段时间我们合计发放了5000多份的问卷调查。然后通过对问卷调查的总结分析，又得出了一些结论：目前人民群众对气道异物窒息解决方法的相关知识是匮缺的，很多家长或儿童的监护人在小儿气道异物窒息的情况发生时，不能且不知道怎样第一时间正确处理，从而错失了黄金的抢救时机。我们就是在这样不断地实地走访和问卷调查中，一步步排除“伪痛点”和“伪需求”，找出了“真痛点”和“真需求”，这无疑为项目的推进打下了坚实的基础。

臻于至善，制作产品设计图

创业意味着付出和冒险，也意味着失败和挫折，但首先就必须要有付出。由于产品设计阶段要全面确定整个产品策略、外观、结构、功能，从而确定整个生产系统的布局，因而，产品设计的意义重大，具有“牵一发而动全局”的重要意义。于是，我充分利用临床学院仿真实训中心的科研设施，在带教老师的指导下，利用课余、假期等空暇时间，找文献资料、做临床试验，反复论证及实验，最终将这款产品准确定位于6岁以下的儿童。为了让产品更符合该年龄段的儿童体型，首先我们利用临床仿真实训中心的儿童模型，进行三维建模，对于硅胶吸盘大小、动力装置的初步设置、卡扣的规格、魔术贴带的材质及尺寸等进行了初步设计。

在模型初步设计定稿后，我又开始了疯狂查阅资料的过程，每天穿梭于图书馆和教室，寝室倒成了旅馆一样，匆匆睡一觉罢了。大脑一边吸收一边输出，不知道死了多少脑细胞，只为完善产品设计图。就这样，我又根据有关6岁以下儿童的体型变异情况，针对每个个体的差异，对设计图进行了修改，让其满足更多的儿童需求。为了让产品更好地贴近当代儿童体型及身高，我们团队又开始了为期半年的实地调研。我们带着设计初稿图及测量设备，调研了湘潭市中心医院、湘潭市妇幼保健院、湘潭市第一人民医院、湘潭市第二人民医院、湘潭医卫职业技术学院附属医院、湘潭县人民医院、湘潭县妇幼保健院等多家医院，甚至还有幼儿园及保育机构，就是为了获取更多6岁以下儿童的体型、身体发育情况。

在这半年的调研中，我们累计收获调研报告2万余份，记载了最真实、最准确的当代6岁以下儿童的体型、身体发育情况，也了解到，近年来由于社会经济发展，为儿童的生长发育提供了良好的条件，现在的儿童较以前的更肥胖，身高要更高，腹围要更大些。根据调研反馈的数据，在指导老师的带领下，我们再次通过三维建模，逐一对原有设计图进行了修改，让其更好地满足更多的儿童体型，提高使用过程中的舒适度，并进一步提高急救仪的成功率。在调研过程中，我们遇到了很多困难，但我始终深信：多取经、多探索，勇敢尝试，相信办法总比困难多。多发问、多求知，才能做到胸有成竹，心中有底！

精益求精，选择固定装置

固定装置的主要组成部分是吸盘、塑料卡扣及腰带，吸盘直接和儿童的身体接触，因此要求比较高，必须是无毒且无刺激性，并符合国家标准。通过实验，我发现其对质地要求比较高，质地不能太软也不能太生硬，如太软不能支持吸盘的力度，太硬的话，将对儿童有第二次损伤。秉持着精益求精的原则，我们在市面上购买了各种各样的材料，例如聚四氟乙烯、聚酰胺、聚丙烯、有机硅胶等，经过多次实验，我们发现市面上的常用材料都不能符合我们的设备要求。材料不达标，将不能进行进一步推进，项目进入了停滞状态，让我有点心灰意冷。

我们将面对的困难第一时间对组织进行了汇报，学校领导知道该情况后，及时联系了湖南工程学院的李文峰教授，让李教授指导我们的材质选用。在李教授的帮助下，我们在湖南工程学院的材料实验室反复试验，终于发现一种新型的高活性分子材料可用来制作急救仪的吸盘，该材料完全符合我们的要求。该材料能一定程度上缓冲发力与儿童受力的相互作用力，更加保护儿童的身躯，提高患儿的耐受度。塑料卡扣是可调节式卡扣，可以更加方便地佩戴此产品，简单易操作，在危急时刻尽量缓和了使用者的慌张状态。腰带的材质是帆布，并且我们在产品两端采用了松紧材质，并绘制卡通图案，方便调节，使不同年龄段与不同体重的儿童，在使用该产品时都可以直接与身材完全吻合，极具人性化。根据人体工程学柔软契合儿童身材，紧密贴肤不伤肤。

这段反复试验、反复挫败、混沌中又重来的经历，让我深深地感触到，面对困难时，坚持是叩开成功人生的敲门砖。曾经一位哲人说过：“世界上能登上金字塔顶的生物只有两种，一种是鹰，一种是蜗牛。”不管是天资奇佳的鹰，还是资质平庸的蜗牛，能登上塔尖，极目四望，都离不开两个字——坚持！

夜以继日，设计动力装置

通过大量的前期工作，我深知要实现我们理想的产品使用效果，动力装置必须做到快、狠、准发力，使异物快速从气道冲击出来，恢复气道畅通，争取急救时间，还能弥补海姆立克急救法因施救者的力度、速度把握不准，造成二次伤害或进行无效抢救的致命缺点。

我们通过日日夜夜无数次的反复试验，终于发现一种无级变速装置，可做到无障碍调控力度。动力装置包括了电机、凸轮、电池、电控制板。该动力装置启动快、发力位置准确、力度合理。只要启动开关，就会触发 AI（人工智能）动力装置，并且可以自动调速，方便简单、易操作，避免施救者因力度、位置、速度把握错误，从而痛失急救时机。我们还给急救仪配备了 AI 智能振动芯片，AI 芯片控制无级变速装置，精准调控力度（最高可以达到 1 兆帕）和速度（最高可以达到 60 次/分钟），精准定位，以达到最佳的施救效果。而且只需一戴、一按、一取，操作简单。对于该装置，我们团队成员申请了专利保护，为他人的抄袭设置了一层壁垒。

功夫不负有心人，通过 1 年多的日夜奋斗，产品最终成型。从最开始的第一代手动冲击器逐渐发展至第四代全自动小儿气道异物窒息急救仪，团队为此付出了 500 多个日夜在实验室里没有节假日的艰辛。自己经历过才知道，任何成功都不是轻易获得的。不要总是看见别人的成功而忽略了别人的付出，当你萌生创新创业想法并为之准备时，除了选择自己擅长的领域，最重要的就是要有长时间的付出与坚持的精神。

团队的 500 多个日夜坚守，从启动、研发、优化、发力，产品完成了从手动冲击器到弹簧助力机再到目前的自动化装置的蜕变，并且已经获批专利。为了挽救生命，填补市场空白，“吐得快”小儿气道异物窒息急救仪这一产品应运而生，这个装置可以在小儿发生气道异物窒息时直接使用，快、狠、准地将异物冲出。该装置简单易操作、安全性高，可以在危机时赢得急救时间，避免悲剧的发生，为儿童健康撑起保护伞。

雪中送炭，拨开云雾见月明

学校推荐我们这个项目参加了创新创业比赛，让我有幸见识到了来自各地各高校的创新创业项目，观看了许多项目的路演和最后的冠军角逐赛，眼界得到很大的开阔，我们也认识了各高校优秀的大学生创业团队，了解了自身的不足。当面对强大的对手时，我们也曾迷茫过、自卑过，幸运的是刘晖教授伸出援助之手，夜以继日地帮我们整理资料、分析数据、修改产品、厘清思路。

她如同一盏明灯，照亮黑暗中的路；如同一丝阳光，驱散人心头的寒冷；如同一缕春风，滋润出希望的嫩芽。她指引我们，让我们不再迷茫，并给予我们前进、坚持的信念。千里之行，积于跬步；万里之船，成于罗盘。感谢她对我们团队的支持、鼓励、陪伴，让我们一步一步走到了今天，没有她就没有项目今天的成就。

“吐得快”小儿气道异物窒息急救仪团队所取得的成绩

首届湖南省医学技能创新创业大赛一等奖

2019 年湖南省黄炎培职业教育奖创业规划大赛二等奖

第九届“挑战杯”湖南省大学生创业计划竞赛银奖

2020 年湘潭市创新创业大赛铜奖

四、创业者陈晨曦的反思与经验

立足专业知识，仰望星空

在开始创新创业时，我遇到了很多困难，遇到困难后我总是不假思索地第一时间寻求外界的帮助，没有独立思考，分析解决困难的办法。这时我们的指导老师告诉我们：不要做意见或是现成答案的乞讨者，所有问题都应该自己寻找答案，所有的解答都在问题里，拿着别人的图，怎能找到自己的路，最重要的还是我们自己要思考。就这样，在指导老师的精心指导下，团队成员不断努力，团队的创新创业之路渐渐清晰。为了呈现一份完美的项目计划书，团队成员分工明确，各司其职，阅读了大量的文献资料后几易其稿。定期开会讨论交换意见，因为时间紧迫，即使白天大家都有课比较忙碌，也会在凌晨网上讨论交流一些具体的细节问题。

凌晨很静，一切都等待着黎明的到来，正是有了这无数个凌晨的努力，正是有了日日夜夜不断积累完善，“吐得快”才能等到时机来临时，破土而出！坚持自己的梦想，因为梦想需要坚持来实现。漫漫人生路，不如意者十有八九。怨天尤人，无济于事。只有在拼搏过程中，不断坚持，不断进取，不断超越，才能让我们的人生道路更加宽阔，让我们的生命更加美丽、绚烂。

做实社会调研，去伪存真

最开始的时候，我们很急于求成，就凭着自己的想象闷着头在宿舍看文献，分析整理资料，各干各的，结果前面两个星期一事无成。后来听了老师的建议，一步一步地来，先查阅文献资料，弄明白其中原理，再勤于思考，在文献资料中获得有用的信息，得到启发，然后再运用到自己研究的项目中，学会借鉴。

在项目的进程中，我们有时候会出现思维“停滞不前”的现象，这时候，耳边响起老师的教诲，不要着急也不要想着放弃，要试着换角度思考，发散思维多方位思考，作出大胆猜想，这时候你也许会有一种“柳暗花明又一村”的感觉。而大多数时候，突破思维禁锢的最有效的方法就是实地调研。在项目发展的过程中，占据极大时间比例的就是社会调研。做创新创业项目一定要多调研，实地走访，才能避免闭门造车，促进项目顺利推进。

我们从社会、家庭的“痛点”出手，立足本专业，充分调研湘潭市中心医院、湘潭市第一、第二、第三人民医院，发现其儿科和急诊医师均表示未曾了解市场上有此类型儿童急救产品。于是，我们又走访湘潭市内多家知名的医疗器械公司，当时公司负责人也均表示未曾知晓市面上有此类儿童急救产品。另外，通过线上查询国家知识产权局官网，未查询到任何一款产品专利与儿童气道异物窒息有关，各大搜索引擎（谷歌、百度等）以及专业的学术网站（知网、万方、维普、PubMed）均未搜索到与儿童气道异物窒息有关的急救产品。这一调研结果给了我们信心，如果朝着这个方向努力下去，可能会有结果。在这个过程中，我发现创新点可以从很多方面着手，不一定要很高深很前沿的东西，只要不是照搬别人的东西，生活中的点滴都值得我们思考。

发现市场空白后，我们又实地走访了长株潭多家幼儿园、多个大型社区，通过线下问卷调查，发现很多儿童的家长表示曾碰到相关的风险，大众都表达了很高的购买欲望。通过这一系列的社会调研，团队找到了努力的方向，决定从“痛点”着手，充分利用学校的资源，开发“吐得快”系列产品。就是在这样的过程中，我深刻地领悟到：作为一名医学生，应立足于专业知识，通过对日常生活中的仔细观察，发现人们生活中的“痛点”及需求，从小事做起，为社会做贡献。在销售、推广产品时，我们还充分利用自己的专业优势，进行气道异物窒息急救的相关知识培训，帮助更多的人掌握该项急救技能，推广急救理念，让急救知识走进千家万户，用自己的专业知识，回馈社会。

五、导师寄语

救命神器“吐得快”——小点子衍生大智慧！创新是时代发展的灵魂，国家提倡“大众创新、万众创业”，个人的进步、单位的发展、国家的富强都离不开科技创新。“健康所系、性命相托”是医学生的青春誓言！作为日后的医务工作者更是承载着护佑人民健康的神圣使命，人民群众对健康要求的不断提高需要我们在日积月累中不断更新知识，创新引领医学技术的发展。爱因斯坦说“提出一个问题比解决一个问题更重要”，人们也常说“没有做不到，只有想不到！”希望同学们多用心、惯用脑、勤动手，为健康中国贡献更多的青春力量与智慧！

——刘晖（湘潭医卫职业技术学院教授）

六、项目计划书

本项目计划书选自首届湖南省医学技能创新创业大赛一等奖作品“吐得快”项目（内容酌情修改）。

案例目录

一、项目背景
1.1 社会“痛点”
1.2 市场价值
二、产品介绍
2.1 产品名称
2.2 产品材料分析
2.3 产品功能亮点及原理
2.4 产品研发历程及创新
2.5 产品专利
三、市场分析
3.1 市场概况
3.2 市场机会
四、商业模式
4.1 营销方式
4.2 营销策略
4.3 资源能力
五、团队建设
5.1 团队简介
5.2 团队成员
5.3 团队指导
六、机遇与对策
6.1 机遇
6.2 风险与应对措施
七、发展规划
7.1 项目发展趋势
7.2 项目未来目标

案/例/正/文

一、项目背景

我的名字

在我国，意外伤害是儿童面临的最大生命威胁，其中因气道异物堵塞造成死亡的儿童比例占绝大多数。我们的项目产品是“吐得快”小儿气道异物窒息急救仪，它是利用“海姆立克急救法”原理设计的一款自动化急救仪器。

我的努力

本装置主要在低龄儿童遭遇气道异物窒息的紧急情况下发挥巨大作用，完美把握急救的黄金 4 分钟，为挽救患儿生命之路保驾护航。它集智能振动、操作简单、绿色环保于一身。团队日日夜夜，从启动、研发、优化、发力，产品完成了从手动冲击器到弹簧助力机，再到目前的自动化装置的蜕变，已经获批专利。

我的潜力

国家对急救行业越发重视。但市场上同类产品缺乏，急需高效率的急救产品，“吐得快”是第一款儿童气道异物窒息急救仪，将助力于儿童急救体系的完善。“吐得快”小儿气道异物窒息急救仪的背后是金子般4分钟急救理念，将会守护到千家万户幼儿的生命，其先进事迹受到多家媒体的宣传报道。

1.1 社会“痛点”

意外窒息是中国低龄儿童意外伤害的主要原因。每年有超过5000名的0~6岁的幼儿因意外窒息而夭折，而更多的幼儿因此终身残疾。

根据2009年至2019年的不完全监测数据显示，这十年间，“意外窒息”一直居于5岁以下孩子死亡原因的前两位。

0~5岁的孩子气管很细，即便是很小的颗粒被误吞入或吸入，都极可能阻塞气道，导致窒息。

我们团队在湘潭市的各大急诊、耳鼻喉科调查得知，平均每一年就要做200多例气管异物手术，而多数病人都不到4岁。

纵然是心肺复苏这样已经在社会上推广多年的急救技术，普及率也仅在1%左右，对比海姆利克急救法，知名度比心肺复苏更低的它，普及的难度和力度更是又上升了一个档次。出现一款类似于AED（自动体外除颤仪）的小儿气道异物窒息急救仪，目前已经是势在必行。

1.2 市场价值

为了解决“不会救、不便救、不敢救”的问题，更好地贯彻习近平总书记关于“人民至上、生命至上”的重要理念，给更多的人普及现场救护基本知识，开展基础性急救技能培训显得尤为重要，掌握基础的急救知识成了新风尚，“吐得快”将无形的急救理念赋予在有形的产品上，有助于急救知识的普及。

根据我们对于市场的调查与分析得知，市场上的相关产品处于空白阶段。

线上查询：国家知识产权局官网未查询到任何一款产品专利与儿童气道异物窒息有关。CMP（中国医疗器械采购公共服务平台）、各大搜索引擎（谷歌、百度等）以及专业的学术网站（知网、万方、维普、PubMed）均未搜索到与儿童气道异物窒息有关的急救产品或文献。

线下调研：调研湘潭市中心医院、湘潭市第一、第二、第三人民医院儿科和急诊医师均表示未曾了解市场上有此类型儿童急救产品，并对我们研发的产品表现了极大的兴趣。

现场走访湖南省内多家知名的医疗器械公司，公司负责人均未曾知晓市面上有此类儿童急救产品。

在幼儿园、小学等儿童聚集性场所投放调查问卷的结果以及咨询相关负责人均表示只听说过海姆利克急救法，没有听过有类似的仪器存在，且对我们研发的产品表现了极大的购买欲。

二、产品介绍

2.1 产品名称

“吐得快”小儿气道异物窒息急救仪。

2.2 产品材料分析

2.2.1 硅胶吸盘

采用了高活性分子吸附材料，一定程度上缓冲了发力与儿童受力的相互作用力，更加保护儿童的皮肤，提高患儿的耐受度。

2.2.2 动力装置（电机、凸轮、电池、电控制板）

动力装置具有启动快、发力位置准确、力度合理的特点。避免施救者因力度、位置、速度把握错误而痛失急救时机。

2.2.3 开关

启动开关，就会触发 AI 动力装置，并且可以自动调速，方便简单。

2.2.4 卡扣

可调节式塑料卡扣可让佩戴此产品时更加方便、快捷，具有易操作的特点。能在危急时刻缓和施救者的慌张状态，提高急救的成功率。

2.2.5AI 智能振动芯片

AI 芯片控制无级变速装置，精准调控力度（最高可以达到 1 兆帕）和速度（最高可以达到 60 次/分钟），精准定位，以达到最佳的施救效果。

2.2.6 魔术贴带（可调节固定贴带）

采用尼龙 A 级材质贴带，根据人体工程学柔软契合儿童身材，紧密贴肤不伤肤。并在固定带上绘制卡通图案，让该产品充满童趣。

2.3 产品功能亮点及原理

2.3.1 操作步骤

简单：将 AI 动力装置固定在儿童的上腹部，通过可调节固定带，根据不同体型调节固定。

快速：固定装置，启动开关，根据儿童的体重和儿童的施救情况，通过调速开关调节动力装置的力度大小与频率。

有效：施救成功，关闭开关，松掉卡扣，解下固定带。

2.3.2 设计原理

利用海姆立克急救法的物理原理，把肺比作一个空气球，气管即为空气球的气嘴。当气嘴被异物堵塞时，如用手挤压空气球，空气球内的压力急剧增加，利用压力冲击阻塞气嘴的异物，从而起到排除异物的效果。

2.4 产品研发历程及创新

2.4.1 第一阶段（手动冲击器）

研发——2019 年 4 月，利用学校临床仿真实训室的人体仿真模型进行数千次实验，成功研发出第一代产品后申请了国家实用新型专利。

2.4.2 第二阶段（弹簧助力器）

优化——2019 年 9 月，为提高产品的急救效果，从产品的力度、方向、速度三方面再次实验开发出第二代产品。

2.4.3 第三阶段（自动机械仪）

联合——2019 年 12 月，考虑到作为急救产品的便携性以及蓄能，改良并优化配置，顺利推出了第三代产品。至此，产品完成了从手动冲击器，到弹簧助力机，再到目前的自动化装置的蜕变，并与医疗器械公司签订合作意向书。

2.4.4 第四阶段（电磁脉冲仪）

发力——加强对产品的优化和升级。以现有的技术为起点，全力研制一款老少皆宜，同时具备按摩功能和远程呼救功能的第四代产品。

2.5 产品专利

项目申请专利 3 项，已获得实用新型专利授权 1 项，发明及外观专利正在审核阶段。

二、市场分析

3.1 市场概况

3.1.1 市场需求迫切

（1）“不会救”

据统计，在我国每年有约五万名儿童死于意外伤害，其中近三千名儿童因气管异物堵塞而意外窒息死亡。我们走访多个社区，对社区人群进行线上和线下调查，调查问卷的 Cronbach's α（克朗巴哈系数）为 0.803，数据可靠程度高。显示有 64.24%的人群对海姆立克急救法有所耳闻，但真正了解操作方法的仅有 44.69%，并且他们对相关知识有很强的求知欲。

（2）“没得救”

根据我们现在对湘潭市幼儿园等儿童聚集场所的调查，以及咨询湘潭市中心医院、湘潭市第一、第二、第三人民医院儿科和急诊医师均表示未曾了解市场上有此类型儿童急救产品，我们还现场走访湖南省内多家知名的医疗器械公司，负责人均未曾知晓市面上有此类儿童急救产品。

（3）“救得慢”

呼吸骤停的黄金抢救时间只有 4 分钟，每延误 1 分钟，抢救成功率就下降 10%，超过 10 分钟之后，即使幼儿能够苏醒过来，也有很大的可能是脑死亡，成为植物人。对于呼吸骤停的幼儿来说，抢救必须是争分夺秒的。因使用了错误的急救方法而耽误了送孩子去医院的时间，甚至加速了孩子死亡的进度，是许多悲剧上演的主要原因。

3.1.2 市场需求旺盛

“公用型急救仪”：根据我们现阶段从湖南省教育厅获取的资料显示，2019 年湖南省幼儿园有 15717 所，普通小学 7335 所，还未包括餐厅、游乐场等儿童聚集性场所，都可投放我们的公用型急救仪，市场前景十分可观。

“家用型急救仪”：根据全国第六次人口普查数据显示，仅湖南省就有 19098294 户家庭，而我们即将上市的第四代“电磁脉冲仪”老少皆宜，并且附带按摩功能和远程呼救功能，可以成为育儿、养老家庭的居家好物，解决急救产品使用周期长，使用频率低等问题，使大众购买欲剧增。

3.2 市场机会

3.2.1 国家政策支持

国家大力支持大学生创新创业

（1）2018 年大学生创业贷款及税收优惠政策指出，大学生创业可以放宽一定的行业限制，比如，申办个体工商户、个人独资企业、合伙企业时，除法律法规另有规定外，将不受最低出资金额限制。另外，某些省市还对高校毕业生创业提供其他的优惠政策，比如，只要从事高科技、现代制造、现代服务业等行业、领域的投资与经营，还可将家庭住所、租借房、临时商业用房等作为创业经营场所。

（2）《关于促进以创业带动就业工作的指导意见》指出，毕业 2 年之内的普通高校学生从事个体经营（除国家限制的行业外），自其在工商部门首次注册登记之日起 3 年内，免收管理类、登记类和证照类等有关行政事业性收费。

3.2.2 产品潜力市场进一步扩大

《关于学前教育深化改革规范发展的若干意见》指出，政府加大扶持力度，引导社会力量更多举办普惠性幼儿园。“吐得快”的使用频率将增加。

3.2.3 市场推广效益

（1）经济效益

大学生自主创业，既响应国家的政策号召，又解决大学生就业难问题，帮助大专层次的医学生通过自身专长和劳动，创造人生价值，成功解决自主谋生和职业发展问题。

（2）社会效益

对育儿家庭的意义：孩子是家庭的未来，祖国的希望。我们的产品在儿童发生气道异物窒息的情况下，争取了急救时间，避免因错过抢救时间，实施错误方法而酿成悲剧，为构建幸福美满的家庭贡献一份力量。

对儿童聚集性场所的意义：儿童的生命多一份保障，家长就多一份安心，随着二胎的普及，托幼、儿童游乐场所等低龄儿童聚集的场所，缺乏必要的急救培训，应急能力的水平提高将赢得家长对机构的信任，形成良性循环。

对小儿急救事业发展的意义：“吐得快”作出了新的尝试和行动，使得该行业会有更多人关注到儿童急救产品的研发，助力于儿童急救体系的建立，完善相关急救机制。

四、商业模式

4.1 营销方式

4.1.1 采取“一对一，一对多”的商业模式

“一对一”：目标客户精准定位到医疗器械机构。

“一对多”：利用医疗器械机构现有销售平台将产品投放于儿童聚集场所。

4.2 营销策略

4.2.1 采取快速掠取战略

适宜定价，大力促销，快人一步，抓紧抢先占领市场。

（1）微信扫码关注公众号，转发朋友圈积赞满88个进店送装置一份。

（2）优先特惠：印发产品宣传单，派送到小区、幼儿园、托幼机构、小学附近，前100名下单的顾客享受八折优惠，前1000名享受九折优惠。

4.2.2 通过线上、线下推广产品

（1）湘潭地区选择搭乘公交车、出租车的人群较多，利用电台广播来宣传装置的使用情况。

（2）利用社交App（如微信、QQ、抖音等）来拍摄发布装置使用视频，抓住家长的眼球，提升装置推广度。

（3）公益宣传，提高品牌形象。定期策划举办急救知识讲座，邀请顾客参加急救专家的急救讲座，传播急救知识，服务大众，努力提升品牌影响力。

4.2.3 买产品，送服务

对凡是购买过产品的顾客，免费赠送“一对一”产品使用培训课程，定期由专业人员上门进行产品性能检测。

4.2.4 完善企业制度

加快完善急救仪的生产管理体制建设，努力调整企业的管理结构，提高顾客信赖度。

4.3 资源能力

4.3.1 财务资源

多家医疗器械公司都表示愿意对该项目进行风险投资。

4.3.2 社会资源

本产品获得了湖南日报、湖南红网、湖南教育电视台、湘潭在线等多家媒

体的积极宣传报道。

4.3.3 关系资源

“吐得快”小儿气道异物窒息急救仪这一大学生创新创业项目，是校级创新创业重点训练项目，并且得到了湖南省卫健委祝益民副主任的亲笔提名推荐，成为湖南省卫健委重点推荐项目。同时也是白金十分钟全国自救互救志愿服务联盟理事单位推荐项目。

五、团队建设

5.1 团队简介

团队名称：“救你吐得快”创业团队。

团队口号：弘扬创业精神，彰显青年风采。

5.2 团队成员

领衔人：陈晨曦

负责公司总体政策的制定和把握以及技术顾问团队的邀请。能力与专长：能力强，富有责任感，有着良好的人际沟通和管理能力。成绩优秀，担任学生会社团部部长，校红十字健康服务社团负责人。参加创业大赛荣获省一等奖，荣获“学生发展优秀规划书”“优秀社团干部”“学术科研之星”等多项荣誉。

技术主管：陈启国

负责产品的技术开发与更新维护，以及技术指导。能力与专长：为人踏实肯干，喜欢钻研、动手能力强，富有一定的创新性。

市场主管：艾谦

负责产品营销计划的制定。能力与专长：形象气质佳，沟通能力强，富有亲和力。

管理主管：肖莹

负责人事的调动和管理，公司的运营。能力与专长：协调能力和执行能力强，有一定的管理技巧。

财务主管：刘巧玲

负责财务的制定和预算。能力与专长：做事认真、仔细，对数字敏感。

5.3 团队指导

祝益民：男，现任湖南省卫生健康委员会副主任，湖南省儿童医院急救中心主任，湖南省人民医院院长。

刘晖：女，教授，主任医师，北京白金十分钟时效应急委员会专家委员会常委及志愿服务委员会委员。

陈罗湘：男，教授，湖南省级医疗设备应用与技术专业带头人，湖南省职业技能鉴定专家委员。

六、机遇与对策

6.1 机遇

6.1.1 国内市场空缺，生产潜力极大。

6.1.2 国家政策鼓励支持医疗器材设备制作生产，使得外部政策环境相对宽松。

6.1.3 新时代科学技术更新迅速，提供理论实现的基础。

6.1.4 传统急救器材在新时代下面临改造与升级。

6.2 风险与应对措施

6.2.1 风险

市场一直处于不断变化之中，不稳定、不确定的经营风险是所有企业投资经营前都要重视的一个风险因素。包括资源风险、市场不确定性风险、研发风险、生产不确定性风险、成本控制风险、竞争风险、政策风险、财务风险、管理风险、环境风险及破产风险。

6.2.2 经营风险

（1）医疗器械材料选择、质量标准以及运输稳定性，采购过程中的欺诈行为，以及采购人员和验收人员的疏忽等因素导致医疗器械材料数量及质量上的不达标，还有在器械库储存保护不当等意外损失。

（2）医疗器材各类设备安全风险，如出现意外、故障甚至损坏。

（3）管理结构的不科学，公司最初的规章制度、组织结构、经营方法具有一定的局限性，导致经营效率不高及生产成本增加。

（4）医疗器材制造行业相关的法律法规不健全，相关权益被侵犯。

（5）自然环境的不可预测带来的危害。

（6）员工的非正常工作操作。

6.2.3 财务风险

（1）对投资者收益分配不当引起的风险以及收益确认风险。

（2）融资与股东申请退出的风险。

（3）应收账款无法及时到位，资金链运转掉链。

（4）市场经济起伏、政策变化等影响。

6.2.4 人力风险

专业性强的人员难以聘请；相关专家嫌弃薪酬过低，不愿意上任；员工对于待遇的异议，存在跳槽的风险；高级管理层身为学生缺乏一定的管理经验，对公司运营各方面造成的负面影响。“吐得快”成立初期，企业管理机构有待完善，治理措施需要科学提升。负责技术的管理人员操作能力、态度以及对企业的忠诚程度对生产规模的影响巨大。

6.2.5 市场风险

（1）该产品的市场接受程度不清楚。

（2）成本、质量、声誉及消费者收入等影响产品的价格；医疗器材制造行业竞争已经步入白热化，这也属于产品潜在的价格风险。

（3）宣传活动的效果预测、成本估量失误等属于宣传风险。

（4）项目预期效果较好，类似企业滋生，增加本企业竞争压力。

（5）“吐得快”公司成立后以及扩大规模时期，流动资金储备不足是公司健康发展的较大隐患。

（6）投资收纳资金不充足从而产生的运营风险，融资又会增强资金运营风险而酿成恶果，此间也会增加投融资者对资金投入的控制风险。

（7）市场售价可能被后进入的竞争对手拉低且进行价格战，造成公司市场的部分损失。

（8）市场开拓效果不佳，反响平平，促销成本增加，利润进一步缩水。

6.2.6 风险应对

（1）经营风险应对策略

① 考察市场，选择信誉好的供货商建立长期合作关系，根据材料的库存量和提供量签订相关协议，并对采购员进行定期教育和警告，提醒可能由疏忽而造成风险等问题，制定严格的奖罚机制。

② 设备进行定期的维护和修理，确保设备的安全运作。

③ 参加相关培训，学习先进知识，及时接收并研究国家政策，对公司的发展前景作出正确的导向。

④ 明确各工作人员的职责，加强监督。

⑤ 定期对员工进行抗自然灾害演练培训，制定相应的紧急逃生计划。

⑥ 对内部人员的保密监督工作需要加强，防止公司核心技术秘密外泄。

（2）财务风险应对策略

① 遵循收益、风险均衡原则，趋利避害。

② 自有资金管控进一步加强，严格审批与监督各种借支款项，建立合理的资本结构与科学融资组合。

③ 财务风险管理重点完善加强。

④ 财务风险意识重点提升关注，社会关系网需要建立完善。

⑤ 及时把控市场经济上的风云变化，及时迅速地调整公司的财务结构。

（3）人力风险应对策略

公司的发展进程中，采取积极的风险应对措施，形成良好科学的人力资源风险管理机制。

① 树立人力资源风险管理意识，实现人力资源风险管理制度化。制定相关的政策与程序，招收聘用员工应遵循一定的原则，并针对风险采取相应的控制措施。如人才选拔的规则制度、招聘人才的计划工作、招聘渠道多样化等。

② 建立研发技术团队，充分利用人力资源。

③ 通过完善激励机制，坚持以人为本，增强团队成员的创新能力与内在动力。

④ 加强团队成员的交流合作，建立人力资源信息系统，提高人力资源配置效率。

⑤ 制定科学公平公正有效可行的制度，要广泛征求员工的建议并且让每个员工都熟悉相关制度与章程。

（4）市场风险应对策略

① 注重产品创新与售后服务，提高服务质量。

② 产品方案要与时俱进，使产品具有针对性，以提高公司的竞争力，增强抗风险能力。

③ 树立良好的品牌形象，提高品牌知名度，打造优质服务。

④ 医疗器材制造行业具有较大的利润空间，可以采取多种价格策略，在获取利益的同时绝不损害消费者的利益。

⑤ 采取正确的策略，降低采购成本和风险。

⑥ 加强管理监督和质量控制。

⑦ 营造良好的企业氛围，不断学习，与时俱进，不断完善。

七、发展规划

7.1 项目发展趋势

7.1.1 从产品出发

团队会一直进行技术创新，不断升级产品的动力装置和固定装置，让“吐得快”成为小儿气道异物窒息急救行业的领先者。

7.1.2 从团队出发

团队在发展初期，以内部建设为主，完善团队建设制度和培训制度。团队处于创业期，以湘潭市为基础，在湘潭医卫职业技术学院大学生创新创业孵化基地建立自己的产学研中心，改善工作环境，为扩大产品在市场及社会知名度做准备，在拥有专业人员合资的基础上，着重于扩大产品的知名度，建立良好的品牌形象，建立自己的服务特色，增强社会影响力。

7.1.3 从市场出发

开发湘潭市周边市场，提高市场占有率，完善市场开发策略和客户管理方法，为进一步开拓整个湖南省市场做准备，展开品牌建设活动，提高品牌知名度，建设“‘吐得快’小儿气道异物窒息急救仪”网站，开展网络服务，增强网络宣传范围，作为后续服务工作的一项，提高服务的完善性。湖南市场占有率逐步提高到80%左右。

7.2 项目未来目标

7.2.1 以湘潭市为中心，在省内其他市级城市中建立销售点，以市场推广、行业合作、政府扶持等形式覆盖市场，将产品推向全国。继续开展产品宣传与急救知识公益宣讲活动，提升产品美誉度。

7.2.2 产品一旦上市，将在线上线下同时开展预订销售，未来在全国各城市建立服务驿站。

创业项目四

“华膳养生坊”

一、创始人介绍　罗斌

罗斌，女，湖南娄底人，1998年出生，湘潭医卫职业技术学院2016级药学专业，“华膳养生坊”项目联合创始人。项目团队主持的“‘华膳养生坊’药膳产品研发”科研项目被列为2018年度湘潭医卫职业技术学院学生科研重点项目，成功入驻学校大学生创新创业孵化基地。2018年度被评为年度“百优十佳”创新创业之星集体优秀团队，项目得到了湖南教育电视台等多家媒体报道。先后带领团队斩获2018年“挑战杯——彩虹人生”湖南省职业学校创新创效创业大赛一等奖、2018年“挑战杯——彩虹人生”全国职业学校创新创效创业大赛三等奖等奖项。

二、“华膳养生坊”创业项目的起源

2016年秋，在一个收获的季节，我离开了家乡，来到了我心之所想的医学院校。记得刚入校时老师就对我们说过，“药学专业是一个朝阳行业，她将更为广泛地为人民健康服务”，这让我备受鼓舞，深受启发。在学习中药相关专业课的时候，我对我们国家的药膳文化产生了浓厚的兴趣。

2018年上学期，学校要举办“挑战杯——彩虹人生”创新创效创业大赛，同学们都在找指导老师寻找点子、思考项目。热情高涨的我跃跃欲试，可做什么项目呢？此时正值《舌尖上的中国》热播之际，而我正在学习《中医药学概论》这门课程，我灵机一动，可否将药学知识和饮食文化相结合开发项目呢？带着疑问，我向唐海飞老师描述了我的想法，没想到跟唐老师的想法不谋而合。他建议我可以探索一下药膳有关的项目。就这样，一颗关于药膳的小种子就萌发了。

有想法是好的，但是否可行呢？在唐老师的建议下，我和团队成员开始在网上查找有关药膳的资料，研读国家、学校有关中医药扶持和创新创业支持的政策，请教资深的专业教授，发现药膳项目既符合“健康中国”战略，又可以满足特定人群的保健需求，具有广阔的发展前景，这使我更加坚定了药膳的创业方向。

千里之行，始于足下。如何将药膳想法转化为消费者可以实际享用的实物，我和团队成员们进行了激烈的讨论，有说做包装食品直接售卖的，有说开药膳餐厅的，有说把药膳做成保健品的，也有说把药膳开成奶茶店的，等等。于是乎，为了寻找最优形式，我和团队成员踏上了市场调研之路。我们特意走访了省会长沙的药膳餐厅，通过资料了解了其他城市药膳餐厅的情况。通过调研，我们发现湘潭本地缺乏药膳餐厅，消费者却对药膳有着浓厚的兴趣，而我校正在大力建设创新创业孵化基地，可提供优惠政策。因此，在学校创新创业孵化基地开一家特色药膳餐厅成了我们创业的目标。

咬定青山不放松，明确目标后，我和团队成员对创业项目进行了任务分解。我发现重点是要提升产品的创新性和市场接受度。欣慰的是，在指导老师的指导下我和团队成员立项了学校学生科研课题，在反复试验中，我们优化创新了产品。每当成果出来时，美味和喜悦伴随着我和小伙伴们。

三、项目发展过程中的关键点

反复探索，进行创业准备

在初步确定了项目方向之后，对于项目该如何进行具体操作，我们还是一头雾水。经过探讨，我们发现项目主要的难点集中在以下几点：一是我们项目选址应该在何处；二是我们该如何做出让消费者喜欢的药膳产品；三是如何提升我们的产品在消费者心中的认可度。

基于以上难点，我们首先进行了项目选址的研究。在请教相关领导和指导老师后，我们发现学校正在大力进行河西校区创新创业孵化基地的建设。假如我们的项目入驻湘潭河西校区创新创业孵化基地，将具有以下区位优势：第一，该选址位于湘潭市中心医院对面，毗邻湘潭市中心医院、湘潭市口腔医院、湘潭市法检医院、湘潭慈爱医院等众多医疗机构；第二，项目附近有大洋百货、康星百货、地下商业街等湘潭河西商业中心；第三，项目附近有和平新村、工人新村、熙春路社区等人口密集聚集区；第四，项目附近有雨湖公园、沿江风光带等市民休闲区。因此，所在地处于医疗服务区、商业区和住宅区的交汇处，具有人流量大、老年人口聚集、交通便利、居民收入水平和文化程度较高等特点，得天独厚的条件使得该地点地理位置极具优势。确定目标地址后，我们利用周末时间还对现场进行了实地调研，发放调查问卷 3000 余份。让我们欣慰的是，调研结果进一步坚定了我们的选址。

其次，我们在药膳产品方面也进行了思考。通过大量查找和调研市场上的药膳品种，我们分析了市场现有品种的优缺点，根据品种的不足之处，我们计划利用药学专业知识，结合目前市场上所存在的药膳产品，从配比、加工流程、火候、加工时间、辅助治疗效果等方面进行研究，开发菜品，建立标准化生产模式，开发改良具有特色的保健预防类和辅助治疗及康复类产品近 30 例。该研究项目也被列为学校学生科研重点资助课题。在学校的支持下，我们在河西校区成立了研发工作室，进行了相关的研究。

最后，我们对产品的认可度提升方面进行了探索。我们通过专家咨询、资料查找确定了营销策略的内容，包含营销理念、营销背景、目标市场、营销方式、促销策略、宣传推广、合作关系等。

勇于拼搏，进行创业实践

在项目如火如荼的进行过程中，我们思考着以下几个问题：第一，如何让项目在大赛中脱颖而出？第二，如何让项目落地，产出成果？

在得知顺利进入省赛之后，我们开始了赛前的精心准备。团队成员“咬文嚼字”，对计划书进行一遍一遍地修改；团队成员苦思冥想，对营销策略不断优化。多少个夏天的夜晚，成员们赶在寝室关门前匆匆回去。在得知比赛的形式为现场展示、问辩形式之后，团队成员不断进行模拟答辩，思考评委提问，请教回答结果。

团队在比赛前，精心挑选了得体的服装，亲自设计展示海报，细心布置着比赛场地。我们想在现场展示药膳制作环节和成品，这对我们来说是最有特色的一个环节。而我们需要解决的难题是，提前准备的食材在夏天容易变质以及比赛现场缺乏完整的制作工具。

比赛当天，我早晨5点就从床上爬了起来，匆匆赶往当地农贸市场购买最新鲜的食材，为的是更好地将我们的产品展示给评委。在比赛答辩环节，我们对产品侃侃而谈，创业思路清晰，心态平和，回答沉稳干练，加上现场展示的成品，深深打动了问辩评委。让我们感到惊喜的是，我们最终取得了一等奖的好成绩！

比赛的过程虽然艰辛，但团队成员们分工明确，团结协作，各自为着项目想点子、出力气，没有谁抱怨，也没有谁畏缩，大家心态平和，以享受比赛作为乐趣，收获了成长和快乐。我们为自己的团队感到骄傲！为敢于挑战的我们感到自豪！

省赛的获奖让我们的项目可行性再一次得到了印证，但项目落地却缺乏资金和场地。在我们创业项目的启发下，已经入驻河西创业孵化基地的文莒中医馆联系我们，并有意将项目落地，成立“文莒药膳”。最终在学校的支持下，项目取得了创业孵化基地的门面，项目想法完成了落地。

不断进取，收获创业成长

回首过往，整个创新创业过程虽充满着艰辛和曲折，但也使我们收获了快乐和喜悦。我们学会了思考、学会了探索、学会了团结、学会了拼搏，理解了创业过程中“众里寻他千百度”的迷茫过程，也体会了创新成果“那人却在灯火阑珊处”的喜悦。我们在创业过程中品味了“创业艰难百战多”的困苦，也理解了“撸起袖子加油干”的真谛。创新是进步的源泉，创业是成长的磨炼，这都将成为我们今后发展的宝贵财富。在创新创业精神的影响下，我们养成了团结进取，积极拼搏的精神。我们的团队主要成员在全国药品检验技能大赛中也取得了好的成绩，两位成员顺利通过专升本进入湖南中医药大学学习，一位成员毕业后开设了“养天和大药房”加盟店，大家都在奋斗的路上不断前行。

“华膳养生坊”团队所取得的成绩

2018 年“挑战杯——彩虹人生”湖南省职业学校创新创效创业大赛一等奖
2018 年“挑战杯——彩虹人生”全国职业学校创新创效创业大赛三等奖

四、创业者罗斌的反思与经验

扬坚毅奋进之帆，冲创新创业之浪

“纸上得来终觉浅，绝知此事要躬行”，创新创业不能只是说说就行了，而是应该落实到自己的具体行动上，作为一名创新创业的经历者，我觉得创新创业要从以下几方面做起：

一要乐于观察。

有需求的地方就有商机，好的项目源于对生活的观察、对机会的洞察。我们在观察到“药食同源”在我国民间具有广泛的认同及全面实施“健康中国”战略的政策红利后，结合对湘潭本地药膳行业发展情况的观察，找到了项目的来源。

二是勤于学习。

创新创业不应闭门造车，而应时刻不忘学习，正所谓“学海无涯”。首先要树立终身学习的观念，活到老学到老，利用休息时间、利用课堂学习之余，不断学习新的知识。一方面，要加强行业政策理论的学习，做到心中有法规、行为有规范，切实做到依法创业；另一方面，要加强专业知识的学习，做到理论要扎实、产品要成熟。

三要善于思考。

“学而不思则罔”，如果仅仅学习而不思考，那将等于什么也没有学到。思考是一种能力，要根据掌握的第一手资料，运用自己所学的知识，按照正确的方法进行加工，吸其精华，弃其糟粕，转化为自己的东西。创业者既要思考成功的经验，也要思考失败的教训。正所谓“失败乃成功之母”，我们在看这些成功的例子的时候，应该进一步的思考，我们既看到他的成功，也应该看到他背后的失败，这才是真正的创业，也只有这样，才能使年轻的创业者们变得更加理智，不会盲目地向前冲。居安思危，正是创业者一个必需的品质。

四要勇于实践。

要牢固树立“重在行动，贵在落实”的理念，要将学习与行动结合起来，目的是要促进发展，从中发现自己的优点与不足，以便更好地认识自己，从而做到更好。大学生创业的时候急于求成，缺乏对市场的了解以及商业管理经验，因此，很容易影响创业是否成功。在大学的学习里，学生们大多数都是对理论的学习，掌握了一定的书本知识，但仍然缺乏实践和经营管理的经验，这是影响大学生创业的重要因素，所以在创业之初要勇于实践，不断探索。此外，由于大学生对市场营销等缺乏足够的认识，很难一下子就把公司打入市场，并且有很好的收益。因此，在这段困难的时期，创业的大学生要有足够的耐心并且拥有不怕失败的精神，耐心地等待成功的硕果。

五要敢于转变。

创业者要有“初生牛犊不怕虎”的精神，怀着一种“艺高人胆大”的胆识。我们在工作的过程中，会接触到各种各样的人，面临着各种考验，一定要认真总结。从不同人的身上了解到不同的知识，转变自己的观念和思想，不能一成不变，要吸收和学习别人好的思想和观念，扩大自己的眼光和知识面。

脚步达到的地方，眼光可以达到；眼光达不到的地方，思想可以达到。只要我们勤学习、善思考、勇实践、敢转变，进一步更新观念，将所学所思在实践中运用、在实践中检验、在实践中升华，扬坚毅奋进之帆，冲创新创业之浪，创业将结出理想的硕果。

五、导师寄语

“华膳养生坊”项目立足中医药文化，结合当下“健康中国”战略背景，充分发挥了政府和学校当前对于创新创业的大力支持的优势，项目点子符合国家政策支持方向，具有一定的社会价值。项目团队针对需要保健养生的普通人群、学习工作压力大的人群、身体长期处于亚健康状态急需微调理的人群、可依据药膳辅助治疗慢性疾病的人群这四类人群开发了具有特色的产品近30例，产品既有传承，又有创新，有一定的市场价值。但本项目在实际落地之后还应当根据市场反馈，对产品成分、加工进行进一步优化，提升产品的竞争力。

——唐海飞（湘潭医卫职业技术学院教师）

六、项目风采小视频

七、项目计划书

本项目计划书选自2018年“挑战杯——彩虹人生”湖南省职业学校创新创效创业大赛一等奖作品“华膳养生坊”项目（内容酌情修改）。

案例目录

一、公司简介
1.1 公司概要
二、场所设计
2.1 风格定位
2.2 装潢设计
三、产品及服务
3.1 产品
3.2 服务
四、行业及市场分析
4.1 行业情况
4.2 市场潜力
4.3 行业竞争
4.4 市场分析
五、营销策略
5.1 营销理念
5.2 营销背景
5.3 目标市场
5.4 营销方式
5.5 营销策略
5.6 促销策略
5.7 宣传推广
5.8 合作关系
六、管理体系
6.1 人员安排及职责分工
6.2 员工聘用
七、机遇与风险
7.1 机遇
7.2 风险与应对措施
八、创业团队
8.1 团队简介
8.2 团队组成
8.3 团队指导

案/例/正/文

一、公司简介

1.1 公司概要

1.1.1 名称：华膳养生坊。

1.1.2 释义：传承中华本草，不忘初心，科学食疗，专注养生，拒绝亚健康，提高人们生活质量。

1.1.3 公司理念：传承本草、以人为本、辨证施食。

1.1.4 性质：个体经营户。

1.1.5 注册资本：50 万元。

1.1.6 总面积：60 平方米。

1.1.7 选址：湘潭医卫职业技术学院创新创业孵化基地，位于河西校区雨湖区中心医院对面，处于医疗服务区、商业区和住宅区的交汇处，具有人流量大、老年人口聚集、交通便利、居民收入水平和文化程度较高等特点，得天独厚的条件使得该地点地理位置极具优势。

1.1.8 经营范围：基于滋补、食补养生和保健防疾食疗的餐饮服务。

1.1.9 服务对象：

（1）需要保健养生的普通人群；

（2）学习工作压力大的人群；

（3）身体长期处于亚健康状态急需微调理的人群；

（4）可依据药膳辅助治疗慢性疾病的人群。

二、场所设计

2.1 风格定位：

中国风、复古、典雅、大气、精致。

2.2 装潢设计：

2.2.1 空间基本功能划分：缓冲区、休息等座区、调味区、就餐区、散座区、安全通道（清运垃圾）。

2.2.2 灯光设计：重点区域以点光源照明为主，重点区域指就餐的桌面以及重点的景观部位，强调空间的层次感。

2.2.3 店面装修设计：

（1）厅堂面积：厅堂面积要求在 30 平方米以上，餐桌在 10 个以上（两人桌 5 个，四人桌 4 个，五人桌 1 个，六人桌 1 个）。

（2）餐厅通道：餐厅的布局中，既要考虑充分利用营业面积，又要考虑方便客人进入和离开，还要避免打搅其他客人。餐桌间每一个客人入座尺寸为 50cm 左右，行走通道尺寸最少为 100cm。

（3）厨房面积：控制在 20~25 平方米。

（4）餐具的摆设：餐桌分方桌、条桌两种，方桌直径为 80cm×100cm，便于 2~4 人就餐；条桌为 80cm×160cm，便于 6~10 人就餐。条桌适于居中摆放，方桌适于靠墙、靠窗，可充分利用面积。方桌与条桌的数量应根据厅堂的结构进行适宜搭配。

三、产品及服务

3.1 产品

依据中医药文化，我们团队结合药学专业知识，通过对不同中药“四气”“五味”及“升降浮沉”的研究，结合目前市场上所存在的药膳产品，从配比、加工流程、火候、加工时间、辅助治疗效果等方面进行研究，开发菜品，建立标准化生产模式。依据药膳中所含中药功效、剂量及作用效果，我们将所开发出来的产品分为以下两类。

3.1.1 保健预防类

根据“天人合一”的中医养生之道，以二十四节气为大纲，在特定季节气候环境影响下，遵循“四季五补”之道，即春季补肝、夏季强心健脾、秋季润肺、冬季补肾，做预防合宜的药膳。主要包括减肥药膳、美容药膳、增智药膳、增力药膳、明目药膳、聪耳药膳、益寿药膳及防病与抗衰老药膳等。主要代表产品有：

（1）首乌酱香排骨

功效：补肝肾、益精血、乌须发、强筋骨。

适宜人群：出现头晕眼花、须发早白、腰酸脚软的人。

（2）苹果生鱼汤

功效：预防黑眼圈、防止出现眼袋、祛斑、利尿、清热解毒、缓解压力。

适宜人群：压力大、睡眠差、容易长斑的人。

（3）杞精炖鹌鹑

功效：增强记忆力、提升智力、缓解头晕疲劳。

适宜人群：气虚、易疲劳、眩晕健忘的人。

（4）山楂薄荷参汤

功效：清暑、除烦、补气、减肥。

适宜人群：烦躁不安的减肥者。

（5）消斑食疗汤

功效：祛斑、祛痘、改善内分泌失调、美容与养颜。

适宜人群：需要美容养颜的人群。

（6）锅巴虾仁

功效：预防高血压、心肌梗死、癌症，补气养血，补充维生素。

适宜人群：中老年人群体、体虚群体。

（7）气血美龄粥

功效：滋补气血、美容养生。

适宜人群：老少皆宜。

（8）木瓜雪耳炖牛奶

功效：滋补、美容丰胸、补脾开胃。

适宜人群：消化不良人群。

（9）茉莉金银茶

功效：清热解毒。

适宜人群：老少皆宜。

（10）核桃红枣阿胶糕

功效：健脑补气血、提高免疫力、美容养颜、延年益寿。

适宜人群：老少皆宜。

（11）香滑芝麻糕

功效：改善粗糙皮肤、乌发美容。

适宜人群：老少皆宜。

（12）紫色梦幻

主要配方：山药、百合、紫地瓜、桂花。

功效：清凉去热、健脾益肾、助消化、补血益气。

适宜人群：老少皆宜。

3.1.2 辅助治疗及康复类

在团队中专业药师和营养师的指导下，遵循辨证施膳的原则而遣药配膳。如解表药膳、祛痰止咳平喘药膳、健脾助消药膳、清热生津药膳、益阳祛寒药膳、泻下通便药膳、熄风药膳、安神药膳、理血理气药膳等。主要代表产品有：

（1）党参母鸡补血汤

功效：补脾、补肺、养血、补血、活血止痛。

适宜人群：贫血、体弱的人。

（2）阿胶猪肚红枣莲子汤

功效：猪肚具有健脾胃、补虚和补气的功能。枸杞可以补肾益精，补血安神，养肝明目，生津止渴，润肺止咳。

适宜人群：脾胃虚弱、疲倦无力、贫血的人。

（3）石橄榄龙骨汤

功效：清热养阴、镇惊安神、化痰止咳。

适宜人群：失眠多梦、感冒咳嗽、咽喉肿痛人群。

（4）竹荪葛根海底椰汤

功效：降低血压、美容养颜、补益气、补脑、提升免疫力。

适宜人群：高血压、学习工作压力大人群。

（5）牛腩煲芋头

功效：驱寒、补血、防癌、防治骨质疏松、增强食欲、帮助消化。

适宜人群：体虚、骨质疏松人群。

（6）蒜香秋葵炒牛肉

功效：促进肠胃蠕动、防止便秘、抗疲劳、抗癌。

适宜人群：胃炎、胃溃疡、贫血人群。

（7）渔米满仓

功效：健脾养胃、补气养血、清热解毒、明目、消炎止痛。

适宜人群：视物模糊、脾虚、气虚人群。

（8）枸杞肉丝

主要配方：枸杞、青笋、猪瘦肉。

功效：补肾、补虚、明目。

适宜人群：体弱乏力、肾虚目眩、视物模糊人群。

（9）山楂肉干

功效：滋阴润燥、化食消积、降低血脂。

适宜人群：消化不良、患有心血管疾病人群。

（10）天麻鱼头

功效：调养气血、宁神祛风、提升记忆力。

适宜人群：老少皆宜。

（11）夜明砂蒸猪肝

功效：清热明目、养血补肝。

适宜人群：肝血不足、两目昏花人群。

（12）桑葚粥

功效：改善心血管疾病引起的失眠、滋补肝阴、养血明目。

适宜人群：心血管疾病人群。

（13）冰糖银耳粥

功效：清热解毒、化痰止咳。

适宜人群：常年咳嗽、咳痰人群。

（14）五彩虾仁粥

功效：补充营养、养胃、明目、缓解皮肤干燥。

适宜人群：眼疲劳、营养不良、身体需要补水的人群。

（15）银耳炖雪梨

功效：清肺滋阴、清火止咳、养颜。

适宜人群：咳嗽体质、一般人群。

（16）罗汉果蒸橙子

功效：润肺止咳、生津止渴、清热祛痰。

适宜人群：肺燥咳嗽、百日咳人群。

3.2 服务

3.2.1 服务理念

以人为本、顾客至上。

3.2.2 服务方案

（1）建立顾客的资料档案，建立会员制度，初次消费额度达 200 元可免费办理 VIP 会员卡，之后按照积分累积制度，1 元 1 分，积分达 500 分抵现金 20 元或送精美礼品，VIP 顾客可享受生日当天七折优惠及节假日优惠。普通顾客充值 10 元可办理会员卡。

（2）进行意见反馈制度，每位顾客在本餐厅消费结束之后，对菜品样式、价格标准、环境状况以及服务员的服务态度进行意见反馈，根据反馈所得信息进行适当的管理调整。

（3）店内常驻药师与营养师指导。先“号脉”再点餐，并将制作过程、食材配伍等透明化，增强消费者信任度的同时使药膳的制作更专业。对于一般的顾客提供适合他们身体状况的药膳菜品；对于需要长期食疗的顾客，根据实际情况制定整套科学有效的方案，进行有针对性的个性化服务。

（4）根据“四季五补”之道制定最基本的四类养生套餐，供保健养生类人群作为最基本选择；根据中医药治疗原则，辨证施膳，研发有针对性、特色鲜明的辅助治疗及康复类药膳，作为养生坊最大亮点。

（5）餐厅根据消费额度定制几款不同等级的养生茶，作为回馈消费者的礼物，如决明子明目茶、菊花败火茶、玫瑰养颜茶等。

（6）店面入口设置一个透明木制橱窗，放置优秀中华古代中医药及药膳书籍模型，供顾客等候观赏。

（7）在特定节日结合实际做促销活动。

四、行业及市场分析

4.1 行业情况

中国人对中医传统的进补方法非常推崇，20 世纪 80 年代以来，随着社会进步和人们生活水平的提高，为了提高生活质量，人们在饮食上追求天然保健，远离污染，“花钱买健康”已成时尚。出于对自身健康的高度关注，人们开始寻求更有效地保持身体健康的途径，具有健康养生作用的各种中华传统天然食物，广泛受到了人们的青睐。尤其近十余年来，在人类回归自然的呼声下，对膳食的追求是随着社会经济的发展和精神文明、物质文明的进步而不断提高的。在当今世界经济、科技和文化高度发展的时代，人们的饮食观已由“充饥温饱型”走过“美味享受型”又迈向“养生保健型”，使药膳这种“寓医于食”的天然食品备受青睐，在经济发达的一、二线城市，药膳餐馆如雨后春笋，纷纷面世。而在经济较为落后的三、四线城市，药膳行业还是萌芽待发中。我们有理由认为，药膳的消费人群是巨大的，市场发展前景十分广阔，这将会是一个朝阳行业，“寓医于食”的药膳必将成为人们餐桌上的美食。我们在提倡养生保健，提高人们饮食整体质量的同时，也将着力打造药膳“七位一体”的工作格局，形成“五进工程”的发展规划。

4.2 市场潜力

众所周知，中医药博大精深且副作用小，人们对于中医药疗法也越来越重视。药膳，集中药和膳食于一体，药性温和，以食为疗，既饱口福，又可调补阴阳，培元固本，老少皆宜。根据全国老龄办公布的数据，截至2017年底，我国60岁及以上老年人口2.41亿人，占总人口17.3%。其中2016年新增老年人口首次超过1000万。人口统计数据显示，我国从1999年进入人口老龄化社会到2017年的18年间，老年人口净增1.1亿。预计到2050年前后，我国老年人口数将达到峰值4.87亿，占总人口的34.9%。我国已逐步迈入老龄化社会，老年人的养生需求为老年药膳带来巨大商机。中国的青少年、白领阶层，这些长期处于重重压力之下的人们迫切地要求改善这种状况。还有膳食营养不合理所造成的性早熟，以及三高症的低龄化，都为药膳进驻市场开辟了道路。

据不完全统计，目前仅中国处于亚健康状态的人群几乎占到了2/3。为此，我们在湘潭医卫职业技术学院创业孵化基地周边随机发放3000份调查问卷，最终回收有效问卷2930份，有效回收率97.7%。本次调查时间从2018年2月25日至2018年3月31日，小组成员利用课余时间和节假日进行问卷发放，由被调查者自主选择填写，采用无记名的形式。问卷结果采用计算器和人工计算相结合的方法进行处理。据调查问卷结果显示，接受调查的人群中男性占47.67%，女性占52.33%，表明需要药膳食补的女性所占比重较大。结果显示有40.67%的被调查者平均每月在餐饮店消费200元~500元，说明中档消费人群占比较大，与本餐厅的定位相符；有78.33%的被调查者表示希望药膳馆能有专门针对某些疾病开发适宜治疗调养的药膳，与本养生坊最大特色亮点相对应；70%左右的被调查者认为自己健康一般或者处于亚健康，有37.67%的被调查者对养生比较关注，三分之一左右的被调查者选择饮食调理身体，表明对养生的关注人群相对较多，对药膳的认可度相对较高，市场基础比较好。另一项调查显示，基于健康饮食，认为药膳行业有很大发展潜力的人群占80%以上，另有15%的被调查者认为只要功效有保证，药膳行业前景会非常可观。我们有理由认为，药膳的消费人群是巨大的，市场发展前景十分广阔，会是个充满希望的行业。“寓医于食”的药膳必将成为人们餐桌上的美食、养生保健的佳品。

4.3 行业竞争

由于本餐饮企业在湘潭弥补了市场空白，尚无直接竞争对手。但是经综合分析，与我们产品有相似之处且存在竞争的有：（1）医院；（2）养生会所；（3）健身房；（4）月子中心；（5）保健品市场；（6）普通餐饮行业。它们具有根基深、经验丰富等特点。

表1　行业竞争分析图

行业场所	现状	优势	劣势
医院	选址固定，信誉度高。	药品功效明显，人流量大。	有副作用。
养生会所	人们健康养生的消费心理和行为逐渐理性化，大家更加重视保健养生产品的安全性、功效性，同时政府对保健养生产业的法律法规逐步完善，监管越来越严格，中国保健养生的产业发展是机遇与挑战同在。	种类齐全。	价格高昂。
健身房	供给丰富，档次分明。	根据自身定位和目标人群选择相应健身设备，对上游企业的依赖度较小。	行业竞争壁垒小，市场品牌分散。
月子中心	月子中心作为一个新兴行业，从国家到地方暂时都没有完善的相关法规和准入制度。	服务对象为产妇和新生儿这一特殊人群，更具专业化。	费用较高，部分月子中心缺乏专业的医护技术。
保健品市场	中国保健品市场空间巨大，但市场中竞争者众多，集中度低。	便于携带。	虚假宣传，大多夸大其词。
普通餐饮行业	餐饮需求复杂多样，但餐饮业结构失衡，高档餐饮发展较快，高档酒店繁荣兴旺，而大众化餐饮服务由于费工费时、售价低、利润薄，供给不足，服务跟不上，市场缺口较大。	制作方便，价格相对低廉。	环境脏乱，服务差，膳食搭配不合理。

4.4 市场分析

表2 SWOT

	优势（Strengths）	劣势（Weaknesses）
内部因素 外部因素	1. 地理优势； 2. 学校创业孵化基地免费提供租房租金，减少成本； 3. 营销模式的多样性； 4. 特色服务的创新性； 5. 专业的营养健康搭配服务及咨询建议； 6. 依托于医药学校，有专业老师的指导； 7. 绿色天然，滋补养生； 8. 建立会员个人健康档案。	1. 成立初期，市场认可度低，未树立起足够的品牌形象； 2. 资金来源渠道少，资金有限； 3. 缺乏有经验的管理人士。
机会（Opportunities）	SO	WO
1. 药膳餐厅为湘潭市场空白点，作为全新区域，未来市场容量大； 2. 药膳成为社会流行趋势； 3. 居民消费结构改善，追求绿色健康消费，居民健康餐饮意识提升； 4. 政府政策鼓励支持。	1. 争取先入优势，快速占领湘潭的药膳市场； 2. 扩大宣传力度，提高品牌知名度和社会认知度； 3. 积极合理地有效利用政府的政策，为公司节约成本； 4. 积极纳入新鲜血液，为公司连锁经营打下基础； 5. 开展多样的营销方式，以消费者为契机，留下老朋友，发展新顾客； 6. 加快多样化服务的进程，让不同顾客享受更加贴心的服务。	1. 加强内部产品创新工艺技术，增加产品和服务的附加值，让消费者拥有更好的服务体验； 2. 加强产品和服务模式的创新； 3. 增强与广告商的合作，加强公司的宣传力度，吸引更多消费者。
威胁（Threats）	ST	WT
1. 市场存在较大的不确定性，风险较大； 2. 目标客户认知程度低，对药膳餐厅的接受需要一段时间； 3. 潜在竞争对手的专注与兴起。	1. 拓宽融资渠道，吸引社会资金，壮大公司资金力量； 2. 拓宽营销模式，实现营销模式的多样化； 3. 加强产品的差异化，服务的人性化、多样化； 4. 加快市场研究与调查。	1. 实行严格的成本控制策略，降低经营成本； 2. 建立生态经营模式，与其他公司联合发展； 3. 增强企业技术力量，加快产品研发； 4. 目标市场的重新定位。

五、营销策略

5.1 营销理念

传承创新、专注养生、轻奢享受、品质升级。

5.2 营销背景

目前在湘潭，药膳餐饮行业是一个空白点，“华膳养生坊”需要开拓新的市场，在此环境下我们必须加大前期工作与宣传力度，让药膳这个理念深入寻常百姓家，让药膳餐厅在整个湘潭站稳脚跟，做整个药膳行业的引领者。

5.3 目标市场

本店主要致力于中档消费者的餐饮服务，其次是低、高档消费者的餐饮服务。

中档消费者：需要药膳辅助治疗疾病的患者、老年人群体及白领人士是本店主要的消费人群。在医院长期治疗且没有极大改善的患者，尤其需要药膳来进行辅助治疗，加之医院的饮食单一化，仅仅是解决患者的基本饮食需求，而本店的主要特色是通过药膳来进行辅助治疗，我们具有更多的专业性及选择性。对于需要养生保健的老年人群体而言，除了拥有高质量的运动，还需注重膳食方面的合理健康搭配，这样才能达到延年益寿的目的。白领人士一般接受过良好的教育，思想新潮，乐于接受新生事物，但由于工作压力大，经常工作加班，生活节奏快导致无暇顾及自己的身体健康，而本店正好能够满足白领们的需求。

低档消费者：需要保健养生的普通人群、学习工作压力大的人群。现在低档消费者的人群有养生需求，但可支配收入低，然而在未来几年内，中国经济将持续稳步增长，国民整体消费水平也会普遍提高，因此，本店存在此类潜在的目标群体。

高档消费者：此类消费者对生活质量有较高的要求，注重养生，有消费能力，一般会在养生会所消费，但由于湘潭目前还没有药膳养生餐饮行业，所以我们迎来了新的机遇与挑战。

5.4 营销方式

本公司采取差异性的营销方式，通过不同的营销组合服务于不同的细分市场，更好地满足顾客的需求，提高本店的竞争力，促进产品的销售。对本养生坊的两大类产品分别进行营销，对于保健养生类，主要针对学习工作压力大的青少年和白领、老年群体及普通家庭，推广养生理念，帮助改善体质、提高生活质量；对于辅助治疗及康复类，主要针对各医院、各疗养院人群，凸显此类产品的功效，药借食力，食助药威，健康安全食疗，减少药物副作用。其次，要尽快在细分市场上占据优势，进而在市场上形成良好的企业形象和企业文化，提高顾客对本店的信任，扩大产品的销售额，降低企业的经营风险。

5.5 营销策略

导入期（1—6 月）：采取快速掠取策略（高价高促销策略），高价的同时，进行大量宣传，先声夺人，抢先占领市场，主要产品是针对四个身体健康状况不同的群体而制定的餐品，市场策略为通过积极有效的营销策略，抢占药膳餐饮市场份额；树立“健康养生”的良好品牌形象；提升知名度、美誉度；收回初期投资资金，积极进行市场推广。

成长期（1—2 年）：采取缓慢掠取策略（高价低促销策略），及时收回投资资金，获取利润，减少营销成本，巩固、拓展已有的市场份额，进一步健全餐厅的经营管理制度，提高企业的科学管理水平，着手品牌扩张所必需的企业形象识别系统、统一的特色优势餐品、统一的管理模式等方面的建设。

成熟期（3—5 年）：届时，餐厅运营已经步入稳定良好的状态，随着企业的势力与影响力的增强，服务范围不再能满足潜在顾客的需要时，以特许经营的方式，开辟新的市场空间，扩大餐厅的辐射范围和影响力。

5.6 促销策略

采用拉式策略及间接方式两者相结合，通过广告和公共宣传吸引消费者。

根据不同的对象推行不同的策略：

针对青少年市场可采用校内张贴海报、发放传单，大学生凭学生证即可享受九折优惠，生日当日来店消费即可享受六折优惠等活动，以达到宣传的目的。

对于中青年消费者则采取在人流密集的商业街发放优惠券，并提供一系列白领午餐套餐，连续一个月免费送餐活动，同时在当地主流媒体电视节目及报纸中刊登药膳主题餐厅的广告。

关于老年人这类消费群体，采取在社区和公园发放广告，同时采用免费试吃的方式进行宣传，老年人凭老年证可享受九折优惠，生日当日享受六折优惠。

5.7 宣传推广

5.7.1 微信扫码关注公众号，转发朋友圈积赞满 88 个进店送药膳点心一份。

5.7.2 宣传单派送：印有本店基本信息、当季主推药膳及常用养生知识的传单。(雇请湘潭医卫职业技术学院多名大学生为本店进行传单派送，我们选择医院、公园、写字楼、中心商业街附近为派送区域。)

5.7.3 传媒合作

(1) 电台：湘潭地区选择乘坐公交车、出租车的人群较多，利用电台广播来宣传店里的情况。

(2) 网络平台：利用社交 App（如微信、QQ、抖音等）来拍摄发布药膳制作视频，抓住年轻人的眼球，提升本店人气。

(3) 公益讲座：定期策划举办相关知识讲座，邀请顾客参加营养专家的养生讲座，教顾客如何烹调养生菜品等，传播养生知识，服务大众。

(4) 行业合作：与养老中心、康复病房、老年公寓、益丰大药房等合作，达到互利共赢的目的。

5.8 合作关系

(1) 与益丰大药房建立长期合作：益丰大药房与我们学校有着几年的密切合作，选择他们作为供应商为我们长期提供药膳所需的中药材，确保质量的同时减少成本。

(2) 选择大众所知的线上电商合作：如美团、饿了么，它们具有知名度广、运行时间长、信誉有所保障等特点。

(3) 与湘潭医卫职业技术学院建立合作关系：本店在降低人力资源成本支出的同时，为学校的大学生提供众多勤工俭学的岗位，解决有需要大学生和学校的困难，本店为保证大学生的利益，将与在校大学生员工签订用人合同，定期支付规定报酬。

六、管理体系

6.1 人员安排及职责分工

罗斌：创办人兼店长，有较强的行政管理、组织协调与沟通和决策能力，能够掌控全局，负责组织协调公司的组织管理工作及人力资源管理工作。

杨佳玲：负责财政管理工作，有较强的财务组织协调、判断、分析及处理问题的能力。

吴畏：负责食材、药品采购与供应工作，对市场有较深入的了解，有较强的协调与沟通能力，熟悉食材市场的各种进货渠道，能够迅速购入价廉物美的原材料。

整个管理团队结合个人特长优势，各司其职，责任明确，能够很好地将本店运行。

6.2 员工聘用

6.2.1 选拔原则

（1）德才兼备：公司将全面考察员工的个人素质、工作能力以及实际成绩等因素，任人唯贤、择优晋升。

（2）机会均等：晋升机会人人均等，公司每次选拔均实行公开招聘、公平竞争，唯才是举。

（3）“阶梯晋升”和“破格提拔”相结合：多数员工一般采取“阶梯晋升”，而对非常之才、特殊之才、为公司做出了突出贡献的员工，可以“破格提拔”。

（4）能升能降，保持竞争：强者上、平者让、庸者下。

6.2.2 晋升基本条件

（1）入职满6个月的正式员工。

（2）在同一职级岗位工作6个月及以上的正式员工。

（3）半年内（选拔前6个月）无严重违纪处罚不良表现记录。

（4）具备目标岗位任职条件及所需基本能力。

（5）具备选拔晋升计划里列明的其他素质或要求等。

6.2.3 晋升机制

（1）定期选拔：根据当年度企业战略及人力资源规划，由行政人力资源部统一组织实施，原则上每年度1次。

（2）不定期选拔：根据公司发展或临时重大工作需要，当出现职位空缺并决定采用内部竞聘时，可由用人部门提起申请，经总经理审批后交行政人力资源部统一组织实施。

（3）破格提拔：特殊人才或对公司有特殊贡献、表现的员工，经总经理批准，可随时得以委任与提升；试用期内的员工不允许被推荐晋升，试用期满后可视其表现予以晋升。

6.2.4 晋升人员管理

（1）所有参与过选拔晋升的人员将统一进入公司人才培养库记录备案。

（2）人才培养库由行政人力资源部负责建立及日常维护，各部门共同参与管理。

（3）人才培养库将定期、不定期举行专业技能或管理水平培训，相关人员原则上必须参加，培训分数将列为下次选拔晋升重要参考。

（4）新员工入职三个月内，所在部门负责人应负责谈话，主题是帮助新员工根据自己的情况（如职业兴趣、资质、技能等）考虑个人发展方向，更好地融入企业发展路程。

七、机遇与风险

7.1 机遇

7.1.1 随着社会的发展，亚健康人群数量的不断增加，养生保健市场需求不断扩大。

7.1.2 国内的保健产品已经不能满足人们逐渐增长的养生需求，人们越来越注重传统中医药养生保健。

7.1.3 国家对食品药品的鼓励政策相继出台，使得外部政策环境相对宽松。

7.1.4 传统产业在新时代下面临改造与升级。

7.1.5 湘潭当地没有出现药膳餐饮行业，有广阔市场以及固定的中药药材供应商——益丰大药房，保证药材质量，降低成本。

7.2 风险与应对措施

7.2.1 风险

市场一直处于不断变化之中，不确定、不稳定的经营风险是企业投资经营前所要考虑的一个重要因素。包括资源风险、市场不确定性风险、研发风险、生产不确定性风险、成本控制风险、竞争风险、政策风险、财务风险、管理风险、环境风险及破产风险。

（1）经营风险

① 餐厅原材料价格、质量和送货时间变化、采购过程中的欺诈行为，采购

人员和验收人员的疏忽，导致原材料数量及质量上的不达标、入库储存养护不当的损失等。

② 餐厅各类设备安全风险，如出现意外、故障甚至损坏。

③ 管理结构的不科学，餐厅最初的规章制度、组织结构、经营方法具有一定的局限性，导致经营效率不高及生产成本增加。

④ 药膳餐饮行业相关的法律法规不健全、相关权益被侵犯。

⑤ 自然环境的不可预测带来的危害。

⑥ 员工的非正常工作操作。

（2）财务风险

① 收益确认风险和对投资者收益分配不当而产生的风险。

② 融资与退出风险。

③ 应收账款无法及时到位，餐厅资金链运转掉链。

④ 市场经济起伏、政策变化等影响消费。

（3）人力风险

① 专业性强的人员难以聘请。

② 市场竞争过大，员工的跳槽。

③ 高级管理层缺乏一定的管理经验，对公司运营产生各方面的负面影响。

④ 公司成立初期，企业运行机制有待完善，治理机构需要更新。

⑤ 技术人员的操作能力、流动性、依赖性和对企业的忠诚程度直接对生产规模产生影响。

（4）市场风险

① 没有准确地摸清市场对药膳产品的容纳程度、市场接受度。

② 产品的价格风险受其成本、质量、声誉及消费者收入等的影响；药膳餐饮行业竞争激烈，消费者的议价能力很强，这也是产品潜在的价格风险。

③ 宣传风险包括宣传活动的成本控制、效果预测失误等。

④ 由于经济文化发展，消费者可以在自家做药膳，以至于顾客量减少。

⑤ 项目预期效果较好，类似企业滋生，增加本企业竞争压力。

⑥ 公司成立和规模扩大时期，流动资金的储备不足对公司的健康发展形成较大影响。

⑦ 投资资金不足产生运营风险，融资增强了资金运营风险，且增加了投融

资者对资金的干涉风险。

⑧ 市场售价受其他竞争对手的影响，造成公司销售额的下降。

⑨ 市场开拓不力，没有很好地打开市场，促销价格增加，成本上升。

7.2.2 风险应对

（1）经营风险应对策略

① 考察市场，选择信誉好的供货商建立长期合作关系，同时保证用品的库存量充足，并针对采购员疏忽所造成风险等问题，订立严格的奖罚机制。

② 定期对设备进行维护和修理，保持设备的良好运作。

③ 参加相关培训，学习先进知识，及时接收并研究国家政策，对餐厅的发展做出规划。

④ 明确各工作人员的职责，加强监督。

⑤ 定期对员工进行抗自然灾害演练培训，制定相应的紧急逃生计划。

⑥ 加强内部人员的保密监督工作，防止公司机密外泄。

（2）财务风险应对策略

① 遵循收益、风险均衡原则，趋利避害。

② 加强对自有资金管控，对各种借支款严格审批与监督，选择合理的资本结构、最佳融资组合。

③ 建立健全财务风险管理。

④ 提高财务风险意识，建立良好的社会关系网。

⑤ 及时掌握市场经济的变化，调整公司的财务计划。

（3）人力风险应对策略

公司的发展进程中，采取积极的风险应对措施，形成良好科学的人力资源风险管理机制。

① 树立人力资源风险管理意识，实现人力资源风险管理制度化，形成有效的风险监控机制。员工聘用应遵循一定的原则，制定相应的政策环境和程序，并针对风险采取相应的控制措施。如加强人才选拔的外部约束、做好招聘的基础工作、做好人力资源招聘的计划工作、合理选择招聘渠道等。

② 盘活企业人力资源存量，建立科学良好的战略性人力资源规划，建立研发与技术团队，在可能的情况下不过分依赖某一个或少数几个技术人员，为应对风险提供更好的保障。

③ 完善激励机制，工资晋升标准透明化公开化。以人为本是人力资源风险管理的核心，人力资源风险防范的关键就在于建立以人为本、以知识驱动力为核心、多元化的激励体制，通过激发员工的内在动力与创新能力，使企业获得人力资源的价值增值。

④ 充分利用信息技术，探索公正、合理的人力资源交流合作机制。通过建立人力资源信息系统，集成企业内外部有关人力资源的信息，通过交流与合作，在积极防范人力资源风险的同时，有针对性地及早采取相应措施，提高人力资源配置效率。如提高员工的职业道德水准，从根本上降低离职风险；做好保密工作，规范涉密人员离职程序，与其签订保密协议等。

⑤ 制定公司规章制度时，广泛征求员工意见，制定科学公平公正有效可行的制度，每个员工都必须熟知相关制度与章程。

（4）市场风险应对策略

① 不断在服务与产品上创新，注重服务质量和品牌的建立。

② 不断引进具有特色的药膳产品方案，使公司的药膳产品具有独特性，以提高公司的竞争力，增强抗风险能力。

③ 利用强有力的营销策略和优质的顾客服务，树立高知名度、高美誉度、高忠诚度的品牌形象。

④ 药膳餐饮行业具有较大的利润空间，使得我们公司的降价潜力很大。公司将实行多层次的价格策略，绝不降低质量损害消费者的利益。

⑤ 采取正确的采购策略，降低采购成本和风险。

⑥ 加强管理监督和质量控制。

⑦ 营造良好的企业文化，不断学习，与时俱进，不断完善，建立科研发展战略。

八、创业团队

8.1 团队简介

团队名称：“华膳”创业团。

华膳，传承中华本草，致力养生，不忘初心，科学食疗，拒绝亚健康，提高人们生活质量。

团队口号：百舸争流千帆竞，借海扬帆奋者先。

8.2 团队组成

罗斌，湘潭医卫职业技术学院医学技术学院药学 16303 班的一名在读大专生，荣获 2016—2017 年度国家奖学金，且多次获得“优秀学生干部”“三好学生”“优秀共青团干部”等称号。拥有较强的创新思维，参加 SYB 创业培训并取得毕业证，参加过“互联网+”大学生创业，对创业有一定的认知了解。在组织协调管理工作方面有非常丰富的经验，具有较强的管理协调统筹能力、谈判能力、公关能力，负责本创业计划整体构思、提纲与体系确定、书写分配工作。

吴畏，湘潭医卫职业技术学院医学技术学院药学 16303 班在读大专生。现在担任学习委员一职，获得国家励志奖学金，且多次获得“优秀学生干部”“优秀共青团干部”等称号。具有较强的组织管理和策划能力，善于和他人沟通，主要负责制定市场营销策略。

杨佳玲，湘潭医卫职业技术学院医疗设备与管理学院会计 16301 班在读大专生。担任校社团联合会计划财务部副部长、班级心理委员一职，积极参加学校各项活动。在校学习了财务管理、成本会计、税务会计等课程，负责财会工作。

8.3 团队指导

唐海飞，男，讲师，初级药师，执业药师，山西医科大学药剂学专业硕士。主要担任药物化学、天然药物化学、药事管理与法规等药学专业课程的教学。研究方向为新剂型与新型给药系统。目前在研校级课题一项。近五年来发表相关论文 6 篇，SCI 收录 3 篇。曾获得“优秀班主任”荣誉称号。

创业项目五

“康复无忧”

——多功能脑卒中康复装置领航者

一、创始人介绍　刘宇菲

刘宇菲，女，湖南郴州人，2001 年出生，湘潭医卫职业技术学院 2019 级康复技术专业。“康复无忧”项目联合创始人。项目团队研发的“康复无忧”多功能脑卒中康复装置 2020 年被评为校级重点 A 级学生科研课题，项目成功入驻湖南省大学生创新创业孵化基地。被评为 2020 年度“百优十佳”创新创业之星，先后获得多家媒体报道。先后带领团队斩获 2020 年中华职教社黄炎培职业教育奖创业规划大赛优胜奖，2020 年湖南省黄炎培职业教育奖创业规划大赛一等奖，第六届、第七届湖南省“互联网+”大学生创新创业大赛三等奖，第十四届“挑战杯”湖南省大学生课外学术科技作品竞赛三等奖等。

二、“康复无忧”创业项目的起源

三年前，我的奶奶突发脑卒中，从此不能再自由行走。患病后的她总喜欢坐在门口，看着空空荡荡的门外，偶尔有人从家门口经过，她都会翘首以盼。我想她一定很希望像从前一样，能出去走走看看外面的世界。

我家住在偏远的农村，家里人口众多，弟弟妹妹年幼，家里经济条件捉襟见肘，不能给予奶奶全面的康复治疗，加之农村的康复条件极其有限，面对奶奶的病情，家人束手无策，无可奈何。于是我暗暗下定决心，我要考入医学院校，学习康复专业，帮助奶奶好起来。

2019 年 9 月，我如愿成为一名康复专业的学生。在上专业课时，老师讲到了脑卒中的案例，引起了我强烈的兴趣。老师说，随着我国老龄化进程的深入，脑卒中的发病人数也急剧上升，已经成为严重危害老年人健康的疾病之一，我国也成了全球脑卒中的第一大国。据世界卫生组织（WHO）的数据证实，早期康复治疗是经循证医学证实的对降低致残率最有效的方案。对脑卒中幸存患者进行积极的康复治疗可使 90%患者重新恢复步行和生活自理能力，可使 30%患者恢复从事一些较轻的工作；相反，脑卒中患者不进行康复治疗，上述两方面恢复的百分率相应只有 6%和 5%。

这个数据让我暗自心惊，但又燃起了希望。奶奶的病是可以通过康复治疗得到好转的。但是医院定期检查和康复训练的费用高昂，仍然是家中无法突破的现实问题。我又沮丧了起来，如果能有一款实用、有效、经济、耐用的家用式肢体康复训练器械该有多好。那这个器械为什么不能是我自己去研究呢？这个想法在脑中蹦出，让我先是一愣，随即便是豁然开朗，那就去做吧！

三、项目发展过程中的关键点

纸上得来终觉浅，绝知此事要躬行

如果说大学生活里最难忘的是什么，除了这场没有硝烟的新冠战役，便是我在学校和团队伙伴们一起寒天暑里、白天黑夜、挑灯夜战的创新逐梦这件事。

我永远都记得2019年临近期末考前，我们项目团队四人扎根在校团委创新创业办公室的头脑风暴和激烈讨论。每个人都有着似火般的激情，有着青年的活跃思维与天马行空的想象力。

我们遇到的第一个难题是项目的定位。最开始项目定位并不清晰，对于做一款医用型康复器械还是家用型脑卒中康复装置，我们展开了激烈讨论。由于我们来自不同的专业，看待问题的角度不同，有了自己的想法便开始各执己见。我们因兴趣走到了一起，团队成员分别来自康复治疗技术、医疗器械维护与管理、医疗设备应用技术、老年保健与管理等专业。

成员起初由于看待问题的角度不一，各持己见，长时间的讨论也未能在产品的组成结构、功能组合、目标人群等方面形成统一共识。网络的信息搜索让我们更多的了解了脑卒中的相关数据和市场需求，而对康复装置的制作束手无策。这时学长在听完我们的讨论之后，建议我们先去康复医院、养老中心看看。

纸上得来终觉浅，绝知此事要躬行。于是我们开始前往学校附属康复医院和专业养老机构实地调研。在那里我们了解到目前康复科使用的器械功能较单一，并没有一款专门针对脑卒中患者康复期的器械。走访康复人群了解到目前康复治疗费用高昂，康复周期长，家属负担重，许多人并没有足够的人力物力来满足患者的康复需求。我们在线上搜索以及走访调研的过程中了解到，目前并没有一款专门针对脑卒中患者的家用康复装置。自此我们决定做一款家用型便民实惠的脑卒中患者康复装置。

枫叶经霜艳，梅花透雪香

在决定做家用型脑卒中康复器械后，我们明确了项目的定位，便日夜兼程地将设计图纸绘制出来。老师看完之后却将我们的“心血”一语道破，就目前的设计而言，我们只是将许多康复功能杂糅到一起，并没有实际考虑到脑卒中患者的康复需求，以及脑卒中患者到底应该如何去进行康复训练。说白了，就是还没有搞清楚脑卒中患者康复期的病症以及具体的康复措施。

其实这也是我们一直在思考和纠结的问题，由于专业知识有限，脑卒中的一些深层次问题和产品制作的技术性问题我们都一知半解，于是便选择了忽略，想当然地以为不去面对就不需要面对。但随着项目的推进，原先选择逃避的问题又一一浮现，该面对的终究还得面对。这时我们只能深入学校图书馆查阅资料搜索文献、请教学校老师和行业专家，一个一个攻克难题。

同时在专业老师的指导下，我们了解到脑卒中患者的最佳康复时期在恢复早期，恢复中后期以及后遗症期。脑卒中患者因中枢神经损伤导致运动功能减弱甚至丧失，如不给予有效康复干预就会导致异常反射兴奋、肢体运动模式及感觉异常、肌张力升高、肌肉痉挛、关节挛缩、僵硬等一系列异常表现。脑卒中患者需较长时间康复干预，具有长期性、渐进性及系统性特点，系统科学的卒中后干预有益于患者运动功能及自理能力改善。

对此，在老师的指导下，我们进行了理念创新，根据运动协同机制，即多块肌肉在神经组织的控制下为实现某个特定运动而同时发挥作用。当运动发生改变时，高层级神经会发送更多的变更指令给低层级神经，而低层级神经将会控制肌肉产生多样化的协同作用模式，确保运动的灵活性和稳定性。近年来，国内外科学家进一步验证了人类中枢神经系统是通过运动协同机制完成各种任务。本产品通过订单式组合功能锻炼，刺激神经发送更多的变更指令，促进运动系统的发育及功能的提升，实现机械功能与人体康复需要的完美结合。

坚持不懈，越挫越勇

理论思路被打开之后，我们满心欢喜地拿着计划书去拜访湘潭市第三人民医院党委书记，期待他能够帮我们的产品写一份推荐信。但是他看完计划书之后却摇了摇头，他说我们的产品就像小学生做的一个“小发明”，产品装置在康复功能的组合布局和康复安全可靠性的设计均不够合理，产品的设计没有跟产品的理念高度契合，现有产品不具备实用性，市场的投入可能性也极低。

这无疑是个巨大的打击，我拖着沉重的步伐回到办公室。这么多个日日夜夜的奋斗被现实无情地否定。沮丧之时，想起奶奶无助的眼神和调研患者家属的心声，却也不甘心项目就此止步。于是我们请教了更多的老师和专家，在他们的指导之下，我们才认识到，脑卒中患者的康复过程并不是单一的，仅仅锻炼某一部位是不够的。手痉挛练手、脚不灵活练脚、偏瘫只练一边，这种方法是行不通的。况且，脑卒中患者的康复过程是渐进性的，随着康复进程的推进，需要根据康复效果及时、有效地改变训练方案。

为此，我们针对装置的组合功能进行了优化改进，采用多功能组合对上肢运动、下肢运动、步行仿真训练、肩肘关节运动、手指关节训练功能模块进行订单式组合，满足不同阶段的康复需求。由于是居家锻炼，还要考虑患者使用安全以及占地空间的合理化，在细节方面我们也尽力做到最优化。当我们把改进后的项目计划书和产品图纸再次呈现给湘潭市第三人民医院党委书记时，获得了高度评价，同时书记也被我们团队的不屈不挠、锐意进取、求实创新的品质所打动，并给予了我们项目的技术鉴定和产品后期市场试用鼎力支持。

排除万难，激流勇进

由于是大学生创业，所以我们的资金并不充裕，仅仅依靠学校的补贴是远远不够的。在研究项目的一个月里，我们团队成员自费在学校完善项目。当其他同学在打暑假工挣得人生的第一桶金时，我们一头扎在学校里，不是在写计划书就是在去调研的路上。跟很多创业者初期一样，最开始我们的家人也不理解、不支持，但是在看到我们各自都这么坚持的态度下，只好默认我们继续做下去。

在项目即将制作样机的时候，却犯了难。由于经费不足，制作样机的时候我们都捉襟见肘。就在项目进度即将面临停滞的时候，指导老师向我们伸出援手，暂解燃眉之急。但是成功向来都不是一蹴而就。老师的支持有限，在项目初期并没有一大笔一大笔的天使轮投资砸向我们，光靠嘴巴去说难以使别人信服，说得天花乱坠那也是空中楼阁。

于是，我们开始自己动起手来，我们相信只要信念足够坚定就一定能实现梦想。经费不足就自己去市场淘零部件，没有合适的就找相关器械拆卸组装，只为达到心中想要的效果。可谓是屡战屡败却屡败屡战。在前期的准备工作中我们清楚地认识到，做项目就好比建房子，只有坚定不移，脚踏实地，才能为项目打好地基，好的地基才能成就往后的高楼大厦。从图纸绘制到选材、设计、试验，我们一次次推翻，又一次次重来。我们立足实际，一步一个脚印稳扎稳打，只为设计出一款最贴心的康复装置。看着项目从一个新奇的点子，到一张 CAD（计算机辅助设计）图纸，再到一件摆在眼前的样机。我们始终热泪盈眶，始终奔跑在路上。

“康复无忧”团队所取得的成绩

2020 年中华职教社黄炎培职业教育奖创业规划大赛优胜奖

2020 年湖南省黄炎培职业教育奖创业规划大赛一等奖

第六届湖南省“互联网+”大学生创新创业大赛三等奖

第七届湖南省“互联网+”大学生创新创业大赛三等奖

第十四届“挑战杯”湖南省大学生课外学术科技作品竞赛三等奖

2020 年湘潭市创新创业大赛优胜奖

四、创业者刘宇非的反思与经验

敢于突破，勇于尝试

三年前，或许我们谁也没有想到，在短短两年的校园时光里，我们竟然真真正正地干成了一件意义非凡的“大事”。现在回想起比赛的过程，我仍然热血沸腾，作为大学生创新创业计划竞赛一路走过来的人，我想把我的经验和感受写出来，与大家分享。

第一，转换视角。记得我在参加“互联网+”比赛时，评委的问题非常尖锐，非常具体。例如“如果融资成功，这钱该怎么花?”“这本计划书的商业价值在哪里?”“这个项目的未来前景如何?”这就要求我们转换看问题的角度。我们不再是涉世未深的学生，而是一个企业的负责人。我们不是为了比赛在答辩，而是应该超越计划书本身，思考到企业的具体运作，项目的十年、二十年后的发展和意义，要站在甲方的角度看待问题。

第二，使命感。我们的使命是把有价值的创意转化为一种实际成果，实践把“科技转化为生产力”的过程。我们的产品“脑卒中患者的家用式康复器械”，如果企业投产，可以造福广大脑卒中患者，解决康复贵、康复难、护理愁的康复难题，并且减轻家属在人力物力财力上的压力，让千千万万个像奶奶一样的患者通过居家康复，实现成功站起来、走起来、自理起来的梦想，也让亲情不再因病而疏离，让爱不再留有遗憾。当我们心中有某种神圣的情感在激荡并时刻鼓舞着我们时，我们才不至于在遇到困难时徘徊，在遭遇失败时沮丧，我们才会保持意气风发而又不失清醒冷静，激情不灭而又脚踏实地的精神风貌。而这恐怕也是真正的商家和投资商所看中的基本品质吧。

第三，积累知识。市场是变幻莫测的，创业是一个复杂多变的过程。这要求创业者必须具有渊博的知识和结合实际的决策能力。在编制商业计划书时，会涉及很多问题，如市场调查、战略分析、财务分析等，而这些都需要强大的知识储备。在比赛答辩时，我更加感受到“书到用时方恨少”的真谛。评委的任何一个问题都可看出你的所思所想、你的经营理念、你的世界观、你的人生观及你的人生轨迹。所以说，我们要认真学习书本上前人积淀的精华。因为任何方案的实施要是脱离了一定的理论体系都会显得肤浅而无力。还应有意识地锻炼自己多方面的能力，如语言表达能力、沟通能力、系统思考及概括的能力。当然，知识体系的完善是一个日积月累的过程，绝不可能一蹴而就。在努力学习的同时，我们也应清醒地察觉到不能因为注重学习的过程与形式而忽略了学习的目的，因为我们学习的最终归宿是为了选择好的事业以及把事业做好。

第四，团队协作。团队在合作中会遇到各种问题，而解决问题离不开有效沟通和真诚交流。每个队员都有自己的知识结构、社会关系、经验阅历和个性特征，如何集思广益、博采众家之长，这就需要有从大局着眼的思想观念。每次面对有争议的问题，大家都可能会闹得面红耳赤，然而就在我们的讨论过程中，就在我们思想的交锋下，才可能产生智慧的火花。而后回过头来看以前的所有的争议，我们都会发出由衷的微笑。还有一点就是团队并不是人的简单相加，它是一些互补、密切合作并为负有共同责任的目标而奉献的少数人员的集合，它更是人身上最宝贵素质的高度体现。只有让每个人了解团队的意义及其重要性，在工作中依据团队的要求来指导自己的工作，才能使这个团队具有战斗力，才能够发挥团队的最高价值。

其实，创业的过程就像是一个人的生活历程，和生活一样，除了基本的生存技巧外，更需要真诚、自信、奉献和勇于拼搏。

五、导师寄语

每个创业者都是充满激情的，怀着对未来生活的向往和梦想。这是一件值得鼓励的事情，然而社会是现实的，有句话叫商场如疆场，所以要创业必须做好足够的准备，首先是心理上你准备做什么？为什么要做？怎么去做？怎么开始？怎么成长？目标在哪？能冒若干风险。“短暂的激情是不值钱的，长久的激情才是值钱的。”康复无忧团队的发展历程，完美地体现了这句话对创业精神的诠释。

——何佳振（教育部优秀创业导师、湖南科技大学就业创业教研室主任）

六、项目风采小视频

七、项目计划书

本项目计划书选自2020年中华职教社黄炎培职业教育奖创业规划大赛优胜奖作品“康复无忧”项目（内容酌情修改）。

案例目录

一、执行摘要
1.1 产品简介
1.2 社会“痛点”
1.3 团队介绍
1.4 产品研发
1.5 推广合作

1.6 文化创新
1.7 项目规划
1.8 社会价值
二、项目背景
2.1 政策背景
2.2 行业背景
三、产品介绍
3.1 产品简介
3.2 产品功能
3.3 产品优势
3.4 功能模块
3.5 产品结构
3.6 研发历程
3.7 竞品分析
3.8 产品价值
四、市场分析
4.1 市场机会
4.2 市场容量
五、营销计划
5.1 目标市场
5.2 推广方式
5.3 价格策略
5.4 营销队伍
5.5 推广策略
六、管理体系
6.1 职责分工
6.2 管理方法
七、发展规划
7.1 公司规划
7.2 项目规划

案/例/正/文

一、执行摘要

我国每年新发脑卒中近 350 万人，存活患者约 75%致残，其导致脑损伤留下的肢体偏瘫等后遗症目前没有任何药物可治疗，唯一被国际医学认可能够恢复肢体功能的只有运动治疗。这一康复项目成为卒中康复领域难点。我们的项目产品“康复无忧”——多功能脑卒中康复装置针对脑卒中患者中后期康复治疗，是一款集上肢拉力器、上下肢助力飞轮、肩周关节训练器、生理参数检测仪于一体的多功能康复器材，通过协助患者锻炼肌肉力量，提高肢体平衡能力，实现改善瘫痪肢体的肌力恢复功能，提高患者日常生活能力，使患者最终能够回归家庭回归社会。团队从启动、研发、优化历经 1 年 3 个月，产品完成从单一固定式 1.0 版到便携防护式 2.0 版，再到目前多功能组合式 3.0 版的蜕变，已获得使用新型专利 1 项，外观专利 1 项。

目前，本项目与湘潭市第三人民医院签署合作协议进行临床使用，并与惠康医疗设备有限公司签订了合作意向书。我们团队是一群朝气蓬勃、充满热情的医卫学子，并有以电气自动化技术省级专业带头人陈罗湘教授为首的权威顾问专家团队。同时也受到了湖南省医学教育科技学会医学技能创新创业专业委员会重点推荐。并受到新湖南、湖南红网、湖南教育电视台等宣传报道。

1.1 产品简介

本项目团队研发了一款针对脑卒中患者恢复期后遗症期的多功能居家康复治疗装置。产品由实心高度可调基板、不锈钢防护框架、动力装置、信息智能与控制的模块构成。具有上肢、下肢手指功能，步行仿真、肩周关节等康复训练功能，实现了三大创新：（1）理念创新。首次应用运动协同机制，功能组合，实现了机械功能与人体康复需求的完美结合；（2）功能创新。多功能组合+八种贴心体验设计+防摔倒功能+主动被动双模式；（3）服务创新。采取“医生运动处方+AI 康复”模式，彻底打通医生、患者、器械的信息渠道。保证康复的有效性。样机试用研究结果表明，恢复期后遗症期脑卒中患者使用 1~3 个月后 Brunnstrom 分期和日常生活活动能力有了明显提升，患者体验效果良好。综合来看，“康复无忧”多功能脑卒中康复装置服务人群准确，产品应用空间广阔，竞争压力小，具有良好的竞争优势和广阔的市场前景。

1.2 社会“痛点”

随着我国老龄化进程的深入，与之相关的心脑血管疾病的发病率也在快速上升，特别是脑卒中的发病率更是急剧上升，中国已是全球脑卒中第一大国。与 30 年前有可比性的调查结果比较，脑卒中患病率、发病率分别上升了 155%和 31.6%，平均每 12 秒就有 1 人发生卒中。相关数据同时显示，脑卒中 1 年后的患者病情复发率为 17.1%，5 年累积复发率>30%，而且脑卒中具有很高的致残率，公开资料显示，在中国每年有 250 万的新发脑卒中病例，其中约70%~80%的患者因康复不及时、不到位而丧失生活自理能力。其中患者长期的照护，给家人造成了更大的人力、物力、财力负担，甚至造成“久病床前无孝子”的现实。

1.3 团队介绍

创业团队核心成员 5 人，所学专业涵盖康复护理、医疗设备应用技术、医疗器械维护与管理、护理、老年保健与管理等。

（1）刘宇菲，康复护理专业二年级学生，项目创始人之一，擅长项目展示与人际交流，负责项目的开发、工作协调与管理工作。

（2）黄康华，医疗器械维护与管理专业三年级学生，从小就爱好小制作和科技发明，负责产品设计、开发与样机制作。

(3) 邓枝伟，老年保健与管理二年级学生，拥有丰富的管理经验，负责财务报表的编制。

(4) 钟思琦，护理专业二年级学生，熟悉市场知识，负责团队的市场开发。

(5) 李傲洋，医疗设备应用技术二年级学生，有较强的组织能力和管理能力，擅长与人交流，协助技术部负责人完成技术方面的攻坚克难。

1.4 产品研发

三年前，奶奶突发脑卒中，原先激情洋溢、热情好客的奶奶突然变得沉默寡言、郁郁寡欢。每每放学回家看着躺在床上的奶奶，她眼神呆滞地看着窗外，使我陷入了深深的歉疚与自责，同时也使我萌生了想法，有没有一种方法或装置能够让奶奶重新站起来，回归往日的时光。高中毕业我毅然报考了医卫院校，也结识了一群志同道合的朋友，通过专业知识的学习和在老师的帮助下，萌发了设计“康复无忧”康复装置的想法。

团队成员分工合作，通过走访多位脑卒中患者家庭，聆听患者的心声，了解家属的需求；调研康复医院和市立综合医院，全面了解脑卒中康复器械的门类、品种、功用和市场需求；深入养老院和居民社区，了解老年人和家庭对康复器械的需求；等等。汇总调研结果，我们发现康复医院和市立综合医院的康复器械产品门类齐全、专业，但单个器械功能单一，多功能、集成型器械缺乏；养老院的康复器械数量少、功能单一，且缺乏针对性；调研脑卒中患者家庭发现，拥有康复器械的患者仅占调研总人数的5%以下，且功能单一，操作费时费力。对于众多脑卒中中后期的患者，能有一款综合性的康复器械，居家就能达到专业级的康复训练效果，既能降低康复器械购买的成本，又能减少康复护理的人力投入，是现阶段众多患者和患者家属共同的心声。

1.5 推广合作

本产品已与湘潭市第三人民医院（湘潭市养老康复中心）签署合作协议书并投放临床应用，与惠康医疗设备有限公司签订了投资、合作协议书。“康复无忧”组建了一支强大的专家顾问团队，既有省级专家组成的强大顾问团队，又有一支踏实肯干的师生创业团队，并且受到湖南省医学教育科技学会医学技能创新创业专业委员会重点推荐。

1.6 文化创新

本产品致力于满足脑卒中患者的居家康复需求，借助设备锻炼患者肌肉力量，提高肢体平衡能力，改善瘫痪肢体的肌力恢复功能，提高患者日常生活能力，使患者最终能够回归家庭回归社会。“康复无忧”器械的出现不仅满足了患者居家康复的需求，极大地降低了家人护理的难度，减轻了康复成本，还能缓和家庭矛盾和维护家庭和谐，促进中华孝道文化的弘扬。

1.7 项目规划

项目研发基于脑卒中患者居家康复市场需求，发挥项目团队成员专业特长优势，集中投入人力和物力，实现“康复无忧”产品的研发，并不断适应市场需求，实现产品的迭代更新，专注于多功能组合式装置的研发。

项目实施初期先出图纸，研发样机，联系工厂，在确保合作共赢的前提下应用代加工方式完成产品的试制、样机的生产与检测。同时不断进行技术改进、优化，完成产品性能和质量检验测试，以产品试用、用户体验等方式逐步推向居家患者。

随着产品市场的逐步推入，技术团队致力智能化元素的实现，瞄准康复医院、养老机构，逐步研发量身定制式产品。顺应市场的进一步扩大，不断壮大项目团队规模，积极通过自主研发，致力于居家康复器械系列产品的研制。

1.8 社会价值

实地走访11家康复中心、15家养老院，调研248户脑卒中患者家庭后我们发现，居家康复产品缺乏，居家康复人群对产品需求集中在多功能、经济、安全、有效几个关键词上。21.7%的家庭拥有脑卒中康复类医疗器械，但80%的购买家庭认为其功能较单一，在价格合理、操作简单的情况下，86.4%的患者及家属有购买脑卒中居家康复医疗器械意愿。针对脑卒中的多功能居家康复器械将成为市场的宠儿，具有广阔的市场前景。

二、项目背景

2.1 政策背景

近年来，党中央、国务院高度重视康复辅助器具产业发展，中央制定出台的关于加快发展养老服务业、健康服务业、医药产业以及推动残疾人小康进度、《“健康2030”规划纲要》等一系列政策文件，都将发展康复辅助器具产业列为重要内容。

康复辅助器具是改善、补偿、替代人体功能和实施辅助性治疗及预防残疾的产品，是帮助功能障碍人士恢复人体功能、回归融入社会和改善生活品质的有效疗法。我国有8500万残疾人，每年有上亿人次伤病人，是世界上康复辅助器具需求人数最多、市场潜力最大的国家。

同时，随着我国提出的“一带一路”战略的实施，其中有关推广康复辅助器具的政策进一步促进我国和沿线国家卫生领域的发展。《国家卫生计生委关于推进“一带一路”卫生交流合作三年实施方案（2015—2017）》明确指出，随着“一带一路”战略的实施及卫生对外交流合作的推进，沿线各国在产业合作和服务贸易方面的合作将不断深入，为我国健康产业发展与转型提供了良好机遇。为我国的医疗器械“走出去”提供广阔国际市场。

2.2 行业背景

脑卒中是我国第一大致残致死病因，每年新发300万脑卒中病例，共有脑卒中患者约1342万人，且发病率以每年8.7%速度增长。据统计，70%~80%的存活患者会不同程度丧失日常生活活动能力，给家庭及社会带来了沉重的负担。康复运动治疗是经循证医学证实的对降低致残率较有效的方法。

我国目前倡导以社区为基础，家庭为依托，三级医院为支撑的康复模式。由于社区康复体系尚未建立，去医院康复受制于康复床位不足、距离较远、费用太高等原因，脑卒中恢复期及后遗症期患者坚持去医院进行康复治疗的比例也较低。因此，恢复期及后遗症期脑卒中患者存在巨大的居家康复需求。

三、产品介绍

3.1 产品简介

本项目团队研发了一款针对脑卒中患者恢复期后遗症期的多功能居家康复治疗装置。本产品由实心高度可调基板、不锈钢防护框架、动力装置、信息智能与控制的模块构成。具有上肢、下肢手指功能，步行仿真、肩周关节等康复训练功能，实现了三大创新。

（1）理念创新：首次应用运动协同机制，功能组合，实现了机械功能与人体康复需求的完美结合。

（2）功能创新：多功能组合+八种贴心体验设计+防摔倒功能+主动被动双

模式。

(3) 服务创新：采取医生运动处方+AI康复模式，彻底打通医生、患者、器械的信息渠道。保证康复的有效性。样机试用研究结果表明，恢复期后遗症期脑卒中患者使用1~3个月后Brunnstrom分期和日常生活活动能力有了明显提升，患者体验效果良好。

3.2 产品功能

(1) 实心高度可调基板

装置底座为钢制框架结构，实心基板敷设，最大承重力达200kg。同时四个底板基脚高度可调节装置实现抓地防滑和高度需求可调，满足患者康复需求，减少陪护人员的工作量。

(2) 基础框架

产品采用不锈钢材质打造基础框架，杜绝甲醛，避免对患者二次伤害。产品材质具有表面光滑、抗腐蚀、抗扭断面系数大、不易弯折的特性，可以给患者在康复锻炼过程中提供扶持和保护功能。

(3) 多功能座椅

根据人体工程学原理，我们设计出的多功能座椅符合大部分体型人群。其背部结构呈流线型，均匀支撑人体脊背和腰椎，更好贴合人体，专为患者设计加高流瀑式高密度海绵坐垫，均匀分摊臀部、腿部压力，避免血液循环受阻，更适合肢体功能障碍久坐人群。为了提供最优的安全保障，座椅上设有左右侧扶手和固定腰带，在为患者的康复训练保驾护航的同时，还设有加热按摩的功能，可缓解久坐带来的不适，改善血液循环代谢，避免患者发生压疮。四点支持底座设计，安全不侧翻。

(4) 静音上下肢助力飞轮

助力飞轮应用新型能源储备方式，与其他储能技术相比，具有大储能、高功率、零污染、适用广、维护简单、可实现连续工作等优点。为了能够满足不同患者的康复需求，设有12挡速率可调模式。

主动训练模式：1—3挡为前期辅助训练，3—6挡为中期机能训练，6—9为综合复健训练，9—12挡为加强力量训练。被动模式：1—3挡为过渡训练，3—6挡为初级训练，6—9挡为日常训练，9—12挡为加强力量训练。人性化主被动双模式，自由选择训练模式，轻松做康复，有利于患者坚持锻炼肢体力量以及肌体灵活性。设备默认模式为3—6挡，可通过主动和被动的模式训练患者的下肢肌肉，达到恢复肌力，减轻肌肉痉挛，改善关节活动度的效果。

连接系统控制装置，将数据传达给显示器。按键调节更方便，相比遥控操作，省去电池没电、控制失灵的烦恼。高低自由调节，选择合适高度，贴心设计。磁能飞轮由于摩擦损耗小，不但维护成本较低而且使用寿命更长。飞轮两侧踏板设有固定脚套，脚套为钢架结构绑定，底部两个螺丝用于固定飞轮踏板。患者可以根据自身情况选择性组装，为患者无力的腿部提供支撑固定，防止训练过程脚部的滑落。

（5）中央调控板

为了更好地了解患者的康复训练情况，中央调控板与静音助力飞轮通过基板控制装置连接，并通过屏幕进行显示。当工作状态发生改变时，有声、光进行提示，让操作可见可听，并指导及时做出调整。同时系统及时记录患者康复运动数据，自动生成每日训练报告，并通过电子屏幕反馈给患者家属及康复医生，为后阶段患者康复方案的调整提供依据。

（6）仿步行康复训练器

模拟真人步行动作机理，采用“液压阻力+凸轮调节”设计，12挡步行阻力可调，实现患者步行康复训练需求。

（7）肩肘关节训练器

此训练器由钢圈打造，构造简单，独立拆接，高度可调，提高患者上肢、肩部、手部神经肌肉功能以及肌力、平衡功能。使用场景灵活，固定件可以实现高度调节，满足患者站位或坐位即可轻松锻炼的需求。滑动轮中心处设有阻力轴承，圆环体内设置有位槽，表面防滑设计，让训练器在大力度作用下不易发生扭转的同时，还能有效防止患者因用力过大而拉伤肩关节等问题。

（8）步行矫正训练器

装置底板采用多板组合设计，根据患者康复项目需求调节组合，实现患者步行矫正。将底板向两侧调节倾斜，高度调节器调节倾斜高度，四周不锈钢框架提供有效扶持支撑，帮助完成患者脚踝防内翻练习，实现患者V板步履练习。斜板练习器有效锻炼患者踮脚步行。

（9）手指训练器

患者以坐位形式在装置内进行手指的伸展、把握、抓取练习，训练患者手指灵活度，提升患者生活自理能力。

3.3 产品优势

（1）理念创新

根据运动协同机制，即多块肌肉在神经组织的控制下为实现某个特定运动而同时发挥作用。当运动发生改变时，高层级神经会发送更多的变更指令给低层级神经，而低层级神经将会控制肌肉产生多样化的协同作用模式，确保运动的灵活性和稳定性。近年来，国内外科学家进一步验证了人类中枢神经系统是通过运动协同机制完成各种任务。本产品通过订单式组合功能锻炼，刺激神经发送更多的变更指令，促进运动系统的发育及功能的提升，实现机械功能与人体康复需要的完美结合。

（2）功能创新

① 多功能组合

对上肢运动、下肢运动、步行仿真训练、肩肘关节运动、手指关节训练功能模块进行订单式组合。

② 8 种贴心体验设计

· 针对家居情境设计，产品经济适用，可灵活组装使用；
· 磨合式产品构件设计，避免锐利棱角对脑卒中患者的损伤；
· 高流瀑式高密度海绵坐垫应用，更适合肢体功能障碍需久坐人群；
· 肩肘关节训练器、助力飞轮等可自由调节高度和康复阻力，贴心设计；
· 加热按摩座椅设计，促进患者血液循环，避免患者发生压疮；
· 声光提示设计，人性化解决患者和家属操作、警示、信息提示需求；
· 实时监测患者生理参数，记录患者生命体征，指导后续方案制定；
· 操作按键人性化设计，满足患者易掌握、易操作、易调节需求。

③ 防摔倒功能

· 为保证脑卒中后肌力较低人群的安全，座椅设计靠背、安全带及扶手；
· 在座垫靠背的四周设计保护栏式框架，可随时成为脑卒中患者的扶手；
· 要求患者运动时家属在附近，设计脑卒中患者意外摔倒报警装置等。

④ 主动、被动双模式

· 人性化主被动双模式，自由选择训练模式，有利于患者坚持锻炼；
· 锻炼患者肢体力量和灵活性，设备默认模式为 3—6 挡，12 挡可调；

·训练上、下肢肌肉，恢复肌力，减轻肌肉痉挛，改善关节活动度。

（3）服务创新

采取“医生运动处方+AI 康复”模式。与康复医院建立合作关系，康复医生定期（1 次/月）对患者进行康复效果系统评估，制定及调整个性化运动处方，打通家庭及康复机构的信息渠道，保证运动处方的科学性。AI 定时提醒患者康复时间及康复方法，记录患者康复轨迹。康复医生通过电话、App 端远程监控患者运动情况并进行指导，若患者出现感冒等情况可随时反馈给康复医生对运动方案进行处理，彻底打通医生、患者、器械的信息渠道，保证康复的有效性。

3.4 功能模块

“康复无忧”产品针对脑卒中患者的康复需求设计了训练上肢肌肉群、下肢肌肉群、手指练习、步行仿真、肩周关节等康复训练功能，由患者康复训练的生理参数检测、远程通信和患者康复安全保障三大功能模块组成，实现患者的康复运动主被动完成，适应不同病理程度患者的需求。生理参数检测与远程通信实现医生远程监控运动情况，便于医生及时调整运动处方，保证康复的有效性。人性化的产品安全设计，有效保障患者康复训练的持续进行。

3.5 产品结构

本产品由实心高度可调基板、不锈钢防护框架、动力装置、信息智能与控制的模块构成。“康复无忧——多功能脑卒中康复装置”主要以基板和不锈钢伸缩框架结构为基础，可在医生的指导下选择不同的功能模块进行组合，满足不同病症的患者、病症不同时期患者的康复需求。

3.6 研发历程

本项目基于项目团队成员所学专业，针对众多居家脑卒中患者康复需求展开市场深入调研，通过走访康复机构、社区卫生服务中心、养老院和脑卒中患者家庭，了解市场需求；通过网络搜索、专家咨询，明确产品构思；经过 20 余次的修改与完善，绘制出产品的样图。团队成员依据样图经过 97 个日夜的精心打磨，310 次的产品优化改进，完成了第一代产品的样机试制。团队成员并没有就此止步，结合不同患者的康复需求，不断对一代产品进行改进优化，研发出了第二代 2.0、第三代 3.0 产品，成功地实现了产品迭代，并申请了产品专利。

3.7 竞品分析

通过京东、淘宝、阿里巴巴在线平台检索“偏瘫中风康复训练器材家用”关键词，分别搜索出 720 种、450 种、357 种产品，产品系列包含康复用床系列、牵引系列、主被动训练系列、零惯性训练系列、步行系列、运动上肢系列、运动下肢系列、作业治疗系列，但每个康复器械功能较单一。实地走访 11 家康复中心、15 家养老院，调研 248 户脑卒中患者家庭发现，居家康复产品缺乏，居家康复人群对产品需求集中在多功能、经济、安全、有效几个关键词上。21.7%家庭拥有脑卒中康复类医疗器械，但 80%的购买家庭认为其功能较单一。在价格合理、操作简单情况下，86.4%的患者及家属有购买脑卒中居家康复医疗器械的意愿。

3.8 产品价值

我们团队针对脑卒中康复期患者的康复器械，价格惠民且性能实用，是一款可家用式器械，减少医院家里来回的奔波，使其安心康复，促进患肢功能恢复，改善其日常生活能力，节省消费者的经济支出。国家高度重视康复辅助器具产业的发展，已从国家层面制定出台一系列策略，因此，要抓紧中国发展大健康产业政策和加快康复辅助器具产业发展机遇，加快让“康复无忧”多功能脑卒中康复装置大众化，进社区、进家庭，以满足患者的康复需求。

四、市场分析

4.1 市场机会

我国是人口大国，脑卒中的发病率在世界排名第一，是常见的疾病之一，且复发率高。目前我国脑卒中患者每年以 8.7%速率递增，40 岁及以上居民脑卒中标化患病率由 2012 年的 1.89%上升至 2016 年的 2.19%，推算 40 岁及以上居民脑卒中患病人数 1242 万。随着患者的不断增加，需要进行康复训练的人群也随即增加，因为康复费用高，且患者行动不便，去医院需要多人协助，导致脑卒中患者后期康复不理想。我们进行了市场调研，脑卒中患者对于这类型的家用康复用具是有购买意愿的。

4.2 市场容量

项目团队实地走访 11 家康复中心、15 家养老院，调研 248 户脑卒中患者家庭发现，康复中心的康复器械齐备、系统且专业，但多功能、集成型器械缺乏；

养老院的康复器械功能单一，且缺乏针对性。网络检索京东、淘宝、阿里巴巴在线平台，针对居家康复的脑卒中患者多功能康复器械缺乏。目前国内还没有同类型产品，项目产品的市场应用前景广阔。

五、营销计划

5.1 目标市场

产品服务于脑卒中恢复期、后遗症期、腰背肌肌力3级及以上患者，产品销售除主要面向家庭康复器械市场之外，还面向养老院、康复机构、社区康复中心。

5.2 推广方式

（1）体验店营销模式

在一些大型社区或居民点开设体验店，让顾客通过观摩、聆听、试用等方式，实际感知产品的品质或性能，促使顾客认知、认同并购买体验的产品。

（2）代理销售模式

以惠康医疗器械有限公司销售点作为免费试用点，加强推广力度。

社区卫生服务中心是卫生体系的基础与核心，我们将与其合作代理销售本产品。

（3）电商营销模式

① 投放大型电商平台，通过搜索引擎优化、允许搜索引擎爬虫访问和抓取产品关键字，优化用户评价，获得较高的网络知名度。

② 主流媒体开设官方账号，树立“康复无忧”品牌，维持曝光度，同步发布新产品、新优惠、新活动。

5.3 价格策略

价格回馈客户，不同客户享受不同折扣。产品将针对不同消费需求量的客户享受不同级别的折扣、产品售后服务等优惠待遇。策略原则基于市场成本、利润核算、回馈客户、市场价格形势等综合考虑，进行准确的价格定位。我们将多功能组合式3.0版的价格初步定为2980元。

5.4 营销队伍

本公司除了聘请专业销售团队之外，还充分利用我校遍布在湖南各大医疗机构的实习大学生和校友会等优势资源，由他们向脑卒中患者推荐，更好地吸纳产品使用用户。

预计销售团队中专职 10 人，兼职约 150 人，与湖南省各地市医院、康复机构、养老机构、社区建立良好关系，形成“立足湘潭，面向全省，展望全国”的销售布局。

5.5 推广策略

（1）举办促销活动，组织开展有关脑卒中知识免费宣讲等宣传活动，现场免费试用，专业人员现场教学。

（2）推销人员对各社区诊所进行产品推荐并在社区提供产品免费试用。

六、管理体系

6.1 职责分工

本团队早期组织架构为：设负责人一名，下设技术部、财务部、市场部三个部门负责人。

团队负责人负责制定团队发展规划，各部门的协同管理，处理团队外部各项事务等；技术部负责产品的研发、生产、质量检测与产品售后服务等；财务部负责团队费用收支账务、财务报告及市场财务预期等；市场部负责市场调研、产品宣传推广、产品销售等。

6.2 管理方法

采取扁平式管理模式，精简人员，提高管理团队的决策力。

七、发展规划

7.1 公司规划

（1）市场投入阶段：完成产品市场准入，完善功能，代加工生产，瞄准长株潭市场，推动产品进驻市场。

（2）优化改进阶段：优化生产方案，产品迭代更新，提升质量，加强推广力度，拓展市场占有量，初步树立品牌。

（3）自主生产阶段：成立公司，实现自主生产，辐射全省市场，推出客户个性化需求产品。

（4）公司扩营阶段：加大研发力度，拓展生产领域，推出智能化控制康复产品，发展全国市场。

7.2 项目规划

第 1—2 年：团队初期通过专利授权与经营企业开展合作，以产品代加工方式生产 3.0 版产品。

第 3—4 年：投入一定时间后收集市场反馈，优化模块精细化和提升产品质量，逐步实现自主生产。

第 5 年以后：提高生产能力，扩大生产规模，致力于居家康复器械系列产品的生产。

创业项目六

“医心乡印”

——筑牢“三位一体”农村医疗健康服务网底

一、创始人介绍　王柯轶

王柯轶，男，湖南湘潭人，湘潭医卫职业技术学院2020级口腔医学专业，校团委学生副书记，“医心乡印”项目联合创始人，获2021年“百优十佳”社会实践之星。“医心乡印”项目2020年被评为校级重点A级学生科研课题，成功入驻湖南省大学生创新创业孵化基地，先后得到了人民日报、红网、一线聚焦、湖南电视台等多家媒体报道。带领团队斩获第十三届“挑战杯”中国大学生创业计划竞赛金奖、第三届湖南省医学技能创新创业大赛一等奖、第七届湖南省“互联网+”大学生创新创业大赛二等奖、全国大中专学生志愿者暑期“三下乡”社会实践优秀团队等奖项。

二、“医心乡印”项目的起源

2019年11月19日，广州飞往纽约的航班上，一位老人无法自主排尿，膀胱可能被胀破。来自广州和海南的两位医生自制装置，用嘴吸尿整整37分钟救人。虽然这起新闻已经过去几年，其中的医者仁心我却感怀于心，因为我的母亲，一名曾经祖国最基层的村医，也经历过许多突发的医疗事件。

依稀记得，那还是我10岁时的一个深夜，一阵急促的电话声响惊醒了我和母亲。原来是村里打来的求救电话，母亲急忙穿上棉袄，背上我就赶往村里一位低保户的老爷爷家中，进门就看到老人在床上抽搐不止。母亲把我往地上一放，利索地把爷爷平躺摆好解开衣服，告诉村主任有一口浓痰卡在老人喉咙，要马上吸出来，随后从药箱取出一根导尿管亲自将老人口中浓痰吸了出来。老爷爷的家中充斥着令人犯呕的难闻气息，而妈妈不顾卫生情况，积极施救才避免了惨剧的发生。

我的母亲救过耄耋老人，也救过嗷嗷待哺的新生命。在二十多年前的一个晚上，村里一位产妇生孩子，家中喊了接生婆，但是接生婆在孕妇宫口仅开到两三指的情况下便让她开始胎儿的分娩，孕妇当时血压很高，疼痛到近乎晕厥，我母亲赶到现场时，发现情况已经十分紧急，当即建议其家人立马将孕妇送往医院，好在最终母子平安，医生也表示再晚几分钟送来医院就会发生不幸。而在那个年代，广大农村地区的接生工作大多是由接生婆负责，有些接生婆经验不足也无相关专业知识，便会导致惨剧发生。

无论是“吸痰”还是“接生”，都只是我母亲十多年村医经历中的几幕而已，更多的是她背着药箱，风雨无阻，日日夜夜独自一人走在乡间小路上前往村民家中看病，默默地守护着全村人民的身体健康。走村串户，穿白大褂的母亲成了大山里的风景。这道风景，让村民安心、暖心。

母亲的故事在我心中埋下了一颗种子，步入大学后，我加入了“医心乡印”公益团，开始真正地去了解乡村医生这个群体。

乡村医生，一个不那么起眼的群体，他们却牢牢扎根在乡村基层，默默做村民的健康“守护人”，十年如一日，栉风沐雨，用脚步丈量着每个村寨的长度，用医者的仁心仁术温暖和服务每位村民。

然而，这么可爱可敬的群体，人数却逐年在减少，并且随着年老的“赤脚医生”退出，农村医务人员紧缺情况将进一步加剧，村医配比严重失调。根据国家卫生健康委《2020年我国卫生健康事业发展统计公报》数据显示，截至2020年底，全国50.9万个行政村共设60.9万个村卫生室。村卫生室人员达144.2万人，其中：执业（助理）医师46.5万人、注册护士18.5万人、乡村医生和卫生员79.1万人。平均每村卫生室人员2.37人。与上年比较，村卫生室数减少0.7万个，人员总数有所减少。乡村医生缺口大，村医技能水平低，村卫生室服务能力弱是阻碍乡村振兴发展主要原因之一。

当了解到这一现状时，我陷入了沉思中，面对这样的难题我们能做些什么？该怎么做？

我萌生出了一个想法，那就是以“村医+村民”为两大服务主体，对村医进行储备和再教育，再以村医为纽带对村民进行科普宣讲及义诊，形成一条完整的服务链，以此来为筑牢农村医疗健康服务网底贡献一份力量。

三、项目发展过程中的关键点

定位村医，确定服务方向

古人云：“不为良相，便为良医。”当官和治病这两个看似风马牛不相及的职业，在中国古代士人中却往往相通，为什么会出现这一状况？这是因为如果真成为技艺高超的好医生，上可以疗君亲之疾，下可以救贫贱之厄，中能保身长全。身在民间而依旧能利泽苍生的，除了良医，再也没有别的了。

母亲的故事，让我更加感觉一名“良医”在农村地区的重要性。而就在此时，我也联想到我们学校本身便有着农医专业，因此，我开始思考，我能为他们做些什么？怎样才能让村医学员成为一名优秀医生呢？

想要帮助他们，就需要知道他们存在哪些问题。我们团队开始分工，两人一组，A组负责查阅学校档案资料，得知目前他们的课程是五大基础课程，即内科、妇科、儿科、外科、传染病学。B组编辑一份针对村医学员的调查问卷，对在校的383名村医进行了调查，从他们的学习能力、学习上存在的问题，还有哪些需求等方面进行调查。我们通过14天发放收集问卷，统计出来87%的村医学员们希望学习更多有针对性的知识。怎样才能解决他们的问题这个难题接踵而来，我们每天在会议室探讨到深夜12点多，大家的意见并不统一但好在我们都没有想过放弃。这天廖老师带着奶茶来关心我们的进度，得知我们有难题，笑了笑说："知道想做一个项目很难了吧，先喝点饮料。"随后开始跟我们分析问题，廖老师告诉我们，其实村医并不同于城里大医院的医生，他们的病人始终是这个村里的人，因此在工作中遇到的很多病况是相似的甚至是有地区性的，也就是俗称的"地方病"，那我们就要根据当地村民的健康情况去制定他们的课程，我脑子突然想到"X"是未知的，可以通过"X"来制定不同的课程帮助学员以后回到家乡能有效面对当地的一些问题。于是一个"5+X"的个性化定制课程的想法在我们脑海中萌发。

想要知道本土地区存在哪些常见疾病，就需要实地考察。我们制定了针对村民的问卷，打算向周边地区出发。我们团队前往的第一站是湘潭县射埠镇，我们找到了社区工作负责人陈主任，跟陈主任表明了我们的身份并说了我们团队的故事后，他称赞地向我们点头："你们的想法确实挺好的，不过要想搞好，你们还有很长一段路要走啊。"陈主任说要给我们选一些路比较好走的村，我们告诉主任："我们这次实地走访调研就是想了解当地村民的生活环境和健康情况。"最终我们选取了10个村庄，调查内容主要是他们的常见病和多发病以及看一看当地的村卫生室的医疗卫生条件等，然后我们会根据他们的生活习惯来初判他们的致病因素。我们共发放调查表643份，收回有效问卷637份。统计结果表明常见病和多发病主要有胃病、鼻炎、高血压、风湿病、糖尿病、癌症、哮喘，其中胃病占17.10%，鼻炎占13.97%，高血压占12.97%，风湿病占10.25%，糖尿病占8.05%，癌症占7.99%，哮喘占7.12%，失眠症占6.59%，其他疾病包括支气管炎、咽炎、冠心病、心绞痛、颈椎病、痛风等，占15.96%。

随后我们又通过网上查阅资料、采访学员、连线我们学校九大附属医院等多种方式统计其他农村地区的一些常见疾病。发现常见疾病种类差不了太多，不一样的是发病率的高低。有了数据的支撑，再根据学员的实际需求，我们便与学院协商，开设了不同的个性化课程班。

解决了一个问题，又来了新的问题。那就是我们发现学员的考试成绩参差不齐，虽然这本就是正常现象，有好便有坏，但是村医作为农村健康的守护者，我们希望每一名学员在专业成绩上都能不掉队！通过对他们的信息整理发现，我们的学员年龄从 14 岁到 40 岁不等，学习能力有非常大的差别，再加上村医学生社会关系复杂、生源质量参差不齐、文化基础较差等多方面的因素，所以我们决定实行人文“精准扶困”，“重点”学生重点关注，开展“一帮一”服务，及时了解学生的思想状况和学习状态。针对心理压力大、学习积极性不高的学生，进行心理疏导；在每次核心科目统考、乡村医生资格考试前夕，帮助学生梳理考点，督促其反复模考，不断总结提高，确保一个都不掉队。

让我记忆犹新的是一名叫李元元的 15 岁男孩，他来自麻阳县兰丝垅村。本就是在一个叛逆而又跳脱的年纪，面对枯燥无味的知识，他并没有表现出多少学习兴趣。“你为什么要来我们学校学习这个专业呀？”我问他，“家里送我来的。”他一脸不在乎。“让你来你就来呀？”“那我想着等我以后毕业了，就能给我爷爷奶奶，给我大伯伯，给我的好朋友看病。”看着他纯真的想法，我反问他：“想法是好想法，但你觉得以你现在这个学习情况，以后他们敢让你看病吗？”李元元陷入了沉默。在那之后的半个月，他突然有了学习的动力，向我们寻求学习上的帮助。我了解到原来是他爷爷突发哮喘，住进了医院，和爷爷视频的时候还让他在学校好好学习。于是我们便为他做心理辅导，让他不要有太大压力，同时我们团队的刘老师也开始对他进行额外的辅导，让他能补上以前错过的知识，并且经常安排他与其他一些同学观看视频以及实训课，让他能对知识理解得更加透彻。

培养出一大批“有乡情、留得下、用得上”的青年人才充实村医队伍，成了我与我们团队的愿望，我似乎看到了一束小火苗在我心中燃起。

就这样，“医心乡印”团队在培育“良医”的道路上迈出了关键的第一步！

授人以渔，开展农村宣教

从哪儿来，回到哪儿去，这是本土化人才培养的特色。每一位学员毕业后都会离开学校回到家乡，扎根农村。但是我并不满足于此，我更希望我们公益团队内的每一位成员都可以走出学校，深入农村！

在一次下乡调研中，我和陈佳娣前往了桃湖村，印象尤为深刻的是一位“用手走路”的老奶奶，奶奶非常热情地邀请我们去家里坐并很配合完成我们的问卷，我当时按捺不住心里的疑虑问奶奶是不是发生了意外，奶奶告诉我们是因为糖尿病太严重导致腿部感染所以要截肢，佳娣问奶奶为什么没有早点去医院治疗，奶奶说："我之前听别人推荐了一种中医维生素可以降糖，我就没有按时打胰岛素，后来几年我的腿就疼得走不了，还是村主任送我去的人民医院。"

回来之后，我开始反思，为什么有些村民会认为保健品可以代替药呢？与其让村医为他们治病，让他们自己就学会预防岂不是更好？

要想村民学会预防，就得提高他们的健康素养，而仅仅依靠村医显然是不够的。人多力量大，我们决定与村医一起做点什么事。要想提高农民的健康素养，关键点就是改变他们的健康观念，丰富他们的基本健康知识。举个例子，很多农村地区的人，包括小时候的我，都有一个错误的认知，那就是流鼻血了要赶紧仰头止血。其实这是错误的，这非但不能有效止血，还有很大的健康风险。仰头很有可能会造成血液的回流，如果血液倒流到咽喉处，就会引起不适恶心，如果流到食管、气管，更会引发呕吐，甚至可能会导致窒息！而正确的处理方法很简单，只需要采取正确的按压和填塞就行，一般来说，只需用手紧捏住鼻翼两侧，持续10分钟~15分钟就能够达到止血的效果。

去年的6月份，我们去往了湘潭县的潭湖村，那里多水多池塘，很多小孩子夏天都喜欢下塘游泳，而我们那次的宣讲主题便是"如何救治溺水伤员"。村民们的学习热情都很高，大到六七十岁的大爷大妈，小到十多岁的孩子都前来听宣讲。他们有的是自己经历过溺水，也有的是经历过亲人（朋友）溺水身亡。我们从怎么正确救治溺水者、溺水者的表现症状有哪些、溺水的预防等几个方面做了详细的教学，村民们也表示收获很大。我们随身携带了几具教学假人，村民们在听讲之后的人工呼吸实际动手上都表现得非常不错。

不同于传统的粗犷式宣讲，我们公益团的宣讲有着得天独厚的优势，那就是有村医的帮助。得益于村医的信息反馈，我们可以落实网格化的精准宣讲方式，分析农村居民和各级政府等的需求，定期定点开展有效的科普课程。

走出学校，扎根乡村，通过健康宣教，从源头遏制因病返贫，切实提高健康水平，有效提升村民幸福指数，是我们"医心乡印"项目历史上具有里程碑意义的一步。

持续跟踪，提供"再教育"

学者非读万卷书，未可轻言医。

2020年10月份的一天，公益团的陈老师接到了一个特殊的电话。

“是陈老师吗，我是农医16305班的学生杨致远嘞，你还记得我不，前一阵子我还回学校参加了那个培训班，当时您是我们的班主任。”

“哦哦，是你哦，我记得，你还问过我关于手足口病治疗的问题。”

“是的，我跟您讲咯……”

这名毕业学员回校参加的是我们的“回炉淬火”提高班，而他此次打电话，便是因为收获颇丰，特地打电话给老师表示感谢。此前，他遇到村里好几个孩子同时得了手足口病，而他当时因为经验不足，判断错误，误开感冒药，病情没有任何好转反而传染更多小孩，最后不得已转诊县城医院。而在我们提高班中，他学到了如何正确救治手足口病，也学到了很多实用的行医技能，收到了当地村民的一致好评，因此特意回电表达感谢。

“回炉淬火”提高班，是我们在村医再教育方面的一大探索，也是我们实行的“基因工程”的一部分。

对于毕业的村医，我们一直保持联系。因此，我们也了解到，对于村医而言，学校三年的学习并不能完全满足他们未来的工作需求。于是，我们定期开展专项调研，收集各地村医服务信息。调研结果表明，95%以上的村医在农村进行实际工作后，对于再次提升自身专业技能有明显需求。

显然，大部分村医都希望能得到再教育。于是我们启动了“基因工程”，对他们的学习需求进行分类，一方面开设“回炉淬火”提高班，分批次开展技能培训，开设针对性的课程，并举办技能竞赛，以赛促学，切实提高相关专业技能；另一方面在农村地区，村医缺乏有效的渠道和资源支持资格考证、学历提升、职称评定，因此我们开设“隐形之翼”圆梦班，组织专家团队，线下举办专项培训班，线上提供资源课程，助有需求的村医一臂之力。

“基因工程”的开展，也让“医心乡印”团队经历了一番“淬火”，展开了她的“隐形之翼”！

突破桎梏，敢于尝试

我一直相信医学有局限，而服务无止境。故步自封只会止步不前。我们团队在村医的培育以及村民的宣教方面已经有了较为完善的服务链，于是我考虑进一步地开拓创新，适应新时代的需求。

当今时代是信息技术时代，利用好互联网平台，就能发挥出巨大的作用。我们进一步完善了线上线下服务平台，通过搭建多元培训内容体系，让学员有针对地选择培训内容。

同时我们也在积极申报乡村医生培训标准。我们分析了湘潭各地的村医培训，发现乡村医生培训是一个复杂的系统工程，仅靠政府出台一系列政策文件引导是不够的，移动互联网背景下乡村医生培训标准体系的缺乏是目前培训质量不高的重要原因。

因此，我们公益团创新乡村医生培训新路径，依据已经较成熟的ISO9000质量体系，运用全面质量管理的思想，依托学校构建了一套有针对性的乡村医生培训标准体系和考核评估机制。

同时，我们公益团的目光也不再局限于村医与村民。做公益，我们有更多的选择。2021年末，我们与湘潭市民政局对接，参与了湘潭市防返贫监测帮扶和问题集中排查整改行动。

在走访的过程中，我们也对各地村民和村医进行调研，更有力、更充分的数据、材料支持，让我们未来的发展方向更加明晰！

莫听穿林打叶声，何妨吟啸且徐行。在我们不断前进的路途中，总有源源不断的艰难险阻，可这又何妨，安于现状就会止步不前，不敢尝试就会被别人捷足先登。当我们不忘初心，便能一往无前！

“医心乡印”团队所取得的成绩

第十三届“挑战杯”中国大学生创业计划竞赛金奖

第三届湖南省医学技能创新创业大赛一等奖

第七届湖南省“互联网+”大学生创新创业大赛二等奖

全国大中专学生志愿者暑期“三下乡”社会实践优秀团队

四、创业者王柯铁的反思与经验

苦心人，天不负

如果你问我：假如当初的你知道创业这么艰难，需要花费你大把的时间，需要无数个通宵，你还会坚持加入吗？我的回答是：假如回到那个时候，我的选择还是一样的。你可能会说：你现在的项目拿了这么多奖项，受到学校的高度重视，并且在未来还可能拿到更多的荣誉，你当然不会改变选择。你说的没错，但这并不是我坚持选择的根本理由。参加创新创业，抛开一切荣誉，这一年半的过程，我所经历的抑或是我所学到的，无论是挫折还是美好回忆，它们本身就是对我最好的回报。自身的成长是创新创业最大的反哺，而你获得的荣誉只是成长带来的附赠品。

从 2020 年 6 月份开始参加大学生创新创业训项目，历时一年半，团队成员从 3 人扩展到 10 人，从刚开始的一无所知和一筹莫展，到现在对创业过程中的技术、营销、财务等理论知识以及实践过程中需注意的融资、风险防范等问题都有一定程度上的认知。我们经历了很多，从中也在不断成长与蜕变。回顾这一段时间以来的努力和收获，我大致归纳了三条“锦囊妙计”：

不懈努力是成功的前提。记得印象最深的就是去年暑假备战“互联网+”大学生创新创业大赛的时候，我们团队可以说是把家都搬到了办公地点。我们带了简单的洗漱用品，累了就借老师的折叠床躺上半个小时，饿了就点学校周围的外卖吃。因为当时是假期，学校周围很多店都关门了，唯有一家鸡公煲店“屹立不倒”，因此我们几人每一天每一餐都离不开鸡公煲，现在一想到那次比赛便想到鸡公煲，而在大街上看到鸡公煲便会想到暑假那段难忘的经历。就是这种日夜颠倒的混乱日子，反而成了现在想起来最珍贵的回忆。团队成员一遍遍地理思路，一遍遍地修改优化自己负责模块的材料，认真执行，为了完成团队的任务，大家经常一起加班到深夜，只为共同达到团队目标。团队和指导老师都非常重视这个创新创业训练项目，也都在尽心尽力地做着这份事业，但很多时候事与愿违，可是我依然选择与团队共进退，不厌其烦地商讨对策。思路决定出路，我们只有不断地更新管理理念，不断地创新和改革制度，才能带领出一个好的项目团队，在优胜劣汰的规则里才能保持自身的竞争优势，与时俱进才不至于落后于发展的步伐。

刻苦学习是成功的动力。在刚实施创新创业训练项目时，大家都没有接触过这方面的知识，对创新创业训练项目简直是一头雾水，但是这也阻止不了我们前进的步伐。前期，获取理论知识，即查找资料翻看模板，每个人找到自己负责的模块（企业管理、技术、营销、财务等），深钻研，多思考，以最快的速度进入角色；有时候，思维可能会出现“停滞不前”的现象，学校邀请了创新创业专家吴轩辕教授作指导，我们结合自身的项目的实际，分别对专家进行了咨询，大家了解到了更多的商业信息，思维得到拓展，并以此为基点，发散思维多方位思考，提炼自身的创新点，对创业训练项目的成果获得也更加有信心；在项目实施过程中，我们又实地走访了包括红旗村、梅桥村、大丰村、丰收村在内的多个乡村，拜访了当地的村医，深入了解他们的日常工作与自身需求，并加以总结提炼，找出我们项目需要做出的改变与努力。通过理论与实践相结合，我们的水平已经提升到了一个新的层次，这也成为我们项目的不竭的动力。

团队合作是成功的保证。做项目从不是一个人的战斗，我们每个人都要做好随时冲锋在最前头的准备，“战况”瞬息万变，每个人都应当做好充足准备。当时备赛“互联网+”时，我并不是主答辩，但就在比赛前的一个晚上，主答辩郭同学因压力过大，深夜熟悉项目时突然晕倒在地，多亏团队陈老师及时从家赶到学校为我的队员进行紧急救治并立即送往医院，这才避免了悲剧的发生。作为副答辩的我本就压力挺大，突然又遇到队员面临生命危险，我自己也是几近崩溃。但是我内心明白，队员病倒了，作为兄弟的我应当站出来担当重任，我要让他放心！于是，那天半夜三点，我坐在医院走廊上，调整自己的心态，随后回到学校为做主答辩做好准备，与其他几位队员配合，分配任务，进行最后的冲刺。而在后来的比赛，郭同学也仍坚持出院，与我们一同踏上了比赛的舞台。在历史上，刘邦之所以能够战胜项羽，就是因为他作为那个年代新势力的领袖，特别重视团队的作用，善于团结各路英才，发挥团队的力量，从而达到一己之力所不能达到的人才集聚放大效应，这才是根本。

不过即使锦囊妙计千千条，但我仍想说的是前路有光，莫忘初心！创业，从来不是一件简单的事，我们要始终怀着哪怕“畏途巉岩不可攀”，也要有“会当凌绝顶”的心态；哪怕“无人会、登临意”，也要“猛志固常在”；要从经典中汲取“九万里风鹏正举”的力量，历练“也无风雨也无晴”的豁然！

五、导师寄语

创业是基于专业知识用创新思维处理迭代问题的过程。无论是哪一种意义的创业，都面临一个心态调整和资源有效配置整合问题。面对不确定的结果，成功与失败都取决于人的精神状态和行动能力。你们一要摆正自己的位置，始终保持一种平和的心态，从零开始，从小事做起，虚心向他人学习，真诚向实践学习；二要不忘学习。所谓生命不息，学习不止。终身学习，终身受益。世事洞明皆学问，人情练达即文章。请用心去体会社会，用心去适应社会；三要学会做人。敬人者，人恒敬之。希望大家学会尊重他人，学会包容与合作，为自己营造一个和谐、宽松的工作生活氛围，更好地发挥自己的才干。

——廖欢（湘潭医卫职业技术学院教师）

六、项目风采小视频

七、项目计划书

本项目计划书选自第七届湖南省“互联网+”大学生创新创业大赛二等奖作品“医心乡印”项目（内容酌情修改）。

案例目录

执行摘要
一、项目背景
1.1 社会现状
1.2 政策支持
1.3 职业担当
二、成长足迹
2.1 公益团缘起
2.2 公益团成长历程
三、特色项目
3.1 “造血工程”
3.2 “基因工程”
3.3 “输氧工程”
四、推广模式
4.1 四轮驱动策略
4.2 双重动力支撑机制
4.3 多层次宣传推广路径
五、团队介绍
5.1 核心成员
5.2 专家顾问
六、项目成效
6.1 专业知识提升显著
6.2 资格考证通过率高
6.3 学历提升效果好
6.4 社会影响力广
6.5 医疗知识科普成效优异
6.6 优秀学员纷纷获赞
七、未来展望

案/例/正/文

执行摘要

为深入贯彻落实2020年9月习近平总书记在郴州汝城县沙洲瑶族村考察村卫生室时指出的，基层公共服务关键看实效，要提高针对性，老百姓需要什么，我们就做什么。湘潭医卫职业技术学院“医心乡印”公益团一直在行动，公益团从2014年成立至今，共计培养了668名乡村医生，遍布在湖南省8个市（州）55个县（区），开展健康知识宣讲350余场次，组织走访义诊3万多次，惠及群众150万人。我们公益团有着“造血工程”“基因工程”“输氧工程”三大工程，围绕“乡村医生+村民”为主体的医疗服务体系，深入开展一系列公益服务。我们的公益活动受到中央电视台、红网时刻、一线聚焦、湖南教育新闻网等多家媒体报道。“医心乡印”公益团以村医为纽带，在接续推进乡村振兴和健康扶贫战略中，不断提高乡村医生的政治素质和战斗力，增强为民服务的精准性和时效性。

一、项目背景

1.1 社会现状

作为农村三级卫生服务网的网底，乡村医生是村级医疗卫生服务的主要提供者，他们正肩负着广大村民卫生防疫、常见病诊治等各项任务。但是随着社会的发展，乡村医生队伍中的矛盾日益激发。

乡村医生匮乏

根据国家卫生健康委《2020年我国卫生健康事业发展统计公报》数据显示，截至2020年底，全国50.9万个行政村共设60.9万个村卫生室。村卫生室人员达144.2万人，其中：执业（助理）医师46.5万人、注册护士18.5万人、乡村医生和卫生员79.1万人。按照国家规定，每千人应配备不少于一名乡村医生。截至2020年，不到80万的乡村医生要担负着8亿农民看病的艰巨任务。由于乡村医生工作条件差、风险大、待遇低等问题，乡村医生人数越来越少，村医配比严重失调，甚至还存在空白村。我国很多农村因医务人员匮乏，存在“网底破”的局面，导致部分农村特别是交通不便利的乡村发生“就医难”的事件。随着赤脚医生年老退出，全国农村将普遍面临医务人员紧缺困境。

乡村医生技能低

根据国家卫生健康委员会《2020年中国卫生健康统计年鉴》数据，总的来说，乡村医生学历层次明显偏低，专科以上的高等学历人才较少；具有大专以上学历人员仅占其总数的6.5%，基本上没有医学院校的本科毕业生到农村基层卫生院工作。而且，现有的乡村医疗卫生技术人员的继续教育与培训非常缺乏，相当一部分人员多年没有参加过系统的医学继续培训，对新技术、新手段缺乏了解。这也就决定了新、老乡村医生的整体素质不高，医学技术水平偏低，用错药、违反医疗规范、操作不规范等事件频发，并因此引起许多医疗纠纷。

乡村医生免费培训效果不佳

尽管省部已出台相应政策，落实免费培训制度，但根据我们公益团发放的668份调查问卷结果显示，乡村医生接受免费培训的次数与时间均未完全达到国家要求，且具有较大差距。并且有学员反映，现有的培训内容和方式不能满足乡村医生实际工作需要。60.8%的学员认为自己需要通过培训提升诊断能力，希望通过培训更新对常见病的诊疗知识，说明乡村医生十分期望获得医疗实践操作能力的提升，对相应的培训也有很大的需求。但实际中，常存在通过“以会代训”的方式进行业务培训，并且由于村卫生室人员不足，科室人员周转不过来，很难进行脱岗培训，严重制约乡村医生专业技能的更新与提高，卫生服务能力不能有效提升进而加剧村民对乡村医生的不信任，陷入恶性循环。

1.2 政策支持

中共中央办公厅、国务院办公厅联合印发《关于加快推进乡村人才振兴的意见》，要求各地区各部门结合实际认真贯彻落实。文件重点强调加强乡村医生队伍建设，加快培养乡村公共服务人才，从村医收入待遇、养老、执业资质等方面入手。

《中共中央 国务院关于全面推进乡村振兴加快农业农村现代化的意见》文件指出，要全面推进健康乡村建设，提升村卫生室标准化建设和健康管理水平，推动乡村医生向执业（助理）医师转变，采取派驻、巡诊等方式提高基层卫生服务水平。乡村医生是我国农村居民的“健康守护人”。因此，充分发挥乡村医生的主导地位尤为重要。目前我国医疗资源总量不足且分布不均衡，农村医疗资源供需矛盾尤为突出。

《关于进一步加强乡村医生队伍建设的实施意见》（国办发〔2015〕13号）指出，乡村医生队伍仍是农村医疗卫生服务体系的薄弱环节，难以适应农村居民日益增长的医疗卫生服务需求，要按照深化医药卫生体制改革的总体要求，为进一步加强乡村医生队伍建设，切实筑牢农村医疗卫生服务网底。

1.3 职业担当

我校自2014年承接省卫计委乡村医生本土化定向培养以来，高度重视乡村医生专业的办学。尽锐出战遴选“双师型”医卫教师担任乡村医生班级班主任，言传身教，正确引导学生做好职业生涯规划，注重在校学习与毕业后医学教育有机衔接。润物无声中让乡村医生们树立“英雄不问出身”的信心与“不破楼兰终不还"的决心，致力于终生学习、高效行动，多措并举践行湘潭医卫职业技术学院的使命担当。

二、成长足迹

2.1 公益团缘起

"医心乡印"公益团源于湘潭医卫职业技术学院学生于2014年自发组织起来的一个关注乡村医生、传播爱和急救知识科普的公益项目，致力于推广乡村医生技能提升服务，促使更多的乡村医生得到技能提升和学历提升，促使乡村医生愿意扎根基层卫生服务，保障数亿农民的健康。

公益团利用医学专业志愿者和乡村医生学员的优势，以村卫生室、医院等地方为依托专门成立了科普宣讲小分队，开展急救知识科普，以便更好地让"医暖人心，乡守健康"理念深入人心。乡村医生也从中完成了自己"参与者—组织者—推广者"身份的蜕变，进一步认识自己的价值，强化了乡村医生的职业素养和职业使命，形成了关爱村民、奉献乡村的价值取向。

2.2 公益团成长历程

"医心乡印"公益团2014年4月成立至今，从萌芽走来，七年间薪火相传，队伍不断壮大，辐射范围越来越广，培养机制不断完善，进一步改进了"培育—服务—提升—再服务"的推广模式。

2014年，"医心乡印"公益团积极响应政府号召，正式开启"输氧工程"，第一次组织50余名医学专业背景的教师与学生团队开展了"红心向党，医疗进村"活动，义诊村民100余次，科普讲座举办5场，得到了良好的社会反响。同年，第一届乡村医生本土化培养正式启动，公益团注入更多新鲜血液。

2015年，"造血工程"项目顺利展开，朱连梅接力成为"医心乡印"公益团团长，并提出"走出去"计划，以湘潭市为中点，向周边贫困地区辐射。

2016年，"走出去"计划正式施行，第一站是朱连梅的家乡——郴州市汝城县沙洲村，与村委签订公益帮扶协议，每年定期宣讲与义诊4次；"医心乡印"公益团被评为湘潭医卫职业技术学院"优秀志愿团队"。

2017年，"基因工程"项目如约而至，并组织了乡村医生执业资格考试考前集训，将考生全部召回，进行考前集训，针对性地对学习困难学员进行一对一帮扶；"医心乡印"公益团成员承担了考前集训的学生管理工作，为学员们保驾护航，学员考试也取得了100%通过率的好成绩。

2018年，“输氧工程”项目顺利展开。公益团之前只是在湘潭周边进行科普宣讲，随后跟随我们的学员到湖南省8个市（州）55个县（区）走访调研，进行急救知识科普宣讲，运送医疗物资等，形成了围绕“乡村医生+村民”的服务体系。

2019年，“医心乡印”公益团迎来了首届乡村医生执业助理医师资格考试，因学员们工作条件、学习能力有限，公益团建立了线上学习辅导平台，公益团专家讲师团为学员们提供持续性的专业辅导，最后学员通过率达73%，位居全省前列。

2020年，“医心乡印”公益团建立了“乡守5G”，依托湘潭市中心医院、湘潭市中医院、湘潭妇幼保健院等为偏远山区的乡村医生提供远程医疗支持，目前已和9家附属医院签订合作协议。

2021年，通过乡村医生数据库反馈，“医心乡印”公益团开展了以病种划分的“精准科普”，包括糖尿病、肾结石（胆结石）、小儿感冒、蚊虫叮咬、跌打损伤导致中风瘫痪等，后期将还会开展妇科疾病的科普。

七年来，先后涌现出朱连梅、王柯轶、郭镇等青年典型人物，在“医心乡印”的感召下，从一名普通的在校医学生到未来的医务工作者，从最初单纯的公益团志愿者和践行者，继而开始成为“医心乡印”公益团项目的传播者和引领者，用行动传递着“感恩、尊重、奉献”的职业理念，在学校、医院、村卫生室乃至全社会推进“医心乡印”项目，用自发的行动践行着道德的力量，彰显着村医的温暖。他们身上所体现出的坚守、担当和责任，是一种积累，也是一种爆发。

三、特色项目

3.1“造血工程”

“5+X”个性化课程定制

公益团坚持科学合理地制定乡村医生培养课程，采用分年龄层次与知识基础层次科学合理定制，实施“5+X”教学。“5”表示内科学、外科学、妇产科学、儿科学、传染病学五大核心医学课程，“X”代表专业选修课程，目前已开设中医、临床疾病概要、急诊急救、医学美容技术、眼视光等，即根据每一名学员自身学习能力不同以及所在农村地区居民常见疾病不同，在四大核心课程的基础之上为每一名学员额外定制个性化课程，培养出更符合需求的特色人才，打造出来的是一支“有乡情、留得住、用得上”的乡村健康卫队。

人文“精准扶困”

针对村医学生社会关系复杂、生源质量参差不齐、文化基础较差、学习能力不强等问题，公益团在临床学院组建了一支由院长、总支书记牵头的“精准扶困”教师队伍。公益团始终坚持人文关怀为本，公益团的志愿者进行“一帮一”服务，即一位志愿者对接一位学员，关注其学习以及生活。

“中西结合”培育模式

如今，中医药学的优势越来越显现出来，其科学性和先进性越来越被学术界、产业界所重视。因此，公益团队打破传统培训机制，以中医师承为切入点，以培养本土化全科村医为落脚点，将中医师承和乡村医师政策衔接，破解乡村健康服务可持续发展难题，这种模式培养出的是能中会西的全科医师，既能让农民常见小病、小痛、小伤在家门口就医，又能让配药、常规检查和中医药等服务就近得到实现。

3.2“基因工程”

“回炉淬火”再培育

团队与毕业学员一直保持密切联系，定期收集各地村医反馈信息。我们团队前期对工作两年以上的500名学员开展了问卷调研，结果表明在农村进行实际工作之后，96%的村医对于再次提升自身专业技能有明显需求。因此，我们分批次将有相同学习需求的学员召回学校，开设有针对性的课程。

执业助理医师资格证圆梦班

在农村地区，村医缺乏有效的渠道和资源支持资格考证、评定中高级职称，对于想更进一步的学员，我们会为他们开设进修班，免费提供线上的资源课程，以及在考试前一个月的突击补习。

3.3“输氧工程”

医疗知识精准科普宣讲

公益团的科普志愿宣讲协会是一支集知识、科技、医疗、爱心、互助于一体的先进服务队伍，旨在支援农村贫困地区医疗教育事业，弘扬大医博爱精神。

通过在村民集中的地方开展公众健康咨询、举办健康知识讲座和开展个性化健康教育等多种方式在目标人群中传播健康信息，帮助个人和群体掌握卫生保健知识和技能，树立健康观念。通过提供健康教育印刷资料（折页、手册等）、设置健康教育宣传栏等方式，各活动围绕以下内容开展：

（1）宣教按摩技巧和按摩注意事项；

（2）“白金十分钟”，学习现场急救要点以及注意事项；

（3）针对建立健康生活方式和控制可干预危险因素：合理膳食、控制体重、适当运动、心理平衡、改善睡眠、限盐、控烟、限酒、控制药物依赖等；

（4）慢性病和重点传染性疾病：高血压、糖尿病、高血脂、流感、手足口病和狂犬病等；

（5）公共卫生问题：食品安全、放射卫生、环境卫生、饮水卫生、学校卫生；

（6）组织村民进行大型特发传染病的应急处理培训，提升其对特发性传染病、辐射类疾病的基础医学知识水平，加强公共卫生事件的应急处理能力；

（7）风湿病的防治；

（8）预防养生保健知识；

（9）精准义诊：以按摩、量血压、拔火罐为主，并在按摩期间对高血压患者、风湿病患者以谈心交流方式进行健康教育，改善其依从性。协助村医建立居民健康档案；

（10）联合附属医院“点对点”帮扶。“医心乡印”公益团与9家附属医院签订协议，在不损害双方利益前提下，由公益团牵头，附属医院对贫困农村进行定向“一对一”帮扶，提供医疗药品的援助以及专家问诊，定期解决疑难杂症。较多贫困农村卫生室只配备有简单的基础医疗设施，村医无法开展复杂的检查救治，从而导致“有病无处治”的局面。公益团回收利用医院更新换代遗留下来的医疗设备，翻新维修之后送往贫困农村地区。同时，与医疗器械公司合作，引进政府、社会资金援助，购买成套医疗设备。

四、推广模式

4.1 四轮驱动策略

公益团与湘潭医卫职业技术学院、湖南中医药大学、长沙医学院等11所乡村医生本土化培养学校建立高校联盟，与湘潭市中心医院、湘潭市妇幼保健院等9家医院携手对接，通过和省、市、县各级卫生健康委员会、湘潭市红十字会等政府主管单位的合作，与15家医药企业达成战略合作协议；采用“政府机构+企业+高校+医院”的四轮驱动策略，逐步拓展公益团规模，扩大社会影响力。

4.2 双重动力支撑机制

公益团通过湖南省11所乡村医生本土化培养高校联盟推进、社区宣传、实习点宣传、暑期“三下乡”社会实践宣传等线下宣传方式，以及湘潭市“医心乡印”公益团官方网站、百度百科、新浪微博、微信、百度贴吧、抖音等网络新媒体的线上宣传，由点及面，全方位渗透，将“医暖人心，乡守健康”的服务理念推广到湘潭市乃至湖南省各地，开展“医心乡印”系列活动。

4.3 多层次宣传推广路径

自成立以来，公益团积极寻求突破和创新，于2021年成立乡村医生培养高校联盟，每年邀请湘雅、省人民医院、省儿童医院等医院的专家开展医学讲座，依托医学专业相关背景，积极向外开拓，在湖南省8个市（州）55个县（区）进行宣传巡讲小分队推进，并配合湘潭市红十字会、周边社区等进行社会宣传，将健康急救知识向社会传播。

同时，在项目开展过程中，我们以村医带动其他医学生和非医学生，继而带动普遍社会群体的“村医—医学生—大学生—社会群体”推广模式，充分带动社会积极性，在项目开展过程中，我们乡村医生作为公益团最初的先行者，加入志愿者队伍；再到作为项目的组织者，对学校其他专业学生进行项目推广；最终以推广者身份走出校园、走入工作岗位，开展健康知识宣讲。

五、团队介绍

5.1 核心成员

姓名：郭镇

专业：临床医学

任职：公益团团长

学习与实践经验：郭镇是公益团科普知识“优秀讲解员”“优秀志愿者”，组织团队开展了急救知识科普、防治结核病讲座、下乡义诊等多次公益活动。

现就读于湘潭医卫职业技术学院临床医学专业。

能力与特长：逻辑思维能力较强，学习能力强，遇事能冷静处理，做事认真，有责任心，擅长 Audition 软件，拥有一定音乐后期处理能力。

姓名：王柯轶

专业：口腔医学

任职：副团长

学习与实践经验：王柯轶是公益团科普知识“优秀讲解员”“优秀志愿者”，组织团队开展了急救知识科普、防治结核病讲座、下乡义诊等多次公益活动。担任湘潭医卫职业技术学院校团委学生副书记，多次组织学校大型活动。

能力与特长：做事认真细致，踏实稳重，责任感强，有较强组织能力。

姓名：陈佳娣

专业：口腔技术医学

任职：办公室主任

学习与实践经验：陈佳娣是公益团科普知识“优秀讲解员”“优秀志愿者”，多次参加公益团急救知识科普、防治结核病讲座、下乡义诊等公益活动。在校担任院部宣传部部长。

能力与特长：认真负责，能够较好地协调团队，有一定的领导协调能力，擅长写公众号文章。

姓名：黄秀婷

专业：口腔医学

任职：志愿部部长

学习与实践经验：黄秀婷是公益团“优秀志愿者”，参加了公益团急救知识科普、防治结核病讲座、下乡义诊等多次公益活动。是湘潭医卫职业技术学院校团委学生会学风部干事，在校期间多次参加志愿活动。

能力与特长：能够很好地使用 WPS，做事沉着冷静。

姓名：樊所为

专业：口腔医学

任职：宣传部部长

学习与实践经验：樊所为是公益团“优秀志愿者”，参加了公益团急救知识科普、防治结核病讲座、下乡义诊等多次公益活动。在湘潭医卫职业技术学院担任国旗班成员。

能力与特长：认真，细致，善于沟通交流，思路清晰，责任感强。

姓名：贺钰超

专业：临床医学

任职：策划部部长

学习与实践经验：贺钰超是公益团科普知识“优秀讲解员”“优秀志愿者”，多次参加公益团急救知识科普、防治结核病讲座、下乡义诊等公益活动。现为入党积极分子，担任临床学院学生会干部。

能力与特长：做事认真，有责任心，踏实稳重，善于沟通交流，有团队意识，逻辑思维能力较强。

姓名：黄子璇

专业：美容医学

任职：组织部部长

学习与实践经验：“医心乡印”公益团“优秀讲解员”。现就读于湘潭医卫职业技术学院医学美容技术专业，大三实习生。在校期间担任班级学习委员，做事认真负责。

姓名：张霞

专业：农医专业

任职：后勤部部长

学习与实践经验：张霞是公益团科普知识“优秀讲解员”“优秀志愿者”，参加了公益团急救知识科普、防治结核病讲座、下乡义诊等多次公益活动。

姓名：朱连梅

专业：农医专业

任职：乡村医生

学习与实践经验：朱连梅是公益团科普知识“优秀讲解员”“优秀志愿者”，组织团队开展了急救知识科普、防治结核病讲座、下乡义诊等多次公益活动，是湘潭医卫职业技术学院2018届农医班毕业生，也是湖南省郴州市汝城县文明瑶族乡沙洲瑶族村卫生室目前唯一一名村医。2015年，朱连梅参加了我校乡村医生定向培养项目，在校期间担任了公益团团长，明确了公益团方向，带领公益团完善公益服务模式，扩大服务范围，经过3年学习后于2018年上岗，工作期间认真踏实负责，用心服务村民，其认真负责的工作态度，在习近平总书记考察时受到高度赞赏。

5.2 专家顾问

刘晖：女，湖南省医学医管专业常委，北京白金十分钟时效应急委员会专家委员会常委及志愿服务委员会委员。

陈建芳：女，三级教授，硕士生指导教师，湖南工程学院化学化工学院副院长，湖南省化学化工学会高分子学科专业委员会委员，湖南省新世纪121人才，湖南省教育工会百岗明星，湘潭市新型工业化高层次拔尖人才。

六、项目成效

6.1 专业知识提升显著

项目已经开展七年，2021年7月本团队针对乡村医生进行了一次全面的医学知识测试，采用方式是线上作答，以跟进了解学生的知识掌握与继续学习情况，为后续培养提供参考依据。

本次测试，我们共邀请668名乡村医生参加测试，实际有效作答试卷650份，参与率97.31%。数据结果显示，学员的医学知识考试成绩平均分从2014年的41.9分上升到2021年的81.3分，分数翻倍。通过表的数据可以说明学员的医学知识素养有显著提高，公益团的项目培育效果较好，乡村医生将成为一支技术水平过硬的专业队伍。

6.2 资格考证通过率高

自2014年以来，公益团培养了6批次共668名乡村医生农医班学员，连续四年农医资格证通过率为100%，湘潭医卫职业技术学院连续三年被授予湖南省乡村医生本土化人才培养"优秀培养学校"。

6.3 学历提升效果好

公益团制定学历提升计划352份，实际参加计划的为344名学员，参与率97.73%，现取得毕业证书的有214人。

6.4 社会影响力广

"医心乡印"公益团自2014年成立以来培养了6批次共计668名乡村医生，服务全省8个市（州），55个县（区），开展走访问诊10万多次，据统计，一位乡村医生平均每天接诊5人，参与培训的所有乡村医生平均每天接诊3340人，一年接诊120万名患者，成为200万贫困地区村民的"健康管家"，得到了社会的高度认可。

6.5 医疗知识科普成效优异

公益团于2021年5月通过问卷、现场以及电话等方式，对所服务的8个市（州）"乡村居民健康知识普及率"进行调查，总计7512人次参与调研，有效数据为7335人次，有效率为97.64%。2014年至2021年，健康知识普及率有明显上升，从2014年的31.52%增长到2021年的75.68%，精准科普效果显著，宣传影响力得到了社会各界的广泛认可。

表3 湘潭周边居民科普对比数据

项目	科普前（人数/比例）	科普后（人数/比例）
判断心跳及呼吸停止的方法	96（31.5%）	300（98%）
心肺复苏的吹气按压比例	8（2.7%）	231（78%）
心肺复苏的正确按压部位	25（7.2%）	320（92%）
人工呼吸的正确操作方式	87（26.4%）	298（90%）
中暑患者应如何救治	158（50.4%）	304（97%）
如何救治气管异物患者	91（29.6%）	304（97%）
煤气中毒应该如何救治	115（36.8%）	300（96%）
如何救治溺水伤员	107（34.2%）	299（96%）
急救电话号码	185（68.3%）	268（99%）

通过数据不难得出近年来湘潭村民对急救知识的知晓率越来越高，相关知

识的宣传普及有较好成效。这是我们公益团需要继续宣传的原因。

6.6 优秀学员纷纷获赞

（1）朱连梅

朱连梅，中共党员，湘潭医卫职业技术学院乡村医生班毕业生。2015 年朱连梅担任第一届“医心乡印”公益团负责人，提出“走出去”项目，将公益团带到了汝城县沙洲瑶族村，组织开展了急救知识科普宣讲等志愿服务活动。2018 年毕业后扎根在自己家乡，成了沙洲村唯一的乡村医生，服务当地村民的同时不忘推广“医心乡印”公益团，截至 2020 年，公益团已加入了 668 名乡村医生，遍布湖南省 8 个市（州）55 个县（区）。

（2）胡卫平

胡卫平，湘潭医卫职业技术学院乡村医生班毕业生，现在湘潭县河口镇先丰桥村卫生室担任乡村医生。在校期间加入“医心乡印”公益团，组织参与了湘潭周边居民的健康知识科普志愿服务活动，虽然作为班级年龄最大的学生，但勤奋刻苦，先后通过了乡村医生执业资格证和执业助理医师证考试。工作上无私奉献，坚守学医的初心，守住乡村医疗最后一道防线。

七、未来展望

坚持以“乡村医生+村民”为主体的服务理念，通过不断培育乡村医生，以其为纽带，深入农村基层，宣传科普医疗知识，提高人民健康意识，探索互联网与健康医疗知识宣传相结合的道路，以多种形式将基础医疗知识扎根于农村基层，深入农民心中，建设美丽健康新农村。

（1）2022 年：完善乡村医生线上线下专业知识培训课程体系，引入更多专家团队教学。

（2）2023 年：与红十字会等公益组织、各大医科高校合作开展跨区域公益活动，惠及更多农村地区医生与居民。

（3）2024 年：构建全国农村医生网络体系，广泛、及时收集农村医疗问题，科学合理分配医疗资源。

创业项目七

“压立停”

——自动充气控制按压止血技术开拓者

一、创始人介绍　曾于祯

曾于祯，女，湖南衡阳人，2002年出生，湘潭医卫职业技术学院2019级护理学院护理专业，“臻善”科创团队创始发起人，“压立停”项目联合创始人。荣获2020年国家奖学金、2021年湘潭市优秀共青团员、2021年“百优十佳”自强不息之星、2022年湖南省创新创业优秀毕业生等荣誉。项目团队研发的“‘压立停’——自动充气控制按压止血技术开拓者”于2021年被评为校级重点A级学生科研课题，成功入驻湖南省大学生创新创业孵化基地，先后得到多家媒体报道。带领团队斩获第七届湖南省“互联网+”大学生创新创业大赛三等奖。

二、“压立停”创业项目的起源

那是2019年的秋天，那天阳光明媚、秋风拂面，我踏进了湘潭医卫职业技术学院的校门，开启了作为一名医学生的求学之路。大一的时候，我很喜欢“思想道德修养与法律基础”课程，因为给我们上课的老师本科也是学的护理专业，所以经常用自己学习护理的亲身经历结合“思想道德修养与法律基础”的知识点给我们分享了很多有意思的事情，也让我对护士有了更深刻的理解，后来，这位任课老师也就成了我的创新项目指导老师。让我印象最为深刻的，也是奠基了我创新之路的是一次课上，老师给我们放了一个视频《专利天使》，这是学姐学长们自己拍摄的短片，是一个由真实事件改编的护士与创新的故事。因为这堂课，我才开始思考，原来护理并不只是例行操作的简单工作，护士并不只是协助医生的平凡职业，帮助病人并不只是单一的照护关心。

配药、输液、护理、写病历……这是很多人对护士最初的印象，但其实护士群体还蕴藏着巨大创造力，他们跟患者打交道最多，也最了解患者的需求，立足患者，紧贴患者的需求，护士的一些“小发明”看似不起眼，却大大减轻了患者的痛苦，提供了更优质的护理服务。这是我第一次深刻地思考护理的价值：一方面是对患者的价值，体现在对患者的健康有所帮助；另一方面是对自己的价值，护士自身在工作中得到成就感和满足感，从而深化继续前进的动力，而能够实现这一切的核心就是创新，白衣丽人悉病苦，玲珑娇思解患愁。于是我开启了我的创新之路，利用空闲时间去学校对面的湘潭市中心医院转悠，沉浸于观察和思考我能做出来帮助患者的“小发明”。

清晰记得那是第一学期临近寒假的一个周六，我还是如往常一样，在中心医院观察着形形色色的患者。我正在输液中心痴迷地看着护士姐姐的熟练操作，突然被一阵争吵声惊住，闻声望去，一个穿着朴素的中年妇女，大约五十几岁，一手拉着一个五六岁的小男孩，一手指着正在换药的护士，大声呵斥：“你是怎么打针的……”因为讲的方言，后面的内容我听得不太全，看着这个阿姨嚷嚷了一会儿又心疼地摸着小男孩的手，一副既紧张又愤怒的样子。我走近看着，小男孩的右手背青紫了一块，有点肿起来，还流着血迹，哭得越来越凶。原来是小男孩输完液拔了针后一会儿手就成了这样，中年妇女是他的奶奶，看到小手的样子，又伴随着男孩的哭泣，不知所措才愤怒又着急。过了好一会儿，事情终于解决了，我也再次好奇着上前跟护士姐姐询问：“为什么小男孩的手会青紫肿痛，是不是因为扎针的时候进针的角度偏差拔针后才会这样?”护士一听我的发问就急了：“哪有的事，小孩打针经常这样，打针打了这么久，好不容易拔了针后就喜欢到处跑动，也不好好按压，要么就是家长不懂，边按边揉以为能缓解疼痛，结果就这样啦！跟我们打针的技术一点关系都没有!”

听完，我不禁陷入了沉思：很多时候，只是因为缺少医学常识，普通的问题也会给患者带来非常大的痛苦和麻烦，一个简单的拔针后止血竟然会陷入医患矛盾的困境，如果有个能够自动按压的止血贴，能提供有效止血的压力，又能覆盖需要按压的面积，不用自己或者家长按压，贴上就不用管了，问题不就解决了吗?突然，我就像发现了新大陆一样，兴奋地赶紧回到学校查阅资料，我的第一个“小发明”有方向啦！由于我的所学还十分有限，我找到了给予我创新思路启发的思修老师，跟她聊了我的想法后，得到了她充分的肯定和支持，自此，研究一款可以自动按压的止血贴便成了我的奋斗目标。我坚信：人生没有白走的路，走的每一步都算数，这就是属于我的创新之路。

三、项目发展过程中的关键点

于“识”中见自己，奠定创新理念

杜甫的《壮游》中写道：“往昔十四五，出游翰墨场。”天地之大，世界辽阔，宇宙浩瀚，我们渺小如蝼蚁，若是永远停留在原地，不知不觉间，就活成了井底之蛙，坐井观天。经过了大量的资料查阅和医院的初步调研，我更加认识到一款自动按压止血贴的作用深远及需求紧迫，它可解决的问题和应用的场所远比我最初所想的广泛和深刻。

我了解到，日常生活中所有小创面出血用的止血贴，只是对创面进行黏贴覆盖，对患处缺乏需要的止血压力，从而会影响止血效果和止血速度，而且一旦患处没有处理好出血情况，极易出现感染，造成严重的后果。临床外周静脉穿刺操作后，传统的止血做法多用消毒后的无菌棉球按压针眼，但因用力不均、按压方式不当、按压的时间不够等问题，常导致止血效果差、穿刺创口感染，进而出现皮下出血、血肿、表皮青紫等二次伤害。若创口位于无法用手指按压的部位或者按压困难、需要止血部位过多时，则需专人负责按压，操作极为不便。就像最初我在中心医院看到的情景一样，就是因为不方便按压且按压方式不当，引起了肿痛。

这些现实情况更加坚定了我的决心，但也正是越深入了解越觉得自己无知且浅薄，想要研究自动按压止血贴，我不是第一人，相关的研究数不胜数，相关的产品也有了问世，无源压脉止血贴、气囊按压止血贴……五花八门的冠名自动按压的止血贴产品，这就预示了这一条创新之路难上加难，我凭什么能研究出比前人更好的产品？我能实现自动按压的技术吗？就算研究出自动按压的技术，就能投放市场，被大众接受，替代传统的棉签按压吗？众所周知，不能为人所用的发明又能算得上什么发明，我开始意识到，我一个人根本寸步难行。

幸运的是，我找到了一群志同道合的同学一起前行，为了取长补短，在指导老师的引导下，我们组建了一支专业互补的跨学科综合型团队，结合我的名字和创新的初心，我们确定了团队名称，“臻善”科创团队就此而生，“臻”谐音同我名字中的“祯”，行者无疆，臻于至善，任何事物都不是一蹴而就的，都需要不断探索才能发现真理，达到前所未有的新境界，我们创新的根本在于修明自身，将自己所学的道和德用于社会，服务于人民，以至达到完美的境界。“合抱之木，生于毫末”“星星之火，可以燎原”。我们相信，团队的发展从一开始就孕育在远大理想与价值追求之中，以此为理念，一步一步地朝我们希望的方向发展。

于“行”中合众人，确定发展方向

以众人之智思虑者，无不知也；以众人之力起事者，无不成也。团队成立之后，我们首先面临的问题就是攻克自动按压的技术，通过前期的研究，我发现市面上相关的产品其实并未完全实现自动按压，气囊式止血贴需要自行往气囊内充气，其他所谓的自动按压也只是利用拉长弹性绷带与加高吸收垫配合提高按压力的原理加强止血的效果，同时需要配合人工按压，无法实现真正的自动按压，而且舒适度较差，撕取时会产生皮肤疼痛。一步步探析现有产品的缺点，也就在一步步明晰我们需要克服的困难和努力的方向。

我开始进行系统的分工，更深入地查阅资料，更广泛地调查研究，调研范围也从湘潭延伸到了长沙，包括湘潭市中心医院、学校附属医院、中南大学附属湘雅医院等等，我们在各大科室咨询，问卷调查，也慢慢有了更清晰的思路：气囊作为按压源给人体的舒适度最高；压迫面积要严格依据止血要求，科学测算能够完全覆盖皮肤穿刺孔和血管穿刺孔范围，有效防止皮下出血；按压力度需要严格测算能够有效止血又让人体最舒适的压强……

所以，我决定做气囊式自动按压止血贴，但问题又来了，我们无法解决气囊需要外力操作加气的问题，以及按压力度如何能提前精准设定。要知道，止血力度和时间，关乎伤口的愈合速度和质量。很多人有时只按一会儿就停止，导致发生淤血，甚至止血失败，不得不重新按压。按压力度亦是如此，太轻了止不住，太重了又压得生痛，还会产生压痕。更重要的是，对身体虚弱的人群和中老年人来说，止血的时间和力度又会有所不同，普通人根本难以精确实施。自动按压还要有精准的按压面积，科学的按压力度，才能实现彻底解放双手，就算都实现了，成本也难以控制，难有市场生存空间。在瓶颈面前，这一切听上去有如天方夜谭，只是我们美好的愿景。

迷茫、彷徨、躁动不安的情绪在团队中蔓延，团队成员开始一个个放弃、退出，犹如晴天霹雳阻断了前进的道路。还记得那是 2020 年 1 月，刚放寒假，本来在放假前我进行了寒假的计划安排和具体的人员分工，这下全完了，我打了无数个电话给其他成员，试图说服他们。那是我为了这个项目第一次落泪，无奈又无助，委屈无处诉说，放弃似乎成了我当下的唯一选择。这时候我真正体会到，坚持和放弃就好像一对双胞胎，正如微笑与眼泪一样。但有时候也就是那一瞬间，突然一切混沌就被拨开，在多次通话和劝说中大家突然就想通了，为什么要放弃呢，坚持下去，就算最后没有研究成功，不也是一个学习和收获的过程吗？我们本来就是学生，本来就是从零开始的，我们失败的成本几乎没有，有的都是收获呀！现在好歹有了明确的方向，一个一个去解决，干就完了！

于“活”中开眼界，攻克技术原理

中国有句古话，叫“树挪死，人挪活”。人不能永远固守在一个地方，只有改变才能有新的发展。“压立停”也是在各种失败尝试后，突破固有认知，跨越僵化思维才真正问世。2020 年的暑假，为了备战第六届湖南省“互联网+”大学生创新创业大赛，我和队友毅然留在了学校参加集训。那是我整个大学生涯中最艰苦却也是最快乐的时光了。早上的“神童集训班”，我们一起在操场上挥洒汗水，开启充满希望的一天；中午的“大锅饭”，为一整天的疲惫注入轻快欢愉的能量，尤其是各团队指导老师轮流送来的西瓜成了我们最向往的舌尖美味；夜晚奋笔疾书、火花碰撞的校团委成了静谧黑暗的医卫里唯一的灯火通明处。在一天天的紧张准备中，项目计划书日渐有了雏形。

从确定做气囊式止血贴开始，我便把精力全部倾注于解决自动往气囊内充气的问题，致力于实现自动充气的目标。我们尝试了很多办法，也只能做到把充气装置简化，而只要充气装置存在，就无法达到“自动”，而且一个小小的止血贴，如果配备充气装置，成本就很难控制，试问谁又愿意花这个价钱去买这么个止血贴，而不是继续用棉签呢？这个问题不解决，项目根本无法推进。直到有一天，指导老师刘老师带着他刚高考完的弟弟来到了我们的工作间，一番深刻交流后，这位理科大神点醒了我，他说：“如果要自动充气，要么做个什么黑科技，不然就直接在气囊内产生气体呗。”对啊！为什么我们要一直执着于物理充气呢，让两种物质产生化学反应，从而产生气体不就可以了吗？

有了一个新的思路，我们便立马着手查阅文献资料。刘老师还带领我们去到了湘潭大学化工学院和化学学院的实验室进行进一步了解学习，研究生专用的实验室让我们看花了眼，各种实验器具和一些正在实验中的试剂，彻底让我们开了眼界。虽然我们也学了生物化学，但见识的也都是基础实验，老师让我们多做实验，及时记录和反馈总结，在实践中才能彻底打开思路，推进项目发展。回来后，我去到药店买来了所有可买的各种式样的止血贴，还在淘宝下单了一个神器：自动封口的充气袋。空间想象不如实际比画！说干就干！

至此，我们大致确定了自动按压止血的原理，就是在气囊内发生化学反应生成气体从而膨胀加压止血。但是，用什么反应物、用多少反应物、生成什么样的气体、多少气体、气体是否安全无害、化学反应是否稳定且安全，以及反应物的成本都是需要考量的问题。经过多次对不同化学反应的测试和计算以及对反应物、生成物、反应过程的化学性质的分析，我们一步步确定，使用乙酸（醋酸）和小苏打反应生成的二氧化碳气体，集合了低成本、反应快、反应过程安全、生成气体以及反应物安全无害等各种优点，成了“压立停”最为理想的成本原料。再利用操作简单安全、误差小的排饱和碳酸氢钠溶液的方法，我们计算出了不同用量的原料对应生成的二氧化碳气体的体积。这个过程虽然烦琐，但也趣味十足，团队三人每天泡在学校的实验室，乐此不疲，满满一黑板的笔记见证了项目的推进。

然而问题又来了：要如何解决反应物在使用前的稳定，使用时才实现自动充气的问题呢？我们又开始了激烈的火花碰撞。说来也妙，灵感来临有时候只是一瞬间，不需要去冥思苦想。那是日常埋头苦干的一天中午，刘老师给我们每人买了一杯奶茶，我开心地享受着奶茶带来的幸福感，是我最爱喝的芒果爆珠奶茶，一颗一咬，芒果汁液便在口中爆开，就是那一瞬间，灵感突然来临，世界突然亮了起来，全身细胞为之欢喜雀跃。如果把乙酸溶液存放在"爆珠"里，使用的时候只要轻轻捏破"爆珠"，让乙酸溶液流出跟小苏打反应不就行了吗？说出这一想法，大家欢呼雀跃，这样不仅解决了控制反应的问题，"爆珠"的设计必定新颖独特，能让"压立停"增色不少，人们购买的欲望肯定会更强烈。我们就是在这样一个不断开阔眼界，不断奇思妙想，反复实践的过程中，攻克了产品最核心的技术原理。

"臻善"科创团队所取得的成绩

第七届湖南省"互联网+"大学生创新创业大赛三等奖

四、创业者曾于祯的反思与经验

护患之苦驱动创新"基因"

作为一名护理专业学生，创新的"基因"源于对护理工作的热爱和对患者发自内心深处的关爱。正如"专利天使"广东省人民医院烧伤与创面修复外科护士长陈瀚熙所说："因为关爱，所以执着。"她发明的"安瓿助折器"和"安瓿折断装置"完美解决了护士被玻璃安瓿划伤手的常见问题，轻便易携带，价格便宜，适宜推广；她发明的"电极针"成功解决了前胸部及四肢烧伤患者无法心电监护及无法做心电图监测的医疗护理难题；她发明的"输液袋固定装置"以及"病员服"（补液插件式）源于对患者的爱和关怀，有效提高了输液患者住院期间的生活质量及满意度……只要护士和患者有需求，护理人员创新的源泉就不会枯竭，发明的动力也不会减退。

我做“压立停”自动按压止血贴项目的初心亦是如此，在经历了项目坎坷的发展过程，更加坚定：作为一名医学生，未来的医护人员，要在创新中进步，创新驱动发展，深入了解护患之苦，以此为起点创新探索，造福患者，造福护士，造福社会，这是我的初心，也是最终目标。“压立停”是我的起点，未来我也想要做更多可以造福患者以及给医护人员提供便利的创新，最大程度地实现我的职业价值。这也让我在后来参加实习的时候更深刻地感受到：我已不再是那棵小树苗，我在慢慢长大，慢慢开枝散叶，而让我开枝散叶的是谁呢？那就是我的患者！是他们给了我信心！是他们让我发光发热！也是他们让我实现了自我价值。在医患关系紧张的今天，我相信，只要我们从自己做起，从点滴做起，恪尽职守，真心为患者付出，提升优质护理服务意识，就能为健康中国贡献出自己的一份力量！

学思践悟激活创新“引擎”

最初做创新创业项目时，我没有接触过任何这方面的相关知识，只想着能有个创新的点子可以应用到临床，解决一个现实问题，实现自己的专业价值。而对于什么是创新创业，怎样创新创业，甚至对参加创新创业比赛的认知几乎为零。当初茫然又懵懂的结伴组队，一起听动员大会的兴奋激动，参加暑期培训期间的废寝忘食，讨论项目时的争执和分歧，一次次团队讨论时大家的思考和完善，走过的每一步都是那么难忘，那么清晰地留在脑海中。

早期有一个对创新创业项目了解以及和团队成员磨合的阶段，通过查找相关资料、阅读相关文献，从未知到已知，从生涩到熟悉。同我的团队成员，一步一步，从对产品进行市场定位开始，通过调研了解市场需求，确定产品前进的方向，有无实施可行性。分析产品的竞争力，确定优势。确定好之后进行产品初期研发计划，当中还要考虑到未来发展规划和风险评估。其中最核心的也就是产品研发，这是一个理论和实践充分融合的过程，甚至要经历无数次的推翻重来，在失败中总结经验，在不断调试中推进发展。通过感受思想的引领、接受实践的点拨，让我进一步认清了“时”与“势”，明晰了“思”与“行”，强化了“责”与“任”，收获颇大。如果说创意是创新的基础，那“学思践悟”的过程就是创新发展的不竭动力，不断注入能量，才能不断驱动激活创新项目的发展。

五、导师寄语

"压立停"自动充气按压止血贴，虽然只是一个小产品，却倾注了你们对使用者无限的关怀，要相信，能够解决问题的人，就是有用的人；能够解决任何一个"痛点"的产品，就是好产品。

"臻善"科创团队，是一个有着深情和执着的团队，对护患的深情，对项目的执着。2019 年 12 月，团队创始人曾于祯第一次来找我，诉说了她的创新想法，至今已历经了两年多的时间，过程的曲折苦楚，我清楚地了解，不禁感慨：这个小小的身体里蕴藏着多大的能量，竟能如此笃行不辍。

这是你的大学，也是我的青春。我很幸运，能够作为你们的指导老师，跟你们度过了这一段难忘的岁月，陪你们一起经历了这一段夜以继日为了一个梦想奋斗的岁月，看到你们的执着，见证你们的成长。

这是一次记录，也是一份答案。希望你们能够铭记：你的禀赋藏在你的一颦一笑，一举一动中。你是怎样，思维于你就是怎样。你急躁，思维于你就是裹脚长布；你安静，思维于你就是美丽锦绣；你呆板，思维于你就是一潭死水；你灵活，思维于你就是不竭活水。

我相信，"压立停"自动充气控制按压止血技术开拓者项目只是一个起点。你们的创新创业之路将如东方晨曦的朝霞，灿烂而充满希望。正如你们的创新理念：行者无疆，臻于至善！

——刘思琦（湘潭医卫职业技术学院教师）

六、项目风采小视频

七、项目计划书

本项目计划书选自第七届湖南省“互联网+”大学生创新创业大赛三等奖作品“压立停”项目（内容酌情修改）。

案例目录

一、执行摘要
二、项目背景
2.1 社会“痛点”
2.2 市场背景
2.3 政策背景
三、产品介绍
3.1 产品简介
3.2 产品使用说明
3.3 产品优势
3.4 产品价值分析
四、市场与竞争
4.1 市场背景分析
4.2 竞品分析
五、营销计划
5.1 营销环境
5.2 营销战略
5.3 销售渠道
5.4 推广方式
5.5 价格策略
5.6 营销队伍
六、管理体系
6.1 职责分工
6.2 管理方法
七、发展规划
7.1 公司规划
7.2 项目规划

案/例/正/文

一、执行摘要

日常生活中人们常因受到外伤而致小面积出血，此时常采用止血贴止血。现有的常用止血贴只是对创面进行黏贴覆盖，对患处缺乏需要的止血压力，从而影响止血效果和止血速度，一旦患处没有处理好出血情况，极易出现感染，造成严重的后果。同时医院临床工作及健康体检过程中常需进行外周静脉穿刺，穿刺操作后，传统的止血做法多用消毒后的无菌棉球按压针眼，但用力不均、按压方式不当、按压的时间不够等问题，常导致止血效果差、穿刺创口感染，进而出现皮下出血、血肿、表皮青紫等二次伤害。若创口位于无法用手指按压的部位或者按压困难、需要止血部位过多时，则需专人负责按压，操作极为不便。“臻善”科创团队为打破民众以往错误的按压止血认知，彻底解放医患双手，促进医疗资源的合理分配，创新性地利用复分解反应原理设计出了一款结构简单合理、按压范围大、使用方便且不需要病人自己按压、止血效果好的自动充气控制按压止血贴，其应用场景广泛，发展前景广阔。

本产品从临床实际出发，利用复分解反应原理实现自动按压止血，避免了因止血按压不便，按压时间不足，按压力度、按压范围、按压方式等不当所导致的被穿刺者和受伤者一系列身心损害。产品适用于外周静脉穿刺拔针后及外伤出血者，大型创面及动脉损伤出血者不宜使用本产品。

“压立停”搭建了一支内外协作的强大团队，既有湖南省护理专业带头人苏银利教授的权威技术指导，还有湖南省工商联研究员、邵阳商会副会长尹德和的商业运营指导。

创业团队专业齐全，囊括了护理、康复、影像等各专业的佼佼者。团队成员踏实肯干，在项目研发过程中充分发挥多学科交叉优势，团结互补互助，切实提高了科研思维，引领了专创融合、产学研协同创新的教育趋势。受到湖南省医学教育科技学会医学技能创新创业专业委员会重点推荐。项目已入驻省级创新创业孵化基地。湖南教育网、红网时刻等多家权威媒体对项目创业事迹进行了宣传报道。一点贴心，一贴放心，“压立停”为爱倾注无限呵护。

二、项目背景

2.1 社会“痛点”

2.1.1“按不了”

临床工作中，部分患者无法对静脉穿刺伤口进行持续有效的自主按压。如幼年儿童患者、上肢残缺患者、全身麻醉患者、心脏骤停患者等，在静脉穿刺拔针后，需医护人员或陪护人员按压止血。重症监护室、手术室、麻醉室内，患者因无家属陪伴，在静脉穿刺拔针后需要医护人员进行持续按压，若遇凝血功能障碍患者，需要持续按压15~30分钟。国家卫生健康委员会数据显示，截至2018年底，我国护理从业人员每千人中仅为三人，护士紧缺已成社会常态。传统的按压止血模式和落后的止血用具大大增加了医护人员的工作负荷，造成资源浪费和效率低下。

独自体检抽血、出血创口位置特殊等多种情形不方便持续按压。血检指标是医生判断被检者身体健康与否的重要参考依据。体检化验通常要求早上7：30—8：30空腹采血，最迟不宜超过早上9：00。过晚患者虽仍为空腹，但体内激素水平的改变会使得生理指标失真。因此采血通常为体检的第一个环节，采血后需要持续按压并及时收拾个人物品离开采血处去往下一个体检项目处排队。抽血后体检人员极易因手忙脚乱影响按压止血效果，并产生焦虑紧张情绪，乃至发生医患矛盾，不利于提高护理质量，促进社会和谐。

2.1.2 “按不好”

错误的按压方式易造成严重身体损伤。临床实践中，我们的团队成员发现大量患者在抽取静脉血后不知道如何进行正确止血，其中最典型的表现为三大误区：压迫止血面积太小、边按边揉、屈肘按压，造成因按压压力不稳定、按压部位不到位导致皮肤局部渗血、青紫酸痛、瘀斑、皮下血肿等二次伤害，甚至造成了截肢的惨痛损伤；大多数人并不清楚静脉穿刺时，会产生两个穿刺创口，习以为常的按压方式只按压了皮肤穿刺创口，而忽略了血管穿刺口；采用单一手指按压，其按压面积与压强往往不能有效按压止血，且会根据自己的意愿不停地将棉签拿起看针眼处是否已止血，这不仅使得按压部位改变，不能完全按压住皮肤和血管穿刺出血点，也改变了按压力度，且大部分患者习惯用力揉搓穿刺处。

按压时间与采血后不良反应发生关系密切。大量文献表明，按压时间的长短与采血不良反应有密切关系，如《静脉采血后不同按压方式及不良反应发生的现状研究》中强调，无论是凝血功能障碍患者还是凝血功能正常患者，最佳按压时间应不少于3分钟。采用分层、整群抽样的方法，利用二分类Logistic回归分析不良反应发生的影响因素，得出了不同按压时间不良反应发生率的比较结论（$\chi^2=9.734$，$P=0.045$），差异有统计学意义。

2.2 市场背景

随着居民健康意识增进，采血需求将与健康体检需求同步增长。可以预见，人们将在健康上投入更多的时间和金钱。随着居民生活水平提高、健康观念深入人心，以及消费升级，中国健康体检行业的市场需求旺盛，呈现井喷发展的趋势。采血作为体检中最常见的项目，其需求将与健康体检需求同步增长，针对采血后按压止血环节，止血贴的需求市场广阔。此外，临床上穿刺后无法持续自主按压和生活中经常出现的小创口出血不方便持续按压止血的人群覆盖面也极为广阔，结合“按不了”和“按不好”两方面纵向探析，具有自动按压功能的止血贴可以有效解决无法自主按压和自主按压不当等情况造成的身体损伤，应用场景广泛。本产品服务用户占比高、市场销量紧缺、服务用量激增、复合增长率奇高，市场规模及需求极大，发展前景广阔。

2.3 政策背景

2.3.1《中华人民共和国国民经济和社会发展第十四个五年规划和 2035 年远景目标纲要》为项目发展创造环境

“十四五”规划指出，以国家战略性需求为导向推进创新体系优化组合，加快构建以国家实验室为引领的战略科技力量。为推进医疗器械的自主创新提供发展思路，聚焦量子信息、光子与微纳电子、网络通信、人工智能、生物医药、现代能源系统等重大创新领域组建一批国家实验室，重组国家重点实验室，形成结构合理、运行高效的实验室体系。全方位为科研人员松绑，拓展科研管理“绿色通道”。

2.3.2《医药工业发展规划指南》的针对指向促进行业发展

医疗器械行业发展受到我国全面医疗改革的规划政策的影响，属于国家重点鼓励和发展的行业。2015 年 5 月，国务院印发《中国制造 2025》，部署全面推进实施制造强国战略。在生物医药及高性能医疗器械方面，《中国制造 2025》指出，提高医疗器械的创新能力和产业化水平。2016 年 10 月 26 日，工业和信息化部、国家食品药品监督管理总局等六部委联合发布《医药工业发展规划指南》，指出国家政策的支持对医用敷料行业的研发和产业化发展给予积极推动，促进了行业发展。

三、产品介绍

3.1 产品简介

本产品是一款具有自动充气按压功能的止血贴。适用于 ICU（重症加强护理病房）/病房、采血站、健康体检中心等广泛场所，适用于全年龄段人群，应用范围极为广泛。产品利用 AR（分析纯）级别乙酸与碳酸氢钠的复分解反应产生安全无害的二氧化碳气体充斥气囊形成气压动力源，对伤口处血管产生局部按压力，使局部血管变窄，血流速度减缓，出血量减少，达到安全有效的止血效果。产品旨在打破人们对传统止血方式的错误认知，告别用手持续按压止血的时代，完全实现自动充气按压，彻底解放人的双手。产品绿色环保、安全无菌、应用广泛、实用性强。

3.2 产品使用说明

（1）使用步骤：固定贴片；压破爆珠；自动膨胀。

（2）适应症：本产品适用于外周静脉穿刺后止血，真皮浅层及其以上的浅表性小创伤，擦伤等。

（3）禁忌症：本产品为一次性使用品，仅限一次性使用；包装破损、超过使用期限严禁使用。

3.3 产品优势

3.3.1 操作便捷

本产品结构简单、美观、按压范围大、使用方便且无需病人或家属按压就能轻松止血，单手就可将产品从包装内取出并进行按压止血操作，简化了止血操作的烦琐，极大地实现了自动化，大大解放了患者、护士的双手，真正地实现了护理效率和质量的提高，也提高了患者的满意度。

3.3.2 安全可靠

本产品选用经过上千次实验后科学测算的适中的压力，既保护了血管也达到了止血的作用，可有效防止皮肤局部渗血、青紫酸痛、瘀斑甚至皮下血肿等二次伤害。产品所有材质均经过精选，独立包装，安全环保，可放心使用。

3.3.3 应用广泛

本产品适用于ICU/病房、采血站、健康体检中心等广泛场所。可广泛使用于外周静脉穿刺及浅表小创口外伤出血者（大型创面及动脉损伤出血者不宜使用），可用于人体四肢、手足背处、手足各关节处等其他人体表面的静脉按压止血，可适用于全年龄段人群，应用范围极为广泛。

3.3.4 核心优势突出

（1）复分解反应产生动力源技术创新简便，利于投入工业化量产。

（2）技术壁垒，专利保障。

（3）团队专业资源优势支撑，各行专家保驾护航。

3.4 产品价值分析

3.4.1 经济效益

本产品基于市场调查和定价策略，预计未来三个季度销售额分别为742500

元、958500元、1112400元，可创造显著经济收益。同时项目可有效帮助大专层次的医学生通过自身专长和劳动，创造人生价值，成功解决自主谋生和职业发展问题。

3.4.2 健康效益

针对传统错误止血观念及方式存在的问题，我们团队创新性地制作出这款安全有效的自动充气按压止血产品。其使用简单，安全有效，在当今快节奏的生活状态下，受用人群的依从性较好，利于产品全面铺开市场。同时也为《“健康中国2030”规划纲要》的发展实施添砖加瓦。

3.4.3 文化教育效益

产品致力于改变民众的传统错误止血观念，对于健康宣教具有极其积极的意义。助力于社会主义精神文明建设，提升民众整体体质。在项目研发过程中，团队成员利用专业组成多元化的优势，切实利用自身所学专业知识互补提高，增进了团队的创新意识和科研思维。

3.4.4 社会效益

本项目以科创技术为依托，各二级分销渠道商数量极为广泛，迫切需要增加员工数量以满足发展的需求。根据财务分析及市场推算，项目初期可直接带动就业岗位150个，间接带动就业岗位320个，后续将进一步增进就业带动，缓解当今社会就业难问题。

四、市场与竞争

4.1 市场背景分析

4.1.1 居民健康意识变化，采血需求将与健康体检需求同步增长

随着医学模式向以预防为主的健康管理转移，以及新冠疫情带来的警醒，全社会对烈性传染病的事前预防、慢性病危险因素的早期筛查也日趋重视。整个社会都越来越意识到医疗预防工作的重要性。同时，伴随着居民生活水平提高、健康观念深入人心，以及消费升级，中国健康体检行业的市场需求旺盛，呈现井喷发展的趋势。从《中国卫生健康统计年鉴（2021）》披露的健康体检人次（统计口径：各类医疗机构健康检查人次合计）来看，我国健康体检人次从2017年的4.06亿人次增长到2020年的4.31亿人次；支付宝联合阿里健康发布数据显示，2020年3月下旬，支付宝平台上医疗健康类服务消费增长了16

倍，体检销量是去年同期的 3 倍；根据国家卫生健康委员会的报告数据显示，2017 年，我国健康体检市场的总收入规模约 1331 亿元，在国家战略支持、渗透率持续提升、消费升级的推动下，2017 年至 2023 年行业将实现约 11%复合增速，预计 2023 年达到 2815 亿元。

静脉采血作为健康体检中最常规也最重要的操作，伴随着我国健康体检人次的不断增长，健康体检行业的市场需求日渐旺盛，近几年保持同步稳定的增长状态，截至 2019 年，中国采血量为 2649.1 万单位，同比增长 3.1%，极大地推动了止血贴的需求。

4.1.2 湖南省医疗机构及小儿、急危重患者外周静脉穿刺的市场需求巨大

根据《2020 年我国卫生健康事业发展统计公报》和《2020 年湖南省卫生健康事业发展统计公报》显示，2020 年，全国医疗卫生机构总诊疗人次达 77.4 亿人次，湖南省医疗卫生机构总诊疗人次达 26742.7 万人次。经团队初步估算，外周静脉穿刺拔针后不能自主按压的病患每日使用止血贴约 7 万个，如果该产品延展到所有外周静脉穿刺患者使用，国内市场每天用量将达到百万级。

4.2 竞品分析

通过淘宝、京东等电商平台和企业网站了解国内外按压止血贴的功能与参数。常见有无源压脉止血贴、压力止血贴、自动按压止血敷贴，并将本产品与相关产品功能与参数比较。本产品具有价格实惠、压力大小稳定、按压面积科学有效、按压贴合皮肤、舒适和自动化设计新颖独特等优点。

五、营销计划

5.1 营销环境

5.1.1 微观营销环境

（1）顾客

顾客人群初步定位为外周静脉穿刺后及普通表皮创伤出血者（大型创面及动脉损伤出血者不宜使用），尤其是湘潭地区 25~41 岁的护理从业人员及儿童家长人群。客户分布场所定位为 ICU/病房、采血站、健康体检中心、献血站、儿童医院、幼儿园等广泛场所。

（2）竞争者

欲望竞争者主要为市场上现存的止血产品，其已有一定市场份额，消费

者在同一时刻的欲望是多方面、多层次的，很难被一种产品同时满足，"压立停"应持续更进技术，根据消费者的不同需求持续开发新产品。属类竞争者主要为其他止血贴产品，"压立停"将充分发挥自身便捷有效、自动按压的优势，加大宣传力度，满足消费者的平行需求。产品竞争者目前基本为零，市场上同类的自动充气按压止血产品还处于空白期，"压立停"应快速全面铺开占领市场。品牌竞争者将是项目最大竞争者，医疗器械行业发展已有数十年时间，"压立停"应立足于自身优势，打造自动控制按压止血技术产品龙头品牌形象。

5.1.2 宏观营销环境

（1）人口环境

我国是世界第一人口大国，每天出现外部创伤需要止血贴的市场十分广阔。且随着经济的高速发展，我国已逐步进入人口老龄化社会，人口老龄化进程也越来越快，人们对于自己健康的关注越来越重，这一切都有利于"压立停"的市场营销。

（2）经济环境

我国2020年全年国内生产总值1015986亿元，按可比价格计算，比上年增长2.3%，全年全国居民人均消费支出21210元，经济环境的不断向好代表着人民生活质量的不断提升。"压立停"定位为全面铺开市场的民众止血必需品，符合整体经济环境。

5.2 营销战略

5.2.1 目标市场战略

采取集中性市场战略，将整体医疗器械市场细分为止血贴市场、创可贴市场、医用输液贴等多项二级市场。再选择其中与"压立停"自动充气控制按压止血品牌理念相符的市场作为目标市场。开发相对应的市场营销组合，主推"线上、线下有机结合销售"的营销模式，充分弥补市场缝隙，在创业初期避开大企业的激烈竞争，大大节省营销费用和增加盈利。

5.2.2 市场定位方式

采用避强定位的市场定位方式，精确提出"全自动充气控制按压止血"的理念，迅速在医疗器械市场站稳脚跟，避开现有的大型医疗器械企业，在用户心目中迅速树立起品牌形象。压低创业初期市场风险，提高创业成功率。

5.2.3 市场定位战略

采取产品差别化战略，从有效性、可靠程度等方面严格把关产品质量。不断优化产品款式，让产品质量和款式与医疗器械现有市场的其他产品形成差别，获得消费者的青睐。从而在目标市场站稳脚跟，逐步占据剩余市场。

5.3 销售渠道

拟采取的销售渠道主要为直接分销渠道。我们将精准定位多级分销渠道，让公司借助于中间商将产品传递给消费者，是现在采用的最为广泛的一种渠道模式。大约 80%的消费品和 20%的工业品采用直接分销渠道。对于公司成立初期占领市场十分有效，能规避一定风险并且借助中间商的力量推广产品。

5.4 推广方式

考虑医疗器械产品的特殊性及时效性，过度的线上推广将不利于建立在民众中的公信力。公司采取互助推广与 SEO（搜索引擎优化）网络推广的模式，在创业初期有效提升产品知名度。

5.4.1 互助推广

与同为医疗器械公司的某些中小企业合作进行互助联合推广，彼此共享产品介绍单、客户群及相关信息，实现有利的共同发展。在推广的过程中，逐步占据市场份额，争取主导定位或者寻求商业联盟以避开大型企业的直接竞争。

5.4.2 SEO 网络推广

结合现今社会最为流行的网络媒体，舍弃直播等最热的推广方式，针对重点互联网搜索引擎的合作。使产品“自动充气控制按压止血”的品牌理念成为第一关键词，逐步提升知名度和民众公信力，全面铺开市场。

5.5 价格策略

我们依据市场成本、利润核算、回馈客户、市场价格形势等综合考虑，制定合理的价格，进行准确的价格定位等。初期打好品牌推广，使更多的人认识和使用这款产品。产品成本每个约为 0.45 元，市场定价 0.98 元/个，利润率约为 117.8%。

5.6 营销队伍

随着产品销售区域的扩充，通过招聘方式招收专业的产品营销人员充实产品营销团队，同时采用招商加盟拓展产品营销区域和产品售后服务。对于直接分销商，我们将给予其专业产品介绍的员工培训，并给予委托生产方以30%的回扣率空间，保证双方收益。

六、管理体系

6.1 职责分工

整个管理团队结合个人特长优势，各司其职，责任明确。

曾于祯：创办人兼总裁，有较强的行政管理能力、组织协调与沟通能力和决策能力，能够掌控全局，负责整个公司的发展规划与外部各项事务的管理，协调下属各部的各项事宜及发展规划等。

谭一鸣：技术负责人，有较强的技术分析解决能力，善于思考、分析，负责样品制备实验和技术的攻克。

陈涵：技术专员，喜欢钻研、动手能力强，能力较强，负责研发辅助、技术顾问团队的邀请，以及面向客户的技术交流方案编写。

许健：质检负责人，做事专注，有很强的责任心，专业知识强，善于发现问题，具有一定的协调管理能力，负责产品的质检与验收。

莫伟玲：财务总监，做事认真、仔细，对数字敏感，有较强的财务组织协调、判断、分析及处理问题的能力，负责公司费用收支账务、财务报告及市场财务预期等。

李嘉鑫：营销总监，形象气质佳，沟通能力强，富有亲和力，负责产品的市场营销、市场需求信息调研、产品宣传推广等。

李毅世豪：运营总监，对市场有较深入的了解，负责公司运营、市场调查与分析工作、制定招商方案及策划工作。

6.2 管理方法

6.2.1 目的

为达到人尽其才、各尽其能的目的，达成优良的工作绩效，提高公司和员工个人的核心竞争力，进而提升经营绩效，特制定本管理办法。

6.2.2 适用范围

适用于公司所有员工。

6.2.3 基本原则

（1）德能和业绩并重的原则。晋升需全面考虑员工的个人素质、能力以及在工作中取得的成绩。

（2）逐级晋升与越级晋升相结合的原则。员工一般逐级晋升，为公司做出了突出贡献或有特殊才干者，可以越级晋升。

（3）纵向晋升与横向晋升相结合的原则。员工可以沿一条通道晋升，也可以随着发展方向的变化而调整晋升通道。

（4）能升能降的原则。根据绩效考核结果，员工职位可升可降。

（5）职位空缺时，首先考虑内部人员，在没有合适人选时，考虑外部招聘。

6.2.4 晋升条件

（1）具备较高职位的技能。

（2）相关工作经验和资历。

（3）在职工作表现优秀。

（4）具有较好的适应性和潜力。

七、发展规划

7.1 公司规划

为实现公司战略目标，公司在未来五年内将一直以全球化战略为核心，以品牌战略、精细化营销战略、技术创新和人才战略、信息化战略为支撑，实现如下目标：优化客户结构，争取融入跨国企业的全球产业链；将继续采用积极的进取式的市场营销战略，专注于市场开拓，形成覆盖全国的销售网络；继续加大科研投入，加大对各类人才的引进培养和对新产品、新技术的研究与开发，预计未来五年公司能拥有10余项发明专利，研发投入较目前增长一倍，且达到销售收入的5%。

7.2 项目规划

第一阶段（1—2年）：整合医卫类学校资源与优势，与学校九家附属医院签订合作协议，将其作为第一市场投放使用本产品。持续研发技术，不断提高市场覆盖率，辐射长株潭地区，建立长株潭核心产业区并逐步向周边市区发展。

第二阶段（3—4年）：以点带面，向周边市区医疗器械公司谋求合作，利用其核心客户群与市场份额，全面铺开省内市场，并做好客户反馈调研，稳固资金链，累积资本并成立“臻善科创有限公司”。

第三阶段（5—6 年）：不断加强研发投入力度，在未来 10 年内获得 10 项专利，根据市场行情调整产业结构，增加产品种类，为未来进军国内大市场打下坚实基础。

创业项目八

天使伴"履"

——新一代弹灸足底按摩护士鞋

一、创始人介绍　邹悦

邹悦，女，湖南湘乡人，2001年出生，湘潭医卫职业技术学院2019级护理专业，"鞋"守同行团队创始发起人，天使伴"履"项目联合创始人。项目团队研发的"鞋"守同行——足底按摩护士鞋、天使伴"履"——新一代弹灸足底按摩护士鞋被列为校级创新创业重点训练项目，2021年被评为校级重点B级学生科研课题，成功入驻湘潭58众创——新经济产业园（湘潭）园区、湘潭医卫职业技术学院创新创业孵化基地，先后获得多家媒体报道。先后带领团队获得第六届湖南省"互联网+"大学生创新创业大赛三等奖、第七届湖南省"互联网+"大学生创新创业大赛三等奖、第四届湖南省医学技能创新创业大赛一等奖。

二、天使伴“履”创业项目的起源

从小我就梦想像姐姐一样，成为一名白衣天使，能够救死扶伤，所以，当2019年的夏天填报高考志愿时，我毅然选择了医学院校的护理专业，从此踏上了逐梦白衣天使的青春之路。那一年，新冠疫情突袭，全国各地的医护人员英勇奋战，飞驰在护理一线，用行动和生命诠释医者仁心与无私奉献，让我这个护理学子深受感触，也时常暗自下决心“如果可以的话，我也一定要像护士姐姐们一样，去一线”。但是这也只是“如果”，现在的我能做些什么呢？这个小心思在我心里生根发芽，还因此与护士鞋发生了那么多的故事。

依稀记得，2019年的12月26日晚上，我上完自习课回到宿舍，习惯性地翻看手机新闻，被《抗疫一线战士：您脸上的勒痕，是最美的印记》标题吸引，立马点击翻阅，在心疼一线护士的脸布满了红肿痕迹之余，不禁想到，藏在防护服里面的那双脚呢？又会是怎么样的呢？毕竟护士每天长时间站立行走，并奔跑在工作一线。我当即拨通姐姐的电话，关心她的近况，还特别问了她脚的情况。姐姐告诉我每天上完班拖着疲惫的身体回家，腰酸腿疼，脚肿胀得厉害，恨不得工作时扔掉脚上又闷又不舒服的护士鞋。这个答案让我越发坚定了我的想法，一直被忽视的护士的双脚，更应该得到一些关爱。

既然有方向了，那就一定要有所行动。我开始不停翻看书籍、查找资料，搜索有关护士腿脚受损与护士鞋的各种资料，得到的结果令人震惊：根据国家卫生健康委员会《2019年我国卫生健康事业发展统计公报》的数据显示，我国目前注册护士约444.5万人。护士每天工作至少8小时，步行28000步以上，相当于14千米，长期的站立行走、奔跑导致大多数的护士均有脚部以及腿部病痛，常见于足部疲劳、酸痛、肿胀、血液淤积等症状。工作时间越长，这种现象越突出。这种现象如果长期得不到有效缓解，将会加剧护士扁平足、足底筋膜炎、拇囊炎、静脉曲张等各种腿部和脚部的疾病，会对护士造成严重的身心上的影响，甚至可能严重影响到护士的工作。

原来，护士的双脚每天饱受这么多的折磨，却往往被忽视了。那时我的脑海里蹦出一个想法，如果有一双舒适又能缓解病痛的护士鞋，是不是护士的双脚就不会那么遭罪了。想法刚出来，又不禁暗自气馁，我只是一个学护理的大专新生，不懂技术，又不懂鞋子制造，想要解决这个问题，那不是异想天开吗？在后续的一个星期里，这个问题一直萦绕在我心头，室友都以为我发生啥事了，整天心不在焉，发呆出神。带着这份疑惑，我找到班主任，把我的想法和她说了。当时班主任的一句话“既然有想法，就大胆去做，年轻人要的就是那份冲劲”给了我一剂强心针，并且和我分享了很多身边优秀者的故事。也就是在那天，我下定决心，既然想做，那就尽力而为，结果就留给时间吧。至此，我与“鞋”守同行的故事便开始了。

接着，我开始了为期一个星期的实地调研，每天往返于学校与医院之间，记录了护士对护士鞋的最真实的需求。通过调研了解到，有一半以上的护士伴有脚部以及腿部病痛的困扰，大多数护士反映现有的护士鞋不透气、磨脚、不舒适，不仅不能缓解她们的足部疲劳，还会增加护士群体足部的负担，甚至造成二次伤害，因此她们对能够缓解足部疲劳的、不累脚的、透气的护士鞋需求非常强烈。基于此，研制一款专门缓解护士工作长期站立行走导致的足部疲劳的护士鞋俨然成了我的方向。我把这个想法与室友一说，立马得到她们的认同和积极参与，有了一帮志同道合的伙伴，让我更加有信心走下去。在与校领导及老师深入交流后，他们对我的想法也表示极力支持，并将此确定为我们团队的奋斗目标。

三、项目发展过程中的关键点

深入一线，“把脉”市场需求

有一个好点子只是一系列行动中的第一步，无论想做什么事情，如果不实践行动起来，就不会有任何成果。于是我们开始行动，要想设计更贴近护士需求的护士鞋，何不走近他们，了解他们的心声，去做问卷调查？那么第一步当然就是设计调查问卷。小伙伴们立即开会、分工，第一稿、第二稿、第三稿……终于，一份满意的调查问卷《护士对现有护士鞋使用现状及其需求》新鲜出炉。接下来就是去走访湖南长株潭地区各大医院。

2020 年 7 月初，那是我们参加暑期培训的第一天，就立马开展了市场调研。我们来到湘潭市中医医院，因为没有经验，看着护士姐姐们忙碌的身影，我们欲言又止，不好意思前去打扰，只能瞅准时机找护士站有空的小姐姐帮忙填问卷。一天下来，才完成十几份调查问卷。这样效率太低了，市场调研工作一度陷入僵局。团队“点子大王”罗军突然灵机一动说道：“我们何不去湘潭市第六医院调查呢？那里有我们优秀的学姐——全国优秀共青团员方婷，还可以去学校的附属医院湘潭市第三人民医院，这样调查起来应该会更顺利！”

于是我们分成两队行动。在方婷学姐的引荐下，我们在湘潭市第六人民医院一天完成了 129 份调查问卷。湘潭市第三人民医院的护士姐姐们听说我们是湘潭医卫职业技术学院的学生，想要做这样一个项目帮助她们缓解足部问题，非常热情地跟我们交流。就这样，市场调研工作逐步走入正轨，炎炎夏日，小伙伴们白天不停地奔走于各个科室之间，常常累得大汗淋漓，甚至忘记了喝水和吃饭。晚上回到学校，又忙于整理、分析数据。一个暑假下来，我们一共实地走访了 11 家医院，完成了 1246 名护士的调研。

现在回想那些日子，虽然忙碌疲倦，却无比充实，也让我收获满满。我们调查的数据结果显示，护士对现有护士鞋满意度很低，基本满意及不满意占 80%以上。另外，护士因职业特性，每天步行 4.5 千米左右，站立 6~7 个小时，特别是新冠感染期间，参与疫情防控一线工作、集中采集核酸、全民接种疫苗，每日步行达 7.5~11 千米。长期的行走站立甚至奔跑工作让护士足部疲劳非常厉害，极易出现肿胀、酸痛及血液淤积现象。因此，一款能够有效缓解足部疲劳、肿胀、预防静脉曲张的舒适护士鞋，将成为市场宠儿，具有广阔的市场前景。

笃行致远，确定研发产品

如果现在有人问我“做项目难吗？”答案是肯定的，但是我要告诉他“世上只有想不通的人，没有走不通的路。没有走不到顶的山，只有找不到路的人”。在做项目的过程中遇到很多问题，也有迷惘，但是我们秉持一个信念“办法总比问题多”。就像我们确定研发产品一样，也是不断求索的过程。

做完市场调研，明确了护士对护士鞋的真实需求后，摆在我们面前需要攻克的难题就是做什么产品，如何准确找到我们产品的定位。要知道护士鞋是一个比较成熟的市场产品，想要在这个上面进行创新，确实有点“蛇吞象”的意味。为了进一步了解护士鞋的基本结构，熟悉制作过程，考虑到疫情期间情况特殊，我们同福建泉州多家生产护士鞋的企业取得联系，运用远程视频会议与企业工程师沟通了解护士鞋的生产过程，并多次与设计专家进行深入交流，为研发产品的确定和设计奠定基础。

众人拾柴火焰高，思想的火花总会碰撞出绚丽的色彩。我们查阅了大量的文献资料，也不断地开会讨论，有的说做一款类似篮球运动员穿的气垫鞋，走路跑跳不累脚，透气又脚感好；有的说模仿婴幼儿鞋，采用绿色环保又舒适的材质；有的说做一双老人鞋，保护脚踝，又轻便。毫不过分地说，那段时间里，我的脑海里，眼到之处的画面都是各种鞋子。记得团队一向一本正经的龙杨海声情并茂地调侃道："求求鞋神赐我点灵感吧，我都快秃（头）了"。那一刻，大家齐刷刷看向他，被他那疲累的样子整得哈哈大笑。这样的欢乐时光，成了我们做项目苦楚的过程中难得的"消遣"。正在我们一筹莫展之际，老师一句话点醒了我，她说："你们做的鞋子，肯定做不过李宁、安踏一些大品牌，毕竟人家技术、实力摆在那。所以，你们要记住一点，必须发挥医学专业的特长去进行设计研发，要不然，就没有创新和优势了。"

在确定这个重要思路后，我便把注意力集中在护士鞋与医学的结合设计上。所谓"站在巨人的肩膀上，借力使力不费力"，我重新将前期搜集的资料进行整合、梳理，将护士足部疲劳、酸痛、肿胀等症状，护士鞋的设计与医学角度综合考虑，最终讨论确定研发一款专门缓解护士足部疲劳、肿胀的按摩护士鞋。犹记得在确定研发产品的那一天，大伙儿振奋不已，罗军同学甚至大放豪言："我们这双按摩护士鞋，必将是全国乃至全球首款。"至此，"鞋"守同行团队在创新创业的道路上，迈出了成功又坚定的一大步。

柳暗花明，敲定产品设计

"山重水复疑无路，柳暗花明又一村。"这正是我们产品设计之路的真实写照。制鞋，我们是半路出家，要了解和学习的内容太多太多，为了弄清楚鞋子设计思路，分析各种材质的性能和优缺点，我们不断地探索。那个废寝忘食、争分夺秒的暑假，我见过学校德润楼前那一抹最早升起的太阳，也听过德润楼夜半的蝉鸣。开始起步的时候，我没有很清晰的思路，就找团队小伙伴唠嗑，再请指导老师出谋划策，更多次体会过夜半三更还在为制鞋疑惑鼓着双眼睡不着觉的感受。好不容易有了图例，问题又来了，怎么解决预防静脉曲张的问题呢？最终，还是一次意外的聊天点醒了我。

南方三月连日阴雨，我因为操心项目的事，精神压力比较大，有些内分泌失调，母亲在电话中一再嘱咐我去看中医。我不敢违抗母命，便前往医院。挂号就诊，老中医把脉问诊，听我聊自己最近的烦心事。老中医也来了兴致，说："《黄帝内经》中提到了足底按摩的原理，这对你们研发鞋会有启发。研发鞋总得懂脚，毕竟鞋子好不好，脚知道。"那一瞬间，我强压自己内心的激动，连忙道谢，出了诊室，立马联系小伙伴，让他们火速搜索中国知网、维普资讯、万方数据上的文献资料。我取了药，还绕道湘潭市图书馆去借阅古籍资料。关于我自己，不用担心，药到病除。关于我们的项目，柳暗花明，茅塞顿开。

遵循"先武装头脑再上战场"的理念，我深知用先进理论武装头脑的道理，致力于专业知识的探寻和积累。我和队友们走访了湘潭市多家中医馆，认真向多位有经验的中医医师请教，最终敲定采用《黄帝内经》中足底按摩原理，并结合现代弹炙技术配合按摩效果来解决护士足部问题。有了理论支撑，我的心总算定了下来。产品的理论支撑是基础，通过了理论论证的考验才会有下一步的进展。在接下来的论证过程中，我致力于更好更完善地解决护士的足底问题，想了很多功能，又不断地推翻重来，最终决定通过足底弹炙来实现间断性按摩的功能。具体来说，足底共有 9 个弹炙按摩点刺激反射区，分别对应人体的脑、颈、眼、心、脾、胃、肾、睡眠、肠。按摩点可刺激血管扩张、促进血液循环，从而达到调养身体健康的目的。我们还了解到，这种按摩还可以对已退化或功能已丧失的组织器具有一定恢复生理功能的作用，并对头痛、腹痛以及食欲缺乏等症状有明显功效。将足底的按摩点对应设计到鞋底，想到护士小姐姐们疲惫的双腿，这样一双鞋可真是太赞了！

通过联系鞋厂、沟通细节，检验理论可行性；调研生产厂家，向市场学习鞋子的制作流程和专业知识……项目也在一步步推进。当这双用心缓解护士因长时间站立行走而不适的护士鞋成型的时候，我的心都在"扑通扑通"直跳，那真是"心跳的瞬间"。为了促进足部皮肤微循环，弹炙元采用纳米生物远红外材料与高分子复合材料，这多亏了鞋子制造商的中肯建议。这种材质能产生红外波和生物体红外共振，从而作用于皮肤，促进微循环。一想到有这样神奇的功效，我的心里都美滋滋的。就这样，这款由松紧带袢连接鞋面、按摩点、弹炙、ABS（丙烯腈丁二烯苯乙烯共聚物）弹簧、高密度 EVA（乙烯醋酸乙烯共聚物）鞋底组成，集足底按摩、防磨脚、小巧轻便、舒适透气等优点于一体的新型护士鞋诞生啦！

“鞋”守同行团队所取得的成绩

第六届湖南省“互联网+”大学生创新创业大赛三等奖
第七届湖南省“互联网+”大学生创新创业大赛三等奖
第四届湖南省医学技能创新创业大赛一等奖

四、创业者邹悦的反思与经验

学习无止境 一起向未来

有了“自信人生二百年，会当水击三千里”的信心，我们就能坚定不移地开辟新项目。信心就是我此次创业的恒动力，对自己有信心，对未来有信心，坚信成功要靠自己努力，更坚信自己能战胜一切困难。失败虽免不了，却是取之不尽的活教材。在失败的过程中，我所积累的努力与经验，都是缔造下一次成功的宝贵基础。在创新创业过程中跌打滚爬，我也在不断前行。

有了“兴趣”这最好的老师，我们才能游刃有余地调节身心。施瓦布说：“无论何事，只要对它有无限的热情，你就能取得成功。”创业不是一时兴起，三分钟的热度很快就会被耗尽。相反，兴趣是最好的老师。兴趣使我和团队的小伙伴们能全身心投入工作中去，并竭尽所能把工作做到最好。一个好的团队并不是说每一位成员各方面都特别优秀，而是能靠兴趣点燃，团队成员能保持互相学习，共同进步的步调。

有了“三个臭皮匠，顶个诸葛亮”的协作理念，我们就能团结一心推进项目。在组建团队时，要有意识形成资源组合，优势互补。比方说，除了需具备一定数量的项目专业人员，精通财务知识的管理人员也要考虑在内。商业计划书的撰写是一个漫长且艰难的任务，中间还要穿插实际的调研活动，在这个过程中，团队协作显得尤为重要。每当我们遇到问题时，都会及时展开交流，做到集思广益。团队协作的默契度正是依赖这一次又一次的共同面对而逐步提高。

有了“没有调查就没有发言权”的实践，我们就能胸有成竹改进项目。创新创业使我从书本和网络中走了出来，深入充满挑战的现实社会中。在这段日子里，我们不但得到了学校领导和众多老师的悉心指导和关心，还到市场做过调查，到工厂学习制作鞋子，和专利人及企业进行多次沟通，得到教授、专家的恳切教育与真诚的鼓舞。这些实际行动都使我们的思路和眼界大为开阔，受益良多。

有了“学习无止境，一起向未来”的决心，我们就能如虎添翼完善项目。在创新创业过程中，我们熬了很多夜，费了很多速溶咖啡。有时会为了准备临近的辩论，一起演练到深夜，大有沙场练兵的感觉。现在回想这段时光，忙碌而充实，往日的点滴都汇成了美好的回忆。一路闯过来，逢山开路，遇水架桥，更重要的是，我们一起向未来。

五、导师寄语

一个执着的团队，一群坚强的身影，一段奋斗的历程。湘潭医卫职业技术学院“新一代弹灸足底按摩护士鞋”项目的创业历程具有很强的代表性。历经两年多，“鞋”守同行创业团队经历了各种酸甜苦辣，才把一个科技发明作品呈现在用户面前，对大学生创新创业者来说具有重要的参考价值。

成功的产品迭代，背后是思想的成功迭代。“新一代弹灸足底按摩护士鞋”将弹灸这一项中国传统按摩原理与护士鞋相结合，做到了中医技术的现代有效运用，是一款集足底按摩、防磨脚、小巧轻便、舒适透气等优点于一体的新型护士鞋。该产品针对人体足底穴位反射区，在产品的鞋底对应位置设置弹灸元结构，弹灸元结构产生的红外波和生物体红外共振，作用于足部皮肤，促进微循环，从而达到足底弹灸间断性按摩的目的，能够刺激血管扩张与血液循环，调养身体健康。此设计新颖，市场广阔，实用性强，能有效缓解护士的足部疲劳，为医护人员提供一种结构简单、功能全面、按摩效果好的弹灸足底按摩护士鞋，增加工作舒适感。

“新一代弹灸足底按摩护士鞋”项目的产生和迭代，主要是因为有一群像邹悦这样富有创新创业激情的大学生的坚守，也受益于国家基于转型发展需要和国内创新潜力而提出的大众创业、万众创新（“双创”）的重大战略。“鞋”守同行团队的创新创业精神，将引领湘潭医卫职业技术学院大学生创新创业热情的全面提升。

——刘艳勤（湘潭医卫职业技术学院讲师）

六、项目风采小视频

七、项目计划书

本项目计划书选自第七届湖南省“互联网+”大学生创新创业大赛三等奖作品“鞋”守同行项目（内容酌情修改）。

案例目录

一、项目背景
1.1 国家政策
1.2 需求强烈
1.3 市场空白
二、产品与研发
2.1 产品技术原理
2.2 产品介绍
2.3 项目研发计划
2.4 项目生产计划
2.5 项目社会价值
三、市场分析
3.1 市场机会分析
3.2 竞品分析
3.3 合作伙伴
四、市场营销
4.1 营销策略
4.2 营销队伍
4.3 营销方式
4.4 宣传推广
五、发展规划
5.1 发展战略目标
5.2 发展战略
六、风险评估
6.1 风险分析
6.2 风险规避方案

案/例/正/文

项目简述

2020 年我国注册护士有 470 万人，其中湖南 23.7 万人。据调查统计，大部分的注册护士具有脚部以及腿部病痛，常见于足部疲劳、酸痛、肿胀及血液淤积。本项目是在市场调研的基础上开发的国内首款新一代弹炙足底按摩护士鞋。这是一款专门缓解护士工作长期站立行走导致的足部疲劳，如酸痛、肿胀、血液淤积症状的按摩护士鞋。

本项目产品是由松紧带袢连接鞋面、按摩点、弹炙、ABS 弹簧等组成，集足底按摩、小巧轻便、舒适透气等优点于一体的新型护士鞋，有效缓解护士足部疲劳，并且在一定程度上能够预防静脉曲张，有利于护士的健康，进而推动卫生健康事业中护理工作的发展。

本项目已于 2020 年 9 月被校内外专家评定为校级创新创业重点训练项目，并于 2021 年立项为学生科研课题，目前已入驻湘潭医卫职业技术学院创新创业孵化基地。天使伴“履”搭建了一支内外协作的强大团队，既有多学科交叉的权威顾问专家团队，又有一支医学、护理学、材料学等多学科背景，具备良好创新创业精神热情与实践能力的学生项目团队。目前 1 个项目专利已受理，依托百年医卫老校的资源，已经与湘潭市第三人民医院、福建晋江万易发鞋服有限公司等签订了合作协议，并得到了医学行业专家的肯定与推广，先后被红网等多家权威媒体专题报道。

本项目具有可行性及创新性。首先，可行性方面，本项目在积极响应习近平总书记的要关心爱护广大护士的重要指示下，依托我校丰富的附属医院、众多家合作医疗机构，以及数万毕业校友资源，为广大护士设计了新一代弹炙足底按摩护士鞋，其市场推广渠道具有可行性。其次，创新性方面，一是产品创新，本项目产品是目前国内市场少有的专门缓解足部疲劳，预防静脉曲张的弹炙按摩护士鞋；二是外观设计创新，国内首创按摩护士鞋袢两穿设计，护士可根据需要自主灵活使用。本产品不仅是护士足部健康守护者，也是对护士群体的一种关心爱护。

一、项目背景

1.1 国家政策

2020年5月12日，习近平总书记代表党中央向全国广大护士致以节日的祝贺和诚挚的慰问，并强调“各级党委和政府要关心爱护广大护士，把加强护士队伍建设作为卫生健康事业发展重要的基础工作来抓”。护士是抗疫一线的重要组成部分，护理工作是卫生健康事业的重要组成部分，全社会都要理解和支持护士。因此，要保护、关心、爱护广大护士，从各个方面为护士提供支持保障。

1.2 需求强烈

据国家卫健委的数据显示，2020年我国注册护士有470万人，其中很多护士均有脚部以及腿部病痛。护士因职业特性，每天步行4.5千米左右，站立6~7个小时，特别是新冠疫情期间，参与疫情防控一线工作、集中采集核酸、全民接种疫苗，每日步行达7.5~11千米。长期的行走站立甚至奔跑工作让护士足部疲劳非常厉害，极易出现肿胀、酸痛及血液淤积现象。如果以上问题长期得不到有效的缓解，将会导致扁平足、足底筋膜炎、静脉曲张等各种腿部疾病，严重影响护士的身心健康。因此，护士对一款专门缓解足部疲劳、肿胀、酸痛的舒适的护士鞋需求非常强烈。

1.3 市场空白

京东、淘宝、阿里巴巴网站上检索“按摩护士鞋”关键词，产品包含普通护士鞋、电动按摩鞋、普通按摩鞋，功能比较单一。通过实地走访11家医院及医疗机构，调研1246名护士发现，现有的护士鞋不透气、不舒适，功能单一，没有按摩功能，不仅不能缓解护士的足部疲劳，还会增加足部的负担，甚至造成二次伤害，大部分的护士希望有一款能够缓解足部疲劳、预防静脉曲张、透气，不磨脚且舒适的按摩护士鞋。因此，一款针对护士而设计，能够有效缓解足部疲劳、肿胀，预防静脉曲张的舒适按摩护士鞋，将成为市场宠儿，具有广阔的市场前景。

二、产品与研发

2.1 产品技术原理

2.1.1 产品原理

本产品是采用《黄帝内经》中足底按摩原理并结合现代弹灸技术来实现足

底按摩，进而达到缓解足部疲劳、肿胀、酸痛等效果。《黄帝内经》中足底按摩原理（即现在医学所称的第三医学）是指人体器官脏腑各部位在脚底都有反射区，用按摩刺激反射区，通过血液循环、神经传导，能调节机能平衡，恢复器官功能，收到祛病健身之效。本产品针对人体足底的脑、颈椎、眼、心、脾脏、胃、肾脏、睡眠、小肠等9个穴位反射区，在产品的鞋底设置9个对应的弹灸元，弹灸元产生的红外波和生物体红外共振，作用于足部皮肤，促进微循环，从而达到足底弹灸间断性按摩，刺激血管扩张与血液循环，达到调养身体健康，使已退化或功能已丧失的组织器官具有一定恢复生理功能的作用，还对头痛、腹痛以及食欲缺乏等症状有明显功效。

2.1.2 产品技术

弹灸元是在产品的乳胶中底镶嵌入，设置在大底上侧的中底槽内，且与中底槽的上边缘在同一平面上。在产品的中底上设置呈“凸”形结构的9个弹灸元，直接对应人体足部的心、脾脏、颈椎等反射区，弹灸元由定柱、动柱及弹簧所构成。弹灸元采用复合纳米材料与高分子材料，使其产生的红外波和生物体红外波产生共振，作用于皮肤，促进微循环，同时采用全压缩结构，可防止弹灸元按摩强度过高引起的疼痛；定柱与整板EVA树脂共混发泡材料鞋底为一体，可有效防止弹灸单元移位；弹簧采用ABS电镀弹簧，韧性好、强度高，具有耐腐蚀、耐热、耐冲击的作用。

2.2 产品介绍

2.2.1 应用对象和应用范围

产品主要适用于各级医疗卫生机构，包括大小型公私医院、社区医院、诊所，适用于各级医疗卫生机构的护士，以及医学类院校学生。

2.2.2 产品名称

天使伴“履”——新一代弹灸足底按摩护士鞋。

2.2.3 产品结构

新一代弹灸足底按摩护士鞋主要是由以下结构组成：

（1）全白职业鞋面：采用全白职业护士鞋设计，鞋内壁在脚踝位置嵌有一个长约9.5cm、宽7cm的乳胶小块，保护脚踝，防止磨伤的同时舒缓脚部疲劳。鞋面设计夏季、冬季两款，夏季款设计为特制易清洗透气人造革鞋面；冬季款设计为全包式内绒鞋面，最外层为特制易清洗人造革，为冬季保暖舒适保驾护航。

（2）两穿鞋袢设计：鞋袢使用国内首创松紧带袢设计，由弹性松紧鞋带、鞋孔、鞋扣组成。弹性松紧鞋带分为表、里两层，表层为 PU（聚氨酯）材质，质地柔软，韧性大，防水易清洗；里层为亲肤小牛皮，上面设有直径 1mm 的乳胶小突起，软硬适中，抗过敏，增大摩擦力，可防止行走过程中鞋带异位。弹性松紧带可拉伸、可 180°旋转，两穿设计，穿脱方便，同时弹性松紧鞋带上设有 5 个小孔，可根据个人需求自主调节长度，适合多种场合、各类人群需求。鞋扣为渗铝材质，重量轻，具有抗高温氧化和抗腐蚀的特点。

（3）乳胶蜂窝鞋垫：鞋垫采用泰国皇家天然乳胶，呈蜂窝状设计，前脚掌采用高级吸湿棉材质，使鞋内持久保持干爽舒适，脚后跟采用 U 型跟杯，保持后跟中立，加强包裹性，不崴脚不累脚。

（4）鞋底按摩点：本产品在乳胶蜂窝鞋垫凹处设置与人体足底相对应的 9 个反射区按摩点，同时在 EVA 鞋底上端面嵌装按摩体，如此即可通过对乳胶鞋垫的作用加强按摩效果。按摩体包括嵌装在鞋底上的柱形底座，凸出鞋底上端面的凸块，凸块与底座相互套接，于凸块和底座之间装设弹性件。凸块在弹性件作用下，可沿柱形底座上下移动，由此使整个足底得到均匀按摩缓冲，刺激血管扩张，缓解疲劳、肿胀，同时给人体带来舒服的触感。

（5）鞋底设计：采用专业慢跑鞋专用的高密度 EVA 材质，软硬适中，静音防滑，保温性强，抗菌无味，最适宜做舒缓足部疲劳并且满足护士职业特性需要的鞋底，并根据护士职业特性设为 3～4cm 坡跟，符合人体黄金分割重心高度，平稳不累脚。

（6）弹灸元设计：

① 弹灸元底座：底座是将整板 EVA 树脂共混发泡材料嵌插入鞋底，主要起一个支撑按摩柱受力，避免鞋底损坏，延长护士鞋使用寿命的作用。

② 弹灸元按摩柱：该部分是新一代弹灸足底按摩护士鞋的主要功能模块，外部为 EVA 塑料所制的限位墙，内里包含 ABS 电镀弹簧，弹簧上部支撑有 9 个与足部穴位反射区相对应的按摩点。

③ 弹簧设计：使用 ABS 树脂材质弹簧，材质韧性好、强度高，具有耐腐蚀、耐热、耐冲击的特点，最适合做新一代弹灸足底按摩护士鞋的弹簧。

2.2.4 产品功能

（1）弹灸足底按摩：可实现足底间断性弹灸精准穴位按摩，有利于刺激血管扩张，促进血液循环，舒缓平滑肌，打通血管内淤血，缓解足部疲劳、肿胀与酸痛，进而预防缓解静脉曲张，具有一定的调养身体健康功效。

（2）两穿功能：根据个人脚型差异，可以自主选择鞋袢前后放置。

（3）防止鞋带异位：国内首创松紧带护士鞋袢设计，穿脱方便，防止行走过程中鞋带异位，鞋袢可根据个人需求自主调节长度。

（4）防崴脚：乳胶鞋垫脚后跟采用 U 形跟杯，保持后跟中立，加强包裹性，不崴脚不累脚。

（5）防汗脚：在乳胶鞋垫前脚掌位置采用高级防潮吸湿棉，吸湿、速干，使鞋内保持持久干爽舒适。

（6）防磨脚：鞋内壁在脚踝位置嵌有一个长约 9.5cm、宽 7cm 的乳胶小块，保护脚踝，防止磨伤。

2.2.5 新颖性和独特性

（1）理念创新：该产品通过传统中医按摩原理，结合现代弹灸自动发热技术实现人体足部按摩效果，即根据"中国古老的中医经络学足底反射原理+人体力学+弹灸自动发热技术"设计，具有一定理念创新。

（2）功能创新：本产品具有多功能组合，国内首创足底间断性弹灸按摩功能，对足底反射区进行精准的非持续性按摩，即当人们穿上护士鞋走路时，人体自身压力非持续性按摩脚底穴位，可改善人体气血运行，打通淤积的血管经络，舒缓血管平滑肌。同时具有防崴脚、防汗脚、防磨脚功能。

（3）设计创新：人性化的松紧鞋袢是国内首创按摩护士鞋带袢设计，两穿设计（后跟或足背放置），个人根据需求自主选择鞋袢状态或调节长度，适合各类人群，可以满足多种场合需求。

（4）使用材料创新：护士鞋底弹灸元采用纳米生物远红外高分子复合材料，设计为全压缩结构。它能产生红外波和生物体红外波共振，从而作用于皮肤，促进微循环，实现足部非持续性弹灸按摩。

2.2.6 项目的市场保护措施

（1）超强的专家团队保障：目前本项目已获得临床、护理、医疗电子开发、材料领域多个专家全程指导。

（2）技术优势保障：本团队成员均为护理及临床专业背景，能够将专业知识及先进的技术思维理念运用到产品设计研发中。为了顺利开展项目，本团队成员成立“‘鞋’守同行”工作室，并注册营业执照。

（3）产品优势：通过护士、专利、行业三方面的调研，目前市面上还没有出现专业缓解护士足部疲劳及预防静脉曲张的弹灸足底按摩护士鞋，本款产品是国内首发产品。目前项目已申报了专利授权书1项。

（4）资源优势：

① 学校资源雄厚，研发基础实力强。本项目是校级创新创业重点孵化项目，学校为百年老校的优势资源，拥有9家附属医院、200多家校医合作单位、分布在全国的数万的护理专业毕业生。本项目已经入驻学校创新创业孵化基地。

② 校企合作支撑，保证了产品质量领先性。湖南康泰优医疗器械有限公司、福建晋江万易发鞋服有限公司协助完善产品工艺，协助样品商品化。校企合作参与产品整体战略规划、技术完善、生产，保证了产品质量的领先性。

2.3 项目研发计划

2.3.1 确认研发目标

本项目致力于研发一款最贴心的足部弹灸按摩护士鞋，缓解护士长期站立行走导致的酸痛、肿胀、血液淤积问题，做护士的职业“伴侣”。

2.3.2 项目研发阶段

（1）初期阶段：项目研发前期以专利为基础，集中投入人力和物力，专注于新一代弹灸足底按摩护士鞋的开发生产。先出图纸，研发样品，联系鞋工厂，在确保合作共赢的前提下应用代加工方式完成产品的试制、样品生产与检测。

（2）中期阶段：在弹灸按摩护士鞋研制过程中不断进行技术改进、优化，完善产品性能，提高质量检验测试，并逐步推入医院和医疗卫生机构。

（3）发展阶段：随着产品市场占有量的增加，技术团队将积极致力于产品的更迭换代，做大做强，并逐步实现产品的自主生产。

（4）优化升级阶段：随着团队发展规模的进一步扩大，通过积极自主研发，团队将致力于三代智能护士鞋的研究与开发，即集电动按摩与智能反馈护士足部信息功能于一体的护士鞋，及相关产品的研制、生产、销售与售后服务等。

2.4 项目生产计划

本项目已与湘潭市第三人民医院、福建晋江万易发鞋服有限公司签署了合作协议。

第1年至第2年：产品初期通过专利授权，以产品代加工方式生产1.0版产品，将其推广至湖南长株潭地区学校附属医院，然后是各级医院、诊所及其他医疗机构，并与有合作意向的单位签订新产品试用点协议。

第3年至第5年：面向市场一段时间后，收集市场反馈，细化产品分类，如男科一般为男性医护人员，而妇产科一般为女性医护人员，男女性医护人员身高、体重、鞋码都不相同，再如放射科所接触到的辐射远超其他科室，身体的各部位更需要防辐射的保护，研究并改善二代产品，使我们的产品根据科室的不同细分为各种类型。

第5年以后：稳固已有市场，开发周边产品，如避雨鞋罩、袜子，作为新一代弹灸按摩护士鞋的附加产品，增强品牌印记、促进产品销售、打造品牌，将产品推广到全国至国际，并致力于新三代智能型产品的研发。

2.5 项目社会价值

2.5.1 经济效益

本项目成立了一家工作室，可以通过不断研发新的专利技术，改良甚至创新产品，丰富市场产品种类，满足社会需求；通过产品技术专利授权企业加工生产，工作室可以得到知识经济回报，合作企业得到商品经济的回报，用户得到产品价值，实现三方共赢，从而产生经济效益。

2.5.2 社会效益

（1）改善护士足部疲劳：本产品可以缓解护士足部酸痛、肿胀、血液淤积等疲劳症状，预防腿部静脉曲张，在一定程度上改善护士的健康水平。

（2）增加就业机会：本项目为大学生自主创业项目，既是积极响应国家大学生创新创业工作政策号召，又能有效解决大学生就业难问题，有效解决青年自主谋生和职业发展问题。在项目稳定运行阶段，直接带动就业，与厂商代加工合作以及代理销售可为社会提供一定的就业机会。

（3）助力低收入群体增收：在同等条件下，我们优先选择下岗失业人员、农民工、低收入人群，并进行专业的技能培训，增加他们的经济收入，提升其生活幸福感。

（4）本产品可推广应用于教师、服务员等社会群体中，能够改善其足部亚健康的状态。

2.5.3 生态效益

本产品鞋底采用 EVA 树脂共混发泡制品以及天然乳胶，化学稳定性高、自然降解只需三个月、无毒性刺激性气味，可多次回收利用，具有一定绿色环保性。

三、市场分析

3.1 市场机会分析

目前注册护士数量庞大，健康状况堪忧，保护护士足部健康迫在眉睫。2020 年我国注册护士有 470 余万人，其中湖南 23.7 万人，而且注册护士量在逐年增加。据调查统计，很多注册护士具有脚部以及腿部病痛，常见于足部疲劳、酸痛、肿胀、血液淤积等症状，工作时间越长，这种现象越突出。大多数是由护士长期站立行走、奔跑的职业特性所致。如果这种现象长期得不到有效的缓解将会导致扁平足、足底筋膜炎、静脉曲张等腿部和足部问题，护士的健康问题急需得到重视，保护护士的足部健康迫在眉睫。护士工作时需要穿统一工作鞋，每个护士至少拥有一双护士鞋，因此护士鞋市场需求量大。

为了解护士使用护士鞋的现状及其需求，本项目团队针对湖南长株潭地区医疗机构面向护士开展《护士对现有护士鞋使用现状及其需求》问卷调查，调查结果统计显示，护士对现有护士鞋满意度很低，基本满意及不满意占 80%以上。

护士对现有护士鞋不满意的原因主要是不透气、易致脚疼、脚臭、磨脚、不舒适、鞋底质地硬等。作为一双日常工作必备的护士鞋，护士希望能实现缓解足部疲劳、透气、轻便、足底按摩、不磨脚、预防静脉曲张的功能。

目前在国内还没有专门针对护士足部健康的按摩鞋，而护士足部健康及工作的舒适性亟待解决。因此，本项目团队拟利用我校百年医卫老校的师生及附属、合作医院资源，设计首款新一代弹灸足底按摩护士鞋，专门解决护士普遍存在的足部疲劳、酸痛、肿胀症状，提高护士工作舒适性。新一代弹灸足底按摩护士鞋未来的大市场是护士人员健康管理，同时未来可以在服务业中广泛推广使用，市场机会大，具有广阔的发展空间。

3.2 竞品分析

通过淘宝、京东、天猫、亚马逊等国内外电商平台和企业网站，我们了解到目前热销的护士鞋相关产品的功能与参数，常见有普通护士鞋、普通按摩鞋、电动按摩鞋，并将本产品与相关产品参数（按摩功能、鞋底、重量、外观设计、价格）比较。本产品从功能上具有明显优势，本项目产品具有仿传统中医弹灸非持续按摩功能，鞋底防滑性高、贴合弓足、不易变形、易清洗、轻便，具有坡跟及松紧带两穿设计。

本产品由松紧带袢连接鞋面、按摩点、弹灸、ABS 弹簧、高密度 EVA 鞋底组成，是集足底按摩、防磨脚、小巧轻便、舒适透气等优点于一体的新型护士鞋。鞋垫贴合足弓，鞋身不易变形，舒适性及吸汗性能相比同类产品具有明显优势。

3.3 合作伙伴

（1）与湘潭市第三人民医院、湘潭市第六人民医院、湘潭县人民医院等学校 9 家附属医院建立战略合作，进行医院销售和人员推广。

（2）选择大众群体所知的线上电商合作，比如淘宝、京东，利用其知名度广、运行时间长、信誉有所保障等特点，为产品进入市场提供更加便捷的途径。

（3）与福建晋江万易发鞋服有限公司等签署合作协议。

四、市场营销

本项目以“关爱天使，从我做起”为营销理念，主要针对湖南长株潭地区各级各类医疗机构，如大中小型医院、诊所、社区医疗服务中心中的护士长期站立行走职业特性所导致的足部疲劳、酸痛、肿胀及血液淤积现象，中国目前还没有专门针对护士足部设计的弹灸足底按摩护士鞋，因此本团队迎来了新的机遇与挑战。

4.1 营销策略

打入市场初期（第 1 年至第 2 年）：依托百年医卫老校的资源，即学校 9 所附属医院、与学校开展合作的众多家医疗机构、数万医卫类专业毕业生，以长株潭地区为首推市场，采取快速掠取战略（适宜定价、大力促销策略），价格适中的同时进行大量宣传，抓紧抢先占领市场，树立品牌形象。产品主要是针对护士常见足部疲劳、酸痛、肿胀问题，力争打造价比高、性能好的品牌形象，早日收回初期投入成本，大力进行二次市场推广。

发展期（第 3 年至第 5 年）：采取缓慢掠取策略（高价低促销），及时收回投资，获取利润，减少营销成本，巩固、拓展已有的新一代弹灸足底按摩护士鞋的市场比例，改进后开始进行湖南省内其他区域推广。

稳定期（第6年至第8年）：着力于产品优化升级、技术改良，加快完善新一代弹灸足底按摩护士鞋的生产管理体制建设，着重于品牌形象建设，开发周边产品，向湖南其他地区进行市场推广应用，提高产品知名度，从而吸引消费者。

4.2 营销队伍

（1）本项目营销负责人与我校9个附属医院以及校医合作单位进行合作推广，试点营销。

（2）聘请医疗行业的专业营销团队向目标用户宣传本产品和服务。

（3）本项目护士鞋生产合作企业向外进行推广营销，抗“疫”英雄和优秀毕业生作为形象代言人，宣传推广产品。

4.3 营销方式

（1）战略合作：与我校现有合作医院建立长期战略合作，进行产品直销。

（2）政策优势：契合国家政策，积极与政府达成合作协议进行产品宣传。

（3）节庆营销：通过护士节、国家公共卫生日等相关节日对护士健康的关注度，提高本产品的知晓度和购买意向。

（4）活动营销：通过中华护理学会活动、护理研讨活动、交流活动、医卫类学校的重大活动等进行产品推广。

（5）服务营销：通过为客户提供承诺销售、送货上门、售后、定制化等服务，提高顾客满意度，增加对产品的推广。

（6）公益扶助：免费提供一定数量产品给奋战一线护士使用，并进行公益宣传。

（7）广告营销：通过拍摄公益媒体广告，树立产品良好形象。

（8）品牌代言：邀请知名校友，如“全国优秀共青团员”方婷（湘潭医卫职业技术学院高护09级毕业生）倾情代言。

4.4 宣传推广

（1）公益广告：利用报纸、杂志、广播、电视、户外广告等媒体以及公益活动树立良好的品牌形象，关爱护士，宣传推广产品。

（2）网站：通过阿里巴巴、京东、唯品会等网络平台对产品进行宣传，借助互联网平台使产品快速融入市场，互动性较强，宣传范围广。

(3) 短视频：利用社交 App（如微信、抖音等）来拍摄发布缓解足部疲劳、预防足部疾病的视频，加大对护士足部的关怀力度，并以此提升产品知晓率、关注率。

五、发展规划

5.1 发展战略目标

本项目拟创建“鞋”守同行品牌，推出国内首款新一代弹灸足底按摩护士鞋。首先，将产品应用于学校附属医院及长株潭地区各大医院等医疗机构，采用战略合作、直销、线上线下销售相结合等模式，以产品代加工方式完成产品市场投入，在长株潭地区占据一定的市场份额，然后推广至湖南省其他区域，最后以湖南为中心在全国布点，进行市场辐射性推广。

5.2 发展战略

5.2.1 产品更新换代

第一代 1.0 版产品：利用足反射按摩法，通过足底弹灸间断性按摩，设有 9 个弹灸按摩点去刺激反射区，有利于缓解静脉曲张、刺激血管扩张、促进血液循环、舒缓平滑肌、打通血管内淤血、调养身体健康，并且采用国内首创松紧带袢设计，穿脱方便，防止行走过程中鞋带异位，可满足多种场合。鞋袢可根据个人需求自主调节长度，适合各类人群。

第二代 2.0 版产品：采用更环保的新一代皮革材料，相比于第一代产品的人造皮革，它可降解可回收，强度更大，质量更轻，具有传统皮革的感官和手感。弹灸的弹簧改为重量更轻、承受力更强的气垫，具有减震、稳定的效果，让使用者得到最大的舒适性。

5.2.2 短期目标与中长期战略结合

(1) 导入期（第 1 年至第 3 年）

第 1 年：产品推入市场阶段，与我校 9 个附属医院以及 200 多家校医合作单位进行合作推广，试点营销。加强有效宣传，树立品牌形象，聘请医疗行业的专业营销团队向目标用户宣传本产品和服务。以产品代加工方式完成产品市场投入，第一年保底经营，初步打开市场，占据湘潭市场。合理分配资金，为扩大市场范围及提高技术水平做好准备。

第2年至第3年：增大投入，优化产品性能，提升技术水平，扩大市场占有率，占据长株潭护士鞋市场。通过公益媒体广告，以及护士节、国家公共卫生日等节日对护士健康的关注度，提升品牌形象，扩大产品品牌影响力，增加无形资产。产品技术基本成熟，重点是关注顾客对产品反馈及服务品质的提升，树立良好的企业形象。

（2）发展期（第4年至第5年）

推广至湖南省其他区域市场，并以湖南为中心，在全国市场进行辐射性推广布点。逐步扩大应用领域，开发针对性的新产品，目标人群扩大至快递员、外卖员、教师等职业群体。建立服务点，提高管理运营水平，建立高效的管理及运营模式，为相关产品开发做准备。研发二代产品，使本项目产品根据科室的不同细分为多种类型。

（3）发展中后期（5年后）

稳固已有市场，开发周边产品，进行产品技术革新，将产品推广到全国，乃至国际，并致力于智能型产品的研发，即中草药熏蒸智能弹灸按摩护士鞋，与“互联网+”相结合，紧跟智能化技术改造步伐，促进产业转型升级。

六、风险评估

6.1 风险分析

6.1.1 技术风险

目前有类似技术存在，本项目在技术方面存在容易被其他公司仿制的风险。

6.1.2 市场风险

市场上已有类似功能的按摩鞋以及按摩装置，本产品初期进入市场存在一定的阻力。

6.1.3 管理风险

项目初期，由于团队成员数量少，产品为代加工方式，营销区域范围集中，该阶段的管理风险相对较小。但随着产品营销区域范围的扩大，管理的复杂程度也将会增加，此时的管理风险也会相应增加。

6.1.4 环境风险

因产品的营销渠道、消费者的消费观念、特殊使用场所等因素的影响，本产品在不同消费者、不同市场的应用与推广将面临一定的风险。

6.1.5 资金风险

各个竞争者采取“价格战术”，即压低产品价格来打压竞争对手，因产品价格波动而影响产品收益。产品推出后，由于顾客不能及时了解其功能，对我们的新产品持不信任、观望、怀疑态度，进而影响我们产品的价格。

6.2 风险规避方案

6.2.1 技术风险规避方案

不断地开发新产品，淘汰“劣产品”，选择“优产品”。积极与有经验的专业人士合作，不断创新、优化产品设计，创新产品升级，保证产品的技术先进性和在不同的条件下有较稳定的性能。达到最优化，从而降低产品技术风险。

6.2.2 市场风险规避方案

我们要开发多样化的客户群，降低市场风险。充分展现产品价值，降低产品销售的市场风险。注重产品品牌战略规划，积极在产品质量、广告宣传、销售服务及产品售后维保等方面创新作为，提高知名度、美誉度，树立良好的品牌形象。

6.2.3 管理风险规避方案

盘点企业人力资源存量，建立医疗健康良好的战略性人力资源规划，壮大研发与技术团队。聘请有经验的专业人士指导或加盟提升相应的团队组织与管理能力。

6.2.4 环境风险规避方案

成立一个专门的信息处理部门，专门收集信息，及时了解市场的动态和方向。根据市场动态变化，制定对应措施。极力创新产品技术要求和性能，针对不同的客户需求，打造外观个性化、功能特色化的新产品来满足不同客户人群的需求。

6.2.5 资金风险规避方案

树立人力资源风险管理意识，实现人力资源风险管理制度化，形成有效的风险监控机制。并及时办理竣工结算，降低外欠款风险，加强会计基础工作，提高财务人员的财务风险防范意识。

创业项目九

“广德苑”

——嵌入式养老模式先行者

一、创始人介绍　刘佳豪

刘佳豪，男，湖南邵阳人，2001 年生，湘潭医卫职业技术学院 2020 级老年保健与管理专业，具有较好的组织协调能力、创新能力，头脑灵活、反应敏捷，有一定的临场应变能力，善于与他人相处，富有团队合作精神。在校期间担任校团委创新创业部部长，兼任创新创业协会会长。

刘佳豪团队打造的“广德苑”——嵌入式养老模式先行者项目，获得湘潭市养老协会和多名养老企业家的强力推荐，成功入驻湖南省大学生创新创业孵化基地，获得 2021 年湖南省黄炎培职业教育奖创业规划大赛三等奖、第三届湖南省医学技能创新创业大赛三等奖。

二、“广德苑”创业项目的起源

从小，父母就一直在外地打工，因此我是由爷爷奶奶带大的，我与爷爷奶奶的感情非常深厚。高考的时候，成绩不算理想，我被调剂到老年保健与管理专业。说实话，我当时挺沮丧的，也根本不清楚这个专业是干什么的，隐隐约约觉得应该是服务老人。对于一个 18 岁的男孩子来说，这并不符合我对未来的预期，所以我一直希望能有更换专业的机会。我没有心思去深入了解我的专业，我很迷茫我的专业是什么，我该做什么，我的未来会怎样?

我的专业经常要去养老院实践，我认识了一对老夫妻，他们对我很好，每次去他们都很亲热地招呼我，给我拿好吃的水果，给我讲他们年轻时候的故事。我也很乐意为他们做一些力所能及的事情，比如教他们使用智能手机，帮他们取快递。在一次次的接触中，我能感受到他们的孤独和无助，爷爷经常说：“人老了，不中用了。”

学会使用智能手机后，每天和儿女视频通话时是他们最快乐的时光。看到他们，我不禁想起了自己的爷爷奶奶，两个老人独自在家，日子又该是怎样的光景呢?是否会感到孤独无助，希望身边有人能给予一些关怀和照料。我开始萌生出一个想法，我是不是可以利用自己的专业帮助更多的爷爷奶奶。

我开始有了学习的动力，在课堂上我不再打游戏睡觉，而是认真听老师讲课。在老师的案例分析中，我了解到 2021 年中国的老年人口已达 2.6 亿，由此可见养老产业是朝阳产业。“不离亲、不离家、不离群，家门口安享晚年”是中国多数老人最朴素的愿望。“嵌入式养老”成为 2020 年高频检索关键词。国家顶层设计的养老模式为 9073 模式，即 90%老人居家养老、7%社区养老、3%机构养老。

“嵌入式养老”给我留下了很深的印象，我在想我能不能设计出一种嵌入式养老模式，把它做成一个成功的实践项目向全国推广，这样就能帮助到像我爷爷奶奶这样的“空巢老人”了。

利用下课的间隙，我跟廖艳芳老师聊起了我的想法。当时的我很忐忑，怕老师批评我不切实际，思路天马行空，没想到老师当场表扬了我，肯定了我的想法并和我分析了这件事情的可行性和发展前景，她承诺会和学校积极协调，在实体场地等方面提供帮助，为此我大受鼓舞。

三、项目发展过程中的关键点

东风徐来，场所落地

在学校与院部领导的大力支持下，在廖艳芳、李美琳多位老师带领下，我组建了项目团队。项目依托学校平台，引入知名养老企业，成功入驻湖南省大学生创新创业孵化基地，并成功申请成为民办非企业单位。

但是，万里长征刚开始了第一步，学校提供的场地是老校区外一个两层楼五套间的门面，总面积达 540m^2。这个 540m^2 的室内套间该如何进行布局和改造是我们遇到的第一个难题。

团队项目基于调研结果和“嵌入式模式”设想，将服务对象初步设定为辖区内的 60 岁以上老年人，资源相对偏向学校的离退休职工。养老服务中心主要面向 60 岁以上的自理老年人及半自理老年人开放，居家养老的上门服务主要面向 60 岁以上失能半失能老年人。

由于资金有限，改造方案最终确定为将全屋划分为办公区、多功能休闲室、娱乐棋牌室、按摩理疗室、书画手工室、具有淋浴功能的无障碍卫生间等六大功能区，并将进行水电改造、墙面环创优化、全房地胶铺设。

从此，整个团队一方面一头扎到了适老化改造的相关专业书籍中汲取理论上的知识，另一方面不断讨论方案，虚心向专业人士请教，在一次次的讨论与学习中不断完善，方案最终获得了专业人士的认可并完成了改造。印象最深的是实体店是老楼，能不用楼梯的地方我们尽量不使用楼梯，需要使用楼梯的地方尽量使楼梯的坡度放缓，走廊上加装了扶手，改造了无障碍卫生间。

我们一步一个脚印，感受到了创业过程当中的艰难，也在一步步的摸爬滚打中收获了成长，在实体店开始试运营的那一刻，我觉得我终于做成功了一件事情，感受到了坚持的力量，团结的力量！

模式创新，好评如潮

广德苑所提供的服务主要面向社区自理老年人及半自理老年人，同时也将开发为社区失能老年人提供的上门服务，服务项目分为免费服务及低偿服务。服务内容主要是为社区老年人提供的各类服务，包含组织体检、保健知识普及服务；提供家庭病床、上门诊疗、急诊联络等医疗服务；为老年人提供家庭医生服务；为社区老年人提供的生活养老类服务，设立老年人福利餐厅，提供养老床位，提供住房修护、家电维修等便民服务；为社区老年人提供的精神文化类服务，如开展形式多样的文体休闲活动、提供聊天陪伴活动、组织各类培训讲座；为社区老年人提供的工作需求类服务，如提供服务社区的志愿者服务机会以及年轻老年人为年长老年人服务的机会。

试运营前，我们参照养老机构成熟的制度体系完成了运营方案、安全制度等一系列制度建设，并在试运营过程中针对运营中出现的问题又进行了制度的完善，在这一过程中，团队成员也产生过分歧，例如有的成员认为目前团队成员成分单一，没必要花费大量时间在制度建设上，有的成员觉得“无规矩不成方圆”，可能对于创业者而言，这些问题是团队建立过程中不能逃避要面临的吧。但幸运的是，我们对于项目的核心和关键问题一直有着清醒且一致的认知，那就是：“我们到底能为老人带来什么”是项目的核心，“嵌入式养老模式”如何嵌入是我们迫切需要解决的关键问题。

最终，项目以“三项融合”特色为基础，即推动养老事业与产业相融合，传统模式与新兴业态相融合，养老与医疗、教育相融合。选择了“校企合作”的创业思路，兼具公益、商业、教育属性，在创业的同时做公益，为社区内老人提供免费服务；注重品牌打造，精准对接老人需求，力求做嵌入式养老服务实践的先行者；在创业的同时为我校养老服务类专业的同学提供实践平台和就业机会，兼具教育属性，对接老年保健与管理专业“老年活动策划组织”等核心专业课程，为200余名养老服务专业学生提供见习指导机会，成了老年保健与管理专业生产性实训基地。目前项目已经试运营1年，共为社区老人提供服务约5000人次，策划组织老人康体、益智活动100余场，开展健康知识系列讲座24场，开发老人认知症预防、跌倒预防10余本健康教育小册子。

项目的每一次前行，我们都付出了极大的努力，交织着汗水、泪水，融合了不知多少个挑灯夜战的时刻，我们的努力与坚持感动了自己，也受到了社区、家庭、老人的广泛好评，他们的肯定、老人的笑脸是我们一直努力前行的动力！

聚焦公益，拓宽平台

养老是关系千家万户的民生事业，在创业过程中，我深深地感到养老行业是一个投资周期长、回报少的行业，从事养老产业更注重的是社会效益。我们接触了很多行业的导师，他们经常和我们说一句话：在养老行业是需要情怀的。

为此，我们“广德苑”——嵌入式养老模式先行者一直行在公益路上，如利用丰富的校友资源开展预防痴呆的健康知识讲座，带领大学生志愿者到农村进行老年人健康管理，点对点帮助空巢老人，在做公益的路上宣传我们嵌入式养老的理念。

公益路上，发生了很多感动的故事。有一个失能失智的老人，退休前是一名英语老师，由于失能，他几乎一天 24 小时躺在床上，由于失智，他已经无法与人正常沟通了，大多数时候整个人就像一颗安静的树。但有一次，我们的志愿者尝试用英语和他打招呼，结果很惊喜，他居然用英语进行了回应。40 年的职业生涯，让他的职业技能成了身体的一部分。

我还曾看望过一位参加过抗美援朝的奶奶，儿女都在国外，她很乐观很积极，只是有些孤独，有次去看她，她拿出相册，跟我们讲解每张照片背后的故事，把我们都吸引住了，她说她很喜欢和年轻人相处，因为这让她觉得自己也年轻了。

在志愿者活动中，我们还发现了很多的老年志愿者，年轻的老人帮助年长的老人，老人们一起搀扶着，度过老年生活，如果有更多人伸出他们的双手，我想老人们脸上的笑容一定会更多。

但与此同时，我们也深深感触到，几个人的力量真的太小了，太多的老人等着我们去关注，太多的事等着我们一件一件做，所以我们在创业的过程中希望能吸引更多的人参与公益，不积跬步，无以至千里，不积小流，无以成江海。我希望，我们公益的热情不会消退，公益之火可以通过我们的努力，代代传承，越燃越旺，甚至我个人认为，对待公益的那颗热情的心是一个民族真正的希望，您觉得呢？

不忘初心，方得始终

在项目创业过程中，会要走很多曲折的路，甚至伴随着痛苦，让人想要放弃。我遇到了很多的困难，有团队成员的磨合、有与合作企业理念的冲突、有理想与现实之间的差距等等。

其中最动摇我的一个难题是民间非营利性组织的营业执照申请。由于我们是对老楼进行改造，消防安全等问题使我们的执照申请一直没有得到审批。我们多次与相关部门交涉，反复提交材料不下 10 次。这个过程历时一年之久，这期间，我们异常焦虑。因为执照不批下来，我们就只能一直处于试营业状态，无法正式营业。但是没有其他办法，只有一遍遍修整改造，一次次提交申请材料。在一次次的坚持中，我们终于申请成功，拿到了营业执照。

成功的路上从来不止有鲜花和掌声，更多的是荆棘与磨难，如果没有一颗坚定而强大的心，没有一个正确且明确的方向，没有一群齐心协力的队友，这条路，会走得很孤单很艰难。这不是一条容易的路，选择的时候，请慎重，若选择了，请一定要坚定，然后，爆发出你所有的能量，走出你自己的风采！

“广德苑”团队所取得的成绩

2021 年湖南省黄炎培职业教育奖创业规划大赛三等奖

第三届湖南省医学技能创新创业大赛三等奖

四、创业者刘佳豪的反思与经验

未来可期，砥砺前行

有人说，人生就是不断重新认识自己的过程。从我的亲身经历来看，我们大学生创业有着自己优势，同时，劣势也很明显，一方面，我们有着年轻的血液、蓬勃的朝气，以及“初生牛犊不怕虎”的勇气；而另外一方面，我们社会经验不足，以为什么都是理想中的样子，有时候盲目乐观，没有充足的心理准备。对于创业中的挫折和失败，我们感到十分痛苦茫然，甚至沮丧消沉。创业前，我们看到的都是成功的例子，心态自然都是理想主义的。其实，成功的背后还有更多的失败。看到成功，也看到失败，这才是真正的市场，也只有这样，才能使我们这些年轻的创业者们变得更加理智。

记得创业过程中发生的几件事，使我曾一度想放弃。因疫情期间给老人们代购物品，当时没能及时发放到老人手中，一位脾气暴躁老人立即翻脸，不听劝解谩骂，说“对老人不负责任，欺骗戏耍老人”，还把怨气发泄在我身上。说脏话不依不饶，引得众人围观，让我极为尴尬。我当时也是恼怒，但冷静一想，我是在工作，即使老人有错毕竟老人是享受服务的，我理智地先躲开了，我们很多时候，要读懂老人背后的情绪。

也许我只是“健康中国”征程中的一个小兵，但我无悔今日之选择，并且我坚信，每一段我们所走过的路，每一颗绊倒我们的石头，都将成为我们生命路途中最坚实的垫脚石，都将使我们在“青春养老人”的路上越走越远，都将使我们国家的老人拥有一个有活力的、有尊严的、不孤单的、快乐的老年生活。

“志之所趋，无远弗届，穷山距海，不能限也。”我们要把握时代脉搏，把个人理想与社会需要紧密结合，不负众望，砥砺前行，未来可期！

五、导师寄语

创业路上，任重而道远，养老产业是朝阳产业，但是做养老是需要情怀的，因为众所周知，养老行业存在投资周期长、回报率低等现状。作为创业导师，最欣慰你们能将自己的职业规划与国家、社会的需要紧密结合起来，这是一种大义！在成就自己的同时造福社会，在创业的路上成长为更美好的人。创业路上，请你们务必牢记作为一个医学生“济世救人”的初心，务必牢记这一代“青春养老人”身上的责任与使命！我想感谢你们，因为从你们身上我收获了热情与活力，也希望我的点滴帮助能让你们的人生有了多一点的色彩，祝愿你们能走得更远！

——廖艳芳（湘潭医卫职业技术学院教师）

六、项目风采小视频

七、项目计划书

本项目计划书选自湖南省黄炎培职业教育奖创业规划大赛三等奖作品“广德苑”项目（内容酌情修改）。

案例目录

一、执行摘要
1.1 项目简介
1.2 市场前景
1.3 社会“痛点”
二、项目背景
2.1 政策背景
2.2 行业背景
2.3 项目可行性分析
三、项目介绍
3.1 项目实体
3.2 服务人群
3.3 服务分类
3.4 具体项目
四、市场分析
4.1 政策支持
4.2 市场机会
五、营销计划
5.1 营销方式
5.2 营销渠道
5.3 营销队伍
5.4 促销计划
5.5 价格策略
六、管理体系
七、发展规划
7.1 项目研发计划
7.2 项目发展计划

案/例/正/文

一、执行摘要

1.1 项目简介

2021 年中国的老年人口已达 2.6 亿，养老产业是朝阳产业。嵌入式养老成为2020年高频检索关键词。“不离亲、不离家、不离群，家门口安享晚年”是中国多数老人最朴素的愿望。

创业团队成员主要为老年保健与管理专业学生，对养老事业有着极大的热情，团队成员米纯是“广德苑”长者照护之家的法人。通过调查走访35家养老机构、日间照料中心和社区居委会，创业团队整体协调各方资源，引入专业机构开展社区嵌入式养老机构建设，建设集日托、托养等功能于一体的小型养老服务综合体，打造社区嵌入式养老机构的先行者。

实现了三大创新：

（1）理念创新：“嵌入式养老模式”同时提供机构入驻养老服务和入户养老服务，集合了传统家庭养老、社区居家养老和机构养老三者的优势，实现老人“白天社区活动，晚上回家居住”的愿望。

（2）模式创新：项目引入知名养老机构，通过校企合作模式，并成功打造成为学生生产性实训基地，兼具公益、商业、教育属性，具有明显产学研特色，受到湖南省医学创新创业委员会的强力推荐。

（3）服务创新：本校为百年医学老校，创业团队依托养老专业，采用中心服务和上门服务两种形式，精准对接老人需求，提供医疗保健、生活养老、精神文化等专业服务，并创新开发老年人心理保健、认知训练等10大特色服务。

① 专业团队跟老人建立点对点服务关系，打造融洽的老年社区。

② 通过专业评估，为老人建立动态的健康档案，精准对接老人需求。

③ 针对心肺功能情况，制定运动处方，为老人量身打造康体活动。

④ 开展认知症筛查，专业学生团队策划认知训练活动，预防认知症。

⑤ 为老人家属提供专业的照护指导，为家属提供喘息服务。

⑥ 为老人制作生命故事书，开展人生回顾等特色心理保健活动。

⑦ 整合周边小学资源，策划开展代际互动活动。

⑧ 挖掘本社区老人潜能，开展老人志愿服务社会活动。

⑨ 针对跌倒预防、慢性病管理等老人最关心的问题，对接学校科普志愿宣讲协会，开展系列知识讲座。

⑩ 整合学校资源，对接校红十字协会、急救协会、爱心社开展志愿者活动，为老人提供陪伴、生活照料等。

截至 2021 年 6 月，创业团队已经完成了项目实体的适老化改造及设备购买（投入 20 万元），完善了各项运营制度，并负责项目的日常运营管理。目前项目已经试运营 1 年，共为社区老人提供服务约 5000 人次，策划组织老人康体、益智活动 100 余场，开展健康知识系列讲座 24 场，开发老人认知症预防、跌倒预防 10 余本健康教育小册子。对接老年保健与管理专业“老年活动策划组织”等核心专业课程，为 200 余名养老服务专业学生提供见习指导机会，成了老年保健与管理专业生产性实训基地。至今，本项目获得了：

（1）项目入驻校创新创业孵化基地，湖南省教育厅领导给予项目高度评价。

（2）开展的志愿者活动受到湘潭市养老协会推荐，社会反响良好。

（3）项目开展的活动深受社区老人的欢迎和喜爱。

1.2 市场前景

专家预计，到 2050 年，我国老年人口的消费市场将从 2014 年的 4 万亿元增长到 106 万亿元。团队对 25 家日间照料项目负责人进行访谈后发现，目前很多日间照料项目难以顺利发展的最主要原因是缺乏公共资金的支持。日间照料项目面向的主要人群是老人，要考虑到老人的经济情况，避免收费过高，故常处于财务亏损状态。与此同时，政府的财政补贴也十分有限，难以顺利支持日间照料项目日常工作的开展。资金是支持一切活动的物质基础，社区日间照料项目的资金来源少且不充足，在很大程度上制约了社区日间照料项目相关老年服务的开展，自然制约了其自身的发展。本项目资金来源包括政府补助、知名养老企业的支持、学校提供的门店、服务对象有偿服务多个渠道，确保项目有效运作。

项目引入专业机构开展社区嵌入式养老机构建设，建设集日托、托养、助餐、助浴等功能于一体的小型养老服务综合体，为老人就近养老提供专业化、个性化、便利化的养老服务。让老人实现“不离亲、不离家、不离群，家门口安享晚年”的愿望，市场需求巨大。

1.3 社会“痛点”

通过调查走访长株潭地区 10 家养老机构发现，养老机构由于传统养老观念、费用高等问题，入住率不足 45%。其中 25 家日间照料项目大部分为社区自营，存在资金来源单一、服务人员专业性不足等问题，目前运营状态并不理想。

项目团队对长株潭地区多家社区的208位老人进行问卷调查和访谈发现，选择在家门口养老的老人有200人，高达96.2%，只有8位老人表示当自己需要照顾时不介意去养老院；而90.4%的老人日间无子女陪伴，不与子女居住的老人占61.1%；失能、半失能、失智老人占41.8%；89.9%的老人希望得到专业的养老服务，对文体娱乐、家庭护理、康复保健、精神慰藉以及家政服务、生活照料等存在较大需求。

二、项目背景

2.1 政策背景

国家政策重点扶持老龄事业和老龄产业，带来了发展机遇。国家各级政府出台相关政策，尤其是长期护理保险制度试点的实施为发展养老事业保驾护航。党的二十大报告指出，实施积极应对人口老龄化国家战略。湘潭市人民政府《关于促进全市居家和社区养老服务健康发展的实施意见》（潭政发〔2017〕20号）指出，支持社区老年人日间照料中心建设。原则上每个城市社区由政府投入续建1个老年人日间照料中心或者助老服务社。每个城市区选定1~2家专业养老服务机构负责运营，为居家和社区老年人提供生活照料、膳食供应、家政服务、康复护理、精神慰藉、文化娱乐等精准化、个性化、专业化服务。按照实际投资成本和建筑面积，给予每个中心不高于30万元的建设补贴。社区老年人日间照料中心建设补贴从中央补助资金中解决。对专业养老服务机构提供运营补贴，市、区两级财政按1∶1的比例，每年补贴每个老年人日间照料中心3万元~4万元，每年补贴每个助老服务社1万元。

2.2 行业背景

“十四五”期间，我国将迈入中度老龄化，人口老龄化的严峻形势激发了“银发经济”。

未来中国养老产业的发展将呈现五个趋势：一是民办民营养老机构将成为发展主体，养老机构的市场化趋势将会更加明显；二是机构养老服务将与居家、社区养老服务融合发展。随着中国养老服务的快速发展和养老服务网络的不断建立完善，机构、社区和居家养老服务一体化发展将是必然趋势；三是小型化、专业化、社区化、连锁化将成为养老机构发展主要态势。未来的养老机构将更加社区化，即依托社区发展养老机构，通过小型化、连锁化经营来获取市场份额、提高市场竞争力；四是养老机构养医结合发展将更加紧密，养医结合的模式将会更加多样；五是养老机构服务更趋亲情化、人性化发展。

2.3 项目可行性分析

（1）学校为医卫类百年老校，养老服务类专业为项目运行提供专业人才。创业团队成员均就读于湘潭医卫职业技术学院，来自老年保健与管理、老年护理等养老服务类专业，拥有一批从事老人心理、老人康复保健、老人健康管理等方面工作的校友资源，拥有一批优秀“双师型”创业导师，为项目运行提供人才保障，此外，项目已入驻学校创新创业孵化基地，学校为创业团队提供免费的场地，为项目开发提供了前提条件。

（2）校企合作支撑，保证了项目运营管理的科学性。创业团队整合资源，湘潭医卫职业技术学院与知名养老机构加盟开发项目，校企合作参与产品整体战略规划、适老化改造，产学研一体，保证了项目的领先性。

（3）项目资金来源多样，保障了项目的可持续发展。日间照料项目运营过程中存在的最大问题是资金来源渠道过于单一。本项目资金来源包含政府、企业、学校以及服务对象，资金来源渠道多样。长期护理保险制度试点下，失能老人居家接受养老服务享受一定的报销比例，服务对象更有能力支付项目提供的低偿服务，为项目的可持续发展提供了机遇。

三、项目介绍

3.1 项目实体

室内活动场地设在湘潭医卫职业技术学院校门外。门店的二楼包含五个套间，其中具有淋浴功能的无障碍卫生间及老人活动项目场地分别设在二楼和一楼的其他房间。总面积达到540m^2，包含6个日托床位，符合日间照料的相关建设要求。目前，项目完成注册和适老化改造。

对机构场地、服务资源及社会资源进行整合，以综合型养老项目机构结合云住养信息平台为A层单元，以社区级居家日间照料外加嵌入式养老机构为B层单元，以居家日间照料所提供的居家养老上门服务加志愿者服务为C层单元。

3.2 服务人群

项目主要覆盖本社区并辐射周边社区年龄60岁以上老人，上门服务主要针对日常生活能力评分低于60分老人。

3.3 服务分类

针对社区内老人需求，提供精准服务。2020年6月，项目开始试运营。为老人进行全面评估，建立养老需求档案，提供的服务主要面向社区自理老人及半自理老人，同时也为社区失能老人提供上门服务，服务项目分为免费服务及低偿服务。

（1）为社区老人提供的医疗保健类服务

组织体检、保健知识普及服务，提供家庭病床、上门诊疗、急诊联络等医疗服务，为老人提供家庭医生服务。

（2）为社区老人提供的生活养老类服务

设立老人福利餐厅，提供专业老年照护、住房修护、家电维修等便民服务。

（3）为社区老人提供的精神文化类服务

开展形式多样的专业服务，例如康体、益智活动等，组织各类健康知识培训讲座。

（4）为社区老人提供的工作需求类服务

关注老人特长，提供服务社区的志愿者服务机会，提供年轻老人为年长老人服务的机会，促进老人健康老化、积极老化。

3.4 具体项目

包括免费服务项目和低偿服务项目。

表4　日间照料中心免费服务项目

序号	服务项目	收费标准	备　　注
1	代购服务	免费	根据老年人家庭需求提供服务
2	代缴费用	免费	包括水、电、煤气、电话费等
3	服药提醒	免费	定时通知老年人服药
4	量血压	免费	针对行动不方便的老年人可上门服务
5	保健咨询	免费	服务中心指定专人电话服务
6	健康讲座	免费	服务中心根据社区活动信息，通过电话将有关讲座的相关内容、时间、地点告知老年人
7	康复运动	免费	免费试用服务中心康复室的器材（非会员3元/次）

续表

序号	服务项目	收费标准	备　　注
8	健康档案	免费	建立健康管理档案，为医务人员打电话提供参考依据
9	生日关怀	免费	根据老年人生日日期，由服务站工作人员打电话问候老年人（会员有生日礼品）
10	节日关怀	免费	根据节日不同的意义，通过电话针对性地向老年人问候（会员有相应的节日活动）
11	老年交友	免费	向老年人告知社区开展的各类文体活动，使老年人参与社区活动时结识老年朋友
12	心理慰藉	免费	给老年人做各项心理辅导，调解老年人情绪，排解老年人孤独
13	图书阅读	免费	免费享受阅览室各种图书
14	保健器材	免费	享受免费保健器材设施
15	兴趣小组	免费	服务中心举办唱歌、舞蹈、书画等兴趣爱好培训活动
16	团队活动	免费	不定期举办各类棋牌、生日会等活动
17	法律咨询	免费	服务中心为老年人直接联系律师提供服务（电话咨询法律援助中心免费）
18	棋类活动	免费	包含象棋、围棋、跳跳棋、五子棋
19	信息咨询	免费	为老年人提供相关信息咨询
20	各类讲座	免费	链接社会资源为老年人进行各种有利性讲座
21	医生义诊	免费	链接医疗资源，进行义诊及健康倡导

表 5　日间照料中心低偿服务项目

序号	服务项目	收费标准	备注
1	就餐服务	10 元/次	提供午餐、晚餐
2	送餐费用	5 元/次	提供预订、送餐服务
3	上门理发	8 元/次	根据老年人生活需求提供服务（预约）
4	水电维修	30～100 元/次	按照工作量而定，材料费自理（预约）
5	钟点工	50 元/小时	居室清洁、烧菜做饭、清洗衣服
6	麻将	2 元/人	娱乐性质的麻将活动
7	扑克牌	2 元/副	娱乐性质的扑克活动
8	按摩椅	2 元/15 分钟	全自动高级按摩椅，全身多个部位按摩，疏通经络
9	衣物洗涤	5 元/次	帮助不方便的老人洗净衣物
10	预约出行	20 元/次	负责接送老年人，保证安全（预约）

续表

序号	服务项目	收费标准	备注
11	洗浴	120 元/次	自带衣物于中心洗浴（预约）
12	擦浴	150 元/次	上门为失能及半失能老年人洗澡，包含擦浴、会阴冲洗、翻身更服、床铺卫生清洗、床褥更换（预约）
13	艾灸	15 元/30 分钟	购买 10 次赠送 1 次（预约）
14	拔罐	30 元/次	购买 10 次赠送 1 次（预约）
15	刮痧	30 元/次	购买 10 次赠送 1 次（预约）
16	穴位按摩	20 元/次	购买 10 次赠送 1 次（预约）
17	药物泡脚	10 元/次	购买 10 次赠送 1 次（预约）
18	陪同就医	15 元/小时	规定时间内根据老年人临时求助需要，提供相应服务（预约）
19	陪读、陪聊	5 元/小时	不足 1 个小时按 1 小时计算（预约）

四、市场分析

4.1 政策支持

国家各级政府出台相关政策，尤其是长期护理保险制度试点的实施为发展养老事业保驾护航。党的二十大报告指出，实施积极应对人口老龄化国家战略。湘潭市人民政府《关于促进全市居家和社区养老服务健康发展的实施意见》（潭政发〔2017〕20 号）指出，支持社区老年人日间照料中心建设。原则上每个城市社区由政府投入续建 1 个老年人日间照料中心或者助老服务社。每个城市区选定 1~2 家专业养老服务机构负责运营，为居家和社区老年人提供生活照料、膳食供应、家政服务、康复护理、精神慰藉、文化娱乐等精准化、个性化、专业化服务。按照实际投资成本和建筑面积，给予每个中心不高于 30 万元的建设补贴。社区老年人日间照料中心建设补贴从中央补助资金中解决。对专业养老服务机构提供运营补贴，市、区两级财政按 1∶1 的比例，每年补贴每个老年人日间照料中心 3 万元至 4 万元，每年补贴每个助老服务社 1 万元。鼓励社会组织开展居家和社区养老服务。鼓励各类社会组织通过承接政府购买服务的方式开展居家和社区养老服务。采取公益创投等多种形式为社会组织参与为老服务活动、开展为老服务项目提供资金支持。引导各社会组织特别是公益慈善类社会组织，以关爱失能老人、空巢老人、失独老人为重点，广泛开展形式多样的为老志愿服务活动。

4.2 市场机会

团队对25家日间照料项目负责人进行访谈后发现，目前很多日间照料项目难以顺利发展的最主要原因是缺乏公共资金的支持。日间照料项目面向的主要人群是老人，要考虑到老人的经济情况，避免收费过高，故常处于财务亏损状态。与此同时，政府的财政补贴也十分有限，难以顺利支持日间照料项目日常工作的开展。资金是支持一切活动的物质基础，由于社区日间照料项目的资金来源少且不充足，在很大程度上制约了社区日间照料项目相关老年服务的开展，自然制约了其自身的发展。本项目资金来源包括政府补助、湖南普亲老龄产业发展有限责任公司的支持、学校提供的门店、服务对象有偿服务等多个渠道，确保项目有效运作。

五、营销计划

5.1 营销方式

（1）活动营销

“广德苑”项目成立初期，主要通过活动营销增强在本社区内的影响力。

项目团队通过举办麻将、歌唱等比赛，吸引本社区老人参加，通过小区拜访、义务会诊、免费体检、小区联欢等活动，配合网络宣传，引起媒体报道展示老人的生活状态。

（2）口碑营销

项目成为大学生社会实践和青年志愿者服务的载体，弘扬大学生敬老孝老的中华传统美德，体现人性美，以亲和力感动其他人。同时为项目树立了良好的口碑，达到营销效果。

5.2 营销渠道

（1）品牌战略

实施品牌战略，树立良好品牌形象。“广德苑”长者照护之家以湘潭医卫职业技术学院及湖南普亲老龄产业发展有限责任公司的人力资源和信誉保证为依托，项目团队以市场为导向、以“关爱老人、服务社会”服务理念为基础，以先进的营销宣传为手段，迅速地进入并占领湘潭市的老人照护服务市场。

（2）宣传战略

针对项目特点，主要采用印发宣传单、口碑营销、网络营销、新闻报道等宣传战略。

① 印发宣传单，去本社区周边老人聚集的地方发放，比如购物广场、老年俱乐部、公园、棋牌室等。

② 承办大型的健康保健及老人照护等学术交流会，提高项目知名度。

③ 通过社区宣传、社区共建、特殊家庭适老化改造、政府购买服务等方式实现社区内整体的环境改变，并进行网络营销，增加新闻报道量。

④ 项目成员成立志愿小组，深入了解当下老人的需求，建立点对点关系，对于不同需求的老人进行不同的服务推广。

⑤ 和社区居委会、周边机构建立良好的关系，建立融洽的老年社区，进行口碑营销，提高项目知名度。

5.3 营销队伍

本项目将充分利用湘潭医卫职业技术学院的人力资源优势，招募一批专业对口、专业知识扎实、技能过关、吃苦耐劳、工作积极主动的志愿者和专业人员，组建能向用户宣传项目服务和业务的营销团队。

5.4 促销计划

（1）形象广告

① 在大众媒体和专业媒体等网络平台上发布制作精良的形象广告，广告力求信息传达准确到位，用来展示我们的特色服务，让客户更了解我们的理念，让顾客更放心。

② 宣传服务理念

宣传服务理念：做家门口的养老院，提升老人的幸福感和满意度。

③ 品牌广告

品牌广告可以通过多种渠道进行。根据不同渠道形式进行品牌推广，保持风格的统一，建立全方位、立体的信息传播网。

④ 公益广告

利用报纸、杂志、广播、电视等传播渠道树立公益形象。

（2）渠道计划

① 通过学校渠道，寻找机会与周边社区建立合作，对贫困高龄、失能半失能、失独等特殊老人群体进行统计，推进生活照护、活动策划等服务项目的试用体验和推广。

② 通过社区渠道，集中老人，在老年社区活动中心进行宣讲，介绍宣传本项目老年服务政策，打造"床边有照护、身边有驿站、周边有服务"的居家和社区养老服务体系。

③ 通过合作企业，借鉴湖南普亲老龄产业发展有限责任公司先进的运营理念，结合老人试用或参与后的体验和感悟，根据内容进行适当调整改进，制定最终发展计划和相关优惠策略。

④ 通过网络渠道，利用微信公众号、微博等多种网络媒体宣传本项目的服务理念和取得成绩，不断提升知名度，形成线上营销的简单闭环。

5.5 价格策略

（1）推出各项服务套餐，由养老专家和定点上门服务的项目工作人员，根据老人情况，制定针对个人的服务方案，做到让顾客满意，发挥出项目的最大效益。

（2）了解客户信息，实行累计登记积分制度，达到一定的积分，可以兑换礼品，用来吸引老年客户，不断对项目进行创新，吸引新顾客，又要让老顾客享受服务的同时，体会到我们项目对老年健康的关注度，从而达到最好的效果。

（3）对不同状态的老人的服务价格不一样，项目推出部分免费服务，吸引顾客进行登记试用和体验，根据累积消费的不同，实行不同的折扣服务。

六、管理体系

职位	主要责任
项目负责人	制定项目的中长期发展战略，负责项目的定位和管理，协调合作方关系，建立项目经营管理体系并组织实施，规划各部门工作协调发展。
技术负责人	负责对适老化改造等进行技术指导，抓好技术管理；项目日常经营事务；协调各部门之间的关系，收集客户建议，与客户形成长期稳定的合作关系。
市场负责人	根据项目经营目标和经营计划，调研老人及家庭需要，开发服务内容及形式。制定季度、年度销售计划，并实施执行。做好销售服务工作，促进、维系项目与顾客之间的关系。
财务总监	负责项目资金的筹集、使用和分配。在项目财务预算方案的指导下，做好财务计划、出纳管理和税收管理，以及项目过程中原材料采购。
人力资源	联系相关人员做好项目水、暖、电等供应维修工作。负责后勤日常管理工作；负责制定项目人事管理制度，提出并实施合理化意见和建议；负责做好项目员工劳动纪律管理工作。

七、发展规划

7.1 项目研发计划

（1）研发目标

打造一家兼具公益、商业、教育性质的嵌入式养老品牌。

（2）项目研发阶段

前期完成项目注册、适老化改造、设备采买，进行了为期 1 年的试运营，试运营阶段不断调整运营方案，调整开发上门服务项目，逐渐实现对社区内自理老人、失能半失能老人养老服务的全覆盖；针对社区老人特点形成专业的活动策划，组织系列素材，打造嵌入式养老品牌；后期运用 App、自媒体宣传，在湖南省以及全国逐渐推广嵌入式养老模式。

7.2 项目发展计划

本项目已与湖南普亲老龄产业发展有限公司签署项目合作协议书。

第 1 年至第 2 年：在和平桥社区试运营，项目服务主要面向 60 岁以上的自理老人及半自理老人开放，并探索开发为社区失能老人提供的上门服务。

第 3 年至第 4 年：继续开发相关上门服务，为社区失能、半失能老人提供服务。通过划分不同客户人群，精准积极地推出为客户量身定制的服务。

第 5 年以后：致力于项目内涵的完善，打造品牌文化，用 App、自媒体等进一步扩大项目规模，推广嵌入式养老模式。

创业项目十

“扶安”

——助老爬楼拐杖

一、创始人介绍　伍诗意

伍诗意，女，四川内江人，2002 年出生，湘潭医卫职业技术学院 2019 级临床医学专业，“扶安”项目创始人。曾获第五届湖南省“互联网+”大学生创新创业大赛二等奖、首届湖南省医学技能创新创业技能大赛三等奖、第六届湖南省“互联网+”大学生创新创业大赛二等奖、2020 年湖南省黄炎培职业教育奖创业规划大赛三等奖、第八届中国老年福祉产品创意创新创业大赛铜奖、第十四届“挑战杯”湖南省大学生课外学术科技作品竞赛三等奖、2021 年湖南省普通高等学校创新创业优秀毕业生、2021 年湘潭市创新创业优秀毕业生，连续两年获得校级三好学生以及校级奖学金等荣誉。

二、“扶安”——助老爬楼拐杖创业项目的起源

小时候，爸妈因为忙于生计经常早出晚归。放学后，只有奶奶陪着我，教我读书写字以及为人处世。随着年龄的增长，奶奶的身体逐渐出现了一些小毛病。在我上初中时，家里从平房搬到了楼房。虽然只有三楼，但是奶奶因为视力下降、腿脚不便，下楼活动成了一件不那么轻松的事情，慢慢地，奶奶出门的次数越来越少。她不是一个喜欢孤独的人，但却被这三层楼梯困在了家中。看着日渐沉默的奶奶，我当时就想，如果能有什么办法可以帮助她下楼该多好。

2019 年 9 月，我怀揣着求学的梦想，千里迢迢从四川内江来到湘潭医卫职业技术学院，就读于临床医学专业。在一次实践作业的调研中，我了解到我国是世界上唯一一个老年人口超过 2 亿的国家，也是发展中国家中人口老龄化最严峻的国家。而老年人口的高龄、失能和空巢化将进一步加剧应对人口老龄化的严峻性和复杂性。一是高龄老年人口数量迅速提高，达到 2400 万人，占老年人总数的 11.8%。到 2025 年之前，我国的高龄老年人口将一直保持年均 100 万人的增长态势；二是失能老年人口继续增加，达到 3750 万人，占老年人口的 18.53%；三是慢性病患病老年人数持续增加；四是空巢老年人口数量继续上升。

团队成员前往湘潭市多个老旧小区实地调查，数据显示：目前生活在老旧小区里的大部分是老年人，很多还是高龄、失能、半失能老年人，只有约 10% 的老年人能够居住在一楼，上下楼无忧。而其他的老年人对适老化环境改造的期盼与日俱增，可以说“翘首以盼”，也可以说“等不起”，这是一项迫在眉睫的“抢救性”工程。

这让我想起了我的奶奶，她也面临着失能、服务、照料等诸多困难。我是否可以结合自身专业研发一种老年人生活辅助类的装置帮助他们上下楼？我找到富有创新创业比赛指导经验的刘老师，请教这类装置开发的可行性。我的想法得到了刘老师的肯定，他愿意支持我研发这个项目。在刘老师的指导下，我组建起了一支由多个年级、多个专业构成，搭配合理的项目团队。

三、项目发展过程中的关键点

（1）装置方案设计

我遇到的第一个难题是，采用一种什么方式辅助老年人上下楼，同时还得满足符合国情、安全可靠、价格便宜和使用方便这几个条件。

我开始大量查阅资料找寻灵感，在文献资料中，我找到了一款英国的下楼神器，但是需要安装配套的专用楼梯扶手使用，且功能单一、价格昂贵、安装复杂，并不适用于中国。可仔细一想，其与楼梯扶手的配合以及上下楼方式却有可借鉴之处。

我设想，是不是可以将目前老年人使用最广泛的拐杖与楼梯扶手结合起来，老年人不仅可以使用它上下楼，到了平地后还可以拆卸下来作为拐杖使用，一举多得。我与指导老师沟通了我的想法，老师说这个国内并没有先例，市面上也没有类似产品，值得一试。

在老师的指导下，我们计划设计一种用于拐杖与楼梯扶手的配合装置，并命名为滑轨座。且为了拓展拐杖的功能，将普通拐杖升级为智能拐杖，最终的方案是本装置由智能拐杖、滑轨座两部分组成。

用户在上下楼使用时，将拐杖与滑轨座连接，然后滑轨座套上楼梯扶手，利用滑轨座与楼梯扶手的自锁原理，手握智能拐杖杆身，就可以实现借力上下楼，上下楼之后，按下弹簧销，拐杖杆从滑轨座拔出，然后底部安装上防滑垫就可以作拐杖用。

（2）主要部件设计

① 拐杖的设计：

由于铝合金拐杖杆长度可调，所以它是空心杆件，需要考虑它的安全性。如果只考虑它的新颖性、实用性，却忽视了老年人产品中最为重要的安全性，无疑是舍本逐末。

市面上常见的铝合金拐杖壁厚是 1.5mm，因为它只承受轴向压力，能满足要求，而我们的拐杖不仅能作拐杖用，还是上下楼的时候借力的部件，需要承受径向压力，因此我们的拐杖壁厚设计为 2mm，增强其受力能力。为了验证其安全可靠性，我们进行了受力分析及有限元模拟仿真失效分析（Finite Element

Analysis)，结果表明可以满足 100kg 体重内的成年人使用。

② 滑轨座的设计：

本装置的部件中最关键的是滑轨座，因为它既需要与楼梯扶手配合，又需要与智能拐杖连接。而且为了便于产品生产和广泛投入市场，滑轨座必须能与国内大多数楼梯扶手匹配。

于是，我们开始了大范围的实地调研。我们频繁出入学校周边的老旧小区记录楼梯扶手的形状、尺寸，去市场走访商家了解当前市面上楼梯扶手的形状、尺寸。我们对调研数据进行归类和分析，得出结论。常用楼梯扶手的形状和尺寸可分为两大类：矩形截面扶手，尺寸范围为 48~80mm；圆形（椭圆形）截面扶手，直径范围为 50~70mm。

有了这些尺寸数据后，我们再来设计滑轨座就轻松多了。我们将滑轨座也设计为两种类型，且为了适用不同尺寸，滑轨座配合尺寸可调节。调节结构的设计同样费了一番周折，最终依靠项目指导老师提供了关键的设计思路，滑轨座的设计成型。

（3）样品的制作、调试

在完成部件设计后，我们要开始着手样品的制作。我们首先根据装配图将配件分为标准件和非标准件。先购买标准零部件，然后再寻找合适的毛坯材料去机械加工厂加工其他非标准件。七月的湘潭是火热的，一如我们火热的心。为了节省可怜的经费，我们怀揣着图纸，利用公交、共享单车、步行等方式走遍了湘潭市主要的金属材料市场、机械加工厂。而且因为是单件试产，加工费高得吓人，我们不得不厚着脸皮讨价还价，使成本可控。

记忆犹新的是为了加工一个特殊的孔，我们跑遍了湘潭河东、河西大型机械加工厂，最后找到一家加工厂用线切割，费时 2 小时才得以完成。全部非标零件加工完成后，我们还得自己完成去毛刺、除锈、清洁、喷漆等工作，最后再将所有零件组装和调试。

第一次试用时，我们的心情非常忐忑，担心会失败。当我们将辛苦了近半年的成果与楼梯扶手配合使用时，发现效果居然不错，激动的心情无法用语言表达，感觉所有的汗水、泪水都是值得的。

“扶安”——助老爬楼拐杖团队所取得的成绩

第八届中国老年福祉产品创意创新创业大赛铜奖

第五届湖南省“互联网+”大学生创新创业大赛三等奖

首届湖南省医学技能创新创业技能大赛三等奖

第六届湖南省“互联网+”大学生创新创业大赛二等奖

2020年湖南省黄炎培职业教育奖创业规划大赛三等奖

第十四届“挑战杯”湖南省大学生课外学术科技作品竞赛三等奖

四、创业者伍诗意的反思与经验

磨练心智，提高心性

从最开始有一个梦想，到组建项目团队，再到后来有了项目计划书、路演PPT（演示文稿）、产品介绍视频，到最后做出了实体样品。这个过程是如此漫长，漫长到我几次崩溃想要放弃，又几次重新开始。

刚开始的我，不会做PPT也不会写计划书，甚至连最简单的排版也不会。项目计划书的政策资料不是百度就有的，只能从各个政府官网上一篇一篇的文章中总结出来，往往可能看了几十篇就只能写那么一段。从四月组队到八月的决赛，一百多个日日夜夜，我已经不记得到底修改了多少个版本的计划书，也记不清熬了多少个夜。凌晨5点不是一天的开始，而是一天工作的结束。后来，我们干脆直接睡在了办公室。我第一次切身感受到夏天的蚊子是真多啊，喷了4瓶花露水也没抵挡住蚊子的进攻，第二天比谁身上的蚊子包更多成了我们放松的娱乐活动。

为了比赛，我们几乎没有暑假。我们像升级打怪，一路提升能力，从什么都不会到学会撰写计划书、制作PPT、拍摄视频、路演展示和亲自动手制作样品。每一次通关都历经千难万险，但是一旦迈过去了就能收获脱胎换骨的飞跃。我记得我最害怕路演，要让别人在5分钟的时间里了解我们项目并喜欢上我们的项目，而且每隔几天就得去路演一次，在一次次否定中一遍遍修改。在这种磨练中，我从面对几个人演讲都会紧张到发抖，到面对几千人的演讲时设备出了问题都能冷静处理、沉着应对。不仅是我，整个团队的成员在这个过程中都收获了成长。有的学会了组装样品，有的学会了剪辑视频，甚至亲自上阵当起了视频演员。

我曾经问过自己，如果早知道过程这么痛苦，我是不是还有勇气开始？在得知我们从全省一千多个项目的网评中排名 37 进入决赛的消息后，我有了答案。这一切都是值得的，努力真的可以得到回报，我们的项目真的可以得到认可，好在我坚持了下来。

参加创新创业比赛是一个磨练心智、提高心性的过程，它可能会让人迷茫找不到方向，可能会被人误解、被人质疑，但是这又怎样呢？道阻且长，好在心中有光。坚持不懈，才能未来可期。

五、导师寄语

本项目的创意非常好，为我国居住在楼梯房中无电梯的老年人上下楼提供了方便，多了一种选择。团队成员关爱社会、关爱老年人，体现了大学生的责任与担当。“扶安”这个项目从有创意开始到最终制作出样品，从项目计划书到项目 PPT、路演稿、视频制作，我全程参与指导。整个项目非常地不容易，从最开始提出想法就受到质疑，到最终受到专家评委的认可，取得了一些成绩，团队成员坚持了下来，攻破一个个难点，最终完成了本项目。本项目最终获得一系列成绩是团队成员与团队指导老师共同努力的结果。我们收获了汗水、泪水，也收获了一系列荣誉，所有的努力都是值得的，所有的付出终有回报，比赛过程中所经历的是团队所有成员难忘的回忆，也是人生中的一笔财富。

——刘中华（湘潭医卫职业技术学院教师）

六、项目风采小视频

七、项目计划书

本项目计划书选自2020年湖南省黄炎培职业教育奖创业规划大赛三等奖作品“扶安”项目（内容酌情修改）。

案例目录

一、项目背景

1.1 社会背景

1.2 社会“痛点”

二、产品介绍

2.1 研发理念

2.2 产品设计

2.3 使用说明

2.4 产品特点

2.5 使用寿命

2.6 保障措施

2.7 售后服务

三、市场分析

3.1 市场细分

3.2 市场定位

3.3 竞品分析

3.4 市场环境

四、营销计划

4.1 营销方式

4.2 营销渠道

4.3 推广计划

4.4 广告设计

五、运营计划

5.1 产品迭代

5.2 运营目标

5.3 资源准备

5.4 运营模式

5.5 运营结算

案/例/正/文

一、项目背景

1.1 社会背景

当前，我国正处于快速老龄化和快速城镇化过程中。一方面，人口老龄化已经成为新时代的基本国情。老龄化速度不断加快，老年人口从年增加200多万人到年增加1000万人左右。截至2019年底，我国60周岁及以上人口2.54亿人，占总人口的18.1%，其中65周岁及以上人口1.76亿人，占总人口的12.6%。快速的人口老龄化，对住宅、居住小区、公共服务设施在内的各类设施环境提出了适老化改造的新要求；另一方面，我国城镇化速度不断加快。厦门大学建筑与土木工程学院、前中国城市规划设计研究院副总规划师赵燕菁教授在中国城市规划学会城乡治理与政策研究学术委员会2016年学术年会的报告中指出，1981年至2015年，我国城市建成面积从0.74万平方千米增加到5.2万平方千米，增长了6倍，加上矿区，达到10万平方千米，城市化水平可达87%。根据住建部数据显示，全国共有老旧小区近16万个，涉及居民超过4200万户，建筑面积约40亿平方米。由于我国长期以来处于年轻型社会，城乡住宅、基础设施、公共服务设施建设大多没有充分考虑到老龄社会对居住生活环境的特殊需要，老年人居住条件、公共服务、社区环境等方面暴露出的不适老、不宜居问题越来越突出，已经成为发展养老服务业、积极应对人口老龄化的一大制约因素。第四次中国城乡老年人生活状况抽样调查表明，58.7%的城乡老年人认为住房存在不适老、不宜居的问题，其中农村高达63.2%。对老旧小区进行适老化改造，不仅意义重大，而且尤为紧迫。

目前生活在老旧小区里的大部分是老年人，很多还是高龄、失能、半失能老年人，而据调查得知，只有约10%的老年人能够居住在一楼，上下楼无忧。而其他的老年人对适老化环境改造的期盼与日俱增，可以说“翘首以盼”，也可以说“等不起”，这是一项迫在眉睫的“抢救性”工程。因此，做好老旧小区适老化改造，对于解决大城市“养老难”问题，完善社会化养老服务体系，增进老年民生福祉，进一步提升老年人生活生命质量；构建共建、共享、包容、参与的老龄社会治理体系，积极应对人口老龄化挑战；促进经济社会发展，扩大内需、拉动消费、促进经济增长等都具有积极意义。

1.2 社会“痛点”

近年来出现的一个网络热点词汇“悬空老人”，它是指65周岁以上，居住在无电梯的老式小区三层以上楼层的老人群体。人到老年，无论是肢体还是感官等能力都会不同程度地出现衰退、下降，人体平衡、反应灵活性明显减弱，身体各部分的协调能力减退，常常感到脚力低下，特别苦于上下楼梯，小小的几级楼梯，年轻人一步就能跨上，对于老年人来说，可能就是阻碍他们与外界交流的一道鸿沟。住在老式公房的老年居民希望解决“上下楼困难”的呼声日益高涨，“上去了却下不来”的问题困扰着众多老年人。

根据我们的现场走访调查发现，目前已有的上下楼辅助产品有以下三种：

（1）电动爬楼机

电动爬楼机价格昂贵，并且最大行程短，只能适合低楼层老年人使用，对于居住在高于三层的老人并不能解决实际需求。

（2）旧楼安装电梯

旧楼安装电梯需要满足的条件太苛刻，首先有些旧楼的建筑结构不具备加装电梯的基础条件，而且加装一部电梯需要30万元的费用，还需要一栋楼三分之二的住户同意，协调各方面利益困难，少则两三年，多则上十年，实现的难度非常高且需要很长一段时间，老年人等不起。

（3）普通拐杖

拐杖虽然现在市场占有率大，但是拐杖更方便在平地行走时使用，上下楼时楼梯踏步面积小、易滑，且有高度差，不好控制平衡，安全性不高，容易摔倒，因此拐杖的安全性并不能满足大部分老人上下楼梯的安全需求。

由于老年人面临着行动不便等问题，我们的产品“扶安”——智能滑轨式扶手应运而生，希望能让老年人得到真真切切的获得感、幸福感、安全感。

二、产品介绍

“扶安”——智能滑轨式扶手是一种集智能拐杖、滑轨座为一体的产品，组装后与楼梯间扶手配合使用。据调查、测量我国楼梯扶手的截面形状及尺寸，我们的产品分为适应圆形、矩形截面扶手两个系列，且配合尺寸可调节，因此适应我国绝大多数楼梯扶手配合使用。

老人在使用它上下楼梯时候，手握拐杖杆部，即使下肢力量不足，也可以借助手部力量实现上下楼。

2.1 研发理念

理念：让“悬空老人”落地，提高老年人生活质量。

愿景：出行无障碍，爬楼再无忧。

宣传语：“扶安”，扶住它，心就安了。

2.2 产品设计

2.2.1 产品主要零件

（1）智能拐杖

设计参数：拐杖周身镌刻有网格花纹，且本身自带长度调节装置，方便根据使用者身高进行调节（调节高度 75~100cm），方便携带与使用。另外内部设有智能模块，能够更加优质地满足消费者的多种使用需求。

（2）滑轨座

作用：滑轨座连接楼梯扶手与拐杖。拐杖杆插入手柄孔里，通过弹簧销连接并固定拐杖与滑轨座。滑轨座套在楼梯扶手上，可以在楼梯扶手上滑动，内部相对方向装有两片耐磨橡胶，使滑轨座能够紧密贴合楼梯扶手。

耐磨橡胶之间的距离可以根据楼梯扶手的尺寸调整，滑轨座右边的调节螺丝与滑轨座体右侧板通过螺纹传动，调节螺丝最左侧加工成 $\Phi 6$ 的圆柱面与深沟滚动轴承过盈配合连接。耐磨橡胶固定在调节板上，拧动调节螺丝可以带动调节板左右移动，就可以调节两块橡胶板之间的距离，适应不同尺寸的楼梯扶手。

材质：硅铝合金、耐磨橡胶等。

分两种系列：适用矩形截面楼梯扶手；适用圆形或椭圆形截面楼梯扶手。

2.2.2 智能模块

拐杖手柄部内置智能模块，该模块具备多种功能，拓展了拐杖的使用范围，也增强了其娱乐性。

2.3 使用说明

（1）当需要上下楼梯时：取下拐杖防滑垫，拐杖杆插入滑轨座的手柄孔，弹簧销与滑轨座的销孔连接，拐杖与滑轨座安装完毕；再将滑轨座套在楼梯扶手上，间隙配合，可滑动。使用时，靠外侧的手用力，实现自锁，借力移动下肢；靠内侧的手用力，实现解锁，使滑轨座在滑轨上滑动，移动身体，实现上下楼。

（2）当需要使用拐杖功能时：按下拐杖上的弹簧销，把拐杖从滑轨座上取下，装上防滑垫。拐杖底部装有防滑垫且可以根据使用者的身高调节高度（75~100cm），这样就可以作为拐杖使用了。

（3）当在家中需要使用康复治疗时：在家中空闲墙面上安装楼梯扶手，然后将本产品配合楼梯扶手使用，可以借力进行下肢康复治疗训练，让老人在家中也能轻松做下肢康复训练。

（4）外出时还有定位功能，通过配套 App 连接手机，可以实时了解老人位置，确保老人的安全，防止走失。

（5）智能模块所带的 FM、MP3 等功能，可以播放音乐、相声、养生讲座等，增强趣味性、知识性，纾解心理压力，使老人身心愉悦。

（6）当老人遇到危险的时候，可以按下 SOS 按钮，发出求救信息；危难时，可以一键呼叫绑定的紧急联系人；拐杖头部的 LED 灯可以在光线不足的时候照明。

2.4 产品特点

使用安全、方便；操作简单、便捷；价格便宜、实惠；产品稳固、智能；材质防腐蚀、抗氧化。

2.5 使用寿命

“扶安”——智能滑轨式扶手是由硅铝合金加工制成，硅铝合金具有良好的稳定性及耐磨、耐腐蚀等优点，设计使用寿命长达 10 年。

2.6 保障措施

2.6.1 资金保障

采用发起人认缴出资方式，筹措资金 35 万元，银行贷款 20 万元，风投资金 40 万元，其他融资 5 万元，总计 100 万元。主要用于产品加工费用支出。后期销售收入主要用以资金回笼，以保证持续经营。

2.6.2 优势保障

国内市场发展空间大，本产品能有效解决“悬空老人”上下楼难题，弥补市场空白。创业方面，我们有学校的创业孵化基地支持，降低了前期成本，还有着专业的创业指导老师对我们的创业项目给予全程指导和跟踪服务。

2.7 售后服务

为了更好地树立企业形象，坚持本公司的创业理念，提供优质的售后服务：

（1）根据消费者要求，进行有关使用等方面的技术指导；

（2）保证维修零配件的供应；

（3）负责维修服务；

（4）处理消费者来电，解答消费者的咨询；

（5）对产品实行“三包”，即包退（7天无理由退货退款）、包换（一年内非人为损坏包换新）、保修（三年内在非人为损坏下免费维修）。

三、市场分析

3.1 市场细分

20世纪90年代以来，中国的老龄化进程加快。65岁及以上老年人口从1990年的6299万人增加到2000年的8811万人，占总人口的比例由5.57%上升为6.96%，目前中国人口老龄化趋势已经进入不可逆阶段。预计到2040年，65岁及以上老年人口占总人口的比例将超过20%。同时，老年人口高龄化趋势日益明显，80岁及以上高龄老人正以每年5%的速度增加，到2040年将增加到7400多万人。

据世界卫生组织报告，全球每年约有15万老年人死于跌倒，我国每年有4000多万老人至少发生1次跌倒。每年约有32%的老年人发生跌倒，80岁以上老年人跌倒的发生率高达46%。跌倒不仅给老人带来伤害，还会引发一系列家庭与社会问题。

中民社会救助研究院和今日头条在2016年联合发布的《中国老年人走失状况白皮书》中显示，全国走失老人一年约有50万人，失智和缺乏照料成为老人走失的主因。

中民社会救助研究院专家顾问、白皮书主笔人熊贵彬介绍，根据得到的样本数据，课题组综合测算后得出，全国走失老人一年约有50万人，平均每天走失老人约为1370人。走失老人平均年龄为75.89岁，其中男性占比42%，女性占到58%，走失老人中女性比例略高于男性。并且75岁以上老年人走失比较多。

目前，我国在健康、劳动力市场、教育和社会保障方面的积累，为开展积极老龄化战略提供了重要支撑。在健康领域，大部分退休初期人员仍然具备保持健康和生活自理的能力，能够开展适度的生产生活活动。

对于这一趋势，最严重的社会热点问题就是“悬空老人”的出行问题。对于解决 65 周岁以上老年人上下楼的难题，将会成为我们团队最有力的推广。

我们可以凭借优质的服务和产品有效性对比在竞争行业中后来居上，弥补普通拐杖、电梯和电动爬椅的几大劣势，有效抢占市场先机。符合人民消费需求，顺应着时代发展的潮流。

3.2 市场定位

综合上述材料及产品功能分析，我们的智能滑轨式扶手的主要市场定位为四类目标客户：

3.2.1 个体市场

（1）居住在“悬空老人”住房区的老人（具体指居住在多层楼梯房的老人）。这类主推人群主要是由于老龄人口腿脚不便，住在多层楼梯房因没有电梯而无法下楼的老人。

（2）居住在别墅、复式楼里腿脚不便的老人。人体随着年纪的增长，出现的一系列耗损导致行动及出行成为“危险动作”。居住在这一环境下的老人，不管是他们自身还是其儿女都对身体的健康和调理有更加高要求，而我们的产品能够很好地安装在他们的居住环境并且有效、安全、可靠地帮助他们上下楼。

3.2.2 集体市场

（1）养老院、日间照料中心

现在很多养老院都是二三层的建筑，老人上下楼梯时都需要专门叫护工进行帮助，很多老人因为不想麻烦护理人员甚至几天都拒绝下楼。而对于这样相对公共的场所，我们将采取产品的共享模式，增加公共安全设施，从而平均价格就会降低很多，老人也可选择单独购买属于自己的智能拐杖。这部分市场需求量较大，我们是非常重视的。

（2）有康复科的医院

对于行动不便，需要康复的病人来说，使用本产品进行行走训练，渗入他们的复健日常，可以更好地完成身体的恢复。

3.3 竞品分析

结合本产品的几项特点及其背景来看，主要因素有以下几点：

3.3.1 竞争品的市场抢占

可替代的其他商品在市场推广的时候，由于各有优势，人们根据其自身的条件做出的选择也会不同。

以下是对目前市场上三大竞争产品，电动楼梯升降机、拐杖、旧楼加装电梯的具体分析：

（1）载人电动爬椅是一种运行在楼梯侧面的座椅式电梯，主要作用是帮助行动不方便的人（老年人、残疾人）。它的平均价格为 3 万元到 15 万元不等，可以达到“扶安”——智能滑轨式扶手的售价（1100 元）的 30 倍以上。电动升降椅的最大行程为 9.75 米，而“扶安”——智能滑轨式扶手的行程则无限制。

（2）在安装的过程中，电动升降椅的轨道长度超过 4.8 米时，需要每 2.4 米另加收 2000 元，“扶安”——智能滑轨式扶手的滑轨座产品费为 25 元，滑轨座可以适应市面上大部分的扶手，可根据扶手的大小来调整。“扶安”——智能滑轨式扶手对长距离的上下楼梯相较载人电动爬椅会更加适合。

（3）使用普通拐杖上下楼梯时，由于受力不稳，在实际应用中其实并不安全，使用时不好控制平衡、易摔倒，也不能满足老人的实际需求。在当前的社会生活中虽然拐杖长期应用于生活，但是“悬空老人”的生活质量并没有得以改善。大多数人购买拐杖就是为了增加安全保障和节省力气，对于这种情况，多功能滑轨式扶手在安全性上远远比普通拐杖更高。在一定的市场里，“扶安”——智能滑轨式扶手会对普通拐杖起到替代、补充的作用。

（4）由于我们将市场进行了精准定位，在我们的定位市场中，电梯并不是我们预定的竞争对象，但电梯的加装会压缩“扶安”——智能滑轨式扶手的部分市场。但同时也存在几个问题使旧楼加装电梯的进度降低。

问题①：旧楼房加装电梯至少需经过业主前期协商、建管部门审核、规划土地评审等环节，同时还有消防、质监、环保、国土、规划、人防、市政、房管等部门的审批，程序烦琐且耗时。

问题②：通过调研发现，旧楼房加装电梯还面临难平衡利益的问题。多层旧楼房的高低层业主利益诉求不同，高层业主积极要求加装，低层业主没有电梯需求，又因加装电梯后通风、采光受到影响，部分居民不愿意。

问题③：旧楼房加装电梯资金筹措较难。据测算，加装一部6层左右的电梯需30万元左右，这部分费用包括电梯的设计费、井道基础土建施工费、井道钢结构制作和施工费、电梯设备购置及安装费等。按每单元12户计算，每户平均3万元左右，这对居民来说是笔不小的经济负担。

问题④：增设电梯工作专业性强，不但要提出设计方案，办理规划、施工许可，选定电梯机型、编制预算、确定承建单位，还有组织施工、监督质量、组织验收、结算费用等诸多事务性工作。交付使用后，又牵涉到电梯后期的运行、维修、保养、检验及费用的合理分摊等问题。

相比下来我们的这款产品安装简单、费用低、使用方便，更符合消费者的需求。

综上，由于三大竞争产品各有优劣，所以我们在推广、拓展市场的同时，更应该关注同类竞争产品的动向，及时作出相应的调整与改善，才能抢占有利的市场先机。

3.3.2 消费者的消费观念和经济水平

随着人们对美好生活的向往，消费观念也逐步发生转变，人们愿意为安全和高质量生活买单，这些都是我们产品的制胜点。

3.3.3 项目前期的宣传

本团队推出的智能滑轨式扶手，顺应着时代的潮流应运而生，可谓是站在解决当下“悬空老人”这一社会热点问题的高峰。所以我们最主要的就是做好前期的宣传工作，打好坚实基础，扩大其在大众面前的知名度，树立良好的企业形象。这也就表明对于我们产品的前期免费投放地点需要很高的精确性，为后期的发展做好铺垫，每一步都落到实处。

3.4 市场环境

3.4.1 政策环境

《中华人民共和国老年人权益保障法》第四章第五十二条，国家采取措施，发展老龄产业，将老龄产业列入国家扶持行业目录。扶持和引导企业开发、生产、经营适应老年人需要的用品和提供相关的服务。第七章第六十七条，老年人可以通过老年人组织，开展有益身心健康的活动。第七章第七十二条，国家和社会采取措施，开展适合老年人的群众性文化、体育、娱乐活动，丰富老年人的精神文化生活。

《中华人民共和国老年人权益保障法》确定了老年人宜居环境建设的三个原则：安全、便利、舒适，其中安全是第一原则。

《“十三五”国家老龄事业发展和养老体系建设规划》第四章第一节指出，鼓励有条件的地方推动扶持残疾、失能、高龄等老年人家庭开展适应老年人生活特点和安全需要的家庭住宅装修、家具设施、辅助设备等建设、配备、改造工作，对其中的经济困难老年人家庭给予适当补助。第六章第一节中提出，大力发展养老服务企业，鼓励连锁化经营、集团化发展，实施品牌战略，培育一批各具特色、管理规范、服务标准的龙头企业，加快形成产业链长、覆盖领域广、经济社会效益显著的养老服务产业集群。第二节中提出，推进老年人适用产品、技术的研发和应用。支持老年用品制造业创新发展，采用新工艺、新材料、新技术，促进产品升级换代。丰富适合老年人的食品、药品、服装等供给；加强老年用品测试和质量监管，鼓励开辟老年用品展示、体验场所，发展老年用品租赁市场，支持办好老龄产业博览会。

3.4.2 经济环境

（1）宏观经济环境

国民经济的持续增长给老龄产业的生存和发展提供了机遇。

（2）微观经济环境

截至 2018 年底，我国 4000 多万需要康复服务的老年人中，已获得康复服务的不足 10%，其中使用辅具的就更少了。

中国老龄科学研究中心发布我国首部老龄产业发展蓝皮书《中国老龄产业发展报告（2014）》（以下简称《报告》）。《报告》显示，我国已经处于老龄社会初期，人口老龄化进程加快释放了老龄产业发展空间，未来中国将成长为全球老龄产业市场潜力最大的国家。

据《报告》预测，2014 年至 2050 年，中国老年人口的消费潜力将增长到 106 万亿元左右，占 GDP 的比例将增长到 33%左右。报告体现出我国对老龄产业的日趋重视。预计到 2050 年逾百万亿元的消费潜力、近 36.8 亿人的老年人口就诊人次、7900 万左右老年人口的养老需求，将会吸引巨量的资本进入。

《报告》中指出，2050 年中国老年人口将达到 4.8 亿人，我国将是世界上老年人口最多的国家。而随着老龄化社会的加剧，针对老年人需求设计的产品愈来愈多，老年人也逐渐成为市场的消费主力之一。

中国老龄科学研究中心的数据显示，目前我国每年老年人的离退休金、再就业收入、亲朋好友的资助可达 3000 至 4000 亿元，预计到 2025 年至 2050 年，老年人潜在的市场购买力可望达到 14000 亿元至 50000 亿元。

3. 4. 3 社会环境

中国老年产业的规模到 2020 年至 2030 年分别达到 8 万亿人至 22 万亿人，对 GDP 拉动分别达到 6%至 8%，产业愿景十分可期，将成为未来国家经济的支柱点。

在国家经济高速发展中抓住老龄产业发展的契机，本团队的项目能拥有更高的平台来实现跳跃式发展，发展前景广阔。

我国是世界上唯一一个老年人口超过 2 亿人的国家，也是发展中国家中人口老龄化最严峻的国家。根据专家预测，我国 60 周岁以上老年人口 2025 年将突破 3 亿人，2033 年将突破 4 亿人。

我国人口老龄化的特殊性体现在：由于人口老龄化超前于现代化，“未富先老”和“未备先老”的特征日益凸显。

正是由于老年人面临着贫困、失能、服务、照料等诸多困难和问题，因此我们团队专注于老年人生活辅助类产品的研究开发，希望能让老人老有所依、老有所乐。

3. 4. 4 消费者市场

（1）问卷调查

问卷发放地是长株潭地区的商业街、万达广场、步步高广场及湘潭市多家养老机构。问卷调查人群为 20~45 岁的子女群体以及老年人群体。一共投放问卷 3000 份，回收 2938 份，其中有效问卷为 2895 份，回收率为 98%，有效率为 97%。

结果显示，在所有的调查者中，72. 8%的人都有在节假日送父母长辈礼物的习惯，认为合适的礼物能提高老人幸福感；其中 68. 3%的子女由于工作与父母分开生活，陪伴的时间也被不断压缩，同时也表示自己的父母随着年龄的增长，腿脚会越来越不利索，担心其上下楼的安全问题；86. 2%的被调查者愿意购买上下楼辅助用品。

（2）人员访问调查法

① 实地考察：在湘潭市岳塘区云盘村等地进行实地考察，发现电梯并不能满足乡镇养老院及农村居家养老实际需求，其中乡镇养老院和湘潭市云盘村大部分房屋均为两层至六层普通楼房建筑，能够居住在一楼的实际人员不足十分之一，居住在二楼及以上的老人对于能够独立上下楼非常渴望。

② 产品试用：我们在湘潭市某养老机构进行了为期一个月的产品试用，通过实际使用得到反馈，发现试用期间，老人上下楼次数增加，心情和身体状态都有显著提高，养老院工作人员护理工作量减少，工作压力缓解。

（3）长株潭地区老年人口统计

① 截至2018年通过政府官网公布的人口普查数据得知：

湘潭市60岁以上人口的为61.0万人，占湘潭市常住人口的21.3%；

长沙市60岁以上人口的为138.13万人，占长沙常住人口的17.44%；

株洲市60岁以上人口的为52.56万人，占株洲市常住人口的13.07%。

② 数据来源：

湘潭市统计局官网网址 http：//xttj. xiangtan. gov. cn/.

长沙市统计局官网网址 http：//tjj. changsha. gov. cn/.

株洲市统计局官网网址 http：//tjj. zhuzhou. gov. cn/.

改革开放以来，中国城市化和现代化进程加快，大批农村青壮年劳动力涌向城市，而乡城移民的大规模出现，造成了农村家庭的“空巢化”和农村社会的“空穴化”，目前农村留守老人数量已近5000万人，留守老人问题日益突出。

我国在大规模城市化和社会硬件大规模建设过程中悄然快速迈入老龄社会，目前整个社会硬件设施体系基本上还是按照年轻社会的设计理念建设，难以满足日益快速增长的老年群体的客观需要，迫切需要花大力气进行适应性改造。必然会处于一段阵痛期，而我们的“扶安”——智能滑轨式扶手应运而生。

四、营销计划

4.1 营销方式

4.1.1 市场开发营销

（1）开发营销：依托百年老校——湘潭医卫职业技术学院的平台，借助校友资源进行推广。

（2）服务营销：采用经销、代理、直销多种销售方式，加大该产品的知名度，为加强售后服务，本团队从搭建、安装、投放使用到后期维护都将提供优质高效的服务，确保每位客户的满意度，建立一套完整的服务体系。

（3）网络营销：通过大众群体常用的网购 App 进行宣传与销售，主要以视频的方式宣传产品的理念、用途及对比科技优势；利用网站上的广告横幅、文本链接、多媒体等刊登或发布“扶安”的广告。

（4）体验营销：通过实地考察，选取一个老年人居住率较高的住宅区作为首个投放试点，让其看得见、摸得着，以实体的方式呈现于大众眼前，让客户直接体验了解该产品在质量、性能、技术上的优势和特点，实现与我们的长期合作，并为我们的产品做出相应的宣传与推广。

（5）整合营销：与医院、养老院等建立合作；联合天猫、淘宝等各大网商平台，开设网络店铺；与材料开发商、快递团队等建立长期的合作关系，形成完整的长期合作体系。

（6）市场推广渗透营销

在建立起长株潭地区的运营中心机构后，我们将在湖南省内招代理商，给他们提供技术培训，并在后期做好完善的售后处理工作，将我们产品推向全国市场。

（7）共享营销

基于绿色共享的发展大趋势，我们将在推广的过程中选择个别集体市场，投入若干个产品，将产品作为共享工具。

4.2 营销渠道

4.2.1 联合天猫、淘宝等各大网商平台，开设网络店铺，利用现阶段的互联网购物高速发展优势，增加产品的购买渠道，增加本产品在大众面前的出现次数，做到线上销售，线下安装。

4.2.2 医院及养老院：通过湘潭市养老服务协会，联络其会员单位，推广我们的产品。

4.2.3 代理商：依托学校产教融合协议单位进行渠道建设及产品销售。

4.2.4 节假日组织员工和志愿者去湘潭市养老服务协会养老院进行志愿活动，为老人提供爱心服务。

4.3 推广计划

4.3.1 线下推广

（1）联系小区物业或居委会进行相关的宣传，并开展知识问答有礼等活动。

（2）对烈士家庭、抗疫表现突出的家庭或者其他对社会有突出贡献的家庭免费发放我们的产品，提高本产品的口碑，加大宣传力度。

（3）选取合适的新旧楼试点，为其免费配套安装本产品，以实际的体验效果加大宣传力度，为后期销售打下坚实基础。

（4）准备参加2020第八届中国（北京）国际老年产业博览会。优秀参展企业和展品将通过展示中心后续对接社区，举办各类公益活动，将产品和服务直接送达社区消费者面前。不仅如此，组委会还将邀请相关政府机构和社会组织集中参加博览会，推进老年用品及服务批量采购。将会为宣传“扶安”——智能滑轨式扶手提供大量帮助，相信会将我们的产品更好更快地推向市场。

（5）组织员工下乡为村民提供免费测血压等医疗服务，线下推广我们的产品。

（6）制作扇子礼品，印上宣传语免费赠送行人以达到宣传产品的目的。

4.3.2 线上推广

（1）在开业初期，邀请当地电视台、报社、新闻媒体等来进行宣传。

（2）通过淘宝、京东等各大网商平台和官方网页进行推广，批量销售。

（3）在视频软件例如抖音、快手等平台进行宣传。

4.4 广告设计

广告媒体：电视、报纸等媒体。

广告创意：采用广告片、新闻报道的形式展现。

4.4.1 广告片场景

（1）广告场景1：一个高层房间内光线昏暗，一位老人在房间望着窗外发呆、叹息，时光流转，老人忆起五年前和爱人在楼下小区公园散步、嬉闹的日子。心想：要是能下楼散散步该多好啊！

（2）广告场景2：老人终于下定决心，拄着“扶安”拐杖，打开家门，沿着滑轨扶手，慢慢下楼。老人走到小区绿草地上，呼吸新鲜空气，沐浴温暖阳光，“扶安”拐杖播放老人爱听的健康养生节目，老人微笑着与小区的邻居点头招呼，脸上洋溢着幸福的笑容。

(3) 广告场景3：场景转换至老人的儿子所在团队，儿子会议休息期间，拿起手机，打开定位App，看到老人的GPS（全球定位系统）定位于小区公园中，定位点在慢慢移动，儿子露出会心的微笑。

(4) 最后广告词的出现："扶安"让老年人"心安"，扶住他，心就安了！

五、运营计划

5.1 产品迭代

5.1.1 产品发展历程

"扶安"项目于2017年正式提出设想，2019年初代产品完成并进行初试用，获得专利。2020年第二代设计完成，申请外观专利。预计2021年9月完成第三代产品更新。

5.1.2 产品现阶段成果

产品处于成长阶段，还在持续更新换代中，目前产品已经初步完成用户试用并进行产品市场调查。

产品已获得实用新型专利1项，外观专利1项，被学校立项为创新创业重点训练项目。

5.2 运营目标

5.2.1 产品新用户营销

第一步通过媒体进行多方位宣传，进行网络病毒式营销，快速打开知名度；第二步进行体验营销和整合营销，实地宣传及考察，让潜在用户实在地体验产品性能，巩固宣传效果；第三步进行开发营销和市场推广渗透营销，抢占市场份额，挖掘市场潜力；最后进行服务营销和共享营销，巩固品牌口碑，建立良好关系。

5.2.2 产品用户维护

(1) 确保产品质量符合生产标准，符合国家产品质量标准并建立更高的企业产品质量标准，让产品质量保持高于同行业质量，提高用户体验感，有助于团队口碑建立，维护现有用户。

(2) 定期对用户进行回访调查并建立用户资料库，建立与用户的亲密关系，并对产品进行完善的售后保养，严格执行售后要求，保障产品安全使用。

（3）提高用户活跃度，开展线下安全宣讲，并且提倡运动规划，通过产品智能模块中的每日步数，以及使用功能换取积分，积分可兑换小礼品和产品优惠券。

5.3 资源准备

5.3.1 宣传准备

（1）联系湘潭市广播电台、湘潭广播电视台《湘潭新闻》栏目、湖南红网、湖南教育信息网、湖南教育信息网、三湘都市报、华声在线等多家媒体对本项目进行报道。

（2）印制宣传册，制作扇子礼品。

5.3.2 线下准备

（1）确定门店，开设售后服务点。

（2）联系社区和居委会，进行产品定点体验，进行体验营销。

（3）与养老服务协会联系，选择优质会员，在其养老院进行为期1个月的产品体验调查回馈。

（4）招收当地销售人员，进行上门推销。

（5）联系当地政府，参加政府组织的“扶老”活动。

（6）准备参加2020第八届中国（北京）国际老年产业博览会，确定展位以及录制宣传视频。

5.3.3 线上准备

（1）联系网商平台购买宣传位，开设网络店铺。

（2）建立用户资料库、用户微信群及产品公众号。

（3）建立风险防控机制。

（4）建立产品质量标准。

5.4 运营模式

5.4.1 市场运营

（1）通过市场营销等行为获得利润，严格把控资金流动，保证现金流。

（2）通过品牌管理等行为提高市场占有率。

5.4.2 内容运营

（1）围绕产品输出高质量内容，在公众号及产品App进行发布。

（2）构建用户画像，进行精准推广营销。

（3）对产品有深入的了解。

5.4.3 用户运营

（1）以接触用户，引导用户为中心。

（2）引导用户使用产品，特别是智能模块，有助于优化产品使用感。

（3）深入接触用户，了解用户感受。

（4）根据收集的用户调查回馈进行整理和归纳用户需求。

5.4.4 活动运营

（1）通过组织活动，短期内提升产品大量数据。

（2）进行产品策划并执行，最后还需要对活动进行复盘总结。

5.5 运营结算

5.5.1 数据检验

对比运营前后的各项数据，找出指标变化的地方，把控项目进展，持续发展。

建立数据分析系统，通过对报刊、网媒、客户端、微博、微信公众号进行数据统计，实现对传播力、影响力分析，精确投放广告，达到运营效果最大化。

5.5.2 分析运营效果

结合各种指标分析运营效果，根据运营效果完善下一次的运营策略，增强运营人员能力，及时回馈结果。

5.5.3 完善产品功能

（1）收集用户反馈，不断提高服务水平，维护品牌口碑。

（2）进行产品迭代，不断进行产品功能延伸和放大。

创业项目十一

“龙腾狮舞”

一、创始人介绍　周洲

周洲，女，湖南省衡阳人，2002 年出生，湘潭医卫职业技术学院医疗设备管理与维护专业，龙狮队队长，“龙腾狮舞”项目联合创始人。获 2019 年湖南省黄炎培职业教育奖创业规划大赛二等奖、第十四届“挑战杯”湖南省大学生课外学术科技作品竞赛三等奖。带领团队在中国大学生体育协会主办的第十二届中国大学生舞龙舞狮锦标赛中获得男子、女子自选北狮、教学双龙第一名，团体总分第一名、女子团体总分第一名、男子团体总分第三名。

二、“龙腾狮舞”项目的起源

小时候，每年春节期间，总能看到走街串巷的龙狮队，他们沿山村小路一边巡游一边表演，一条条金灿灿的龙上下翻飞，追逐着前方的“龙珠”，两只可爱的小狮子在龙队中欢腾起舞，那两双忽闪忽闪的大眼睛炯炯有神，仿佛在诉说着对来年风调雨顺的期盼。当他们伴随着节奏感十足的锣鼓声，时而起舞腾飞，时而闪转腾挪，时而交叉换位，一个个优美的动作，一串串精彩的表演，总能赢得村民们的阵阵掌声和欢呼声。每次，都听爸爸感慨地说道：“多热闹，这才是过年啊！”于是乎，在我的脑海里，过年除了吃年夜饭、放烟花鞭炮、发红包，还有就是看舞龙舞狮表演。

2020 年 9 月，我顺利进入湘潭医卫职业技术学院读书，成了一名大学生。每天，学习、上课、泡图书馆，我畅游在医卫知识的海洋里，梦想着自己能有一天穿上白大褂“救死扶伤”。然而闲暇之余，心底总会想起回家的温暖，想起过年时舞龙舞狮表演这一记忆犹新的童年回忆。

新生军训结束后，学校为我们准备了一场精彩无比的迎新晚会。我惊奇地发现，在我们学校居然有舞龙舞狮表演，舞台上，他们英姿飒爽，威风凛凛地挥舞着龙把，我一下子就被吸引住了。龙狮队表演完后，我马上跑过去，一询问才知道，我们学校 2017 年就成立了龙狮队。“我一定要参加龙狮队”，心中一团热火在燃烧。

10 月份，是学校一年一度的社团文化艺术节。每年这个时候，学校新生都可以根据自己的爱好，选择合适的社团。于是，我毫不犹豫地选择了报名舞龙舞狮社团。通过学校龙狮社团指导老师层层选拔、集训、审定，我顺利成为龙狮队的一员。这也让我有了更多了解龙狮文化、践行龙狮精神的机会。

从儿时的记忆，到现在真正成为龙狮队的队员，我更体会到龙狮文化作为中国传统文化的博大精深。然而，让我不理解的是，近年来，中国青少年受西方文化熏陶严重，对传统文化的了解少之又少，我们的文化高地正在被西方文化占领，已经引起国家的高度重视，随着网络信息化的发展，当代青少年的思想受到了西方社会文化观念的猛烈冲击，我们在吸取西方文化精髓的同时，饱经沧桑的传统文化被泛滥的快餐式文化涤荡无存甚至取而代之，更让在这种环境下成长起来的青少年们在认识与传承传统文化方面出现了严重的偏差或迷失。

我发现这样的一个状况后，深知仅仅参与龙狮队训练是不行的，必须把龙狮文化传承下去！所以我开始想做点什么？能做什么？怎么做？通过与指导老师、龙狮队队员的沟通后，我开始筹划推广舞龙舞狮的项目。

我开始去查询其有关的任何资料，如龙狮精神、龙狮文化等。在调查的过程中，我还去了解了我国青少年体质健康发展报告，我惊奇地发现，龙狮运动作为一项传统体育运动，其实不仅可以弘扬中华优秀传统文化，增强民族自信，还可以有效解决我国青少年的体质健康问题，这一发现让我感到很兴奋，因为这样就可以解决部分青少年超重肥胖增多、近视发生增加、血压调节能力不良等问题。

在做这个项目的同时，我也遇到过许多问题，例如面对高职学生，如何平衡专业和兴趣爱好、如何调整龙狮动作和训练强度、如何积极有效推广等等，面对这些难题时，所幸我遇到了一群意气相投的伙伴，还有湖南省非物质文化遗产“湘潭火龙”第七代传承人尹国军和中国大学生体育协会舞龙舞狮分会秘书长黄益苏两位专家的加入，他们与我一起同舟共济，再加上学校龙狮队指导老师的大力支持，这使我更加坚定了我的信念来共同完成这样的一个“龙腾狮舞”项目。

三、项目发展过程中的关键点

自编自创，确定推广项目

想法一旦萌发，我自己就跟自己“杠上了”。摆在我们面前的困难，必须一步步解决。

舞龙舞狮是中国民间传统习俗。舞龙又称耍龙灯，龙灯舞。龙是古老的图腾，传说龙能行云布雨、消灾降福，象征祥瑞，所以以舞龙的方式来祈求平安和丰收就成为全国各地的一种习俗。从春节到元宵节，许多地方都有舞龙的习俗。龙在中华民族代表了吉祥、尊贵、勇猛，更是权力的象征。

这一传统文化如何让更多人接受，这是急需解决的最基本的问题。我们查阅了《龙狮运动》《龙狮发展历程》等书籍，搜索了中国龙狮协会历年来的展演及推广视频，咨询了省非物质文化遗产“湘潭火龙”第七代传承人尹国军，在他的推介下，我们结合“火龙舞”的传统元素和现代竞技舞龙的基本动作，自编自创了龙狮徒手操，并拍摄了推广视频。

当动感十足、简单易学的龙狮徒手操呈现出来时，我们欣喜若狂，龙狮操不仅破解了龙狮运动因场地、道具、人员等的限制，更因为其时尚、新潮等因素，符合年轻人的审美观念，一下子就吸引了年轻人的目光。于是，我们开始在社团、班级、宿舍进行推广，越来越多的人参与到舞龙舞狮运动中来。

所以，再后来有人会问我们，为什么会选择这样的一条道路，我们常常会笑着回答说：“因为传承。”

千方百计，争取项目资源

热爱是风，贫穷而能听到风声也是好的。儿时的回忆，让我一直热爱龙狮文化，现在的我更愿意身体力行去弘扬龙狮文化。

解决了推广的最基本问题，如何在现有的基础上，争取更多的资源，从校内推广至校外，这是我们面临的第二个问题。为此，我带领团队成员，每逢课余时间，就会带着我们的龙狮操视频，尽可能地去实地考察、走访、请教，数百次枯燥的重复推广对我们的精神和体力是极大的考验，但是没有人有过怨言。

我们将各级各类院校确定为目标，加强中华传统文化的教育是学校落实立德树人根本任务的重要途径，在引导青少年增强民族文化自信和价值观自信，坚持“四个自信”，培育和践行社会主义核心价值观，以及实现中华民族伟大复兴的中国梦等方面上都具有长远的战略意义和重要的时代价值，他们有需求，我们有项目，于是一拍即合。如在湘潭市某中学，因其本身就有龙狮文化的传承经验，很愿意将我们的龙狮徒手操作为其大课间的一个运动项目；在湘潭市某小学，因其每年有亲子运动会、国旗下的讲话、特色班级展示等，他们也同意将龙狮项目作为一个特色项目引入校园；在省内某高职院校，他们更是带领全体体育老师学习龙狮操，并将龙狮操推广至各班级，纳入教学内容，在运动会上进行展演。

随着推广面、推广途径越来越广，我们又遇到了新的问题。我们团队人员有限，作为学生的我们还要上课，不可能把所有的精力和时间都用在推广上，我们必须要有更多的时间去挖掘、去创新、去变革。

一段时间里，我们都很迷茫，迷茫的是难道这就是我们推广龙狮传统文化的“天花板”吗？我们把想法告诉了指导老师，在指导老师的建议下，我们决定改变推广模式，所有团队成员都紧紧抱成团，坚定信念，不管遇到多少艰难和险阻，只要有一丝希望，就要找到出路，将我们传统的龙狮文化继续弘扬，发扬光大。

积极实践，寻找项目突破

实践是检验真理的唯一标准。人生是一个学习与积累的过程，实践想法，积累经验，没有经过实践的论证，任何观点都不可能成为真理。

刚开始我们的想法很单一，就是通过学校教育培训去弘扬龙狮文化。然后我们发现所获得的弘扬效果是微乎其微的。于是我们就觉得不如让自己大胆想象，从各个方面出发，考虑弘扬龙狮文化的多种办法。我们意识到不仅可以从学校教育培训方面着手，还可以从合作交流、商业模块、商业演出、文创产品等方面出发。

有了想法之后，就应该积极实践。那一段日子，我们外卖在工作室吃，困了就在工作室摆个行军床休息，废寝忘食就是我们的真实写照。我们经过了数百次的产品设计打样、产品图腾优化、合作协议签订、问卷调查研究等等，终于，在学校教育培训方面，现在已经与省内二十余家中小学签订合作协议。在文创产品方面，我们将龙狮图案应用在水杯、衣服等物品上面，在线上线下进行销售。项目推广得到飞速发展，我们不仅有了自己的产品、合作的单位，更有了追求与希望，团队的凝聚力、向心力也更强了。

坚持不懈，挑战更大舞台

“走出去，请进来”，我们深知，要更好地弘扬龙狮文化和提升自己，就一定要让自己走出去，一定要去最耀眼的舞台，去尝试、去体验。

参加创新创业大赛是我们的首选。我们前期做了充足准备，首先思想上一定要准备好，在这一过程中你会遇到很多的问题，如演讲文稿反复修改、文创产品反复打磨、团队成员各有意见、自身能力还需加强等等，这个时候只有大家紧紧抱成一团，坚定信念寻找答案，才能有参赛的机会，因为出类拔萃的实力比那些不确定的运气重要的多。

对于我来说，面对评委，站在舞台上推介龙狮项目就是我要克服的困难。刚开始参加创新创业比赛的我们，和大多数的选手一样，紧张导致手抖、语句不通畅，总发挥不出来在台下训练的水准。所以，在比赛过程中，评委老师们所点评的每一句，我们都会认真聆听，并记录下来，一一改正。比赛后，我们会多次模拟、反复实验、刨根问底，直到所有团队成员都弄明白为止。

正视自己的能力，尊重自己的对手。输赢并不是一定要论出你行不行或他行不行，而是挑战自己的一个过程。一路走下来，我们也认识到，在困难面前，不会低头；在失败面前，不会气馁；在成功面前，不会止步；在失意时候，教你学会坚强；在受到挫折时，教你学会面对；在受打击时，教你学会站起，也许这就是"团结向上、努力拼搏"的龙狮精神的真正内涵。

"龙腾狮舞"团队所取得的成绩

第十四届"挑战杯"湖南省大学生课外学术科技作品竞赛三等奖

中国大学生舞龙舞狮锦标赛中，2018 年、2019 年、2021 年连续获得金奖，名列全国高职院校第一名。

四、创业者周洲的反思与经验

坚持"四要"原则　助推项目落地

生命需要奋斗，奋斗与不奋斗，造就的结果截然不同。从小时候的追梦到长大后的造梦，从心中的想法到一步步走过来的艰辛"心路"，从"一无所有"到如今舞龙舞狮在校园"遍地开花"，这种感受，可以说，只有欣赏到山峰的险峻，才有机会欣赏自己的卓越。

创新创业要有好老师。在这一过程中，指导老师就是我们的"定心丸"，他是我们学习的典范，更是我们的精神支撑，所以在创业的过程中一定要给自己选择一个好老师。在创业的道路上，如果从头至尾都能有一个好老师的话，你的道路会走得更顺畅。其次是要做好充分的心理准备。如何去创业成功也是一个难题，充分的思想准备必不可少，要有平和的心态，能够接受成功，也能够经受失败的打击。有一点是很重要的，千万不能盲目，不能让自己陷入一个极端中。再者，当一切准备好，没有创业资金也很难推进项目。我们在老师的资助和自己的努力下，规划好每一分钱的使用，让每一分钱都用在点子上。

创新创业要有好团队。团队对一个创业者来说，在其创业的道路上起着至关重要的作用。正如卡内基说："把我的厂房拿走，把我的人才留下，一年后，我将建起新的厂房。"由人才构成的团队，正是如此重要。团队未必能在最初的时候就如同铜墙铁壁，坚不可摧，但因为多人多能，各尽所需的配比与互补，使得哪怕每个人仅仅在所在领域拥有一点点的经验，也可以让团队整体的力量很强大。所以团队于创业者，就如同水之于鱼，确实是必不可少的因素。我们经常这样调侃自己"我们是 796 团队"：早上 7 点起床、晚上 9 点睡觉、6 个人的一天。从最开始大家一起成全创业者，到最后创业者成全团队，这种互动与互进，让创业者在创业的途中，总能看清自己。无论是风光时还是失败时都不至于过分喜悲。团队扶持，让创业之路不孤单。正所谓，德不孤，必有邻。人与人在一起叫聚会，心与心在一起叫团队。

创新创业要有好心态。拥有良好的心态，尤其是对创业风险具有清醒的认识，并充分拥有应对风险的心理准备，是创业成功的必要条件。大学生受年龄及阅历等方面的限制，未必对创业风险具有清醒的认识，缺乏对可能遭遇到风险的必要准备。在缺乏良好心态的情况下，创业前景也会受到相应不利影响。

创新创业要坚持不懈。在创业这条道路上，需要的是执着、冷静和坚持不懈的努力。大学生创业者往往有一大部分喜欢急于求成，妄想一飞冲天，甚至还沉浸在美妙的幻想之中，认为创业是条坦途，盲目乐观，丝毫不曾察觉创业之中蕴含的辛酸困苦，一旦失败就一蹶不振，颓废堕落，失去年轻人应有的朝气拼搏。我想，当我们要选择创业这条道路时，就必须坚定信念、迎难而上、坚持不懈。作为青年人，更要以永不懈怠的精神状态和一往无前的奋斗姿态，披荆斩棘、砥砺前行。

五、导师寄语

现在传统节日逐渐回归了，传统体育运动也要回归到我们生活当中。舞龙舞狮不仅要在中国得到广泛开展，还要在全世界生根发芽、茁壮成长。龙是中华民族的图腾，作为龙的传人，我们要做的就是把中国的民族传统体育项目推向世界。民族的才是世界的。

——彭成根（湖南农业大学体育学院副院长）

“龙腾狮舞”团队的创新创业项目以龙狮文化为载体，依托湘潭医卫职业技术学院龙狮协会，在湘潭市文化旅游广电体育局、湖南省非物质文化遗产“湘潭火龙”继承人的政策和技术支持下，构建“龙狮文化+民族艺技+教育基地+文化产品+O2O 模式”为一体的发展模式，致力于促进龙狮文化的传播、推动龙狮文化的传承与开发，打造湖南高职院校“一校一品”及湘潭市龙狮文化城市名片，形成龙狮文化产业链良性发展。

——龙婷婷（湘潭医卫职业技术学院教师）

六、项目风采小视频

七、项目计划书

本项目计划书选自第十四届“挑战杯”湖南省大学生课外学术科技作品竞赛三等奖作品“龙腾狮舞”项目（内容酌情修改）。

案例目录

一、项目背景
1.1 政策背景
1.2 文化背景
1.3 社会背景
二、项目介绍
2.1 技术优势
2.2 合作交流
2.3 商业模块
2.4 目标客户
2.5 产品价格
2.6 推广平台
三、市场营销
3.1 营销方式
3.2 推广模式
四、风险与对策
4.1 技术风险及防控
4.2 市场风险及防控
4.3 财务风险及防控
4.4 环境风险及防控
4.5 管理风险及防控
五、发展预测
5.1 发展前景
5.2 发展规划
5.3 发展战略

案/例/正/文

一、项目背景

1.1 政策背景

2014年，教育部印发《完善中华优秀传统文化教育指导纲要》中指出，把中华优秀传统文化融入课程和教材体系。让中华优秀传统文化教育跃升至“文化强国”的战略高度，推动中华优秀传统文化进校园已成为国内教育界的共识。

2017年，《关于实施中华优秀传统文化传承发展工程的意见》（以下简称《意见》）发布，积极推动中华优秀传统文化保护发展传承体系建设。《意见》中明确指出，把中华优秀传统文化全方位融入思想道德教育、文化知识教育、艺术体育教育、社会实践教育各环节，贯穿于启蒙教育、基础教育、职业教育、高等教育、继续教育各领域。加强中华优秀传统文化相关学科建设，重视保护和发展具有重要文化价值和传承意义的“绝学”、冷门学科。推进职业院校民族文化传承与创新示范专业点建设。丰富拓展校园文化，推进戏曲、书法、高雅艺术、传统体育等进校园，实施中华经典诵读工程，开设中华文化公开课，抓好传统文化教育成果展示活动。

2020年，中共中央办公厅、国务院办公厅印发《关于全面加强和改进新时代学校体育工作的意见》中明确提出，推广中华传统体育项目。认真梳理武术、摔跤、棋类、射艺、龙舟、毽球、五禽操、舞龙舞狮等中华传统体育项目，因地制宜开展传统体育教学、训练、竞赛活动，并融入学校体育教学、训练、竞赛机制，形成中华传统体育项目竞赛体系。涵养阳光健康、拼搏向上的校园体育文化，培养学生爱国主义、集体主义、社会主义精神，增强文化自信，促进学生知行合一、刚健有为、自强不息。深入开展“传承的力量——学校体育艺术教育弘扬中华优秀传统文化成果展示活动”，加强宣传推广，让中华传统体育在校园绽放光彩。

1.2 文化背景

文化，乃民族命脉，精神家园也。少年，乃国之未来者，少年强则国强。中华优秀传统文化的传承和发展，是社会各界普遍关注的问题。学校对于传统文化的传承与发展又具有重大作用和影响力。在国家倡导文化自信的背景下，将民族传统体育项目引入广大青少年，顺应了时代发展的需要，并且能够丰富学校的体育教学内容，增强学生文化自觉的意识。初、中等教育学校作为我国人才培养的中坚力量，对推进民族传统体育进校园进程的不断发展深化以及中华民族传统文化的保存与传承、融合发展具有重要意义。

我国非物质文化遗产领域已经形成国家、省、市、县四级保护体系。国家级非物质文化遗产代表性项目1372项，认定的国家级非物质文化遗产项目代表性传承人近2000人。

1.3 社会背景

1.3.1 青少年传统文化缺失

近年来，中国青少年受西方文化熏陶严重，对传统文化的了解少之又少，我们的文化高地正在被西方文化占领，已经引起国家的高度重视。

随着网络信息化的发展，当代青少年的思想受到了西方社会文化观念的猛烈冲击，我们在吸取西方文化精髓的同时，不得不正视这样一个问题：这场史无前例的全球性文化变革，使得饱经沧桑的传统文化被泛滥的快餐式文化涤荡无存，甚至取而代之。而网络、新传媒等资讯传播方式的出现一度颠覆了中国传统文化的价值取向和现实意义，从而让在这种环境下成长起来的青少年们在认识与传承传统文化方面出现了严重的偏差或迷失。青少年对传统文化的价值观念，直接影响着传统文化的继承与发扬。

根据青少年对传统文化知识了解情况的调查发现，现在的青少年非常缺乏对传统文化的了解，并且还出现了偏差。

1.3.2 青少年体质下降

根据我国青少年体质健康发展报告显示，我国青少年身体素质存在肺功能水平低、超重肥胖增多、近视发生增加、血压调节能力不良的问题。我国儿童青少年体质健康主要指标连续二十多年下降，33%的青少年存在不同程度健康隐患，“小眼镜”“小胖墩”“小糖人”等情况突出。

2019 年第 12 期《柳叶刀-儿童与青少年健康》发表了一篇关于中国 7 到 18 岁青少年身体素质的研究报告。研究分析了从 1985 年到 2014 年，近 150 万名中国青少年的体测数据（肺活量、立定跳远、仰卧起坐、肌肉力量、50 米跑和耐力跑），得出结论：以 1985 年调查结果为基准，将中国儿童和青少年身体质量指标值设定为 0 的话，从 1995 年到 2014 年，中国儿童和青少年身体素质情况下降了 167%。1995 年是青少年体质指标最高的一年，这一年，体重在正常范围的孩子占比也最多。文章认为，随着城市化快速发展，城乡学生的体质都出现下滑，男生的身体素质比女生下降更多，特别是肥胖的男生。

龙狮运动作为一项具有观赏性、竞技性的运动，深得广大中小学生的喜欢。将龙狮运动引入学校体育课堂或特色课堂中，能够增加课堂趣味性和特色化，丰富学生的校园生活，同时能够强身健体，提升身体素质。

1.3.3 体育将在中高考中“硬起来”

新华社的一篇报道介绍，据我国东北某省会城市学生体育艺术发展中心的统计，当地的中学生运动会纪录普遍“沉睡”多年，有的项目甚至 40 年无人打破：女子 800 米纪录是 1977 年创造的、女子 100 米纪录要追溯到 1979 年、男子 110 米栏纪录为 1981 年创造……常常有这样的尴尬：从小学一年级到大学二年级，14 年的体育都是必修课。但是，很多人上了 14 年必修课却一项运动技能都没有学会。

《关于全面加强和改进新时代学校体育工作的意见》明确提出加强和改进新时代学校体育工作的总目标、时间表和任务图。即到 2022 年，通过两年的努力，学校体育教育教学质量全面提高，育人成效显著增强，学生身体素质和综合素养明显提升。到 2035 年，基本形成多样化、现代化、高质量的学校体育体系。

二、项目介绍

湘潭医卫职业技术学院于 2017 年组建龙狮队，2019 年成立龙狮协会及“龙腾狮舞”项目团队，2021 年被评为湘潭市市级非物质文化传承学校。龙狮运动在湘潭医卫职业技术学院有良好的基础，不仅纳入了全校公共基础课“体育与健康”课程的教学，共计 32 学时，并融入思政元素，构建“三全育人”的大格局。

项目团队在指导老师的指导下，屡创佳绩，曾在中国大学生体育协会主办的第十一届中国大学生舞龙舞狮锦标赛中获得男子传统北狮第一名；第十二届中国大学生舞龙舞狮锦标赛中获得男子、女子自选北狮、教学双龙第一名，团体总分第一名、女子团体总分第一名、男子团体总分第三名，一举斩获 5 金 1 铜；第十三届中国大学生舞龙舞狮锦标赛中，本团队荣获 3 金 2 银，并荣获体育道德风尚奖。近几年总成绩名列全国高职院校第一名。

2.1 技术优势

2.1.1 本项目团队将湖南省级非遗传统文化龙舞“湘潭火龙”与现代体育竞技“北狮”结合在一起，独创龙狮徒手操，便于广大龙狮运动爱好者场地、设施受限时学习，特别适合农村、偏远山区中小学学生。徒手操教学视频已经发布线上，全部免费观看。

2.1.2 本项目团队开发的《龙狮运动》公开课程在由教育部主办、中国青年报社承办的 2019 年《传承的力量》活动中被评为“优秀”，并在中国青年报——中青在线栏目进行全程展播，同时遴选为 2019 年《传承的力量》国庆节特别节目。

2.1.3 本项目团队开发的项目成功立项湖南省高校思想政治工作精品项目

（文化育人类），荣获湖南省第二届民族教育优秀教育教学成果三等奖。

2.2 合作交流

2.2.1 国际交流

龙狮运动已经从民间艺术转变为竞技体育运动的发展，从国家内部文化交流到国际跨文化传播发展。伴随着我国国际影响力的加深，引起各国人民对中华传统文化的关注，逐渐被世界各国人民接受，成为一种全球性的体育文化。

在2021年“红色庆典”长株潭·中华传统体育国际锦标赛上，我们团队与科摩罗、多哥、东帝汶、泰国、老挝等在华留学生组成的龙狮队伍同场竞技，赛后相互交流切磋，部分运动员也加入了我们的在线学习平台中。

通过这些交流活动，我国的龙狮运动和龙狮文化走向国际舞台，让更多的人参与和传承，进一步扩大了本团队龙狮运动和龙狮文化国际化传播的影响力。

2.2.2 国内交流

本项目团队积极参与国内的交流学习、比赛等活动，提高知名度，同时也取长补短，不断提高技术水平。如中国大学生舞龙舞狮锦标赛、各地举办的龙狮运动大赛、中华传统体育大赛、各地龙狮运动协会举办的交流会、一些大学的龙狮运动协会或者爱好者举办的交流会、“三下乡”社会实践活动、“非遗文化”进校园等活动。具体有：

（1）参加中国第十一届中国大学生舞龙舞狮锦标赛、第十二届中国大学生舞龙舞狮锦标赛、“红色庆典”长株潭·中华传统体育国际锦标赛等国际国内大赛，均取得了优异的成绩；受邀与长沙市望城区舞龙舞狮协会、温州市龙狮运动协会等单位进行交流、切磋。

（2）与湖南科技大学、湖南农业大学、湖南理工职业技术学院龙狮运动协会或者爱好者开展交流活动。

（3）参加了一些公益性演出，如湖南省首届医学技能创新创业大赛颁奖典礼、湘潭市五四表彰大会颁奖晚会、2019年湘江马拉松赛开幕式等活动。

（4）参加了暑期大学生“三下乡”活动，展示龙狮文化，助力乡村振兴，推进农村精神文明建设，满足广大农民的精神文化生活需求。

这些活动的开展，极大增强了我校龙狮协会的知名度与美誉度，同时也增强了本团队以及交流单位对民族文化的自豪感和使命感，增强了文化自信、坚定了文化自觉，具有极强的操作性、示范性、引领性，取得了良好的社会效益。

2.3 商业模块

采取互联网线上与线下相结合营销模式，推动龙狮文化传播、龙狮运动教育培训、文创产品销售、商业演出。

2.3.1 商业演出

随着本项目团队在国际国内一系列的交流活动的开展，知名度与日俱增，商业演出活动邀约不断，迄今已经参与30余场演出。包括开业庆典、婚庆典礼、奠基仪式、颁奖典礼、启动仪式、揭幕仪式、乔迁庆典、开工仪式、竣工仪式、开盘庆典、签约仪式、挂牌仪式、生日庆典、文艺晚会、答谢宴会、公司年会、新产品推广活动、文化推广活动等。

2.3.2 教育培训

目前主要开展的教育培训活动有：

（1）在湘潭市文化旅游广电体育局的大力支持下，本项目团队已经与省内20余家中小学签订合作协议，针对中小学第二课堂、中小学寒暑假素质拓展开展龙狮运动教育培训活动。

（2）与湘潭斌晟体育发展有限责任公司签订合作协议，共同举办龙狮运动培训班。培训班分初、中、高三个等级，每期10个课时，5人即可成班。初级班注重龙狮基本功和基础技术的掌握，包括步型步法、肩功、腰功、腿功等。中级班以舞龙舞狮难度技术和造型组合为主，包括“8”字舞龙、直躺舞龙、单跪舞龙等。高级班强调套路编排及演练。

2.3.3 文创产品

本项目团队已创意开发“龙腾狮舞”系列文创产品，如“北狮”水杯、“狮子王”胸针、“雄狮”T恤、“萌狮”手机壳等多种龙狮文化产品，销售及赠送龙狮文化爱好者1900人次；设计新颖、时尚、环保、传统文化气息浓厚，深得广大龙狮运动爱好者的喜欢。

2.4 目标客户

根据本项目的商业模块，可以确定其目标客户：

（1）商业演出：开业庆典、婚庆典礼、奠基仪式、颁奖典礼、启动仪式等；

（2）教育培训：国内外广大青少年（龙狮运动爱好者）；

（3）文创产品：国内外广大青少年（龙狮文化爱好者）；礼品公司。

2.5 产品价格

2.5.1 商业演出

中国传统观念以双数为吉，且龙狮基本设定为一公一母。因此商业演出按照出动的龙狮数分三个套餐，价格不同。

套餐一：两狮　　998 元/次

套餐二：两龙　　2498 元/次

套餐三：两龙两狮　3498 元/次

客户可以单选套餐也可以自己组合。

2.5.2 教育培训

按照培训对象不同，教育培训分为三类。

（1）第一类：中小学第二课堂培训

此类教育培训以湘潭市初中及小学的第二课堂培训为目标，与学校合作，招收有舞龙舞狮素质的或者对舞龙舞狮感兴趣的中小学生。

课程主要内容为龙狮基本功、基础技术、造型以及身体素质训练。

（2）第二类：中小学寒暑假素质拓展

此类培训以中小学龙狮爱好者及愿意提高身体素质同时学习一些舞龙舞狮技术的中小学生为主。

暑假素质拓展为 10 天一期，880 元/期，10 人成班。

寒假素质拓展为 7 天一期，680 元/期，10 人成班。

（3）第三类：社会培训

此类培训也是面向龙狮爱好者，分为初、中、高级三个等级。

初级班每期 10 个课时，680 元/期，5 人成班。

中级班每期 10 个课时，780 元/期，5 人成班。

高级班每期 10 个课时，880 元/期，5 人成班。

线上课程中，初级教学视频面向广大龙狮运动爱好者免费，中、高级教学视频 19.9 元/套，主要针对有一定基础的龙狮运动员或教练员学习。

2.5.3 文创产品

目前开发的文创产品除了以下产品外，还单独设计了产品手提袋、宣传单、海报、名片、优惠券、腰封等。

表7　文创产品类别及单价

产品类别	产品单价（元/件）
国潮T恤	25
手机壳	15
运动水杯	15
胸针	3
玩偶盲盒	25
签字笔	1
记事本	2

2.5.4 支付机制：服务对象通过微信公众号服务平台下单后直接支付，即完成电子支付。

2.6 推广平台

创建“龙腾狮舞”服务平台和App，推出微信公众号、抖音号、快手号。创建教学服务平台和文创产品出售平台，同时入驻微信、抖音、快手等社交App，宣传龙狮运动与龙狮文化。

三、市场营销

3.1 营销方式

根据本项目的商业模块，采用线上和线下混合营销模式。

线上营销：目标客户定位为9~40岁、对中国传统文化尤其是龙狮文化感兴趣者以及海外龙狮文化爱好者。

线下营销：目标客户定位为湘潭市城区和湘潭县城区中小学及中小学学生家长、国内房地产开发销售公司、各类专卖店、各类加盟店。

3.1.1 线上营销

线上主推数字化课程和文创周边产品。

（1）数字化课程类产品

① 利用超星学习通平台，搭建“龙狮运动”在线课程，将舞龙舞狮基本动作的分解讲解录成微课上传，供舞龙舞狮爱好者免费学习，并以此作为高级课程的推广。

② 将“龙狮运动”高级课程（共10节）打包在微信平台上有价销售，并

通过微信公众号、微博、小红书、抖音、快手等网络平台进行推广。

③ 与高校国际交流处联系，推广龙狮文化，并且吸引海外龙狮文化爱好者购买。

（2）文创产品

创建“龙腾狮舞”微信公众号，发布龙狮文化、国学文化、中国历史文化等内容宣传中华优秀传统文化，同时小程序售卖文创产品。

3.1.2 线下营销

线下营销主推中小学联合培训基地及商业展演。

（1）中小学联合培训基地

① 发挥我校龙狮队的技术优势、荣誉优势及位于市中心的地理优势，先立足于湘潭市岳塘区，逐一走访岳塘区的23所小学（含分校）与7所中学，免费进行公益表演，在中小学生中弘扬龙狮文化，提升中小学生的民族自豪感与文化自信。

② 利用中小学的第二课堂，有偿与中小学校共建龙狮培训基地，团队定期派人去已达成合作协议的中小学基地指导舞龙舞狮。

③ 寒暑假中小学生素质拓展。用我校自有的训练场地及教室优势，寒暑假提供中小学生半日托管服务，提供国学讲解、身体素质训练以及舞龙舞狮基础训练三项服务，既解决广大家长寒暑假无人看管孩子的烦恼，又让孩子们寒暑假锻炼了身体，提升身体素质，同时提高了孩子的中华优秀传统文化素养。

（2）商业展演

利用地方合作资源与地方企业资源，开展有偿展演活动。

3.2 推广模式

3.2.1 线上推广

（1）通过网络进行宣传，录制龙狮短视频，上传至大流量短视频平台，如抖音，面向所有网络使用者推广龙狮文化及团队的数字课程资源和文创周边产品。

（2）打造龙狮IP，结合古代神话传说，推出系列盲盒玩偶、五色签字笔组合等产品。

（3）在微信、抖音等网络平台开展抽奖或集赞活动，赠送龙狮文化创意产品，如T恤、手机壳、签字笔、记事本、胸针等，提升人气，吸引流量，扩大影响。

3.2.2 线下推广

（1）为文创周边产品设计配套手提纸袋，在增加产品精美性、高级性同时宣传了本项目。

（2）龙狮协会筹建初期，以提高协会知名度，迅速占领市场为重点。

① 定期举办舞龙舞狮联谊会，切磋技术，为龙狮协会成员与其他高校龙狮队成员搭建一个相互交流、相互学习的平台，使得今后有更多、更广泛的合作机会，相互竞争促使舞龙舞狮的蓬勃发展。

② 运用传播媒介开展宣传工作，树立良好团队形象。

③ 策划专题活动，吸引新闻界报道；邀请舞龙舞狮传承人等特殊人物参加庆祝典礼，提高龙狮协会知名度。

④ 以龙狮协会的名义发起或积极参与社会性的活动，在公益、慈善、文化、体育、教育等社会活动中充当主角或热心参与者，在支持社会事业的同时，扩大组织的整体影响。

（3）借助本土高校的外教、留学生以及国际文化交流大会传播龙狮文化，吸引海外龙狮爱好者，推动线上数字课程及文创周边产品的销售。

（4）以“传承传统文化，弘扬龙狮精神”的理念为基础，先立足湘潭市区，在中国传统节日到社区、学校校庆或举办运动会的日子到学校以及商城开张或促销的日子进行舞龙舞狮表演，以此树立良好的社会形象，推进线下的进一步宣传，在获得社会美誉、市场信任的同时，实现龙狮协会的长期性、低成本性的品牌效应。

（5）在节假日开展系列主题活动：春节、开学迎新、中考、高考等时机，选定目标区域客户开展免费上门舞龙舞狮送祝福活动，提升团队自身知名度，吸引目标客户。

（6）针对中小学学生开展“舞龙舞狮进校园”和舞龙舞狮夏令营活动。

（7）借助社会体育办学力量，共享其招生渠道，面向社会龙狮爱好者开展培训活动，定制专用宣传彩页及优惠券等进行推广，成功报名的学员可获得定制记事本一本。

四、风险与对策

4.1 技术风险及防控

4.1.1 技术风险

（1）舞龙舞狮的技术壁垒不高，竞争对手通过苦练，舞龙舞狮技术有超越我们的可能性。

（2）舞龙舞狮队员训练及展演时的伤病风险。

4.1.2 防控措施

（1）我们团队是属于大学生团队，所在学校为项目的实施提供了较好的技术支持和平台扶持。

（2）积极的调研，加强研发投入，注重针对中小学生的差异化训练，注重舞龙舞狮人才的招募与培训。

（3）注重对龙狮队队员安全意识和风险防范的教育；我校为医卫类学校，协会中有专门的队医以及康复治疗的医师，将为队员提供伤病康复方面的指导。

4.2 市场风险及防控

4.2.1 市场风险

（1）在进入市场前尽管也做了全方面的市场调查，但是每个学校的情况不一样，技术水平也参差不齐，暂时可能无法满足各学校特定的需求，就可能给我们团队带来一些困难。

（2）文创产品形式简单，过于单一，特色不够突出。

（3）部分家长对舞龙舞狮有一定的偏见，忽略了舞龙舞狮运动提高孩子身体素质的本质。

4.2.2 防控措施

（1）利用课余和假期时间为意向学校举办有专业教练指导的短期高效培训。

（2）团队组织龙狮队积极参加高级别的舞龙舞狮比赛，不定时去乡村或者广场进行义演，提升自身的水平及名气。

（3）开发更多符合 9 到 30 岁年轻人口味的文创产品。

（4）注重团队营销成员业务技能的提升。

（5）战略合作计划。争取与湘潭市文化旅游广电体育局、体育运动培训机构等签订合作协议，利用地方资源做好市场的开拓和发展。

4.3 财务风险及防控

4.3.1 财务风险

（1）本团队财务风险主要表现在资本构成、运营资本回收、资金利用率方面，没有对公账户。

（2）本团队的注册资本构成20万元为银行贷款，需要付出较高的资金使用成本，加大财务风险。

（3）本团队运营初期，资金使用量大；同时为打开市场，做了各项促销方案，如免费公益演出、推广赠送小礼品等，将导致资金回收周期加长。

（4）本团队的管理人员构成以技术人员为主，财务管理人员经验不足，在对资金利用方面，可能出现资金审核松懈、财务把关制度不严谨、日常支出占用资金状况严重等情况。

4.3.2 财务风险防控

（1）尽快注册法人主体。

（2）实行严格的资金借贷和运用审批制度，根据团队发展情况和资金市场变化，调整资本结构。

（3）使投资项目尽快产生效益，提高盈利能力，降低投资风险。

（4）加强对业务收入、业务支出、日常现金等的管理，在保持较高的流动性的基础上，减少资金占用，为团队扩大投资提供现金流。

（5）加大资本运营的力度，构筑和拓宽畅通的融资渠道，为企业的资金供应建立稳固的渠道，为团队的发展不断输入资金，同时完善团队自身的“造血”机制。

（6）加强对资金运行情况的监控，最大限度地提高资金使用效率，实施财务预决算制度。

（7）建立相应的财务风险预警机制，加强内部管理，严格规章制度，把可能发生的损失降低到最低程度。

（8）申请政府相关非遗文化传承支持资金。

4.4 环境风险及防控

4.4.1 环境风险

（1）未来市场会有更多竞争对手投入中小学培训基地及寒暑假托管，竞争将更加激烈。

（2）随着非遗文化传承项目的不断挖掘，龙狮项目的热度会逐渐减少。

4.4.2 防控措施

（1）项目稳定运行后将扩展产业链，持续研发其他与中华优秀传统文化及龙狮文化有关的项目。团队将迅速注册品牌商标，同时加大宣传力度，提高品牌知名度。

（2）创业初期树立湘潭医卫职业技术学院龙狮品牌保护壁垒，通过树立诚信、优质的品牌形象在行业中赢得竞争优势。

4.5 管理风险及防控

4.5.1 管理风险

（1）团队管理层结构偏向年轻化，具体运作方面的实战经验相对不足，理财、营销、沟通、管理方面的能力有所欠缺。

（2）随着团队的扩展也可能造成管理工作人员相对缺乏。

4.5.2 防控措施

（1）市场运作的成败取决于管理者的管理能力和对市场的分析和把握能力，而人才是关键，我们将聘请有经验的专家来指导，并让部分团队成员系统学习管理专业，增加基础管理知识。

（2）团队逐步完善组织架构、树立管理制度及激励制度，提升员工的工作积极性，规避团队管理上的错误，对团队所面临的相关风险进行及时的评估，最大限度地降低团队所承担的风险。

（3）后期随着团队的扩展，将面向全国公开招聘人才，并通过一系列措施保障计划的实施。

五、发展预测

5.1 发展前景

作为2021年全国14个体教融合青少年健身科普试点省份之一，湖南在全国率先启动青少年科普活动，积极发挥试点省份的示范引领作用，坚持“健康第一”的理念，在全省开展科学健身大讲堂、运动技能培训、体质检测及公益支教助学等多样化的科普教育主题活动，推动青少年体育活动的广泛开展，切实提升青少年科学健身素养和体质健康水平。

同时作为全国5个体教融合青少年体质健康干预试点省份之一，湖南也将在省内选取2个试点小学围绕“近视防控”“科学减脂”“体姿改善”连续进行为期3年的青少年体质健康调查和运动干预，通过试点学校的实践，以点带面，在全国推广湖南体教融合经验，并建立青少年体质健康干预的长效机制。

活动由国家体育总局青少年体育司指导，国家体育总局体育科学研究所技术支持，湖南省体育局主办。

我们团队应抓住这个契机，利用我校龙狮队因经过系统训练，又在各类比赛中与全国各地高手切磋交流，已逐步形成为一支有理论、懂技术的专业化教练员队伍的优势，以及团队领导人周洲火龙传人的身份，将龙狮运动向更多中小学学校渗透，协助各级学校将舞龙舞狮发展成有特色的体育课程，成为学校德、智、体、美、劳及思想道德和传统教育的一项重要内容。

5.2 发展规划

本团队注重短期目标与中长期战略的结合。

5.2.1 导入期（第1年）：

以“传承传统文化，弘扬龙狮精神”的理念为基础，立足湘潭市岳塘区23所小学及初中，以展演和中小学龙狮培训基地为主，寒暑假中小学素质拓展、文创产品和数字课程销售为辅。

5.2.2 推广期（第2年）：

在湘潭市岳塘区基础上，将中小学龙狮培训基地拓展至雨湖区（25所小学及初中）、高新区（3所小学及初中），寒暑假素质拓展招生共计70人，展演创收达10万元，文创产品销售额达40万元，数字课程销售达1000次，项目进入稳定运营并开始盈利。

5.2.3 发展期（第3年）：

在湘潭市区中小学的基础上将培训基地项目推广到湘潭九华区（16所小学及初中）、湘潭县城区（16所小学及初中），寒暑假素质拓展招生共计100人，展演创收达12万元，文创产品销售额达60万元，项目稳定盈利。

5.3 发展战略

龙狮项目将依托湘潭医卫职业技术学院、湘潭市文化旅游广电体育局、湘潭市教育局、湘潭本地高校国际交流处、湘潭大学对外汉语专业等地方资源合作的优势，抓住契机，充分利用市场需求，调整能力，不断提升自身舞龙舞狮技术水平，争取建立更多的中小学培训基地及寒暑假素质拓展班，同时针对中小学生研发与舞龙舞狮相结合的、能提升身体素质的体育锻炼方式，以及针对9到40岁左右的人群研发文化创意产品。

创业项目十二

守护“家”

——智能养老手环

一、创始人介绍　徐乐健

徐乐健，男，湖南长沙人，2000年出生，中共预备党员，湘潭医卫职业技术学院2019级老年保健与管理专业，守护“家”项目联合创始人。徐乐健项目团队研发的守护“家”——智能养老手环入选2019—2021年校级创新创业重点项目名单，获得了湖南普亲老龄产业发展有限公司董事长唐文湘的亲笔推荐和行业协会的推荐。获2021年度“百优十佳”学术科研之星，先后被多家媒体报道。先后带领团队斩获第十四届“挑战杯”湖南省大学生课外学术科技作品竞赛三等奖、2021年湖南省黄炎培职业教育奖创业规划大赛优胜奖。

二、守护“家”创业项目的起源

2019年10月，在专业老师的带领下我去到了湘潭市第六人民医院参观学习，这是一个以养老护理为主的医院，这让我第一次接触到了养老行业。在参观学习中，我了解到入住的患者大多是失智或失能的老人，对他们的看护要格外注意跌倒或坠床的情况。

同年的11月，我又在老师的带领下去到了湘潭市霞城敬老院、湖南普亲老龄产业发展责任有限公司等养老机构进行参观学习，随着了解的深入，我发现跌倒和坠床事件成了各类养老机构频发的不良事件，对医患关系也造成了不良影响。这引起了我的思考，这种现状能否被改变？

2019年12月，我看到了学校创新创业点子大赛的通知。从小就有一个创业梦想的我决定组队参加这个比赛，但是做什么项目让我陷入了思考。我开始认真观察生活的点点滴滴找寻灵感，刷手机时也不再漫无目的地看。一则新闻《父母老了，24小时你还敢关机吗》引起了我的关注，新闻中儿子外出应酬，家中父亲突发高血压昏迷，母亲连连拨打儿子电话，儿子手机持续关机状态，母亲焦急无措……如今老年人突发意外事件不断攀升，外出工作的子女因无法及时收到通知，最终酿成悲剧。这则新闻让我想起前两个月在养老机构参观学习的经历，在有看护的养老院里也经常有老人坠床不被及时发现的情况。我思索着，我的项目是否可以从帮助这些老人及时获得救助出发。这个想法让我感到兴奋，作为医学生的使命感油然而生，我要努力把这个项目做起来，为养老事业贡献自己的一份力量。

三、项目发展过程中的关键点

感遇良师，确定方向

创新和创业，两个远在天边却又近在咫尺的词语，在大学中交汇了。我接触到了创新与创业的脸庞，它不再模糊隐约，却也不是那么简单易为。

2019年12月，在指导老师的引导下我组建了最初的守护“家”研发团队。

开始对市场进行走访调研，最初我的思路仅仅在于设计一种养老模式，可当时没有一种统一的模式，都各有千秋。我想从专业角度出发，也还想着要去结合日本的养老模式。但是由于我的社会经验不足，遇到了很多的质疑与困难，这些也只是我空有想法而已，真的要做到很难。于是我和团队成员开始探讨是否需要换一个方向，聊着聊着聊到了实体化，通过一个成功的例子来证明我的成果是成熟的，可以盈利和发展的。但在这时，老师指出，实体化的前期资金和投入是巨大的，收回资金的时间也是未知数，项目的持续发展性有待考量。在老师的建议下，我们最终将项目定为设计一款穿戴式的养老产品。

当我们开始讨论如何去研发这个产品时，就遇到了项目中的方向选择问题，我们只懂得如何让产品去完成某一个功能，但是在采取什么方式实现功能，达到技术和需求的深入融合上没有思路。首先就是要确定产品的类型，团队成员为此开展了分析和讨论，给出了几种备选的方案，一种是将产品做成钥匙扣或者纽扣电池样式，很多 GPS 定位的产品都采取这种方式，优点是体积小、较为隐蔽，可防止部分老人排斥此类产品的情况出现；一种是头戴式或者挂脖式，优点是便于呼叫双方通话，对于摔倒的感应报警更为灵敏；一种是手环，手环便于进行心率血压监测，但传统手环已是最常见的产品，如何体现守护“家”项目的创新性，如何从同类产品中脱颖而出存在不小的问题。经过团队成员赴 15 家医院、养老机构进行调研，询问了 300 多名老人以及医护工作者，寻求 8 大需求最佳的承载形式，技术和理论上我们反复研讨，发现很难以某种产品形式完美地结合所有预期的功能，一些想法提出来又不断被推翻，时间一天天过去，我们一度打算放弃，换一个没有技术含量的项目或者减少几项功能来做。我们将这个想法和老师商量后，老师给我们讲解了研发的过程，鼓励我们不要放弃，要相信自己，不懂就学，向生活学习，向网络学习，向专家学习。每天晚上陪我们一起查阅资料，一起解决实际问题，还帮我们请了工程学院电气研究室的学长给我们讲解他们的研发之路，经过老师的不断鼓励和指引，我们团队终于树立了研发信心，不怕困难，迎难而上。综合考虑，智能手环是具有较好兼容性的搭载平台，团队决定以智能手环作为我们研发的方向，同时在 8 项技术功能的改进创新、落地落实下进行努力。

保持定力，不断前行

作为一个学生创新创业团队而言，我们遇到过的最大问题从来不是理论有多么难以突破，而是我们是医学生，仅凭我们的专业加自学显得有些杯水车薪，虽然确定了研发方向，但从设想到养老手环功能的实现并不能一蹴而就，每一项功能都要落地，尤其是异常状态报警、智能家电语音操作、GPS 定位等核心模块的功能要一一测试通过。记得一个夏天的晚上，我们团队成员分别将 8 项功能进行联合测试，当最后一个项目通过测试时，大家都欢呼起来，这代表着我们当初的设想得到了验证，代表着我们研发的方向没有跑偏！似乎我们离成功仅仅一步之遥。第二天，当大家再次回到实验室，准备将各组芯片和配件进行组装的时候，一个现实问题摆在了面前：即使最大限度地减少体积，仍然超出了智能手环内部空间，有个同学喃喃道："完了，我们的智能手环要做成臂环了！"听了他的话，我觉得又好笑又生气，好笑的是手环变臂环的画面，生气的是自己作为团队负责人没有提前做好安排，一直考虑的是技术研发和功能实现，但小型化这个新的难题就这样拦在了我们前面。进度一度停滞不前，老师带我们找到了湖南工程学院电气专家，在他的帮助下最终寻找到了小型化替代、整合功能、工艺重新设计三条途径，使得我们的智能手环项目回到正轨。值得一提的是，我们的这番波折，反而让我们走出了创新的道路，好消息传来，我们的产品外观获得了国家专利，大家的精神为之一振。

不断突破，日趋成熟

产品终于完成了组装，我们迫不及待地想去查验成果，于是带着新鲜出炉的手环找到了一直联系的医疗机构，医生很热情地接待了我们，认真地听了我们的讲解，然后提出了问题。我们也将产品给部分人员展示和试用。可惜命运再一次跟我们开了玩笑，我们的产品并未得到患者与医生的肯定，有的说这不就是个小天才手表吗，别人早就做出来了；有的说功能不实用；有的说价格太高不能接受，一时间为整个团队蒙上了一层阴影，我们辛辛苦苦半年多的成果就这样被人否定，甚至一度质疑自己是不是一开始就错了。上天给你关上一扇门的时候，必然会给你打开另一扇窗，这时候，我们的老师带领我们团队找到了湖南普亲老龄产业发展责任有限公司相关负责人，他们分别从专业视角给出了很好的解答和建议，我们将手环功能进一步升级和优化，将技术原理反复论证，同时大家也提出了很多宝贵的建议，我们经过调查分析，老年人对于现代网络技术的掌控水平并不是很高，为了降低产品的使用难度，在面向老年人的相关功能上采用了非联网交互相关技术，突出了其适应性、便捷性、易上手、操作少、反馈快、交互功能多等优点。这将是我们后续迭代更新最主要的参考依据。

守护“家”团队所取得的成绩

第十四届“挑战杯”湖南省大学生课外学术科技作品竞赛三等奖

2021 年湖南省黄炎培职业教育奖创业规划大赛优胜奖

四、创业者杨群珍的反思与经验

生命不惜，奋斗不止

小时候我的梦想是成为一名企业家，但是真正经历了一次创新创业项目，我才切身体会到，创业是一件非常艰难和充满挑战的事，当然也是一个收获成长的过程。在推进守护“家”项目的过程中，我经历了挫折和失败，最终也收获了比赛的荣誉。无论失败还是成功，对于年轻的我来说都是人生中宝贵的经验财富。作为新时代青年，我们应该有初生牛犊不怕虎的勇气，向着充满希望的未来奋力拼搏！

在项目研发的过程中，我发现，大学生创新创业大赛是一个不断探索的过程，我需要对市场调研进行分析，对社会“痛点”深入思考。我们“居家智能+”实时监测异常报警的手环，就是为了解决老龄化社会下困扰每一个家庭的独居老人安全问题。

其次，我认为坚定地朝着既定方向前行尤其重要。我带着团队成员在多次实验中慢慢地寻求方向，我记得刚开始接触创新创业大赛的时候，那年暑假我们也是经常熬夜写计划书、改 PPT、设计产品、改良产品。那段日子，很苦很累，但是也很甜。我们一起看过夜晚的月亮，清晨的太阳，一起笑过哭过。那段时间最大的感触就是创业就好比爬山，假如你没有爬山的想法，那你就永远不知道山顶的风景是怎样的；如果你爬到一半爬不动了想放弃，你就只能回忆沿途的景色；但当你坚持不懈地爬到了山顶，就可以看到风景的艳丽，感受到成功的喜悦。

成功从来都不是一蹴而就的，它是一个在不断失败中突破自己的过程，犹如凤凰涅槃，有人失败过后一蹶不振，也有人越挫越勇，激流勇进。

五、导师寄语

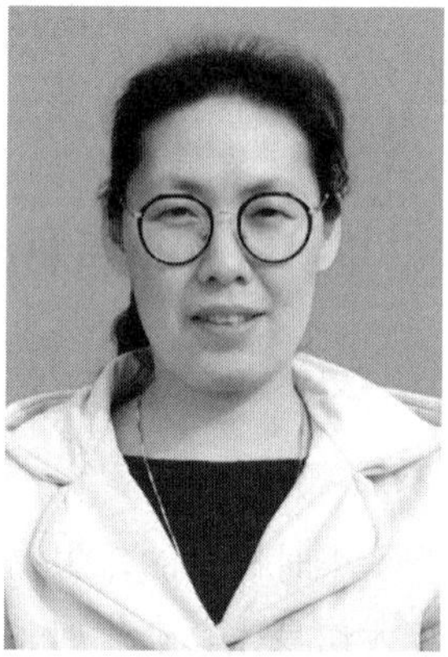

“他们不畏艰难，水滴石穿；他们不舍昼夜，刻苦研学；他们大胆假设，小心求证。守护‘家’团队，用求索和实践勾勒青春蓝图，用勤奋和汗水谱写人生华章。”以上这段话是守护“家”团队在2021年“百优十佳”评选活动中被评选为十佳学生科研之星时的颁奖词，也是守护“家”团队的真实写照。守护“家”团队创始人徐乐健根据实践创新的要求，组建守护“家”创新创业团队，积极开展创新创业。为了做好创新创业，在老师的带领下，不断在创新创业领域寻找资料，进行大量的社会调研。师生团队通过每天加班、查阅大量的资料、搜集相关知识、询问专家老师、参加创新创业培训会、学习申请专利等，锻炼了自己的独立解决问题和思考及科研能力。现代大学生就应该要具备创新精神、科研精神，有着对传统观念和传统行业挑战的信心和欲望，而这种创新精神也往往造就了大学生创业的动力源泉，成为成功创业的精神基础。大学生创业的最大好处在于能提高自己的能力、增长经验，以及学以致用；最大的诱人之处是通过成功创业，可以实现自己的理想，证明自己的价值，让创新创业塑造更美好的世界。

——成玉梅（湘潭医卫职业技术学院教师）

六、项目风采小视频

七、项目计划书

本商业计划书选自第十四届“挑战杯”湖南省大学生课外学术科技作品竞赛三等奖作品守护“家”项目（内容酌情修改）。

案 例 目 录

一、执行摘要

1.1 产品简介

1.2 市场前景

1.3 社会“痛点”

1.4 产品研发

1.5 文化创新

1.6 市场营销

1.7 项目规划

1.8 社会价值

二、项目背景

2.1 政策背景

2.2 行业背景

三、产品介绍

3.1 产品简介

3.2 产品功能

3.3 产品优势

3.4 功能模块

3.5 产品结构

3.6 竞品分析

3.7 产品价值

四、市场分析

4.1 市场机会

4.2 市场容量

4.3 市场细分

五、营销计划

5.1 目标市场

5.2 产品分类

5.3 品牌策略

5.4 推广方式

5.5 价格策略

5.6 营销队伍

5.7 推广策略

5.8 产品服务

六、管理体系

6.1 职责分工

6.2 管理方法

七、发展规划

7.1 公司规划

7.2 项目规划

案/例/正/文

一、执行摘要

1.1 产品简介

守护“家”——智能养老手环是一款集居家智能、监测异常自动报警、SOS 紧急呼叫、八重精确定位、大声音大按键、双向清晰通话、心率血压监测等多方位需求为一体的多功能智能穿戴设备，逐渐实现由智能“助老”向智能“用老”和智能“孝老”进发。为老人的生活全方位、全过程的保驾护航。

1.2 市场前景

同类产品市场聚焦运动模块，对医疗穿戴设备少有涉及。我们以《智慧健康养老产品及服务推广目录》中选出在国内智能手环市场上排名前三的华为、小米、乐心；分析其功能以各类运动为主，受众的群体以中青年为主；而我们守护“家”手环是一款专属老年医疗穿戴设备。团队通过走访、调研，总结出老年群体情感需求，运用到手环上，通过“人体工程学设计”的研究方法，专属设计，能够更好地服务老年人生活。

1.3 社会“痛点”

《父母老了，24 小时你还敢关机吗》央视新闻报道，儿子外出应酬，家中父亲突发高血压昏迷，母亲连连拨打儿子电话，儿子手机持续关机状态，母亲焦急无措……如今老年人突发意外事件不断攀升，外出工作的子女因无法及时收到通知，最终酿成悲剧。这样的悲剧每天大约有 2600 起发生，成为每个家庭的一大困扰。如何及时有效地防止与缓解意外的发生呢？这是我们思考的问题。

1.4 产品研发

本项目是在我校老年保健专业团队和湖南普亲老龄产业发展责任有限公司提供的专业支持下，共同研发“守护‘家’——智能养老手环”。

1.5 文化创新

理念创新：首次实现了系统服务协同机制，融入了人体工程学设计，通过功能组合实现了物联网远程控制与人体健康实时监测、身心陪同需求的完美结合。

功能创新：多功能组合，系统服务老人生活。

(1) NB-loT（窄带蜂窝物联网）技术、实时监测心率、定时测量血压、IP68等级防水、守护“家”24小时守护中心功能等五大功能相结合。

(2) 帮助家庭、养老机构快速了解老人的身体状况；知晓老人的出行情况，定位患有阿尔茨海默、失智等疾病的老人，防止走失；为行动不便或沟通困难的老人，提供智能居家功能，解决生活难题。

服务创新：

(1) 24小时开放排除系统故障，一键呼叫，及时进行故障排除，畅通平台，避免信息受到阻断。

(2) 建立对接子女、父母、医院、养老机构的信息渠道，远程操控技术，真正实现消费无忧。

(3) 为满足消费者需求，产品提供私人订制服务。

1.6 市场营销

本公司将建立自己的营销体系（包括线上线下、以客户为中心进行差异化、个性化和整体方案的定制等多种销售方式组合），建立自己的客户群体。利用电视媒介、报纸、微信公众号、产品销售网站等方式扩大产品知名度、促进产品的销售。

1.7 项目规划

目前二代产品已研制成功，接下来对二代产品使用用户反馈信息进行分析总结，不断优化产品，针对未开发的功能逐一进行突破，进入三代产品的研发。

1.8 社会价值

产品主要是利用物联网实现手环控制智能家居的同时，防止老人发生意外。

(1) 可用作控制智能家居，解决行动不便的老人一些生活上的难题。

(2) 可对老人身体实时监测异常报警，避免老人突发意外抢救不及时。

(3) 可实现心率血压监测，实时监测老人身体健康。

(4) 可实现八重精确定位，实时监测老人去向，防止失智老人走失问题。

二、项目背景

2.1 政策背景

国家政策重点扶持智慧健康养老，带来了发展机遇。《关于推进养老服务发展的意见》中提出实施“互联网+养老”行动。2020年我国老龄化日益严峻，改善养老环境迫在眉睫。2021智慧康养高峰论坛提出，智能养老模式将会成为未来养老中的主流模式。

2.2 行业背景

人口老龄化所面临的一系列问题带来的巨大市场需求，促进行业发展。空巢老人在生活中缺乏子女照料，居家和出行都有极大不便。2016年，中民社会救助研究院联合今日头条在民政部发布《中国老年人走失状况调查报告》显示，每年全国走失老人约有50万人。根据第七次全国人口普查数据推算，2020年我国空巢老人达1.2亿人。因此，居家养老以及养老机构存在巨大的智能养老需求。

三、产品介绍

3.1 产品简介

我们第一代手环的主要功能是紧急呼叫定位，当老年人发生突发情况时，可按紧急呼叫定位按钮，一键呼叫功能直接将老人信息与定位发送给医院和子女，使老年人在发生意外时获得急救机会。

我们第二代手环将在第一代手环的基础上增加智能家居功能并且优化多方面的功能。

3.2 产品功能

（1）除了结合市场现有产品的功能之外，本产品创新点在于加强了与物联网、智能家居方面的合作，根据当代市场背景以及人文环境，与智能家居和服务平台合作。

（2）创新使用模式分为无网与有网两个独立的系统，大大增强了产品的环境适应性、便捷性，针对不同人群体现其灵活性。

（3）具有报警功能，可应用于老人意外摔倒、受到撞击，心率、血压、血氧饱和度异常或空气质量差存在有害气体等情况。

（4）具有离线语音功能，实现日常生活中基本的交互和问答（健康状况、调理建议、饮食注意事项等）。

（5）使用对象不仅仅是老年群体，还有通过相关功能与父母联系的子女。

（6）物联网的基本工作原理是通过各种信息传感器、射频识别和技术、全球定位系统、红外传感器、激光扫描器等各种装置与技术，实时采集任何需要监控、连接、互动的物体或过程，采集其声、光、热、电、力等各种需要的信息，通过各类可能的网络接入，实现物与物、物与人的泛在连接，实现对物品和过程的智能化感知、识别和管理。将手环和物联网结合起来，将产品提升到一个新的高度，同样也是老年手环的一大亮点。市场定位和发展战略明确，在手环上做好老年用户在物联网方面的体验，极大解放了老年用户的双手，具备便捷性、安全性、及时性。

3.3 产品优势

除市场现有产品的功能之外，本产品创新点在于加强了与物联网、智能家居方面的合作，根据当代市场背景以及人文环境，与智能家居和服务平台合作。如今老年人对于现代网络技术的掌控水平并不是很高，为了降低产品的使用难度，在面向老年人的相关功能上采用了非联网交互相关技术，突出了其适应性、便捷性，具有易上手、操作少、反馈快、交互功能多等优点。

3.4 功能模块

（1）报警系统

① 当老人意外摔倒（系统检测产品有类似自由落体运动或趋势时）。

② 当老人受到撞击（系统检测到产品受到猛烈撞击时）。

③ 当空气质量差或存在有害气体（离子式烟雾传感器检测前端甲醛传感器，PM2.5 传感器，TVOC 传感器检测到异常情况时）。

④ 遭遇火灾，意外落水（温湿度传感器检测到环境超过预设最高温度和湿度）。

⑤ 心率、血压、血氧饱和度异常（数据对比）。

⑥ 系统因外部因素出现关键问题。

（2）离线语音系统

利用离线语音识别模块 QLIFE-ASR06M 和 QLIFE-ASR01M 实现日常生活中基本的交互和问答（健康状况、调理建议、饮食注意事项等）。

（3）自动急救系统

当报警系统启动并持续报警时，自动向当地医疗部门、道路监控相关部门和监护人发送当事人的定位并且简要阐述报警原因。

（4）自动播报与提示系统

① 在报警系统启动前或在环境相关条件临近报警值时提前启动。

② 播报使用者的身体状况并附以相关建议（监护人设置播报频率）。

（5）自动定位系统

保持实时 GPS 定位（基本）。

（6）自动照明系统

通过光敏传感器检测不同光照情况并提供相应的补充光。

（7）相关子女及监护人

结合如今社会老人行动力不便，执行能力较差的现状，本产品的主要操控用户为相关子女及监护人，减少老人的使用难度。将大部分产品功能交给相关子女及监护人实现，真正达到老人养老、子女尽孝的目的。

（8）老人健康数据分析与管理

① 形成相应数据库，与大数据形成匹配并进行对比，智能形成相关调理建议。

② 每日形成健康报告，并与前阶段形成的个人身体状况报告对比，智能形成相应建议，监护人可选择发送至使用者产品并播报。

（9）监测系统

① 实时监测使用者位置。

② 实时监测使用者身体状况。

③ 实时检测使用者所处地区天气状况、空气质量，并与智能家居相结合，通过远程控制为使用者提供舒适的居住环境。

④ 监测使用者的睡眠质量。

（10）网上生活服务

通过与相关平台企业合作，共同建造一个全国大型的养老服务网站，集关爱监护服务、住院关怀服务、医疗在线服务、老人健康管理服务为一体的新型网上预约服务。

3.5 产品结构

基于 ST 公司的 STM32FX 系列智能手环开发相关闭环功能，由于 STM32F0 系列产品凭借超低功耗的 ARM Cortex-M0 处理器内核，整合增强的技术和功能，瞄准超低成本预算的应用。该系列微控制器缩短了采用 8 位和 16 位微控制器的设备与采用 32 位微控制器的设备之间的性能差距，能够在经济型用户终端产品上实现先进且复杂的功能。

（1）当老人意外摔倒

运用重力传感器形成加速度传感器，采用弹性敏感元件制成悬臂式位移器，与采用弹性敏感元件制成的储能弹簧来驱动电触点，完成从重力变化到电信号的转换。根据压电效应即“对于不存在对称中心的异极晶体加在晶体上的外力除了使晶体发生形变以外，还将改变晶体的极化状态，在晶体内部建立电场，这种由于机械力作用使介质发生极化的现象称为正压电效应”。利用其内部的加速度造成的晶体变形这个特性，由于这个变形会产生电压，只要计算出产生电压和所施加的加速度之间的关系，就可以将加速度转化成电压输出。

（2）受到撞击

通过压力传感器实现该目的，由于压力传感器通常由压力敏感元件和信号处理单元组成。电阻应变片是压阻式应变传感器的主要组成部分之一。吸附在基体材料上的应变电阻随机械形变而产生阻值变化的现象，俗称为电阻应变效应。

（3）检测空气质量

通过甲醛传感器，PM2.5 传感器，TVOC 传感器以及温湿度传感器的信号，通过运算放大器将传感器的微弱信号放大，并通过滤波电路去除噪声干扰，然后通过 AD 采集，采用 32 位高精度 CPU 处理计算，转化为污染物浓度值，并加以显示。

（4）火灾，落水等突发事件

离子感烟探测器是以电离烟雾检测器件 MC14467 为核心，体积小，安装简便快捷，经久可靠。该探测器工作电源为+24V 直流输入，输出+10V 工作电压，采用电容器蓄能，稳压管稳压，晶体管驱动的方式，为探测器提供+10V 的直流工作电压。该电源的前级蓄能电容 C9，由于选择了耐压为 25V 的电容器，限制了输入电压的峰值必须小于 25V，这就是该电容多次被击穿的原因，建议更换为耐压值大于 35V 以上，该探测器对系统输入电源的要求就不会太苛刻，输入电压的最大峰值应该可以放大到 30V，后一级工作电源的蓄能电容器 C7，建议增大电容器的容值，这样，在探测器充电间隔期间的工作电压衰减会相对小一些。该电源的最低输入电压值若只考虑稳压管的最小稳压电流和 T2 导通时经 R7、R8 分压到 MC145027 芯片的输入应≥9V，以及两次充电间隔期间蓄能电容器 C7、C9 保证探测器的正常工作电压最低可达 20V。

一般情况下漏液检测线缆的其中两根导线间的电流值为正常监视值，当检测线缆被液体浸泡后，两根导线之间被短路，漏液控制器收到短路信号立即发出报警。

（5）测量心率，血压

采用光电透射测量法技术，绿光光电测量法是由两个绿色波长的发光 LED 和一个光敏传感器组成，位于心率表的背部。其原理是基于手臂血管中的血液在脉动的时候会发生密度改变而引起透光率的变化。发光 LED 发出绿色波长的光波，光敏传感器可以接受手臂皮肤的反射光并感测光场强度的变化并换算成心率。绿光光电心率测量完全抛弃了心率胸带，并可以持续测量心率，计算平均心率，记录最大心率，设置心率报警区间。

（6）离线语音系统

在离线语音识别方面采用了市场上的 wel1803-sr 语音识别芯片，wel1803-sr 语音识别芯片是一款高性能、高识别率语音识别芯片，离线识别，可以实现固定词汇、非特定人识别，也可以播放语音。

① 支持语言：中文，英语。

② 识别环境：安静且无回声。

③ 识别距离：最好的识别距离为 5 米内。

④ 识别效果：5 米内识别率为 90%以上。

⑤ 识别方式：直接识别、按键识别、唤醒词识别。

⑥ 烧写特性：可多次重复烧写。

⑦ 工作电压：DC3. 3V。

⑧ 词条数量：支持 20 个以内的词条数，每个词条 4 个字左右。

⑨ 输出方式：PWM/IO/UART。

⑩ 温度范围：零下 20~75 摄氏度。

⑪ 封装语音识别芯片：wel1803-sr 语音识别芯片是一款具有高性能、高识别率的高端语音识别芯片。

⑫ 芯片封装：LQFP48。

（7）自动照明系统

通过光敏电阻、发光二极管、三极管、滑动变阻器组合。

3.6 竞品分析

（1）种类多样

当今为老年人开发设计的智能手环类产品多达300多种。在功能方面，这些手环大多可与亲属的手机绑定，通过手机终端监测老年人的状况。每款产品的功能各有不同，有些智能手环只有GPS定位和通话功能，仅适合监测运动轨迹；有些则相对高端，可以监测老人的血压、心率变化，遇到跌倒等突发情况会自动拨通子女电话或120电话向其求救。具备医疗类功能的智能手环略有欠缺。

（2）价格、技术差距明显

市场上智能手环类产品价格也存在差异，售价相差可达60倍。最便宜的一款老人智能手环类产品仅售49.9元，这款智能手环适合儿童和老年人使用，功能主要是GPS定位，发送语音、信息的微提醒，而平台上最贵的一款智能手环类产品售价高达2996元。根据介绍，这款专门针对老年人的健康智能手环具有智能定位、生命体征监测、三级生命预警、自动预警等十大功能。仅生命体征监测一项功能，该产品就可以监测血氧饱和度、人体心率和体温变化，“24小时可以检测150次以上”，“当生命体征发生异常时，会及时启动应急救援”。

3.7 产品价值

（1）产品主要是利用物联网，实现手环控制智能家居的同时，防止老人发生意外，为行动不便的老人解决一些生活上的难题，避免老人突发意外抢救不及时，实时监测老人身体健康，实时监测老人去向，防止失智老人走失问题。

（2）应用范围：居家养老、大型康养中心、养老院、养老社区。

（3）经济寿命和所处阶段

① 引导技术先进性：可解决技术进步引起原有固定资产使用年限缩短而提前报废的问题，对产品进行实时更新。

② 功能新颖性：可解决固定资产在使用中逐渐退化，所提供的服务级次也逐渐下降的问题。

③ 走可持续发展战略性道路：可解决固定资产年维修成本的逐渐增加和效率的降低，使该项固定资产继续使用在经济上不合算而应加以更新时所遇到的问题。

④ 所处阶段：三代产品研发当中。

（4）项目的市场保护措施

① 本团队在产品创新和研发上已经获 1 项外观专利。

② 5 项专利正在申请中。

四、市场分析

4.1 市场机会

在国内智能手环市场上，华为以 32.9%的市场占有率排名第一，小米以 20.1%的占有率排名第二，排名第三的是乐心，市场占有率为 7.9%。综合来看，华为和小米两大品牌占据国内智能手环市场超过 50%的市场份额，市场比较集中。

目前市场上的智能手环基本都是运动款手环，手环的销量也是逐年攀升，产品的功能也越来越完善，但是大部分手环功能没有针对性，没有细分目标人群，真正有需求的客户群体不明确，智能养老手环在老年人这一市场机会巨大。

4.2 市场容量

在信息技术和互联网飞速发展的推动下，以智能手表和智能手环为代表的可穿戴设备被快速广泛应用，而可穿戴健身设备扮演着私人教练的角色，可以追踪并改善健身情况。穿戴式智能设备是对日常穿戴进行智能化设计、开发出的可以穿戴设备的总称，它是可以直接穿在身上或是融入衣服或配件等日常生活用品中的一种智能便携式设备。其中智能手环作为常见的可穿戴设备，其技术内容涵盖的领域非常广泛，功能的多样化使其在不同领域备受青睐，并且逐渐成为我国智能可穿戴设备市场持续增长的主要动力之一。数据显示，尽管受到疫情影响，但是 2020 年我国智能可穿戴设备出货量近 1.1 万台，同比增长 7.5%。智能手环产品依然和其他数码产品一样处于高速发展期，产品更新频率高、技术迭代速度快使得手环产品的代际差距非常大，因此消费者往往需要保持更高的购买频率，数据显示 49%的消费者更换手环的频率在一年以内。

4.3 市场细分

与手机相比，手环的刚需属性低，但是价格远低于手机，一些价格非敏感的消费者也愿意为技术支付更高的溢价。相比于技术迭代，如何开发潜在消费人群对于业内企业来说更为重要。作为一款运动监护设备，随时随地测量各项生命体征能反映运动量是否合适、是否需要休息调整生命体征的平稳，这就要求智能设备是便于携带的，特别像老年人对于这类智能设备的需求往往会比较高，智能手环可以凭借自身轻便、易携带的优势突破传统智能终端的局限性，为老年人提供更加及时、便捷和安全的个性化服务，从而提升老年人的生活品质，对于智能手环而言，老年人市场可以说是一个重要的消费者开发方向。

五、营销计划

5.1 目标市场

基于手环市场上通用功能，本产品功能主要对老人生命体征等指标进行实时监测异常情况报警，结合智能家居功能，专注定位于以下群体：

（1）养老机构。

（2）居家老人。

（3）关心父母健康状况、生活质量的人群。

5.2 产品分类

一代产品：拥有同频数据反馈、自动提示系统、一键相约功能、实时监控功能、离线语音系统、自动报警系统。

二代产品：基于一代产品增加了实时监测异常摔倒报警、智能家居养老系统、手机 App 无线控制、定位防走失功能，同时具有高性价比的特点。

5.3 品牌策略

5.3.1 活动营销

企业可在商城或小区居民点及公园社区举办老年人广场舞大赛活动时利用这些活动，聚集更多的老年人了解我们品牌手环，使我们的可穿戴设备在医疗健康领域发展更广阔。利用国庆、团队周年庆等节日进行免费试用，开展体验活动，让顾客深入了解产品独特之处，吸引顾客购买，购买产品赠送小礼品，或增长产品保修年限，抓住顾客消费心理。

5.3.2 线下营销

刊登广告介绍最新信息、新的服务项目、传递重要广告词语等。宣传单、海报可以到人多的地方去发。例如，购物广场、老年俱乐部、老年公园、交通路线、商业中心、机场车站等。

5.3.3 线上营销

充分利用微信公众号、微博、产品销售网站等多种网络媒体宣传手环，增加知名度。

5.3.4 病毒营销

通过用户的口碑宣传，信息像病毒一样传播和扩散，利用快速复制的方式传向数以百万计的受众。

5.4 推广方式

公益活动：组织养老院的护理医疗人员，免费为当地老人测血压、拍背、翻身或者教他们如何做晨练等。

5.5 价格策略

本公司还属于创业阶段，为快速融入市场，将采用渗透定价法，打开并巩固长株潭市场。

主打中低端市场，除特殊情况外，产品价格将保持不变，并长期趋于稳定。拒绝通过降价等方式抢占市场，保护消费者权益并维护品牌形象。虽然产品价格几乎不变，但为了更快地抢占市场，提高市场占有率，在保证用户体验的同时，公司也会采取一定的促销手段，当长株潭市场有了一定的份额后，将发展周边老年人口多的省份，最终进军其他省份。因各地区相距较远，将建立仓储和物流中心。

（1）价格标签：张贴价签，出示产品划线价，让买家拥有优惠购物的感觉，继而购买本产品。

（2）非整数定价法：给买家一个定价准确的心理感觉，从而相信这个价格的合理性。

（3）价格分割：满足顾客消费心理，采用分期付款，让顾客愉悦购物。

（4）同价策略：仿照同类产品售卖价格，让顾客轻松接受产品价格。

5.6 营销队伍

本团队设立专门的营销小组，组长徐乐建，成员杨群珍、肖多。组长负责与客户达成交易合作，成员负责维系与老客户的关系，以及增加新客户的购买量。

5.7 推广策略

我国智能手环市场在近几年得到了快速发展，基于老年人使用智能手环的健康监测、健康管理等功能需求进行了市场调查，分析了我国老年智能手环市场现状，对智能手环的功能改善、价格定位和产品设计等情况进行了探讨和预测，现我们企业主打养老手环这一细分市场，结合企业现状采取多种营销方法。

（1）实体店营销：与商场、智能数码店、礼品店、文具店以及市场档口、沿街商铺、品牌商厦等实体店面合作，招渠道（区域）代理商，优势政策扶持。

（2）体验式营销：与养老院、社区等合作，可作为竞赛活动奖品、联谊会赠品，或用于客户回赠品。

（3）分销式营销：与各地区通信运营商合作，如移动、联通、电信营业厅等，可以作为用户积分兑换奖品或其他奖励的礼品。

（4）网络电商营销：与数码类天猫店、京东店、淘宝店的大卖家合作，招网络代理商，组建自媒体网上直播带货。

（5）制作老年人智能手环系列广告宣传：投放到相关的公交车站、商铺、养老院等。

5.8 产品服务

每个老人配备一个智能手环，可以实时监测老人的心率、夜间睡眠状况等。在云端为每个老人建立健康信息账号，手环的监测数据在网络环境中自动上传至云端，存储在老人个人账号里。

智能血压计、智能血糖仪。有看护人员或者老人自行定时测量血压和血糖，数据同样自动上传至云端每个老人名下的个人账号里。通过对云端账号里个人健康数据的分析，为老人建议制定更合理的饮食计划。

智能家居摄像机。通过智能家居摄像机，可以实现远程监控查看老人实时的状况，老年人体质较弱，很容易出现意外情况，智能家居摄像机的应用，可以更及时地发现突发状况。

跌倒传感器。当跌倒传感器监测到异常数据时，自动发送提示信息至管理系统，提醒管理人员及时查看老人健康状况。

无线紧急按钮。无线紧急按钮随身携带在老人身上，一旦有突发情况，老人可以一键呼救。

六、管理体系

6.1 职责分工

本公司成员由湘潭医卫职业技术学院多名优秀学生组成，指导老师为成玉梅、李莉两位老师。公司成员都参加过培训且拥有丰富的创业经历与专业知识，具有丰富的学识和强悍的能力，富有冒险与挑战精神。团队的知识结构合理，成员之间优势互补，讨论时各抒己见，总能从各个角度提出有效的建议。同时，团队成员均有丰富的成长经历，经验丰富，识大体，有一定的管理能力和团结协作能力。

6.1.1 团队成员介绍

姓名：徐乐健

专业：老年保健与管理专业

任职：项目负责人

学习与实践经历：现就读于湘潭医卫职业技术学院，中共预备党员，2019级医疗设备管理学院老年保健与管理专业，担任班长一职，获2020年全国大学生组织能力大赛一等奖。

能力与专长：拥有较强的管理协调统筹能力、公关谈判能力。具有团队精神，工作认真负责，抗压能力强。

姓名：杨群珍

专业：口腔医学专业

任职：财务负责人

学习与实践经历：现就读于湘潭医卫职业技术学院，共青团员，2020级临床学院口腔医学专业，同时担任校团委学生会办公室副主任一职。

能力与专长：做事认真细致，负责财务预算，管理团队的财务收支，尽量做到利益最大化，确保正常资金周转。

姓名：肖多

专业：老年保健与管理专业

任职：人力资源总监

学习与实践经历：现就读于湘潭医卫职业技术学院，共青团员，2020级医疗设备管理学院老年保健与管理专业，担任校团委学生会办公室第二课堂负责人一职。

能力与专长：语言表达能力与执行能力强，熟悉计算机操作。作为人力资源总监，通过打造优秀的员工队伍，形成企业核心竞争力。

姓名：吴佩瑶

专业：药学专业

任职：销售负责人

学习与实践经历：现就读于湘潭医卫职业技术学院，共青团员，2020级医技学院药学专业，具有较强的播音主持能力，担任记者团副团一职。

能力与专长：具有较强的沟通能力和超强组织能力，负责项目组与用户的沟通与协调，协调执行中与客户所发生的问题。

姓名：田维锐

专业：药学专业

任职：生产研发负责人

学习与实践经历：现就读于湘潭医卫职业技术学院，共青团员，2020级医疗设备与管理学院医疗设备应用技术专业。

能力与专长：擅长制图、建模、平面设计、产品图渲染、三维动画。善于运用已学知识解决实际问题，提出可行的解决方案。

6.1.2 团队欠缺与对策

（1）团队技术方面：接受专家的专业技术指导，有明确的目标方向，创新驱动。

（2）团队管理方面：创业团队是由在校大学生组成，缺乏管理经验，鉴于此，团队邀请了有社会资源的优秀毕业生辅助团队管理。团队之间不抛弃不放弃，共同进步。

（3）团队资金方面：不够雄厚，对团队发展有一定的限制。团队应积极拓宽筹资渠道，实行资金统一调度管理，加强预算管理，推行责任成本核算。

6.2 管理方法

6.2.1 使用目标来驱动团队，而不是人际关系。

6.2.2 重大激励措施和惩罚措施都必须具有公开透明的标准。

6.2.3 奖励和惩罚必须一致。

6.2.4 人才风险分析与规避

（1）风险分析：作为当代大学生，在创新创业技能方面，缺乏经验。我们在学校里学习的是理论知识，还没能很好地运用到实践中去，可想而知在这创业的长征路上会遇到多少阻碍，有经验者在创业路上尚且不能够如鱼得水，更何况我们还缺乏经验；新技术一旦投入使用，易被他人模仿。现在社会竞争压力大，一旦产品投入使用，其他同类竞争者就可能会相继模仿，导致我们的市场占有率降低；相关人才短缺，服务供需失衡。中国养老服务从业人员的数量不多、专业素质偏低，导致老龄事业和产业发展受到了一定的限制。相关从业人员数量与质量无法满足当前多元养老需求，这与中国养老服务产业从业人员培训体系不健全、薪酬待遇较低等因素密切相关。

（2）规避方案：营造良好的创新创业氛围，积极参加大学生创新创业培训班，提升技能、增长经验；深入市场调研，了解客户需求，根据需求灵活调整设计方案。申报专利，不断创新、优化产品设计，产品升级。我公司通过在社会上招募护理、康护等各方面的人才，以老年人需求为导向，建立分级分类的养老服务专业人才培养模式，明确各级护理专业人才的资质标准，着力构建系统化和专业化的人才教育培训体系。通过和湘潭医卫技术职业技术学院这所百年名校签订订单班的形式，为我们培养不同层次的养老护理和康复治疗服务型人才。

6.2.5 技术风险分析与规避

（1）风险分析：智慧养老市场对技术要求比较高，现在科技飞速发展，本产品的复制性较高，更新换代也比较快，目前智慧养老市场刚刚才开发出来，竞争也并不强，随着公司规模越来越大，竞争也会越来越激烈，从而需要的技术也越来越高，对于现存的技术创新会形成比较大的冲击。

（2）规避方案：通过技术研发，不断创新、优化我们的服务，开发新的技术，与时俱进更新产品以及加快技术的升级、平台的不断改进来降低技术风险，策略抢占市场；突出产品特色，精准定位服务人群；与养老机构合作，拓展销售渠道。

6.2.6 市场风险分析与规避

（1）风险分析：智慧养老的市场还不够成熟，许多市场还没有被开发，传统养老观念占据了主导地位，智慧型养老观念还没有被大众所接受，而且同类型产品种类多，知名度较低，市场推广可能会遇到瓶颈，团队成立之初无法做到很有力度的宣传，没有任何的口碑。

（2）规避方案：突出产品特色，精准定位服务人群；与养老机构合作，通过与网络上影响力大的网站或App进行合作推广，同时也在互联网上和人流量大的地方经常发布广告，利用各个社区摆点服务或者举行志愿活动等拓展销售渠道；策略抢占市场，并让利于消费者。

6.2.7 财务风险分析与规避

（1）风险分析

① 资本结构不合理。企业借款规模太大，企业需要支付的借款利息便会增加，大量利息的增加影响企业的长短期偿债能力，如果不能及时归还利息及本金，则会引发财务风险。可能会影响资金短缺，从而使得盈利能力减弱，所以企业要合理地规划资本结构比例。

② 投资决策不合理。如果企业没有做出准确的判断，没有正确认识风险，采用了错误的方法则在一定程度上会使企业遭受不必要的损失。

③ 财务管理制度不完善。企业的财务管理过程包括筹资活动、投资活动、融资活动和收益分配等，根据具体内容制定了财务管理制度，对某一具体工作要进行财务的决策部署、制定预算、评价考核等环节，如果财务管理制度不能覆盖企业的所有部门、所有操作环节，很容易造成财务的漏洞，给企业带来财务风险。

（2）规避方案

① 提高企业财务风险意识。提高企业员工的风险意识，加强员工的风险判断和处理能力，在财务风险没有造成大损失之前及时准确地发现存在的风险，加强员工的知识培训，加强动态分析，提高风险价值观念，健全财务管理的规章制度，理顺企业内部的财务关系。

② 完善财务风险管理制度。合理分配公司的人力、物力与资金之间的关系，使其在生产运营、组织管理中能够有充分的保障，从而使企业的各项工作顺利实施，此外财务管理制度的改善，能够达到节约成本的目的，提高生产效益。

③ 强化企业内审制度。良好的审计制度能够促进企业的正常发展，通过强化审计监督，能够及时发现并改善会计系统中存在的问题，在良好的内部控制

制度下，才能保证财务信息的全面、准确和及时，为做出正确的财务决策和识别风险创造良好条件。

④ 建立合理的资本结构。企业应当根据实际情况确定合理的负债规模，并审时度势，把握借款时机，同时应预测负债筹资的使用效果，权衡收益成本。对于不同期限的债务，做到合理搭配，以减少偿还债务的压力。企业还应当提高自身资本积累的能力，不断充实资本。

6.2.8 管理风险分析与规避

（1）风险分析：创业初期团队成员少，营销市场范围小，管理风险也相对较小，后期随着团队的扩增、合作伙伴的加入，产品营销市场的扩大，管理复杂程度也会增加，管理的风险也会随之增加。

（2）规避方案：① 项目融资成功后，吸收具有丰富投资管理、运营管理方面经验的专业人才进入公司管理层；② 规范公司治理，制定完善各项管理制度，保障股东和投资者的合法权益；③ 加强对管理人员组织结构、管理制度、管理方法等方面的内部培训、外部培训，提高其整体素质和经营管理水平；④ 推行目标成本全面管理，加强成本控制；⑤ 倡导组织创新、思想创新，以适应不断变化的外部环境。

七、发展规划

7.1 公司规划

（1）第一年：通过对湘潭市人口的调查，重点做服务、口碑，保底经营湘潭市养老机构，计划生产产品 1500 台。

（2）第二年：采用直接进入战略渗透市场，目标市场初期瞄准湘潭市场，计划生产产品 1800 台。

（3）第三年：采取产品差异化战略，进入长株潭市场，计划生产产品 3000 台。

7.2 项目规划

目前二代产品已研制成功，接下来对二代产品使用用户反馈信息进行分析总结，不断优化产品，针对未开发的功能逐一进行突破，进入三代产品的研发。

创业项目十三

“顺风耳”

——无线示教电子听诊器

一、创始人介绍　龚利

龚利，男，湖南邵阳人，1997年出生，湘潭医卫职业技术学院2020级口腔医学专业，“顺风耳”——无线示教电子听诊器项目联合创始人，曾任中信集团旗下戴卡科技有限公司技术质量部IPQC工程师。龚利项目团队研发的“顺风耳”——无线示教电子听诊器在2020年被纳入校级重点A级学生科研课题，成功入驻湖南省大学生创新创业孵化基地，先后获得多家媒体报道。带领团队斩获第三届湖南省医学技能创新创业大赛二等奖。

二、“顺风耳”——无线示教电子听诊器创业项目的起源

2020年，怀揣着对医学的向往，我走进了湘潭医卫职业技术学院这个大家庭。大一刚开学时，学校给每一位同学都发了一个听诊器，拿到听诊器的我心中万分激动，以前都是看着别的医生用听诊器，现在我也是身披白大褂、手持听诊器的医学生了。但在听诊器实践学习中，我发现由于使用的听诊器不能多人教学，同学们常需要聚集在一个教室里轮流受教，教学效率低下，教学效果不理想。而且此种问题不仅出现在学校实训学习中，我在医院见习时发现带教老师的临床听诊中同样存在。

传统听诊器在教学使用中的不便，让我思考着，要如何才能既解决教学听诊难的问题，又能打破示教过程中不能多人同步听诊学习的困境。一个破局的想法往往是在不经意间擦出的火花，某天我于苦思之中看到了桌上的蓝牙耳机，我突然有了思路，多人听诊示教受困的是距离限制，而解决距离限制的根本在于改变传统听诊器的传声形式，那么无线传输不正是我所需要的破局之道吗？

将听诊头收集的心肺音声波信号转化为数字电信号，再以无线短波的形式发送至接收端，这样听诊示教过程将不再局限于传音软管的距离限制，且理论上接收端数量可以无上限，完美地解决了目前传统听诊器在示教使用方面的不足。且无线短波通信技术已应用数十年之久，技术稳定可靠，兼容性强，带有蓝牙功能的设备即可为接收端，成本低廉，对于市场及用户体验而言都有先天性的优势。

于是我与我的指导老师一起组建了“顺风耳”——无线电子示教听诊器团队，与指导老师及团队成员一同努力攻坚了数百个日夜，最终定型产品，并将它带上了创新创业大赛的舞台。

三、项目发展过程中的关键点

攻克心肺音的收集及数字转化难关

“要区别于传统听诊器，达到我们解决传统听诊器在听诊示教使用上的不便

的目的，首先要解决的就是心肺音的收集与数字转化的问题”，项目启动之初，我们的指导老师文静老师在第一次项目会议上如是说道。普通听诊器采用机械听头，采集到的声波震动直接通过导音软管传递到人耳，其中存在较大的声波能量衰减，且无差性声波采集有着较大的非目的音波干扰。如何将特定脏器声音如呼吸音、心音等进行高保真收集并加工，使之能不受干扰和不产生信号衰减，以达到教学效果，是我们面临的第一个关键问题。为此团队在网络及学术论坛上查找各种相关资料，同时积极与医疗设备、电子信息等相关专业的老师们进行学习、交流。在探索的道路上，团队成员夜以继日，湘潭医卫职业技术学院创新创业孵化基地俨然成了我们团队成员的第二课堂，最终，定型技术为利用压电膜转化模块和电极接收装置收集肺呼吸音和心电信号及胎心音，电模拟信号后进行数字编码，最终输出数字信号。以此技术路线设计组成有：机械振动信号读取单元、机械振动信号拾取电路、模拟至数字转换单元、数字音效格式转换电路与数字音效输出控制单元连串单元。可将音波震动转化为电模拟信号后进行数字编码，最终输出数字信号。

解决信号的多端接收技术难题

在产品开发的关键时期，我们实地走访了湘潭市第三人民医院，跟随实习生一起进行查房。在临床听诊示教过程中，我们团队发现实习生们上课常聚集在一个病房里，当老师发现一个特殊的病理音，会喊实习生上前一个一个拿着听诊器听，围绕病人进行教学与讨论。“你们怎么这么麻烦啊，能不能不要一堆人都围过来啊，我老伴还怎么好好养病啊。”病房里，张奶奶的老伴在旁边面色不悦地说了出来。太多人围绕着患者，易造成患者的身心不适。在解决了信号的收集和转化之后，如上的难题出现在我们面前。怎么实现信号的多端接收？怎样同时保证距离不同的接受者能拥有相同稳定的信号内容？团队再一次进入了浩瀚的技术资料中，奔波在咨询专家的路上。一点点、一步步地，无数的日日夜夜的推敲打磨，终于找到了实现的方法。那就是“一对多”短波通信技术，这是一种基于蓝牙协议的无线技术标准，可实现固定设备、移动设备和楼宇个人域网之间的短距离数据交换（使用 2.4—2.485GHz 的 ISM 波段的 UHF 无线电波）。我们在听诊头集成多端口匹配、多平台兼容技术，使得所有基于蓝牙协议的设备都可与之配对连接。这样，通过短波的方式发送至接收端，接收端只需与听诊头进行蓝牙配对，即可接收音频数据进行播放和储存，信号覆盖范围长达 10 米，配对设备达 18 台时仍能保证信号稳定。从源头上解决了普通听诊器在临床听诊示教中的诸多缺陷。

产品的外形定型

产品核心组件及技术成熟后，外形设计便是我们项目团队面临的最后难题。对于一款教学型听诊用具，它的外形设计的合理性关乎着产品在使用过程中是否能够满足方便快捷的要求。对此我们团队进行过相当长一段时间的意见讨论与分歧，最终我们沿用了传统听诊器听诊头的外形设计，传统听诊器发明至今，在医学领域已使用达两百年之久，其外形有着相当大的可靠性。团队成员与指导老师及专家团队在沿用传统听诊器听诊头外形的基础上，加以人体工程学改造，最终确立了印章式的外形。其上窄下宽的设计方便拿握与把持，并加以螺纹防滑设计，保证了产品在使用过程正常流转。

“顺风耳”团队所取得的成绩

第三届湖南省医学技能创新创业大赛二等奖

四、创业者龚利的反思与经验

现在社会已经掀起万众创新全民创业的浪潮，只要有好的才华和想法就不愁没有资金支持。创业最重要的是项目初期各个方面基础工作的准备，只有对市场、团队、财务等有了充足的提前准备，创业才有可能成功。反之就如基础不牢万丈高楼崩塌于顷刻，不是你没有才华，也不是市场太差，而是你还没有完全了解你所做的事。

踏实调研是前提

这对于项目是非常重要的，我们的项目在参加 2021 年湖南省黄炎培职业教育奖创业规划大赛时就是因为市场调研的不充足，主观选定的销售模式不契合产品的属性，导致低分项没有获奖。因此在项目开始时，要多查询产品的方方面面，要实实在在与潜在用户进行交流和沟通。进而要对产品的市场情况调研，对市场大小的估计不能都是自己的判断，市场调研也不是用百度和谷歌去搜索，不止是 IDC（互联网数据中心）报告。做行业调研，是从销售进展的角度，从签合同的角度，一步一步推演出来的。只有初期踏踏实实地调研，才有后期产品的正确定位、成功打入市场。

通力协作的团队是基础

团队是整个项目过程中最重要的灵魂。当年马云创业需要“十八罗汉”的支持，也需要“十八罗汉”有一个共同的价值观，而我们当然也希望如此。想创业的时候，遇见哪几个人，想了哪几件事，对于后来的结果是至关重要的。人遇对了，事找对了，创业就成功一半了。反之，在起步的时候就已经可以预见后面的结果。创业，是把几个人的未来都绑在了一起，大家都在冒风险了。这个时候，可否同舟共济？可否肝胆相照？如果这个做不到，就有点难度了。如果大家本身就不是很熟知，也没有一起经历过很多事，合伙就危险了。于是我找到了在学校志同道合的几个同学，分别负责技术、销售等各方面，在实际工作中，我们一直做到了通力协作、风雨同舟、一起进退。

敬业精神是关键

敬业精神应该是一个人对所从事的工作，在感情上和精力上都十分投入的表现，而现实中却有太多人做不到。人都是有惰性的，创业团队中即便是核心成员，也会有注意力偏离工作的时候，这将拉低整个团队的工作效率，进而影响项目发展进程。扪心自问，“讨厌加班”的我们多处于什么状态？没有信心将工作进度呈现给团队，抑或是惰性心理导致我们抗拒工作进程和目标的规划？因此，树立主人翁责任感、认真踏实、精益求精、保持高昂的工作热情和务实苦干精神，在项目发展过程中显得尤为重要。

及时总结反思是根本

在一次次遇到困难或者停滞不前时，我们总喜欢开个简短的碰头会交流总结反思，探讨问题的根源，进而共同搜集查找资料或求教专家，努力寻求解决问题的方法。这种方式，既不会耗时过多，也能产生适当的压力刺激，让我们明确工作目标及内容，提高工作效率，而在交流总结中对团队成员进行适当的肯定和情感激励，则仿佛给队员注射了一剂短效兴奋剂，如此便能让他们跑得更快更远，何乐而不为呢？

当我们真正投身某项事业时，就像是子弹在膛，我们将获得最敏锐的学习力、最强的思考力、最高效的行动力，如果一辈子都不能体会这种极致投入的感觉，那将是一种巨大的遗憾，我很幸运，能和我的队友们一起投入高性价比的创造过程中，与其一同成长，让我感到自己不再平庸，也祝愿每一个不甘平庸的年轻人在新的一年里找到自己最投入的事业与状态。

五、导师寄语

亲爱的同学们，在人生的节点上或许会有无数次的精彩一瞬，但若不是创新创业的结缘，我们或许就不会一起走过这一段筚路蓝缕的路程。我至今仍会时常回想起 2019 年的那次见面，你们略显稚嫩的脸庞上洋溢着超脱同龄人的意气风发。那一瞬，便是“顺风耳”生命的起源。

在这几年中，我们共同经历了许多。都说老师和学生是互相成就，但是我更认为，我们是在共同成长。脚下阡陌之间，是你们走过的每一秒青葱岁月，也是历在我心头的点点滴滴。我衷心地希望同学们能记住，创新创业绝不是孤独的旅程，只有乘众人之智方则无不任也，用众人之力则无不胜也。也许未来的路未必彩霞满天，但我们将用坚定的意志走下去。善积跬步者方至千里，但我更希望你们能永远保持心中对创新创业的这份热爱，不忘初心，行至千里，不忘来时路。

——文静（湘潭医卫职业技术学院教师）

六、项目风采小视频

七、项目计划书

本项目计划书选自第三届湖南省医学技能创新创业大赛二等奖作品“顺风耳”项目（内容酌情修改）。

案例目录

一、立题背景
1.1 拟解决问题
1.2 当前临床解决的方法及效果
1.3 拟解决的思路方法
二、团队情况
2.1 项目团队介绍
2.2 核心成员主要简介
2.3 组织架构
三、产品介绍
3.1 技术路线
3.2 核心技术
3.3 技术原理图
3.4 竞品分析
3.5 竞争优势
四、市场分析和商业模式
4.1 市场情况
4.2 商业模式
4.3 定价策略
五、发展规划及融资需求
5.1 发展规划
5.2 项目转化

案/例/正/文

一、立题背景

1.1 拟解决问题

当前临床医学生的听诊示教使用的听诊器，存在多个方面的不足，不能满足临床的实践需求。

（1）增加患者身心负担

在临床听诊示教过程中，见习生、实习生上课常聚集在一个病房里，围绕病人进行教学与讨论会造成患者的身心不适。

（2）教学效果差

听音不能存储，只能依赖带教医生的即时听辨与讲解，无法进行事后听诊音复盘讲解；且易受患者体音及环境噪声的干扰，加大了学生听辨困难，教学效果差。

（3）教学效率低

普通听诊器在听诊示教中可采用多通管增加听筒的数量，但受结构限制，至多只能支持四人同时听诊，无法实现多人数同步示教，而一次听诊示教的见习生数量往往可达十人以上，必须往复听诊，使得示教时间大大增加，极大地降低了教学效率。

1.2 当前临床解决的方法及效果

（1）普通听诊器

普通听诊器采用机械听头，采集到的声波震动直接通过导音软管传递到人耳，其中存在较大的声波能量衰减，且无差性声波采集有着较大的非目的音波干扰。应用于临床诊疗听诊性能稳定可靠，但对于临床听诊示教而言却有着增加患者身心负担、教学效果差、教学效率低等诸多问题，极为不便。

（2）“顺风耳”——无线示教听诊器

“顺风耳”采用 Electronic transformation（ET）升级听诊头，集成听头抗震膜声音数字转换技术、体音滤波与放大技术、“一对多”短波通信技术、多端口匹配 POI（多系统合路）平台，使得听诊头能将采集到的声波模拟信号进行数字编码，并对杂音进行过滤，通过短波的方式发送至接收端，接收端只需与听诊头进行蓝牙配对，即可接收音频数据进行播放和储存，信号覆盖范围长达10米，配对设备达18台时仍能保证信号稳定。从源头上解决了普通听诊器在临床听诊示教中的诸多缺陷。

1.3 拟解决的思路方法

（1）听诊音频收集及数字转化

对听诊头膜布应用抗震膜声音数字转换技术，将音波震动转化为电模拟信号后进行数字编码，最终输出数字信号。

（2）数据传输

听诊头集成无线短波发射装置，可将采集数字信号以短波发送至接收端。

（3）多端接收

听诊头集成多端口匹配、多平台兼容技术，使得所有基于蓝牙协议的设备都可与之配对连接。

（4）信号覆盖

听诊头集成外放功率放大器，进一步加强短波发送功率，增大覆盖范围。

（5）体音过滤

听诊头集成二阶低通滤波器电路，可阻断正常体音模拟信号数字采集。

二、团队情况

2.1 项目团队介绍

团队创建于2020年，在指导老师的带领下，由各专业多名优秀学生组成，具有丰富扎实的专业基础，学习能力强。距今为止，在校期间共斩获30余项各级奖励。团队结构合理，成员优势互补，知识结构合理。同时，团队成员均有丰富的社会实践经历，经验丰富，有一定的管理能力和团队协作能力，且项目负责人有较强的工科背景，工医互补，为项目开展提供了强大的技术保障。

2.2 核心成员主要简介

姓名：龚利

专业：临床医学

任职：项目负责人

学习与实践经历：现就读于湘潭医卫职业技术学院临床医学专业。曾任中信集团旗下戴卡科技有限公司技术质量部IPQC（制程检验）工程师，工作两年期间，参与了公司IATF16949认证及ISO9001认证，并很好地完成了认证项目，获得过安全管理先进奖、优秀工程师奖、年度最佳员工奖。有着丰富的管理经验，熟悉公司化运营模式。

能力与专长：具有扎实的专业基础知识、较强的组织与协调能力、浓厚的团队协助与奉献意识、不服输的创新奋进精神，为该项目的顺利推进奠定了基础。

姓名：杨群珍

专业：医疗器械维护与管理

任职：技术负责人

学习与实践经历：现就读于湘潭医卫职业技术学院医疗器械维护与管理专业。在校期间多次随老师外出维修和维护医疗设备，专业知识扎实，平时喜欢钻研电路设计，多次组织义务维修活动。在湘潭市第六人民医院见习一个月，实地考察听诊设备，钻研问题并提出解决方案，与老师一同完成设备维护，为本项目的建设打下良好的基础。

能力与专长：作为维修人员，动手经验足；有较强的组织能力，擅长与人沟通；乐于思考，善于发现生活中的问题；善于运用已学知识解决实际问题，提出具有可行性的解决方案。

姓名：梁玉姣

专业：临床医学

任职：营销负责人

学习与实践经历：现就读于湘潭医卫职业技术学院临床医学专业，校主持人、学生会外联部部长、大学生艺术团负责人。利用周末、假期的时间在校外兼职，具有一定的销售经验、市场调查能力及谈判能力。专业课学习成绩优异，获学校2020年师生同台竞赛一等奖。

能力与专长：具有较强的沟通能力和临场应变能力，负责项目组与用户的沟通与协调，协调执行中与客户所发生的问题。

姓名：李婷

专业：医学美容技术

任职：财务负责人

学习与实践经历：现就读于湘潭医卫职业技术学院医学美容技术专业，任学生会生活部部长。在校期间参加2020年SYB（“创办你的企业”）培训班并取得合格证，协助老师创办了“壹美”工作室并担任负责人，学习了基础会计等课程，已自学考取会计从业资格证，较为熟悉财会制度，有良好的会计基础。

能力与专长：熟悉政策法规，能灵活处理各项财务、税务问题，善于沟通和表达，做事细致认真，会想会做能总结，书写表达齐并进。

姓名：尹恒辉

专业：临床医学

任职：运营管理负责人

学习与实践经历：现就读于湘潭医卫职业技术学院临床医学专业，任学生会组织部部长，组织开展过党的知识培训、青年马克思主义培训班等，在组织建设、人才梯队建立方面有着独特的见解。

能力与专长：熟悉人力资源日常工作，擅长培训和绩效考核管理，具有创新创业意识和团队精神，动手能力强，做事认真负责。

2.3 组织架构

本团队早期采用高耸式组织架构：设负责人一名，下设技术部、财务部、市场部和运营部四个部门负责人，采取扁平式管理模式。团队负责人负责制定团队发展规划、各部门的协同管理、处理团队外部各项事务等；技术部负责产品的研发、生产、质量检测与产品售后服务等；财务部负责团队费用收支账务、财务报告及市场财务预期等；市场部负责市场调研、产品宣传推广、产品销售等；运营部负责公司的运营与管理，保证公司正常运营。

三、产品介绍

3.1 技术路线

电子听诊头在听诊部位捕获心音、呼吸音（运用听头抗震膜声音数字转换技术），通过滤波放大处理后转化为电信号发送至接收端（运用体音滤波、放大技术；“一对多”短波通信技术)，结果可直接播放或者以音频方式储存（运用多端口匹配、多平台兼容技术)。

3.2 核心技术

（1）听头抗震膜声音数字转换技术

一种机械振动音效信号的数字化转换装置，组成有：机械振动信号读取单元、机械振动信号拾取电路、模拟至数字转换单元、数字音效格式转换电路与数字音效输出控制单元。

（2）体音滤波、放大技术

一种只传输指定频段信号，抑制其他频段信号的滤波电路。在一定频率范围内，声音信号可正常通过，同时阻止一部分组成信号不同频率的噪声滤波，利用集成运算放大器和特殊晶体管放大特定赫兹的微弱信号。

（3）“一对多”短波通信技术

基于蓝牙协议的无线技术标准，可实现固定设备、移动设备和楼宇个人域网之间的短距离数据交换［使用 2.4—2.485GHz 的 ISM 波段的 UHF（特高频）无线电波］。

（4）多端口匹配、多平台兼容技术

为基础兼容多系统合路平台（POI)，针对不同的应用环境，运用频率合路器与电桥合路器，并将合路后的信号引入天馈分布系统，达到多端兼容匹配的目的。

3.3 技术原理图

（1）电压同相放大器电路示意图（略)

（2）二阶低通滤波器电路示意图（略)

（3）传感器放大电路示意图（略)

（4）外放功率放大器示意图（略)

（5）滤波功能频谱特性（略)

（6）运放后电压仿真波形（略)

3.4 竞品分析

目前没有任何同类产品的出现，市场处于真空状态。京东、淘宝等网上商城检索“多功能听诊器”“蓝牙听诊器”“无线波谱高精度听诊器”等关键字，结果都与传统听诊器没有实质上的区别。通过百度搜索上述关键字发现国外 3M

公司生产的 Littmann 型电子听诊器与我们的产品有相似之处，其在传统听诊器的基础上进行了电子化改造，增加了滤波、降噪、音频放大功能，但没有摆脱真空管传音的距离束缚，且价格在 900 美元以上，使用成本非常高。通过去学校附属医院实地走访发现，医生在临床诊断的时候常常会遇到隐私、传染和长时间使用传统听诊器造成耳道不适的症状等问题，这些问题我们的产品都能够很好的解决，直观验证了产品的实用性。综上所述，我们的产品相较于同类产品功能更优，性价比更高，具备强大的市场竞争力。

3.5 竞争优势

（1）教育引领

培养实用型人才是当前医学教学改革的核心，教学中不仅要重视理论知识的传授，更要重视素质教育和创新能力、实践能力的培养。通过本产品不断加强实际操作技能的训练，保障见习医师从医学生到临床医师的良性过渡，是培养医学生成为合格的临床医生的必要手段。

（2）资源支持

① 机构支持

本项目是湖南省创新创业重点孵化项目，学校为湖南省高校就业创业工作“一把手工程”优秀单位，占据了行业的领先性。学校配套临床仿真实训中心，拥有 11 家附属医院，具有强大的研发能力和基础。

② 校企合作企业支撑，保证了产品质量领先性

目前项目与学校产教融合协议单位达成初步合作协议，协助产品植入相关技术及生产，完善产品工艺，协助样机商品化。

（3）知识产权受保护

本项目申请专利 3 项，已授权实用新型专利 1 项，已获工商营业执照，知识产权受法律保护。

四、市场分析和商业模式

4.1 市场情况

（1）市场潜力巨大

目前国内外市场上没有专门用于临床示教的电子听诊器，知网搜索国内对听诊示教的研究仅有两篇，且无适合的临床示教的多功能、低成本产品。《“健

康中国2030”规划纲要》明确指出，加强医药技术创新，加快医疗器械转型升级，提高具有自主知识产权的医学诊疗设备的国际竞争力。“顺风耳”填补了听诊示教领域的空白，国内市场空缺，生产潜力巨大。

（2）市场需求旺盛

加强实际操作技能的训练是在医学教育中培养实用型人才的重要环节，心脏听诊是心脏检查中的重点和难点，是医学生和临床医生必须掌握的基本实践技能。随着教学规模的扩大，学生人数明显增多，所需示教病例也相应增多，而临床中适合教学的典型病例太少，远远不能满足众多学生见习的需要。“顺风耳”无线示教听诊器可以满足存储、多人听取、重复播放等众多需求，可以用于学校实训带教、医院临床见习和实习带教，更可用于呼吸内科、心血管内科住院医师规范化培训。

4.2 商业模式

（1）生产模式：小批量自主生产和大批量委托合作企业代工生产结合的生产方式，降低生产成本。

（2）与医学院及医院合作销售：与医学院及医院进行合作，以医学院及医院为基础，建设集销售、使用指导、售后服务一条龙的销售点。

（3）线上销售：建立品牌网络旗舰店，在微博、抖音等高流量平台上投放创意广告和趣味视频，吸引有需求人群线上购买。

（4）整合营销：整合合作企业的销售渠道。利用与我们项目达成合作协议的三家企业现有销售渠道，给予合作企业销售额3%的返点，快速推广产品，抢占市场。寻求与国内知名医疗器械公司达成代理销售合作，代理商抽取销售额的3%作为返点。

4.3 定价策略

通过在学校附属医院进行实地问卷调研及动员学校老师同学转发网上调查问卷和社区走访调查，整理出了产品价格的可接受范围柱状图，以此为依据，结合产品生产成本，使用差异化弹性定价法则，确定产品价格为128元每台。

五、发展规划及融资需求

5.1 发展规划

第一阶段：2022年5月前，开发湘潭市周边市场。以湘潭医卫职业技术学院及附属医院湘潭市第三人民医院为试点，提高市场及社会的占有率，完善市场开发制度和客户管理方法，为进一步开拓整个湖南省市场做准备，开展品牌建设活动，提高品牌知名度。

第二阶段：2023 年 5 月前，优化产品功能，借助湖南省 13 家助理全科医生助培基地平台，投放产品，扩大产品知晓范围，进军全省医学教育市场。

第三阶段：2024 年 12 月前，开发产品新领域，进一步完善其功能。逐渐扩大对周边城市影响，建立湖南省为龙头的省内营销公司，最后进军全国医学教育市场。

5.2 项目转化

领域转化：填补了听诊示教设备功能低下的空白。

教法转化：让听诊示教可多人同步进行，提高听诊临床示教的教学质量，提升教学效率，让万千医学生更好地学习到临床专业知识。

教育转化：培养团队的创业能力，促进创新创业人才的培养。

经济转化：第一、二年预计累计销售收入 20 万元，利润 5 万元。第三年销售额达到 200 万元，利润达到 80 万元。

创业项目十四

文菖“莲”盟

一、创始人介绍　刘雨倩

刘雨倩，女，湖南长沙人，2001 年出生，毕业于湘潭医卫职业技术学院 2019 级药学专业，文菖“莲”盟项目联合创始人。团队项目成功入驻学校大学生创新创业孵化基地，被评为 2020 年度“百优十佳”学术科研之星，项目得到了多家媒体报道，3 次接待省卫健委、省人社厅领导及各医药类高职院校领导实地参观考察。先后带领团队斩获雨湖区第四届“中国创翼”创新创业大赛一等奖、2020 年湘潭市创新创业大赛优胜奖、第九届“挑战杯”湖南省大学生课外学术科技作品竞赛二等奖等奖项。

二、“文菖‘莲’盟”创业项目的起源

2019年，满怀着对医药的兴趣与美好未来的渴望，我踏入了湘潭医卫职业技术学院的大门。医学专业的学习从来都是充满着艰辛与汗水，而对于我这样一名药学专业的学生，除了在学校时繁重的课程，还经常需要跟随老师一起前往中药材种植基地观摩学习。而我们观摩学习的第一站，就是湘潭市的知名中药——湘莲，而令我没想到的是，这让我开启了一段与湘莲的不解之缘。

湘莲自古驰名中外，作为药食同源物质，莲子具有很高的营养价值和商业开发价值。记得那是11月的一日下午，我们随老师一同前往湘莲的重要生产基地——湘潭县中路铺，这里盛产的莲子质量十分优良，而且听当地的种植户介绍，这里的莲子被称为“寸三莲”，是湘潭县的地理标志性产品。看着一朵朵茂盛的莲蓬，我不禁想着，当地的居民有着这样好的产品，一定过得很富足。但是令我意外的是，临近离别时，我看到了街道上宣传的“湖南省重点扶贫点”字样。我万分不解，在我的印象中，有着独特地理产品的地区怎么可能如此贫困。那天晚上，我在寝室里辗转反侧地思考而不得其解。第二天，我一大早就跑到药学专业老师的办公室想问个明白，老师告诉我，原来虽然中路铺地区有着优秀的莲子生产，但是多年以来一直摆脱不了单一的作物售卖盈利模式，导致莲子的附加值过低，一直无法提升价格和农民收入，中路铺就成了坐拥优秀产品的贫困县，而这种情况在湖南还十分普遍，说完老师鼓励我好好学习药学知识，未来有机会用自己的知识去改变这种现状。

那一天，如何改变中路铺现状，提高优秀的湘莲附加值，带动当地脱贫的想法在我的脑海中挥散不去。直到两天后的中午，我打开电脑选择网络通识课，“中医药膳学”五个字跃然眼前。对，就是药膳！莲子不就是上好的药膳材料吗。随着生活质量的提升，现在的人们越来越关注自身的健康需求，药膳一度成了社会的热点话题，如果能将湘莲与药膳很好的结合起来，说不定会成为解决当地贫困问题的一道生机。想到这，我再一次去找了老师，说完我的想法后，老师十分支持，同时也告诉我，一个人的力量有限，鼓励我去建立一个团队共同朝着这个目标努力。就这样，文菖“莲”盟的故事，拉开了序幕。

三、项目发展过程中的关键点

砥砺前行，夯实项目基础

在项目最开始的时候，我每天带领团队做可行性论证，经过大量的讨论和会议，我们达成共识，要将研究的目光重点围绕在莲子的药用价值，并开发相关药膳类产品，强调其药食同源特性，利用其养生保健功效有效提升湘莲附加值。但是摆在我们面前的第一个难题，就是项目基础薄弱，毕竟对于我们这样一批大专院校的学生，可以说没有比我们更“白手起家”的团队了。无论是产品开发还是销售，我们都没有一个较为官方的渠道或者依托，这种巧妇难为无米之炊的感觉令我们陷入了僵局。

在我们一筹莫展时，学校得知我们的想法后给予了我们大力支持。校领导告诉我们，有一个我们学校毕业的优秀学长现在正在湘潭开办一家中医馆。不如去找他聊聊，看看是否能取得合作与支持。就这样，在学校的联系下，我们与谭虎学长约好在他的文菖中医馆见面。学长比我们想象中的要和蔼可亲得多，当他得知我们的想法后当即表示，将以文菖中医馆为依托为我们提供场地、技术等各方面的支持。我们的项目也于同年入驻湘潭医卫职业技术学院大学生创新创业孵化基地，享受免三年租金的优惠政策。后来在谭虎学长的帮助下，本项目也成了共青团湖南省委2019年青年创业扶持资金重点扶持项目和湘潭市岳塘区人力资源和社会保障局重点扶持项目，受到团省委7万元无偿创业资金支持和岳塘区人社局3000元的扶持资金支持。我们由此将团队命名为文菖“莲”盟，开始了我们的征程。

抓住机遇，加速项目发展

在与文菖中医馆的合作下，我们研发了一系列以湘莲为主题的药膳产品。但是，如何在市面上打出我们的名号，扩大产品影响力，提高湘莲知名度又成了我们面临的一道难题。为了解决这一难题，我带领团队开展了为期一个月的调研。湘莲作为湘潭县的传统特色产品，其产量高，品质优。那一个月，我们对湘潭县中路铺镇湘莲产业的十五家种植合作社与生产基地进行了调研走访，询问湘莲产业相关人员 420 人。我们得出结论，目前当地的湘莲产业主要集中在莲子的初加工，深加工产品较少，产品加工形式单一，同时，产品仅关注莲子本身，对莲蓬、荷叶、莲藕、莲芯则完全废弃不用，这就为我们开发其他系列莲产品创造了极其有利的机会。

那一年，湘潭刚刚结束创文创卫工作，生态旅游随之快速兴起，我们将已研发出的产品带到了湘潭县政府，将想法与当地的政府人员沟通交流后，他们决定与我们开展合作，将湘潭县打造成一个天然的湘莲旅游基地。后来，随着以“莲”为主题的“湘莲文化节”和“荷花节”的成功举办，湘莲旅游业打响了品牌，有力促进了湘莲产业的发展，这也为文菖“莲”盟产品快速发展、走出湘潭打下了基础，文菖“莲”盟抓住了时代的机遇，加速了项目的进展。

迎接挑战，不懈产品研发

对文菖“莲”盟项目而言，现阶段对“寸三莲”产品开发的研究投入不足，尚未获取产品研究专利，产品科技含量还有待提升；生产经营模式也较为粗放，专业人才比较缺乏；再加上近期原材料价格一直处于上涨状态，成本居高不下，导致项目利润降低。药食同源虽然历史悠久，但是人们对莲子的药用价值认识还不够，特别是对冻干产品还有一个认识和接受的过程，同时，莲子初加工进入门槛较低，新的竞争者容易进入。

为了能让我们的产品保持竞争力，形成旺盛的生命力，我带领团队论证分析后认为，项目未来具有广阔的市场空间，具备长期发展的条件。为应对原材料价格上涨及潜在竞争者有可能不断进入等问题，我们必须不断创新产品技术和工艺，增强企业核心竞争力。就这样，我们潜心湘莲主题的药膳调研，以湖南本土民众的养生需求与口味特点为起点，融合周边粤菜、川菜等菜系的特点，研发了一系列的新型产品。并将现在最流行的冻干技术引入项目，打造了一系列诸如冻干营养汤、冻干营养粥等时尚产品，获得了年轻人的一致喜爱。时至今日，文菖“莲”盟将湘潭县地理标志产品——“寸三莲”融合中华本草进行深度开发，成了集湘莲类药膳产品研发、生产、销售于一体的创新型药膳企业。我们创新制作工艺，是湘潭地区唯一采用冻干及破壁技术对湘莲进行深加工的企业。

我们以“传承中医文化，助力精准扶贫”为宗旨，由校企联合成立的华膳研发中心研发，安徽咏春生物科技有限公司、许昌优加粮农产品开发有限公司生产，项目与湖南省重点扶贫点——湘潭县中路铺镇开展对口扶贫，收购贫困户生产的药食同源产品——湘莲等农产品用于药膳生产，辐射贫困人口110户约3000人，2019年为当地贫困家庭带来直接收入约800元/户。道阻且长，我们将在这条路上继续坚定地走下去。

“文菖‘莲’盟”团队所取得的成绩

雨湖区第四届“中国创翼”创新创业大赛一等奖

2020年湘潭市创新创业大赛优胜奖

第九届“挑战杯”湖南省大学生课外学术科技作品竞赛二等奖

四、创业者刘雨倩的反思与经验

做胸怀理想主义情怀的现实主义者

纯粹之理想

说起我们创业的初心，也是“无心插柳”得来。自参与医技学院老师带队组织的“三下乡”活动以来，我们来到了湘潭县中路铺镇拗柴村，拗柴村属于学校的扶贫单位，因此带队老师与很多村干部和村民都相熟，对村里情况也十分熟悉。村子里景色优美、空气清新，活动之余，老师便带同学们在村子里走了走，沿途我发现几乎家家户户门口都有一堆堆废弃的莲蓬和莲藕，印象里莲有“全身都是宝”的说法，怎么会这么随意丢在路边呢？问了老师才知，莲从种植、采摘到加工，是一个相当耗费人力的过程，几乎没有机器可以替代，在青壮劳动力外流十分普遍的农村，利润较高且适合老年人、妇女日常操作的莲子初加工就成了很多农户的首选，而耗时耗力、利润较低的莲蓬、荷叶、莲藕、莲芯则被完全废弃不用。目睹这样的现象，我一方面痛心于莲的大部分材料被白白浪费，其价值没有得到充分开发，另一方面，看到很多家庭都是年迈的老人带着留守的孙子孙女，这样的家庭结构让同样出自农村的我感同身受，问自己：“我可以做点什么吗？”一回到学校我就把创业想法列了几个要点，第二天便到办公室找老师请教，没想到老师一听就觉得这个项目可以继续挖掘，让我不要有顾忌，放手去做。“对于盲目的船来说，所有风向都是逆风”，理想就是我创业路上的指向明灯。

现实之土壤

坚定了理想是远远不够的，还要落到现实的土壤中，认清现实，并找到通往现实的路径和方法是实现理想的关键。我们组建起了项目团队，开始了漫漫创业之路。项目在中路铺镇设立了原材料供应基地，中路铺镇具备了湘莲种植得天独厚的地理条件和历史悠久趋于完善的种植技术，以及政府部门的大力扶持政策，但受制于科技投入不足、加工环节多、生产营销模式粗放单一等因素，该镇目前湘莲产业发展滞后，仍属于湖南省重点扶贫点。2019 年，本项目与中路铺镇村民签订合作协议，收购该镇贫困户生产的湘莲等农产品用于药膳生产，调动镇上贫困待业人员投入湘莲的种植、初加工等环节，辐射贫困人口 110 户约 3000 人，直接带动就业约 150 人，推动湘莲加工技术升级，促进农民增收以及湘莲产业的集群发展。

做人要有理想，但做事不能太理想化，而做一名胸怀理想主义的现实主义者就是我创业之路的座右铭。

五、导师寄语

自受邀担任文菖“莲”盟项目的专家顾问开始，我见证了项目团队老师和同学们以不畏艰难的创业精神和良好的科研素质推动项目从想法到逐渐落地形成产品，看过你们在烈日炎炎的白天奔波于田间地头、医院药房四处调研，看过你们在彻夜不眠的夜晚打磨调整药膳配方和用量，首先祝贺你们，辛勤的努力终不负！

传统中医源远流长，博大精深，千百年来守护着华夏人民的生命健康。而药膳发源于我国传统的饮食和中医食疗文化，是中医学的一个重要组成部分，是中华民族祖先遗留下来的宝贵的文化遗产。积极推行中医药膳，不仅为中国人民的健康长寿作出了重要贡献，而且对于促进世界卫生保健医学的发展也具有深远意义。

项目秉承“传承中医文化，助力精准扶贫”的宗旨，积极响应国家政策，促进农民增收以及湘莲产业的集群发展，发挥了良好的社会效益。

本项目源自中国传统医学，中医养生效果在人们脑海里根深蒂固，具有广泛的受众基础，市场前景广阔，药膳项目切实可行。

——吴梅青（湘潭医卫职业技术学院教授）

六、项目风采小视频

七、项目计划书

本项目计划书选自文莒“莲”盟项目第九届“挑战杯”湖南省大学生创业计划竞赛“银奖”作品（内容酌情修改）。

案例目录

一、执行概述
1.1 项目简介
1.2 产品介绍
1.3 市场分析
1.4 营销计划
1.5 财务分析
二、产品与服务
2.1 项目背景
2.2 产品介绍
2.3 产品创新性及独特性
2.4 产品应用范围
2.5 项目发展计划

案/例/正/文

一、执行概述

1.1 项目简介

湘莲自古驰名中外，作为药食同源物质，莲子具有很高的营养价值和商业开发价值，文菖“莲”盟项目就是将湘潭县地理标志产品——“寸三莲”融合中华本草进行深度开发，创建集湘莲类药膳产品研发、生产、销售于一体的创新型药膳企业。本项目创新制作工艺，是湘潭地区唯一采用冻干及破壁技术对湘莲进行深加工的企业。

本项目于2019年6月成功入驻湘潭医卫职业技术学院大学生创新创业孵化基地，为团省委2019年青年创业扶持资金重点扶持项目、湘潭市岳塘区人社局扶持项目、湘潭医卫职业技术学院创新创业重点训练项目及本校大学生勤工俭学基地。

本项目以“传承中医文化，助力精准扶贫”为宗旨，由校企联合成立的华膳研发中心研发，安徽咏春生物科技有限公司、许昌优加粮农产品开发有限公司生产。

本项目先后被“全国职业院校精准扶贫协作联盟”及“红网时刻”报道，3次接待湖南省卫生健康委、湖南省人力资源和社会保障厅领导及各医药类高职院校领导实地参观考察，受到领导及同行的高度关注。

1.2 产品介绍

本项目在传承中国传统中医药食疗文化的基础上，结合现代医学关于肠道微生态的研究，推出可调节肠道菌群、增强免疫，对慢性病（高血压、糖尿病、脂肪肝、高尿酸血症和高黏血症等）、抑郁、失眠、肥胖等有很好调理及预防作用的系列“莲”产品，包括以“寸三莲”为主要成分的药膳汤、药膳粥、药膳茶、药膳糕点及湘莲超微精细颗粒冲调饮品、冻干产品和莲产品礼盒等，其中文菖“莲”盟冻干产品系列为本项目主打产品。产品采用全自动生产线实行标准化生产，方便顾客食用。

1.3 市场分析

本项目的主要竞争优势在于制作工艺上和产品创新上，我们采用冷冻干燥技术与细胞破壁技术相结合，对“寸三莲”进行了深度开发，避免了与市场现有产品同质化，增强文莒“莲”盟项目产品的核心竞争力。

1.4 营销计划

（1）与全国连锁大药房合作，嫁接市场，实现双赢。

（2）与医院食堂及营养科、中医科、治未病中心等科室和部门合作，通过医院销售本项目产品。

（3）拓展门店，鼓励创业者或其他社会人士以加盟形式销售本项目产品。

（4）开展线上模式，与淘宝等互联网平台合作，售卖莲子产品的半成品；与饿了么、美团等外卖平台合作，开展外卖配送莲子汤粥等成品。

1.5 财务分析

1.5.1 资金来源

注册资金 10 万元，全部由创始人自有资金投入。2019 年获湖南省青年扶持资金 70000 元。2019 年获湘潭市岳塘区人社局创业扶持资金 3000 元。

1.5.2 开办费用

本项目门店开办费用大约需要 9 万元，包括装修费和购置空调、电脑、电话、收银柜、餐桌椅、陈列柜、餐具、厨具、冰箱冷藏柜等费用。

1.5.3 财务可行性

本项目投资回收期约 4 个月，投资回收时间短，资产周转速度快，财务风险小；利润率高，盈利能力强，具有较强财务可行性。

二、产品与服务

2.1 项目背景

2.1.1 国家政策背景：2020 年是全面打赢脱贫攻坚战的收官之年

2020 年中央一号文件《中共中央 国务院关于抓好“三农”领域重点工作确保如期实现全面小康的意见》明确指出，2020 年是全面建成小康社会目标实现之年，是全面打赢脱贫攻坚战收官之年。2013 年 11 月，习近平总书记在湖南湘西考察时首次提出“精准扶贫”概念，此后又多次对精准扶贫作出重要指示，习近平总书记精准扶贫重要论述也随之产生并逐渐丰富。根据习近平总书记精准扶贫重要论述的理论内涵，我国幅员辽阔，各地自然条件、风俗习惯、社会经济发展水平差异大，再加上随着我国经济社会发展，以地区性大规模开发为特征的传统扶贫模式的扶贫效用已经大减，因此扶贫工作必须提高精准性，各级地方政府应根据地区具体的自然、经济社会发展情况制定合适的扶贫政策，因地制宜。①

2.1.2 地方政策扶持：各级地方政府要求因地制宜推动湘莲产业发展

湖南省人民政府《关于深入推进农业“百千万”工程促进产业兴旺的意见》（湘政发〔2018〕3号）提出，打造特色农产品品牌，按照“一县一特一品牌”“一片一品牌”思路，引导发展“高端、小众”特色农业，着力打造地方农业名片，推进品牌共建共享。中共湘潭县委、湘潭县人民政府印发了《关于落实农业农村优先发展要求深入推进乡村振兴的实施意见》（潭县发〔2019〕1号）提出，实施特色产业培育工程，突出被列入全省“一县一特”目录的湘莲产业，对接省市推进农业“百千万”工程重大项目、活动，建设好湘潭县湘莲中国特色农产品优势区和现代农业湘莲产业集聚区（省级现代农业产业园），申报湘莲国家级现代农业产业园，争创市、省级现代农业特色产业园。湘潭县是著名的“中国湘莲之乡”，湘莲则是中国国家地理标志产品。湘潭县湘莲种植面积常年保持在10万亩左右，湘莲产业年生产总值近100亿元，湘莲从业人员10万余人，年发放工资近3亿元、创税收近2000万元。目前全县共有湘莲企业48家，其中规模以上企业38家，国家级龙头企业1家、省级龙头企业2家、市级龙头企业9家。拥有中国驰名商标2个，省级著名商标6个，绿色食品6家。目前湘潭县的湘莲产业已被确定为“一县一特”优势产业，先后获得“湖南省十大现代农业产业集聚区（省级现代农业产业园）”“湖南省十大农业区域公用品牌”“2017年度全国名特优新农产品目录”等荣誉。湘潭县自2014年首次启动“游千年古镇、赏万亩荷花”荷花节以来，至今已举办六届，“湘莲文化艺术旅游节”已成为湘潭旅游独具特色的一张名片。

2.1.3 原材料优势：“寸三莲”具有明显优质性和独特性

“湘莲”作为本项目产品的主要成分之一，用途十分广泛，被誉为中国南方“人参”。目前经企业化生产的、被消费者享用的只是冰山一角，湘莲自身条件优越，所以其市场开发潜力巨大。“莲藕积聚精华，鲜嫩多汁；青荷倾盖绿

① 李景平，李贤．习近平精准扶贫重要论述的起源、内涵与当代价值［J］．中共石家庄市委党校学报，2020，22（08）：4-8.

水，入药养生；莲花披红戴艳，镇心益色；莲子粒大饱满，清凉甘甜”，莲藕是许多食品的原料；荷叶可作包装物，又是减肥降脂的良药；莲花、莲须清凉解毒；莲子补脾止泻，固精强肾，药食同源，还能修复蛋白质、美容养颜，在抗衰老的食品中占有重要地位；莲壳的作用也不容小觑，既可作为饲料，也可以作为培养基使用，湘莲的各个部分都具有很高的开发价值。湘莲品种中，最出色属“寸三莲”，因其具有高蛋白、低脂肪等品质，被誉为“中国第一莲子”。而且，1985 年武汉国商检局将寸三莲和建白莲、赣白莲、鄂白莲进行养分对比分析发现，在 10 项指标中，寸三莲有 7 项指标优于其他莲种；又因为寸三莲对种植环境的要求，外地种植 3 年便会出现退化现象，寸三莲的“苛刻”要求更强化了其优质资源的独特性和不可替代性。

2.1.4 湘潭县中路铺镇湘莲产业发展现状

本项目在中路铺镇设立了原材料供应基地，中路铺镇隶属于湖南省湘潭县，在 1995 年“首届中国特产之乡”命名大会上，湘潭县便被命名为“中国湘莲之乡”。湘莲一直是湘潭县区域经济的支柱型产业，当前，湘潭县已成为全国最大的湘莲种植、交易集散和出口中心。湘莲作为历代皇家贡品，特别是其传统最优品种“寸三莲”，被誉为“中国第一莲子”，洁白圆润，质地细腻，清香鲜甜。湘莲受气候特征影响明显，具有不可替代性并且种植历史悠久，已知最早的种植食用历史可追溯到至今三千多年以前，经过数十代人的努力，它已成为湘潭农业的支柱产业。

中路铺镇具备湘莲种植得天独厚的地理条件和历史悠久趋于完善的种植技术以及政府部门的大力扶持政策，但受制于科技投入不足、加工环节多、生产营销模式粗放单一等因素，该镇目前湘莲产业发展滞后，仍属于湖南省重点扶贫点。2019 年，本项目与中路铺镇村民签订合作协议，收购该镇贫困户生产的湘莲等农产品用于药膳生产，调动镇上贫困待业人员投入湘莲的种植、初加工等环节，辐射贫困人口 110 户约 3000 人，直接带动就业约 150 人，推动湘莲加工技术升级，促进农民增收以及湘莲产业的集群发展。

2.2 产品介绍

本项目产品遵循中医“药食同源”机理进行中药材配比，生产出包括冻干营养羹在内的汤、粥、茶三个系列近 40 种产品，其中，冻干莲子系列产品为本项目推出的主打产品。

2.2.1“寸三莲”冻干产品（采用特殊工艺“冷冻干燥技术”制作）

表8 “寸三莲”冻干产品

序号	品名	规格	配方
1	红枣枸杞莲子羹	15克/盒	红枣、红枸杞、莲子
2	百合银耳荔枝莲子羹	15克/盒	百合、银耳、荔枝、莲子
3	红枣枸杞银耳莲子汤	15克/盒	红枣、红枸杞、银耳、莲子
4	玫瑰银耳莲桃羹	15克/盒	玫瑰花瓣、银耳、白桃、莲子
5	桂花雪梨莲子羹	15克/盒	桂花、雪梨、银耳、莲子
6	果荟莲子羹	15克/盒	新鲜菠萝、苹果、玉米切丁、银耳、莲子

2.2.2“寸三莲”破壁超精细粉（采用特殊工艺“细胞破壁技术”制作）

表9 “寸三莲”破壁超精细粉

序号	品名	规格	配方
1	红豆薏米粉	25克/袋	红豆、赤小豆、薏米、山药、燕麦、糙米、冰糖、莲子、茯苓、枸杞
2	猴头菇山药米稀	25克/袋	大米、燕麦、薏苡仁、茯苓、白扁豆、莲子、山药、冰糖、人参、甘草、猴头菇
3	坚果莲子羹	35克/袋	藕粉、葛根粉、莲子粉、花生、红枣、葡萄干、黑芝麻、魔芋粉、核桃仁
4	山药薏米芡实粉	25克/袋	小米、燕麦、薏米、花生、山药、冰糖、芡实、茯苓、莲子
5	枸杞红枣桂圆粉	25克/袋	红枣、红豆、麦仁、红米、枸杞、桂圆、冰糖、莲子、茯苓、百合、杏仁

2.2.3“寸三莲”养生茶

表10 “寸三莲”养生茶

序号	品名	规格	配方
1	涌泉饮	5克/包	莲子、山药、枸杞、红枣、蒲公英、甘草、橘皮、桂圆、葛根
2	战痘茶（甘草百合茶）	5克/包	薄荷、甘草、百合、金银花、莲子、玫瑰、茯苓、栀子、枸杞
3	晚安茶（丁香百合茶）	5克/包	茯苓、丁香、百合、莲子、枸杞、酸枣仁、山药、桑葚、玫瑰花
4	冬瓜荷叶茶	5克/包	冬瓜、荷叶、决明子、山楂、玫瑰花、火麻仁
5	清新茶	5克/包	柠檬片、决明子、百合、薄荷、大麦、金银花、甘草、荷叶、山楂
6	纤纤茶（冬瓜玫瑰茶）	5克/包	冬瓜、荷叶、决明子、山楂、玫瑰花、火麻仁

2.2.4 “寸三莲”养生粥

表 11　“寸三莲”养生粥

序号	品名	规格	配　方
1	七品秋葵粥	80 克/袋	秋葵、红芸豆、红米、黑米、西米、燕麦、莲子、山药、银耳
2	九品南瓜粥	80 克/袋	瓜子、南瓜、玉米渣、小米、黄米、红米、燕麦、莲子
3	富贵莲子粥	80 克/袋	莲子、银耳、枸杞、玉米渣、小米、青豆、山药、花生、莲子
4	纤美果蔬粥	80 克/袋	小米、菠菜、银耳、香菜、葡萄干、胡萝卜、玉米渣、百合、莲子
5	如意多宝粥	80 克/袋	黑豆、红芸豆、绿豆、燕麦、糯米、小米、瓜子、花生
6	花开美滋粥	80 克/袋	玫瑰花、银耳、小米、香菜、红米、红豆、黑芝麻、黄米、莲子
7	清新颐养粥	80 克/袋	银耳、枸杞、山药、西米、小米、花生、青豆、桂花、莲子

2.2.5 “寸三莲”养生汤

表 12　“寸三莲”养生汤

序号	品名	规格	配　方
1	银耳枸杞莲子羹	50 克/袋	银耳、红枣、枸杞、莲子、桂圆、百合
2	银耳雪梨莲子汤	80 克/袋	莲子、百合、银耳、枸杞、雪梨
3	百合银耳莲子羹	80 克/袋	若羌枣、百合干、莲子、枸杞、银耳
4	红枣银耳莲子汤	80 克/袋	红枣、桂圆、银耳、冰糖、白莲子
5	芡实莲子黄芪汤	80 克/袋	芡实、莲子、黄芪、山药、薏米、白茯苓
6	海底椰莲党参云苓汤	80 克/袋	海底椰、党参、莲子、茯苓、红枣
7	花胶螺片枸杞汤	50 克/袋	红枣、枸杞、莲子、桂圆、螺片、花胶
8	人参黄精枸杞汤	50 克/袋	枸杞、山药、莲子、木耳、黄精、人参（人工种植）
9	猴头菇山药薏米汤	50 克/袋	薏米、山药、猴头菇、茯苓、芡实、莲子
10	四神汤	80 克/袋	淮山、茯苓、芡实、莲子、薏米
11	花胶桂圆银耳汤	80 克/袋	花胶、银耳、莲子、红枣、桂圆肉
12	雪莲子桃胶银耳羹	80 克/袋	雪莲子、桃胶、银耳、莲子、百合、枸杞
13	虫草干贝玉米汤	80 克/袋	白莲子、干贝、虫草花、枸杞、山药、芡实

2.3 产品创新性及独特性

2.3.1 加工工艺

本项目所开发的“寸三莲”药膳产品是在传承传统中医药食疗文化的基础上，结合现代冻干技术及细胞破壁技术对原材料进行深加工，使“莲”主题产品具备了更易吸收、更方便、更营养的特点，本企业也是湘潭地区唯一使用冻干技术对莲子进行深加工的企业。

（1）冷冻干燥技术

本项目在“寸三莲”加工过程中对原材料采用了冷冻干燥技术，制成“寸三莲”系列冻干产品，使产品易于携带，食用方便，营养丰富且完美地保留了莲子的原有性状及口感。

冷冻干燥就是把含有大量水分的药食同源物质，预先进行降温冻结成固体，然后在真空的条件下使固态水直接升华出来，而物质本身剩留在冻结时的冰架中，因此干燥后体积不变。

物质干燥的方法许多，如晒干、煮干、烘干、喷雾干燥和真空干燥等。但这些干燥方法都是在0℃以上或更高的温度下进行。干燥所得的产品，一般体积缩小、质地变硬，有些物质发生了氧化，一些易挥发的成分大部分会损失掉，有些热敏性的物质，如蛋白质、维生素等会发生变性。微生物会失去生物活力，干燥后的物质不易在水中溶解等。因此干燥后的产品与干燥前相比，在性状上有很大的差别。而冷冻干燥法不同于以上的干燥方法，产品的干燥基本上在0℃以下的温度进行，即在产品冻结的状态下进行，直到后期，为了进一步降低产品的残余水分含量，才让产品升至0℃以上的温度，但一般不超过40℃。因此对于许多热敏性的物质特别适用，如蛋白质、微生物之类不会发生变性或失去生物活力，物质中的一些挥发性成分损失很小，微生物的生长和酶的作用无法进行，因此能保持原来的性状。同时，由于在冻结的状态下进行干燥，因此体积几乎不变，保持了原来的结构，不会发生浓缩现象。而经过冷冻干燥后的物质，加水后溶解迅速而完全，几乎立即恢复原来的性状，药食同源物质完美的保留了原有的营养成分和性状。同时，由于干燥在真空下进行，氧气极少，因此一些易氧化的物质得到了保护并能排除95%~99%的水分，使干燥后的产品能长期保存而不致变质。

（2）细胞破壁技术

本项目在“寸三莲”产品加工过程中还采用了细胞破壁技术，制造出超精细微莲子粉，可单独食用也可配合其他药食同源物质食用，方便携带、食用，最大程度地保留了原材料的营养元素。

细胞破壁技术是利用酶解法、化学方法、物理方法或几种方法配合使用使细胞壁破裂的方法。细胞破壁技术可以打破中药材及各类植物类食材细胞壁，释放植物生化素，最大限度地融合原材料中的膳食纤维、维生素及其他营养元素，营养成分可比未采用破壁技术的原材料高出3~4倍且更易吸收。

2.3.2 原材料来源

（1）湘潭县中路铺乡莲子——“中国第一莲子”

文莒“莲”盟项目所使用的莲子来自项目对口扶贫点——湘潭县中路铺镇中路铺乡。中路铺是湖南省重点扶贫点，这里气候湿润，四季分明，年平均气温17℃左右，阳光充足，雨量丰富，形成了湘莲生产的有利气候条件，因而自古以来就盛产莲子，而且这里的莲子以其三粒莲子相连长度为一寸而得名，被称为“寸三莲”，“寸三莲”因其具有高蛋白、低脂肪、口感好，颗粒圆状、均匀，肉色乳白，肉质细腻，煮熟后入口消融，清香四溢等特色，被称为“中国第一莲子”。本项目产品所使用的莲子均来自中路铺，在帮扶贫困人口的同时带动就业，并确保了原材料的绿色、安全、无毒害。

（2）亳州药材——四大药都之首、国家地理标志产品

文莒“莲”盟采用的其他原材料主要来自中国四大药都之一——安徽省亳州市。亳州市气候属于暖温带半温润气候区，有明显的过渡性特征，年平均气温14.7℃，非常适合中药材生长，其种植的亳芍、亳菊等是全国公认的优质中药材，亳芍为国家地理标志产品。

2.3.3 研发支持

文莒“莲”盟项目依托文莒中医馆，并在湘潭医卫职业技术学院成立“华膳”研发工作室，长期聘请中医医师、营养师、药剂师等专家担任团队顾问，为产品配方更新和工艺迭代提供技术支持和指导。

2.4 产品应用范围

莲子属于药食同源物质，既可做食物食用，也可用作药材。据历代医书记载，莲子有镇静、强心、抗衰老、抗肿瘤的作用，莲子中含有丰富的钙、磷和

钾，除可以构成骨骼的牙齿成分外，还有促进凝血，使某些酶活化，维持神经传导性，镇静，维持肌肉伸缩性和心跳节律等作用；莲子性平味甘涩，归脾、肾、心经，有益心补肾、健脾止泻、固精安神的作用，主要用于脾虚久泻、遗精带下、心悸失眠、肾虚尿频、咳血崩漏、月经不调等症状；莲子还可以健脑，增强记忆力，提高工作效率，并能预防老年痴呆的发生。

文莒“莲”盟项目系列莲产品调补气血阴阳，可用于平素体质虚弱、病后或产后气血亏虚的亚健康、孕产妇人群，以及有养生延年、美容养颜等需求的人群。

2.5 项目发展计划

2.5.1 扩大规模

计划未来两年内在湘潭本地开设文莒“莲”盟门店 2~5 家，3~5 年内长株潭范围开店达 10 家左右，扩大产品生产规模，争取年产值达到 50 万元左右。

2.5.2 带动就业

随着门店数量的增加，预计未来三年增加 50 个就业岗位，分别设立在生产加工厂、配送中心、门店营销、培训基地等。

2.5.3 助农扶贫

继续与贫困农户签订租赁合同，形成长期合作，扩大生产规模，帮助更多贫困人口增产增收，防止脱贫人口返贫。

2.6.4 深度开发

加强产品研发，通过技术及工艺的不断更新，开发更多产品类型，不断推出迭代产品，同时，针对目前基本处于被废弃状态的莲蓬、荷叶、莲藕、莲芯等进行新产品开发，变废为宝，提高湘莲产业整体产值，进一步满足市场需求。

后　记

POSTSCRIPT

萌发著作此书，是基于思政教育与创新创业协同育人实践成果的升华及应用。

最近听到最多的一个词是“创新”，在国际国内的大趋势下，国家需要改革，高校需要转型，个人需要转变，而这一切离不开创新。创新是一个国家发展的根本，民族的灵魂，它能培育新的核心竞争力，推动经济高速增长，是引领发展的第一动力。

对于高校而言，基于专业的创新创业如何开展，实践的路径如何厘清，是摆在众多学者面前的任务。高等教育从原来的“宣贯式”走向开放式，社会文明的发展需要转型，高校专业教育服务于产业经济发展的需求更加迫切，需要创新创业。要实现创新型人才的培养不仅仅是展示几个大学生的创业实践案例，还要让学习者通过一个个鲜活的大学生创新创业实践案例，形成一套行之有效的方法论。本书的目的就是通过实践案例总结一套思政教育与创新创业教育协同实践育人的方法论。

自 2009 年以来，笔者从事大学生创新创业教育，开展创新创业教育的研究，对于思政教育、专业教育、创新创业教育的融合开展了一系列的研究，侧重在创新创业教育的理论改革、实践探索等，获得了湖南省教育科学规划、湖南省社科联评委委员会等课题，并于 2021 年出版专著《专业教育与创业教育相融合的组合式教学模式研究》，为本书的撰写奠定了坚实的理论基础。

在理论研究推进的同时，中国国际“互联网+”大学生创新创业大赛轰轰烈烈地在全国高校开展，笔者也参与了相关的比赛与评审工作，对于创新创业的实践教学产生了全新的认识，青年红色筑梦之旅赛道项目、职教赛道项目、中华职教社黄炎培创新创业大赛以及“挑战杯”大学生创业计划大赛，刚好是思政教育、专业教育、创新创业教育的融合汇通，笔者也在从事创新创业教育的实践育人管理工作中不断积累总结，为此书的出版打下了坚实的基础。

为了完成本书编纂工作，主创团队日夜奋战，统一体例，梳理逻辑，大家坚定信念，无私奉献，乐此不疲，深受感动。伟人故里的高校永远用红色革命精神来武装自己，保持着对一切外界事物的敬重之心，始终保持着对自我的严格要求，以实际行动践行大学生创新创业工作，报效祖国。

本书是2023年度湖南省社会科学成果评审委员会一般资助课题《就业优先战略下高校专创融合路径创新研究》（课题编号：XSP2023JYZ022）；湖南省教育科学规划“十四五”规划2023年度立项课题《教育元宇宙视野下专创有机融合研究》（课题编号：XJK23BZY004）；阶段性研究成果，属研究成果之一。

本书由湖南交通职业技术学院吴轩辕、湘潭医卫职业技术学院赵曦老师编著。

对参与本书出版的陈礼仁、陈熙、刘思琦、潘路、蒋求生、赵蔚林、唐海飞、黄冬来、张婵、廖欢、邹润海、文静、刘艳勤、陈华娟、李美琳、廖艳芳、刘中华、龙婷婷、成玉梅、敖彩民、曾婧、谢姗老师团队成员和唐啸、彭泓博、郑宇皇、钟伯谦、王毅学生团队成员表示感谢，寥寥数语无法表达对此书顺利出版提供帮助的人的谢意。

书中仍有很多问题，需要进一步的凝练与润色，望专家、同行不吝赐教，修正完善。

致谢！

作者

2024年7月

前　言

“万物昭苏天地曙，要凭南岳一声雷。”1619 年 10 月 7 日，思想家王夫之（世称“船山先生”）在湖南衡阳诞生。他以“六经责我开生面”的浩然气魄汲取百家精髓，于经史子集各部皆深有所思、所著、所成。为了探究和传播王船山的思想，《衡阳师范学院学报》自 1982 年起开办《船山研究》栏目，刊载研究王船山的学术论文，至 2023 年年底，40 余年时间刊发文章 420 余篇。该栏目的开办，不仅为丰富船山研究成果、拓展船山研究领域、扩大船山思想传播作出了突出贡献，而且为弘扬中华优秀传统文化、促进哲学社会科学繁荣发展作出了积极努力。

《船山研究》是《衡阳师范学院学报》编辑部精心打造的颇具地方特色的品牌栏目，自开办以来，获得了学界、业界乃至上级主管部门的一致好评。荣获过“全国社科学报优秀栏目”“全国地方高校学报优秀栏目”“首届湖南省期刊优秀栏目”“全国地方高校学报名栏”等奖项。2011 年，该栏目成功入选教育部高校哲学社会科学学报名栏建设工程，2016 年获教育部名栏建设优秀奖。近年来，该栏目又获湖南省教育厅主管社科期刊“品牌栏目”（2021 年）、全国高校社科学术期刊“特色栏目”（2023 年）、湖南省高校学报“特色栏目”（2023 年）等称号。为了集中呈现栏目的优秀成果，我们曾出版了《船山研究专栏论文汇集（1982—1997）》《船山研究专栏论文汇集

(1998—2005)》《王船山研究论文选集·哲学卷》《王船山研究论文选集·史学卷》《王船山研究论文选集·文学卷》《王船山研究拾遗》《船山研究2015—2016》《船山研究2017》等论文集。

这次推出《船山思想研究——〈船山研究〉栏目(2018—2022)论文集萃》《船山思想传播研究——〈船山研究〉栏目(2018—2022)论文集萃》,一是为了凸显该项工作的连续性,二是为了给广大船山爱好者和研究者提供参考资料,为进一步创新船山研究成果奠定根基。

《船山思想传播研究——〈船山研究〉栏目(2018—2022)论文集萃》一书共选入24篇文章,包括"船山学研究""船山思想的传播和接受""船山学研究资料集锦"三个部分。

在"船山学研究"这一部分,一方面,我们了解到:民国时期的嵇文甫,"以人道主义释船山思想,用唯物辩证法观点分析船山对宋明道学的继承与发展,分析船山的历史哲学观点以及船山哲学观点的根本属性",并密切联系社会现实进行研究,对船山学术一些具体问题如易学方法、史学方法等进行探讨,表现了他在船山研究上的阶段性;毕业于国立东北大学的许冠三,在吸收前人研究成果基础上"研究王船山宇宙观、知识论、历史哲学,全面构拟王船山哲学体系",形成了颇具个性特色的船山研究范式;对船山研究有着重要贡献的张立文,从中国哲学的逻辑结构来研究船山哲学,突破了"民国以来的哲学体系表述如本体论、认识论、人生道德等旧套",超越新儒学,"论证王船山'气''诚''太极''细缊'等范畴的实有性",在继承马克思主义船山学研究成果基础上"建构起了有特色的船山和合学";第一次鲜明提出船山哲学是唯物论的侯外庐,不仅对船山唯物哲学基本范畴及其体系进行了论证,而且还通过研究王船山所处社会历史状况揭示其哲学的意义,并从唯物与唯心论的关系角度研究船山哲学,使船山研究有了新的突破和思考;敢于反思、敢于对定论和权威质疑的蔡尚思,"将船山思想分为十一个大类六十九个小类,比较全面地构拟了王船山思想研究体系",对于推动船山学研究向前发展有着重要意义；有着卓著贡献的王兴国，六十年时间“与船山相伴”，悉心研读、耐心整理船山学文献，心系船山，融情船山，积极筹备和参与船山学术研讨会，致力于重建船山学社、恢复《船山学报》、校勘整理船山古籍等工作，系统探究学界对船山学之贡献，不遗余力推介船山，吸收老庄方法论，构建船山认识论体系，费尽心力研究船山，倾其一生，为诠释和传播船山思想默默奉献。另一方面，我们发现，尽管王船山在国内已经受到普遍重视，国外也有学者关注和研究他，如韩国学者金容沃（Young - oak Kim）、华人学者严寿澂（Yan Shoucheng）等，但北美哲学界知道王船山的少之又少，对其关注度则非常低。侯外庐（Hou Wai - lu）的《王夫之的哲学思想》、Ian McMorran 的《晚明对王阳明的批评——王夫之的评价》、韩国学者 Yung Sik Kim（金永植）的《王夫之对理学一枝独秀的反弹》、张节末（Jiemo Zhang）的《对王夫之“诗乐理一论”之美学价值的诠释与批判》、陈荣灼（Wing - Cheuk Chan）的《批评性地检讨牟宗三与唐君毅对张载及王夫之的气论诠释》、谭明冉（Tan Mingran）的《王夫之庄子解中对“神”的诠释》以及刘纪璐（JeeLoo Liu）的《人类历史在王夫之的宇宙论中是否具有决定性?》《宇宙论的理在宋明理学形上学中的地位》《王夫之“理在气中”之哲学》《在宋明理学“气实在论”中实然与应然的相应关系》《道德理性，道德情感，以及利他主义的实践：利他主义的动机论》等，为少数可见的英语论文。而对船山哲学介绍的英文著作同样少得可怜，布莱克女士（Allison Harley Black）于 1989 年在华盛顿大学出版社发行的《王夫之哲学思想中的人与自然》，Ian McMorran 于 1992 年在香港阳光书局出版的《热情的实在论者：王夫之生平以及政治思想导论》，Nicholas S. Brasovan 于 2017 年在纽约州立大学出版社发行的《宋明理学的生态人文主义：对王夫之的诠释运用》，刘纪璐（JeeLoo Liu）于 2017 年在 Wiley - Blackwell 出版社发行的《宋明理学：形上学，心性学，与道德哲学》为其中的代表。至于其他翻译或介绍类书籍要么对王船山一笔带过，要么直接忽略。正因为如此，才会有学者提出，要提升船山学研究品味，必须“把船山思想同儒、道思想结合起来研究”，必须“博览儒家、道家经典，找出《船山全书》与之相通之处”，必须“在研读已有的论文、专著基础上，找出发明点”，“找准和运用最好的研究方法”；要扩大船山思想的影响力，必须加大船山著作的英译力度，“编辑他的英文哲学选集”，“没有船山著作的英译，船山思想永远无法走入英美思想界”。

船山思想丰富而深邃，吸引着一代又一代人去挖掘和探究；船山思想影响持久而深远，促使着诸多学人在领悟中融入，在接受中传播。一代伟人毛泽东，他的认识论思想与船山思想颇具相关性，在知识的来源与标准、认识的类型与阶段、致知的方法与手段方面，对船山思想“或直接吸收借鉴，或创造性转化，或批判性超越”，船山思想是毛泽东早期思想的重要源泉；现代新儒家开山人物熊十力，“将船山思想作为自己的思想基石，予以吸收融化、转换创造”，他的宇宙本体论、人生哲学、哲学精神等诸多方面都打上了船山思想的印记；近代著名经学家、文学家王闿运，对王船山思想的接受“具有很强的批判性”，表面上看，他对王船山的贬损近乎苛刻，但其在潜意识中却用王船山思想来绳之各种生活现象，进而判断是非；现代新儒家最具创造力人物牟宗三，对船山的历史哲学多有吸收、引用、反思，他强调事理、具体的解悟与历史判断是历史哲学得以成立的关键，他吸收揆理度势这种历史判断与道德判断相结合的历史考察方式，是船山思想的继承和延续，“船山历史哲学是牟宗三历史哲学的逻辑起点”；著名哲学家、哲学史家贺麟，他“强调学术与政治的互动关系，以学术推动政治的健康发展，与王夫之注重族类自固，强调道统、治统分立而互动，文化高于政治等观点相似”，他的认识论、道德观、人生论、政治观等方面均是对船山思想的继承；当代著名哲学家、哲学史家张岱年，他的“形上哲学、知识哲学、人生哲学、文化思想以及哲学史研究均打上了船山思想的鲜明烙印”，他建立的新气学思想体系，是对王夫之哲学的承继和发展。

船山作品的传播久远而广泛，它不仅被国内广大读者所阅读，而且还被翻译成英文等对外流传。船山思想的时代价值在不断彰显，他的“以人为依”、天下为公、“生民之生死重于一姓之兴亡”的民本思想，可以涵养“以人民为中心”的发展思想；他重视“实学”，主张知行并进、经世致用，批判理学家坐而论道、清谈误国，对于今天强调实干兴邦、积极应对各种挑战具有方法论意义；他提出社会生产要有适度的自由，行政权力不要过度干预经济，这对当下强调市场在资源配置中的关键作用和更好发挥政府职能有借鉴作用；他重视和谐共生，主张天下和合，以实现社会和谐发展为最终价值指归，为构建人类命运共同体提供了思想滋养；他以接续中华文化“香火”为追求，以博览古代经典为根柢，以“六经责我开生面”为责任担当，提出了许多原创性的思想，铸就了中国思想史上的一座高峰，为我们构建具有中国气派的哲学社会科学体系、实现对中华优秀传统文化的创造性转化和创新性发展提供了参照。新时代，我们在挖掘船山思想的同时，要多途径多形式传播船山思想，除了学术活动的开展，我们需要创新传播路径和方式，实现“传播主体多元互动，传播内容多维呈现，传播媒介全程跟进，传播话语多方转换，传播受众实践参与”。只有这样，船山思想价值才能得到进一步彰显，船山思想传播才能更行更远。

目　录

第一编　船山学研究

王兴国先生对船山学研究之贡献 ……………………… 陈力祥　颜小梅（3）

开新与突破

——张立文的船山哲学研究 ……………………………… 朱迪光（17）

民国时期嵇文甫的船山学研究 …………………………… 朱迪光（30）

王船山哲学研究在北美的发展 …………………………… 刘纪璐（42）

许冠三的船山学研究 ……………………………………… 朱迪光（61）

建构唯物论研究范式的侯外庐船山哲学研究 …………… 朱迪光（74）

提升船山学研究的品位 …………………………………… 卢从绪（81）

船山学研究的反思与蔡尚思的船山学研究 ……………… 朱迪光（88）

立理限事还是通以变成？

——华人学者严寿澂教授船山学研究访谈 ……………… 刘　荣（97）

第二编　船山思想的传播与接受

试论毛泽东认识论思想的船山学渊源 ……………………… 吴　戬（115）

试论王夫之对熊十力思想的影响 …………………………… 吴　戬（128）

《湘绮楼日记》对王船山思想的接受与传承 …………………… 赵 斌（142）
王夫之《玉楼春·白莲》英译的翻译规范研究 ………………… 曾 威（154）
王船山诗词英译中“兴观群怨”的再现
——以《蝶恋花·铜官戍火》为例 ………………………… 曾 威（161）
试论牟宗三历史哲学对船山思想的融摄 ……………………… 吴 戬（170）
媒介融合背景下王船山思想的全媒体传播 …………………… 杨旭明（185）
贺麟思想建构中的船山学渊源 ………………………………… 吴 戬（192）
张岱年思想建构中的船山学渊源 ……………………………… 吴 戬（207）
挖掘船山思想现实价值，弘扬传播船山精神
——王船山纪念活动北京汇报座谈会纪要
……………………………… 中共衡阳市委宣传部（219）
亦师亦友 钟情船山
——记与王兴国老师的交往轶事 …………………………… 夏剑钦（223）

第三编 船山学研究资料集锦

首刊《船山遗书》的邓显鹤与邹汉勋 ………………………… 王兴国（229）
日本船山学研究补白及参考资料目录 ……………… 彭群林 朱迪光（239）
编校金陵本《船山遗书》的功臣刘毓崧、张文虎 …………… 王兴国（253）
英语世界船山学研究成果目录 ………………………………… 吕剑兰（266）

后 记 ……………………………………………………………………（275）

第一编

船山学研究

王兴国先生对船山学研究之贡献

陈力祥　颜小梅

王兴国先生，湖南株洲人，船山学社社长，《船山学刊》原主编。王先生对船山学的付出可谓大矣。为表彰王兴国先生对船山学研究所作出的杰出贡献，在王先生八十寿辰之际，我们对其近六十年的船山研究作一总结，特作此文，以弘先生治学之精神，彰其为船山研究所作出的贡献。王兴国先生对船山学的贡献，日月可鉴。他一生倾心、寄情、融情船山，不遗余力推荐船山，费心尽力研究船山。

一、倾心融情，结缘船山

先生自中国人民大学哲学系毕业被分配到湖南哲学社会科学研究所工作后，长期从事马克思主义哲学、中国思想史和湖湘文化研究，多年来一直参与船山学之学术组织与建设工作，在船山学推介和研究方面功劳卓著。在与船山相伴的近六十年的工作生涯中，先生研读、整理学界有关船山学的各类文献，深入剖析之余，也提出了独得之见，并能洞悉船山学研究的动向，为后辈深化船山研究奠定了坚实的基础。

先生与船山学的不解之缘可追溯到1962年筹备纪念王船山逝世270周年的学术研讨会。为成功举办研讨会，在将近一年的筹备中，先生博览群书，广泛涉猎研究船山思想的著作，专研船山经典，为会议撰写论文；在会议举办之际，他前赴山东接待莅临会议的专家学者，为研讨会做记录，整理专家学者的讲稿等，不辞劳苦，力求精益求精。1962年的船山学术研讨会的筹备，不仅为先生之后筹备船山相关的研讨会提供了经验，而且影响着先生的学术兴趣和学术追求。

除了筹备船山的相关研讨会外，先生还积极响应恢复船山学社、复刊《船山学报》等号召，凭借自己良好的文史哲素养，担任审阅有关船山生平、著作、思想等研究论文的编辑。在此过程中，学界对船山学术的挖掘和研究引发了先生的深思，让先生从两个维度把握着船山学术的发展，一个维度是从横向看，即学界关于船山已有的研究大致可归纳为船山哲学思想、政治思想、历史思想、美学思想、文学思想等；另一维度是纵向看，即立足当前学界已有研究成果，就船山学术在今后应如何发展提出了深刻见解。与此同时，先生一丝不苟地对待《船山遗书》的校勘工作，力图恢复船山著作的原貌，为《船山全书》的编辑、整理出版全力以赴。在日复一日的熏陶沉淀下，先生展示了其扎实、深厚的学术功底，对船山学术研究全局的洞悉和发展方向的高瞻远瞩蕴含着先生学术之扎实，以及对船山用情之深。

先生不只是作为船山学术研究的推动者，更是作为船山学术研究的实践者。一方面，他立足学界关于船山的研究成果，综述了冯友兰、张岱年、侯外庐、嵇文甫等先生对船山研究的贡献，让后辈研究者对船山学有了更清晰的了解。另一方面，先生对船山哲学、子学、史学研究颇深，将船山置于马克思主义哲学视域的研究中，用一对对范畴构建了船山认识论体系，可谓全面而深刻；从船山对老庄思想的细节处突显出船山子学“专精老庄，入其垒，袭其辎”的特色，以及挖掘船山民族思想在中国近现代历史上的地位及被宣传的原因。先生之极深研几引发了我们后辈如何研究船山的思考，因为船山思想博大精深，自成体系，但其中内容又包罗万象，故需研究者能够“入乎内而又能出乎外”，既能宏观把握船山之思想体系，又能微观地阐释其思想背景、特色及发展流变。正如先生对船山学发展的展望，他希望能够从宏观和微观两方面深化船山学的发展，也即是希望既能加强船山思想体系的建设，又能将某一具体思想深化、纵向延伸，为船山学之发展添砖加瓦。先生对船山学之倾心用情寄托于筹备学术研讨会、恢复船山学社、编辑和整理船山全书、综述学界船山学研究成果等多种方式，不遗余力地推介船山和费尽心力地钻研船山思想，将对船山之情深化为组织和研究之深。

二、不遗余力推介船山

上文提及，先生 20 世纪 60 年代毕业便与船山学相伴，可谓船山学研究之前辈。在与船山学风雨同舟的几十年中，先生将对船山之深厚感情寄托于多种推介船山之方式上，以增强船山及船山学之影响力。自 1962 年筹备船山学术研讨会以降，先生更是多次参与纪念船山之学术活动，与诸位研究船山之学者整理、校对船山方面的古籍，致力于重建船山学社、恢复《船山学报》等工作，潜精研思学界对船山学之贡献。接下来本文将从先生着力筹备、参与纪念船山学术研讨会，积极参与重建船山学社、恢复《船山学报》等工作，校勘、整理船山古籍，研究学界对船山学之贡献四方面，以彰先生对船山之推介。

（一）多次筹备、参与纪念船山之研讨会而推介船山

如前，据先生回顾，他与船山深度结缘于 1962 年“纪念王船山逝世 270 周年学术讨论会”。在此次学术讨论会筹备过程中，先生主要做了四项工作：与王忠林、杨际平二位先生合著《试探王夫之的发展观》一文，赴济南迎接专家学者，担任会议期间哲学二组的记录员，整理专家学者的讲学稿。[1] 在与王、杨二先生合著的论文中，先生指出：王夫之强调一切事物都是处于不断运动变化和普遍相互联系之中，并认为事物的矛盾是普遍存在的，是运动变化的原因。[2] 先生从马克思主义哲学的视角论述王夫之哲学中丰富的辩证法思想，充分肯定王夫之发展观的积极作用，同时也指出了他的发展观存在抽象、形而上等局限，但纵观王夫之发展观全局，将其定性为朴素辩证法。此论文最后以林国平的名义提交讨论会，并收录于 1965 年中华书局出版的《王船山学术讨论集》上册。关于当年学术研讨会的盛况，先生在回忆他充当哲学二组记录员时有过一段论说：在当时的研讨会上，学者们各抒己见，纷纷阐发自己对船山认识论的见解，还记录下了对后来船山研究影响深远的一番讨论。冯友兰先生当场拿出太平洋本《读四书大全说》，摘出其中“格物致知”的言论，对照朱熹的思想，得出了船山“心”“理”关系与朱熹如出一辙，并未超出朱子认识的结论。关锋先生同样引述此段，认为船山虽未将“格物”“致知”问题处理得很好，但基本上正确解决了两者的关系，并

相较程朱存在新变化。萧萐父先生认为冯、关二位的讨论牵涉对船山哲学的根本评价，总体而言，他认为船山之“理”区别朱子之“理”，充分肯定船山“主观反映客观”的唯物主义立场。[3]通过这一细节，先生让大家感受到，当年的研讨会开展得如火如荼，同时也启示着研究船山的后继者应将船山与朱熹之关系、船山与宋明理学之继承与发展，作为后续船山学研究的重要论题之一。

1980 年 6 月，湖南省中国哲学史学会筹备小组探讨了王船山研究的相关问题，建议在船山逝世 290 周年之际举办学术研讨会，先生应相关方面指示起草了 1982 年召开王船山学术研讨会的报告。同年 12 月，在韶山举办的湖南省高等文科科研座谈会上，省内著名学者林增平、姜书阁、羊春秋、马积高等先生表示对研讨会的支持，同时建议重建船山学社和复刊《船山学报》，先生便写了船山学社简介，供相关领导参阅。[1]据先生回忆：相较 1962 年举办的讨论会而言，1982 年的“纪念王船山逝世 290 周年学术讨论会”收到的会议专著、论文等数量更多，种类更丰富，研究领域也更广泛，不再局限于哲学、史学、政治等，而是拓宽到了美学、逻辑学、文学、民族观等领域，且在原有研究上有所深化。这次学术讨论会的主题相较上次更加明确，即船山思想是否具有启蒙性质以及其与宋明理学是何种关系，主题之明确也体现着研究更注重船山思想之形成、发展变化之过程，因而在方法上要更加注重科学，坚持实事求是。[3]

为进一步明确船山之思想及其在中国传统文化中的地位，1992 年学界在衡阳市召开了主题为“王船山与中国传统文化和社会主义精神文明建设”的主题研讨会。如先生所言，此次会议最大的特点即是船山主要思想领域一系列专著的出版，其研究内容更加深刻而全面，除却之前研讨会所涉及的政治、哲学、史学等，还包括经济思想、教育思想、伦理思想、佛道思想、诗学思想等诸多新领域。[3]先生还列举了陈远宁、谭承耕、唐凯麟、张怀承、吴立民、徐孙铭诸位先生的研究，从不同领域和不同层面微观上展示了学界研究船山之成果，并将船山之基本精神及其历史地位置于整个中华传统文化之中，从宏观上把握“船山之魂”，辩证地评价了船山守旧与趋新并存的历史地位。为使研讨会讨论之问题更加深化，先生在其论文中总结了会议存在争议的四个问题：船山思想的阶级属性以及船山是否为启蒙思想家的问题、船山与宋明理学之关系（即理学或者是反理学）、船山爱国主义思想与民族主义思想的评价、船山历史观问题之评价。[4]先生将此次研讨会讨论主题之深化、研究问题之争议以及船山学发展之展望写成综述，发表在《中国社会科学》上，既简明扼要地总概了当前船山学研究的现状，又为今后船山学研究提供了可研究的视角和方向。

为纪念船山逝世310周年，衡阳于2002年举办了“船山学与现代文明”的主题研讨会，先生撰写了《船山学研究四十年之回顾》一文，回顾了前三次研讨会相关的研究成果。先生认为，四十年来船山研究最显著的成就即是“船山学”的初步形成。“船山学”最初由方克立先生于1982年《船山学的回顾与展望》一文中提出：船山学是一门以王船山的学术思想和生平活动为研究对象的专门学问。[5]先生认为，船山学之初步形成具体体现在以下五个方面：重建船山学社，成立船山学会、恢复出版《船山学报》并更名为《船山学刊》，编辑和整理出版《船山全书》，出版了一大批船山生平和思想的专著，对船山思想的一些学术问题进行了比较深入的探讨。而且，先生认为四十年来船山研究最大的特点是“宏观—微观—宏观”，此次研讨会上出现的新变化有四点：一是出现了有关船山思想的总结性的研究；二是注重船山各思想间的内在联系；三是将船山某一思想置于其历史发展背景中，深入挖掘其学术价值和贡献；四是从更宏观的视野探讨前几次研讨会中出现的有关船山的争议性问题。[3]先生在此次讨论会上的回顾从宏观上展示了自1962年以来的船山发展成果，综述了学界关于船山研究的现状及新变化，还将此次学术会议论文编成了《船山学新论》，为学界深化船山研究、壮大船山学做出了重要的贡献。

（二）重建船山学社、恢复《船山学报》而推介船山

如前文所言，应学界著名专家重建船山学社的建议，先生撰写了船山学社的简介。船山学社于1982年5月8日重建，吴立民先生任社长，先生和陈远宁先生任副社长。船山学社最初名曰思贤讲舍，其为学之旨是“自重以为立身之本，讲求礼法以为接人应务之方，亲师取友以求共学之益，读书务实以立为学之程”[6]。后刘人熙将其改为船山学社，整理船山著作，宣传船山思想及学说。1951年后，船山学社由于抗日战争而停办，直至1982年才恢

复。在学社重建后，先生及诸位学社同仁以弘扬船山学为学社宗旨。据先生叙述，成立初期要尽量少受所谓“历史问题”的影响，抵住“左”的压力。自 1994 年任社长以来，先生致力于学术理念之纯粹及学社团结，以提高学术质量、组织学术会议、加强学术交流为目的，推动船山学术研究的进步和繁荣。[1]在先生和诸位学者的努力下，船山学社推动船山研究朝着更加全面、科学的方向发展。一方面是有关船山的生平、著作及相关资料更加完善，研究领域也更加宽广，并出现了多学科协同发展的现象；另一方面是研究者更注重运用科学的方法和新的理论范式进行船山学研究。[7]在先生之带领和提倡下，研究者以实事求是的态度展示船山学术的“真实”面貌，推动船山学的系统化、体系化。

除了重建船山学社外，先生及各学社成员还倡议恢复《船山学报》，在他们的努力下，1983 年《船山学报》恢复，并更名为《船山学刊》。自 1984 年至 1989 年，先生担任学报主编，出版刊物 14 期，因当时编辑部没有专职编辑，故先生不仅负责稿件的终审，还需分担一定的编辑任务。在每次的刊物校对中，先生都斟词酌句，严把刊物质量。据先生在《〈船山学刊〉百岁生日颂》中回忆：当时《船山学刊》开设有“船山佚文”“船山哲学”“船山史学”“船山文学”“原著注释”“船山生平与师友研究”等专门栏目，在实事求是原则的指导下，全面、科学地研究船山生平、学术源流及其思想发展流变及历史地位，以求建构科学、完整的学术思想体系。[8]1989 年，相关部门在整顿刊物时，以一个单位不能办两份刊物为由停办了《船山学报》，先生当即向省里相关部门和领导写报告，并请有关领导多方呼吁和协助，最终同意每年出一期船山研究专刊。后在多方努力下，1991 年有关部门同意学报复刊，并改名为《船山学刊》。此后 1993 年至 2009 年，先生担任《船山学刊》的执行主编和编委会副主任，不但要审稿把控刊物质量，还要编稿。2010 年至 2014 年前后，先生虽没有担任主编了，但是应编辑部邀请，为提高学术质量还继续担任责任编辑，二审稿件，严抓刊物质量。正因为先生长期参与学报和学刊的编辑、审阅工作，故对船山研究的现状及其发展了如指掌。《船山学刊》在先生、诸位同仁及各专家学者的共同努力下，在船山思想体系、船山思想新领域研究、船山在湖湘文化及中华文化中的地位、船山与宋明理学之关系、船山与西学思想之比较等方面都有深化和拓展，但在思想源流、师友关系、著作和观点考证及思想体系研究方面存在局限。[8]从先生之前瞻可看出，船山研究需要采用更科学的方法，如加强其著作时间、地点及观点本身的考证，推动船山学研究之真实、深入发展。也正是通过此种途径，先生在推介船山及船山学方面，其功卓著。

（三）校勘、整理《船山全书》而推介船山

在船山学社研讨会如火如荼开展之余，船山古籍的整理也被提上了日程。1982 年湖南省古籍整理出版规划会确定将《船山全书》列入古籍整理出版规划，先生担任编委会办公室副主任。在校勘、整理古籍过程中，先生主要做了如下工作：一是和陈远宁先生从船山 12 世孙王鹏处得到王敔所写的《大行府君行述》抄件，为船山之生平、思想研究提供了新材料；经过二位先生之校勘，此材料最后发表于《中国哲学史》。二是和刘志胜、徐孙铭先生去国家图书馆校对了文津阁本《四库全书》中船山《诗经稗疏》《书经稗疏》等著作；完成此任务后，又去中华书局协商将王孝鱼等人点校完而未出版的船山著作转让给岳麓书社，最终中华书局将 24 种船山点校稿本转让给了岳麓书社《船山全书》编辑委员会；与此同时，与马宗霍之子马雍协商，将马宗霍《船山遗书校记》手稿本复印给《船山全书》编辑委员会。三是和张铁夫先生向王鹏借阅并复印其祖传王船山之《张子正蒙注》和《读四书大全说》抄本；由于此版本之《张子正蒙注》相较其他版本更真实、完备，故整理全书之际便是以此本为底本，兼采其他本子之长，而《读四书大全说》也成为校勘全书之参考本。四是非常重视对船山佚文、佚诗之搜集与整理，并请提供者将其发现过程、内容一一撰文，共收录佚文、佚诗等 31 篇。[1]先生在文中虽只是简单回顾，但可想而知过程之漫长、艰难，他对船山著作版本的搜集、对比、整理和校勘古籍对《船山全书》之整理大有裨益。

（四）撰写船山学研究综述而推介船山

先生哲学功底深厚，又长期从事船山研究，故对学界船山学之现状有清晰认识。他通过综述诸位学者对船山研究之贡献，以清楚地显示当前船山研究之主题，也正如先生在其他文章中所总结的，大体可规约为如下几个主题：船山之民族思想、船山之哲学体系、船山与宋明理学之关系、船山是否为启

蒙思想家、船山及其学术之历史地位、船山及其学术之基本精神等。

在《清末民初船山学论述评》一文中，先生针对戊戌变法前后学者对船山思想利用和研究情况，从夷夏之辨、民主思想、哲学思想和历史地位四个方面进行了剖析和评述。船山“华夷之辨”之思想在清末为维新派和革命派排满反清提供了思想来源，虽然两派对其运用理解不一，但都只将船山“夷夏之辨”用来排满，并未将它运用于中外关系，直至后来杨昌济先生将传统“夷夏之辨”转变为现代爱国主义。在论及民主思想时，先生以梁启超、章太炎对待黄氏《明夷待访录》和王氏《黄书》的不同态度为引子，对“船山思想是否为民主主义”提出了自己的见解，认为船山所谓“民权”思想实质是中国儒家传统民本思想，并非西方所倡“自由、平等”云云。在理解和运用船山哲学思想上，先生认为研究比较深入的分别是谭嗣同、杨昌济和梁启超。谭嗣同以“器体道用”反对“中体西用”，以船山动静之辨证思想反对隔绝、闭关，提倡“一多相容”，肯定“理欲合一”。杨昌济以传统中国哲学比之培根经验哲学，更多地将船山哲学视为科学的认识方法。梁启超以顾亭林和王船山做对比，认为亭林方向接近“科学”，船山方向接近“哲学”。在对船山思想历史地位的评价上，先生总结了“理学”（唐鉴、曾国藩、郭嵩焘等）和“反理学”（梁启超等）两种说法。[9]虽然当代学者研究船山较清末民初学者更深入，但先生认为对船山研究的主要理论框架并未超出以上四方面，故可在这些学者的研究基础上做更深入的探讨。

在《简论冯友兰先生的船山研究》一文中，先生从船山哲学思想与宋明道学关系、船山与程朱“心、理”论述、船山是否为启蒙思想家三方面，综述了冯友兰先生对船山研究的独特见解。首先，在船山哲学思想与宋明道学关系的问题上，冯先生的观点前后有所修正：前期他认为船山是属于反道学阵营，后期他则明确否定船山是反道学，而将他视为后期道学的主将，与前期道学集大成者朱熹并驾齐驱。先生认为冯先生观点前后虽有变化，但其不变之处是将船山放于道学历史中分析。其次，先生在船山与程朱“心、理”论述上总结了冯先生的观点：船山“人心”“道心”之论与朱熹并无二致，都坚持“人心”之上有“道心”，“道心”（仁、义、礼、智）统帅“人心”（私欲杂念），但船山只反对陆王之“心即理”，而不曾跳出朱子之藩篱，故船山之“以心循理”不能视为反映论，而仍保留有程朱理学唯心之残余一面。最后，在船山是否为启蒙思想家问题上，从冯先生将黄宗羲定义为新时代的先驱而将船山定义为旧时代的总结的不同评价中，先生认为冯先生虽未明确地将船山排除在启蒙思想家之外，但据其评价，船山未被列入启蒙思想家之列。[10]

在《张岱年先生对船山学的贡献》一文中，先生从船山哲学范畴、船山哲学体系、船山历史地位三方面精准而动态地评述了张岱年先生对船山学研究所作的贡献。先生认为张先生在新中国成立前研究中国哲学呈现出以问题为中心的研究特点，研究船山也不外如是，从船山之唯气论、辩证法、致知论等概念出发，构建新唯物论体系。据先生评述，张先生在新中国成立初期从马克思主义理论出发，研究船山唯物主义思想形成的社会背景、船山思想与资本主义萌芽的关系、船山唯物主义思想的基本内容。自改革开放以来，张先生更加侧重船山之历史地位和积极、主动哲学精神之研究，认为船山虽未能提出反理学的口号，但已经突破了理学的局限。[11]

在《侯外庐先生对船山学的贡献》中的第一部分，先生概述了侯先生通过唯物史观方法分析了船山所处社会性质、变革中的阶级关系、启蒙思潮特点，并将船山明确界定为中国早期启蒙思想家。文章第二部分，先生引侯老“船山之学，涵淹六经，传注无遗，会通心理，批判朱王（对朱熹为否定式的修正，对王阳明为肯定的扬弃），中国传统学术，皆通过了他的思维活动而有所发展，他的方法则是近代的”[12]一段总概船山之学术地位，并通过分析侯老的论述，揭示了船山“六经责我开生面”的科学精神体现在摒弃佛老二氏之世界观而吸收其方法论和继承古代唯物主义思想（主要是王充）两个方面。先生精炼的总结为现代学者在宋明儒学与佛老、船山与佛老、船山与王充思想之异同等方面开辟了新的研究视角。文章第三部分，先生详细地展示了侯老关于船山絪缊生化论、运动观、认识论和知识论、人性论、道器观和社会史观的思想体系，揭示了侯老以马克思主义观点研究船山哲学的先河。[13]

在《嵇文甫先生对船山学的贡献》一文中，先生从政治、哲学、历史三方面详尽地介绍了嵇文甫先生对船山学的贡献。先生肯定嵇老在政治思想方面有四点贡献：为顺应“五四”时代需要，突出宣传船山人道主义思想；全面、高度评价了船山之民族主义和爱国主义；以个案研究的方法首倡船山有别申、韩和黄老的新政术论思想研究；从船山贱商主张和非平等自由思想将其阶级属性定为封建地主。在哲学方面，先生概述了嵇老关于船山哲学地位之论述：船山哲学源自横渠、东林学派、庄释各家、晚明考证与“质测”之学等，是宋明道学之“扬弃”，是程朱陆王基础上的“否定之否定”，肯定其唯物主义的基本立场，但认为其含有诸多唯心主义杂质，并将船山哲学理论之根本归纳为“天人合一，生生不息。在历史观方面，先生概述了嵇先生关于船山古今因革论、朝代兴亡论、华夷文野论的历史观，并指出船山历史观之性质是自然唯物主义而非历史唯物主义，其史学方法为经世之学和历史联系时事。[14]先生紧密结合嵇先生的专著和论文，系统而精炼地总概了嵇先生对船山研究的贡献，为现代学者精细地研究船山的学术渊源、政治思想和方法论做出了重要贡献。

综上，先生躬亲筹备纪念船山的学术研讨会，重建船山学社、恢复《船山学报》，校勘、整理《船山全书》，撰写船山学研究综述，借助研讨会、学社、学报等阵地不遗余力地推介船山及其研究成果，以增强其影响，并通过学界之论述为实事求是地探索船山思想之渊源、思想内涵及体系、后世影响等提供了参考，开辟了可研究的视角。

三、费心尽力研究船山

除了筹备船山的相关会议、重建船山学刊、恢复船山学报等方式推介船山研究外，先生更是深入钻研船山，在船山认识论、子学和历史思想方面说理透彻，见解独到。

（一）关于船山认识论范畴的研究

为响应 1982 年王船山逝世 290 周年学术研讨会，黄洪基、陈远宁、王兴国三位先生共同商议撰写《王船山认识论范畴研究》。在此项工作中，先生执笔“一与多”“名与实”“知与行”“天道与人道”“有穷与无穷”五个章节，以及全书的编辑、订正等工作。在撰写船山的这些范畴时，他对范畴本身的发展史做了梳理，阐释了船山对这些范畴的论述，彰显了船山对传统之传承与创新。先生认为船山对具体与抽象、个别与一般关系的认识可理解为“居一统万，合万皆一”，客观世界是“一与多”的统一，故而在认识上应坚持“多学”与“一贯”的认识方法，多学识涵养进而一以贯之，反对“执一”“逐物”，割裂“一”与“多”的关系。[15]在“名实”关系上，船山坚持“名从实起，依实定名”，反对“循名责实”“惜名废时”“以名戕实”“重名不重实”，但同时他认为名实相符需要“与物交”，认真观察客观事物，“名”虽从“实”生，但对事物的认识总是处于不断发展的过程，即应注意“名随实变”，非偏重某一方，而要交相为用。[15]在“知行”关系上，船山认为“知行”当属不同范畴，强调“知行有别”，反对“知先行后”和“知行合一”，而坚持“知行相资并进”，相互渗透；但同时也强调两者地位不同，认为“行可兼知”，而“知不可兼行”。[15]天道与人道实质即是客观规律性与主观能动性的关系问题，先生在古代天道与人道关系基础下，论述了船山之天人关系可归为“天人有别，人可相天为功”，强调天人有别，反对天人感应，但人可发挥其主观能动性，成就自身。总言之，船山之天人论述坚持天道于人道之优先性，即人不可强天以从人，但可在遵守客观规律的前提下充分发挥人之主观能动性。[15]在“有穷与无穷”范畴上，先生认为其实质即是论述真理之相对与绝对问题。就主客而言，认识对象如“道”“物”是无穷的，而人之认识知能是有限的，故人之认识不可一蹴而就，而是一个螺旋式上升的过程。人之认识不断发展、深化得益于人之认识器官和认识能力之“日新”。通过“日习日成”，人之知识储备和知识结构才能够不断深化，对世界的认识才能够由浅入深、由偏向全，从横纵两面延伸，故在认识过程中切忌“速成”“不作为”。[15]先生通过五对范畴的梳理和阐释，对船山哲学中个别与一般的关系、认识能力、认识过程、认识过程中的规律性与主观性、认识对象之无限性与认识能力之有限性，从唯物主义视角做了阐释。

（二）会通道家、道教，批判吸收

船山非常重视子学研究，且会通道家、道教。先生通过与傅山子学之比较，挖掘出了船山子学研究之特色。就子学成果而言，两者都颇为丰富，但相较而言，傅山子学涉及面更广，船山子学更为精一（主要是老庄研究）。相较傅山重辟谷，吴立民先生和先生认为船山更重道家、道教之“内丹”修炼，从其自称“一瓠道人”、《遣兴诗》《广遣词》中的不少丹语、以内丹丹法注释《离骚经》《远游》等著作，即可看出船山于道家、道教之“丹法”

情有独钟。其次，道家、道教之身体观对船山“珍生”“贵身”的思想也产生了重要的影响。虽然船山精通老庄思想，但是对其态度则是“入垒”“袭辎”，即精细地研究老庄思想正是要了解其世界观和方法论，以应对道家、道教之挑战，批判吸收其中可通儒家“圣道”之方法。而老庄思想可通“圣道”之方法有二：一是批判和改造其世界观，以唯物主义阐释“万物生于有，有生于无”，认为万事万物有生有灭，其成则为“有”，其毁则为“无”，从“无”生“有”即是本体之“幽”显“明”的过程；二是吸收和改造其方法论，吸收老庄思想中丰富的辩证法思想，以辩证的视角构建自身的哲学体系。[16]

（三）注重船山与中国近现代转型的研究

先生认为船山思想、著作的流传及研究与中国近代史是相伴而行的，在近代大体经历过三个阶段：著作流传刊布期、思想复活期、研究学术化期。船山著作得以流传和刊布首要归功曾氏兄弟，他们以金陵书局的名义刊刻了《船山遗书》。其次当属郭嵩焘创思贤讲舍和彭玉麟创建船山书院宣传、推崇船山。船山思想复活于甲午至五四时期，革命派和改良派都大力宣传船山，将其思想作为革命或者改良的武器，并将船山与黄宗羲、顾炎武等并列为明清三大家，大大提高了船山在思想史上之地位。在此期间，杨毓麟、谭嗣同大力推崇船山之民族思想；刘人熙等人成立船山学社并出版《船山学报》，积极宣传船山思想；罗正钧之《船山师友记》、皮锡瑞之《经学历史》等对复活船山思想都起到了积极的推动作用。五四至建国时期是船山思想学术化时期，这一时期的船山研究比较趋向客观化：其一是重刊《船山遗书》；其二是王孝鱼《船山学谱》、张西堂《王船山学谱》、张岱年《中国哲学大纲》等拓宽了船山研究之面相；其三是从政治、哲学、道德、历史等角度研究船山思想。复活时期的船山思想更是对近代社会产生了极大的影响，主要表现在其民族思想推动了民族意识的觉醒，其经世实学思想对辛亥革命前后一代人如谭嗣同、禹之谟等人产生了影响，其辩证法思想影响到了谭嗣同、杨昌济、毛泽东等人的思想。虽然船山在近代受到极大的推崇，但先生认为近现代对船山的推崇，其目的各有不同：曾氏兄弟、彭玉麟、郭嵩焘等推崇的是理学家王船山；谭嗣同、章太炎、章士钊推崇的是船山之民族主义思想；现代是从哲学、史学和文学三方面推崇船山；而当代则是将船山视作启蒙思想家。[17]基于以上，先生认为研究船山应本着实事求是的原则，从更全面、更精准的视角把握船山之思想。

先生费心尽力研究船山思想，在认识论方面，以对立范畴构建认识论体系；在子学方面，会通老庄，钻研道教，吸收其方法论，改造其世界观；在船山对近现代影响问题上，秉承实事求是原则，理清对船山推崇的不同目的，始终秉承实事求是的原则，力求全面、深刻地阐释船山思想。

四、简单的结语

综上，先生对船山之用情可见一斑，对船山学之贡献也是有目共睹，大致可概述为三方面。其一是倾心、寄情、融情船山。先生对船山之情倾注于推介、研究船山思想上，并用其毕生的精力探索、钻研。其二是不遗余力推介船山。先生通过筹备和参与纪念船山学术研讨会、积极参与重建船山学社，恢复《船山学报》、校勘整理船山古籍、研究学界对船山学之贡献等方式推介船山及其学术思想，力求增强船山及其学术思想的影响力，吸引更多的学者关注和研究船山。其三是费心尽力研究船山思想。先生在认真钻研船山思想的过程中，构建了船山认识论体系，吸收了老庄方法论，改造其世界观，以通儒家之“圣道”。在船山对近现代影响的问题上，先生逐一分析船山在近现代被推崇的原因，见解独到，研究深入。先生凭借其扎实的学术功底和多年来对船山学之斟酌，综合了学界关于船山学的研究成果，认为应从生平、师友、著作、思想渊源、思想及影响、研究方法、各阶段之特点、国外研究现状、当代学者对船山之研究、船山学未来发展之展望等十几个方面来完善船山学之发展，使之系统化、体系化。[18]同时，他也认为船山学未来之发展需从三方面加强：从宏观看，要追溯船山思想的历史渊源，探讨船山学研究之方法与范式，加强对船山在世界史和人类史上地位之研究；从中观看，要加强船山之师友研究，深化船山思想体系和船山学之研究；从微观看，要重视对其著作和观点之考证，挖掘新思想、新观点，全面、科学地把握船山之著作与观点。[19]今年乃王兴国先生 80 寿辰，短短一文虽未能周详地道尽先生几十年来为船山学之壮大和弘扬所做的努力，但先生对船山学的贡献光照后人，为后人之楷模，也为湖湘文化之光大奠定了坚实的基础。

参考文献：

[1] 王兴国．我与船山和船山学［J］．船山学刊，2015（4）．
[2] 湖南省哲学社会科学学会联合会，湖北省哲学社会科学学会联合会．王船山学术讨论集［C］．北京：中华书局，1965．
[3] 王兴国．船山学研究四十年之回顾［J］．船山学刊，2002（4）．
[4] 王兴国．纪念王船山逝世三百周年学术讨论会综述［J］．中国社会科学，1993（2）．
[5] 方克立．方克立文集［M］．上海：上海辞书出版社，2005．
[6] 郭嵩焘．郭嵩焘全集［M］．长沙：岳麓书社，2012．
[7] 王兴国．船山学社百岁生日颂［J］．船山学刊，2014（4）．
[8] 王兴国．《船山学刊》百岁生日颂［J］．船山学刊，2014（2）．
[9] 王兴国．清末民初船山学论述评［J］．船山学刊，1994（1）．
[10] 王兴国．简论冯友兰先生的船山研究［J］．船山学刊，1996（2）．
[11] 王兴国．张岱年先生对船山学的贡献［J］．船山学刊，2007（1）．
[12] 侯外庐．船山学案［M］．长沙：岳麓书社，1982．
[13] 王兴国．侯外庐先生对船山学的贡献［J］．衡阳师范学院学报，2004（4）．
[14] 王兴国．嵇文甫先生对船山学的贡献［J］．船山学刊，2018（1）．
[15] 陈远宁，王兴国．王船山认识论范畴研究［M］．长沙：湖南人民出版社，1982．
[16] 王兴国．傅山与船山子学思想之比较［J］．船山学刊，2008（1）．
[17] 周发源，刘晓敏，王泽应．船山学刊百年文选：船山卷（史学）［M］．长沙：岳麓书社，2015．
[18] 王兴国．关于船山学学科建设的两个问题［J］．衡阳师范学院学报，2006（4）．
[19] 王兴国．深化船山研究，开拓船山学的新生面——纪念《船山学刊》创刊90周年［J］．船山学刊，2005（4）．

（原载《衡阳师范学院学报》2018年第5期）

开新与突破
——张立文的船山哲学研究

朱迪光

张立文先生是当代一位重要的船山学研究者，20 世纪 80 年代以来发表了《从张载到王夫之的“聚散”学说》[1]26-31《王船山主体哲学》[2]41-48《王船山的性命论》[3]1-5《船山论道器、理气与物器（上）》[4]15-19《船山论道器、理气与物器（下）》[5]9-14《王夫之经学的新阐释》[6]5-8《拓展与升化船山学研究（笔谈）》[7]1-4《吸收船山智慧，弘扬船山精神》[8]9 等论文。其中，《王船山主体哲学》称船山哲学继承张载哲学有其内因外缘，船山以“六经责我开生面”的创新精神希冀开出一个形而上学存有论世界，即“太和”世界；并对“太和”与“太虚”的意蕴作了分梳，对“道”“太极”的形而上学本体的根底是什么以及如何存有作了多层面的追究。[2]41-48《王船山的性命论》称船山关于“气”与“太极”“诚”关系的论述往往涉及“道”与“器”以及“理”与“气”等关系问题，强调诚实有；认为形统上下，道器交体，即道器交与为体，道器相涵相因，道器流变会通。[3]1-5 21 世纪初，张立文又撰写了船山学专著《正学与开新——王船山哲学思想》[9]，其发表的船山学方面的论文主要内容都见于此书，如《王夫之经学的新阐释》见于第一章，《船山论道器、理气与物器（上）》《船山论道器、理气与物器（下）》见于第五章，《王船山的性命论》见于第四章。方国根评价道：该书运用中国哲学逻辑结构方法，从王船山哲学思想的主要范畴和命题着眼，不仅深入探讨了船山哲学基本范畴、命题的涵义及其内在联系，而且揭示和阐明船山哲学思想体系并对其历史地位进行定位和评述，是一部富有探索与创新的船山学研究专著。[10]127方国根的意见，我也赞同，但我以为仍有一些妙谛未尽，故为文以申之。

一、运用独创的方法揭示王船山哲学思想的特征

（一）从中国哲学的逻辑结构来研究中国哲学

中国哲学一直是怎样研究的呢？冯友兰说："以此之故，吾人以下即竟用中国哲学及中国哲学家之名词。所谓中国哲学者，即中国之某种学问或某种学问之某部分之可以西洋所谓哲学名之者也。所谓中国哲学家者，即中国某种学者，可以西洋所谓哲学家名之者也。"[11]249 张立文先生说："这种既具有'西装'的外表，又具有西洋哲学的灵魂的中国哲学和中国哲学史，究竟算不算、是不是中国哲学？又究竟算不算、是不是中国哲学史？的确大成问题。"[12]6 正因为这种状况，张立文先生于1981年出版的《朱熹思想研究》中提出中国哲学逻辑结构论[13]，认为中国哲学逻辑结构不是从现成的原则、原理出发，也不承袭西方的分门别类，更不把中国哲学削足适履地去符合现成的原则、原理，而是从中国哲学的实际出发，试图梳理和总结出中国哲学固有的原则、原理、规律、方法。[14] 在《正学与开新——王船山哲学思想》一书中，他说得更明白："所谓逻辑结构，是指研究中国哲学范畴的逻辑发展及诸范畴间的内在联系，是中国哲学范畴在一定社会经济、政治、文化背景下所构架的相对稳定的体系或结合方式。"[9]90

那么，王船山哲学的逻辑结构到底如何呢？张立文先生在分析王船山哲学的逻辑结构之前，先用了一章探讨船山哲学的学术渊源。此章为第一章《经学的新诠释》，论述了两个问题：安身立命的关怀、价值理想的开新。从忧患以体知《易》道、体认诚性的《尚书》学和情感生命的《诗》学三个方面论述第一个问题；从《礼》学贯通天人的诠释、《春秋》贵夏尊王的理想和《四书》的圣人理想人格三个方面论述第二个问题。张立文先生概括说："船山绍承中国传统文化人文精神，吸取传统《六经》、诸子的范畴、概念，并依据时代精神的需要和自己对经典文本的理解和解释，建构了他的哲学逻辑结构。"[9]90 张立文先生将王船山哲学逻辑结构画了一幅图[9]95，并进行了十五个方面的说明。正如张立文先生自己所说的那样，他对王船山哲学逻辑结构的分析主要是围绕几个范畴来展开的。第一是"气"范畴。"气"范

畴是船山对于宇宙万有追根究底的终极说明。气从存有的状态上看是阴阳二气冲突融合的呈现，这种冲突融合的形式便是絪缊。因此，船山称这种气为“和气”，或称“阴阳和合之气”，即阴阳二气絪缊融突而和合的气。这气是船山哲学逻辑结构的最高范畴，并由此而“一以贯之”，构建其完整的哲学体系。[9]95“气”的生生不息的过程，是其哲学逻辑结构展开的过程，所以说“天地之大德曰生”，以生凸显宇宙的根本特征。[9]102第二是“诚”和“太极”范畴。在船山哲学逻辑结构中，“诚”和“太极”范畴虽非最高范畴，但却是“气”范畴依以确定其最高范畴地位的关系范畴。“太极”是“气”的“浑沦齐一”的存在状态，这种状态表示“气”具有一种未分的、本然的、未发的、未聚的特性。“诚”说明“气”范畴虽然是无形的、不可见的，但却是真实存在的，即无形而实有。[9]95关于“诚”范畴，张立文先生还作了五个方面的分析：(1)“诚”作为表述“气”的特征或特性的范畴，它的实有性由“气”得以认定和定位，“气”的实有性由“诚”予以规定；(2)“诚”作为“通天人”“合内外”的范畴，具有中介性；(3)“诚”作为“气”的无形而实有的特性描述，具有“无对之词”的性质。由其实有，即使无形亦无碍于主体对于外在之诚的把握，这种把握即所谓“诚之”。唯有“诚之”，才使“合内外”“通天人”的“诚”获得实现的可能。“诚之”是道德认知、道德修持和道德践履的过程，因此，“存诚”便是“修道”；(4)“诚”作为“合内外”“通天人”之道的承担者，即沟通客体对象和主体认知的中介者，扮演着非常活跃的角色；(5)“至诚”包括经纶、立本、知化。知化就是知变与化。变是指有形迹的、显著的变；化是指逐渐的、不易被人所看见的变化。[9]96-99第三是“性”范畴。相对于“命”的“性”，即“天命之谓性”，展开为心与性的演化。船山承吴廷翰对“心统性情”的批评，主张性体心用，否定朱熹的心有体用说；以心为知觉运动否定心本说，由心性各自展开为“道心”与“人心”。而“道心”指道德价值准则之心，“人心”指人的知觉心、认知心。[9]197第四是“天道”与“人道”范畴。在分析“诚”范畴时就说，“天道”与“人道”从“道”而言，都是无形不可见，它的真实的存在性由“诚”来规定。此处又说，“天道”与“人道”又差分为两方面：“天道”分二为“天理”，指自然界的运行原理、原则；“天德”指纯健不息的德性、品性。“人道”分二为“事理”，是指日用事物当然之理；“性理”，是指人性的理性表现。[9]97第五是“道”“器”范畴。“气”既与太极和阴阳的关系相联系，又与道和器的关系相联系。“气”自身有多重含义，船山把“太虚和气”作为“形而上”，把聚散过程中的“气”作为“形而下”。所谓“形而上”是指所以然，“形而下”是所当然。船山把“形而上”作为“形而下”的根据，即所当然存在状态的依据。所以然者是不可以用语言显示的，是无形的形而上之“道”；能用语言表达的是有形的形而下之“器”。从一阴一阳之谓道的理念来说，“道”在一个层面可展开为“理”与“气”。“太虚和气”的发用运动、凝聚运动的条理节文、道理法则便称为“理”。在船山看来，“理”既指自然界法则，即“条理”；亦指社会生活的伦理原则，即“至理”。前者是天地万物“已然”的，后者是天以命人而人受的。[9]99-100由道器的“气”与“理”、“物”与“器”的关系的融突和合，而展开为“理”与“事”、“理”与“势”、“理”与“欲”等范畴。[9]100

（二）从和合学的角度研究王船山哲学

和合学是张立文先生提出的一种关于文化和哲学的新理论。1990 年，在纪念冯友兰先生诞辰 95 周年的国际学术讨论会上，张立文教授对宋明理学做了新的探讨，撰写并提交了《理学的演变与理学的超越》一文，其中有一节为“和合学的建构”，明确地提出和合学的思想，然后在多次会议上都有所阐述。张立文教授于 1996 年出版《和合学概论——21 世纪文化战略构想》[12]一书，2004 年出版《和合哲学论》一书。张立文教授指出，和合学是中国传统哲学在全球化语境下转生的积极尝试，“和合”二字正是通过对中国哲学“天道”与“人道”近百个范畴的系统梳理而体贴出来的价值理念。和合学从一开始就深深地浸润在民族精神及其生命智慧的“源头活水”里。[12]48和合与和合学之间既有所区别又密切联系，和合学建构在自然、社会、人普遍和合现象的基础之上，且把和合现象提升为存有方式，确定和合学研究的对象、范围、方法、规范，将和合作为一门单独学科来研究。从具体内容来说，和合蕴含五义：其一，和合生生。和合就是差异，只有差分、冲突，才能回应如何与怎样和合是可能的。和合是差分、异质元素、要素、材料多元和合而生生。和生万物并不是否认矛盾，并非没有冲突，但矛盾冲突必须融合，才能产生新的事物。其二，存相与式能。天地间的存有都是相，式能是指存相的方式及种种潜能，也指存相所蕴含的潜能方式和潜能结构。在和合生生万物中，存相和式能有一个结合选择的过程，由选择而转换为式能，走向和谐有序。因此，式能是无限的、活泼的、日新的，是天地万物存相的动力和生命力。其三，冲突与融合。冲突是融合的因和前提，融合是冲突的果和理势。和合包容了冲突与融合，作为冲突融合的和合体是一种提升，使原来的冲突融合进入一个新的领域或境界；冲突也只有在融合成为新的和合体中，才能继续发展和获得价值。其四，自然选择。和合是诸多差分、差异元素的优质成分的和合，从而形成新事物或新结构方式，这样就必须对优、劣作一个价值判断，其关键在于优化选择。选择说到底是主体的选择，优化是主体在选择过程中的价值取向。其五，烦恼与和乐。和合能协调、和谐人的精神生活中存在的烦恼、焦虑、孤独、空虚等冲突，陶冶情操，净化心灵。由人和而至天知，进而由人乐而至天乐，达到天人和乐的和合心灵境界，即一种美感的艺术境界。和合学亦含五义：其一，和合的主旨是生生。生生是不息的流程，是新生命的化生，体现了对生命存在的关怀，因而也是中国思想文化中所具有的人文精神的精髓。冲突融合而生生不息，这是然；冲突为什么或怎样融合而生生，这便是所以然。和合学是对如何生生的缘由的追求，即对和合生生的生命力源泉的寻觅。因此，和合学即是新生命哲学，或称生生哲学。其二，变化与形式。和合作为差分存相的式能，存相便是有待，有待就是变化；式能是存相之为存相，有此式能，便呈现存相的种种形式。和合学是对于存相式能是什么与为什么的追究，是对诸多元素构成新事物、新生命的中介转换机制的探讨，是对于存相变化日新的生命力潜能的阐述。其三，流行和超越。宇宙间万事万物都是“融突”的大化流行中的存相和式能，而宇宙之所以大化流行，乃和合体中变化、交感、动静之潜能的展现。和合学是对于宇宙大化流行的动因和根据的追究，它既涵摄又超越冲突融合。只有探索超越冲突融合，才能涵摄冲突融合的原因和根据。其四，对称与整合。“优”与“劣”是对称的价值判断；“汰”与“择”则是与其相对的主体态度和方法。中国的“太极图”阴阳鱼体现了对称原则，即宇宙间各种现象在形态、结构上相对待的表征。非对称是系统内部的不同要素、元素与系统、环境之间差异所引起的冲突的表征。整合是关于诸多元素、要素统一，构成一个整体结构。冲突就意味着重新整合或转换，重新产生对称。对称与整合作为中国人文精神的原则，在诸多元素的优质成分和合为新事物、新生命中，起着重要作用。其五，中和与审美。有差异，才有中和。宇宙间的一切事物包括人的精神生活都存在着差异中和。中和作为审美对象的价值或意义，必须通过主体的实践和感受来实现。[12]57-64

张立文先生将和合学广泛运用于王船山哲学的研究之中。当然，从其著作的章节题目来看，直接出现的不多。如第七章“和合动几的生生”、第三章第二节“气化细缊的和合体”、第八章“义利和合”，数量是不多的。和合学在著作中运用，或者说王船山哲学是和合学的重要体现，可以从两个方面来考察。其一，对于王船山哲学中最重的范畴“气”，张立文先生从和合学角度进行了反复的阐述。张立文说：“船山认为，‘太极’‘太虚’‘道’‘理’作为形上学本体之所是，均为和合实体，可称它为‘和合之体’。”又说：“换言之，这个‘和合之体’是阴阳二气细缊于太虚，而为一气之体。”[9]104经过深入分析，张立文说：“和合即‘太和’，是细缊所达到的境界，它是船山哲学的终极存有，也是其形上学存有的一种状态。它既存在于‘未有形器之先’的太和未分的本然状态之中；亦存在于‘既有形器之后’的阴阳已分、万殊形象已具的事物之中，它是既不被形器所限定、规定，又不离形器的存有。”[9]113船山称这种气为“和气”，或称“阴阳和合之气”，即阴阳二气细缊融突而和合的气。这气是船山哲学逻辑结构的最高范畴，并由此而“一以贯之”，构建其完整的哲学体系。[9]95其二，张立文的著作第七章题为“和合动几的生生”，张立文又称“和合的主旨是生生”，因此，此一章亦是张立文以和合学研究王船山哲学的关键，所以他说：“王船山哲学逻辑结构的旨趣，是从和气而展开为‘生生’的演化。生生是天地万物的最根本的德性；细缊是生生的基本形式，由细缊而有变化、动静、一两、神化等形态，而成为由气化生物的中介。”[9]280其三，几乎所有的王船山哲学范畴的阐述中都使用了和合学的原理。第四章《道理与心性命》开头说：“这并不是说道器、理气、物器不涉及天人问题，其实探讨这些问题的宗旨，亦是为了天人贯通或和合。而诚与诚之的天道与人道，便直接探索天人关系。”[9]138这一章还说：“船山的性行情中、性情相需、性情功效的性情合一论或性情‘融突’论，其主旨是达到天人合一的境界。”[9]189第五章《道器理气与物器》阐述道：“船山批判地总结前人哲学，以‘体用一源，显微无间’的思想为指导，在理、心、气形上学本体论哲学中，认同形上学本体论，并对理、气、心关系作了辩证的论述，建构理与气、心与物冲突、融合而导致和合的理念，把道器、理气关系的论证提高到一个新水平。”[9]218 第六章《形神物遇与体知》论述“能所”时说：“能与所，有主体体认功能与被体认的客体对象之别，有差分，便有冲突，便有融合。”[9]231 第七章《和合动几的生生》说：“由于船山把气和合体（或称为太和体）看做本身就固有地蕴含着阴阳二气（或称两端），阴阳摩荡的相互作用是运动的终极原因，所以船山哲学就避免了到气之外去寻找运动的终极原因的预设或安置。”[9]325 张立文在阐述船山理势范畴时说：“船山的理与势范畴既相互对待、冲突，又互相统一、融合。”[9]376

二、吸收新儒学成果进而超越新儒学

在张立文的著作中显现了比较明显的新儒学倾向，张立文先生在《序言》中说：“按照笔者重新设计和建构的和合学的融突而和合的构想，设计了生存世界（地界）、意义世界（人界）和可能世界（天界），分层次地做出一些回应。”这种理论与典范的唯物论哲学有了明显的区别。下面具体考察他受新儒家一些代表人物的影响。

（一）吸收了熊十力的某些观点

这可以从三方面考察：一是接受熊十力先生认为张载与王船山为一系的观点。虽然张立文先生在著作中追根溯源至清朝前期，但其承接熊先生之迹仍很明显。他说：“熊氏此说，不仅有以张、王一派可与程朱、陆王鼎足而三之意蕴，而且亦有有过之而无不及之隐义。”[9]422 二是赞成熊十力批评将张载、王船山说成是唯物论的观点，他说：“以中国哲学比附西方哲学的唯心、唯物之分，实乃驴唇不对马嘴。故笔者撰《中国哲学逻辑结构论——中国文化哲学发微》，试图化解中国哲学研究方法论的困境。”[9]422-423 三是在重创新的方面予张氏以影响。熊氏研究中国哲学重在创立自己的体系——新唯识论，并用自己的理论概括和评价王船山哲学。张立文受其影响以“和合”重组中国哲学并以此评价王船山哲学。

（二）受唐君毅的影响

受熊十力的影响，张立文先生是明白说出来的；受唐君毅的影响，虽然没有明说，但仍有痕迹可寻。一是研究的主要内容及其表述方式方面，张著受唐君毅的影响。唐君毅的《中国哲学原论·原教篇》论王船山哲学是由王船山之天道论、性命天道关系论、人性论、人道论而至人文化成论。唐君毅说："然船山之言天也，即以气言。由气之化育流行即见气之道。……故有天道，而后人乃分宇宙之气，以受理于天。有天道而后有命、有性。人受理，而智能知此理，力能行此理，以启宇宙之化，则为人道。"[15]353张立文说："由形而上之道与形而下之器，而有气与理及物与器的关系；由形而上之道，而有道与德及道与理的关系；由气理而有理与事、理与势及理与欲的关系。由宇宙论、形上学本体论而推及伦理道德论，伦理道德问题因此而得到形上学本体论的支撑。"[9]335张立文先生的著作采用的术语略有不同，但其基本顺序和内容相同，亦是由天道、人道、人性而至人文化成。二是确认的王船山哲学的主要内涵相同。如唐著云："以其哲学思想而论，取客观现实的宇宙论之进路，初非心性论之进路，故特取横渠之言气，而去横渠太虚之义。"[9]334张著论"气"称"气是客体实存的东西""气是宇宙万物的根源""气是构成天地万物的质料""气是主体所具有的心理状态和自我修养""气是一定社会和人的气运、风气"。[9]115-125又如唐君毅说："船山之学，得力于引申横渠之思想，以论天人性命，而其归宗则在存中华民族之历史文化之统绪。"[15]410"一重气而崇敬宇宙之宗教意识，在船山哲学中有安立处矣。一重气而礼之分量重，船山独善言礼仪威仪矣。一重气而表现于情之诗乐，在文化中之地位为船山所确定，而知程子为文害道之说，不免于隘矣。一重气而政治经济之重要性益显矣。一重气而论历史不止于褒贬，而可论一事之社会价值、文化价值及世运之升降，而有真正之历史哲学矣。一重气而吾国之历史文化，吾民族创之，则吾民族当自保其民族、复自保其历史文化，二义不可分。"[15]414张立文说，船山形上学本体哲学，统体会通于和合（"太和"）。这是他对于中国文化人文精神的精髓的体贴，亦是对于中国传统文化精华的彰显和绍承，也是对于中国文化精神的把握。[9]114三是方法上的影响。唐君毅提出"一方固当本诸文献之考订，及名辞之训诂，一方亦当克就义理之本身，以疏通其滞碍，而实见其归趣"。张立文提出从字通词及词通道与体系的整体贯通方法。[9]90-94

（三）受曾昭旭的影响

我们先看下表。

表 1 《王船山学谱》《王船山哲学》与《正学与开新——王船山哲学思想》章节相同或相近内容的比较

书名	作者	时间	相同或相近		
王船山学谱	张西堂	1938	第二部分《学述》（一）思想渊源（朱子张子，《周易》《春秋》，《大学》《中庸》《孟子》，老庄佛学明儒）；（五）经学；（七）文学		第二部分《学述》（六）史学
王船山哲学	曾昭旭	1983	第一章《船山之经学》一、船山之易学（由忧患戡入易理），二、船山之尚书学（论性之实存，论心之实动），三、船山之诗经学（论情之性质），四、船山之礼学，五、船山之春秋学（论夷夏之辨），六、船山之四书学	第二章《船山之诸子学》一、船山之张子学，二、船山之佛老庄学	第三章《船山之史学》
正学与开新——王船山哲学思想	张立文	2002	第一章《经学的新诠释》一、安身立命的关怀：（一）忧患以体知《易》，（二）体认诚性的《尚书》学，（三）情感生命的《诗》学。二、价值理想的开新：（一）《礼》学贯通天人的诠释，（二）《春秋》贵夏尊王的理想，（三）《四书》的圣人理想人格	第二章《子学的解构和超越》	

上表将《王船山学谱》《王船山哲学》与《正学与开新——王船山哲学思想》章节相同或相近内容进行比较，由此可看出张立文之著在部分内容方面直接承袭曾昭旭《王船山哲学》而来。曾著没有列出的章节因承接唐君毅《中国哲学原论·原教篇》中王船山专论而来，张立文之著自然也有所承袭。这是张立文之著受曾著之影响非常明显的地方。另外，张立文之著在其他一些方面也受了影响。如曾昭旭在阐述了船山义理与宋明儒在根本方向上之异

同时说，船山以前之宋明儒，无论程朱陆王，其共同方向厥为逆求心性之本体，以确立道德之最高依据；而船山则重在于心性本体已立之后，更外发下贯以润物成物，以极一丰美笃实，日新富有之文明世界，故其方向乃非逆以立本，而更为顺以贯末。此所以船山之学，能契合道德与科学，而予科学以应有之地位。而此本末直贯之方向即船山所谓“正”。[16]张立文也说：船山对形上学“和合之体”的追寻，使“由末探本”与“由本贯末”的契入进路得以圆融，即使“一而二、二而一”，或“二而一、一而二”的思维方法获得会通。[9]114

三、继承马克思主义船山学的研究成果又有所创新

张立文先生强调要根据中国哲学自己的特点来讲，因此他在著作中没有再用本体论、宇宙论、辩证法、认识论、人生道德等名词概念，也不由此而分章立节。或许他仍然没有完全脱离民国以来的哲学体系，如本体论、认识论、人生道德等，他的著作中依稀还可以看到这样一种逻辑框架的影子。第三章第二、三节“气化絪缊的和合体”“虚空皆气论”及第五章“道器理气与物器”相当于宇宙论或本体论，第四章“道理与心性命”相当于唐君毅的“人性论”，第六章“形神物遇与体知”相当于认识论，第七章“和合动几的生生”相当于辩证法，第八章“义利理势与理欲”相当于道德论，第九章“埋心不死留春色”是对王船山地位的评价，这已不是新中国成立后研究王船山论文著作中常有做法。更值得注意的是，张立文先生吸收了大量的马克思主义船山学的研究成果而有所创新。

张立文虽不主张王船山哲学是唯物论，但张著花很大的篇幅论证王船山“气”“诚”“太极”“絪缊”等范畴的实有性。这说明，一方面张先生浸染和承接的是唯物论的话语，这或许是无意识的；另一方面他自觉地继承了马克思主义船山学太多这方面的研究成果。如“诚”范畴，在民国时期王船山哲学研究虽有提及，但绝没有新中国成立后马克思主义船山学研究中这样一种充分的阐述。这样的例子非常多，在此不一一列举。张立文先生强调了王船山哲学的辩证特点：“和合五义，都蕴含着融突理论，即关于融合冲突关系的理论，简称‘融突论’。差异－存相－冲突－自然－烦恼＝突；和生－式能－融合－选择－和乐＝融。融突的提升，即是和合。”[12]61“和合的‘融

突论’，在某个意义上说亦是变化论。‘突’就是冲突、对待、变易，‘融’是变化之化到了一定的限度，便进入变，是新生命、新事物的转生，便‘融’。”[12]62从张立文自己的说明来看，和合的“融突”范畴应该是辩证法三大规律：对立统一、质量互变、否定之否定，尤其是“对立统一”的不同阐释。用和合学也好，用“融突”理论也好，都与传统的用辩证法来研究王船山哲学是相当的。马克思主义船山学对王船山哲学辩证法方面的研究成果也是非常丰富的，张著在这一方面也有不少的继承。张立文说：“船山——两——和合—分—合的序列，亦是合二为一——分为二—合二以一的序列。他揭示了天地世界万物运动变化的原因所在；概括了天地世界万物运动变化的存在形态；提升了人们对于天地世界万物运动变化的法则、性质、形态的体认和把握。”[9]334方克于20世纪80年代出版的《王船山辩证法思想研究》中第三章就辟有专节探讨王船山的“阴阳对立统一的矛盾观”，说：“这概括为合—分—合的公式。王氏这个公式，表明他已经猜测到事物发展过程中的某种普遍的规律性，这是可取的。”[17]82萧萐父先生也于20世纪80年代初说：“王夫之在这里重点论证的是‘合二以一’的矛盾规律依存于‘分一为二’的矛盾事实，但他讲的‘分一为二’包含了‘合二以一’，‘相待而二，二异致而一’，他对‘一、二’，‘合、分’等范畴的哲学规定，不能说不是作为一般规律来讲的。”又说：“王夫之‘概括出一—两——’‘合—分—合’的公式，也比张载更加深刻地暴露了朴素辩证法不可避免的二重性。”[18]86-87

强调创新，尤其是通过船山哲学研究而开出新路，是张立文先生的追求。张立文先生说：“由于船山从批判契入元典文本，逆反而至于思想的源头，顺流而梳理出脉络，而体贴出新视野新方法。”[7]3他又说：“我们不能照着西方哲学讲中国哲学，使中国哲学成为西方哲学的注脚；船山哲学也不能照着西方哲学、纳入西方哲学而叙述之。若如此，就不是船山哲学，船山哲学精神也就丧失了。”[7]4由船山哲学，张立文先生更联系中国哲学独立与发展，他说：“对于中国哲学和中国哲学史的体贴和规定，既使中国哲学和哲学史有了自己存在的合法性，又使中国哲学和哲学史的研究有了自己遵循的矩范性。这种‘自立矩范’，也是中国哲学的一次觉醒。”[7]4

综上所述，张立文先生的船山学研究成果是21世纪非常重要的船山学研究成果之一，张立文先生运用自己独创的研究方法研究王船山哲学思想：从中国哲学的逻辑结构来研究中国哲学，从和合学的角度研究王船山哲学；张立文船山哲学研究受熊十力、唐君毅、曾朝旭的影响而超越新儒学，张立文根据中国哲学的特点来讲中国哲学，突破了民国以来的哲学体系表述如本体论、认识论、人生道德等旧套，提出了中国哲学的逻辑结构；张立文虽不主张王船山哲学是唯物论，但花了很大的篇幅论证王船山“气”“诚”“太极”“絪缊”等范畴的实有性。这一方面说明张先生浸染和承接的是唯物论的话语，另一方面表明他在继承马克思主义船山学研究成果的基础上又有所创新，建构起有特色的船山和合学。

参考文献：

[1] 张立文. 从张载到王夫之的“聚散”学说 [J]. 船山学报，1987 (1).
[2] 张立文. 王船山主体哲学 [J]. 中国人民大学学报，1996 (5).
[3] 张立文. 王船山的性命论 [J]. 船山学刊，1997 (2).
[4] 张立文. 船山论道器、理气与物器：上 [J]. 船山学刊，2001 (1).
[5] 张立文. 船山论道器、理气与物器：下 [J]. 船山学刊，2001 (2).
[6] 张立文. 王夫之经学的新诠释 [J]. 船山学刊，2004 (4).
[7] 张立文，萧箑父，杨国荣，王泽应. 拓展与深化船山学研究（笔谈）[J]. 衡阳师范学院学报，2005 (1).
[8] 张立文. 吸取船山智慧，弘扬船山精神 [J]. 船山学刊，2005 (4).
[9] 张立文. 正学与开新——王船山哲学思想 [M]. 北京：人民出版社，2001.
[10] 方国根. 学术研究的自觉与创新——读《正学与开新——王船山哲学思想》[J]. 东方论坛，2002 (4).
[11] 冯友兰. 中国哲学史：上 [M] //三松堂全集：第二卷. 郑州：河南人民出版社，2001.
[12] 张立文. “自己讲”、“讲自己”——中国哲学的重建与传统现代的度越 [M]. 北京：北京师范大学出版社，2007.
[13] 张立文. 朱熹思想研究 [M]. 北京：中国社会科学出版社，1994.
[14] 张立文. 中国哲学逻辑结构论——中国文化哲学发微 [M]. 北京：中国社会科学出版社，1989.

[15] 唐君毅. 中国哲学原论·原教篇 [M]. 北京: 中国社会科学出版社, 2006.
[16] 曾昭旭. 王船山哲学 [M]. 台北: 台湾远景出版事业公司, 1983.
[17] 方克. 王船山辩证法思想研究 [M]. 长沙: 湖南人民出版社, 1984.
[18] 肖萐父. 王夫之辩证法思想引论 [M]. 武汉: 湖北人民出版社, 1984.

(原载《衡阳师范学院学报》2018 年第 1 期)

民国时期嵇文甫的船山学研究

朱迪光

嵇文甫（1895—1963），著名史学家、文学家和哲学家，河南汲县人，1919年毕业于北京大学哲学系，1926—1928年在苏联留学，归国后历任北京大学、清华大学、燕京大学讲师、副教授。1933年，嵇文甫先生被聘为河南大学教授，后相继担任河南大学文史系主任、文学院院长等职务。关于船山研究，嵇文甫先生在民国时期写过数篇论文和出版过一部专著。他在民国时期的船山学研究可以分为三个阶段，每个阶段均有其特点。

一、第一阶段的船山学研究

第一个阶段为早期阶段，时间是20世纪20年代前后，以1920年1月发表在《心声》月刊第二卷第一期上的《王船山的人道主义》为标志，以人道主义释船山思想。在《王船山的人道主义》一文的开篇，嵇文甫说："今年暑假，我偶然翻出一部《船山遗书》，反复看去，觉得实在是有主义，有条贯，自成一家言，与那些东鳞西爪不成段片的著述，迥乎不同。"然后他就对人道主义进行定义："就普通的说法，只是要人类互相亲爱，互相扶助便是。若是推广说起来，那么就连那人类在宇宙间的一切应尽的道，都包括在内。"王船山的人道主义首先表现为对于人类一种肫挚爱怜的感情，但其精粹卓绝之处还在于打破"自然"的崇拜以创造的精神谋世界的进化。王船山以为天是无穷无尽渺茫不可测知的，物所见的是物的天，人所见的是人的天。人所见的天，并不是天的全体、天的真际，不过全是自己的主观。人有情志，就说天也有情志。人有思想，就说天也有思想。其实天何尝是这样呢？天还是天，人自去做我的人便了，和道家的自然主义全相反。王船山既然见得“自然”有许多不满人意的地方，所以他很重人为的价值，喜文恶质，主张进化主义。王船山既是主张进化，喜文恶质，所以他于修养上也不取禁欲主义。船山讲命日受，性日生，重在后天的修为，和荀子实有相通的地方。

嵇文甫在20世纪20年代末期至抗日战争爆发这一阶段进行了社会科学研究，当然也包括船山学研究。在此，我们探讨一下嵇文甫所用的理论方法。嵇文甫曾经加入过中国共产党，1926年至1928年在苏联留学。这样的经历当然不能完全说明他一定用唯物辩证法的理论进行社会科学研究，然而，他此时期的许多研究论文著作中的许多材料，可以证明他在研究之时所用的理论武器。嵇文甫用唯物辩证法的社会发展理论研究思想史。他在《周末社会之蜕变与儒法两家思想上的斗争》一文中说：“从周末到秦代，是从纯粹封建社会蜕变到半封建社会。”他用经济基础决定上层建筑的观点解释思想发展变化。他说：“一种学派或一个时代的思潮，都有社会经济的背影。所以我们要治思想史，必先要研究经济史。”[1]51 他用人民群众是历史发展动力来分析现实。他说：“无论怎样奇才异能的伟人，无论他怎样违反群众的意思，而他的思想和行动，也是终是从群众生活中暗示出来，也决不能凭着自己意思胡乱作为的。专门依阿群众的不是伟人而是庸人；专门违反群众的，不是伟人而是妄人。伟人有意识地领导群众，群众无意识地领导伟人，没有伟人的思想行动，即早已有群众的生活。群众生活，才是历史的发动机呢，总之，伟人在没有领导群众之前，先受群众领导；不受群众领导的领导者，不能领导群众——这就是我的结论。”[1]56 他用阶级分析的方法来研究思想史。嵇文甫在他的著作《先秦诸子政治社会思想述要》的附录中强调思想与时代社会生活的关系，重视思想的阶级性。他提出研究思想史的“根本观念”：第一，一切思想学说，都是当时社会实际生活的反映；第二，各种伟大的学说，当它还未被某几个学者造成体系以前早已在无数不知姓名的群众间自然地孕育着；第三，在某一时代、某一社会中，某群众因生活方法不同起了分化，则常有与之相应而起的思想上的分化；而思想上的各宗派，又各自有它自己所代表的各社会集团，各有它自己的社会基础。嵇文甫针对有人提出思想的阶级性是所谓简单化的责难，在《先秦诸子与古代社会》中进一步阐释他的三个“根本观念”，着重说明了所谓思想阶级性的具体内容：第一，所谓某派学说代表某阶级，乃是说这派学说在客观上与某阶级的要求相适应；第二，所谓阶级的要求，乃是原则上，就一般大体的倾向而言，并不牵涉阶级中个别的偶然情形；第三，所谓代表某阶级的某派学者，有的就是出身于某阶级，有的却并非出身于某阶级而只是在种种因缘下受到某阶级要求的暗示；第四，在特殊的生活条件下尽可以胡思乱想，但若这种胡思乱想居然成为一种思想潮流的话，那也仍是由于它和某阶级要求暗相适应；第五，所谓某派学说代表某阶级不是固定的，而是随着某阶级要求的转变而转变，甚至可以转化到另一阶级。[1]276他自称是根据“新兴社会科学”进行研究，这种所谓“新兴社会科学”就是马克思主义哲学观点。

二、第二阶段的船山学研究

嵇文甫先生在民国时期对王船山的系统研究见于 1935 年著《船山哲学》。他在《序》中说：

> 这算是完了一桩心愿。当七八年前，我曾因一时兴会想写一篇“王船山的古史观”。材料已搜集许多，大纲也约略拟出来。但是不知为什么又搁置下去了。后来到北平教书，在所编《明清思想史》和《中国政治思想史》的讲义中都曾论到船山的历史思想。但是未免过于简略。回汴两年来，时时引起念头，想著一本“王船山历史哲学”，“船山学案”。但是总未着笔。直到两月以前，课务稍闲，才发愤要把这点心愿完成起来。于是限定程期，力加鞭策，五十日间，居然弄出这本小册子。……
>
> 我起初的计划，只想写一本“船山历史哲学”。但是想讲他的历史哲学，就不得不对于他一般的哲学见解先有相当的认识。而船山的哲学见解既然很复杂，且从来没人发挥过，这决不是三言两句可以说明的。因此我只好把题目放宽，分成上下两篇，上篇讲船山一般的哲学见解，下篇讲他的历史哲学。[2]83

这里明确讲是因为在研究思想史时都牵涉船山的历史思想，想写一部船山历史哲学，但写历史哲学就必须先认识船山的一般的哲学见解，所以该书成编时就有两个方面的内容，即对王船山的哲学观和历史哲学的探讨。具体说来有如下几个方面值得注意。

（一）用唯物辩证法的观点分析船山对宋明道学的继承与发展

一是从总体上评价王船山与宋明道学的关系及其历史地位。嵇文甫说："然而当船山时代，陆王的盛运已过去，其种种弱点亦已暴露，反王学的潮流正在高涨。当时诸大师，有的是程朱陆王一概反对，如颜李学派；有的是反陆王而回到程朱，如陆稼书、张杨园等；有的是出身陆王而对陆王仍加以相当的修正，如孙夏峰、李二曲、黄梨洲等；若顾亭林，另是一格，反陆王，乃至反道学，而仍和程朱保持相当的关系；若船山，则反对陆王，修正程朱，而别宗横渠以创立一个新学派者也。假如用辩证法的观点来看，程朱是'正'，陆王是'反'，清代诸大师是'合'。陆王是'扬弃'程朱，清代诸大师又来个'否定之否定'，而扬弃'陆王'。船山在这个'合'的潮流中，极力反对陆王以扶持道学的正统，但正统派的道学到船山手里，却另变一副新面貌，带上新时代的色彩了。前面所论天人理势博约诸问题，一方面带自由解放的意味接近陆王，而一方面仍显示其道学的正统性，除非这样辩证的去认识，是不容易了解的，分析船山各种理论，乃至统论整个清代学术，都要作如是观。"[2]121

二是具体分析王船山观点对道学的继承与突破。"总括起来说，天理乃是公平而经常的人欲，一人和一时的人欲不能算作天理。这样讲，天不离乎人，理不离乎欲，而天理人欲之辨却又未尝不严，道学的正宗见解于此被修正而继承下去了。"嵇文甫还指出船山对于性命问题还有个精卓独到的见解："命日受，性日生"。他说："船山却不然。他看性和命，亦即天和人，息息相关，并且变化日新，生生不已，完全是活动的。""固然他依旧主张性善论，但像他所主张这样活动的发展的性善论，从前却还没有见过。""船山强调的讲用，讲动，正是当时的时代精神。然而他总不肯抛弃体字，却从大用流行中去认识它，所以仍不失其为儒者的正宗见解。"[2]102-103"所谓'大常'，'大信'，'大中'，所谓'贞'，就在变化无方日新不已中表现。无常不变，无变非常，这是一种辩证观点。"[2]104不能确定地说，嵇氏受到了李石岑的影响，但对船山哲学的"动""用"诸范畴的论述有其相似之处。

（二）用唯物辩证法的观点分析船山哲学观点的根本属性

首先，嵇文甫从天人关系的辨析中确立王船山哲学的根本见解。嵇文甫先生称古代学者对于这个问题大约有三种见解：其一，把天当作有情意能赏罚的活上帝，而人可以用术数去窥测天意，并且能设法改变它。这是方士的见解，大部分儒者亦不能摆脱。其二，把天当作一种不可知的自然力，而人类全无作为地绝对服从它。这是道家的见解，儒者与此也不无关系。其三，儒者正宗的见解，所谓“天即理”，循理而行，就是合乎天意，既不是全凭自然，也无须用术数去窥测。他认为船山把“人之天”从“天之天”“物之天”区别出来，又反对纯任自然的“僭于天之天”“僭于物之天”，主张天即理，天就在人心中，心安即理得，并没有一成之型，“这就是所谓‘天人合一’之学”。

其次，嵇文甫强调王船山的唯气论的哲学特点。“他的特色在言天，言性，言心，一切从气上讲。理者气的理，须从气化上见，舍气化无所谓理。……船山把这种唯气论彻底发挥，以打破程朱的理气二元论。”[2]115嵇文甫强调王船山对张载哲学的继承和发挥。他说：“船山说古人言天都是从‘用’上讲。那末什么是天的‘体’呢？也要从这一段话中参悟。理只能从‘化’上见，而‘化’却是天之用呀。这些地方，除非船山，谁替横渠发挥出来？”[2]116如果仅仅从以上文字看，嵇文甫与主张船山是唯物论者是没有什么区别的。但是，嵇文甫一方面认为天人合一为船山哲学的根本观念，另一方面又指出所谓天人合一指的是天理与人欲的关系。嵇文甫说：“本来自程朱以后，‘天即理’，‘性即理’的观念，已经很普遍了。陆王一派更强调的讲‘心即理’，使所谓‘天’，所谓‘理’，更和现实人生相接近。船山虽然极力排斥陆王，但他却也是把‘天’或‘理’和‘心’强调的说向一处的。……天就在人心中，心安即理得，并没有一成之型，这就是所谓‘天人合一’之学。”[2]88船山认为合乎天理的人欲，似乎须含有两种性质：其一是公平性，其二是经常性。嵇文甫分析船山天人合一之说非常细，显示出船山此种观念的重心的倾向，无疑说明船山并不合乎后来许多学者所指出的那样是比较纯粹的唯物论者。这一点，如果不是受到李石岑的影响，至少说明两者的观点是比较接近的。

最后，嵇文甫一方面在分析中明确指出王船山哲学的辩证特点：“所谓‘大常’‘大信’‘大中’，所谓‘贞’，就在变化无方日新不已中表现。无常不变，无变非常，这是一种辩证观点。”[2]104另一方面，在分析船山体系时也紧扣这一特点，所谓理与势合，常与变合，动与静合，体与用合，博与约合，成为一贯的体系。[2]98嵇先生指出向来儒生多讲理不讲势，而所谓英雄豪杰又讲势不讲理。于是乎一方面流于空疏迂腐，一方面流于纵横变诈。船山却另是一种意见："得理自然成势"，"于势之必然处见理"，融合理势，总而名之曰"天"。与理势为同一系列的问题者，有体用常变等。讲理不讲势者，往往有体而无用，知常不知变，实际上所谓体所谓常者也靠不住。讲势不讲理者，恰恰相反，知变不知常，有用而无体，实际上其所谓用所谓变也完全另是一种路数，与圣贤通权达变的妙用迥然不同。船山既讲理势合一，根据同一精神，把体用常变也都统一起来。并且因体用合一，常变合一，使他的理势合一论更圆满了。[2]101-102

（三）用唯物辩证法的观点分析船山的历史哲学观点

《船山哲学》下篇名《历史哲学》，共分三章。第一章《古今因革论》，嵇文甫先从整体方面加以总的评价，说："……船山是个极深研几的学者，观上篇所述，可知他对于宇宙人生都有根本的见解，卓然自成一家言。他依据那些根本见解去观察历史，因能洞悉各种事象的含义，而认识历史发展的进程。在他那看似不成统系的许多经义史论里面，实蕴藏着很微妙的一种历史哲学。"他又说："船山最卓绝的历史见解，最足引人注意的，是他论古今制度因革。他认定三代社会情形和后世整个不同，认定各种社会制度不是孤立而是互相连系的，认定在随时变革的制度中自有一定的过程和趋势。根据这种见解以论各种古制，在历史哲学上遂放出特别的光辉。"第二章《朝代兴亡论》指出："……普通读史者只看见许多乱纷纷起伏不定的事象，船山却在其间看出天意或天理。而其所谓天理或天意者，又只在人情事势上表现出来。把天理人情事势打成一片，以推究历代治乱兴亡之故，乃成为一种特异的历史哲学。"第三章《华夷文野论》首先指出王船山有强烈的民族主义，他大骂"孤秦""陋宋"，称赞中国历史上所谓"勤远略"者。还指出在船山看来，华夷之别，在乎文野。各民族文化发展先后迟速不等，而华与夷可以前后易位，文明并不是中国所专有的。"至于他说中国文化日衰，将由文明人退为夷狄，更退为禽兽，虽然没有完全摆脱邵康节元会运世的循环论，但亦自有一种道理。他历举中国文化区域的移转，以为当前的证验，殊足发人深省。并且他确乎有点进化思想。”[2]163稽文甫眼光比较锐利，指出船山的天理论不能完全脱离“神意史观”的意味，但不能否认他“许多精辟独到的地方”：（一）从发展过程上看历史事象；（二）社会制度的相关性或整个性；（三）客观的独立于意识以外的势力之存在；（四）偶然中显现必然。[2]122-154很有趣的是，嵇先生对于船山类似于黑格尔“理性的机巧”观念的发现竟然与十多年后贺麟先生的发现相同。这很可能要归之于“英雄所见略同”的巧合。

三、第三个阶段的船山学研究

第三个阶段是指抗日战争到新中国成立以前这一段时间。这一段时间，嵇文甫的王船山研究主要是以单篇论文为主。这些论文从大的方面来看，可以分成两个大类。一是密切联系社会现实进行研究。在抗日战争时期，中国的主要任务是提振民族，打败日本侵略者。因此，1943 年 10 月，嵇文甫先生在《时代中国》杂志第八卷第四期发表《王船山的民族思想》，他说船山在诸老中，持节最艰苦，其民族思想表现得最强烈。尤其是《黄书》，可以说，彻头彻尾的是一种民族主义。王船山看民族高于一切，保全自己民族比什么天德王道都要紧。王船山是亲遭亡国之惨变的，创巨痛深之余，惩前毖后，以为非“大反孤秦陋宋之所为”，不足以继承轩辕，为吾民族奠万年不拔之基。一部《黄书》种种规划，都是以此为中心的。王船山认定中国是“博衣弁带，仁育义植”，有着高度文化的优秀民族，决不应为野蛮人所混乱。王船山看华夷之大防，简直是天造地设的。王船山认为不仅要保障华夏，并且必要时还得向外发展，用夏变夷。王船山主张国防第一，为着国防的必要，兼弱攻昧，是道之所不废。嵇文甫先生在上一篇文章的基础上又撰写了题为《王船山〈黄书〉中的政治纲领》的文章，发表在《力行》1944 年第 9 卷上。嵇先生在文章开头就给予《黄书》高度评价，称“王船山的《黄书》和黄梨洲的《明夷待访录》，是清初诸大师政治思想的最高成就，是清末革命运动者最喜欢称道的宣传品。……假如说《明夷待访录》带民权主义色彩，那么我们更可以说一部《黄书》彻头彻尾是民族主义的结晶”。他认为《黄书》中的政治总论是：

> 中国财足自亿也，兵足自强也，智足自名也。不以一人疑天下，不以天下私一人，休养厉精，士佻粟积，取威万方，濯秦愚，刷宋耻，以此保延千祀，博衣、弁带、仁育、义植之士甿，足以固其族而无忧矣。

“濯秦愚，刷宋耻”，“大反孤秦陋宋之所为”，是一部《黄书》的总方针。他指出《黄书》第一篇《原极》是讲根本思想，第二篇《古仪》是历史批评，第七篇《离合》也是总论性质的，其余的为具体的政治纲领。嵇文甫先生分述之。（一）划分军区。船山将全国划为河北、山东等十四个军区。（二）加重府权。船山认为应加强知府的权力，军事上承巡抚，民政上承布政使，其他种种牵制一一除去，使得自由发挥其能力。（三）信任大臣。疑方镇而废方镇，疑守令而弱守令，至百官而无不可疑，宰相亦被废除，因而信任大臣非常重要。（四）严格取士。船山对于选拔人才是持严格主义，力戒倖滥。（五）惩贪养廉。船山主张厚禄养廉，而以严刑治之。（六）保护富民。船山认为贪墨官吏不仅虐害贫苦细民，对豪富之家摧残尤甚，保护富民就可以保护贫弱，云：“富民国之司命。”嵇先生最后总结说：“划分军区，建立方镇，乃所以强化全国各处的军事力量；加重府权，乃所以强化地方政治力量；信任大臣，乃所以强化中央政治的力量；惩贪墨，抑倖滥，保护富民，乃所以培植人民的力量。不管上下内外军民文武，只要是力量就把它尽量发动起来。用整个民族的力量，保障整个民族的生存和发展——这就是船山民族主义的政治理想。”

除了民族精神外，嵇文甫还对抗战时期国民党统治存在的问题进行批评。1944 年，嵇文甫在《力行》第九卷上发表了一篇论文《王船山的政术论》。这篇论文论述了三个问题：一是反申韩思想，二是对于黄、老和俗儒的批评，三是新儒术政治论。王船山一方面力辟残民以逞的申韩，另一方面指摘黄、老，同时对于虚伪庸俗的儒术政治也加以攻击，提出了新儒术政术论。嵇先生概括为：反对申、韩，修正黄、老，深化儒术。另外，在抗战结束后，国家面临建设的巨大任务，当然也有如何处理军人的复员问题。所以，嵇文甫于 1946 年在《河南民报》上发表《王船山论复员》一文，提出要领会王船山论复员之旨，妥善处理此类问题。这一方面说明，嵇先生难免有书生之见之嫌，当时的当局要打内战是其既定决策，根本不会考虑复员问题；另一方面或许嵇先生就是借此反对内战。

此时期，嵇先生的船山研究还集中在对船山学术一些具体问题的探讨上，如易学方法、史学方法等。嵇文甫的《王船山的易学方法》于1946年先发表在《河南大学学术丛刊》上，后被收入《王船山学术论丛》。文章一开篇就强调“船山最深于易学”，而船山易学走的是宋人的路径。虽然说，过去各派易学，不管是汉易还是宋易，实际上都是他们一家之言，与《周易》的本来面目是不同的，如果要探究原始的易，那就要借助于民俗学社会学等专科的新知识进行严格的考证。各家易学都是一种民族文化的遗产，应该进行研究。船山易学也是一家易学，而且是很值得玩味的易学。嵇先生引船山易学基本观点云：

> 以乾坤并建为宗：错综合一为象；彖爻一致，四圣一揆为释；占学一理、得失吉凶一道为义；占义不占利，劝戒君子、不渎告小人为用；畏文、周、孔子之正训，辟京房、陈抟、日者黄冠之图说为防。（《内传》发例）
>
> 即象以见理，即理之得失以定占之吉凶，即占以示学，切民用，合天性，统四圣人于一贯，会以言以动以占以制器于一原。(同上)[2]76

嵇先生归纳道：这可以说是船山易学的方法论。船山虽然也承认易是一种占卜书，然而却又认为不仅“占易”，还要“学易”，并且“占学一理”，“即占以示学”。船山虽然说人“会以言以动以占以制器于一原”，但终归侧重“以言以动”方面，换句话说，就是侧重“学易”。因为船山认定“制器”的时代已经过去了，“占”亦只有临时之用，惟有“学易”者须臾不可离的。船山以号称孔子所作的《易传》为宗而解释卦爻辞，因以“统四圣人于一贯”，而《易传》也正是侧重在学易一方面。然而易之“学”不能离开象占以空谈，必须“即象以见理，即理之得失以定占之吉凶”，于是乎“占”与“学”一贯，而可以“即占以示学”了。嵇先生继续分析道，天下事理有无限的错综变化，有许多“至小至险至逆”的地方，不是可以一目了然的。“学易”者，正是要从那错综变化的每一卦每一爻中，从那各别的“时”和“位”中，去研其“几”，精其“义”，穷其“理”。所谓“占易”，亦不过就当前特定的卦和爻，特定的时和位，而做其“研几”“穷理”之一学而已。

这里面包含着船山的真理观。有些人只看见真理的绝对性，于是乎演变成所谓的机械论、独断论。有些人只看见真理的相对性，于是乎演变成所谓的诡辩论、怀疑论。船山把相对和绝对统一起来，从相对中看出绝对，而把握住一种“变易”而又“不易”的活真理。嵇先生还认为从船山的阐述中可以知道船山对于周易全书的脉络结构的看法。乾坤并建，相反相成，道并行而不相悖，这里面包含一种思想上的民主精神。“或错而幽明易其位，或综而往复易其几。”六十四卦，两两相配，或一幽而一明，用“错”的方法；或一往而一复，用“综”的方法。船山以“错综合一为象”，打破京氏邵氏各家之说，而单提出“错综”二字，贯穿全易。嵇先生最后指出，船山在桂王朝，占得观卦，深觉与自己身世遭遇相契合，乃“服膺其理，以出入于险阻而自靖”。这正是即占以为学。船山的全部易学都是从这条路走下去的。船山坚持儒者人文主义的传统，把《周易》看成一部讲立身处世崇德文业的书，看成一部做人的艺术的书。[2]75-82

嵇文甫探讨王船山的史学方法论，主要探讨三个问题。

第一个问题是“史学为经世之学”。文章云：

> 明末清初一位伟大思想家和爱国主义者王船山，极致力于历史的研究。不仅《读通鉴论》和《宋论》是广泛流行，人所熟知的史论名著，即许多说经政论之作，以及一些杂文随笔，都往往涉及史学问题。他论史有许多独到之处，而且由于他自有一套独特的哲学体系，深入无浅语，每从具体论述中透露出他对于宇宙人生社会历史的根本看法。他自有一套史学方法论。他认为史学乃经世之学。[2]1

嵇先生解释，船山的经世史学是要从史书中寻找“经世之大略”，取得前人的经验教训，以应用于当前的实践。王船山既反对那种“记载徒繁”专门堆砌史料的史书，又反对“玩物丧志”地读史。船山史学主于经世致用，求“所以为力行求治之资”，使坐而言者都可以起而行。他论史总是设身处地，斟酌至当，非率意立论者可比。船山对于两种流行的史论都有批评：其一是庸俗的史论，其二是诡异的史论。引船山批评庸俗史论云：

> 流俗之相沿也，习非为是虽覆载不容之恶而视之若常。非秉明赫之

威以正之，则恶不知惩。善亦犹是也。流俗之所非而大美存焉，事迹之所阒而天良在焉。非秉日月之明以显之，则善不加劝。（《读通鉴论》卷末《叙论》二）

由此，船山明确指出："有一人之正义，有一时之大义，有古今之通义"（《读通鉴论》卷一四）；有"一时之罪人，一代之罪人，万世之罪人"（《读通鉴论》卷二九）。船山更为极力指斥的，是另有一种诡异的史论，一种"纤曲嵬琐之说"：

……然因是而卑污之说进焉。以其纤曲之小慧，乐与跳荡游移、阴匿钩距之术而相取；以其躁动之客气，迫与轻挑忮忿、武健驰突之能相依；以其妇姑之小慈，易与狐媚猫驯、淟涊柔巽之情而相昵。闻其说者，震其奇诡，歆其纤利，惊其决裂，利其呴呕，而人心以蛊，风俗以淫，彝伦以斁，廉耻以堕。……以酿中夏衣冠之祸。岂非逾于洪水，烈于猛兽乎？（《读通鉴论》卷末《叙论》）

第二个问题为"历史联系时事"。嵇先生首先分析了船山的强烈的民族思想，指出船山视民族高于一切：什么伦理道德，讲仁，讲义，都是为着自固其族类；"禅让"也好，"革命"也好，"继世而有天下"也好，都是自己族类内部的事情。他把"夷狄"直看作"异类"。这种强烈的民族思想，是和船山的身世之感联系在一起的。为着热爱自己的民族而不断鞭挞那些独夫民贼，这是船山思想最光辉的一面。然后，嵇先生分析了船山如何对待农民起义军的问题。嵇先生还分析了船山论党争、士气，反对申韩之术等。最后，嵇先生说："船山史论都和他当日时事相联系，都可以说是有感而发，他决不是为论史而论史的。他的确是把历史上的事看成好像自己亲身所遭遇，而很郑重很认真地加以斟酌推敲。如上面所述他那些议论，涉及民族问题，农民问题，知识分子问题，政治作风问题，不仅对当时有现实意义，即我们现在看来，也可以受到很多启发。"[2]21

第三个问题是船山的"新天理史观"。嵇先生指出，船山是一位极深研几的学者，他论史不只是就事论事，而实自有一套思想体系，贯彻着一定的历史观。这个历史观就是天理史观。什么是船山的新天理史观呢？船山的新天理史观是依据他的天人合一论和理势合一论，把天理和人情事势打成一片，拿活生生的现实历史去充实天理的内容。所以，船山的天理是具体的，是活的，是内容丰富而随着历史发展变化的。这就克服了旧天理史观的枯寂贫乏。最妙的是船山提出所谓“贞一之理”与“相乘之机”（《读通鉴论》卷二），从各种“相乘之机”中，也就是从各种不同的历史条件中，那个“贞一之理”步步实现，形成它发展征途上的各阶段。这与黑格尔的“宇宙精神”有相通之处。嵇先生随后从古今制度的因革和各个朝代的兴亡两方面举例进行说明。这种论述亦见于《船山哲学》。

综上所述，嵇文甫先生早在1920年就发表论文，以人道主义释船山思想，这是他船山学研究生涯的第一阶段；在船山学研究生涯的第二阶段，他用新的社会科学方法即辩证唯物论的方法来研究社会科学，撰写《船山哲学》，用唯物辩证法的观点分析船山对宋明道学的继承与发展，用唯物辩证法的观点分析船山哲学观点的根本属性，用唯物辩证法的观点分析船山的历史哲学观点；在第三个阶段，即抗日战争到新中国成立以前这一段时间，嵇文甫的船山学研究主要是以单篇论文为主，这些论文或密切联系社会现实进行研究，或对船山学术一些具体问题进行探讨，如易学方法、史学方法等。

参考文献：

[1] 嵇文甫. 嵇文甫文集［M］. 郑州：河南人民出版社，1986.

[2] 嵇文甫. 王船山学术论丛［M］. 北京：生活·读书·新知三联书店，1962.

（原载《衡阳师范学院学报》2018年第2期）

王船山哲学研究在北美的发展

刘纪璐

本文针对近年来北美哲学界对于王夫之（船山）哲学的探讨作一番简述。尽管王夫之的哲学在国内已经受到普遍的重视，但北美哲学界知道王船山其人的少之又少，更不用谈认识船山哲学的人了。由于王夫之著作等身，即使深通船山文字的学者也需要长时间浸润才敢开言写作；加上至今尚未有英文翻译船山著作的全书或是选集，不识中文的美国学者无法一窥其哲学奥秘，因此除了原来就对船山学有所研究的亚洲学者外，在北美实在找不到可以讨论船山的学者或是文章。根据书库资料，1982 年有位哈佛大学毕业的韩国学者金容沃写出题为“王夫之哲学”的博士论文；1995 年新加坡南洋理工大学教育系的严寿澂教授在印第安纳大学完成的博士论文题目为“王夫之视域中的一致性与矛盾性”；2010 年山东大学哲学与社会发展学院的谭明冉教授在多伦多大学完成的博士论文题目为“危机与诠释：王夫之明清之际的儒家经典解释和儒学重建”。这些博士论文都尚未以专书在美国出版，因此本文不予介绍。以下对船山哲学文章的介绍是根据美国哲学索引（Philosopher's Index）、在线哲学文章（PhilPapers）等搜寻出来的结果。王船山专书的资料来自图书馆的搜寻引擎以及美国亚马逊数据库，至于美国出版的中国思想史、宋明理学专著、中国哲学选集等对王夫之的简略带过，则是根据作者本人研究的经验。由于研究有限，肯定会有遗珠之憾。

一、有关船山哲学的英语论文

（一）侯外庐：王夫之的哲学思想（中国史学 Chinese Studies in History，1968，Vol. 1，Issue 3，12：28）

这篇中翻英的文章也许是在北美哲学杂志里发表的第一篇介绍王夫之的文章。这篇文章首先简介王夫之的个人生平、学术著作以及其时代背景。对王夫之的哲学，该文诠释为唯物论的系统，沿袭王充以及张载的学统。侯外庐把气看作是物质性的元素，认为王夫之对气一元论的肯定也就是对任何超验界的否定。同时他认为王夫之的理论中，动具有绝对性，而静则是相对于动成立的（静只不过是动的暂停）。王夫之看重自然世界与人文社会呈现出来的规律性重复循环，但是他不把这种循环性解释为抽象固定的法则，而是解释为实在世界自然展现的规律性。他认为宇宙的变化是个持续的过程，万象不断更新，在此理论基础上他严厉批评佛家与老庄看待万象变化的虚幻观。侯外庐解释王夫之道器合一的理论为一种辩证法。如果器不存在，其道亦不存在。这是在个体事物中建立普遍性。侯认为王夫之的历史演进观得出的结论是：时代不断演进，道也必定随之变化。王夫之理解的道不是个抽象固定的法则，由古至今从不改变。因此他批评宋代理学家对古今不变之天理的探索，只是带人进入歧途。该文进一步分析，在道器合一论之下，王夫之的认识论是一种唯物论的知识观。侯外庐认为王夫之的“心”观念指涉人类的认知活动。人的认知活动必须与事物的法则（事之理）对应。我们可以即事而穷理，但是不能立理以限事。这种看法属于唯物论，因为王夫之不以心来规范事理。事理需从事物本身来寻找，因此世上没有先天而知的圣人，即使尧舜也需要靠认知事物来见理。同时，侯外庐解释王夫之的知识论是将知行融合在一起的，没有推己及物的知识不是真知。但是对于王夫之的知识论，侯外庐也从马列主义角度来批判，认为王夫之所谈的认知活动还是个人（尤其是圣人）的活动，没有包含阶级斗争以及生产控制。该文接下来介绍王夫之的人性论以及历史观。在人性论上，王夫之不仅是性善论者，而且强调继善成性。他反对性本质论，而看重人生过程里靠认知与积善的工夫。在历史观上，王夫之认为历史的价值在于提供给我们个人成长的镜子。我们看历史，不只是了解过去发生过哪些事件，而是要将自己投射在历史环境中，学习我们可以运用在现实社会中扬善除恶的方案。但是，侯外庐认为王夫之还是无法脱离封建社会的道德观，而他的一治一乱历史观免不了落入历史循环论的谬论。

整体来说，这篇文章对王夫之的哲学作了相当深入的介绍，但是对完全不知道王夫之其人其事的学者来说，这篇文章不是篇很有帮助的引介，因为文章所有的分析是建立在熟知宋明理学的基础上，而且对现代英美哲学的问题思考没有关涉。

（二）Ian McMorran：晚明对王阳明的批评——王夫之的评价（东西哲学 Philosophy East & West，1973，23：1/2，91－102）

这篇报道是在一场中西哲学家对王阳明思想发展的一场学术研讨会提出的，所以主要的重点在王阳明。作者把王夫之的立场放在整个晚明对王阳明的批评中，认为顾炎武、黄宗羲都把阳明学看作是逃避主义，有佛家色彩；而王夫之甚至把明朝的败亡跟明末社会的混乱无序，归罪于阳明及其后学。作者认为这些晚明儒者对阳明的批评根本不够格称为客观的历史评判，并指出王夫之对阳明的严厉谴责对阳明很不公平。因此，这篇短文基本上在重新诠释王阳明，为其辩护，而不是针对王夫之的思想探讨发扬。该文的主要议题是王夫之事实上受阳明的影响很多，而且他对知行问题的看法基本上就是阳明的学说。但是从这点就看出来，这篇文章的作者并没有真正了解王夫之的理论精髓。王夫之的天理人欲合一说跟阳明的严谨克己、扫除廓清私意私念根本不合调，因此这篇不能算是阐释王夫之哲学的文章。该文是作者在1968年的牛津大学博士论文，是一本谈王夫之生平及其政治思想的专书（Wang Fu－chih and His Political Thought），曾经出版，可惜现在这本书早已绝版，在市面上找不到。

（三）韩国学者金永植：王夫之对理学一枝独秀的反弹（中国哲学杂志 Journal of Chinese Philosophy，1982，9：291－305）

这篇文章同样把王夫之放在17世纪明末清初的学者群中，称他们的共同立场是批判程朱学派，把理看作是超验独立的存在。作者认为，王夫之虽然没有系统化地提出这个立场，但是他学说的中心议题就是对超验的理的拒绝。虽然这篇文章的重点是程朱学派，不过作者的确有正确地了解王夫之的哲学指向，即现实世界的器、欲、势、变，而不是程朱学派先验孤绝的理。作者把王夫之的世界体系分成三层：最底层是器世界；中层是气的存在，包含所有气运化而成的万象；最后一层是抽象的理世界，理是所有变化以及万物存在的根本（之所以然）（293）。这个世界观根本跟王夫之的道器合一、体用不分的看法相抵触，而完全是朱熹的看法。即使作者解释王夫之的立场是理在气中、气为理之本（296），但他的世界三分法还是误解了王夫之的实在论：世界只有一元；我们的现象世界是唯一的真实存在。作者同时把王夫之的哲学体系放在宋明清儒学的史学传统中，把它看作是继承阳明学派对先验理的反弹，以及明末清初学者对阳明学的主观系统之排斥。整体来说，这篇文章仍是以理学派朱熹学者的角度来评审王夫之，对王夫之并没有深刻体会，对王的哲学也仅仅浮墨点之。

（四）张节末：对王夫之“诗乐理一论”之美学价值的诠释与批判（当代中国思想 Contemporary Chinese Thought，1990，Vol. 21，Issue 3，26－53）

这篇文章从王夫之《张子正蒙注》乐器篇的一句话“即此以明诗乐之理一”出发，探讨王夫之对诗乐的看法。作者指出，王夫之认为诗乐相为体用，互为表里。这个看法跟传统诗学强调“诗以言志”不同，因为在王夫之的诗学里，形式与内涵融合为一，而且诗的形式与其意义同等重要。诗与乐有一样的功能：有和谐的韵律，优美的表达，能够传递幽深的含义而且投射广远。因为诗的表达形式关系重大，是以王夫之认为只有通达音乐的人才能开始言诗。好的诗必须要有音乐性，以乐为典范。王夫之的诗学特别强调诗作为一种艺术模式所需具备的条件：有音乐性的韵律结构。作者认为王夫之之所以强调诗乐理一，是为了要替诗的文字本身以及诗的韵律建立一种统一的和谐感。诗必须能够借由其音律来感动人，所以诗的韵律绝对不是外在的、次要的条件。乐的美感是诗的必要条件。最后，该文进一步探讨王夫之诗学的哲学根据，提出船山诗学来自王夫之的气一元论。作者把“气”翻译成“spirit”（精神），有点误导之嫌。这段文章的论证很难理解。

这篇文章对王夫之的诗学作了相当完整的阐述，对于有心研究船山诗学的学者应该有些帮助。但是，这篇文章的论述不仅有许多重复之处，也有不少艰涩抽象的讨论，对船山学尚未入门的学者来说也不能作为导引。

（五）刘纪璐：人类历史在王夫之的宇宙论中是否具有决定性?（中国哲学杂志 Journal of Chinese Philosophy，2001，28：3，321－337）

这篇文章是作者第一篇以英文发表的王夫之哲学专论，融合了作者在台湾大学哲研所的硕士论文主题“王船山论天理在人类历史中的地位”以及在美国罗彻斯特大学攻读哲学博士的分析哲学训练。这篇文章探讨在天理一阴一阳循环的规律下，人世的一治一乱是否为不可违反的历史公律。同时，如果阳盛必须有阴盛作为替换的轮回规律，那么人世的乱是否也有其必然性与其存在价值?如果治乱轮替是不可避免的历史规则，那么人类还需要努力吗?这些问题就是该文探讨的大要。该文的结论是王夫之一方面承认历史的公理，但同时也肯定人类的自主权。第一节诠释他的宇宙论为一种理性自然主义。他的自然主义在于他只认可现实世界的存在，而反对任何超验先天的层次。同时，王夫之主张理在气中，是气运作内在的规律，因此世界是有理的。在这样一个治乱循环的历史规则下，人类的作为是否为天运命定的呢?为解消这个疑难，该文提出王夫之的“势”概念。理是人事发展的结果，而势则是在发展当中的不同转圜点。理是固定的，但势是动态的，不断发展变化，直到势不可挡，大势已定。对于历史决定论的质疑，该文提出“全面决定性”与“局部决定性”的分别。即使事态在全面上有固定的规律，但是在各个事件之间的联结，则没有一对一的因果关系。只有局部决定性才会与人类的自主权不兼容合，尽管王夫之承认历史的全面决定性，在个体事件以及局部情境下，他强调人类的作为对于转势、运势、逆势的种种可能。因此，他的历史观不会引致对人类自主权的否定，也不是一种历史决定论。乱世不是治世的必然结果，而是人在治世当中对乱几未能及时察觉，而任其发展为不可挡之势。在王夫之的历史观中，“察几识势”是最重要的观念。

（六）刘纪璐：宇宙论的理在宋明理学形上学中的地位（中国哲学杂志 Journal of Chinese Philosophy，2005，32：3，391－407）

这篇文章从比较哲学的角度来分析宋明理学的形上学。作者用美国形上学家瑞社尔（Nicholas Rescher）的两个概念“自然中之法则”（Laws of nature）和“规律自然的法则”（Laws for nature）来区别张载、王夫之的理和朱熹的理。在作者的分析下，宋明理学中的理气先后问题，其实就是对宇宙法则与自然世界之关系的探讨。瑞社尔提出，在不同的形上学体系中，总有一个对宇宙本相的预设，这个宇宙本相是无需解释的，没有另外根源的宇宙原始状态。比如，在古希腊哲学里对恒有与绝无的辩论，就是对宇宙原始状态的不同预设。该文首先探讨宋明理学形上学对宇宙原始状态的预设。周敦颐的看法是太极为宇宙原始状态，尽管他说无极而太极，他的无极不同于道家的绝无，而是描述太极的无边无际之大有；朱熹同样把太极看作是宇宙的原始状态，但是朱熹的太极是理之总和（太极只是天地万物之理），跟周敦颐的气本论截然不同；张载则把宇宙原始状态称为“太虚”，而宇宙的发展为“太和”，两者都是对气的不同描述。因此，张载的形上学预设跟朱熹歧异。王夫之延续张载的气本论，但是他更强调实在的“器”。王夫之的实在论朝向拥抱现实实有更进一步。以上四家都反对以绝无作为宇宙本相，只是他们对实有的原始状态看法不一。周、朱、张、王都同意气是宇宙万物的构成因，但是他们对理跟气的关系有不同的理解。该文的第二段则探讨理在四家宇宙论中的地位。朱熹理先气后的主张可以解作“规律自然的法则”（Laws for nature），而张、王理在气中的看法可以解作“自然中之法则”（Laws of nature）。根据瑞社尔的解释，前者设立万物存在的先决条件，是限定事物之可能性的原则；后者则是实有事物存在的真实情况，因为这些法则是内在于宇宙万物之发展的。张载把理看作是气之必然者，王夫之更进一步建立道器合一之理论。该文的最后一段讨论这两种理论的优劣。该文运用现代分析哲学的流行名称“依存”（supervenience），强调只有在张、王的形上学体系下理才能依存于气，并且跟现实世界挂钩；朱熹的理在他的形上学体系下变成不是构成因，无计度，不会造作，而是漂浮在物质世界之上的形上悬宕（metaphysical dangler）。

（七）刘纪璐：王夫之“理在气中”之哲学（书籍选文，道杂志的宋明理学专辑 Dao Companions to Neo-Confucian Philosophy，2010，355-379）

这篇文章是 John Makeham 所编辑的宋明理学专书中的一章，对王夫之的哲学以理气关系为本作了整体的分析。在当代，王夫之的形而上学思想通常被视为某种一元论，在中国又进一步被描述成唯物论或朴素唯物论的一元论，另一个常见但更为恰当的标签是实在论，这些标签突出了王船山哲学中的一个核心概念：气。在张载看来，气是有序的、实在的，并且是具体形态的本质。气之聚散构成事物的生灭，气聚而为万物，万物散而复归于太虚之气，气不空洞，而是实在的，亦非虚幻，而是真实的（诚）。王夫之在张载气学思想的基础之上增加了道德维度，在王看来，气不仅在物理领域中显现出来，也在抽象的领域和道德领域中显现出来。气中有善，而且气的运行必然是有序的。王夫之形而上学思想中的另一个主要概念是“理”。他在各种各样的语境中来使用这个概念，理因而也具备着不同的内涵：气之理、天理、性之理、事中之理，其中，“气之理”是所有这些用法的基础。对于王夫之来说，气不是在某种更高的独立原则的管理下来运作的盲目力量，而是由其固有的逻辑——他称之为“理”——来调节的。他并没有将理从本体论中去除，而是将之与气本身结合了起来。这种“有理之气”的思想不仅为王夫之的形而上学思想奠定了基础，他的人性论、道德哲学和历史哲学也都建立于其上。

该文的结语是：总而言之，王夫之建立了一套复杂的形而上学体系。他将朱子学所割裂开来的“理”与“气”这两个本体论范畴整合了起来。传统上常常将“气”看作是种盲目力量，需要“理”之规范。这种观念可能导致一种认为王夫之的本体论是“气一元论”的误解。作者认为王夫之的理论并未置“理”于不顾，他的一元论毋宁说是“理气一元论”——理内在于气，而气本身必然具有自我调节性。在朱熹看来，理在本体论上或者至少在逻辑上奠定了气的基础，理使得气成为可能。而王夫之则认为气是理的本体论基础，是理的显现与完成。他的“理气一元论”或者“理在气中”的哲学思想也同时构成其心性论的基础。

（八）陈荣灼：批评性地检讨牟宗三与唐君毅对张载及王夫之的气论诠释（道 Dao，2011，10：85－98）

加拿大布洛克大学教授陈荣灼对张载与王夫之都颇有研究。他这篇文章主要是针对当代新儒家的两位大师：唐君毅与牟宗三，批评他们两人都对张载与王夫之的气论阐发不足，诠释错误。根据陈荣灼的看法，牟先生忽视了两位气哲学家的形上学层面，而唐先生更是将王夫之错解为仅仅是谈文化的思想家，而没看到后者的气论哲学性。陈荣灼认为牟先生完全从康德角度来诠释张载的气理论，将其划分为二层存在：他把后者的神看作是物自体，把气看作是现象界，同时把太虚当作形而上的，而气则属于形而下的物质世界。在牟先生的理解下，张载的“神”被提升到一个超验的层面，成为气存在之“理”，所以张载的理论不能解释作唯物论。而牟先生对王夫之的形上学没有多加阐述，仅仅把他看作是承续张载的思想，因此也不认为王夫之为唯物论者。陈荣灼对唐君毅的评论为：虽然唐先生正确认识到张载理论中气的形上学地位，但由于其本身对气的排斥，不能承认张载的唯气论。牟先生的偏见是从康德角度来理解张载，而唐先生的偏见则是从黑格尔的绝对观念主义来诠释张载。不过，唐先生对张载的人性论有很高的评价。张载的天地之性与气质之性的二分法在唐君毅看来是个极有创新性的看法，解决了性善性恶的矛盾。对于王夫之，唐君毅认为他的成就是成为第一位在中国哲学史上建立了系统性历史哲学的人。王夫之的历史观强调“事”与“势”的重要性，认为历史发展不是服从一个先天决定的法则，而是在事态发展当中自然呈现出来的合理性。人类在历史发展中不是采取被动的地位，而是应该掌握事势而能在当下采取时中之宜。理不是先验僵硬的固定形式，而是在实际事态演变中根据其合理性而开展出来的规律。唐先生也认可王夫之对张载人性论的改良，将气论与人性论综合在一起，而提出“性日生日成”说。他认为王与张最大的不同点是张载从中庸出发，而王夫之则以易传奠基。不过，唐君毅仍然把王夫之看作是黑格尔的观念论的同派，而否认气论在他思想体系中的地位。

就陈荣灼以上对两位当代新儒学大师的张、王研究介绍来看，似乎唐先生对两者的理解胜于牟先生。陈荣灼本人认为两位大师都各有其诠释学的成见与局限性：牟先生的出发点是超验分析的，把张载看作是康德派；而唐先生则以黑格尔的绝对观念论为主导，把王夫之解释为黑格尔派。陈荣灼认为牟先生对气的理解还是来自朱熹，所以他对天道在张载哲学体系的变化开展无法体会，而用很僵化的立场来看后者的宇宙论。牟先生用“道德形上学”来诠释张载的宇宙论，事实上是减低了宇宙论的色彩。对于唐君毅的诠释，陈荣灼认为他的缺点在于他对张、王哲学体系中具体事物的物质性不够重视。

唐先生强调气的道德性，却忽略了在张载、王夫之的哲学中，气是实在存在的事物。这两位大师都刻意把张、王的气论立场解消，而用唯心论或是观念论来诠释他们的哲学。尽管陈荣灼同意气论不应该跟唯物论等同，他还是认为牟、唐二人由于他们的歧见，在对张、王的分析上无法正确认同气论在他们哲学体系中的地位。在文末，陈荣灼提出自己的诠释：张载跟王夫之应该是元气论的哲学家。元气为万物之本，宇宙之原。他们的气确切具有形上学地位，气有生动活泼的变化过程，宇宙不是由僵化的理来制定规范的。和牟、唐的比较分析角度不同的是，陈荣灼用莱布尼兹的本体论来分析张、王的气论。他认为气不该被看作是纯粹物质性的，而应当解为一种两元的“力”(force)。张载的太虚说，王夫之的气空旷说，都表现气不是一个有厚实存在的事物，而是一种形上的力。陈荣灼比照阳气于莱布尼兹的主导原始力（active primitive force)，阴气于后者的被动原始力（passive primitive force)。在这样的比较分析下，张、王的气被看作非本体性而是纯粹活动性的。陈荣灼认为这样的分析可以一方面避免唯物论的结论，但同时不会带入唯心论的误解，而能正确肯定张载与王夫之为“气的哲学家”。

陈荣灼这篇文章对王夫之的分析相当详细，而且在港台学者对牟、唐二位先生的崇拜气氛下能对二者的诠释方法学的出发点提出异议是个很有勇气的做法。陈荣灼自己的比较角度是莱布尼兹的思想，但是因为他对后者的二元力论疏解不足，对我们理解王夫之的思想有多少帮助还是很难定论的。不过笔者本人从这篇文章得到不少启发，也很同意他对王夫之气论的肯定与诠释。

（九）刘纪璐：在宋明理学“气实在论”中实然与应然的相应关系（当代中国思想，2011，43：1，60－77)

这篇文章以西哲中对实然与应然关系的讨论为跳板，对宋明气实在论作一番阐述。文中讨论的三位气论者为罗钦舜、王廷相、王夫之。他们的气论同时是气实在论——气是构成万物的实在存在，以及自然论——所有事实都是自然事实，没有超验隔绝的另外一个世界。该文探讨的议题是如何在自然世界之中建立规范性以及价值的存在。英哲休姆批评伦理学家往往预设由实然命题可以导出应然命题，却从来没有提供任何推论演绎来证明两者之间的关系。尽管休姆本人不见得是反对实然命题可以演绎出应然命题，他的批判成为西哲排斥两者关系的基础。该文反对如此的绝然划分实然与应然，而指证在宋明气实在论下，某些应然命题可以由实然命题演绎出来。宋明理学的道德形上学认定宇宙存在道德性，自然世界本身具有人类肯定的价值，比如天地具有元亨利贞之德，宇宙呈现生生之德，天道流行，天理存在万物之中，都是不容否定的实然命题。该文特别从气实在论的命题着眼，探讨演绎应然命题的可能性。气实在论的主要议题是：（1）气之界是唯一真实存在的世界；（2）气是万物的唯一构成因与变化因。在这个理论基础上，我们建立的第一个规范事实是：理在气中，是气运作的内在规律。王夫之提出理即是气之所当然，而且气原本就是有理的。理只是气之理，是气之必然者，而气之必然者即其自然转折处。王廷相也提出万物各有“气种”之说，认定理不仅在气中，更在事物存在本身，作为其构成条件。在此理论基础上，我们演绎的第一层规范价值命题如下：宇宙天地万物皆是气之构成，而气自然有理，因此万物之中皆有理。但是气的分配有不同，整体来说宇宙是阴阳和谐的，但是个别事物的存在则有纯杂良劣之不同。个物中之理代表其存在的规范条件，如果偏离了理，事物终会趋向毁灭。人类是世界之一元，人的作为可以改变世界。因此，人类有义务在处理个别事物之中扬善去恶，帮助完成阴阳的和谐。人类的道德义务来自人的自然存在：人是世界的一环，就应该尽力维护天理的实现。

第二层的规范演绎是对天道人道的肯定。“道”字本身即兼含实然义与应然义。儒家的道德实在论预设天道真实存在，同时人道具有客观性。所谓天道，是天地自然运作的原则，其中包含生生不息之德。人之道在于效法天地生生之德，以尽三才之职。罗钦舜称天道为实然而人道为应然。这里看出两者之间的关系：应然即是实然之不可违者。如果人类违反天道，必遭灾祸。因此人道不能违反天道；人类的职责在于辅助天地完成生生之道。这种演绎是从人的利益出发，还是相对于人的角度。从王夫之的著作中，我们更得出另一种绝对性的演绎：天道生生，人道法天。凡为人，即必须遵从人道。因此，人人都有利物生生之义务。

以上两种演绎方式都是建立在气实在论的理论基础上。该文的结语将气实在论以及伦理自然论联合在一起。由于宋明理学家将自然现象看成价值的体现，从自然世界中人类可以得出许多道德的启发、义务的建立。人类与自然世界同样是事实与价值（fact and value）的统一，而非对立。

（十）刘纪璐：道德理性，道德情感，以及利他主义的实践：利他主义的动机论（亚洲哲学 Asian Philosophy，2012，22：2，93－119）

这篇文章从王夫之的道德人性论及其道德心理学出发，展开他的道德动机论。王夫之的人性论基本上沿袭孟子学派的思想：性善论。孟子认为，人性中包含“四端”，“端”指的是其处于开端状态，有待扩充。王夫之则进一步将性之全体界定为人类存在的初始及其发展状态，换言之，王夫之将人们所说的“性”理解为人类的潜能，说：“原于天而顺乎道，凝于形气，而五常百行之理无不可知，无不可能，于此言之则谓之性。”这说明，他将“性”理解为充满了无限潜能的存在状态，而不仅仅是生来便预定了的“本性”。对于王夫之来说，人性不过是气之构成中所带来的理，人的存在不过是气之凝聚，理是气之条理，故而理必然蕴含在气的凝聚之中，如此一来，人必然禀有理。人性便是性之理：“夫性即理也，理者理乎气而为气之理也，是岂于气之外别有一理以游行于气中者乎?”由于人性由气所构成，而气是变化的，故而人性也不会是固定不变的。由此，王夫之构建出了其最具独创性的学说——“性日生日成说”。

王夫之认为，性并不仅仅指在初生时所禀赋的，它还包括后天的发展，其言曰：“天之与人者，气无间断，理亦无间断，故命不息而性日生。”与此同时，“日生”也是趋于完善的过程，人可能具有一定的自然智力水平，然而，这并没有构成限制，因为个人随着不断学习便能够变得更加聪慧。同时，每个人可能生来便具有某些自然能力，然而，如果不加以培养，个人的潜能便无法具体化为真正的能力。王夫之的性日生日成说认为，人只有到死亡时，其“性”才会停止发展与进步。

王夫之沿袭张载的性二元论与孟子的心性论，而发展出一套更复杂的道德心理学。他认为人天生具有道德情感，也就是孟子所说的恻隐之心、羞恶之心、恭敬之心、是非之心。这些道德情感存在人的内心，王夫之称之为道心。同时人也有其他的自然情感，包括基本的“甘食悦色”的食色之性，以及喜、怒、哀、乐、爱、恶、欲种种复杂情感，王夫之称此为人心。“情便是人心，性便是道心”。王夫之与张载一样反对心物二元论。在他看来，“性为心之所统，心为性之所生，则心与性直不得分为二”。因此，他的理论不纯粹属于心学或性学。他的道德心理哲学强调结合人的自然情感、先天的道德情感、先天的道德知性，以及后天培养的道德意志。道德的实现不是只靠社会教化与后天培养，因为道德的可能性是来自人的道德本质。

王夫之认为人人天生具有道德情感，这是他对人作为道德主体的肯定。不过，拥有道德情感本身不是道德主体的完成，道德情感尚需要发展与实现。由恻隐之心，可以发展出对世界的慈悲关怀；由羞恶之心，可以发展出正义的道德行为；由恭敬之心，可以发展出对他人的尊重以及对礼法的服从；由是非之心，可以发展出正确的道德判断。这些道德情感是道德之所以可能的基础，但不是充足条件。由此道德情感，人可以发展出仁、义、礼、智四德，但是道德情感不等同四德，而只是“四端”。虽然以上四种道德情感也是情，王夫之不以情视之。他认为道德情感与生物情感必须分开。道心的存有，是人与其他动物所以不同之处。只有人才是道德性的主体，只有人才有善的可能。

王夫之的道德哲学完全建立在他的道德心理学上。道德不是外在于人的内心，不是后天社会制约的结果。王夫之说：“心字有术字在内，全体、大用，扩之而有其广大，充之而有其笃实者也。此一心字，是孟子‘万物皆备于我’里面流出来的。不成心之外更有一王道!”（《大全说》，516）道在人心，而人心自有道德情感与道德反省之良能。理性不须管束感性，因为感性中的道德情感才是道德的基础。该文的结语是，就当代学者来说，如何从经验考察来验证人是否有先天或是普遍的道德情感会是一个很有启发的道德心理学议题。

（十一）谭明冉：王夫之庄子解中对“神”的诠释（中国哲学前沿 Frontier of Philosophy in China，2015，10（2），239 –254）

该文作者在2010年于多伦多大学完成的博士论文就是研究王夫之的。根据作者解释，这篇文章则是来自作者于2003年在北京大学撰写的论文《对王夫之庄子解的研究》的第五章。该文系统地整理了船山《庄子解》里对“神”这个概念的阐发。作者介绍“神”的概念来自甲骨文，而王夫之在

《庄子解》中对神的用法跟管子以及易经一致，把神解作气之精髓，认为它是宇宙气中最有生命力的精髓。但是王夫之在其他儒家的著作中，比如他的《张子正蒙注》，则把神解作贯穿阴阳之纯粹的理。可见，王夫之本人对神的解释可以从道也可以随儒。在这篇文章中，作者着重于王夫之根据庄子的看法，探讨神与形，神与明、知的关系，来验证王夫之在以儒家立场来诠释庄子之同时也受到庄子思想的影响。他举《庄子解》文字引证王夫之对神与形的分析不超离庄子的思想，不过王夫之的独特贡献是从气的角度把神与天等同。同时王夫之跟从庄子的看法，否定认知活动可以帮助人们认识道。但是，尽管庄子的重点是道，王夫之转而强调太和。在王夫之的思想体系中，神是人体内的太和之气，在人死后会回归太和，因此每个人都应该在其有生之年畜养神，宇宙普存的太和之气才能不断壮大。由此可见，即使王夫之解庄不离庄子思路，他还是要借由庄子的方法来培养儒家的和谐社会。在这个层面上，王夫之的解庄其实是转化庄子思想为儒家的道德观。总体来说，王夫之在《庄子解》这部书里对神的理解是发挥他自己的气论。神是人体之气的精髓，而人体之气原本来自宇宙之气。这也就是为何人可以透过养神而达成天人合一的境界。王夫之的《庄子解》最终是他化道为儒的著作。但是，作者同时批评王夫之还是无法完满结合道家的方外界域与儒家的人文视域。所以，他必须把儒家推崇的尧舜圣人解作神人。从这里可以看出，王夫之意图融合儒道理想所面临的难题。

这篇文章点出王夫之出道入儒的知识渊深，也点出在他的化道为儒方案下的诠释困难。不过王夫之的《庄子解》是否真正跟随庄子对“神”的看法，还是只是在作文本的客观诠释，该文没有很清楚的论证。神本身的哲学意涵也没有充分发挥。所以除了字义用法的不同之外，读者不是很清楚这个问题的重要性。

二、有关船山哲学的英文专著与选集

最早期对船山哲学介绍的英文著作有两本：第一本是布莱克女士（Allison Harley Black）于 1989 年在华盛顿大学出版社发行的《王夫之哲学思想中的人与自然》；第二本是 Ian McMorran 于 1992 年在香港阳光书局出版的《热情的实在论者：王夫之生平以及政治思想导论》。后者可能是作者在 1968 年英国牛津大学的博士论文《王夫之及其政治思想》的基础上修改后发表的。这两本书都是对王夫之的整体介绍，但目前都已经绝版，在市面上也找不到旧书版本。其中，Allison Black 对船山的介绍在后代北美船山学者中有相当影响。严寿澂的博士论文也讨论过她的解释，而下面介绍的一本新书也广泛引用她对船山的诠释。所以本文特别介绍这本书。

Allison Black 书名中所谓的“人与自然”，是对中国哲学“天人合一”思想的现代描述，而她所着重的自然现象，是自然界中生生不息的发展过程。Black 解释王夫之的哲学为一种“表达主义（expressionism）”，用以对比西方宗教的“创造主义（creationism）”。自然造物，当然有别于有意志神的创造，不过 Allison 比较的重点是从“创造（creation）”与“表达（expression）”的字源字义着手。她解释“创造”的意涵包括有意识有意念的活动，而且所造出的东西与原创者截然不同。“表达”在美学上的意涵是指由内而外的流动，是个具有连续性的过程。她认为就中国宇宙论来说，“表达”是个比“创造”更为恰当的譬喻。中国的宇宙是具有表达性的，宇宙万象表现的不是仅有规律性跟一致性，而是一种带有个人特性、要求个人回应的系统。宋明理学家的自然观（包含理、诚等概念）更带有人文色彩与道德性。王夫之的气宇宙论呈现气的生化为一个不断变化的过程：变化是气的本质，因此气所构成的宇宙也在不停地变化。Black 诠释王夫之的理路为一种“表达形上学”，因为在王夫之气化论中含有非纯粹物质性的“神”，据她解释“神”是在气发展中所表达出来的动态和谐状态。她认为“神”不是仅仅为客观的秩序，而是具有神秘性的特质。在王夫之的形上学里，阴、阳、神成立一个三元架构，不仅表现在宇宙的三才（天地人）本身，也表现在许多有机生物中。该书的第三、四章讨论王夫之的知识论。作者认为王夫之反对邵雍的数化宇宙观，因为后者是把人类的心理架构投射到客观世界上。人类预设的架构往往是独断臆想出来的，把万物强硬归类为阴或阳，为刚或柔，为高或低，甚至为善或恶，等等。Black 解释王夫之的哲学思想肯定“时间上的不稳定”原则，表面上对立的现象其实是在同一整体过程中的表现。在 Black 看来，王夫之跟其他宋明理学家最大的不同就是他对于“变化”的全盘拥抱，而排斥任何固定拘泥的规律。不过，她也认为王夫之的“大化”观念不是真正建立在经验主义上，而是一种抒情性的表达。该书第四章讨论王夫之的道德知识观。

Black 正确地指出当代学者在接触中国知识论时，往往先入为主的偏见是把道德知识跟一般知性知识分开来，但是在这种二分法下，中国“知”的概念已经被误解了。Black 认为，尽管王夫之在其他方面批判心学，但是他的道德知识论更近于王阳明的知识论。王夫之同样认为知性之知必须跟道德结合（而孤立于道德之知的知性之知不足为道）。Black 分析王夫之对孟子“心之官为思”的解释包含三个层面：心与感官不同的地方在于心的思维可以与时俱进；心的认知对象可以包含形而上之事物（抽象的原则）；心的认知是一种协调的能力，把感官收到不同的讯息统合为一个有意义的架构。这种认知活动一定得跟道德结合。Black 总结说，基本上儒家的知识论预设知性秩序等同于道德秩序，而且知性的基本功能就是其道德功能。

尽管 Black 的著作内容丰富，对船山学在北美的发展也有拓荒垦地的贡献，但是她的“表达形上学”很难让人接受，她对王夫之的文本举证并不足以支持她这个“表达形上学”之诠释，而且她跳跃式的写作表达方式也让笔者本人很难跟随她的思路。

2017 年最新出版的两本书都对王夫之有足够的着墨。第一本是 Nicholas S. Brasovan 撰写的由纽约州立大学出版社发行的《宋明理学的生态人文主义：对王夫之的诠释运用》。根据作者自述，这本书是他在夏威夷大学 2012 年完成的博士论文《世界情境中的个人：宋明理学的生态人文主义》的延续发展。该书作者以“世界情境中的个人”的议题诠释生态人文主义。这个主义反对将个人与自然世界以及社会环境划分开来，认为个人的存在跟其所在环境有息息相关的因果交流。Brasovan 同样把中国哲学的“天”解释为“自然世界”，认为王夫之的“天人合一”与“天人之际”所传达的是排斥超验界，超自然，永恒不变的孤绝天理，而完全合乎现代的自然主义。而这种自然主义是建立在王夫之的气一元论上的。不过，他认为王夫之的自然主义不仅仅是对超验界的否定，更是对自然世界中的本体相依性以及整体性的肯定。这样的世界观特别合乎当代生态学的理念：个体在世界中不是单一独立的个体，而是整个复杂生态系统内的一环。个人跟其所在的自然与人文环境之间有能量讯息交流的互动关系。Brasovan 强调在王夫之的理学观上所建立的整体论能辩证性地重建个人在其所处环境中的地位，世界情境中的个人代表的是个人在整个宇宙事件层层相关中的个体性及其能量贡献，而不是如同其他整体论者把个体性完全化解为整体的一部分而失去其独立价值。王夫之对程朱学派空泛形而上之理的排斥更显现出他对个体性以及具体存在的重视。以气为世界万物构成元素，王夫之的世界观中个体存在是一个生态系统，在整个世界的生态体系中发挥其功能。同时，王夫之的理气合一观更显示出：尽管个人与其他生态系统有密切的互动关系而形成一个流动的过程，但每个生态系统仍然各自有其内在的架构和其变动的性质。

在 Brasovan 的理解下，气是种能量。他提议把王夫之的气论归入为“新唯物论”的帐营。他所谓的新唯物论，是把物质看作为一种有生机、生动活泼、能够自我建构之能量的主张。“生动物质性”是个复杂而且动态性的能量，构成宇宙万物的元素。它既是粒子，也是物理波。他引用安乐哲（Roger Ames）对物质的解释：物质本身具有智能性，气就是这样的有智能性的物质，因为气本身含有讯息密码。这个新唯物论的提倡似乎是生态学家的共识。Brasovan 接受法国船山专家 Jacques Gernet 对气的看法：气是一种自生内存同时有创生力的能量，整个宇宙充满这个能量的无休止而无法观察之活动。Brasovan 认为，在这样理解下，“物质”不再具有与心灵对立的死板、无生机的传统物质性。因此，他的理论还是可以归类为唯物论。

Brasovan 认为宋明理学的哲学系统所代表的是生态学的人文主义趋向。他运用李泽厚的名词，诠释宋明理学的特色为“人的自然化”以及“自然的人文化”，前者是自然主义，后者即代表人文主义。在易经的“生生之谓易”思想上，宋明理学家普遍认为气（Brasovan 解释为能量）充溢宇宙，具有不停造出万形万象的无限潜能。他解释太极的意识形态为一种对创生与生命的宗教性尊崇。王夫之的贡献是他的“天之天”与“人之天”的区分。Brasovan 解释“天之天（他称之自然中的自然）”为自然世界中超越人类观察以及人类理性的精微处与崇高性；而“人之天（他称之人类的自然）”代表能够为人类所领悟并掌握的自然世界。从“天之天”到“人之天”，展现的是一个人类逐渐理解并且转化自我及其环境的过程。生态学的人文主义以及宋明理学的人文主义趋向要求的是“人以弘道”——把人类文化发扬光大。但是 Brasovan 强调，这种生态学的人文主义跟当代人文主义不同的地方在于前者不是“人本主义”，不认为扩展人类文化即代表对自然世界的征服掌控。该书的结语提到地球暖化以及中国工业污染的问题。作者指出中国与美国是世界上前两名制造二氧化碳排放的国家，而其原因是两个国家的人本主义取向以及现代化目标下的工业发展。他认为宋明理学（整个儒家，或是整个亚洲文化）的天人合一观可以促进人类对自然生态的反思保护。如果我们彻底了解人与自然生态息息相关，我们对自己行为的实际或是潜在影响都会有更高的自觉性。

这本书的出版在北美船山研究中是个很令人振奋的新现象。作者把王夫之的哲学思想与当代的形态学结合，给予了王夫之思想的一个新生面。作者同时具备法文阅读能力，能参考代表性的法文船山研究，并且将其翻译成英文。该书的叙述清晰，论证可信，对王夫之的思想有很好的诠释。不过，王夫之的哲学绝对不是只有生态学的人文主义趋向，他的形上学体系远远超过生态学的理论主旨，而用“生态学的人文主义”作标题也无法区分王夫之跟其他宋明理学家的理论不同处。

第二本书是笔者本人的新著：《宋明理学：形上学，心性学，与道德哲学》，由 Wiley－Blackwell 出版社发行。该书总结了本人数十年来对宋明理学的研究，其主题共分成三段：第一段探讨宋明形上学，第二段分析心学、性学对人类道德基础之辩论，第三段介绍不同哲学家在其形上道德理论前提下对个人道德重建与社会教化所提出的不同方针。该书的三段都以王夫之的哲学作为总结，彻底确立王夫之为宋明理学集大成的地位。在形上学方面，该书共分为四章：第一章阐述周敦颐的无极而太极的宇宙论；第二章阐述张载在道家气论基础上改革而成的气实在论与气一元论；第三章分析程朱学派的天理说及其理一万殊的世界观；第四章则以王夫之的理在气中、道器合一论总结宋明形上学。在心性论上，该书分三章讨论道德的基础。第五章由朱熹的性即理说分析其道德实在论。第六章讨论陆象山及王阳明的心即理说，并阐释陆王的宇宙观，认为它是一种“实用主义形上学”。第七章则以王夫之的“性日生日成说”总结宋明的心性论。第三段把宋明道德理论的阐述与当代发展心理学以及道德心理学结合。宋明理学家的道德论属于品德伦理学的走向，而当代西哲多利斯（John Doris）的情境主义针对品德伦理学提出建立在实验心理学的种种反驳。第八章将张载的道德方案跟当代社会认知心理学比较，并且讨论其理论如何应付情境主义的挑战。第九章介绍二程以仁德为中心的整体品德伦理学，以及二程之道德知识论所界定的“真知”。第十章阐述朱熹的品德伦理学及其“格物致知”的伦理理性论。第十一章探讨王阳明的良知论在当代的价值。王阳明的道德方案建立于他的良知说，以今日的语言可以说是“道德反思主义”。该书最后一章以王夫之建立在孟子的道德情感主义上的道德心理学总结全书对宋明理学道德论的阐述。最后更以王夫之的道德心理学为出发点，提出对现代社会教化改革的具体提案，称之为“社会情感主义”。作者的期望是开发王夫之的道德方案为当代的一门独立的道德理论。

在英文翻译选集方面，所有编者对王夫之的哲学选辑都非常不公允。最有权威性的、也为本文作者所推荐的选集，是陈荣捷在1963年为普林斯顿大学出版社所编译的中国哲学资料书（A Source Book of Chinese Philosophy）。这本资料书相当完整，翻译得也很有水平，但是对王夫之的介绍及选文则非常贫乏，仅有11页。相对来看，该书对朱熹的介绍选文有66页，对王阳明的介绍选文也有38页。从内容来说，陈荣捷介绍了王夫之有关“器”“体用”“有无”“理气”“人性”“天理人欲”“历史政治观”等丰富话题，但是各题目仅仅选了一两小段文字，可以说广度尚可，深度有缺。这样的资料书完全无法给学者提供足够文献作为研究船山学的基础。另一套狄百瑞（William Theodore de Bary，正名为狄培理）等人编著的中国传统资料书（Sources of Chinese Tradition）选文更是不足。这套书有两册，由美国哥伦比亚大学出版社于2000—2001年发行第二版。第一册从上古甲骨文时期到1600年，有将近1000页的原始文献翻译。第二册从1600年到20世纪，也有将近700页，不能不说是宏观大作。根据出版社的介绍，这套书很有权威性，是学生、学者广泛运用的中国哲学史料参考书。由于这套书的编辑是以主题划分，同一个哲学家的思想介绍与著作翻译可以在不同章节出现。从书末的索引来找，王夫之的介绍仅仅出现在第二册。两部巨作共计1550页，王夫之学术著作的翻译仅占了不到8页。选集只有《正蒙注》三段话，《周易外传》一段，《春秋世论》一段，《读通鉴论》三段，再加上《黄书》的一小段。如此简略的引文完全无法给王夫之的宏观精义作基本的介绍。

在介绍宋明理学的英文专著中，王夫之也不断被忽略排除。早期的黄秀矶出版了一本《宋明理学的精要》（Greenwood，1999），介绍了八位宋明大儒，其中包括周敦颐、邵雍、张载、程颢、程颐、朱熹、陆象山与王阳明，唯独缺少王夫之。安靖如于2012年出版的《圣人之道：宋明理学的当代意义》主要着墨于朱熹与王阳明，对其他宋明大儒也稍有介绍，但是对王夫之则一字未提。安靖如与Justin Tiwald于2017年新出的一本介绍宋明理学的导论除了介绍宋明代表性大儒的看法之外，也提到明末清初的儒者如黄宗羲、戴震与章学诚，但是对王夫之也只是匆匆带过（索引页数为38，69，88，208－209，222）。在Tiwald与万百安（Bryan W. Van Norden）合编的一本《哲学文献翻译选集：从汉代到20世纪的中国哲学文集》（Hackett Publishing Company，2014）中，在晚明的学者中间，他们只介绍了戴震、黄宗羲与章学诚，而完全忽略了王夫之的思想，索引里也找不到王夫之的名字。这在笔者本人看来是绝对不可接受的缺失。王夫之不是一个在中国思想史上可以被忽视的哲学家，他在宋明理学至清初实证学的转化中是个重要的角色。即使他的思想在当时也许不被广为传诵，但他的整个思想代表了中国哲学史在当时的政治历史环境下必然出现的趋势。笔者可以断言：不谈王夫之，就不能真正阐述宋明清的理学发展。

安靖如等人对宋明理学的研究代表了北美中国哲学的趋向。绝大多数的北美中国哲学研究全力投注于先秦哲学，尤其在儒学方面，开展孔孟荀研究的论文不胜枚举，但是对于新儒学（宋明理学）展开研究且发表的论文寥寥无几。在这些所谓的宋明理学专家中，大多数人的研究兴趣是朱熹与王阳明。在现有的英译研究成果上，后进的美国学者也只会继续前贤的研究走向，毕竟能有古典中文阅读能力的学者实在是凤毛麟角，可遇而不可求。

三、结　语

如果本文报道的是北美研究朱熹和王阳明哲学的现状，文章绝对无法以十数万字结束。鉴于北美船山研究的相对匮乏，本文的结论是：没有船山著作的英译，船山思想永远无法走入英美思想界。要让船山哲学在海外发扬光大，我们所要做的第一步是编辑他的英文哲学选集，找真正兼有船山哲学知识而且具有流畅的中英文能力的学者共襄盛举。

（原载《衡阳师范学院学报》2018年第2期）

许冠三的船山学研究

朱迪光

许冠三，早年毕业于国立东北大学，获文科学士及硕士学位，曾任香港中文大学历史系高级讲师。许氏著述丰富，著有《史学与史学方法》《“多元史络分析法”在史料考证上的运用》《康南海的三世进化史观》《原王船山之“理”》《王船山宇宙观》《龚魏之历史哲学及其变法思想》《王船山的历史学说》等。1978 年 12 月，许冠三撰写《王船山的历史学说》，由香港“活史学研究社”编辑的活史学丛刊第三期作为单行本刊印。1979 年 12 月，许氏连写《原王船山之“理”》和《王船山的宇宙观》两篇专文，分别发表于《香港中文大学学报》第 5 卷第 1 期和香港中文大学《中国文化研究所学报》第 10 卷第 1 期。1981 年，许氏又出版了《王船山的致知论》。

一、许冠三全面构拟王船山哲学体系

（一）外在体系的建立

我们知道，哲学有所谓本体论或宇宙论、方法论或知识论、历史哲学等分支。许冠三先生对王船山哲学的研究就是从以上几个方面入手的，全面研究了王船山哲学的宇宙论、知识论、历史哲学，构拟起王船山的哲学体系。

（1）关于王船山的本体论或宇宙论，许冠三写了《原王船山之“理”》和《王船山宇宙观》两篇文章。《原王船山之“理”》一文，以八章近五万字的篇幅，专门剖析船山的“理”范畴的历史演变和逻辑层次。许冠三认为，船山哲学的中心范畴不是“天”，不是“道”，不是“气”，不是“心”，而是与宋明理学家既有联系又有区别的“理”。船山的“理”范畴是一个概念的复合体，其最高层次的统摄概念为“天理”，或曰“在天者即为理”。在诸“理”之中，船山最重视者即为此。在此层次以下，则分别有所谓“当然之理”“固然之理”“自然之理”“已然”或“实然”之理。大体上在言“当然”时常含价值判断意思，用“固然”时多只为一事实判断或逻辑推断。再下一层则有“不尽于一定”的特定之理，即今天所谓自然与社会科学中所言之学说，通则或概念；用之于人文世界，又有“有道之理”与“无道之理”之分。

《王船山的宇宙观》一文中，许冠三判定船山既不是“理本论”者，亦不是“气本论”者，而是“理气合一”论者。全文阐明了道器、体用关系，有无、虚实关系，阴阳、太和关系，动静、屈伸关系；分析了船山本体论之“道”的三个含义、“太和絪蕴”的两个含义，“阴阳”一词的广狭义之别，以及“道”与“阴阳”的“交与为体”；论证了船山实有论中“有者非实、无者非虚”，太虚非虚、虚中有实之说及其动静观中的阴阳动静互相含蕴之意。概而言之，作者认为船山试图破无立有、破虚立实，从而建构其实有流动、生生不已、运行无穷之宇宙学说；其重大特色在主“一”而非“二”，而中心环节则是“大环”之说。所谓“主一非二”，就是否定形上形下截然二分之论。就道与天地、道与阴阳、体与用诸关系而言，船山主张天地体道，道即在阴阳之中，“体用胥有而相需以实”。易言之，宇宙间的万事万物乃“对待”而“合一”之存在，此“合一”之两“对待”面，乃是相互渗透而又可以互相变合的。在“对待”与“合一”之中，船山所崇尚的是“合一”而非“对待”。船山吸取了庄周的“大环”之说，将宇宙的存在看着是在空间上“无定体”、在时间上“无终始”的循环大已的圆形运动。在以“终古”为经、“六合”为纬的圆形运动中，包含着无数运程各有长短、往来必然均衡、始终绵续无间的大大小小的圆形运动，充满着此盛彼衰、此荣彼枯、此生彼死、变化日新。总之，船山心目中的宇宙形象是运行不息、生动不已的“理气充凝”之珠，而非寂然空洞之环。

（2）关于王船山哲学的知识论，许冠三写了《王船山的致知论》一书。《王船山的致知论》于1981年由香港中文大学出版社出版，共六章，附《船山学术生命年谱》。第一章：《“道不可尽”“圣人不尽”》。许冠三指出，船山致知论与近代西方哲学有比较多的可会通之处，与现代科学方法论亦颇相合。而“由用知体”则为方法论创新，摆脱宋明理学形而上的唯心论，重新发展中国哲学的实证传统。第二章：《“君子之知天，知人之天也”》。许冠三指出，人所知能知之天，乃人之天，而非动静不已、神化莫测之“天”或“道”之自身。故凡昧于“两行”或执于“一致”者，均不足以言知天知道。第三章：《“当其变必存其通；当其通必存其变”》。船山所言致知门径有六：“其一，曰格物穷理；其二，曰尽心穷理；其三，曰穷神知化；其四，曰存神合天；其五，曰至诚契天；其六，曰照之以天”。前五者皆是就“人之天”而言，而后一者，则纯然就“天之天”而言，与前五者据宋明理学家旧说以别致其所有异，照之以天说，本质上乃《庄子·齐物论》之引申。所谓“照之以天”，即是以一超越之纯客观眼光普视天地人物之往来移运，以一至公无私、无我无意之虚灵以观照天地之虚实有无，由是以知古今天下之已化未化、有迹无迹，莫不本于一、通于一而又协于一。其“以心循理”与“以理御心”说，类于今人所言之实证科学方法。其存神合一说，则近似今人所言之辩证法。第四章：《“是非之辩，岂有常哉”》。此章介绍船山之相对学说，以是非、彼此、大小、长短之相对，皆因人为之差类，人情之趣向及物观之彼此而起。第五章：《“两不立则一不可见”》。该章论述船山“两端而一致”之致知逻辑与思维模式，以及今人所言之量变质变的关系。第六章：《“心之同患其不一也，一之用又患其执也”》。许冠三指出，天地万物无不移，人心之用变不能不因之而移，不移则执一，执一则害道。最后，著者认为就能知所知之关系言，船山之说多与康德相契合，就致知辩证学说言，则与黑格尔的系统相通。许冠三先生将船山知识论概括为：

> 其知识学说之大旨，不外是：道变易而无穷，知无已而有限。人之所已知与能知，只是“人之天”而非“天之天”。人所明之理与所能明之理，只是人之理，乃因客观实在之变迁而演化不已者。质言之，人类之知识，只能是一开放而非封闭之有限系统。是以，船山一再强调，人决不可以人之理以限天，以已然限能然，以已知限未知。而不自限之道，则为存两而不执一；精进不已之道，则为以方生之念迎方生之机。[1]序

（3）关于历史哲学，许冠三写了《王船山的历史学说》一文。1978 年

12月，许冠山撰写的《王船山的历史学说》一文，由香港“活史学研究社”编辑的活史学丛刊第三期作为单行本刊印。该作全文约45万字，总论一章，分论六章。许冠三认为，“船山一面假历史分析以阐发其哲学思想，一面又在其哲学思想引导下解说历史”。想要了解船山的历史哲学“不可不掌握其‘两端而一致’之哲学纲领”。就天道之“两端而一致”之原理言，视夫之为进化论者或退化论者，只说对了一半，均不允当；实则船山是天道循环观者。继而，许氏以“常变合一”论为船山历史哲学的总纲，认为“变”是船山常变观的核心，由此引申出“常变因乎时”之说，以及时异势异理亦异这三条贯通船山史论的大动脉。许氏对船山的“时”论很感兴趣，特意指出了“船山于历史学说中特重‘与时偕行’之意识”。接着，许冠三分析了船山历史哲学的核心学说之一：“理势互成之说”，并说明船山早年以“理”为主，不太重视“势”，而“晚年之船山每爱就势以言理，可见势字之分量，在其心目中已大为增长”。然后，许氏极有创意地提出了船山之“历史人”学说，指明其“万物之灵”“继在成性”“竭天成能”“因天造命”之四要义，并作出了高度评价。

（二）内在体系的构拟

许冠三在探讨王船山哲学的某个部分时，一方面强调某一部分的重要性，如他在阐述王船山致知论时说：“在船山汪洋浩瀚的哲学论说中，最为宏富而又迷人的部分，无疑要数他的知识理论。就哲学言哲学，其创新独多而贡献又最为卓越的，或许也是他的知识论。”[1]1 另一方面又注意几个方面的联系，如他在《王船山的历史学说》中说：“故治船山思想而欲求一通识者，不论其首要关注在哲学或史学实不可以不了解其历史哲学。而欲了解其历史哲学，又不可以不掌握其‘两端而一致’之哲学纲领。”[2]1 “船山历史哲学之博大精深，实不亚于其天道观与致知论，且与此二者息息相通。”[2]3 这就将王船山的历史哲学、宇宙论与知识论联系起来。这一点，许冠三在《原王船山之“理”》中做得更好，对船山哲学内在的逻辑体系进行了概括：“就其理气哲学之素材言，大致是以《周易》之变易不测，《正蒙》之气化流行，程、朱之天理人心，老、庄之对待相蕴等等为基要，是以整体言之，船山哲学确有其为六经别开生面之处。分别言之，大致是于本原论主理、气合一，阴阳相含，动静互藏，主往来、消长相因，体用、道器相须。于心性论，则主心、性、理三者一贯，情、欲、理三位一体。于历史哲学，则主亦变亦常，常中有变，变不改常；势因乎理，理因乎势。于知识论，则主内外合一，天人会通。而弥纶全局，贯通整体者，则为其理气合一之理念系统，……”[3] “其‘两端而一致’说，实质上已具有近代辩证学派所夸称的宇宙观、认识论和逻辑学三位一体之特性。”[1]序

二、船山学研究方法的创获

（一）研究对象的复杂需要合适的研究方法

许冠三指出，今人研究王船山思想者，“颇不乏以偏代全，断章取义之说”。其原因有二：一是“船山述作向以浩瀚迷离、沈苑隐幽、蓄深机密称著”。“据六十年代之新统计，其总数‘约一百余种，四百多卷，八百多万’，《船山遗书》（一九三三年上海太平洋书店本）所收者，只‘相当于他的全部著作的百分之八十’。单以哲学部分计，至少当在一百一十卷以上，而其哲学思想之散见于经学、史学著述者，更难以计其数，圈点一过，已属不易，更何况深入之分析与了解?” 二是王船山著作表现方式方面的问题：“船山从未写过一本以专题为主之论著，以系统地展示其哲学思想。他所留下的，仅仅是一卷卷传、注式之零星引伸与片段阐发，限于原著之思想范畴理路，以及行文之结构与次序，故于概念之运用上难免互有出入，甚至自相矛盾。加之，各书之撰述，先后历时四十余年，时移势异，年龄因之有异，心怀因之有异，思虑因之有异，言说亦自然因之有异。”[3] 许冠三在《王船山的致知论》中亦云：“惟船山述作，素以浩瀚迷离、蓄深机密称著，其思想语言，尤为晦涩含浑，且星散于八百余万言遗书之中，仅爬梳、蒐集、排比、编次可用之素材，已非易事，更遑论分析、综合其概念，融会贯通其思路，重建其理论系统?”[1]序因此，许冠三认为，采用一种合适的方法进行王船山思想研究是至为重要的。

（二）注重对船山研究方法的提炼

许冠三很得意于自己研究船山的方法，指斥其他学者解船山之误，认为

只有用他的研究方法才能复原船山哲学或者重建船山思想体系。那么，他的这种方法来自何方呢？主要是来自对船山研究方法的提炼。他在《王船山的历史学说》中说："最后，必须一提的，是经常被忽视的历史致知与评价学说。船山在这方面的述作虽不丰富，但立论至为精要，其所提出之原理、原则与门径，多与现代先进史学不谋而合。要言之，船山认为，必须'揆之以理，察之以情，取仅见之传闻''设身于古之时势''研虑于古之谋为'，史学家才可以得知历史事实。那就是说，前人留下之史料，非经过情理之检验与批判，是不可轻信的。所谓情理，是因时世而易的，故史家于分析或重建往事时，非只要用古今之通理，天下之人情；而更紧要的，是用当时之情理，依古人当世之情理以研虑其谋为，以批判史料中所流传之往事。"[2]7他又说："船山所提示之要诀有三。一曰'知其中''以验其外'，那就是先从界定或设定其意图动机入手，然后再按其用心与动机，以探求其立言之意指。二曰'考其成''以印其先'，那就是依古人所采之行动以推定其立言之原义。然'外易辨而中不可测，后易覈而先不能期'，故二者必须联用，方能收'两端而一致'之宏效。其三，则为依存在史络与思言脉络以审定古人之言，或因'古人之世，分析古人精意之归'，或'详说群言之异同而会其统宗，深造微言之委曲而审其旨趣'。"[2]55许冠三先生的《王船山的致知论》更深入地探讨了王船山致知的方法，他说：

> 比之于他的天道观、心性论与历史学说，船山致知论似乎分外迷人。其说宏富精深，非但集儒、释、道、阴阳诸家之大成，发前人之所未发，而且极富现代意义，可与近代西方哲学比美或会通者，比比皆是。例如，其"道不可尽"、"君子之知天，知人之天"说，似与康德之物自身不可知相通。其道大知小，理不尽道与善言天者心验之于人说，似与实证主义同调。其已有可有，已然能然同为实在，俱为认知对象说，又与新实在论不谋而合。就道长言短、道圆言方，与严指称，辨名实之论旨言，其说亦可与现代知识相对论契合者，亦不在少数。就方法论言，其即物穷理、因象见道说，与以心循理、以理御心说，则与近代科学方法论吻合。[1]序

（三）在研究中逐渐形成自己的研究范式

正是通过对王船山研究方法的深研与提炼，许冠三在此基础上提出自己的研究范式。他说：“与时贤之好以流行之学说、概念以解船山者迥异，本文写作之首要原则，即在以王夫之说王夫之，以王船山解王船山；非只不以他人解说夫之或船山，抑且不以夫之说船山，或以船山说夫之。而本文之中心关注，则在依据船山传世之淹博著述，由历史之语意分析入手，以重建理念系统。”[3]在《王船山的致知论》一书中，许冠三作了更详细的说明。他称这种研究范式为复原的方术，以历史语意分析为主，其要点或步骤为：一是依素材出现之先后，出现之脉络及其层次之高低，于词语运用中，求概念之异同；二是于概念之异同中，求理路之会通；三是于理路之会通中，求思路之联贯；四是于思路之联贯中，求其思想生命之成长历程，演变辙迹。[1]序这四点中的第二点与第三点可以合并为一点，都是从概念异同中理出思路。这种方法最根本的地方就是准确把握船山哲学的各种概念，并通过对概念的准确把握而准确把握船山不同时期的思想及发展历程。

（1）准确把握船山哲学的各种概念和范畴。许冠三对王船山之“理”概念的探讨结论是：“船山笔下之‘理’字并非一单一概念，而系一概念之复合体，内含抽象层次各各不同之理。其最高层的统摄为‘天理’，所谓‘在天者即为理’是也。此外有所谓‘大始之理’或‘天地万物一原之理’。还有所谓‘一真无妄之理’。在此一层次以下，则有所谓‘当然之理’，‘固然之理’和‘自然之理’，此三者之含义虽有重叠或相近之处，但并不雷同。再下一层，则有‘不尽于一定’之特定之理，以现代语言表达，大致相当于自然及社会科学中所言之学说、通则或假设。此等特定之理，有时亦混称为‘天理’。用之于人文世界，‘天理’尚有‘无道之理’与‘有道之理’之区别。”“‘理’并非仅为抽象概念之复合体。在船山笔下，‘理’似乎还指出于‘清虚一大’之外太空之一种无形有质之实有，与气共存并行而实著于万事万物及人身，并随气之聚散而屈伸、消长、往来于天地之间。而理之著于人成于人者则为性。故船山之言理，亦如宋、明诸理学家，乃兼天人两界而言。”[3]又如“道”概念的探讨，许冠三说：“在夫之著述中，‘道’字的喻义颇为繁歧，单就宇宙论的范畴言已不在少数，它虽有时但并不必然可与

‘太和’‘太极’二词互诠。以今译之，夫之在本体论上所言之‘道’，至少含有三个‘一般’。就第一层意思言，夫之的‘道’可称为‘先验一般’，此即‘以阴阳为体’而又与世隔绝阴阳交互为体的‘道’，亦即所谓‘二物未体之名’的‘道’。此‘道’实包含老氏之‘道’，濂溪之‘太极’和朱熹所言之‘理’在内。第二层意思的‘道’，大体相当于大陆某些学人，如萧萐父，所说的‘规律一般’，亦即夫之笔下的‘天地人物之道理’，‘当然之则’。此‘道’亦即‘道自然者也’的‘道’，‘自然者即谓之道’的‘道’。此处，还有所谓‘物质一般’的‘道’。此‘一般’又可分两层说，一是‘气之体’的‘一般’，或曰：‘真体’‘本体’；一是‘气之常’的‘一般’，有时亦作气之散或气之聚。”[4]论“阴阳”范畴，许氏说：“船山笔下之阴阳实有广狭二义之分。一此区别关系其本体说之主旨至巨，决不容忽视。就其狭义之界定言，‘阴阳’即指阴阳二气，在若干文句中，直可读作‘气有阴阳’或‘气之阴阳’之省文。不过，‘阴阳’亦专指先验性‘太极之本体’。……而广义之‘阴阳’，于阴阳之实体，阴阳之气外，复兼喻阴阳之形象、阴阳之变合及其性情、功效，甚至《易》之卦象，或此数义中之任何一义、二义。”[4]或许有人嫌许氏这种对“理”“道”等概念的辨析过于琐碎，但不得不佩服他辨的面广而翔实，于船山哲学之概念的研究实有大的推进。

（2）以王夫之说王夫之，以王船山解王船山。何谓王夫之，何谓王船山，许氏在《原王船山之“理”》注释6中解释为：以五十七岁为界，前此称王夫之；是年夫之于石船山下筑湘西草堂以为定居之所，称王船山[3]。就理势关系而言，许氏认为王夫之壮年因袭程朱旧说，倾向于理势的两分之见；中年以后才逐渐以理势相提并论，由是而趋于会通之途。细分析起来，以桂王被执为界，前则主张离理无势，后则进势与理相若，及至晚年，“势”上升到为主的地位。总之，以“势因乎理”始，经过“势上见理”“以势从理”，达到理势并重而“理势合一”，后经“势以成理”，遂以“理因乎势”而告终，恰好如一往复相对之背反。其理欲观也经历了同样复杂的自我否定。又于理欲关系，许氏认为，壮年之王夫之，原本亦是“人欲尽净、天理流行”说之追随者，以《读四书大全说》卷六为发端，转而批判此说，申言“凡诸声色臭味，皆理之所显”，走上理欲合一之坦途。船山“中年以后，乃改宗‘随处见人欲，即随处见天理’之说，并深以天理之害人欲为憾，亦同样是个一百八十度之自我否定”。“以其以程、朱学统之态度言，大致是早期基本追随，中年则逐渐由怀疑为批判，而终于离弃，转而改宗张载。其转向易途之辙迹留于《大全说》者，斑斑可见。”[3]关于船山的理气哲学，许冠三认为，其理气哲学的成长，屡迁屡进，几经反复，就其关注焦点言，早期偏天道，中期多言人道，晚年则会归于内外合一、天人贯通。[3]

三、吸收前人尤其是当代大陆学者的研究成果而有所发展

（一）吸收嵇文甫船山研究成果尤其是历史哲学研究成果而有所发展

从许冠三的王船山研究论著中，我们常可以看到嵇文甫的影子。许冠三在《王船山的历史学说》开篇时说：“船山之论史也，非止借评史以论政，而更重要的是，他一面假历史分析以阐发其哲学思想，一面又在其哲学思想引导下解说历史，探究上下古今治乱、离合之原，兴亡、得失之故，并进而褒贬古人谋之是非、功过。”[2]1 嵇文甫先生在其论船山历史哲学开篇时说：“船山是个极深研几的学者，观上篇所述，可知他对于宇宙人生都有根本的见解，卓然成一家之言。他依据那些根本见解去观察历史，因能洞悉各种事象的含义，而认识历史发展的进程。在他那看似不成统系的许多经义史论里面，实蕴藏着很微妙的一种历史哲学。”[5]122 这两者之间总有几分似曾相识。许冠三在论述中有时明显以嵇文甫观点为靶子，似乎可以撇清他们之间的关系，如许冠三云：“早在三十年代中，其理势说已受到学人注意，甚至有人以其所言之‘理’与黑格尔之‘宇宙精神’比附，并称其理势说为‘新天理史观’。这当然是对船山之误解或曲解。其实，船山于历史哲学中所言之理，多是就经验层次之固然之理或当然之理而言，虽然从概念系统设计言，一切之理皆可上通于那‘一真无妄之理’。再则，迄今为止，言船山理势论之文字，多不能分清其‘理’之为词的内涵，不知其有‘无道之理’与‘有道之理’之分。”[2]5 嵇文甫说：“这是讲《孟子》‘小德役大德小贤役大贤’那一章的。把势字看得‘精微’，则势合乎理，非那班草莽英雄所谓势；把理看得‘广大’，则理包乎势，非那班迂拘儒生所谓理。‘得理自然成势’，‘于势之必然处见理’，融合理势，总而名之曰‘天’。”嵇文甫还引船山原话云：

“粗就文字年，则有道之天似以理言，无道之天似以势言。实则不然。既皆曰役，则皆势矣。《集注》云，‘理势之当然’。势之当然者，又岂非理哉？”[5]98－99难道嵇氏不懂“无道”“有道”之分，还是许氏是源于嵇氏呢？明眼人一看就明白。

强调许氏与嵇氏的渊源并不是为了证明两者的类似，不过是为了说明许氏的研究是有其来由的。他的成功不在于吸收而在于吸收后有所发展。许氏的王船山历史学说的研究，一方面吸收了嵇氏的成果，许氏所用的基本命题如理势、常变等源于嵇氏的船山研究，甚至连基本前提即船山以哲学指导研究历史都如出一辙，但是许冠三在嵇氏基础上的发展是不容否认的。嵇氏的王船山哲学的内容为：古今因革论、朝代兴亡论、华夷文野论，而许氏将嵇氏的船山性理哲学中性命、理势、常变等转为历史哲学的主要内容，使其脱离原来那种形而下的初级形态而成了一种更高级精密的哲学形态：“道因时而万殊”“变在常之中，常亦在变之中”“随时之义大矣哉”“势字精微，理字广大；合而名之曰天”“治乱、合离者，天也；理之常也”“性者，生也；日生日而日成之也”。许氏将自然哲学、道德哲学融进了历史哲学。

（二）吸收大陆其他学者关于王船山辩证法的研究成果而有所发展

从许冠三的研究中我们还可明显看到，他受到了当代大陆学者的影响。如许冠三在《王船山的历史学说》中说：“诚如萧萐父教授所指出者，此等早年述作，‘虽名为说经，实际上大都是论史之作，是他的系统史论的古代史论部分’。”[2]1许氏又在《王船山的宇宙论》中说：“第二层意思的‘道’，大体相当于大陆某些学人，如萧萐父，所说的‘规律一般’，亦即夫之笔下的‘天地人物之道理’，‘当然之则’。”[4]以上都可说明许氏是受到大陆学人影响的。许氏受大陆学人影响比较大的方面应该是使用辩证法的研究方法，或者说是大陆学人对船山辩证法的研究成果。恰恰在这一方面，许氏却贬低大陆学者的研究成果，云“或曰，船山哲学曾于‘若干环节’以‘朴素辩证法’与‘唯物论’结合，其说非仅失于牵强附会，抑且低估了船山致知论之重要性”[1]1－2。确实，非专业研究者关锋的船山探讨很难说有多少理论成果，但由此而否定大陆学人对船山辩证法的研究成果或者屏蔽其影响，显然也是不对的。从文字上去找一些相似的证据是不难的，如许氏说：“船山吸取了庄周的‘大环’之说，将宇宙的存在，看着是在空间上‘无定体’，在时间上‘无终始’的循环大已的圆形运动。”这样的表述在大陆学人的论文中是有其例的，如许氏前所贬的关锋的论文中就专门论述船山关于宇宙或物质世界的无始无终。[6]220或许这样例子还可以找到许多，但是这是一种流于浅层的罗列。实际上，许氏受大陆学人的影响，在研究船山哲学尤其是在研究船山的致知论时着重强调或阐述了船山致知论的辩证特征。许氏论述了船山以“立两以见一”为起点之辩证致知逻辑的三大组成部分：其一，是据《周易》爻卦、卦辞义蕴而整理出的乾、坤并建，以为大始，以为永成，以著太极“阴阳固有之实”，以象天地阴阳全体之大用，以尽天道人事万变之大化说。其二，是本《周易·系辞》“一阴一阳之谓道”一语而演绎出的阴阳和合以为一本，以生万殊，以成万变说。其三，则是依《庄子·齐物论》而引申出的是非，彼此相需相倚，大小、贵贱互含互变，既本于一又协于一复通一之说。[1]2许氏还阐述了船山以“两端而一致”为核心之致知论之要义不外四大端：于致知之对象言，其主旨在立两以见一；于致知所假之名言说，其要旨在齐两以著一；于以心循理之实践言，其用在循两以合一；于辩证思想之操作言，其道大存两以贞一。[1]3从这种阐述中我们可以看出，大陆学人所盛称的“对立统一”的辩证法深深地融在其中。

四、研究中的不足

(一) 能否还原或者说在多大程度上还原船山哲学原有体系，许氏缺乏足够的说服力

许冠三一再说要重建王船山的理念系统[3]，其方法是“复还的方术”[1]序，也就是说许氏认为他的船山研究的最高目标是复原或重建王船山哲学体系以期救时贤船山研究之失。关于这一点，许氏有两个方面的问题。一方面，他认识到船山从未写过一本以专题为主之论著，以系统地展示其哲学思想。他所留下的仅仅是一卷卷传、注式之零星引伸与片段阐发，限于原著之思想范畴理路以及行文之结构与次序，故于概念之运用上难免互有出入，甚至自相矛盾。加之，各书之撰述，先后历时四十余年，时移势异，年龄因之有异，心怀因之有异，思虑因之有异，言说亦自然因之有异。[3]这说明，

王船山自己从未言及过他有所谓体系，也未曾想创立什么体系，因此，许氏或者我们任何一个研究者，应不应该提出这样一个问题：王船山哲学或王船山真有什么体系吗？如果真有的话，是不是要对王船山的每一部著作进行全面而深入的研究，考察每一个概念、范畴及其理路，最后加以归纳呢？这样得出的结论是王船山的哲学体系，还是研究者所概括的体系？许氏确实想构建王船山理念系统，他的研究范式的技术路线就是这样一种指向。但是，实际上他做得远远不够，仍然是从各种著作摘取一些材料说明他的预设的观点。很多的情况下，甚至他只引了一方面的材料，并不是从多方面尤其正反方面引用材料，其结论就想当然归纳出来了。如许氏举三例分析“理”字概念，我们试分析其中一例。许氏说：“例一：《思问录》有云：‘张子据理（1）而论，伸日以抑月，初无象之可据，唯阳健阴弱之理（2）而已。乃理（3）自天出，在天者即为理，（4）非可执人之理（5）以强使天从之也。理（6）一而用不齐，阳刚宜速，阴柔宜缓，亦理（7）之一端耳。’全文七十七字，内含‘理’字七个。在此七个‘理’字中，（1）、（2）指‘阳健阴弱’之说，其义甚明，不必多言。‘理’（3）、（6），则喻太和本有之‘一真无妄之理’，或‘大始之理’。而‘理’（4）并非‘理’（3）之同义词，实泛指一切自然规律与通则。（5）所喻者，乃人所信持之理念、学说、原则，包括伦理教条在内，此处特指‘日，夫也；月，妻也’之比附。”[3]从许氏的分析来看，显然有两个方面的不足：一是“理”概念的辨析，未注意“理”之前是否有限定成分，如“阳健阴弱之理” “人之理”与前面没有限定成分的“理”字，这两者可以明显区分开来，并不需要作过多的辨析工作。二是就以《思问录》为例，此书中用过多少“理”字，全书的“理”概念体系如何，显然，许氏并没有做这种工作，用的是单条孤证。

（二）既然船山并未自建体系，那么这种非常体系化的船山哲学属于许氏“重建”

前面讲的是许氏能否还原的问题，实际上，许氏的研究中还牵涉另一个问题——那就是他是否在做还原工作。正如许冠三自己所说的：他要重建船山的理念系统，他的船山研究的重心就是重建船山体系。但我们必须指出，许氏是按照现代哲学体系给船山思想来了一个重塑，其功其罪皆在此。

综上所述，许冠三为中国香港学者，活跃于二十世纪七八十年代，研究王船山宇宙观、知识论、历史哲学，全面构拟王船山哲学体系，并形成了自己的研究范式。他以历史语意分析为主，其要点或步骤为：一是依素材出现之先后，出现之脉络及其层次之高低，于词语运用中，求概念之异同；二是于概念之异同中，求理路之会通；三是于理路之会通中，求思路之联贯；四是于思路之联贯中，求其思想生命之成长历程，演变辙迹。许氏成果的取得是吸收前人尤其是当代大陆学者的研究成果而有所发展的结果。当然，许氏船山学研究亦存在不足，其船山哲学体系的建构多是许氏一己之见。

参考文献：

[1] 许冠三. 王船山的致知论 [M]. 香港：香港中文大学出版社，1981.
[2] 许冠三. 王船山的历史学说 [M]. 香港：活史学研究社，1978.
[3] 许冠三. 原王船山之“理” [J]. 香港中文大学学报，1979 (1).
[4] 许冠三. 王船山的宇宙观 [J]. 中国文化研究所学报，1979 (1).
[5] 嵇文甫. 王船山学术论丛 [M]. 北京：生活·读书·新知三联书店，1962.
[6] 湖南省哲学社会科学学会联合会，湖北省哲学社会科学学会联合会. 王船山学术讨论集 [C]. 北京：中华书局，1965.

（原载《衡阳师范学院学报》2018 年第 4 期）

建构唯物论研究范式的侯外庐船山哲学研究

朱迪光

侯外庐（1903—1987），山西平遥人，1923 年就读于北京政法大学法律系，1926 年转入北京师范大学历史系，1927—1930 年在巴黎大学听讲，开始翻译《资本论》。1930 年，侯外庐回国，先后在哈尔滨政法大学、北平大学任教授。1934—1937 年，侯外庐继续翻译《资本论》并研究中国社会史和思想史。1938—1945 年，侯外庐任重庆《中苏文化》主编。侯外庐先生在民国时期撰写的《船山学案》由重庆三友书店出版。由于当时的条件很差，只能用土纸印刷，排字错误百出，而且连字迹也模糊不清，难以辨认。[1]

一、在王船山学术研究史上，侯外庐真正的贡献是第一次鲜明地提出王夫之哲学是唯物论，并论证王夫之唯物哲学基本范畴及其体系

侯外庐先生说："惟分析论之，船山为颠倒理学头足者，理学的外表甚浓，而其内容则洗刷干净。近人犹有研究船山而不注意其内容者，比梁氏之见更逊色远了。"[1]22 这是说王船山的哲学不是传统理学而是一种新的东西："船山之学更富哲学，故他的论据比黄、顾二氏更为确实详明。他肯定气为第一次的，理为第二次的。这一思维与存在的关系问题，在船山学说中是最光辉的。"[1]47 侯外庐不一定是第一个，但他最明确地宣布王船山哲学是唯物哲学。正因为如此，他论证王船山哲学是时代的产物，是文化传统的最新发展："船山之学，涵掩六经，传注无遗，会通心理，批判朱王（对朱熹为否定式修正，对王阳明为肯定的扬弃），中国传统学术，皆通过了他的思维活动而有所发展。"[1]7 一般学者都认为王船山是直接继承了张载的唯物论。侯先

生却认为，王船山直接传承的不是张载，而是在方法论上继承了老庄与法相宗，在理论上直接渊源于汉代学者王充。侯外庐说："分别在这里：宋明儒多吸收了二氏的世界观；反之，船山则否定了二氏的世界观，而吸收了二氏的方法论。"[1]16从孟子起，几乎没有哪个思想者，没遭到王船山的批判，唯有王充。王充一再被船山称为"知言"或"得理"，他们之间有一条红线贯穿似的。比起船山赞许的张载，王充的思想脉络更多地可在王夫之身上找到。王充富有批判精神，如反对五行灾异学，抨击谶纬三统论，在王船山这里就有反对陈抟以来的太极图说，批判星象方术变复和唯心主义的玄谈，斥之为"妖妄""邪说"。在认识论上，王船山的"学愈博而思愈远"的可知论来源于《论衡·实知》篇；王夫之的性论与《论衡》之《本性篇》《率性篇》也是一脉相承的。[1]1-22

侯外庐《船山学案》一书中所涉及的王船山学术思想研究范畴有：费尔巴哈、理性派、资本主义萌芽、人本主义思想、封建专制制度、地主、唯物论、张载、王充、佛老、方法论、认识论、世界观、志、量、自然史哲学、絪缊、絪缊生化论、物质存在、黑格尔、历史哲学、自然哲学、范畴、局限、运动、动静、变化、量变、质变、进化论、均衡论、循环论、思维、存在、经验论、唯心论、人性论、道器、认识、感性认识、理性认识、客形、客感、能动性、继善成性、理欲合一、平均主义、知识论、启蒙、实践、行为、自然进化史观、人类社会史观、夷狄论、封建、市民阶级的理想、史论、鉴等。其中有些范畴或命题是承袭前人，或同时代他人已作过详细的阐述。如启蒙说肇始于梁启超，但侯外庐是第一个联系中国社会发展提出中国与欧洲一样有一个启蒙时期，王船山是启蒙者或为"解放知识"者。侯先生对梁启超之说尤其是将清学与文艺复兴简单类比并非完全赞同，他说："船山之于宋明理学传统，以梁任公谓清学是'理学之一大反动'言之，乃近代的思想方法和精神（梁云，清学与文艺复兴绝相类，颇有语病）。"[1]22尽管如此，侯先生还是受到了梁启超启蒙说的影响，故而在著作中多次使用启蒙一词。侯外庐说："船山重理性，是具有资本主义启蒙时期的思想因素。"[1]84"船山的进化历史观，是近代启蒙学者的眼光。"[1]110"他的'名从实起'说，受有近代科学的影响，从而解救了高谈性命的中古独断，是有历史意义的。"[1]6其次，侯外庐《船山学案》中有许多哲学命题或范畴，王永祥（孝鱼）曾探讨过，或许侯先生受其影响。如称王船山为“人本主义”，王永祥说：“先生若至于人本主义固亦为先生之一根本思想，但阐发较略，故不为人所注意耳。”[2] “用必以人为依，而先生重用不重体，此其所以依人建极也，依人建极即人本主义也。”[2]侯外庐亦云，“个人的自觉，产生了他的近世人本主义思想”[1]1，如“运动”范畴。王永祥说：“阴阳虽为二物而实相倚不离，相函相有。动静其外著之功能也。相函则方静方动，方动方静。主静者，非也。先生深恶虚无故力辟寂静之昧于道。先生倡导日新故力主兴震动。”[2] “动而云动之动，静而亦云动之静。此以动为主之义。”[2]侯先生说：“‘运动’——运动范畴，在他的哲学中是仅次于‘物质’或‘细缊’和‘实藏’。”“老子亦有运动概念，惟认动为相对的，‘知其动，守其静’，推而至于知其‘明’一面的相对，而守其‘暗’一面的绝对。船山‘因而通之’，认动为常性，一切都在运动中，一切都在发展中，以贞一之动而统其吉凶悔吝之变。”[1]35还有如“天下惟器”“继善成性”“历史进化论”等，王永祥都进行过讨论。

侯外庐先生将一些范畴开创性地用于船山研究的也有不少。如“自然史哲学”“自然哲学”，侯外庐在书中常将这两个词混用。侯氏所谓自然史哲学、自然哲学指的就是现在所用的“哲学自然观”一词。[1]23冯友兰说：“人生哲学即哲学中之人生论，犹谓自然哲学，乃哲学中之宇宙论也。”[3]47关于“物质存在”，侯外庐说，船山用道、笃、虚实、有无、体用许多术语予以充分说明；证明物质的丰富多样性和发展性，而且看出物物相存的依存性，最后得出“动而依物起”这一最具特色的理论命题。[1]32-33如“变化”，侯外庐说，范畴在船山的哲学中更有精彩的阐发：一是船山提出“天下亦变矣”的命题，抗衡于“天不变，道变不变”封建理论，胆识非凡；同时他反对庄子绝对的相对主义，指出“变化”是由于时、位、几、事而有合法则的“秩序”。二是船山的“变化”更有“有而富有，有而日新”的意义，即“由故推新”，“生”非一成不变，非受生之日为始，而是“日受其生，日新其性”，初步含有“量变与质变的隐义”。三是船山的自然变化史是“新故相资，而新其故”，“推故而致其新”涉及进化的规律。[1]36-41如“均衡论”，侯外庐认为，王船山的进化论是根源于他的落后均衡论，以为自然是均衡—破坏—均衡，没有由低级向高级之质的移行法则，因此很容易陷进循环论的泥坑，这是船山的历史局限性。[1]42如“思维与存在”“理与气”，侯外庐说：“他肯定气为第一次的，理为第二次的。这一思维与存在的关系问题，在船山学说中是最光辉的。”[1]47从实践的角度谈理气，抛开循环论、批判经验论和唯心论。侯先生称赞道：“宋明以来哲学的总的批判发展，……把循环论证抛开，达到颇高的理论水准，可谓前无古人，作者读中国古人哲学，还没有遇到这样深刻的理论！”[1]52关于“道器”，侯外庐解释了船山“器”“道”的具体含义：气指宇宙细缊的大量，而器则谓这大量的实在秩序或客观规律；道者，天地之通理；器不但在道（总理）之先，而且道器是一个东西的两方面，知其器即所以知其道。[1]57-58关于“继善成性”，侯先生在承袭的基础上将“继善成性”四个字作四个哲学概念分别进行仔细考察：“善”指物德、事物的品别或条理；“性”指“生之理”——性者生理也，日生则日成也，但是“性”不是一个绝对的概念，而是人类潜在而发展的能力；“继”作为哲学术语，相当于认识论上实践的意义；“成”指的是道德评价或效果的验证。这番阐释确实别开生面。由于联系到人类的实践活动，所以关于人类认识的能动性也就不难理解了。[1]66-71关于“理欲合一”，侯外庐认为王船山“理欲合一”中的“理欲皆自然”“理教相变”“有欲斯有理”“理寓于欲中”等，这些都是宋儒以来“灭人欲”的反对命题，本质上是近代人文主义的自觉。[1]73同时，侯外庐认为人的欲望要得到满足，主要要靠平均主义原则。平均主义在十七世纪来说是一种进步的思想。[1]79关于“知识论”，侯外庐认为：船山的知识论在学派上接近于理性论者，但又肯定经验是从物质出发的，接近于实在而并不和悟性绝离，在实际的经验是所得的判断，虽不完全真实，但如果学思不已，终可达到真理；船山重理性，具有资本主义启蒙时期的思想因素，他对中古不求证的烦琐哲学，攻击不遗余力。[1]81-84关于“实践”，侯外庐认为：船山知识论最有特色之处是重视真理标准——实践与行为，但他的实践为真理标准说是不完全的，他说的实践是个人行为特别是圣人的最高行为，而没有生产实践和革命实践的内容。所以，船山的认识论，仅仅是就他的形式的理论来发掘，而认识与实践的历史具体统一，还不是他能讲得出的。他的形式理论，不但是极其抽象的，而且是古老的，用他的话来讲，即所谓“六经责我开生面”了。[1]100-102关于“人类社会史论”，侯外庐说，船山的自然进化史观便是他的人类社会史观的基础。但他认为人类社会的进化，不是与自然史的演变相同的，而是有其具体法则，包含人类的主观能动性。他说

“人有可竭之成能，故天至所死犹将生之，天之所愚犹将哲之，天之所无犹将有之，天之所乱犹将治之”，这说明人不是躺在客观自然的怀抱里听命，而是在与之抗争中发展。船山虽然保留了三代盛世的观念，但内容上已具有历史进化观。他的论点是从由野蛮到文明的进化论出发的，因而划分了野人之质和华人之文的历史阶段。他认为“三代”的国是部落、是野蛮，后世是文明，而且越后越文明。

萧萐父先生说侯外庐先生的《船山学案》揭示了船山哲学的逻辑体系，“综观全书，除第一节论‘船山解放知识的渊源’外，尚有七节分论：‘船山的自然史哲学——絪缊生化论’‘船山自然哲学的诸范畴及其局限’‘船山关于思维与存在的哲学’‘人性论与道器观，人类认识的能动性’‘船山人性论中的近代命题’‘船山的知识论’和‘船山的人类社会史论’。其中，前三节探讨了船山的自然史观，中间四节研究了思维与存在、主体与客体、认识与实践的关系，最后一节阐明了船山的人类史观。这样就大体勾画出了船山的以自然史研究为起点、中经对作为认识和实践主体的人探讨、而以人类史研究为终结的哲学逻辑体系”[4]164-165。

二、侯外庐先生的贡献之二在于创立了一种新船山研究范式，对后来的船山研究产生了巨大影响

民国时期的大部分学者除了运用实证的研究范式外，还运用了一些其他的研究范式。就其本质来讲，它们虽然都掺杂有西方方法或者外来学理，但由于强调的研究原则、达到的研究目标、研究手段的使用都存在一些差异，因而与实证的研究范式有了明显的区别。其中一种研究范式就是唯物论的研究范式。侯外庐先生不是最先使用唯物论进行社会科学研究的人，甚至也不是第一个使用唯物论研究船山哲学的人，但他却是使用唯物论方法研究王船山哲学影响最大的一个人。其影响除前面所说的以外，主要还是由于他形成的一种王船山学术研究范式给后来者有法则可依或者说有样可学。侯先生分析了王船山所处的时代特点，指出王船山处在社会大变革的时代。十六、十七世纪之际中国社会正处在转变的时期，资本主义开始萌芽，人文主义思想再度兴起，“个人自觉，产生了他的近世人本主义思想，对于当时现实的批判，如所著《噩梦》《搔首问》《黄书》多集中暴露封建专制制度的暴征横

夺”[1]1，他反对豪强地主，也反对皇族地主。一反传统以农为本，抑制工商，王船山主张“能士者士，其次医，次则农工商贾，各惟其力”，同情人民，注意民生，兴利源。侯先生称“即个人自觉人文主义思想”[1]5。萧萐父先生说：“《船山学案》运用唯物史观分析明末清初的经济动向和船山思想中反映的时代脉搏，揭示了船山哲学的启蒙意义。”[4]158这就是说，侯先生通过研究王船山所处社会历史状况揭示其哲学的意义。此为这一研究范式的第一个特点。

在《船山学案》中，侯外庐先生多次从唯物与唯心论的关系角度研究船山哲学。侯外庐先生说：“船山书中，可以说从孟子起（如论性善）没有不在他的批判之下，惟于王充，一再被船山称为‘知言’或‘得理’。我最初还不觉得十分重要，以为这是反对变复、灾异等迷信方面应具有的心印处，后来经过一番仔细比较，才知道二王学术渊源是有一条红线贯穿着，比他所尊许的张载，在他思想中有更多的脉络可寻。”[1]17他说：“此段讲理气的道理，是宋明以来哲学的总的批判发展，……”[1]52他又说：“宋儒受着释氏的影响，把理欲对立起来，而船山则是把天理统一于人欲之中。前者是唯心主义的理欲二元论，后者是唯物主义的理欲一元论。”[1]75虽说，侯先生并未明确将唯物主义与唯心主义的斗争作为研究的一条主线，但行文之中已有此种兆头。此为该研究范式的第二个特点。

用辩证唯物论的基本观点研究船山哲学，并从各个方面确认船山哲学是唯物论，这是该范式的第三个特点。这一点在前面考察侯先生如何揭示船山哲学的范畴及其体系之时，已经被充分证明。侯外庐先生在《自序》中指出，他的船山哲学研究是鉴于学术界对船山的忽视，如胡适专重戴东原而一字不提及船山，冯友兰轻描淡写地谓之像一位理学家，而其他人只是片断论述，因此，侯氏要对这一哲学宝库审慎地发掘与研究，觉得民国十二年(1923）以来的东原哲学研究应该让位于船山哲学研究。侯氏正治中国近代思想，于是从中国近代思想史中将船山这一部分抽出来先行发表，这就是侯外庐先生出版《船山学案》的缘起。实际上，这还只是在当时的形势下，可以说出来的原由。侯外庐先生在《〈杜国庠文集〉序》中说：“在抗日战争时期，杜国庠同志对冯友兰先生的著作《新理学》《新原道》《新原人》等宣传的唯心主义历史观进行了辩论。当时冯先生的学说很迷惑一些人。例如在杜国庠同志和我参加的一次读书会上，张申府就胡说‘中国文化，要孔子、罗素和马克思三位一体结合起来。《新理学》已经是有代表性的杰作！’……杜国庠同志对我这样说过‘新理学者玩弄古董走到那里，我不得不跟到他那里，予岂为古典而古典研究哉？予不得已也！’”“杜国庠同志对《中国思想通史》的编写计划，和我相约必须不放松对资产阶级反动理论的批判，尽管这些种批判在当时有困难，但在内容上还必须是针锋相对的。”[5] 由此可以想象，侯先生当时此部著作的出版，既有批判资产阶级反动理论来配合当时的政治斗争的意思，又有开创马克思主义的中国近代思想史研究范式的考虑。因而，研究中具有党性原则是这种范式的第四个特点。

侯外庐先生的王船山研究范式及其特点，对中华人民共和国成立后中国大陆地区的王船山研究产生了非常大的影响，这在以后的论述中还会加以探讨。这里还补充两点：一是虽说侯先生创立了新范式，但这种范式中实证的色彩还比较浓厚；二是因为党性原则所限，材料选取和评价分析中均有偏颇之处，在材料选取方面，只选取与唯物论观点相符的材料，在评价方面，有简单类比之嫌。在以后的王船山学术研究中，实证精神的抛弃非学术之福，党性原则的强化亦非学术之幸。

参考文献：

[1] 侯外庐. 船山学案［M］. 长沙：岳麓书社，1982.
[2] 王永祥. 王船山学谱［M］. 北京：北京图书馆出版社，1997.
[3] 冯友兰. 三松堂全集：第二卷［M］. 郑州：河南人民出版社，2001.
[4] 萧萐父. 船山学引论［M］. 南昌：江西人民出版社，1993.
[5] 杜国庠. 杜国庠文集［M］. 北京：人民出版社，1962.

（原载《衡阳师范学院学报》2019 年第 5 期）

提升船山学研究的品位

卢从绪

王夫之是湖南衡阳人，在武力抗清失败后隐居衡阳石船山，毕生坚持著书立说，给我们留下了一套《船山遗书》。自20世纪80年代初衡阳举行了首次全国性的“王船山学术研讨会”之后，“船山学研究”就成为中国学术界一道亮丽的风景。

然而，要把“船山学研究”推向新的高峰，让王船山思想为国内和国外更多的人所了解，我们就要全面深入研究，提升船山学研究的品位。

如何才能提升船山学研究的品位呢？

一、把船山思想同儒、道思想结合起来研究

（一）王夫之崇尚儒家、道家思想

王夫之出生在衡阳一个书香门第，其父王朝聘就是一位闻名南楚的传统知识分子。因此，王夫之从小就熟读儒家和道家的经典，受到中国传统文化的熏陶，因而一直崇尚中国传统文化，特别是儒家和道家的思想。

（二）王夫之是中国儒家思想在明末清初的继承者和发展者

王夫之在武力抗清斗争失败之后，辗转逃回衡阳，隐居在石船山，著书立说，为中国留下了近八十部著作。他的自题堂联“六经责我开生面，七尺从天乞活埋”，就表明了他继承和发扬儒家学说的心志。王夫之的《自题墓石》文“抱刘越石之孤愤，而命无从致；希张横渠之正学，而力不能企”，

则明确表明王夫之欲效法北宋名家张载，发愤努力弘正儒学。

因此，维新烈士谭嗣同、谭嗣同的老师刘人熙和欧阳中鹄、谭嗣同的益友刘善涵，都盛赞王夫之先生，认为他是明末清初中国儒家思想的继承者和发展者。刘善涵《遣兴诗十一首》之七说："湖南绝学衡阳擅，辟地焚香誓此生。"[1]42这足见他对王船山先生的推崇和仿效。

（三）儒家和道家思想是船山思想的根本

2016 年，岳麓书社由夏剑钦先生主编《湖湘文库》，将《船山全书》收录出版，全面搜集整理王夫之现存的全部著作。其书目显示，全书共 79 部：经类 22 部，其中注疏和研究《周易》5 部 19 卷；注疏和研究《尚书》3 部 14 卷；《礼记章句》1 部 49 卷；注疏和研究《春秋》《左传》4 部 16 卷；注疏和研究《四书》5 部 50 多卷；《说文广义》1 部 3 卷；子类著作 17 部，其中《老子衍》1 部 1 卷；注疏《庄子》2 部 34 卷；集类著作 33 部，《楚辞通释》1 部 15 卷；其余皆为王夫之的诗、文集。

由此可见，王夫之著作是以儒家和道家经典为根本的，他的《读通鉴论》《黄书》等，都是在儒家和道家思想上阐述的。

（四）王夫之的爱国和左丘明一致

爱国思想是贯穿于整部《左传》的。研读《左传》就能明白：左丘明在《左传》中所表现的爱国思想，是以"爱人民，爱国土，爱祖国文化"为核心的。

例如《左传》僖公三十年载："初，郑公子兰出奔晋，从于晋侯。伐郑，请无与围郑。许之。"[2]396郑公子兰正是爱郑国人民、郑国国土，才不参与围攻郑国。

《左传》哀公八年载："吴为邾故，将伐鲁，问于叔孙辄。叔孙辄对曰：'鲁有名无情，伐之必得志焉。'退而告公山不狃。公山不狃曰：'非礼也。君子违，不适仇国。未臣而有伐之，奔命焉，死之可也。所托也则隐。且夫人之行也，不以恶废乡。今子以小恶而欲覆宗国，不亦难夫？若使子率，子必辞，王将使我。'子张病之。王问于子洩，对曰：'鲁虽无与立，必有与毙。诸侯将救之，未可以得志焉。晋与齐、楚辅之，是四仇也。夫鲁，齐、晋之唇，唇亡齿寒，君所知也。不救何为?’三月，吴伐我，子洩率，故道险，从武城。”[2]1754即使得罪鲁国权臣季氏不得不奔亡吴国，但在吴国将要攻伐鲁国时，公山不狃仍欲保全鲁国，不以恶废乡。他故意引导吴军走险道，就是要让鲁国做好战备，以有效地抵御吴军的侵伐。

王夫之深入研究了《春秋》《左传》，其爱国思想与左丘明完全一致。他在《黄书后序》中所说的“建黄中，拒间气殊类之灾，扶长中夏以尽其材”，就充分表明了这种“爱人民，爱国土，爱祖国文化”的爱国思想。

因此，只有把王船山学说同儒家、道家学说结合起来研究，才能把握住王船山思想的本源，揭示出王船山思想的核心价值。

二、博览儒家、道家经典，找出《船山全书》与之相通之处

（一）博览《十三经》

唐文宗开成年间，于国学石刻，在原来的《九经》上又增加《论语》《尔雅》《孝经》，称为《十二经》。南宋时又加上《孟子》，正式成为《十三经》。

《十三经》是中国古代传世文献的精髓，是儒家思想文化的源头和主干，也是王夫之自幼学习、毕生研究的最主要的古籍。因此，博览《十三经》，就能走近王船山，领会王船山思想的实质。

（二）博览诸子百家著作

诸子百家著作，是王夫之终生学习、研究的重要古籍，这也是仅次于《诗》《书》《易》《礼》《春秋》《左传》的中国古籍的源头。特别是《老子》《庄子》，集中体现了《周易》的哲学思想。王船山的哲学思想，就是源于这些思想的。因此，博览诸子百家著作，有助于对王船山哲学思想的理解，使研究有新的发现和发明。

（三）深入研读《船山全书》

古今中外的思想家，其思想一般蕴含在他的著作中。老子的思想蕴含在《道德经》中，荀子的思想蕴含在《荀子》中。王船山的思想，也蕴含在

《船山全书》中。因此，要提升船山学研究的品位，就必须深入研读《船山全书》；而要阐释、发明船山思想，更需要反复研读《船山全书》，特别要反复研读其中经部、史部、子部著作。只有读通王船山的这些著作，才能把握王船山思想的脉络，才能全面领会王船山的思想。

研究王船山著作，首先就要准确训释其中的文字、词语，弄通其语句的特殊含义。因为王夫之是在明朝时期接受传统的古字、古言、句读和作文的教育，接受《十三经》、诸子百家著作的教育，接受中国历史文化的教育；加之王家的家学传承，使王夫之的古文功底达到极高的程度。因此，王夫之的著作全部用很深奥的古文言写成，其字、词的意义与今天的差异很大，其语句和语气也与今天的差异很大。如果不弄通王船山著作中关键的字、词和语句，就不能准确理解文章的意义，更不能解读王船山先生在文中所表达的社会立场、政治观点和学术思想。

例如《黄书后序》言："述古继天而王者，本轩辕之治，建黄中，拒间气殊类之灾，扶长中夏以尽其材，治道该矣。"其中"拒间气殊类之灾"就是极难注释的，而"间气"一词，又是难中之难。

如果丢弃"间气"一词不注释，那么这句话的原意就丢掉了重要的一半。因为这是个特殊的句子，"间气""殊类"并列为"灾"的定语，其原意实为"拒间气之灾"与"拒殊类之灾"两句话组合而成。

"间"，不正也。《礼记·玉藻》："衣正色，裳间色。"孔颖达疏引皇氏云："正谓青、赤、黄、白、黑五方正色，不正谓五方间色也，绿、红、碧、紫、骝黄是也。"[3]此文中"间"与"正"对举，其不正之义明矣。"不正"就是淫邪。

《国语·周语下》之三说："神无间行，民无淫心，时无逆数，物无害生。"韦昭注："间行，奸神淫厉之类也。"[4]96可知，"间气"就是不正、奸邪之气。

"拒殊类之灾"，就是抵御外夷武力入侵之灾；"拒间气之灾"，就是抵御外夷文化入侵之灾。王船山参加武装抗清就是"拒殊类之灾"。他宁掉脑袋也不剃发，坚持著汉服，坚持行揖让周旋之周礼[2]1516，坚持著书以兴绝学，就是"拒间气之灾"。这样，我们就准确解读了《黄书后序》，也明确了王船山在文中所表现的立场、观点和思想。

（四）功夫在诗外，治学也在学外

南宋著名诗人陆游，晚年给他儿子陆遹写了一首诗，其中有一句是“功夫在诗外”。后来，这句诗一直被诗坛大家所推崇。引申而言之，治学也是功夫在学外。研究船山学也是如此，功夫在船山学之外。就如上面所说，我们要在博通《十三经》和诸子百家著作上下功夫，触类旁通，自然就能领会《船山全书》所蕴含的思想。

三、研读已有的论文、专著，找出发明点

《船山遗书》自陆续刊印之后，研究王船山著作的人日渐增多。研读已有的船山学研究的论文、专著，对船山学研究大有好处。

（1）研读已有的船山学研究的论文和专著，才能全面掌握研究的动向。别人的研究，能对我们新的研究有所启发，使我们有新的领悟。

（2）研读别人的论著，就知道别人研究的不足。知道别人研究的不足，才能有新的发现，船山学研究才能有新的发明。

（3）研读别人的论文专著，才能从新的角度提出问题。只有在新的角度上提出新的问题，才能超越别人。

（4）只有在原有的研究上找出新的发明点，才能有新的突破。

（5）只有有新的突破，才能进入全新的境界，才能把船山学研究推向全中国。

四、找准和运用最好的研究方法

学术研究，有好的设想，还必须有好的科学的研究方法。方法对头，研究顺利，也很容易成功。如果没有好的研究方法，再好的设想也只能永远是假设。因此，成功的研究，都是研究者采用科学有效的研究方法深入研究的结果。

比如，我在长沙某大学任教时，和某老师都认为，“汉武帝罢黜百家，独尊儒术”之说不合史实。我们两人都借助《汉书》来研究。我们都从《汉书》中看到：秦始皇焚书坑儒后，汉朝初期，诸子百家又重新兴起，诸子百家著作又得以重新出书。这从《汉书·艺文志》就可以得到证明。因此，我

们两人都得出相同的结论："罢黜百家是假的。"

然而，某老师从汉武帝时代设立学官五经博士，并成为制度的记载中得出结论："罢黜百家是假，独尊儒术是真。"

而我的研究方法迥异：

一是从汉朝选举任用人才的方法、途径入手研究。那些明习法律、明习吏治的人，不但很容易被举用做官，而且很容易被提升。比如张汤，很快成为御史大夫。而汉朝最著名的儒宗董仲舒，不但没有被重用，而且差一点被杀了，为保命不得不请求致仕。这说明汉武帝时期，不但没有尊儒，反而在陷害真正的儒家。

二是从汉武帝时代的丞相、御史大夫、太尉三巨头的出身分析，发现无一人是儒家出身。唯一的公孙弘也是狱吏出身，到四十多岁才开始学春秋杂说，但他连儒学的皮毛都没有学到。他只会揣摩汉武帝的心思而一味逢迎，是一个典型的"曲学以阿世的小人儒"。公孙弘嫉恨董仲舒学高于己，而暗中陷害董仲舒，这是与儒家思想背道而驰的。

三是从汉帝本纪分析，发现汉武帝前期信黄老之道，晚年信巫蛊而诛杀无度，连皇太子、皇太孙都杀掉了。其丞相也有几个被囚自杀，有 3 个被诛杀。又如《汉书·元帝纪》载："（元帝为太子时）尝侍燕从容言：'陛下持刑太深，宜用儒生。'宣帝作色曰：'汉家自有制度，本以霸王道杂之，奈何纯德教，用周政乎！且俗儒不达时宜，好是古非今，使人眩于名实，不知所守，何足委任！'"[5]320这些都有力地证明："罢黜百家，独尊儒术"纯属子虚乌有。

由上可知，只有科学有效的研究方法，才能加快研究的进度，才能得出正确的结论，才能使研究成功。

让我们从上述四个方面努力，全面提升船山学研究的品位，让船山先生走出国门，为世界学者所尊崇。

参考文献：

[1] 刘善涵. 刘善涵集 [M]. 长沙：岳麓书社，2017.
[2] 杜预. 春秋左传集解 [M]. 上海：上海人民出版社，1977.
[3] 阮元. 十三经注疏 [M]. 北京：中华书局，1980.

［4］徐元诰. 国语集解［M］. 北京：中华书局，2013.
［5］班固. 汉书［M］. 杭州：浙江古籍出版社，1998.

（原载《衡阳师范学院学报》2018 年第 4 期）

船山学研究的反思与蔡尚思的船山学研究

朱迪光

蔡尚思（1905—2007），福建德化人，20 世纪 20 年代末考入北京大学，毕业后任教于上海、武昌等地的高等学府，中华人民共和国成立后任复旦大学教授。蔡尚思一生研究中国思想文化史，著有《中国思想研究法》《中国传统思想批判》《孔子思想体系》《王船山思想体系》等。

蔡尚思的王船山学术研究主要由两篇论文《王船山思想体系提纲》[1]《研究船山思想应当实事求是》[2]和一本专著《王船山思想体系》[3]构成。其中，对于蔡尚思的船山研究专著，谭其骧先生给予了高度评价：蔡氏著作有两个特点，一是全面阅读原著，摘抄材料进行分析才得出结论；二是全面掌握船山思想的各个方面，既指出其进步的、精华的一面，也指出其落后的、糟粕的一面。因而，本书不仅是王船山研究著作中的一个典范，也是整个中国学术思想史研究领域的一典范。[3]朱义禄的书评也基本上沿谭其骧《序》的观点予以较高评价：略人所详，详人所略，是蔡尚思先生所撰《王船山思想体系》的主要特色。多方位地、立体地考察船山思想的历史地位，是《王船山思想体系》的第二个特色。比较全面地揭示了船山思想的各个方面，是《王船山思想体系》的第三个特色。朱氏还指出了《王船山思想体系》的不足之处。一是因篇幅所限，似乎不可能做到全面地掌握船山全部著作中船山思想的各个方面。就门类而言，作者只列出了哲学、宗教、政治、法律、军事、经济、教育、史学、文学、美学、科学等十一个门类，而对方法论、逻辑思想、伦理思想等门类均未列出。就方法论而言，船山鉴于道家只偏重于分析、佛家只执着于综合的片面化倾向，提出了分析和综合相结合的方法来把握客观真理（“道”）的正确见解。这已涉及辩证思维方法论的实质，其在理论上达到的深度是同时代的黄宗羲（偏重史学方法）、顾炎武（偏重考据学方法）等人难以企及的。在具体的思维方法上，船山注重自得。二是善于以简要的语言进行综括，提出新颖鲜明的见解。这是作者的长处，但作者在提出论点之后，如果能够深入地展开论证，那就更好了。[4]

一、蔡尚思对王船山研究的反思及其成果

客观地说，蔡尚思先生在此时期的发表关于船山思想体系的见解产生了比较大的影响，反对者有之，赞成的不少[3]，默默受其影响的也有不少[4]。简单地赞成或反对，肯定或否定，都是浅薄的。下文对蔡先生的王船山研究成就进行具体的考察。

第一，蔡尚思的王船山研究顺应解放思想的潮流，对定论、权威提出质疑，推动了船山学研究。蔡尚思说：“对于清末以来的‘学术权威’对王船山评价，不要过于迷信，以免束缚自己的思想。我们既要勇于肯定，也要勇于否定。”[3]不要迷信，要勇于肯定或否定，就是解放思想。在另一篇论文中，蔡尚思说得更明白：“就近通读《邓小平文选》，得到极其正确的指示，深信：我们要把社会主义建设推向前进，必须实事求是，实事求是是马克思主义的思想基础；必须解放思想，解放思想是指在马克思主义指导下，打破旧习惯势力和主观偏见的束缚；要坚持百家争鸣的方针，要提倡学术交流。《邓小平文选》的指导意义，适用于一切工作，我们对王船山思想进行研究，当然也应以之为准则。”[2]

第二，蔡氏的研究，是新中国成立以来王船山研究的自然结果。新中国成立以来，王船山研究有两大特色：一是都用马克思主义方法，二是研究在争鸣中进行。这在前面已作很详细的介绍。蔡氏虽然以反对者的面目出现，但实际上走的还是综合的路子，即对正反两方面的观点都加以介绍、分析，然后进行综合。

第三，比较全面地构拟了王船山思想研究体系。不得不承认，蔡尚思先生的王船山研究有着很强烈的问题意识。蔡氏认为，关于中国学术思想史的研究，存在的问题是最大最多的，王船山便是其中最突出的一个。[2]然后他历数了种种问题：一、未暇读其全部遗书，不先掌握其重要资料，就以偏概

全，多所臆断的问题。二、间接读书，人云亦云的问题。三、颠倒歪曲，无中生有的问题。四、缩小缺点，夸大优点的问题。[2]蔡氏回顾和总结了晚清以来的王船山研究，统计了争鸣中出现的种种问题："今人对王船山的学术思想的研究，我约略统计一下，有下列十多个问题在争论着：1. 在阶级属性问题上，有代表市民、代表中小地主或地主、代表农民或自耕农、不专代表一个阶级利益的超阶级立场或士大夫等的几种不同看法。2. 在思想流派问题上，有儒家、法家、杂家等几种不同看法。3. 在对孔子思想的问题上，有尊孔、批评孔子、与故意避而不谈此问题等的不同。4. 在对张载思想问题上，有只强调其辩证法、唯物论与并强调其礼学传统的不同。……"[3]181-182蔡氏列举有十八类问题。

蔡尚思针对王船山研究中引起争鸣的问题进行了深入的分析，在《王船山思想体系》一书中分两个部分《王船山思想体系提纲》和《从中国学术思想史看王船山的几种突出地位》，提出了自己的观点。蔡尚思在《王船山思想体系提纲》中说，哲学思想方面，王船山是实有的本体论和唯物论，佛老是唯心论；他有辩证的方法论；他有实践的认识论；他有礼教的中心论，主要提倡有天理无人欲、有义无利，这是一些崇拜王船山者所未看到的一面。[3]19-20政治思想方面，王船山提出绝对君权论，有礼刑异施论，此外还有庶民禽兽论、夷狄禽兽论、女祸论、起义农民盗贼论。[3]20-21经济思想方面，王船山主张：产是心之本，均之不是齐之；人所自占自耕的田"不得过三百亩"，多占土地要倍出赋税。这种思想比不上颜元、王源等。他还强调"生民者农而戕民者贾"，也同黄宗羲的"工商皆本"相悖。[3]史学思想方面，王船山虽有进化史观与反对邵雍的退化史观，然而更主要的倒是主张退化史观与赞成邵雍的退化史观。他有历史循环论，对古代和当时的人物、学术的抑扬，多不合理。他乱捧儒家。[3]21-22教育思想方面，王船山主张后天的知识教育、忠孝的道德教育，认为这是人之所以异于禽兽。又谓文教不可下移，农圃不可上移，知统四德等。[3]《从中国学术思想史看王船山的几种突出地位》分几个方面来写：（一）中国学术思想史上的王船山。在唯物主义与辩证法问题上，王船山固然有唯物主义观点，但也有唯心主义倾向；王船山在辩证法方面超越前人，但以正反二者为手段，以合为目的，终于归宿到保守的传统思想。作者认为在礼教、道统问题上，王船山尊孔，比之孟轲、荀况、董仲舒、韩愈、二程、朱熹、陆王等有过之而无不及，根本不能同傅山、刘献廷及后来的袁枚等相比，具有浓厚的以三纲为中心的礼教思想。在对待广大人民特别是对劳动人民的问题上，王船山轻视人民，仇视农民起义。在对待贫富贵贱寿夭等问题上，王船山强调的全是天命注定，是人间应有的差别。在对待士大夫与农工商贾的地位问题上，王船山尊士大夫而贱农民，是重农业而轻工商业的。在对待少数民族及有关历史事实问题上，王船山有大汉族主义观点，他的历史观既有进化史观，又有退化史观，英雄史观与历史循环论，地理决定论。[3]（二）明清间学术思想史上的王船山。作者将王船山与同时代的思想家对比，认为其民主思想不如黄宗羲、唐甄，考据学不如顾炎武，反传统精神不如傅山，经济思想、教育思想都落后于同时代的人。作者认为王船山是封建传统思想家，而不是早期启蒙思想家。[3]32-36（三）王船山继承张载思想的问题。作者认为今人一般只知道王船山继承张载的唯物论与辩证法，而没有注意到王船山更发扬了张载的重礼思想，张载、王船山基本上均是理学中人，而非与理学完全对立者。[3]36-37（四）王船山与西洋近代启蒙思想家相反的问题。作者认为王船山不是地主阶级的反对派，更不代表市民思想；认为他是封建传统思想家，是明清间的孔子、张载，不可能具有近代反对封建传统的思想。[3]23

综上，蔡尚思以问题为基础、以分析为武器，全面构拟了王船山思想体系。实际上，蔡尚思构拟的是王船山思想研究体系，其分类应是以其下编中的《王船山学术思想资料分类选评》为准，共十一个大类六十九个小类。[3]根据蔡氏自己和王船山研究的实际，蔡氏所拟的此种王船山思想研究体系还应加上有关王船山生平、历史地位、思想影响、著作整理等综合研究一类。蔡氏的王船山思想研究体系在王船山学术研究史上第一次被完整提出，具有一种开创的意义。蔡氏在批判中构拟了庞大的王船山思想体系与王船山思想研究体系。令人没有想到的是：一方面，他正面肯定的是马克思主义王船山思想研究体系；另一方面，作为负面批评的王船山的某些思想观念，也是王船山思想研究体系的一个重要组成部分。由于这种体系相对完整，因而它又是对此前王船山学术研究的一种概括和总结。这种概括和总结不能仅仅看作是中华人民共和国成立以来的马克思主义王船山研究的总结，亦是包括用其他观点进行王船山学术研究的一种总结，虽然这一点并不是蔡尚思主观所追求的。例如，蔡尚思认为在礼教道统问题上，王船山尊孔，比之孟轲、荀况、董仲舒、韩愈、二程、朱熹、陆王等有过之而无不及，根本不能同傅山、刘献廷与后来的袁枚等相比，具有浓厚的以三纲为中心的礼教思想。[3]27 蔡尚思对王船山这种礼教思想的批判，也正是新儒家王船山研究所要提倡的。

二、蔡尚思船山学研究方面的不足

蔡氏王船山研究特点鲜明，影响也比较大，但其不足也十分明显。

第一，方法论上的不足。蔡氏以方法论自雄，实际上方法论却是他的研究中最大的不足。

蔡氏在《王船山思想体系》中专辟一节《我的一种治学方法——以〈王船山思想体系〉为例》，也可以说是这部书的自序。他以这部书为例大讲特讲他的治学方法，如“必须忠实于历史，遵照马克思主义经典作家的教导，全面掌握有关王船山的事迹及其思想的资料”，“研究船山学的资料，真正信而有征的是王船山本人的论著”，等等，不一而足。夸赞蔡氏此书的人也盛赞蔡氏的研究方法。谭其骧先生如此说：蔡氏著作有两个特点，一是全面阅读原著，摘抄材料进行分析才得出结论；二是全面掌握船山思想的各个方面，既指出其进步的、精华的一面，也指出其落后的、糟粕的一面。因而，本书不仅是王船山研究著作中的一个典范，也是整个中国学术思想史研究领域的一典范。[3] 朱义禄的书评也基本上沿谭其骧《序》的观点予以较高评价：略人所详，详人所略，是蔡尚思先生所撰《王船山思想体系》的主要特色。然而，正是这些研究方法，在蔡氏的王船山研究中暴露出种种不足。

（1）过于简化。蔡氏自己说：“正如鼓励我的一位同志所说：‘你把王船山近五百万字遗书的内容概括为一篇三千多字的短文，这就使任何忙人都有可能把它读完；假使你把它写成三万多字的长文在报上发表，阅读的人就不会很多了；假使你把它拉长到三十万多字的专著，仔细阅读的人就寥寥无几了。作文和著书，都应力求简要。王船山如果做到这一点，那就不致三百年来无人能读完其遗书，也不致使后人片面臆断或有误解了。’这一段话，我觉得很有道理。我考虑到即使自己写一部论述王氏思想的专著，其主要论点也不大会超出这个《提纲》之外。因之，我就不敢把此书写得冗长。”[3] 关于简化问题，蔡氏还有一段按语是很有意思的，他说：“王船山反对‘扼要之法'，以为'扼要之法乃浮屠所谓佛法无多子者，孟子谓之执一贼道，宋末诸儒，虽朱门人士，皆暗用象山心法，拈一字为主，武断圣贤之言，苟趋捷径，而作经义者依据以塞责。万历以后，恶习熺然，流及百年，余焰不熄，诚无如之何也。'（《夕堂永日绪论》外编）其实，'扼要之法'未可厚非，任何学者，都应当注重它。至于能否即得其要，那是另一个问题，决不能因有人注重'扼要之法'而不得其要，就反对它。王船山不是也曾强调'要领'么？'要领'就是'扼要'，他论《易》：'此章……极尽精微，发天人之蕴，《六经》《语》《孟》示人知性知天，未有如此之深切著明者，诚性学之统宗，圣功之要领，于《易》而显。'（《周易内传》卷五）但这却限于论《易》，而且也未必能真得其要领；何况他对自己的著述，写到五百万字以上，以多为贵，而不避繁复，以致三百年来，没有人能仔细地读完其全部《遗书》（太平洋书店版近五百万字），得其要领，这就是由于他对'扼要之法'太不注重了！"[3]15或许有人会赞同蔡氏的这种扼要之法，尤其是针对当下学术界的"大制作"盛行更有其意义。但是，过于强调"扼要之法"，其弊也十分明显。将五百万字的王船山著作简化为三千字分析，能说是一种科学的研究方法？如果是，那么前于蔡氏的研究者与后于蔡氏的研究者都是在做无用功。关于这一点已有人给予了委婉的批评：善于以简要的语言进行综括，提出新颖鲜明的见解，这是作者的长处；但是作者在提出论点之后，如果能够深入地展开论证，那就更好了。[4]

（2）贴标签。简化的结果就只能贴标签。关于王船山的政治思想，蔡氏贴出了一系列的标签：绝对君权论、礼刑异施论、庶民禽兽论、夷狄禽兽论、女祸论、起义农民盗贼论[3]。蔡氏说："在他们的论文或有关著作中，对于王船山宣扬的无君是禽兽论、无礼是禽兽论、异端是禽兽论、女祸是禽兽论、庶民小人是禽兽论、起义农民是禽兽论、夷狄是禽兽论等，都没有批判，甚至没有提到，这不能不使人诧异！"[2]在论王船山对待少数民族及有关历史事实问题上的观点时，蔡氏说王船山有大汉族主义观点，其历史观既有进化史观，又有退化史观，英雄史观与历史循环论，地理决定论。[3]25-32这样的例子在《王船山思想体系》中太多，举不胜举。

（3）缺乏对王船山整个思想体系的深研。这有两个方面的表现。表现之一，所取材料来自一定的框框指导的摘抄，其目的还是为了印证自己的观点。

如在《王船山学术思想资料分类选评》第二类《宗教思想》中，为了证明王船山有“天命论”，蔡氏从王船山的《读通鉴论》《宋论》《尚书引义》等著作中摘出大量证明王船山有天命论的材料，却不摘引王船山有关“君相造命”和“性命日生”等方面的材料。表现之二，大量摘抄了正反两方面的材料，往往缺乏深入的分析，而简单地归之于某一方面。如论王船山史学思想时，蔡氏大量引用了王船山的历史进化方面与历史退化方面的材料，未能分析何以有这种相互矛盾材料，却归之曰：“有时承认历史进化，但主要是宣扬历史退化论。”另外，借力用力的取巧做法非常明显。别人研究得比较深的，蔡氏概括和指瑕功夫亦深，别人研究没有展开或研究不深的，蔡氏只能取其枝叶，摸摸皮毛。如《美学思想》一类下列：（一）善恶决定美丑；（二）主张正心而不视美人；（三）希望复古乐，革淫乐；（四）不知音乐，乃众庶禽兽。此时，王船山美学思想还少有人研究，因而无现成材料可用，所以，所列命题无理论性可言。

第二，体系构拟方面的不足。(1) 蔡氏构拟的王船山思想体系大类有缺漏。朱义禄指出，《王船山思想体系》最大的不足之处是因篇幅所限，似乎不可能做到全面地掌握船山全部著作中船山思想的各个方面。就门类而言，作者只列出了哲学、宗教、政治、法律、军事、经济、教育、史学、文学、美学、科学等十一个门类，而对方法论、逻辑思想、伦理思想等门类均未列出。就方法论而言，船山鉴于道家只偏重于分析、佛家只执着于综合的片面化倾向，提出了分析和综合相结合的方法来把握客观真理（“道”）的正确见解。这已涉及辩证思维方法论的实质，其在理论上达到的深度是同时代的黄宗羲（偏重史学方法）、顾炎武（偏重考据学方法）等人难以企及的。在具体的思维方法上，船山注重自得。二是善于以简要的语言进行综括，提出新颖鲜明的见解，这是作者的长处；但是作者在提出论点之后，如果能够深入地展开论证，那就更好了。[4] 按照朱义禄的说法，王船山思想体系的大类还应增加“方法论”“逻辑思想”“伦理思想”三类。这种意见虽未必全对，但至少说明还应增加一些类别。“方法论”“逻辑思想”可以放置在“哲学思想”大类之下的“方法论”二级类中。根据后来王船山思想的研究，“伦理思想”实际可以列为一个大类。另外，语言学方面研究还可以添设为新一类。

（2）二级类目设置过于随意。如《哲学思想》大类之下“本体论、方法论、认识论”并列是没问题的，但将“生死论”“理欲、义利论”“礼教中心论”“儒家道统论”“发挥程朱派的‘理一分殊’论”“异端异学是禽兽论”与前三者并列为一小类就显得不伦不类。其中“生死论”“理欲、义利论”应放到“伦理”类，而“礼教中心论”“儒家道统论”“异端异学是禽兽论”可以放到“史学思想”类。又如《政治思想》大类之下列有十个小类，几乎不知其分类标准为何，将“君权论”“郡县论”“统治论”与“民脂民膏说是禽兽论”“女祸是禽兽论”“庶民是禽兽论”等并列就显得非常荒谬。几乎每个大类的小类设置都存在此类问题。

第三，蔡氏的王船山研究存在偏见。蔡氏认为湖南不及江浙，因而王船山不如江浙人士，这是一种偏见。蔡氏还说：“王船山之博学精研，不能在黄宗羲、顾炎武之上。尽管他研究面也很广，但读书之多，却不及黄、顾，当时全国藏书之富，湘西哪里比得上江、浙？只是王氏埋头苦研达四十年之久，为顾、黄等所不如罢了。有些人对王船山加以溢誉，如说什么：‘博大精深’，‘掩诸家而上之’；甚至说‘五百年来学者，船山一人而已’，‘堪称前无古人’，‘南国儒林第一人’，等等，都未免夸大了！”[3]32一般来说，发达地区的人才出得多一些，但也不能说不发达地区就不能出人才。要是这样说，近现代的湖南仍不发达，那么曾国藩、黄兴、毛泽东等人难道也不能与江浙人才相比吗？这不是很荒谬吗？

综上所述，蔡尚思的船山学研究成果的最大特色就是敢于反思。蔡尚思的王船山研究顺应解放思想的潮流，对定论、权威提出质疑，推动了船山学研究；蔡氏的研究，是中华人民共和国成立以来王船山研究的自然结果，蔡尚思比较全面地构拟了王船山思想研究体系，并将其分为十一个大类六十九个小类；蔡尚思的船山学研究也存在不足：过于简化，贴标签，构拟的王船山思想体系大类有缺漏，二级类目设置过于随意，研究中存在着偏见，等等。

参考文献：

［1］蔡尚思．王船山思想体系提纲［N］．光明日报，1982－11－03.
［2］蔡尚思．研究船山思想应当实事求是［J］．船山学报，1984（1）．

[3] 蔡尚思. 王船山思想体系 [M]. 长沙：湖南人民出版社，1985.
[4] 朱义禄. 读蔡尚思《王船山思想体系》[J]. 船山学报，1987 (1).

（原载《衡阳师范学院学报》2019 年第 4 期）

立理限事还是通以变成?
——华人学者严寿澂教授船山学研究访谈

刘　荣

严寿澂，1946 年 9 月生，上海市人，华东师范大学硕士，美国印第安纳大学博士，执教于新加坡南洋理工大学国立教育学院，现兼职任教于新加坡南洋理工大学人文学院，兼任上海社会科学院历史研究所及美国克莱蒙研究生大学（Claremont Graduate University）宗教学院经典诠解研究所（Institute for Signifying Scriptures）特约研究员。治学领域为中国学术思想史与中国古典文学，旁涉政治思想及宗教学。近年专著有《儒道二家义旨诠说》（上海：华东师范大学出版社，即将出版）、《百年中国学术表微：经学编》（上海：华东师范大学出版社，2012 年）、《近世中国学术思想抉隐》（上海：上海人民出版社，2008 年）、《诗道与文心》（上海：华东师范大学出版社，2008 年）等。另外，公开发表期刊论文数十篇。

刘荣：严教授，按照惯例，请您首先给我们介绍一下您读书求学和治学的经历。

严寿澂：先君载如公雅好诗书，尤耽吟咏，故我在入小学之前，自五岁起，即入家塾，受教于华亭封耐公（讳章炟，字尊五）夫子，以《三字经》《千字文》诸书启蒙，嗣后读《孝经》《四书》《左传》诸书，课余复授《唐诗三百首》《古文观止》等，同时跟随家庭教师研习英文。直至 1958 年，耐公夫子因所谓地主之故，与师母迁往甘肃，家塾于是终止。数年后（1962 年）随先君挚友、同里郑质庵（讳永诒，字翼谋）先生习吟咏。1979 年，考入华东师范大学中文系施蛰存门下为研究生，三年后卒业，治唐代文学，硕士论文为韩柳比较研究。1986 年到 1994 年在美国印第安纳大学攻读博士学位，治中国思想史，导师是汉学家 Lynn Struve（司徒琳），博士论文围绕王夫之思想展开研究。1994 年至 1998 年任教于新西兰 Victoria University of Wellington（惠灵顿维多利亚大学），1998 年迄今在新加坡南洋理工大学执教。

刘荣：施蛰存先生（1905—2003）博学多才，兼通古今中外，在文学创作、中国古典文学研究和外国文学翻译等方面均有成绩。能否谈谈他当年是怎么教导和培养你们这些研究生的？您本人从他身上得到的最大收获是什么？

严寿澂：蛰存师博学多才，豁达大度，教学生重在打好基础，研究什么，则随性之所近，不作强求。入学之初，他即建议我们修习史存直先生的音韵学，同时拿出自己收藏的民国时商务印书馆排印的数种宋人笔记，学生一人一本，可以在书上标点，提高阅读文言能力。又带我们一起到北京收藏古籍的柏林寺看书，熟悉版本目录之学。他认为此种学问主要在实践，课堂讲授用处不大。又认为从事研究之前，须对前人治学的情况有通盘的了解，故《四库总目》十分有用。我自蛰存师处得到的最大收获是：治学不拘一格，不能画地为牢，亦不能漫无边际，既要视野开阔，又须基础扎实。于我而言，可说是终身受益匪浅。

刘荣：您是古典文学出身，早年点校出版过几部唐、宋人的诗集与词集，后来转入中国学术思想史的研究。综观您已发表的思想史研究成果，视野开阔、博涉多通、遍及四部的特点非常鲜明。在当今学科分化、术业专攻的时代，有哪些因素促使您还能对中国传统文化做整体性的研究？

严寿澂：我早年即对哲学及思想感兴趣。硕士论文为韩柳比较研究，蛰存师读后即说，同学五人，四人治学都属于辞章一类，而你则偏于义理。可谓一语中的。我以为一种文化并不仅是哲学，还必须在历史中观察其如何运作，亦即“言”与“行”须结合起来看，对个人如此，对文化亦如此。今人有一通病，将中国近世的不振，主要归咎于文化基因，西方近代的兴起，则以为植根于希腊罗马时代，或是耶教（基督教）。若果真如此，为何过去一千多年中，西方并不发达。我自幼即随师习英文，得知欧洲从前相当落后，远逊于中国。年事渐长之后，读英文书渐多，更知欧洲兴起，不过近数百年间的事而已。这种马后炮式的解释，说白了，就是势利眼。人类历史一直处于变化之中，唯一不变的是“变”字。于是渐萌全面了解中国文化之意。

刘荣：您在美国印第安纳大学跟随汉学家 Lynn A. Struve（司徒琳）教授

完成了以船山哲学为主题的博士论文，您是怎么对船山学产生兴趣的？其时美国汉学界乃至西方学界船山学研究的总体状况如何？能大致谈谈这篇博士论文的内容吗？

严寿澂：1986 年，我获得美国印第安纳大学奖学金，于是前往攻读博士学位。原本想研治中国古典文学。抵美后渐知西人对文言的了解颇为困难，他们谈中国古典文学，大多用一套理论加以解说，而文字理解上错误百出（于今尤烈），于是放弃文学，改为思想史。他们治思想史，意识形态的束缚较少，且能参照西方思想，有其独到处。我的指导教授 Lynn Struve（司徒琳），擅长晚明史研究，走的是扎实一路，不尚空谈，对西方 late imperial China 的研究知之甚多。早在“文革”时期，我就对王船山有兴趣，当时船山以所谓法家人物备受青睐，因此，得读其《读通鉴论》诸书，深喜之。撰写博士论文前，船山著作不少均已读过，但只是浏览。撰写论文时，船山著作除考证者外，大体皆通读，故自认于船山著作有相当理解，且能尽量做到从原著中理解，不戴有色眼镜。反观中文学界论船山者，大部分皆以自己的思想套在船山头上，与其说是论船山，不如说是论证其所已接受的思想。至于西方汉学家论船山者，基本上无此弊病，但是他们文言阅读程度不够，对文字误解极多。三百年来，西人对两位学者研究甚少，一是船山，另一是章太炎，原因在于其文字艰深，不易理解。我作船山研究，能将我以前的相关思考写出来。

博士论文题为 Coherence and Contradiction in the Worldview of Wang Fuzhi（1619—1692）（王夫之世界观的一贯与矛盾），旨在揭示：船山思想中有许多看似自相矛盾之处，但经仔细分析又发现矛盾中有统一。此即船山世界观的特色所在。大体说来，王夫之构建了中国自朱熹以来最为复杂与精致的形而上体系。在此体系中，可见各种差异的或自相矛盾的看法。值此之故，其思想常遭误解：视为“唯物主义”，反对超越之理的支配；或视为“实学”，反对抽象的理学原则；或以为他所代表的，是帝制中国后期新兴的社会经济力量。然而，所有这些表面上的矛盾，其实是一个统合的整体。此种一贯与矛盾，既与他的儒家的终极关怀有关，亦与明清易代之际他个人对危机的反应有关。另外，还和儒家内部的两个基本张力有关：一是儒家理想与冷酷现实之间的张力；二是超越与内在之间的张力。第一种张力始终见于王氏的政治思想中，第二种张力则体现于他的天人观。就王氏的天人观而言，关键内容在于物质——精神之不灭及其相互转化。他秉持一种“现实”的观点，以为最佳治理之方是让社会在贤明君主治下，自发自动地转化。若贤君缺位，则儒家君子当代行其责任。而儒家君子只有通过直觉的、整体性的道德之“思”，方能与天合一，从而对世界作精神的转化。王氏，这位儒家勇者，身处困苦艰难而不稍动摇，吊诡的是，其精神支柱却是佛教唯识宗的唯心观念以及道家的神秘主义。剖析王氏思想中的这些矛盾及其统贯，有助于我们了解新儒家思想（理学）的深度与复杂性。

刘荣：百余年来，学界对船山学的研究代不乏人，有关研究成果可说是汗牛充栋。但不可否认的是，船山学研究基本上是伴随着十九世纪末开始的西学东渐兴起并展开的，也就不可避免地受到西方学术的熏染并附会，强解船山思想以迁就西方概念与理论的研究屡屡出现，用船山的话来说，这叫“立理以限事”[1]586。您作为船山学研究专家，能否跟我们总结一下船山学研究中出现的种种以理限事现象的原因。

严寿澂：百余年来船山学的研究，在上述背景中展开。在所谓明季或清初三大儒中，人们对船山的研究最多，而误解亦最多。首先，近代船山学的发展，伴随着中国民族主义的兴起而来。明亡后，船山隐于深山四十余年，以汉族衣冠终其身，并世大概无第二人，其《黄书》《噩梦》《读通鉴论》诸书，大为近世民族主义者所称道。然而，纵观学术思想史，可见船山分明属于宋明儒的大传统，与后此的清儒迥异（现代两位史学大家吕思勉与钱穆均持此看法），但是百余年来的学者，多将船山视为背离乃至反对宋明理学的思想家。最初说他是民族主义者，后来则称唯物主义者，晚近则以所谓“实学”解释其思想。然而若平心静气考察一番，便知凡此种种说法，与船山思想的真际相距实是甚远。

对船山思想易致误解的另一原因，在于其思想本身的复杂性，以及著述体裁的限制与表达方式的峰回路转，因此，世人对船山思想的客观了解方面，颇感不足。船山最为反对“立理以限事”，而今人论其思想者，大都不免此病。船山承张横渠之绪，特重“气”，然而“气”绝不等同于西方观念中的“物质”。所谓“气”，大致有五个方面：（一）气与生命不可分，无须另有“生命力”的假设，而西方所谓“物质”，原本是无生命的死物。（二）气无须外力推动，自能流布而充满空间，而西方传统必须另设“能”的概念（直至爱因斯坦始合二者为一）。（三）《庄子·知北游》所谓“通天下一气”[2]733，亦即全宇宙皆在浑沦一气之中，“天人合一”的基础正在于此，中国宗教中种种神秘经验的基础亦在于此。（四）气凝聚而生人生物，形坏体散之后，复返天地之一气，所谓生死，实则即是一气之聚散而已。（五）气既是生命力、宇宙的动力因，又是万物的构成质料，亦即气兼具物质性与精神性。就人而言，身心虽有异，但既然都是由气所组成，本质上并无不同。如此的宇宙观，与一神教传统的西方大为不同。

刘荣：“气”作为船山思想的中心概念，近代以来研究者对它的解释可说是歧见纷呈，最典型者莫过于将其等同于西方传统中的“物质”范畴，船山思想因而被定性为唯物主义思想。您对此表示坚决反对。请阐述一下您的意见。

严寿澂：首先须知，中国思想传统中的“气”，与西方传统中的“物质”，指涉不同。唯物主义的前提是“物质一般”的概念，并非指具体的“物”。中国思想中所谓物，是指具体的东西，如“心之为物也”，亦即“心这个东西”。至于西方的“物质”概念，其来有自，历史悠久。在古希腊，“物质”（matter）一词，或与“形式”（form）相对。至于这“物质”究竟是什么，各家之说不同，或以为由单个原子所构成，或以为乃是连续的介质。到了笛卡尔，主张彻底的心物二元论，认为物质的基本特征是延展性，心则不可触摸，无延展性，心与物共同构成实在，但是二者划若鸿沟。这一说法，理论上有诸多困难，如时、空、能、光等，既无延展性，也不能说是属于心。二元之论，至此而穷。但是现代科学颇受惠于这心物二元之论，牛顿物理学中的“物质”，正是具有延展性的实体，与能量相对。爱因斯坦则对此根深蒂固之说作挑战，将质、能二者相统一，认为质能守恒，且可相互转化，从而开启了物理学的新纪元。

中国传统所谓气，则近于希腊思想中的 pneuma，而不是 matter。Pnerma 最早（前苏格拉底时代）是指风，以此类推，也用于“身体中的风”——呼吸。Pneuma 在体内，成为 phusa；在体外，则成为 aër（aër 流动，便成了风）。嗣后因宗教占卜之故，pneuma 被视为能生灵感之力。而亚里士多德则对此作生理学的解释，pneuma 于是就成为一种产生活力的内气，一物有无生命即由此而判。对这 pneuma 观念的发展最有影响者，当推斯多葛学派（the Stoics）。该派认为 pneuma 不仅是气，也是热，为火元素所生。除生理学的维度之外，pneuma 还有宇宙论的维度，因其属于火一类，故具有内在的张力，引起紧张的运动，最后导致搏动。而且此气是连续性的，既作用于人体内，也作用于宇宙间。这宇宙的 pneuma 亦即是神，后来基督教的 pneuma 观念即由此发展而成。总之，宇宙闲的气或风，与人身中呼吸之气原为一体，生命与宇宙因而合一。这一古希腊的观点，与中国传统中“气”的观念倒是十分接近，但是此“气”绝非“物质”。因此，以重“气”与否来判定是否唯物主义，学理上绝对说不通。

刘荣：船山在论治方面有着丰富又精到的论述，您给我们略述一下船山有关治道的见解吧。

严寿澂：船山自誓，与所谓“夷狄”与“流俗”绝不妥协，生死以之，然而其论治道，则以“因”与“在宥”为上，似颇带道家色彩。个中机括，亦在其气的一元论。船山以为，天下的是非利害，纷然淆乱，本无定准。治天下者当听之任之，不随大流，亦不故意与之对抗，使“天下宽然足以自容”，此即所谓“在宥”。他认为，人的喜怒等是为“人气”，就人群而言，则为“民气”。芸芸众生的“人气”此来彼往，互相感应，一旦剧动而不止，不但人世间骚扰不息，就连“天气”（指流动于两间的第二层次的五行之气）也会因此而紊乱。天与人交相扰动，其乱于是更无法止息，因此，务须使“民气不扰，天气不乱”。

《庄子·应帝王》以为，君人者不可“以己出经式义度”，此乃“欺德”。船山即此说道，人人有其意欲，亦有其德性，若未受外气的激荡，则皆知自爱其身家，不会嚣张蠢动，扰乱人气与天气之和。然而，若是一旦有人执着于他人的“名言”（亦即今人所谓观念或理论），一往耽迷，喋喋不休，忘记了自爱自贵其身，便会以其乱气影响旁人。气机的鼓荡，不疾而速，于是旁人更影响旁人，以致天下人人张脉偾兴，如中风狂走，大乱于是也就来临了。因此，治天下的要务是“藏其利器”，不宣传，不鼓吹，使“民反其独志”，顺其固有的意欲与德性而动，于是“圣人”与“民”便能“同德而入于天”。

船山认为，种种之民，自有其各自的能耐，自爱其各自的身家，难道农夫之于耕，机女之于织，还不如高踞于庙堂之上垂绅正笏的大人先生，须彼等指导吗？芸芸众生，自知趋利避害，无须在上的治者“出经式义”，谆谆教诲；来自上面的干涉愈多，所受骚扰便愈甚，愈不能安居乐业。只有在少数情况下，某些事务，百姓自身无力解决，治民者才需有所反应，其他时间，只需让耕夫织女自动自为，自谋其业。这就叫做“应其所不得不应者，寓诸庸而已矣”。

在上者不仅不可用名言、式度之类去“正”百姓，即使是用自己的道德去兴起子民仰慕仿效之风，亦为“以德冒天下”，亦于治道有害。所谓德，其实就是心之所然；既然人各有心，当然是人各有所然，人各有其德。一己之所然不等于人人之所然；自己有此德，不等于他人亦须有此德。若强聒不舍，欲被治者然我之所然，而随顺我之德，便是“以德冒天下”，以其“知”（一己的知识）、“文”（一己心目中的“文明”）逆人情而扰民气，使万民尽忘其自然之德（“皆尽忘其初”），从而打破天下原有的恬静，欲求治而适得乱。

船山认为，宇宙间万物殊异，各有其性，各有其德，此即自然，又岂可强而同之，使为一律？天地、日月、风云，都是自然而然，“无故常”“无穷极”，岂有一个“主持而使然者”？后世治者的错误，在于“执一而不应乎时变”，“以为天下可自我而勉为之，而操之以为魁柄”，执着“已往之陈迹，踶跂躠躠以为仁义”，殊不知愈执着，其德愈小。是谓“劳己以劳天下”，劳愈甚，自然愈失。故知所谓自然，“本无故而然”。“岂天地日月风云之外，别有一物司其主宰？”天地万物，既无主宰，又无必然，两间之内，何来弥四海而皆准、亘万古而不易的规律或真理？宇宙既是自然而然，并无主使之者，当然也不会有终极目标（今人所谓全人类共同的道路云云，以船山之见，即是“恶人之异己而强之使同”，乃乱天下之道）。每一物的自身，即其所以然之故，并无一物“主张纲维之”；而且任何一物，皆在推移变化之中，生生不息（即所谓“天运”）。故曰：“无有常也，而终古类然，又至常也。”

既然如此，如何治天下呢？船山对此的答案是：“循以治之”。然而，每一物本身，也是变动不居、不守故常，又如何能“循以治之”“循吾之所谓当”呢？实质上“循”的只是“故吾”，不离我主观之见，未必真有当于物。即使确实有当于物，也往往是明日黄花，因为这“当”本身，也在变动之中，昔日之当不等于今日之当，今日之当亦不即是他日之当。“循”已知之“当”（即今人所谓规律），犹如求马于唐肆（按：据朱骏声，唐肆即“空肆”），交臂而失之，“非大常以应变者也”。故船山曰：“故善循者，亦循其斯须而已。斯须者，物方生之机，而吾以方生之念动之，足以成其事而已足矣。”

《庄子·田子方》有所谓“臧丈人”之治，船山解释道，臧丈人之为道也，在“循斯须”，即“可行而不可言，可暂而不可执”，乃“因”字要义。所谓因，亦即“哀至则哭，不勉于哀”。哀乐既“因其自然，则虽极哀乐而性不屈，命不摧”。一言以蔽之，曰“无成心而一因乎自然”。因万物之自然，不强人以同于己，使物物各得其所，此即“在宥天下”。

以上所述，可说是船山社会政治思想的纲宗之言，与其深入研究庄学大有关系。钱穆《莊子纂笺》卷首《本书采摭诸家》“王夫之”条云：“船山论老庄，时有创见，义趣宏深……上较阮（籍）邵（雍），足以长智慧，识流变。大抵嗣宗得庄之放旷，康节得庄之通达，船山得庄之深微。学者有阮而邵而王，循以登门，而窥堂奥。又复由庄而颜（渊），亦庶几乎尼山之一面。若骤寻之于老聃郭象，则希不失之矣。”[3]4 所言甚谛。（按：近人钟泰《庄子发微》，正是“由庄而颜”之作。）

章太炎云：“兼爱为大迂之谈，偃兵则造兵之本，岂虚言邪！夫托上神以为祢，顺帝则以游心，爱且暂兼，兵亦苟偃。然其绳墨所出，斠然有量，工宰之用，依乎巫师。苟人各有心，拂其条教，虽践尸蹀血，犹曰秉之天讨也。夫然，兼爱酷于仁义，仁义憯于法律，较然明矣。”（《齐物论释·篇题》）太炎又曰：“庄周明老聃意，而和之以齐物。推万类之异情，以为无正味、正色，以其相伐，使并行而不悖。”（《国故论衡·原道下》）又曰：“余以人生行藏，虽万有不同，要自有其中流成极。奇节至行，非可举以责人也。若所谓能当百姓者，则人人可以自尽。”（《自述学术次第》）如此论调，大可与前述船山之论相通，皆为治庄有得之言。

太炎又曰：“赏罚不厌一，好恶不厌歧。一者以为群众，歧者以优匹夫。因道全法，则君子乐而大奸止。”（《国故论衡·原道下》）船山的道德伦理思想，与此大体相同，关键在划定修己与治人的界限。而船山由此更进一步，即士君子当以一己清醇的“神气”归于太虚，从而为功于天地，其功夫便是

“内丹”之术。这就是船山宗教性的一面（详后）。总之，船山思想的根基是其“气”的理论，来自张载《正蒙》所谓“太虚之气”及其氤氲变化，但船山之说更为复杂、精细。其整个思想体系，正是由此气的三层次说构建而成，其社会政治思想、道德伦理思想，乃至宗教情怀，皆自此出。

刘荣：您是反对把西方学术的范畴与观念硬套到中国学术思想史的研究中去的，不仅因为这种研究取向或曰方法在本质上是对西方学术的依附，还因它导致的对中国学术的误读，所以不值得取法。对此，您坚决主张回到中国学术大传统中去研究和发展中国学术。请问您是基于什么理论预设或者学术立场作此主张的？

严寿澂：现今中文学界的文史研究，“立理以限事”的情形随处可见，症结在于以为西方有理论，以科学方法作研究。但是，须知所谓科学规律者，乃确定不移之因果关系，不可有例外，若其他一切条件全同（西人所谓 ceteris paribus），结果必如此而不如彼。然而社会人事，经纬万端，能否以实验室之法来研究历史已发生之事，研究过去的陈死人吗？我服膺吕思勉先生 20 世纪 30 年代谈及当时论政者的一段话：他们学了外国的理论，以为推而放诸四海而皆准，以此“议论实际的政治，朝闻一说，夕即欲见诸施行”，“然而天下事，有如此容易的么？”，“人不是铁；学到了打铁的方法来打铁，只要你真正学过，是没有不见效的，因为铁是无生命的，根本上无甚变化；驾驭那一块铁的手段，决不至于不能驾驭这一块铁，一种树就难说些了，养马更难说了，何况治人呢？”（《中国政治思想史十讲》）实际政治如此，研究中国历史文化亦如此。

《庄子·达生》记载这样一个故事：“孔子观于吕梁，县水三十仞，流沫四十里，鼋鼍鱼鳖之所不能游也。见一丈夫游之，以为有苦而欲死也，使弟子并流而拯之。数百步而出，被发行歌而游于塘下。孔子从而问焉，曰：‘吾以子为鬼，察子则人也。请问蹈水有道乎？’曰：‘亡，吾无道。吾始乎故，长乎性，成乎命，与齐俱入，与汩偕出，从水之道而不为私焉。此吾所以蹈之也。’孔子曰：‘何谓始乎故，长乎性，成乎命？’曰：‘吾生于陵而安于陵，故也；长于水而安于水，性也；不知吾所以然而然，命也。’”在庄子看来，“性”与“故”本不可分。生于陵者与长于水者，因不同的“故”而有不同的“性”，从而有不同的“命”（不知其所以然而然）和“义”（不知其所以然而又不得已），人之“知”亦必然因此而相异。天下的性、故、义、命无限，而人的生命有限，“计人之所知，不若其所不知；其生之时，不若未生之时。以其至小，求穷其至大之域，是故迷乱而不能自得也”（《秋水》）。由此可见，庄子决不会赞同以一元论模式解释人类历史，因为个人也好，社会也好，或生于陵，或长于水，其演化过程绝不可能一样。庄子也不会认为，依靠理性，借助于科学理论，人便可有无限的认识能力，因为人心或人的理性本身，乃由“故”而成，本是受各种条件的限制，决非绝对的主宰；而且他人之“故”“性”与“命”，前有过去，后有未来，又岂是区区有限之生、有涯之知所得尽知，所能预测？

这和当代德国哲学家马卡德（Odo Marquard）“为偶然性辩护”（in defence of the accidental）之说，颇有相似之处。马卡德反对“普遍性的历史”（universal history）的说法，主张“多样性的历史”（multiversal history）。所谓“普遍性的历史”，乃指人类历史受某种力的推动，向着一定方向前进，最终各文化间的差别消失，世界历史趋于同一。马卡德则以为，各不同文化本是特定情景下（contingent）的产物，而且最显明的事实是人生太短促，与其不断地胡乱发明新花样，以加速普遍历史的实现，还不如一仍旧贯（inertia），听任各文化自然发展之为得。此即庄生所谓“吾生也有涯，而知也无涯。以无涯随有涯，殆已”（《庄子·养生主》）。

总之，西方社会人文学科中的各种理论，本是从其自身历史文化的研究中抽象而出，其中当然有与中国情形相合之处，因为既然同是人类，其社会历史必有相通处，但是究竟是否相通或如何相通，必须为各不同文明的史实所证明，不能仅根据西欧一隅之地的情形，即宣称发现了人类的“共同规律”，并以之套用于其他文明之上。所谓科学理论，本是从大量事实中归纳而得，若与某类事实不符，须检讨的应是理论。若强解事实以迁就某理论，那就是船山所谓“立理以限事”了。

刘荣：您认为王船山便是中国学术“通变”的一个显例。您把船山思想放到儒家传统中进行考察，发现“无论就人格风范或学问气象而言，船山都是属于宋明儒的传统”[4]21。这与唐君毅、钱穆等先生的判断是一致的。那请您就船山哲学说明它与宋明儒学大传统的继承关系兼与外来西方理论的扞格不入之处。

严寿澂：明代中叶以后的学术思想，确有相当的变化。然而，西力东侵以前，中国学术纵有万变，似乎从未与前此的传统割裂，以反理学的所谓“启蒙”来解释明学，实难免“立理以限事”之讥。源自《周易·大传》的“通变”二字，大概最可用以说明传统中国的学术与思想变迁。传统中国的学术，传承不绝，并无文化上的大革命，此即“通”。然而这绳绳相继的“通”，正是由“变”而来；通以变成，故能传之久远。王船山可说是学术通变一显例。百余年来，船山一直是学者大感兴趣的人物，有关研究之作可说是汗牛充栋。在多数此类著作的作者笔下，船山或为现代民族主义的先驱，或为科学与理性的倡导者，或为“朴素”唯物主义的高峰，或为“实学”精神或学术“现代化”的代表……说法虽不一，但将其置于理学的对立面则同。在侯外庐诸人看来，宋代理学相当于欧洲中世纪的神学，摆脱或反对理学者即为“启蒙”之属，于是“希张横渠之正学”如王船山者（见其《自题墓石》），便成了中国反理学“启蒙”运动的代表人物。改革开放以来，凡是看来可与商品经济、个人主义、功利实用思想等现代西方风尚作附会者，无不以“实学”名之，其范围较“唯物主义”“启蒙”之类为广。

像船山这样一位进步思想家，又岂可不算作“实学”中人？然而，若是平心静气，通观船山著作，不难发现，此类头衔与船山思想的真际，相差实是甚远。船山所最为痛心的，是明朝之亡（从其《自题墓石》可见）。明朝已亡，汉族衣冠不再，志在“为天地立心，为生民立命”的儒者，当何以自处？于是愈思愈深，愈思愈广，最终以“相天”为安身立命之所（船山深信，人死后能以一己清醇的“神气”归于太虚，从而为功于天地，此即所谓“相天”。这一信仰的预设是人的才性不灭，亦即一生的作为，随魂气散归太虚而长留于天地间；其所用功夫，则大有得于内丹家性命双修之术）。在其哲学思考中，当然还有许多曲折，其中亦有越出理学藩篱者，但是对儒家（或中国文化大传统）的根本价值，则从未有怀疑。顾亭林、黄梨洲诸人实皆如此（梨洲的《明夷待访录》，虽对秦汉以来的政治体制有深刻反省，但对孔孟传统并未怀疑）。若是对船山著作略为通读一番，便知船山思想与近代多数学者的解释大相径庭。可以说，凡是将西方理论的格套用于船山思想，说得愈有条理系统，距其思想的真际愈远。

刘荣：在您看来，儒家虽然没有发展成为一个大宗教，但亦有宗教性的一面。儒教不仅旨在体现天道，这又跟牟宗三先生的观点有别。能否举例说明一下儒家所具有的宗教性。

严寿澂：经过二千余年来的发展，儒家包罗宏富，派别众多（任何大的传统都是如此），有些儒家确有其宗教性。然而从整体讲，儒家不能算作宗教。说儒家有其宗教性的一面，主因在于其重气，王船山便是一个显例。王船山排斥佛老，不遗余力，然而颇有取于内丹之术。其《楚辞通释·远游》释“轩辕不可攀援兮，吾将从王乔而娱戏”云：“仙术不一，其最近理者，为炼性保命，王乔之术出于此，如下文所详言者，盖所谓大还，一曰金液还丹是也。”释“保神明之清澄兮，精气入而粗秽除”云：“精气，先天之气，胎息之本也。粗秽，后天之气，妄念狂为之所自生。凝精以除秽，所谓铸剑也。”释“见王子而宿之兮，审壹气之和德”云：“见王子，谓服王乔之教也。宿，与肃通，敬问也。壹气，老子所谓专气。东魂、西魄、南神、北期、中央意，皆含先天气以存，合同而致一，则与太和长久之德合，所谓‘三五’也。审者，拣旁门而专求王乔之妙旨。”其子王敔案语曰：“三五，即〈河图〉中宫之数。道书云：‘东三南二还成五，北一西方共之。’又云：‘三五一，万事毕。’二与三为伍，一与四为伍，合中宫之五，所谓三五。”由此可见，船山于内丹功夫，深知其中三昧。“精气”“胎息之本”云云，正是道教中人所谓先天生物之祖气，亦即虚无、自然，或道。所谓后天粗秽之气，则与所谓呼吸气、思虑神、交感精相应。“凝精以除秽”“合同而致一”，乃道教所谓“修天赋之性，以化气质之性；修道气之命，以转天数之命”。“与太和长久之德合”，则“神与道合”之“大还”也，是谓性命双修之极致。所谓“性命双修”，功夫主要在“调息”。

王阳明弟子王龙谿于调息功夫深有所得，认为调息与致知，功夫本是不二：“调息与数息不同：数息有意，调息无意。绵绵密密，若存若亡，息之出入，心亦随之。息调则神自返，神返则息自定，心息相依，水火自交，谓之息息归根，入道之初机也。然非致知之外另有此一段功夫，只于静中指出机窍，令可行持。此机窍非脏腑身心见成之物，亦非外此别有他求。栖心无寄，自然玄会，慌惚之中，可以默识。要之，‘无中生有’一言尽之。愚昧得之，可以立跻圣地，非止卫生之经，圣道亦不外此。”（《王畿集》卷五）显然，这是宗教中的 mysticism（冥契主义或神秘主义）。船山《思问录外篇》

有曰："玄家谓'顺之则生人生物'者，谓繇魄聚气，繇气立魂，繇魂生神，繇神动意，意动而阴阳之感通，则人物以生矣。'逆之则成佛成仙'者，谓以意驭神，以神充魂，以魂袭气，以气环魄，为主于身中而神常不死也。呜呼！彼之所谓秘而不宣者，吾数言尽之矣。"

可见船山与龙谿，虽为学宗旨各别，然而主张心气兼治，以收变化气质之功，其实并无二致。心气兼治的功夫，则有取于内丹术，亦二人所同。此即船山所谓"三教沟分，至于言功不言道，则一也"。明儒的宗教性，在此显露无余。而牟宗三先生诸人，因重理而不重气之故，对此未能深入探讨。

刘荣：关于宋明理学演变为清代朴学的原因，余英时先生提出的"内在理路"说在海内外影响很大，您在《近世中国学术思想通变论丛》中也对该说的价值表示认可。但经您研究发现，近世巴蜀名士刘咸炘（1896—1932）提出的儒学发展的"三进说"，不失为解释宋明义理之学转变为清代经典考据学的一个更有价值的思路，也更合乎思想史发展的"内在理路"，可惜对此知之者甚少。请为我们揭橥并评述一下"三进说"吧。

严寿澂：宋明理学演化而成清代朴学，余英时提出了"内在理路"说，即"尊德性"与"道问学"二派争持不下，不得不"取证于经书"，经典考证于是兴起，其论述中心在所谓儒家的"智识主义"传统。1927—1928年间，刘咸炘撰成《三进》一文，主张宋明儒学发展有"三进"："汉以后儒者之学凡三变。汉唐儒者止于粗迹，至宋始知反本，而兼取老庄、佛氏，更求静处之术而通丹家，合三教。皆求之愈切，入之愈深，每变而益进者也。然宋儒于二氏，阴取阳排，虽取老庄，亦固谓与丹道无关。儒者又自相讧，其略于内者则以重内为近禅。至明以后，乃复汉唐之旧，逐末忘本，限儒学于小德细行、文章制度，甚且讳言静，讳言心，举昔之积力累劳、几将究及者，惄然置之，反以为不足道，是可怪也。"

所谓"三进"，乃刘氏心目中宋明儒学发展的"内在理路"：宋儒因探究本体，不得不有取于释道（此乃二氏之所长，汉唐儒学之所短），理学（广义上的）于是兴起（一进）；又因本体之知乃德性之知，非仅恃知识而可明，于是不得不着重心性（二进）；儒者在治心之际，更深感实悟实得之为难，介然之慧终不可恃，必须心气兼治，于是兼取道家内丹之术，乃至会通三教（三进）。清儒重又回到汉唐之旧，此一进路因之而斩。他以为，儒学的根本是学做人，而人之所以为人，在于有心，因此学者必致力于此。儒学不止是"五教八德""六府三事"；《论语》谆谆言仁，仁也不仅是爱人之行而已。凡文章制度、德行节目都是迹，随时代而迁移，重要的是明其本。宋儒之探究本体，实为儒学发展的必然之势（《三进》）。

此说《论语》可以明之。孔子弟子宰我不惬于三年之丧，认为不可三年不为礼乐，孔子的回答是："夫君子之居丧，食旨不甘，闻乐不乐，故不为也。今女安，则为之。"（《论语·阳货》）亦即三年之丧之当遵守，并非因其为古圣先贤所制订，而是因其植根于人人的内在心性。由此可见，儒家道德观念的出发点，正是孟子所谓"不忍人之心"；明儒的着重心性，强调心理合一，实为儒学"内在理路"之所必趋。《三进》中还有一段话："故梨洲论王学末流曰：后之学者，测度想象，求见本体，只在知识上立家当。罗念庵曰：'世界焉有现成良知？盖无论其本体如何，乍见者要不以常恃。不可常恃，则不能达于万事；而必求常恃，则必使挠乱之者皆不能挠乱。'此实治心者最要之问题，不能避免之问题也。夫人之行固本于心；而本于知识者浅而力小，本于情意者深而力大（说详《役智》篇）。情意又与生理相关；身心相连，心意相使，治心者固不可忽气（说详《养气》篇）。朱派之惟恃知，故琐碎而无功；变化气质，非止穷理所能也。王派有功情意；而全不顾气，情意亦难调适。气质既拘于生初，复挠于当时；当其甚也，观念失其力，景象失其味；欲清其源，必有心气兼治之功。追求至此，不得不兼取丹道。故调息之功，自朱晦庵、饶双峰以至王龙谿皆用之。"所言至为透彻。明白了这一点，即可知刘氏之说确有见地，是对儒学与理学深入有得之言。相比之下，余氏之说不免太过表面，太过肤浅。

刘荣：您已在新加坡旅居并工作多年，对它的汉学界应有相当程度的了解，能否说说新加坡汉学研究的特色之处？另外，能否从您在新加坡南洋理工大学承担的教学任务出发，谈谈该校和您本人在中国传统文化方面的教学情况？

严寿澂：谈到新加坡汉学界，特色不甚明显，因其执教者来自世界各地，所受教育各不相同。要说特点，就是比较注重汉学在南洋本地的发展，如新马一带的道教、碑刻、翻译，等等。至于大学内各学者，因其背景不同，难以概括共同的特色。至于中国传统文化方面的教学，现在可说相当薄弱。因为本地学生主要受英文教育，华文只是一个单科。大多数星洲华人都会说华语（普通话），但是阅读与写作能力则颇觉不足。当然，中文系的学生都是对此有兴趣者，程度相对较高，其中也有佼佼者，那是受家庭或其他影响所致。中文系学生中还有许多来自马来西亚，马国华人保留了从小学到高中的华文教学，所以中文程度一般胜过新加坡本地学生。近年来有不少中国大陆（还有一些来自台湾）的新移民，中学乃至小学都是在星洲受教育，故英文很不错，但同时因家庭关系，中文也不错。总的来说，中国传统文化在星洲民间影响还不小，从各大小庙宇、同乡会、宗亲会馆等可见。现在面临的问题是后继乏人，因此，新加坡政府为保留传统，一直鼓励年轻人加入此类组织。

参考文献：

[1] 王夫之．续春秋左氏传博议［M］//船山全书：五．长沙：岳麓书社，2011.
[2] 郭庆藩．庄子集释［M］．王孝鱼，点校．北京：中华书局，2004.
[3] 钱穆．庄子纂笺［M］．台北：东大图书公司，1993.
[4] 严寿澂．近世中国学术通变论丛［M］．台北："国立"编译馆，2003.

（原载《衡阳师范学院学报》2021年第2期）

第二编

船山思想的传播与接受

试论毛泽东认识论思想的船山学渊源

吴 戬

毛泽东融汇中国传统思想与马克思主义，建立起实践哲学的思想体系。我们认真寻绎毛泽东的认识论思想，可以发现传统思想的深刻印记。在知识的来源与标准、认识的类型与阶段、致知的方法与手段方面，毛泽东认识论思想与船山思想颇具相关性，或直接吸收借鉴，或创造性转化，或批判性超越。可以说，王夫之不仅是毛泽东早期思想的重要泉源，也堪称毛泽东后来接受马克思主义的思想前提与历史纽带。

毛泽东的老师杨昌济尊仰王夫之，而毛泽东推崇的谭嗣同也是船山学信徒。毛泽东不仅阅读过一些王夫之的著作，而且还积极参与船山学社的活动。地域传统与思想熏染下，毛泽东的思想与船山学有着深切的关联性，在其认识论方面也有充分地体现。

毛泽东对知识比较重视，认为它是人与动物区分的关键标志："夫知识则诚可贵矣，人之所以异于动物者此耳。"[1]67 这与王夫之"夫人之所以异于禽兽者，以其知觉之有渐，寂然不动，待感而通也"[2]458 也颇为相近。毛泽东非常强调思的重要性，认为中国学者一直存在学而不思的弊病："吾国二千年来之学者，皆可谓之学而不思。"[1]134 王夫之既注重经验，更强调思辨，注重心官之独效。受王夫之思以引而不竭思想的影响，毛泽东也非常强调精神心思在运用中的拓展深化："精神心思，愈用愈灵，用心则小物能辟大理。"[1]583 毛泽东注重从普遍联系的角度看待无时，强调知觉类化："解甲物而有通乎乙，思此理而有会乎彼。及其至也，大宇之内，万象之众，息息而相通，是谓知觉类化。"[1]587 这与王夫之物不可绝、物物相依的观点也是一致的。毛泽东于1937年撰写的《实践论：论认识和实践的关系——知和行的关系》是其认识论的系统发挥，即从其标题来看，也可看出是马克思主义认识论与传统知行观的有机结合，堪称马克思主义中国化的典型。更何况，他在《实践论》撰写期间，确实参阅了《船山遗书》。

一、知识的来源

毛泽东认为实践经验与知觉见闻是知识的来源："此种言语在其起原确已合于客观界之事实，乃由种种之经验而来者。由一人而论，从幼小之时，即童而习之，似为构成于先天者。从历史观之，则纯成乎经验，而非所谓先天直觉也。"[1]221这与王夫之知见资于见闻的思想一致："知见之所自生非固有。非固有而自生者，日新之命也。原知见之自生，资于见闻之所得。"[3]23

毛泽东认为感觉经验是认识的最初阶段，认识开始于经验："从认识过程的秩序说来，感觉经验是第一的东西，我们强调社会实践在认识过程中的意义，就在于只有社会实践才能使人的认识开始发生，开始从客观外界得到感觉经验。一个闭目塞听、同客观外界根本隔绝的人，是无所谓认识的。认识开始于经验——这就是认识论的唯物论。"[4]290毛泽东认为知识的获取来自现实的实践活动："你要有知识，你就得参加变革现实的实践。你要知道梨子的滋味，你就得变革梨子，亲口吃一吃。你要知道原子的组织同性质，你就得实行物理学和化学的实验，变革原子的情况。你要知道革命的理论和方法，你就得参加革命。"[4]287－288这与王夫之的相关思想也颇为一致："圣人不任心以求天下，而以天下固然之理顺之以为政，此以理而裁心界也。故仰观天文，俯察地理，察迩言以执两端而用其中。岂有闭门造车、出而合辙之自用者哉！"[2]596

真知是从直接经验发源的，虽然大多数知识于我们而言是间接经验的东西，但又是他人或古人直接经验的东西。因此就知识的总体而言，知识离不开直接经验："一切真知都是从直接经验发源的。但人不能事事直接经验，事实上多数的知识都是间接经验的东西，这就是一切古代的和外域的知识。这些知识在古人在外人是直接经验的东西，如果在古人外人直接经验时符合于列宁所说的条件科学的抽象，是科学地反映了客观的事物，那末这些知识是可靠的，否则就是不可靠的。所以，一个人的知识，不外直接经验和间接经验的两部分。而且在我为间接经验者，在人则仍为直接经验。因此，就知识的总体说来，无论何种知识都是不能离开直接经验的。”[4]288

知识来源于感官知觉、直接经验、现实的实践，认识不可能离开实践：“任何知识的来源，在于人的肉体感官对客观外界的感觉，否认了这个感觉，否认了直接经验，否认亲自参加变革现实的实践，他就不是唯物论者。知识里手之所以可笑，原因就是在这个地方。中国人有一句老话‘不入虎穴，焉得虎子’。这句话对于人们的实践是真理，对于认识论也是真理。离开实践的认识是不可能的。”[4]288 其实这与王夫之的感物说、行可兼知的观点十分相似。

要认识事物，只有接触该事物，生活于、实践于该事物的环境中才有可能，没有社会实践和科学实验的切实体验，任何天才都无法成功：“无论何人要认识什么事物，除了同那个事物接触，即生活于（实践于）那个事物的环境中，是没有法子解决的。不能在封建社会就预先认识资本主义社会的规律，因为资本主义还未出现，还无这种实践。马克思主义只能是资本主义社会的产物。马克思不能在自由资本主义时代就预先具体地认识帝国主义时代的某些特异的规律，因为帝国主义这个资本主义最后阶段还未到来，还无这种实践，只有列宁和斯大林才能担当此项任务。马克思、恩格斯、列宁、斯大林之所能够作出他们的理论，除了他们的天才条件之外，主要地是他们亲自参加了当时的阶级斗争和科学实验的实践，没有后一个条件，任何天才也是不能成功的。”[4]287

真正亲知的人是实践的人，秀才所知的天下事其实是依赖文字和技术的传达间接得到实践者所获得的真知：“秀才不出门，全知天下事，在技术不发达的古代只是一句空话，在技术发达的现代虽然可以实现这句话，然而真正亲知的是天下实践着的人，那些人在他们的实践中间取得了知，经过文字和技术的传达而到达于秀才之手，秀才乃能间接地知天下事。”[4]287

知识问题是一个科学问题，只有亲身参加实践才能有效认识和理解事物：“如果要直接地认识某种或某些事物，便只有亲身参加于变革现实、变革某种或某些事物的实践的斗争中，才能触到那种或那些事物的现象，也只有在亲身参加变革现实的实践的斗争中，才能暴露那种或那些事物的本质而理解它们。这是任何人实际上走着的认识路程，不过有些人故意歪曲地说些反对的话罢了。世上最可笑的是那些知识里手，有了道听途说的一知半解，便自封为天下第一，适足见其不自量而已。知识的问题是一个科学问题，来不得半点的虚伪和骄傲，决定地需要的倒是其反面——诚实和谦逊的态度。”[4]287王夫之亦然，他认为“行可兼知，而知不可兼行。下学而上达，岂达焉而始学乎？君子之学，未尝离行以为知也必矣”[5]68。“以知为行，则以不行为行，而人之伦、物之理，若或见之，不以身心尝试焉。”[5]66“耳苟未闻，目苟未见，心苟未虑，皆将捐之，谓天下之固无此乎？越有山，而我未至越，不可谓越无山，则不可谓我之至越者为越之山也。”[5]122

认识的过程是先经由接触外物的感觉阶段到综合整理加工感觉资料的概念、判断、推理的阶段，只有感觉材料的丰富和切实，才能在此基础上产生正确的概念和逻辑：“由此看来，认识的过程，第一步，是开始接触外界事物，属于感觉的阶段。第二步，是综合感觉的材料加以整理和改造，属于概念、判断和推理的阶段。只有感觉的材料十分丰富（不是零碎不全）和合于实际（不是错觉），才能根据这样的材料造出正确的概念和论理来。”[4]290毛泽东认为理性的可靠源于感性，否则理性则无源无本，流于主观臆断：“如果以为理性认识可以不从感性认识得来，他就是一个唯心论者。哲学史上有所谓唯理论一派，就是只承认理性的实在性，不承认经验的实在性，以为只有理性靠得住，而感觉的经验是靠不住的，这一派的错误在于颠倒了事实。理性的东西所以靠得住，正是由于它来源于感性，否则理性的东西就成了无源之水，无本之木，而只是主观自生的靠不住的东西了。”[4]290这与王夫之所言的“非致知，则物无所裁而玩物以丧志；非格物，则知非所用而荡智以入邪。二者相济，则不容不各致焉”[5]66观点非常相似。

毛泽东强调实践体验，主张从社会万物中学习，反对闭门造车：“闭门求学，其学无用，欲从天下国家万事万物而学之，则汗漫九垓，遍游四宇尚已。”[1]587王夫之也是如此：“内心合外物以启，觉心乃生焉。而于未有者知其有也，故人于所未见未闻者不能生其心。”[6]326

二、认识的类型与阶段

王夫之将认识分为格物和致知两种类型和阶段。一方面，他强调应以实践经验为基础；另一方面，他又认识到闻见之知的局限性和偏蔽性，强调心官之思的重要性。

毛泽东认为认识的任务在于经过感觉达到思维，了解客观对象的矛盾、规律与逻辑："认识的真正任务在于经过感觉而到达于思维，到达于逐步了解客观事物的内部矛盾，了解它的规律性，了解这一过程和那一过程间的内部联系，即到达于论理的认识。"[4]286 理性认识克服了感性认识的片面性、现象性、外在联系性，走向了全体性、本质性、内在联系性，是认识的一大推进："论理的认识所以和感性的认识不同，是因为感性的认识是属于事物之片面的、现象的、外部联系的东西，论理的认识则推进了一大步，到达了事物的全体的、本质的、内部联系的东西，到达了暴露周围世界的内在的矛盾，因而能在周围世界的总体上，在周围世界一切方面的内部联系上去把握周围世界的发展。"[4]286 毛泽东认为理性认识（理解）较之感性认识（感觉）能更深刻地认识客观对象的本质："感觉到了的东西，我们不能立刻理解它，只有理解了的东西才更深刻地感觉它。感觉只解决现象问题，理论才解决本质问题。这些问题的解决，一点也不能离开实践。"[4]286 王夫之亦认为："若耳目之官，视尽于色，无色即无所视；听尽于声，无声则无所听；聪明尽于闻见之中，所闻所见之外便无聪明。"[2]706 "言道体之无涯，以耳目心知测度之，终不能究其所至，故虽日之明，雷霆之声，为耳目所可听睹，而无能穷其高远；太虚寥廓，分明可见，而心知固不能度，况其变化难知者乎？是知耳目心知之不足以尽道，而徒累之使疑尔。心知者，缘见闻而生，其知非真知也。"[6]124 "流俗之徇欲者以见闻域其所知也；释氏之邪妄者，据见闻之所穷而遂谓无也。致知之道，惟在远此二愚，大其心以体物体身而已。"[6]132

毛泽东强调实践和认识的循环往复、螺旋上升，从实践到认识再到实践，从感性认识发展到理性认识再指导现实实践以改造主客观世界："通过实践而发现真理，又通过实践而证实真理和发展真理。从感性认识而能动地发展到理性认识，又从理性认识而能动地指导革命实践，改造主观世界和客观世界。实践、认识、再实践、再认识，这种形式，循环往复以至无穷，而实践和认识之每一循环的内容，都比较地进到高一级的程度。这就是辩证唯物论的全部认识论，这就是辩证唯物论的知行统一观。"[4]296-297 这种知行统一观与王夫之所言的行可兼知知不可兼行、知行相资以为用的观点也有一致之处。认识应当由感性阶段发展、深化到理性阶段是认识论的辩证法，如果只停留在感性认识阶段，就只能得到片面和表面的东西，犯了历史上的经验论的错误："认识有待于深化，认识的感性阶段有待于发展到理性阶段——这就是认识论的辩证法。如果以为认识可以停顿在低级的感性阶段，以为只有感性认识可靠，而理性认识是靠不住的，这便是重复了历史上的经验论的错误。这种理论的错误，在于不知道感觉材料固然是客观外界某些真实性的反映（我这里不来说经验只是所谓内省体验的那种唯心的经验论），但它们仅是片面的和表面的东西，这种反映是不完全的，是没有反映事物本质的。"[4]291 只有理性认识才能反映事物的全面性、本质性、内部规律性，停留在感性认识阶段的经验主义者往往无法有效指导实践，必然走向失败："要完全地反映整个事物，反映事物的本质，反映事物的内部规律性，就必须经过思考作用，将丰富的感觉材料加以去粗取精、去伪存真、由此及彼、由表及里的改造制作工夫，造成概念和理论的系统，就必须从感性认识跃进到理性认识。这种改造过的认识，不是空虚了更不可靠了的认识，相反，只要是在认识过程中根据于实践基础而科学地改造了的东西，正如列宁所说乃是更深刻、更正确、更完全地反映客观事物的东西。庸俗的事务主义家不是这样，他们尊重经验而看轻理论，因而不能通观客观过程的全体，缺乏明确的方针，没有远大的前途，沾沾自喜于一得之功和一孔之见。这种人如果指导革命，就会引导革命走上碰壁的地步。"[4]291 这与船山思想非常相似，王夫之也认识到了耳目见闻的感性认识之局限，强调了心官之思的重要性："见闻所得者象也，知其器，知其数，知其名尔。若吾心所以制之之义，岂彼之所能昭著乎？"[6]123 "今夫小体之灵，惟耳目为最……然而蔽于物矣。色之固然者见之，其所以然者不能见也；声之已然者闻之，其所以然者不能闻也。"[7]71 "盖形而上之道，无可见，无可闻，则唯思为独效；形而下之有声有色者，本耳目之所司，心即阑入而终非其本职。"[2]701

毛泽东认为认识的辩证性在于理性认识源于感性认识，而感性认识应发展到理性认识，唯理论和经验论不懂得认识的辩证性，都流于片面："理性认识依赖于感性认识，感性认识有待于发展到理性认识，这就是辩证唯物论的认识论。哲学上的唯理论和经验论都不懂得认识的历史性或辩证性，虽然各有片面的真理（对于唯物的唯理论和经验论而言，非指唯心的唯理论和经验论），但在认识论的全体上则都是错误的。由感性到理性之辩证唯物论的认识运动，对于一个小的认识过程（例如对于一个事物或一件工作的认识）是如此，对于一个大的认识过程（例如对于一个社会或一个革命的认识）也是如此。”[4]291－292这与王夫之认识类型与阶段理论非常相似：“夫知之方有二，二者相济也，而抑各有所从。博取之象数，远证之古今，以求尽乎理，所谓格物也。虚以生其明，思以劳其隐，所谓致知也。非致知，则物无所裁而玩物以丧志；非格物，则知非所用而荡智以入邪。二者相济，则不容不各致焉。”[5]66 “若夫心涵万物而具其理，受声色而昭其辨，其为大体明矣，然必资耳而始闻，资目而始见，则亦与耳目而分其所司焉。”[7]708 “大抵格物之功，心官与耳目均用，学问为主，而思辨辅之，所思所辨者，皆其所学问之事。致知之功，则唯在心官，思辨为主，而学问辅之，所学问者乃以决其思辨之疑。致知在格物，以耳目资心之用，而使有所循也。非耳目全操心之权，而心可废也。”[2]12

认识从实践开始，还须回到实践中去。认识的能动作用既体现在感性认识向理性认识的飞跃，更体现在从理性认识到革命实践的飞跃：“认识从实践始，经过实践得到了理论的认识，还须再回到实践去。认识的能动作用，不但表现于从感性的认识到理性的认识之能动的飞跃，更重要的还须表现于从理性的认识到革命的实践这一个飞跃。抓着了世界的规律性的认识，必须把它再回到改造世界的实践中去，再用到生产的实践、革命的阶级斗争和民族斗争的实践以及科学实验的实践中去。这就是检验理论和发展理论的过程，是整个认识过程的继续。”[4]292王夫之一方面强调知见资于见闻，致知建立在格物的基础上，另一方面强调实践是认识的目的：“知之尽，则实践之而已。实践之，乃心所素知，行焉皆顺。故乐莫大焉。”[6]173这与毛泽东的认识过程理论是非常相似的。

三、知识的标准

王夫之认为行可以知知之效，知之尽实践之而已，实际上强调了以实践作为检验知识和真理的标准。

毛泽东认为，理性认识是否符合客观真理性的问题，只有回到社会实践中去应用、检验才能解决：“理论的东西之是否符合于客观真理性这个问题，在前面说的由感性到理性之认识运动中是没有完全解决的，也不能完全解决的。要完全地解决这个问题，只有把理性的认识再回到社会实践中去，应用理论于实践，看它是否能够达到预想的目的。”[4]292只有客观的社会实践才是认识和检验真理的标准尺度：“只有人们的实践，才是人们对于外界认识的真理性的标准。”[4]284 “真理的标准只能是社会的实践。”[4]284 “实践是真理的标准。”[4]293 “我们民族的灾难深重极了，惟有科学的态度和负责的精神，才能引导我们民族到解放之路。真理只有一个，而究竟谁发现了真理，不依靠主观的夸张，而依靠客观的实践。只有千百万人民的革命实践，才是检验真理的尺度。”[4]663这是对王夫之所言“身试其中，而后得失判矣”[7]113 “知者非真知也，力行而后知之真也”[7]585 “行焉，可以得知之效也”[5]67等相关思想的现代发展。

四、认识的目的

毛泽东认为认识的目的不仅在于解释世界，而且在于改造世界：“马克思主义的哲学认为十分重要的问题，不在于懂得了客观世界的规律性，因而能够解释世界，而在于拿了这种对于客观规律性的认识去能动地改造世界。”[4]292毛泽东认为注重理论在于它能指导行动：“然而马克思主义看重理论，正是，也仅仅是，因为它能够指导行动。”[4]292毛泽东认为有了正确的理论应当应用于实践，而不宜空谈或悬置：“如果有了正确的理论，只是把它空谈一阵，束之高阁，并不实行，那末，这种理论再好也是没有意义的。”[4]292这其实与王夫之所言“以知知义，以义行知，存于心而推行于物，神化之事也”[6]64 “知，至于尽器；能，至于践形；德盛矣哉”[3]31 “知虽良而能不逮，犹之乎弗知”[6]101 “知能同功而成德业。先知而后能，先能而后知，又何足以窥道阃乎”[8]164也颇为相近。

王夫之认为知与行二者有时是对等的概念，有时是不对等的概念，知有时未能行，而行则必统知：“凡知者或未能行，而行者则无不知。且知行二义，有时相为对待，有时不相为对待。如明明德者，行之极也，而其功以格物、致知为先焉。是故知有不统行，而行必统知也。”[2]423毛泽东认为真理不仅在其创立的时候，而且更在于其被科学实验和社会实践所证实的时候：“许多自然科学理论之所以被称为真理，不但在于自然科学家们创立这些学说的时候，而且在于为尔后的科学实践所证实的时候。马克思列宁主义之所以被称为真理，也不但在于马克思、恩格斯、列宁、斯大林等人科学地构成这些学说的时候，而且在于为尔后革命的阶级斗争和民族斗争的实践所证实的时候。”[4]292-293认识运动随着矛盾和斗争而不断向前推移和发展：“然而对于过程的推移而言，人们的认识运动是没有完成的。任何过程，不论是属于自然界的和属于社会的，由于内部的矛盾和斗争，都是向前推移向前发展的，人们的认识运动也应跟着推移和发展。”[4]294毛泽东认为，如果认识不能随社会情势而及时变化，革命就无法走向胜利：“革命时期情况的变化是很急速的，如果革命党人的认识不能随之而急速变化，就不能引导革命走向胜利。”[4]294由于认识受到了社会条件的限制，思想有时会落后于实际，如革命中出现的右倾机会主义离开了社会实践，企图开倒车：“然而思想落后于实际的事是常有的，这是因为人的认识受了许多社会条件的限制的缘故。我们反对革命队伍中的顽固派，他们的思想不能随变化了的客观情况而前进，在历史上表现为右倾机会主义。这些人看不出矛盾的斗争已将客观过程推向前进了，而他们的认识仍然停止在旧阶段。一切顽固党的思想都有这样的特征。他们的思想离开了社会的实践，他们不能站在社会车轮的前头充任向导的工作，他们只知跟在车子后面怨恨车子走得太快了，企图把它向后拉，开倒车。”[4]295思想有时会超出实际，离开社会现实性，可能会犯左翼空谈主义和“左”倾冒险主义的错误：“我们也反对左翼空谈主义。他们的思想超过客观过程的一定发展阶段，有些把幻想看作真理，有些则把仅在将来有现实可能性的理想，勉强地放在现时来做，离开了当前大多数人的实践，离开了当前的现实性，在行动上表现为冒险主义。”[4]295主客分裂、认识与实践脱离会导致唯心论、机械唯物论、机会主义和冒险主义等错误：“唯心论和机械唯物论，机会主义和冒险主义，都是以主观和客观相分裂，以认识和实践相脱离为特征的。”[4]295

各个具体的认识只具有相对的真理性，无数相对真理之总和才是绝对的真理：“马克思主义者承认，在绝对的总的宇宙发展过程中，各个具体过程的发展都是相对的，因而在绝对真理的长河中，人们对于在各个一定发展阶段上的具体过程的认识只具有相对的真理性。无数相对的真理之总和，就是绝对的真理。”[4]295王夫之也认识到了真理的阶段性和相对性，认为事有其是，执是则非。

毛泽东认为认识运动与客观事物一样都充满着矛盾和斗争，不断发展变化，认识永远没有完结之时："客观过程的发展是充满矛盾和斗争的发展，人的认识运动的发展也是充满着矛盾和斗争的发展。一切客观世界的辩证法的运动，都或先或后地能够反映到人的认识中来。社会实践中的发生、发展和消灭的过程是无穷的，人的认识的发生、发展和消灭的过程也是无穷的。根据于一定的思想、理论、计划、方案以从事于变革客观现实的实践，一次又一次地向前，人们对于客观现实的认识也就一次又一次地深化。客观现实世界的变化运动永远没有完结，人们在实践中对于真理的认识也就永远没有完结。"[4]295-296即使马克思列宁主义并没有终结真理，而是在实践中开辟认识真理的道路："马克思列宁主义并没有结束真理，而是在实践中不断地开辟认识真理的道路。"[4]296毛泽东强调主观和客观、理论和实践、知与行的具体的历史的统一："我们的结论是主观和客观、理论和实践、知和行的具体的历史的统一，反对一切离开具体历史的'左'的或右的错误思想。"[4]296王夫之的知行观非常强调行的首要性，认为"行可兼知""知不可兼行"，认为实践是认识的目的，"知之尽，则实践之而已"[6]173；强调认识与行动的统一、思想观念转化为现实实践，"以知知义，以义行知，存于心而推行于物"[6]64。

五、认识的方法与手段

（一）强调调查，反对本本主义

王夫之强调行可兼知，而知不可兼行；强调即事明理、即用得体、即器明道；反对立理限事、执一贼道。毛泽东的主张亦与之相似，他在1930年所作《反对本本主义》中强调调查，反对本本主义，认为"没有调查就没有发言权"[4]109 "注重调查，反对瞎说"[4]109。他认为调查是解决问题的基本前提与有效办法："你完完全全调查明白了，你对那个问题就有解决的办法了。一切结论产生于调查情况的末尾，而不是在它的先头。"[4]110 "调查就像'十月怀胎'，解决问题就像'一朝分娩'。调查就是解决问题。"[4]110不根据现实情况而盲目执行上级指示也是一种形式主义，反而背离了上级的精神："不根据实际情况进行讨论和审察，一味盲目执行，这种单纯建立在'上级'观念上的形式主义的态度是很不对的。为什么党的策略路线总是不能深入群众，就是这种形式主义在那里作怪。盲目地表面上完全无异议地执行上级的指示，这不是真正在执行上级的指示，这是反对上级指示或者对上级指示怠工的最妙方法。”[4]111一种理论被认为正确，并非因为创立提出者是先哲，而是其理论在实践中得到检验，被证明为正确，即使马克思主义也不例外：“我们说马克思主义是对的，决不是马克思这个人是什么‘先哲’，而是因为他的理论，在我们的实践中，在我们的斗争中，证明了是对的。”[4]111我们既要学习马克思主义的理论学说，更要注意同中国的社会现实相结合，必须摆脱教条主义的盲从过信：“马克思主义的本本是要学习的，但是必须同我国的实际情况相结合。我们需要本本，但是一定要纠正脱离实际情况的本本主义。”[4]112只有通过实际调查才能洗刷唯心主义，防止机会主义、盲动主义的错误倾向：“必须洗刷唯心精神，防止一切机会主义盲动主义错误出现，才能完成争取群众战胜敌人的任务。必须努力作实际调查，才能洗刷唯心精神。”[4]112离开实际调查就会产生唯心主义，导致机会主义或盲动主义的错误：“离开实际调查，就要产生唯心的阶级估量和唯心的工作指导，那末，它的结果，不是机会主义，便是盲动主义。”[4]112只有实际调查才能纠正盲从本本的教条主义：“怎样纠正这种本本主义？只有向实际情况作调查。”[4]112正确的策略只有在实践经验中才能产生，因此需要及时了解社会形势，进行实际调查：“共产党的正确而不动摇的斗争策略，决不是少数人坐在房子里能够产生的，它是要在群众的斗争过程中才能产生的，这就是说要在实际经验中才能产生。因此，我们需要时时了解社会情况，时时进行实际调查。”[4]115革命的胜利需要对国情实际的真切了解：“中国革命斗争的胜利要靠中国同志了解中国情况。”[4]115

（二）因时因地制宜，具体问题具体分析

王夫之非常强调具体问题具体分析，强调因时、因地、因情制宜：“言各有所指，道各有所宜，不揆其时，不察其故，不审诸顺逆之大义，不度诸好恶之公心，而唯格言之是据，则仁人君子之言，皆成乎蔽。”[9]803 “事固有因时因地而各宜，不能守一说以为独得者，然其大概，则亦有一定之得失焉。”[9]543王夫之认为，时势不同，则利害关系、价值地位等情况则可能大不相同：“西域之在汉，为赘疣也，于唐，则指之护臂也，时势异而一概之论

不可执，有如此夫！”[9]734王夫之认为，利民之事，也非有一定之法，贵在因时制宜：“利民者，非一切之法所可据为典要，唯其时而已。”[9]746因时势情况大不相同，立言者不可以一时之可否定千秋之是非：“夫古今异时，强弱异势，战守异宜，利害异趣，据一时之可否，定千秋之是非，此立言之大病。”[9]790王夫之主张因时酌宜，推本得失，宁为无定之言，不敢奉为定论以贼道：“编中所论，推本得失之原，勉自竭以求合于圣治之本，而就事论法，因其时而酌其宜，即一代而各有弛张，均一事而互有伸屈，宁为无定之言，不敢执一以贼道。”[9]955王夫之强调取资前人和他人，贵在灵活变通：“善取资者，变通以成乎可久。”[9]956他认为道无方无体，以位物、成事而有方有体，因此立论不可执一僵化：“道无方，以位物于有方；道无体，以成事之有体。鉴之者明，通之也广，资之也深，人自取之，而治身治世、肆应而不穷。抑岂曰此所论者立一成之例，而终古不易也哉！”[7]956王夫之认为时势、情理不同，不可一概以言成败：“势因乎时，理因乎势，智者知此，非可一概以言成败也。”[9]333

与王夫之相似，毛泽东也强调具体问题具体分析，认为具体问题具体分析是马克思主义活的灵魂，并认为这是列宁首先提出来的：“具体地分析具体的情况是马克思主义活的灵魂，马克思主义哲学的一条基本原则。最早是由列宁提出来的，他在《共产主义》一文中批评匈牙利共产党员库恩·贝拉时写道：他忽略了马克思主义的精髓，马克思主义活的灵魂：对具体情况作具体分析。”[10]213后来毛泽东在《矛盾论》中又重申了列宁的这一思想：“马克思主义最本质的东西，马克思主义的活的灵魂，就在于具体地分析具体的情况。”[4]312其实，根据我们上述的分析可以看出，王夫之的相关论断颇得具体问题具体分析之意趣精髓。从某种程度而言，毛泽东所言的具体问题具体分析可以说是中国思想传统与马克思主义相结合的产物。

参考文献：

[1] 毛泽东．毛泽东早期文稿［M］．长沙：湖南出版社，1990.
[2] 王夫之．读四书大全说［M］．北京：中华书局，1975.
[3] 王夫之．思问录［M］．北京：中华书局，2009.
[4] 毛泽东．毛泽东选集［M］．北京：人民出版社，1991.

[5] 王夫之. 尚书引义 [M]. 北京: 中华书局, 1962.
[6] 王夫之. 张子正蒙注 [M]. 北京: 中华书局, 1975.
[7] 王夫之. 四书训义 [M]. 长沙: 岳麓书社, 2011.
[8] 王夫之. 周易外传 [M]. 北京: 中华书局, 1977.
[9] 王夫之. 读通鉴论 [M]. 北京: 中华书局, 1975.
[10] 列宁. 列宁选集: 第四册 [M]. 北京: 人民出版社, 1995.

(原载《衡阳师范学院学报》2018 年第 4 期)

试论王夫之对熊十力思想的影响

吴 戬

熊十力是现代新儒家的开山人物，撰有《新唯识论》《体用论》《乾坤衍》《明心篇》《读经示要》《原儒》《佛教名相通释》等。熊十力的哲学思想虽颇受王阳明的影响，但他对王夫之也异常关注。熊十力云："船山本晚明大思想家，吾平生服膺甚至。"[1]186 熊十力对王夫之的思想学术有非常深刻的认识与把握，并将其作为自己的思想基石，予以吸收融化、转换创造。林安梧认为，熊十力的基本哲学思想是对王夫之相关思想的继承与发展："当我写完王夫之的时候，对熊十力就更加关心了，因为熊十力基本上的哲学思想跟王夫之，可以说是一种承继的关系。"[2]195 寻绎熊十力的思想，我们可以发现，其宇宙本体论、人生哲学、哲学精神等诸多方面都打上了船山思想的深刻烙印，值得重视。

一、宇宙本体论

（一）彰有破空与体用不二

王夫之强调实有，认为太虚一实，反对虚无："物情非妄，皆以生征。"[3]63 "夫可依者有也，至常者生也，皆无妄而不可谓之妄也。"[3]62 熊十力亦对王夫之实有主张有充分的认识，认为其可以挽救末流耽空之弊："船山以为宇宙皆实也，皆有也。不可说空说无。其于佛老空无二词之本义，虽不免误会，然以救末流耽空之弊，则为功不浅。船山曾研佛家有宗，盖亦融有义以言《易》。"[1]211 熊十力与王夫之一样亦持崇有哲学，反对虚空，认为佛教以刹那为无常，最终流于反人生，而道家归本自然，而废人能，都有失偏颇，而非正道：

> 凡物刹那灭，佛氏与吾儒《大易》都见此理。老庄深达《易》旨，然余独宗《易》，究与二氏殊趣。（老庄同为道家，与佛家并称二氏。）夫刹那刹那灭，实即刹那刹那舍故生新。儒者以此，明人道与群治当体现天行之健，常去故取新，自强而不息也。（儒者至此为句。《乾卦》取象于天行健，以名本体之流行其德至健也。《说卦》曰："革去故，鼎取新。"自强不息，亦《乾》象。）佛氏以刹那灭即是无常而作空观，卒流于反人生。老庄虽见到刹那生灭而卒归本自然，遂至守静任化，而废人能。二氏毕竟偏而失正，兹不及深论。[4]25

体用不二是熊十力宇宙本体论的根本主张："研宇宙论者，体用不二义，须认定。"[4]72熊十力认为实体与功效是统一的、交融的，不可在功效流行之外，寻求实体："本论以体用不二立宗。学者不可向大用流行之外，别求实体。"[4]27所谓体用不二是指，实体发生变动而产生效用，就好比海水涌动而形成的水泡、浮沫。海水即是本体，产生水泡浮沫即是功效，因此本体和功效之间不可区分："问：'云何说体用不二？'答：实体自起变动而成为大用，汝道体用是二否？譬如大海水自起变动而成为众沤，（众沤，以比喻用。大海水，以比喻体。）汝道大海水、众沤是二否？"[4]27－28体用是相对待的名词，若有体而无用，则体亦空洞虚无，则体名不立，若有用无体，则用为凭空突现，如无源之水、无本之木，亦不可能。因此体用表面可分，而实则一体共存，缺一不可："体，即实体之省词；用者，功用，即心物万象之目。体用二名，相待而立。假如说，有体而无用，则体便空洞无所有。若尔，体之名何从立？假如说，有用而无体，则用乃无原而凭空突现，如木无根而生，如水无源而流。高空无可立基，而楼阁千万重，居然建筑，宇宙间那有此等怪事？应知，无体则用之名亦无由立。余尝言，体用可分而实不二。此则近取诸身、远取诸物，积测积验而后得之，非逞臆妄说也。"[4]70现象与功用名称虽异而实质相同："现象与功用二名，其称虽异，其实一也。从其变动不居而言，则名功用；从其变动不居，宛然有相状昭著而言，则名现象。故曰名异而实同也。"[4]72功用皆以实体为其自身，就相当于众沤以海水为其自身，即体即用就是功用即是实体，实体即有功用：

> 余在本论与《原儒》中谈体用，常举大海水与众沤喻。（以大海水比喻实体，以众沤比喻功用。）实体变成生生不息的无量功用，譬如大海水变成腾跃不住的众沤。（于此可悟即体即用之理。）无量功用皆以实体为其自身。譬如众沤各各以大海水为其自身。（甲沤的自身是大海水，乙沤的自身亦是大海水，乃至无量数的沤皆然。由此可悟即用即体之理。即用即体者，谓功用即是实体，如众沤自身即是大海水也。）故体用不二义，惟大海水与众沤之喻，较为切近。可以引人悟入正理，庶几改正从来谈宇宙论或本体论者之种种迷谬。余不惮辞费而重复言之，诚有以也。余读《易》至显仁藏用处，深感藏字下得巧妙。藏之为言，明示实体不是在其功用之外，故曰藏诸用也。藏字，只是形容体用不二，不可误解为以此藏于彼中。体用那有彼此？此处切忌以日常习见的物件作比拟，智者思之。[4]71

程颐在《程氏易传》中提出了体用一源的理论，其云："至微者理也，至著者象也；体用一源，显微无间。"但程颐在自身的哲学体系中，其重理轻象、重体轻用的倾向十分明显，实际上割裂了体用的辩证关系。王阳明的体用论，更走向了心灵主义、道德主义的迷沼。

传统的体用观在王夫之手里得到了系统的总结与完善。他在《周易外传·大有》中提出了体用胥有的命题："天下之用皆其有者也。吾从其用而知其体之有，岂待疑哉？用有以为功效，体有以为性情，体用胥有而相需以实，故盈天下而皆持循之道。"[3]37 王夫之认为，功能效应（用）是客观存在的（有），通过功能效应的客观存在，可以推知其本体的客观存在，使用存在的事物则成为功效，以存在的事物为本体、主体则可以凸显其性情，本体和功用在存在上得到统一，而且相互依赖，交相为功，成为现实的存在。王夫之又在《周易外传·系辞上传十一章》提出了体用相函的命题："体用相函者也。……体以致用，用以备体。……无车何乘？无器何贮？故曰体以致用；不贮非器，不乘非车，故曰用以备体。"[3]198 王夫之认为，本体和功效是一种交融互含的关系。本体都有其功用；功效有利于本体的不断完善与提升。车辆是用来乘坐的，容器是用来储藏的，所以本体都有其功能、效应；不能储藏的就不是容器，不能乘坐的就不是车辆，因此功用也是本体存在的标志，而且可以不断地完善本体。

其实王夫之对体用关系还有着更深刻的表述，他认为，体用是不可强行区分离析的，体存则用现，所用无非体，因为功用即是本体的功用："仁义，性之德也。性之德者，天德也，其有可析言之体用乎？当其有体，用已现；及其用之，无非体。盖用者用其体，而即以此体为用也。"[5]503 王夫之认为体用初非二致，有体必有用，有用必有体，言体而用在，言用而体在："凡言体用，初非二致。有是体则必有是用，有是用必固有是体，是言体而用固在，言用而体固存矣。"[5]473 这其实正是熊十力所言的体用不二。林安梧认为熊十力的体用哲学实是船山思想的承接与转化："总的来讲，在《新唯识论》里面，基本上是通过了他对于有宗唯识学、空宗般若学这空、有二宗的批判，建构了他自己一套崭新的体用哲学。这套哲学与中国传统中庸、易传是有密切血缘关系的。像他常提'即用显体，承体达用''即用而言，体在用；即体而言，用在体'。其实在王夫之哲学里已经说过了。"[2]196 如今看来，不无道理。

值得注意的是，熊十力的体用论对王夫之的翕辟论、乾坤论、体用论进行了嫁接。熊十力认为，体即本体，用即功用，功用有翕辟两个方面："体者，宇宙本体之省称。（本体，亦云实体。）用者，则是实体变成功用。（实体是变动不居，生生不竭，即从其变动与生生，而说为实体之功用。）功用则有翕辟两方面，变化无穷，而恒率循相反相成之法则，是名功用。（亦省称用。）"[4]27 用即变化，心物是用的两方面，不是两体，心物两方面都生生不已、变动不已："夫用者，变化之称。变无独起，决定有对，故说大用流行，法尔有心物两方面。世之谈唯心者，毕竟无可否认物，只欲将物质说为心之副产物耳。世之谈唯物者，毕竟无可否认心，只欲将精神说为物之副产物耳。余宗《大易》乾坤之义，说心物是大用之两方面，不是两体。此两方面元是生生不已、变动无竭之大流。"[4]71 功用变动不居，一切功用自身即是实体，心物只是功用的两方面，不可强分为二："《易》曰变动不居，通心物两方而言也。心是实体之功用，是变动不居；物，亦是实体之功用，是变动不居。心物只是功用之两方面，不可破析为二。功用之变动不居，时时捨故趋新，无有穷竭者，则以一切功用之自身，即是实体故耳。"[4]71

（二）乾坤互含与翕辟成变

熊十力既强调乾坤的并存性，同时也强调了二者的互涵性：“余持全体分化之论，实宗主《大易》，非余一己之臆说也。《易》明乾元，分化为乾坤。乾坤虽分，而实互相含。（乾卦中有坤象，明乾阳主动以运乎坤，是阳含阴也。《坤卦》中有乾象，明坤阴承乾而动，是阴含阳也。）乾坤不可剖作两体，更不可于此两方面任意而取其一。”[4]80-81其实这正是对王夫之乾坤互含、阴阳互含思想的吸收，王夫之认为：“是故乾纯阳而非无阴，乾有太极也；坤纯阴而非无阳，坤有太极也。”[3]199“阳含静德，故方动而静。阴储动能，故方静而动。”[6]35

翕辟成变是熊十力哲学关于宇宙创生的一大创获。翕、辟是本体变化中两种性质不同的能量类型与势用趋向。翕是一种收摄、凝聚性的势能，辟是一种刚健、开拓性的势能。熊十力认为：“此种刚健而不物化的势用，即名之为辟。”[4]13翕辟是同时成对出现，它们的相互作用构成了宇宙万物的变化。“才有翕，便有辟。唯其有对，所以成变。”[4]13“故翕势方起，即有辟势同时俱起。”[4]13辟具有精神性，翕具物质性，因此翕可以对应坤，辟对应乾，两者相反相成，缺一不可：“乾阳即精神之称。精神遍在散殊的一切物质中为其统御，犹心为吾身五官百体之统御者也。精神与物质本非两体，不可剖析。实体变成功用，即此功用之内部起分化，而为翕辟两方面。辟为精神。翕为物质。质则散殊，精乃大一。翕辟以相反而归统一，完成全体之发展。《易大传》所以有德盛之叹也。”[4]80翕辟是大用的两方面，相反相成。辟是健动开发之势，浑一遍运，即所谓精神；翕是凝敛摄聚之势，分化万殊，即所谓物质：“辟是健动、升进、开发之势，所谓精神是也。翕是凝敛、摄聚，而有趋于固闭之势，所谓物质是也。翕便分化，物成万殊。辟则浑一，遍运乎一切物质中，无定在而无不在。大用有此两方面，所以相反相成，此乃法尔道德理也。”[4]73翕、辟是两种相反的功能、效应，同时存在，无先后之次序。翕凝敛而成物，可称之为物；辟开发而不失本体之健，可称之为心。翕辟恒转，而心物同体：“原体显用，用则一翕一辟，以其相反而成变化。故翕辟恒俱转，无有一先一后之次第也。翕即凝敛而成物，故于翕直名为物。辟恒开发而不失其本体之健，故于辟直名以心。夫心辨物而不蔽，通物而无碍，宰物而其功不息。正是健以开发之势，故知心即辟也。心物同体，无先后可分。理实如是，何用狐疑？子以为宇宙本际，唯有物而无心，此肤见也。如无本心，而后忽发现心灵，是从无生有，断无是理。”[4]15可见，翕辟二词虽然来自《易传》，但熊十力的翕辟成变论，也受到了王夫之阖辟论的直接影响，只不过将阖换成了翕。

王夫之认为阳辟阴函，动静互涵，一阖一辟而为道：“形，阴之静也。开者，阳气动而开之，睹闻乘其动而达焉。虽阴魄发光，而必待开于阳，故辟者阳之功能，寐则阴函阳而闷之于内，阴之效也。静以居动，则动者不离乎静；动以动其静，则静者亦动而灵。此一阖一辟所以为道也。”[7]272阖有辟，辟有阖，往来不穷，异情相敌，而交相为功，以阖故辟，以辟故阖，无阖则无辟，无辟亦无阖：“阖有辟，辟有阖，故往不穷来，来不穷往。往不穷来，往乃不穷，川流之所以可屡迁而不停也；来不穷往，来乃不穷，百昌之所以可日荣而不匮也。故阖辟者，疑相敌也，往来者疑相反也。然而以阖故辟，无阖则何辟？以辟故阖，无辟则何阖？则所谓阖辟以异情而相敌，往来以异势而相反，其不足以与大化之神久矣。”[3]256阖之象收敛以成体，辟之象荡开以发用，且阖辟同时存在，阖则必辟，辟则必阖：“阴受阳施，敛以为实，阖之象也；阳行乎阴，荡阴而启之，辟之象也。……已阖而静，方辟则动；辟之也动，既辟而静。静以成体，动以发用；故六爻之有阴阳，皆具乾坤之德，而用不穷也。夫阖则必辟，辟则必阖，万象体乾坤而各自为体，阴阳有畸胜而无偏废，其一阴一阳之相间者，纯之必变也。”[8]560阖户以坤之德顺，受施而纳之，处静藏动；辟户以乾之德健，施无所吝，动无不达，阖辟体用互涵，相反相成：“阴爻耦，辟象也；而言阖户者，坤之德顺，以受阳之施，阖而纳之，处静以藏动也。阳之爻奇，阖象也；而言辟户者，乾之德健而发，施于阴者无所吝，而动则无不达也。阴阳，质也，乾坤，性也；阖辟之体用互用，不倚于质之所偏，此乾坤之互为质性，不爽夫太和也。”[7]271熊十力也明确指出辟即乾，坤即翕：“辟有刚健、开发、升进、炤明等等德性，《易》之所谓乾也……翕有固闭和下坠等性，《易》之所谓坤也。”[4]121因此就其精神实质，熊十力所说的“翕辟成变”其实就是王夫之的“乾坤并建”：“乾坤并建而捷立，以为大始，以为成物。”[3]267“乾坤首建，极阴阳之至盛，以为变化之由。”[3]271

二、人生论

（一）尊生率性

受王夫之性者生理、性日生日成的影响，熊十力也主张生生之谓道，宇宙生生不息，吾人秉此生生不息之意以为真性："道，生生也。生天生地生人，只是此道。"[1]17 "以为宇宙只是一大生生不息真几。吾人禀此生生不息真几而生，是为吾人之真性。"[1]177 熊十力强调生命的不断创造、生生不息，认为有生之日皆创新之日，不可守故休歇："有生之日，皆创新之日，不容一息休歇而无创，守故而无新。使有一息而无创无新，即此一息已不生矣。"[9]87 熊十力认为吾之生与宇宙同其新新，无故可守，并明确指出王夫之为其思想先导："吾人初生之顷资生于宇宙之大生命力，既生以后，迄于未尽之期，犹息息资生于宇宙之大生命力，吾生与宇宙始终非二体。故吾之生也，息息与宇宙同其新新，而无故故之可守。命之不穷，化之不息也如是。斯理也，船山王子，盖先我发之矣。"[9]85 熊十力强调健为生德、仁亦生德，健、仁二者异名同实，其重生之意昭然可见："夫至静而变，则其静非废然之静，而有健德以居静也。至寂而化，则其寂非旷然之寂，而有仁德以运寂也。健，生德也；仁，亦生德也。曰健曰仁，异名同实。"[4]36-37

王夫之认为太虚一实、天地本动，强调珍生务义、尽性立命，反对佛教和老庄的虚无。熊十力亦然。他认为理学和佛教都流于虚静之枯寂："王船山责理学之静，为废然之静，佛法则更甚。"[4]36-37 熊十力儒学以健为静君、仁为寂主，可以继天德、立人极，而佛教则以性体为寂静，导群生以寂灭，是反人生的，极不可取："生生之盛大不容已，曰健；生生之和畅无郁滞，曰仁。是故健为静君，仁为寂主。大生、广生，万物发育。人生以是而继天德、立人极，亦即以是而尽人能弘大天性。天人不二，儒学其至矣。佛氏以为性体只是寂静，将导群生以同归于寂灭之乡。此犹是人间世否？余不得而知之矣。"[4]37 熊十力重视人生，强调入世，注重生活向度的展开，他说："佛家出世思想，未免反人生。此余之所不能赞同者。"[1]183 熊十力认为佛教虽对性体寂静领会极深，但导致人生流于枯寂，扼杀了生意真机："空宗于性体寂静方面领会极深，惜未免滞寂溺静，直将生生不息、变化不竭之真机，遏绝无余。”[4]37-38 “说空、说幻，毕竟毁尽生生种子。”[4]38 熊十力对王夫之健动以起颓废，以救宋明理学枯寂之弊，深表赞赏：“主动，以起颓废。此则救宋明儒末流之弊，与习斋同一用意，但习斋理解远不逮船山。”[1]211 熊十力对王夫之率性而不绝欲的主张也颇为推服：“船山不主张绝欲或遏欲，而主张以性率情，使情从性，则欲无邪妄。而情欲与性为一矣。此与程朱本旨并不背，可惜戴震不识性，而妄奖欲。”[1]211

（二）性修不二

熊十力认为，性是本然自足的，习是后天的训练培养和努力造就。习中显性，积极作为，认真修养，有为而无为，由必然而自然，乃达到与天德合一的境地：“无事于性，有事于习。增养净习，始显性能，极有为乃见无为，尽人事乃合天德。习之为功大矣哉！”[9]67 性为天，习为人，天为人所因，天因人而成，天性为修习提供前提基础，修习为天性的显现而提供了可能，因此性修不二，天人合德：“天人合德，性修不二故，学之所以成也。《易》曰：‘继之者善，成之者性。’全性起修名继，全修在性名成。本来性习为天，后起净习为人。故曰：‘人不天不因；天不人不成。’”[9]144 成能才能成性，天性需要后天的修习造就，所谓天性本质上是人后天创造出来的：“若如我说，成能才是成性，这成的意义就是创。而所谓天性者，恰是由人创出来。”[10]492 因此，学首先要树立志向，以铸就素养和能力为指归：“学者首贵立志，终乎成能。”[9]145 熊十力认为，立志对于学问和事功的成就甚为关键：“有志愿即有真力量，故其对于学问或事功的趋向，能终始贯彻而无所辍。譬若电之走尖端，行所无事，而势不容已也。”[10]79 这其实是对王夫之继善成性、尽性立命、立志思诚思想的继承与发展。

王夫之重人文，反对朴，强调后天的学习和修为，熊十力对此深表认同：“老聃尚朴，任自然，自然之说行，必有贱检约，而放荡无所不至者。朴之说行，必将反文明，而安偷惰，至以任情为率真，而实行不肯修，实学不肯讲者。其流弊可畏也。”[1]170 熊十力认为，朴与自然之说流行，就会导致任情放纵，不事修习，最终走向反文明。可见，熊十力对后天的作为、对修的重视，从而在精神旨趣上与王夫之高度一致。

因此，性修不二体现了熊十力对王阳明和王船山思想的融摄，是阳明学复性理论与王夫之成性思想的辩证统一。就其重心而言，实侧重于修，因此本质上更接近船山学轨辙。

三、王夫之与熊十力的哲学精神

熊十力以《周易外传》《周易内传》为基础，概括出船山哲学的基本思想与根本精神，即尊生、明有、主动、率性：“船山《易内外传》宗主横渠，而和会于濂溪、伊川、朱子之间。独不满于邵氏。其学，尊生以箴寂灭，明有以反空无，主动以起颓废，率性以一情欲。论益恢弘，浸与西洋思想接近矣。此所举四义，实已概括船山哲学思想。学者欲研船山学，不可不知此纲要。自清末梁任公以来，时有谈船山者。大抵就涉猎所及，而摘其若干辞义，有合于稗贩得来之新名词与新观念者，以赞扬之。至于船山之根本精神，与其思想之体系及根据，则莫有过问者。”[1]211 “晚明王船山作《易内外传》，宗主横渠，而和会于濂溪、伊川、朱子之间，独不满于邵氏。其学尊生以箴寂灭，明有以反空无，主动以起颓废，率性以一情欲，论益恢宏，浸与西洋思想接近矣。然其骨子里自是宋学精神，非明者不辨也。其于汉师固一切排斥，不遗余力也。”[10]83－84熊十力认为自己的哲学思想与王夫之的基本观念大体相似：“若夫生与有等四大基本观念，余与船山未尝异也。”[1]212而他的代表作《新唯识论》的中心思想在于尊生彰有、健动率性，正是对王夫之《周易外传》思想宗旨的提炼与继承：“吾平生之学，穷探大乘，而通之于《易》。尊生而不可溺寂，彰有而不可耽空，健动而不可颓废，率性而无事绝欲。此《新唯识论》所以有作，而实根抵《大易》以出也。（上来所述，尊生、彰有、健动、率性，此四义者，于中西哲学思想，无不包通，非独矫佛氏之偏失而已。王船山《周易外传》颇得此旨，然其言散见，学者或不知综其纲要。）”

（一）《易传》为体、《春秋》为用的思想格局

王夫之与熊十力的哲学的根基都是建立在《易传》的基础上。王夫之有《周易外传》《周易内传》《周易稗疏》《周易大象解》等著作。更关键的是，王夫之吸收了《易传》生生不息的精神观念，构建了自己的动态创变哲学。熊十力也是如此。林安梧认为，熊十力继承的是《易》《庸》的传统，通过

唯识学的概念加以转换和创造："毕竟熊十力，他还是《中庸》《易传》的传统，他通过《中庸》《易传》的思考，进到整个唯识学里面，透过唯识学的一些基本概念，做了一种转化跟创造。"[2]195

熊十力认为《易》为五经之源，易学堪称真正的生命哲学，博大精深，非柏格森等西洋生命哲学所可比拟："易为五经之源，汉人已沿之。而易学，不妨名之曰生命哲学。特其义旨广远深微，包罗万有，非西洋谈生命者所可比拟。"[1]211他的体用哲学即归宗大易："余于佛法所专力者，即在大乘空、有二宗。然余于佛家心物之争，并不甚注意。余所强探力索者，独在其性相之论。(佛氏谈性相，犹余云体用。)余之宇宙论主体用不二，盖由不敢苟同于佛法，乃返而远取诸物、近取诸身，积渐启悟，遂归宗乎《大易》也。"[4]26具体而言，他吸收了《易传》的生生精神、翕辟观念以及藏仁显性等思想。他认为汉以来儒者由于不通《春秋》之义，导致民族思想衰微，宋儒持《春秋》以复仇，只是一种家天下思想，与民族思想无关，真正知道民族思想的可贵、对民族有悲怀哀感的是王夫之。熊十力表达了在当今民族危亡之际，对《春秋》之义的恪守："中国汉以后儒者，不通《春秋》之义，而民族思想日益式微。南宋之儒尝持《春秋》以呼号复仇。复仇者，复赵氏一姓之仇也，于民族何与？故民志终不振，则胡人又起而乘之矣。若乃明圣挺生，独知民族思想之可贵，以哀号于族类者，其唯衡阳王子，郑所南、吕晚村亦其亚也。今外侮日迫，吾族类益微，吾人必须激发民族思想，念兹在兹。凡吾固有之学术思想、礼俗、信条，苟行之而无敝者，必不可弃；凡有利于吾身吾家，而有害于国家民族者，必不可为；凡有益于公而有损于私者，必不可不为；日常服用，除药品外，有可不需外货者，宁崇俭素而誓不买外货，以此发誓于皇天后土，慎守终身，是则吾平生持风《麟经》之志也。"[10]16

在熊十力看来，阳明学立本明体有余，而达末致用不足："阳明一生精神，毕竟理学气的意味过重，其所以自修而教人者，全副精神都只在立本，而不知本之不离末也；都只在明体，而不知体之不离用也；都只在修身，而不知身之不离家国天下与一切民物也。此其所以敝也。"[10]177如前所述，熊十力认为，体若无用，体名亦废，用若无体，用亦无源，显然含有体用兼该的诉求。这其实与王夫之体以致用、用以备体的精神是一致的。他认为《易传》为哲学思想的轴心典籍，而《春秋》则为社会政治伦理思想的根本原典："孔家经籍研究底程序，在哲学或元学思想方面，《大易》为根本巨典，诚不宜忽。《论语》、三礼、《诗》、《书》、《孟子》，俱当参互以求。《老》、《庄》则《易》之别派，并宜搜讨。至于社会政治伦理等思想方面，《春秋》为根本巨典。《论语》、《易》、三礼、《诗》、《书》、《孟子》，均当参互以求。《庄子》、《荀卿》皆《春秋》之支流，亦须并观。"[10]66 可以看出，熊十力与王夫之一样，秉持《易传》为体、《春秋》为用的思想格局。

（二）会通意识的凸显

与王夫之一样，熊十力亦崇尚通学，追求学术的会通："现代学术，分工太细。专长虽多，而通识或少。古代哲人学术，有包罗万象之概。今不可期之科学专家。而哲学似应勉为其难，上追古人博大之观。"[1]199 同时他对体用、心物、性修等对峙性概念进行融通式的阐释，也可见其重会通的总体精神与王夫之的辩证综合相当一致。

王夫之与熊十力都注意融汇经学而推陈出新。王夫之对群经均有阐释，于《诗经》有《诗广传》，于《尚书》有《书经稗疏》《尚书引义》，于《春秋》有《春秋稗疏》《春秋家说》《春秋世论》，于《左传》有《续春秋左氏传博议》，于《礼记》有《礼记章句》，于《周易》有《周易稗疏》《周易外传》《周易内传》《周易大象解》。同时，王夫之依经学为起点，推陈出新，即所谓的"六经责我开生面"。王夫之哲学的主要基石是《周易》，《周易外传》的撰成标志着王夫之哲学体系的建立。而礼学、春秋学对其社会政治思想、伦理思想产生了深远影响。王夫之的文艺美学思想打上了诗经学的鲜明烙印，而尚书学对王夫之的知识论与逻辑学也有相当的启发。王夫之有着"六经责我开生面"的推陈出新的使命感，熊十力深受此影响，其云："王夫之之诗曰：'六经责我开生面'。吾将持此以授世人，庶几塞吾悲乎?"[1]39 熊十力对经学也十分重视："夫六经广大，无所不包通，而穷极万化真源，则大道恒常，人生不可不实体之也。"[1]103 "经者常道，不可不读。"[1]103 "中国数千年来，高深之文化，根底具在六经。"[1]139 "天人之奥，造化之原，六籍发挥，既明且备。参研西籍，益见圣言不虚妄。治道、群化，经学见得远大。"[1]140 "吾非不注意吸收西学者，但固有经学，必须尊重。"[1]140 熊十力的哲学要旨来源于《易传》，而且社会政治思想深受《春秋》学的影响。

同时王夫之和熊十力都注意对佛学与科学进行吸收和改造。王夫之是清代学者最早对唯识宗予以注意和研究的学者，这一点为梁启超所揭示。对此，熊十力亦予以认可："晚明王船山首研相宗，而后无继者。至清末，杨仁山学佛虽宗贤首，而于相宗极提倡。其弟子欧阳竟无遂盛弘斯学，几越唐贤。章炳麟与此宗致力亦勤。"在熊十力的哲学体系中，唯识宗更是发挥了重要作用，其代表作《新唯识论》堪称典型。

王夫之的科学观对熊十力亦有相当影响。王夫之十分重视质测之学："密翁与其公子为质测之学，诚学思兼致之实功。盖格物者，即物以穷理，惟质测为得之。"[11]633同样，熊十力也并不排斥西方科学。熊十力认为："科学与人生大道，所发明者何限，其影响于人类精神者甚大且遍。此固有识所共知，无须深论。余固不肯轻视科学，但亦不敢以科学为万能。余以为人类欲得真幸福，决非可仅注意外部，如环境与制度之改良。而内在因素，实至重要。"[1]136 "余以为科学与经学，两相需，而不可偏废。欲使科学方法与工程技术，纯为人类之福，而不至为祸，则非谋经学科学二者精神之相贯不可。经学于宇宙，明其本源。科学于宇宙，析其分殊。二者相互发明，万殊原于一本，一本现为万殊。岂有隔绝不通之理?"[1]137 "经学如不有科学为羽翼，则尚德慧而轻知识，固不免以空疏无用贻讥。科学如不有经学为归宿，则且有以知识而破碎大道之憾。"[1]138当然，由于熊十力所处的二十世纪科学高速发展，日新月异，较之王夫之所处的十七世纪影响更是空前，对科学的体察当更为直观而深刻。

（三）民族主义与历史文化意识

熊十力对王夫之的民族思想给予高度评价，认为王夫之的民族思想着眼于文化，合于人道与现代趋势，并非狭隘的种族主义："清季学人都提倡民族主义。革命之成也，船山先生影响极大。然船山民族思想确不是狭隘的种界观念，他却从文化上着眼，以为中夏文化是最高尚的，是人道之所以别于禽兽的，故痛心于五胡辽金元底暴力摧残。他这个意思，要把他的全书融会得来，便见他字字是泪痕。然而近人表彰他的民族主义者，似都看做是狭隘的种界观念，未免妄猜了他也。他实不是这般小民族的鄙见。须知中夏民族元来没有狭隘自私的种界观念，这个观念是不合人道而违背真理且阻止进化的思想，正是船山先生所痛恨的。”[10]360-361 熊十力认为民族主义在当今时代是必要的，与太平理想并不相悖，对民族主义的狭隘化或淡漠化处理都是不可取的，甚至会造成灾难性的后果：“中国自汉以后学者，类皆无民族思想。盖史家实播此毒。……此真吾民族之危机也。尝谓世界未能遽跻大同，则民族思想不可遽泯，只须导之以正。大抵各民族间必各有其民族思想，即各能自爱其类，各图自立自存，自强自创，乃能共进于太平。故民族思想善导之，乃所以促进太平，实与太平之理想不相背也。若使有甲民族焉，绝无民族思想，则必涣散乱亡，以招他民族之侵略；又或有乙民族焉，过持狭隘自私的挂念，专以侵略他民族为事，终必有弗戢自焚之忧。甲本不及，乙又太过。过与不及，皆为世界进化的阻碍，为人类理性发达的障害，人类幸福的绝望即由于此。”[10]15

熊十力有着强烈的历史文化意识，这方面也深受王夫之的影响，对此牟宗三有所揭示：“就因为熊先生历史文化意识强，所以他一生最佩服王船山。王船山文化意识最强。熊先生对任何思想家都有微词，唯独对船山没有微词，甚至提到王船山的时候总是称衡阳之圣。熊先生从他原始气、野人气的旷达生命直接契入于夏商周所传下来的文化大流。”[12] 熊十力认为鉴于东方文化的缺点弊病已经暴露，接下来的工作应当是发扬东方文化的优良传统：“东方文化其毒质至今已暴露殆尽，然其固有优质待发扬者，吾不忍不留意也。”[10]110 熊十力强调“哲学的国民性”，呼吁继承发展先秦诸子的思想传统，培养独立研究和自由发展的精神：“哲学有国民性，诸子之绪，当发其微。若一意袭外人肤表，以乱吾之真，将使民性尽毁，渐无独立研究与自由发展之真精神，率一世之青年，以追随外人时下浅薄之风会。”[10]14 其民族文化意识之强烈，堪称船山思想的现代回响。

参考文献：

[1] 熊十力. 读经示要 [M]. 上海：上海书店出版社，2009.
[2] 林安梧. 我的学思历程：中国哲学研究方法的一些反省与思考 [J]. 学术界，2014 (7).
[3] 王夫之. 周易外传 [M]. 北京：中华书局，1977.

[4] 熊十力. 体用论 [M]. 上海: 上海书店出版社, 2009.
[5] 王夫之. 读四书大全说 [M]. 北京: 中华书局, 1975.
[6] 王夫之. 思问录 [M]. 北京: 中华书局, 2009.
[7] 王夫之. 张子正蒙注 [M]. 北京: 中华书局, 1975.
[8] 王夫之. 周易内传 [M]. 长沙: 岳麓书社, 2011.
[9] 熊十力. 新唯识论 [M]. 武汉: 湖北教育出版社, 2001.
[10] 熊十力. 十力语要 [M]. 上海: 上海书店出版社, 2007.
[11] 王夫之. 搔首问 [M]. 长沙: 岳麓书社, 2011.
[12] 牟宗三. 时代与感受续编 [M]. 台北: 联经出版事业有限公司, 2003.

(原载《衡阳师范学院学报》2018 年第 5 期)

《湘绮楼日记》对王船山思想的接受与传承

赵 斌

王夫之（王船山）与顾炎武、黄宗羲并称为“明末清初三大思想家”，但相对来说，王船山成名较晚。作为标杆式人物，顾炎武思想的经典化较早，早于同期的王船山。与此同时，宋恕等浙江学者对黄宗羲思想的接受、传播也较为卖力。王船山思想的经典化为什么较为滞后呢？原因比较复杂，有“明朝遗老”的身份限制，也有清朝大兴“文字狱”的社会根源，更有人为的因素和时代的原因。人为因素主要是因为王船山著作整理、刻印较晚。一直到了近代，邓显鹤、曾国藩等学者才开始有规模地刻印、出版王船山著作，此后，接受和传播王船山思想的风气才开始慢慢形成。当然，受各种传播条件的限制，王船山著作的阅读与其思想的接受、传播，在戊戌变法之前还拘囿于湖湘文人内部，戊戌变法之后，王船山思想逐渐被人熟知、传播，但直到辛亥革命前后，王船山思想的经典化才初具规模，作为“三大思想家”的地位也才逐渐稳固下来。

一般来说，阅读史是学术思想经典化的历史。王船山思想的经典化也是在其著作的阅读史中建构起来的。近代以来，阅读王船山著作的风气日益浓厚，其阅读史很值得探讨。作为近代著名经学家、文学家，王闿运对王船山著作的阅读、接受具有典型性。非常巧合的是，王闿运的王船山阅读史几乎与王船山思想的经典化同步。王闿运，湖南湘潭人，生于道光十二年（1832）十一月二十九日，卒于民国五年（1916）九月二十四日，享年八十五岁。王闿运的人生旅程几乎伴随着整个中国近代历史。作为传统的读书人，面对三千年未有之变局，传统的价值观念很难应付时局的沧桑巨变，王闿运强烈地感受到了时代的变化。为了不被时代淘汰，他试图从“经典中寻绎救世之良方”[1]38，其中阅读王船山著作应该也是他寻找“救世良方”的一种途径。王闿运对王船山著作的阅读、接受可以在《湘绮楼日记》中寻到诸多“蛛丝马迹”，可以部分地还原其王船山阅读史。

一、《湘绮楼日记》中的王船山阅读史

“阅读是人类接受文字信息的一种社会行为，它的兴衰荣枯，总是与其文化母体所提供的时代背景息息相关。阅读个体的现实情境深刻影响着其阅读行为。”[1]38可以说，王闿运阅读王船山著作是应时而生的阅读行为。从《湘绮楼日记》可知，王闿运阅读王船山著作几乎伴随了日记的始终。

王闿运记日记的起始时间并不早。据现有的资料显示，王闿运同治八年（1869）正月初四日才开始记日记。当时王闿运已经三十八周岁，他写道：“大雨，读汉书一卷。”[2]1就是这样一个简单的起始句，却生动地呈现出一个传统读书人的形象。民国五年（1916）七夕，王闿运在记下“七夕喜遇彭畯五”[2]3437后便终止了日记，他也于两个月之后谢世。《湘绮楼日记》几乎没有中断地记录了57年。王闿运阅读王船山著作的时间长达56年，在日记中直接记录王船山的文献约有60条，由此可见，王船山接受史几乎贯穿其一生。

王闿运在其日记首篇中就记录了阅读王船山著作的体悟。同治八年（1869）正月十七日，他写道：“点汉书一卷。王章上书攻王凤，而欲立定陶王，逢帝一时，终犯其忌，其死非不幸。赵合德自杀不对状，后乃诬成其杀子，非信史也。王船山以耿育所奏为非，谬矣。船山论史，徒欲好人所恶，恶人所好，自诡特识，而蔽于宋元明来鄙陋之学，以为中庸圣道。适足为时文中巨手，而非著述之才矣。”[2]1995从这条文献可以看出，在王闿运比较阅读的视野里，他对王船山的思想有些非议，与此同时，他又把王船山著作比附于《史记》《汉书》等传统经典，自然又体现其心仪之意。王闿运有“考四海而为隽，纬群龙之所经”①的阅读志趣及阅读雄心，一生阅尽天下经典，立志成为经学大师。另外，从相关文献中还可以看出，王闿运阅读王船山著作早已开始，不然不会在点读《汉书》时会有关于王船山思想的随感之论。从船山学的发生史来看，邓显鹤编辑的《船山遗书》的刊刻发生在鸦片战争前后，但因太平军叛乱，雕版毁于战火，故流传不广，因此，王闿运阅读邓显

鹤版《船山遗书》的可能性不大。同治二年（1863），由曾国藩、曾国荃主持，在邓显鹤版本基础上编辑的《船山遗书》于同治四年（1865）正式出版。随后，阅读王船山著作的风气日盛。同治年间，王闿运经常游走于曾国藩幕府，见证了曾国藩版《船山遗书》的印刻、出版，正如其后来在同治八年（1869）二月初五日的日记所记："检船山书，校其目录，舛误者数处。元浦请诸名人校书，而开卷谬误，故知著述非名士之事也。"② 王闿运通过仔细研读曾国藩版《船山遗书》，发现错误多处，因而发出"著述非名士"的感慨。由此可以推演出：同治四年（1865）（曾国藩版《船山遗书》出版时间）到同治八年（1869）（王闿运撰写日记的开始时间）是王闿运阅读王船山著作的黄金时间。但遗憾的是，这一时间段王闿运还没有开始记日记，笔者在其他文献中也没有发现相关记录，故只能够作此推测。

王闿运在日记中最后一次记录阅读王船山著作的时间是民国四年（1915）十月廿二日，他写道："王生请作谱序，为书一纸，言船山学派刘、王之谬。"[2]3405 此时的王闿运已是成就斐然的王船山研究专家，在王船山研究上做了很多工作。从同治八年（1869）到民国四年（1915），这 56 年的《湘绮楼日记》留下了很多关于阅读王船山著作的记录，从时间跨度、阅读广泛性来看，王闿运确实是"近代阅读王船山第一人"。当然，在《湘绮楼日记》中，王闿运 56 年的王船山著作阅读记录，也呈现阶段性特征，具体情况见表 1。

表 1　《湘绮楼日记》中的阅读王船山著作情况统计表

姓名	同治年间	光绪年间	宣统年间	民国年间
王闿运	《船山杂说》《读通鉴论》《永历实录》《莲峰志》《文集》《思问录》《张子正蒙注》	《四书章句》《文集》	《读通鉴论》	《读通鉴论》

上文我们推演出"同治四年（1865）（曾国藩版《船山遗书》出版时间）到同治八年（1869）（王闿运撰写日记的开始时间）是王闿运阅读王船山著作的黄金时间"这一结论，这也可以从这个统计表得到印证。从数据统计可以看出，王闿运阅读王船山著作的时间集中于同治年间，之后，阅读数量日益衰减。从"阅读惯性"上看，没有日记记录的同治八年（1869）之前

的几年时间应该是王闿运阅读王船山著作的最重要时期。

二、《湘绮楼日记》中的王船山接受史

作为一个有着建构思想的学术大师，王闿运对王船山思想的接受别具一格。相对于郭嵩焘等近代文人较为忠实的阅读、接受模式，王闿运对王船山思想的接受则具有很强的批判性。但非常吊诡的是，表面上看，王闿运对王船山的贬损近乎苛刻，但其在潜意识中却用王船山思想来绳之各种生活现象，进而判断是非。

在《湘绮楼日记》中，王闿运记录了不少关于船山思想的生活之思。光绪元年（1875）七月十八日，王闿运登上一艘小舟，将要出发时，忽然有两个妇人要搭乘小舟，她们一跃而起登上小舟，禁之不可。针对这件事情，王闿运在日记中写道："因思王船山讥庄定山不宜与俗子同舟，当自顾船。余亦自顾船而遇此，船山又何以处我？"[2]423 光绪十五年（1889）二月十七日，王闿运在日记中又说："夜停镇江，夏生来。有五尼自芜湖来，睡我房外。夜又二湘人来，睡门外。此亦无礼。于船山论，当究已不自顾船。"[2]1528 从上面两个事例可以看出，王闿运眼中的王船山思想太理想化了，践行它会遭遇现实的尴尬。王闿运自认为比王船山要中庸一些。如光绪二十年（1894）五月廿七日，王闿运在日记中载："附舟还衡……有飘江来附舟者，伧夫也，乃闻吾名。老仆呼君实；宋人气度，亦殊不易及。若船山，定当力拒之。余处马、王之间。"[2]1933 王闿运用"处马、王之间"的处事态度对王船山略作批评。更为有意思的是，王闿运在生活中偶尔会"看月思船山"。光绪八年（1882）四月十七日，当"夜月当门"时，王闿运"念今年月月月佳，殊为罕事。岂愁人见月常多耶？王船山痛恨夜明，盖为此也"[2]1104。寄月怀人，不能不说王船山思想已经融入了王闿运的日常生活中去了。无独有偶，光绪二十七年（1901）六月十一日，王闿运游览黑沙潭，"犹见唐宋人题名，今皆蒙翳矣。或彭亦例语，不然，何不闻王夫之记录也"[2]2390－2391。从王闿运这种"睹物思船山"的情怀可以看出，王船山思想对他的影响已非常深远。

王闿运对王船山的总体评价不高。他在同治八年（1869）二月初五日的日记中写道："船山学在毛西河伯仲之间，尚不及阎伯诗、顾亭林也，于湖南为得风气之先耳。明学至陋，故至兵起、八股废，而后学人稍出。至康、

乾时，经学大盛，人人通博，而其所得者或未能沉至也。”[2]15王闿运敏锐地意识到船山学对湖湘文化的开创意义，同时，他也偏执地认为，王船山思想相对于整个学术界来说只能是二流水平。为了坚持己见，直到光绪三十一年（1905）六月三日，他仍然在日记中强调：“看船山讲义，村塾师可怜，吾知免矣。王、顾并称，湖南定不及江南也。”[2]2662而“王、顾并称”是当时学术界的流行看法。郭嵩焘早在咸丰八年（1858）七月廿六日的日记记下了乙舟为袁漱六撰写的船山祠对联：“恸哭西台，当年航海君臣，知己犹余瞿相国；羁栖南岳，此后名山著作，同心惟有顾亭林。”[3]147从这副对联可以看出，郭嵩焘、乙舟、袁漱六等文人都默认了王船山“比肩惟有顾亭林”。孙宝瑄也在光绪二十四年（1898）闰三月二十九日的日记里把“亭林、梨洲、船山”并称于“国朝经世硕学”“皆不可不深究也”[4]196。与孙宝瑄同时代的张謇在光绪二十六年（1900）十月二十一日的日记中记下了他为学堂学生出“船山亭林梨洲学术同异论”[5]445这件事情。这些事例较充分地说明，光绪末年，王夫之已经“比肩”顾炎武、黄宗羲，称王夫之、顾炎武与黄宗羲为“明末清初三大思想家”也已基本达成共识。但对这些比较流行的看法，王闿运却反其道而行之。王闿运一般不把王船山与顾炎武、黄宗羲作比较，而是用不太知名的学者比附王船山，并且经常是“龟兔赛跑式比较”。例如，他用牟庭所比附王船山。牟庭所是乾、嘉时的考据学家，而王船山以思想建构见长，两者比较，不伦不类，犹如“龟兔赛跑”，自然会得出这样的结论：“牟氏终身著书，皆骋己说，又不如王夫之，然其佳者胜之。考据长于王，时为之也。”[2]235无独有偶，在光绪十七年（1891）十二月八日的日记中他批评“镜初《春秋笺记》”“夹入左传议论”，但可以看成是“杰作”，且“与船山可抗行”[2]1759。这种以点带面式评价，很难让人信服，与“龟兔赛跑式比较”一样显得笨拙、肤浅。

王闿运对王船山政治史学评价最低。他在日记中把王船山看成是“时文中巨手”，称其史论“语似精而粗”[2]6，“似甚可厌”[2]17，“不知近人何以赏之”[2]3112。由此可知，王闿运对王船山的史论厌恶之情溢于言表。王闿运还认为王船山史论有其狭窄之处，对当下的历史不能给出解释。民国元年（1912）正月二日，王闿运通过报纸知道，清帝已经逊位，袁世凯做了总统，定国号为共和民国。他认为，大清帝国“以儿戏自亡，殊为可骇，又补廿四史所未及防之事变，以天下为神器者，可以爽然。萧鹤祥来，极颂袁公，亦船山史论外别有见解者”[2]3136。简言之，他认为中华民国的建立是船山史论无法解释的。王闿运对王船山《黄书》评价也不高，他在日记中写道：“作《志》传，阅船山《黄书》，其见未卓。”[2]96

王闿运对王船山的礼学评价稍显温和，但其原因可能并不是王闿运发自内心的赞赏，而是从众心理使然，因为同一时期湖湘文人都已特别推崇王船山礼学了。曾国藩在同治五年（1866）六月二十九日写的《阅王船山所注〈张子正蒙〉》一文中认为：“船山氏最推重正蒙一书，以余观之，亦艰深而不能显豁，其参两篇言天地日月五行之理数，尤多障碍。”[6]《张子正蒙注》一书虽然难以卒读，但曾国藩对它的赞赏之情却溢于言表。郭嵩焘与曾国藩一样推崇王船山礼学，他在同治九年（1870）十月廿二日的日记中认为：“船山处乱世，几欲离人而立于独，气象又别。师船山之言以立身，体圣贤之心以应物，其庶几乎。”[3]625郭嵩焘把王船山看成圣人，对其礼学服膺之至。这一点在王闿运日记中得到了印证，王闿运说：“筠仙言：船山书精华在读性理大全。吾闻之一惊，惊其一语道破，诚非通王学、熟读全书者不能道此语……片言居要，吾推筠老。”[2]137-138总体上看来，王闿运对王船山礼学没有好感，当他“翻王夫之礼记注”时，觉得“亦有可采者，而大段不可观，乃知著作之难”[2]555。难能可贵的是，他用“著作之难”做出理解性解释。然而，他在光绪四年（1878）三月二日日记中却又认为：“阅王夫之《中庸衍》，竖儒浅陋可悯。”[2]645王闿运把王船山称为“竖儒”，贬抑太过了。

王闿运对王船山诗词评价有所肯定也有所批评。光绪八年（1882）十二月卅日，这天是“除日”，王闿运“闻炮竹声至曙光”[2]1175，可谓一夜未眠，不禁诗兴大发，写下了二十二首《论诗绝句》，论及诗人元遗山等三十三家，其中一首评论王船山：“江谢遗音久未闻，王何二李徒纷纷。船山一卷存高韵，长伴沅湘兰芷芬。”[2]1176在这首诗中，他给了王船山“存高韵”“兰芷芬”的赞誉，突出王船山在“沅湘”文学地理学上的意义。光绪十五年（1889）五月十八日，王闿运在日记中对湖湘文学做了整体评价，认为“湘洲文学，盛于汉清。故自唐宋至明，诗人万家，湘不得一二。最后乃得衡阳船山：其初博览慎取，具有功力；晚年贪多好奇，遂至失格”[2]1556-1557，既突出了王船山思想在文学上的开创意义，也对王船山提出了严厉的批评。他在同治八年（1869）正月二十九日日记中也说："晚坐观船山杂说，及其所作北曲，书谢小娥事，悽怆悲怀。"[2]12他对王船山诗词有一定的体悟。光绪十八年（1892）三月廿二日，王闿运"看船山诗话，甚诋子建，可云有胆，然知其诗境不能高也，不离乎空灵妙寂而已，又何以赏'远犹辰告'之句"[2]1782，这是批评的声音。王闿运对王船山诗词评价具有嘲讽性，他"翻船山愚鼓词"，把王船山诗词"定为神仙丹家言，非诗词之类也"[2]353。甚至，当他看到"船山悼亡诗，又不觉大笑"[2]1188，嬉笑怒骂充斥其间。

王闿运对王船山诗词评价为什么会有褒有贬呢？一是与他多元的性格有关系，二是与他自身的诗词造诣密切相关。王闿运早期与邓辅纶等都是"湖湘派"干将，他们组建"兰林词社"，以汉魏之风相尚，才气风发，或集会唱和，或结伴出游，赋诗山林，并称"湘中五子"，大有相颉颃文坛前辈"湖南六名士"③之意。这种力追汉晋之风倾动一时，得到肃顺、曾国藩等名家的赏识。王闿运认为，他们能够"探风之人旨，竟七子之业"，遵循"诗律大变"，但"船山不善变"[2]1557，所以跟不上时代的步伐。

王闿运对王船山著作的阅评有其偏执之处，这是由王闿运的狂妄而又自卑的多元性格决定的。实际上，他不仅仅对王船山是如此，对同时代的其他名人也是如此，例如，他在日记中说："胡文忠公能求人才，而不知人才。曾文正公能收人才，而不用人才，左季高能访人才，而不容人才……凡此皆今世所谓贤豪，乃无一得人才之用者，天下事尚有望耶！"[2]726其狂妄之态跃然纸上。

三、《湘绮楼日记》中的王船山思想之传承活动

为了让更多的人接受王船山，传承王船山思想，王闿运开展了大量的推广活动，为船山思想的传播做出了重要贡献。这些在《湘绮楼日记》中留下了较为清晰的线索。

（一）王闿运书写船山传，扩大王船山思想接受范围

王闿运具有两副面孔。他在阅评王船山时贬损颇多，但在弘扬王船山精神上却能够身体力行，正如他在同治十三年（1874）刊行的《衡阳县志序》中所说："船山贞苦，其道大光。千载照耀，百家汪洋。"[7]662王闿运希望全

民都能够阅读、接受王船山思想，为此，他做了很多实实在在的船山学研究。

同治九年（1870）四月十九日，为了给王船山作传，他“翻王船山永历实记及莲峰志、文集，欲作传，颇倦而罢”[2]96。“颇倦而罢”说明工作很辛苦，工作也很努力。同治九年（1870）四月廿日，王闿运着手“作船山传”。船山传记不容易作，因此传记最终还是没有完成。同治九年（1870）四月廿二日为了“作志传”，他仍然在查阅资料，阅读了“张子厚正蒙十八篇”[2]96。除了作传，王闿运还在竭尽所能地搜集王船山遗文遗稿。光绪二十四年（1898）四月四日，王闿运“道署催客，至谭、萧学舍，唯见秀阶。至刘省卿斋，萧、朱均在，更有曾生，邵阳人，藏船山惜发赋者也，午前笙送墨迹来代请题跋，云欲相见，余请并邀同集，故遇于此”[2]2144。王闿运对曾生所“藏船山惜发赋”非常感兴趣，于是他“请并邀同集”。显而易见，王闿运在套近乎，想一睹“船山惜发赋”的风采。无独有偶，光绪三十三年（1907）二月五日，王闿运遇到周生与廖倬夫，“廖云：奔驰苦矣，又不识道，得遇周，如空谷足音也。留宿一房，谈船山事，云搜集随笔，名曰王志，以拟郑志也”[2]2798。作为具有传统秉性的文人，晚年的王闿运对王船山的各种逸闻、随笔特别感兴趣。另外，晚年的王闿运作为船山学研究的权威人物，经常为后学学者做王船山谱序，如光绪十七年（1891）七月廿日“为尹生题船山遗稿，写字数纸”[2]1727，民国四年（1915）十月廿二日“王生请作谱序，为书一纸”[2]3405。可见，王闿运为传播王船山思想做了很多实实在在的工作。

（二）王闿运主持船山书院，传播王船山思想

王闿运与船山书院有着不解之缘。早在光绪八年（1882）十月一日，王闿运“出至衡阳县署，访文心久谈，多及船山书院事”[2]1148。此时，王闿运就了解不少船山书院的事情。光绪十一年（1885），船山书院改建到东洲岛，彭玉麟邀约好友王闿运任山长，但王闿运并没有马上赴任。光绪十四年（1888）二月十二日，“刘定甫来言船山书院事，百说不了”[2]1140－1141，也没有把赴任之事定下来。直到光绪十七年（1891），王闿运才出任船山书院山长，但遗憾的是，好友彭玉麟已驾鹤西去，王闿运有“假馆东洲，城中故人散亡略尽，意气衰落，无可告言”[2]1737之感。早期的船山书院规模小，“门斗斋夫村陋”[2]1697，王闿运颇感失望，但通过他的一番努力，“学在船山”成为

当时船山书院的名片。

中国古代书院历来注重发扬先贤圣人模范作用，学生入馆，书院、学馆要求学生拜祭先贤，诵读先贤著作，以达教化学生。如光绪十四年（1888）二月十七日，“晨舁入馆；馆中起学。监院周铣诒荔樵中书来，旋出。朱文通、郭庆潘、陈海鹏、杨鹏海、陶少云、俞锡爵来送学。久待筠仙不至，未初始行礼：先谒船山，次求阙。鹏海指视王三叩而曾六叩，云京师昭忠祠礼也。余心疑焉：我非地方官，何为而行官礼？以宾礼主度，依而行之”[2]1441－1442。从这一条日记看出，晚清时期的湖南有很多书院、学馆都把阅读王船山著作、拜祭王船山作为学生学习的主要任务。这一点在《郭嵩焘日记》中得到了印证。光绪七年（1881）三月廿六日，“思贤讲舍开馆”，郭嵩焘与监院陆恒齐等人“同诣船山先生祠行礼，诸生至者十五人”[3]157。可见，拜祭王船山成为湖南书院、学馆的必修功课，并且活动规模较为盛大。相对于其他书院，船山书院原本就是“为崇祀湘中先贤王夫之而建，所以在书院的日常活动中，祭祀王夫之、宏扬船山精神”是“书院教育的主要内容之一”[1]128。作为船山书院山长的王闿运又是王船山研究权威，熟稔船山思想，自然会带领学生阅读、接受王船山思想。王闿运在船山书院期间，他“春秋两祭”都要向书院学生宣讲王船山的生平事迹和民族气节，让学生诵读王船山著作，用王船山精神陶冶自己的情操。

（三）王闿运举办船山祭祀，传承王船山思想

在王船山接受史上，举办王船山祭祀活动，对接受、传承王船山思想具有重要意义。作为王船山思想的传播者，郭嵩焘、王闿运等湖湘文人开展了很多王船山纪念活动，其中“船山祭祀”活动成了每年的必修课。正如王闿运在《船山公诞祭文》所说，王船山“空山抱道，独怀忠孝之心，异代流芳，增美桂林之传”[8]666。

举办王船山祭祀活动，主要是郭嵩焘发起的。早在光绪二年（1876）八月二十日，郭嵩焘去“县奏王船山先生宜从祀文庙，奉旨交礼部议奏”[3]55，接着，“寄省城自徐云渠以下公信一函，述奚二十日奏请船山先生从祀文庙一节”[3]57。郭嵩焘为王船山祀文庙四处奔走。

光绪二年（1876）十月十五日，王闿运“得筠仙公启，言王船山从祀

事”[2]525。郭嵩焘邀约好友王闿运共举这一盛事。从日记看出，王闿运没有担任船山书院山长之前，他对举办王船山祭祀活动并不热心。可以说，前一时期的王船山祭祀活动大都是郭嵩焘主持的。郭嵩焘在生命的最后12年［从光绪六年（1880）到光绪十七年（1891）］每年都会公祭或私祭王船山，祭祀的日期一般是九月初一日或正月初一日。祭祀活动通常是“诣船山祠行礼”“开社讲”等，每次参与者都有几十人。这些在郭嵩焘日记中都有大量记录。把王闿运、郭嵩焘这一时期的日记进行比较，就会发现一个有意思的现象：王闿运这一段时期的日记没有记录参与祭祀王船山活动，但郭嵩焘在光绪十四年（1888）九月初一日的日记中却记录了当时的祭祀情况：“致祭船山祠，王壬秋已前赴湘潭，属为主祭。”[3]805这句话似乎表明王闿运是参与船山祭祀活动的主要人物。这一重要信息王闿运为什么没有记录下来呢？这是一个很复杂的问题，值得专文探讨。

光绪十八年（1892），郭嵩焘去世，祭祀王船山的重担便落在了王闿运肩上。于是，王闿运在日记中留下不少祭祀王船山的记录。日记显示：光绪十八年八月三十日，王闿运“至程家，遇笃生，乃知明日船山生日，有祭”[2]1813；第二天，“因祀船山，不点名。拟祭礼：既非释尊，又非馈食，当用乡饮。飨礼未遑改定，姑依俗三献行之。诸生无衣冠者，大半手足无措；再演，略胜跪拜耳，已至夕矣”[2]1814；光绪廿二年九月初一日，“将午，始祭船山以乡贤之礼。兴此六年，今稍习矣”[2]2115；光绪二十五年九月初一日，“晨起庀具，巳初释奠，实用时制秋祭礼而小变之，未为合礼”[2]2241；光绪二十六年九月初一日，“设面为船山作生日”[2]2333；光绪二十八年九月初一日，“例祭船山”[2]2490；光绪三十三年九月初一日，“余于入门时亦先行香，在室为赞，未偏旅而先退”[2]2840。从以上所引用的材料来看，王闿运“以乡贤之礼”祭王船山，祭祀的地点主要是船山书院、船山祠，参与者有书院学生、乡贤、市民等。王闿运举办祭祀王船山活动，扩大了传承王船山思想的范围，对船山思想的传播作出了重要贡献。

四、结论

日记类的文献一般来说只有片言只语，但这片言只语往往却能挖掘出历史的真相。王闿运在《湘绮楼日记》中记录了自己接受、传播王船山思想的

56年历程，也可以说这本日记见证了船山学的发生。《湘绮楼日记》直接记录阅读王船山著作的文献约60条。从这里可以看出，王闿运阅读王船山著作的行为贯穿一生。作为一个有着建构思想的学术大师，王闿运对王船山思想的接受别具一格。相对于郭嵩焘等近代文人较为忠实的接受模式，王闿运对王船山思想的接受则具有很强的批判性。但非常吊诡的是，表面上看，王闿运对王船山批判得非常过火，但在潜意识中却用王船山思想来绳之各种生活现象，进而判断是非。此外，王闿运带领乡贤、学生、市民接受和传承王船山思想，举办王船山祭祀活动，对船山思想的传承作出了重要贡献。

注释：

① 王闿运为尊经书院书写的对联。光绪五年（1879）二月初二日，在丁宝桢的盛情邀约下，王闿运正式出任成都尊经书院山长，书院经典阅读之学风逐渐形成。参见王闿运：《湘绮楼诗文集》，长沙：岳麓书社，1996年版，第1995页。

② 王闿运：《湘绮楼日记（第一卷）》，长沙：岳麓书社，1996年版，第15页。王闿运对曾国藩版《船山遗书》作此评论并非虚言。曾国藩在同治五年（1866）六月三十日的日记中也说："余阅此书，本为校对讹字，以便修改再行刷印，乃复查全书，辩论经义者半，校出错讹者半，盖非校雠家体例，然其中亦微有可存者。若前数年在安庆、金陵时，则反不能如此之精勤。"参见曾国藩：《曾国藩日记·中》，天津：天津人民出版社，1985年版，第1698－1699页。

③ 湖南六名士指何绍基、魏源、杨性农、邹汉勋、杨季鸾、刘蓉等六人。王闿运等"湘中五子"平生皆不得意，但都有富有成效的创作实绩，他们成了近代"湖湘派"的领袖人物，在诗词界产生了一定影响。如易宗夔曾评价道："咸同光宣之诗人，可别为三宗：王壬秋崛起湘中，与邓弥之力倡复古，由魏晋以上窥风骚，是一大宗。"参见易宗夔：《新世说》，太原：山西古籍出版社，1997年版，第112页。杨钧也赞誉他们："于咸、同间朝野之人，无不遍识。"参见杨钧：《草堂之灵》，长沙：岳麓书社，1985年版，第158页。

参考文献：

[1] 刘平. 王闿运阅读旨趣探微——以《湘绮楼诗文集·王志卷》为例[J]. 高校图书馆工作，2017（4）.
[2] 王闿运. 湘绮楼日记［M］. 长沙：岳麓书社，1996.
[3] 郭嵩焘. 郭嵩焘日记［M］. 长沙：湖南人民出版社，1980.
[4] 孙宝瑄. 忘山庐日记［M］. 上海：上海人民出版社，2015.
[5] 张謇. 张謇全集：第六卷［M］. 南京：江苏古籍出版社，1994.
[6] 曾国藩. 曾国藩日记［M］. 天津：天津人民出版社，1985：1702.
[7] 王闿运. 衡阳县志序［M］//王夫之. 船山全书. 长沙：岳麓书社，2011.
[8] 王闿运. 船山公诞祭文［M］//王夫之. 船山全书. 长沙：岳麓书社，2011.

（原载《衡阳师范学院学报》2020年第5期）

王夫之《玉楼春·白莲》英译的翻译规范研究

曾　威

王夫之是明末清初著名的思想家，无论是思想学术还是文学创作，均对当代颇有影响。纵观现有研究，学界对王夫之的研究主要集中在哲学、美学等方面，鲜少涉及船山作品英译的情况，现存译作实属凤毛麟角。西里尔·白之（Cyril Birch）是著名的汉学家，翻译了王夫之的三首词作，即《清平乐·咏雨》《玉楼春·白莲》《蝶恋花·铜官戍火》[1]136-137。笔者选取《玉楼春·白莲》进行文本分析，研究白之英译过程中体现的翻译规范，以期对之后船山著作的英译研究提供一定的借鉴。

一、图里翻译规范理论

吉迪恩·图里（Gideon Toury）是特拉维夫学派的代表人物之一，继承发展了埃文·佐哈尔（Even Zohar）的多元系统理论，并提出翻译规范理论。图里认为，翻译规范由预备规范（preliminary norms）、初始规范（initial norms）和操作规范（operational norms）三部分组成。

预备规范，关乎文本选择的问题。翻译活动处于多元文化系统之中，不仅会受到文本本身词汇、语法等方面的影响，也会受到经济、政治、社会、思想等各方面的影响。每个特定的历史时期有其独特的政治特点，每个时期的翻译活动也须定位独特的目标群体。在翻译准备阶段，译者须将这些客观因素考虑在内，否则可能会导致译本接受程度较低或者甚至被摈弃。

初始规范，涉及以什么为中心的问题。翻译活动就好比是源语文化和目的语文化的斡旋，译者在翻译过程中需要在源语文化和目的语文化中做出抉择。从图里对初始规范的描述来看，初始规范指的是译者在原文语言系统的充分性和译文语言系统的可接受性两个端点之间所做的选择。[2]79 如以源语文化为中心，则增加译文的充分性（adequacy）；反之，以目的语文化为中心，则增加译文的可接受性（acceptability）。源语言和目的语在组词成句、起承转合、篇章布局和行文思路等方面都相差甚远，无法既追求充分性，又兼顾可接受性。如果译者选择以源语文化为中心，追求充分性，则选择异化的翻译策略，努力再现源文本的文化和特色；如译者选择以目的语文化为中心，追求可接受性，则意味着选择归化的翻译策略，译者将尽量采用贴近目的语的习惯表达传递源文本的信息。

操作规范，主要和实际翻译活动中的抉择有关，可细分为结构规范（matricial norms）和篇章语言规范（textual - linguistic norms）。前者涉及译文的完整程度、文本的分布形式、篇章的切分，后者包括目的语材料的选择和特定文本类型的确定。[3]58 - 59 操作规范和初始规范密切相关，译者在初始规范中做出的抉择，决定之后在实际翻译中采取的翻译技巧和具体处理手段，从而对译文的结构和篇章语言等各方面产生影响。

二、白之英译《玉楼春·白莲》中的翻译规范

译作是译者发挥主观能动性，结合预备规范、初始规范和操作规范，调解源语言和目的语的产物。白之在英译《玉楼春·白莲》的过程中，体现了上述三大规范。

王夫之《玉楼春·白莲》的原文为：

> 娟娟片月涵秋影，低照银塘光不定。
> 绿云冉冉粉初匀，玉露泠泠香自省。
> 荻花风起秋波冷，独拥檀心窥晓镜。
> 他时欲与问归魂，水碧天空清夜永。[4]591 - 592

白之译文如下：

> Slender moon – silver plunged in autumn shadows,
> Flickering reflection close on silver pool.

Freshly powdered against soft clouds of hair,
Dew sprinkled clear as jade, and a fragrance self – aware.
Against the wind from the reeds, and the cold of the autumn waves,
She guards her rust gold heart, with a glance in the mirror of dawn.
When the time comes we will ask where her spirit wanders,
Between green waters and cloudless skies in the long, pure night.[1]136

(一) 预备规范

按照图里的理解，预备规范主要涉及文本选择的问题。文本的选择，不仅需要考虑目标读者所属国家的现实状况，也和文本创作时代、文本本身内容等方面密切相关。

放眼彼时英国政府层面尽是支持汉学发展之声，王夫之的思想和当时英国主流思潮在一定程度上不谋而合。二战结束之后，中国的国际地位日益提升。英国政府认为，二战期间对中国等东方国家的文化缺乏一定的了解，导致战时遇到诸多困难，现在须转变对汉学发展的态度，重视汉学的发展。政府态度发生大幅转向，在一定程度上促进了汉学的传播与发展。

从时间上看，白之翻译的鼎盛期和《玉楼春·白莲》的创作时期大致吻合。白之长期从事汉学研究，师从著名汉学家阿瑟·韦利（Arthur Waley），在汉学著作翻译上耗尽大半生时间和精力，可谓硕果累累。白之的翻译选材以明清时期戏曲文本为主，在文本收集过程中，难免会接触到明清时期其他类别的著作。王夫之目睹了明朝的倾覆，也见证了清朝的建立，且在清代完成《玉楼春·白莲》的创作。由此可见，白之文本选材的集中时间段与上述诗歌的创作时间大体一致，这便为白之选取《玉楼春·白莲》作为翻译文本创造了时间上的可能性。

从文本内容来看，船山先生将哲学层面的辩证思维融入诗歌创作中，实属精妙。船山先生既是文采斐然的诗人，也是识见超卓的哲人。在诗歌创作方面，他强调诗人内在的“情”和外在的“景”发生碰撞，从而产生灵感。[5]187在思想发展方面，他批判继承前人的观点，认为自然和人类社会都是变化发展的，社会发展就是新旧不断发生更替的过程。王夫之的这些主张尽显科学之理，将哲学层面的辩证思维融入诗歌，更能渲染船山诗歌的意境美，也更有可能进入汉学家的关注视野。

（二）初始规范

分析白之译诗过程中的初始规范，首先就得清楚译作的目标读者和译者的翻译目的。在白之看来，中国文学是“美好的礼物”，西方读者群体大多对汉学知之甚少，他希望将这一美好的礼物呈现在西方读者面前。[6]4-5 白之面对的读者群体对汉学接触较少，如翻译时以源语言文化为中心，选择表现译文的充分性，虽然其本意是为了让西方读者了解汉学，但最终结果可能会适得其反。考虑到这一情况，白之尽量使用贴近目的语，也就是英语的习惯表达，让目标读者在心理上产生认同感，提高目标读者对汉学著作译本的接受程度。

众所周知，翻译目的决定翻译行为，而翻译目的在某些程度上会受到文本翻译现状的影响。1950 年，白之就读于伦敦大学，从事汉学研究。在此期间，他发现汉学著作英译本多数不尽人意，可读性不高，而有的甚至没有译本。基于现实，白之试图着手翻译汉学著作。彼时的英国，在汉学译作方面犹如一张白纸，目标读者是否接受是检验译文质量的试金石。为此，白之将翻译目的确定为增加译文的可接受性。

（三）操作规范

在操作规范中，最重要的问题是“怎么译”的问题。在《玉楼春·白莲》中，船山先生借助莲花“出淤泥而不染，濯清涟而不妖”的形象，以“白莲”自喻，表明自己内心的坚贞和气节。白之在实际翻译操作中，试图再现船山先生的情感寄托，保留原诗韵味，主要体现在对叠词、诗歌意象和韵律的处理及整体结构的把握等方面。

(1) 叠词的操作规范

词中出现 3 处叠词，包括“娟娟”“冉冉”和“泠泠”。叠词是中国语言的特色手段，在英语中不存在这一语言特色。在无法找到对等词语的情况下，译者可以选择采用适当的修辞手段进行补偿，以求达到审美效果的相似性。笔者将以“娟娟”一词为例，分析白之翻译的操作规范。

白之将“娟娟”一词翻译为“slender”，妙在修辞美和形象美两个方面。从修辞上来看，“slender”一词采用了拟人的修辞手法。一般而言，“slender”一词用于形容人体型纤瘦，此处用于表现月亮的弯曲，生动形象地将弯月高挂天际的景象勾勒出来，极具画面感。“slender”一词以“s”开头，目标读者一看到字母“s”的形状，弯月的形象便即刻浮现在眼前。为了强化这一形象，译者还使用了其他许多首字母为“s”的单词，如“silver”“shadows”“soft”“sprinkled”“self - aware”等词眼。

(2) 意象的操作规范

船山先生主张情景交融，忌讳无病呻吟。为此，诗歌中运用的意象较多，《玉楼春·白莲》中也是如此，其中包括“片月”“秋影”“银塘”“光”“绿云”“玉露”“荻花”“檀心”“魂”“水”“天空”“夜”等意象。在白之的译本中，原文大多数意象得以保留，少数语义重叠的意象被略去，如“光”这一意象，本身来源于前面的“片月”，为了避免累赘，译者采用省译的翻译方法处理。对于大多数保留的意象，白之采用增译和直译的翻译方法，融合比喻和拟人等修辞手法，重在以“意”传“意”。以第一句的“片月”和第四句的“玉露”为例。

白之将“片月”翻译为“moon - silver”，单从第 1 句看，并未发现“银”这一字眼，但在第 2 句中，船山先生将池塘描绘成“银塘”。池塘之所以是“银塘”，是因为在“片月”的照耀下，才呈现池塘镀银的景象。白之在翻译时采用暗喻的修辞手法。“弦月”犹如白银一般，向大地母亲投下一抹洁白，将池塘诸物照得熠熠生辉，这一比喻实属到位，体现白之汉语功底的扎实。船山先生使用“玉露”一词，采用暗喻的修辞手法，用“玉”修饰“露水”，将“露水”的晶莹剔透表现得淋漓尽致。白之在翻译时，将“露水”想象成一颗一颗露珠，洒落在大地之上，增加动词“sprinkle”，使整个画面顿时活了起来。为了呼应原文本的“玉珠”，白之采用明喻的修辞手法，将“dew”和“jade”作比较，且提炼出“clear”一词，概括“露珠”和“玉”的共同之处，从而表现“露水”的圆润透明。

(3) 韵律及结构的操作规范

船山先生的这首《玉楼春·白莲》寓情于景，串联种种意象，勾勒出栩栩如生的画面，字里行间描绘了一个“年岁虽至迟暮，赤子之心犹在”的坚贞形象。源文本的押韵方式是 aaab，韵脚为 ing。白之的译文只有一处押韵，第三句使用“hair”结尾，第四句将“self - aware”放在句末，韵脚为/eə（r）/。显然，白之的译文并未凸显韵律，不属于韵体诗。白之认为，韵律是汉学诗歌的一大特色，如果可能的话，翻译中国诗歌时应该尽力保留，但是并不意味着将诗歌翻译成无韵诗，就无法造就佳作。[6]5-6 由此可见，白之对于在翻译时是否保留韵持中立的态度，主张不刻意保留韵律。

纵观译文的整体布局，白之利用现在分词、过去分词、介词、连词等多种方式将句与句之间衔接起来，形成语篇。第 1 行的译文大致遵循原来的主谓结构，采用“片月”，也就是“moon - silver”（弦月）作主语；在第 2 行中，译者注意到，无论是“照”，还是“光”，都和“moon - silver”有关，于是第 2 行采用“moon - silver”作为逻辑主语，将“不定”转变为动词，相应采用非谓语动词形式，“银塘”和地点有关，转为地点状语。第 3、4 行采用上述相似的处理方法，将两行处理为 1 句：首先选定主语为“dew”，然后将第 3 行的动词“粉”采用非谓语形式。为了突出第 6 行的“檀心”，译者采用介词短语，将第 5 行的“荻花”和“寒冷秋波”处理为背景信息，接着将“拥”译为“guard”，“檀心”译为“rust gold heart”，形成动宾结构，用词准确，是译文的点睛之笔。“拥”本是“有”的意思，但白之没有将其译为“has”，而是将其译为“guard”，不禁让人联想到战士戍守边疆的坚定信念，而这恰好是船山先生作为明朝旧人内心的真实写照。在翻译“檀心”中，白之增译“rust”一词，包含两层意思。一方面，船山先生创作这首诗歌时，已近暮年，表明船山先生年华不再。另一方面，船山先生年少之时，空有一腔复明热情，无奈现实残酷，旧时臣子纷纷变节，岁月早已将灭国之恨消磨殆尽，种种现状，让船山先生的内心千疮百孔，如生锈一般。第 7 句和第 8 句一问一答，道出船山先生的“赤子之心”。“魂”译为“spirit”而非“ghost”，此处说的是“灵魂”，但更强调的是船山先生的精神层面。“归”译为“wander”，词中透着几分凄凉，将游荡之人毫无目的、独自游走的画面呈现出来，情感基调切合船山先生欲言之情。

参考文献：

[1] Cyril B. Anthology of Chinese Literature Volume Z: From the Fourteenth

Century to the Present Day [M]. New York: Grove Press, 1994.

[2] 黄远鹏，孙迎春，张思洁. 研究纲领视角下的图里理论中的“规范”[J]. 外语与外语教学，2010 (1).

[3] Toury G. Descriptive Translation and Beyond [M]. Shanghai: Shanghui Foreign Language Education Press, 2001.

[4] 王夫之. 王船山诗文集 [M]. 北京：中华书局，1962.

[5] 郑品燕. 王船山诗话对宋明《诗》学的继承与批判 [J]. 求索，2016 (6).

[6] Eugene Eoyang, Lin Yao - fu. Translating Chinese Literature [M]. Bloomington and Indianapolis: Indiana UniversityPress, 1995.

（原载《衡阳师范学院学报》2019 年第 2 期）

王船山诗词英译中“兴观群怨”的再现

——以《蝶恋花·铜官戍火》为例

曾　威

“兴观群怨”是中国古代诗词理论的重要组成部分，高度概括了诗词的社会功能，对后世的诗词创作具有重要的借鉴和指导意义。船山先生不仅在继承的基础上对这一理论作出新的诠释，而且将“兴观群怨”融入自己的诗词创作中，使其成为他诗词学理论的重要组成部分。《蝶恋花·铜官戍火》是船山先生《潇湘十景词》之八。著名汉学家西里尔·白之（Cyril Birch）在翻译这一文本时巧妙地再现了“兴观群怨”，保留了船山诗词的精华。纵观现有研究，目前学界大多关注船山先生思想本身，较少谈及船山诗词翻译以及译文本中“兴观群怨”的再现问题，为此，笔者以《蝶恋花·铜官戍火》为研究文本，旨在分析原文中体现的“兴观群怨”以及白之译文中“兴观群怨”的再现，以期能够为之后船山诗词的翻译提供一定的借鉴。

一、王船山“兴观群怨”说

“兴观群怨”是中国古代诗歌理论的重要内容，最早可追溯至孔子的《论语·阳货》。《论语》有云：“小子何莫学夫诗？诗可以兴，可以观，可以群，可以怨。迩之事父，远之事君；多识于鸟兽草木之名。”[1]185 船山先生对“兴观群怨”的阐述并未局限于其社会功能这一方面，而是脱离以往的思维模式，对这一诗词学理论进行独特的阐释，这不仅丰富了“兴观群怨”的内涵，也使得这一理论成为船山诗词学理论不可或缺的组成部分。

兴，实则有三种蕴意。船山先生曾在《四书训义》中指出：“古人有兴起之心而《诗》作，……后人于《诗》而遇其兴起之心。”[2]540 从这段话可以看出，船山先生想要表达的是：古人兴，则诗词兴；诗词兴，则读者兴。“古人兴”是从诗词作者的角度来说的，指的是诗人本身所饱含的情感通过借景引事、触物起情等方式表达，主要和诗词作者本身的情感和采用的表现方法有关。“诗词兴”是从诗词本身来说的，指的是诗词能够发挥情感载体的作用。诗词用语高度凝练，寥寥数语，却能生动形象地将诗人的所思所想表现出来。“读者兴”则是从读者的角度来说的，主要说的是读者在品味诗词作品时的预期感受或反应。在船山先生眼中，真正优秀的诗词须令读者动容，激起读者内心的波澜，唯如此，方能发挥诗词作为情感载体的作用。

“观”表示“看”，即透过某些事物发现或看到某些现象。诗词，犹如一面镜子，其描述的内容和勾勒的场景反映社会生活的原本模样。一方面，读者能够透过这面镜子了解当时的社会生活状态；另一方面，读者借助诗词这一窗口，也能了解诗词作家的情感和态度定位。诗词之所以动人，是因为诗词并非生硬冰冷，而是带有情感温度和思想高度的语言组合。以元代词曲家马致远的《天净沙·秋思》为例，他将枯藤、老树、昏鸦、小桥、流水、人家等意象串联起来，为读者呈现了一幅秋郊夕照图；透过这幅图，读者注意到的，不仅是景色，也有游子漂泊思家的哀愁凄凉。可以说，“观”涉及的不仅有客观的历史事实，也有词曲作家主观的内心世界。

“群”，即以言辞沟通思想，以情感激发共鸣。古人常言，千金易得，知音难求。所谓“群”，便是诗词作者的理想夙愿：通过诗词表达觅得知音。“群”辐射的时间维度主要有三：古代、彼时（明清时期）和现代。从古代来看，船山先生引用杜甫等人的遭遇渲染悲伤氛围，借用典故寻找心灵慰藉和情感寄托；从船山先生生活的时代来看，船山先生生不逢时，空有一腔热情和满腹才气，无奈内心抱负无处施展，所撰书籍也被清廷列为禁书。显然，彼时，于船山先生而言，是一个孤独的时代，“群”也就成了一种奢望。但反观现代，船山先生光芒闪耀的智慧结晶虽尘封数百年之久，却依然熠熠生辉，引得无数读者声声叹息，这在某种程度上也实现了“群”。诗词之所以能“群”，是因为诗词中有情感的流动，这便能在无形之中触人心底，感染读者。尽管孤“肩”作战，“艰”难重重，船山先生却从未舍弃内心的“坚”守。也正因如此，船山先生的“群”跨越时空，即便昨日无人应和，却在今日直击灵魂。

船山先生的“怨”主要体现在两方面：一是对国破家亡的痛苦；二是对于个人自我人生价值难以实现的苦闷。[3]64 由此可见，船山先生“怨”的主要对象是自身、明朝政权和清政府。船山先生出生之时，明朝就已飘摇动荡，岌岌可危。之后不久，朝代更替，明朝覆灭，清朝政权取而代之。早年的王船山积极投身于反清复明的斗争中，无奈现实残酷，南明政权内部勾心斗角，本就残余的力量变得更加微弱。最终，明军残余部队被清军逐个击破。这一惨苦的结局就像一盆冷水，无情地浇在船山先生的心头，熄灭了其内心的熊熊烈火。尽管明朝不复存在，船山先生却誓不剃发，依旧着大明衣冠；无论晴天雨天，出门都会头戴斗笠，脚着木屐，头不顶清朝天，脚不踏清朝地，以示忠贞赤子之心。自身才能无处施展，报国无望，是“苦怨自身”的来源；旧朝人员贪权争利，相互猜忌，是“忧怨家国”的缘由；清军铁骑践踏中原，烽烟四起，则是“愤怨清廷”的缘由。

“兴”“观”“群”“怨”并非四个独立的要素，而是相互联系、相互影响的。无论是作者的情感，还是诗词本身，或是读者的感悟，都可以在“兴观群怨”中找到些许痕迹。船山先生在原有研究的基础上，将“兴”“观”“群”“怨”联系在一起，并统一于“情”之中，将这一诗词学理论推到一个崭新的高度。船山先生认为，“兴观群怨”不仅关乎作者本身的创作，还关乎读者的阅读感受，形成了一个“作者—文本—读者”的多维度模式。“兴观群怨”是王船山诗词学理论的重要概念，因此，在翻译船山诗词时，译者需要将“兴观群怨”再现出来，采取“译者—译本—读者”的翻译模式。

二、《蝶恋花·铜官戌火》中的“兴观群怨”

《蝶恋花·铜官戌火》是《寄调蝶恋花·潇湘十景词》之八，作于1671年，也就是南明灭亡十年之后。那时，旧交金堡、方以智及患难中生死相依的郑孺人等相继离世，船山先生境况更为惨淡。[4]66 船山先生由于不愿屈服，遭到清兵追捕，被迫开始流浪之旅。船山先生辗转漂泊于湖南各处，一路发现了潇湘十景。这首词描述的便是十景之一的长沙铜官，写出了船山先生路过铜官时的所见所想。《蝶恋花·铜官戌火》的原文如下：

铜官浦在长沙北三十里。芦汀远岸，水香生于始夜，渔灯戍火，依微暮色间，如寒星映水。

打鼓津头知野戍，万里归舟，认得云中树。

日落长沙春已暮，寒烟猎火中原路。

何处停桡深夜语？江黑云昏，莫向天涯去。

旧是杜陵飘泊处，登山临水伤心句。[5]629

从词牌名蝶恋花可以看出，词的格律是双调，六十字，前后阕各五句，且压四仄韵。蝶恋花词牌名都是用来表现词人的伤情和苦楚的，由此可推断，这首词的感情基调是悲伤的。在序言中，船山先生具体说明了铜官的地理位置，交代了大体时间、地点和标志性景象，如芦汀、渔灯和戍火。以“芦汀”为例，芦苇丛中“芦汀”成群，待风一来，便被吹得花絮满天、摇摆不止，映射的是船山先生飘零无依的生活。

上阕，船山先生继续说明“戍火”的场景：码头的鼓声响彻天际，江上的船只正密集返航，旗杆之高，已触及云端。尽管铜官只是湖南地区的一个小渡口，却出现了“戍火”，说明当时清政府控制十分严密。此外，从“万里归舟”和“认得云中路”可以看出，清军驻扎在此处的军队规模大，且军用配备良好。接着，船山先生点明铜官已经步入晚春时节，并将“寒烟”“烈火”和“中原路”三个意象组合在一起，极具画面感，形象地勾勒出“烽烟四起，民不聊生”的景象。

下阕，船山先生收到来自陌生渔民的劝告：江面漆黑，天空阴沉，不要向天涯的方向走去。船山先生不由想起：铜官，便是数百年前杜甫的飘零之地。船山先生化身词中的陌生人，借另一个身份表明自己内心的想法。诗中还借用了杜甫的典故，表明自己遭遇和杜甫相似：两人同在河畔漂泊，内心的共鸣瞬间跃然纸上。船山先生借用典故，表达虽未与同时代的人们形成共鸣，却与几百年前的杜甫和几百年后的当代读者同时进行了心灵沟通。

三、白之译文中“兴观群怨”的再现

在船山诗词中，“兴观群怨”不可分割，它们相互作用，彼此影响，共同融合于船山先生的诗词创作中，其中《蝶恋花·铜官戍火》就很好体现了这一点。在这首词中，描写的意象、勾勒的场景、呈现的人物、借用的典故以及叙事的结构，皆再现了诗词的“兴观群怨”。为此，笔者选择白之译文，并结合“兴观群怨”对译文进行评析。白之译文如下：

Tune: “The Butterfly Woos the Blossoms”

Sentry Fires at T’ung - kuan

[T’ung - kuan Inlet is 30 li north of Changsha. Reed beds stretch along the banks, and the approach of evening brings the scent of water iris. Against the gathering dusk the fishermen’s lantern and the fires of the customs guards strike reflections like wintry stars.]

Drumbeats announce our sailing to the customs guards.
This endless voyage home
Marked by remembered cloud high forests.
Sunset on Changsha, and in the swift dusk
Hunters’ torches light the shrouding mist through the central lands.
Where is this, that oars cease and voices mutter in the night?
The river black, clouds too thick
To sail on to the sky’s edge.
Here long ago came the wandering Tu Fu
To climb a rise, look down on the water and rhyme his grief. [6]137

（一）原词意象的保留和“兴”的再现

船山先生笔下的“寒烟”，表达了两层意思：一方面，“寒烟”和诗词整体交代的时间、地点有关。晚春的傍晚时分，且临近江边，这样的夜晚总会透着几分寒气。另一方面，“寒烟”反映的是船山先生的心境。尽管夜晚寒气四起，但令船山先生更加心寒的是，家国破败不存，自身漂泊无依。白之在翻译“寒烟”时，完全不见寒的踪迹，没有选择 cold 或 freezing 等词语，而是采用 shrouding。shrouding 是 shroud 的衍生词，shroud 作名词时的意思为“裹尸布”。如此一来，这不仅体现了烟雾笼罩天空的既视感和朦胧感，也再现了船山先生内心的那份寒凉。

“猎火”是北方兄弟民族秋冬时的狩猎活动，这意味着北方清政权已巩固。[7]122 白之将其翻译为 hunters' torches，实则是将荼毒中原大地、引发战乱的清军比喻为 hunters。在船山先生看来，清军如猎人一般来势汹汹，疯狂地吞噬着中原的每寸土地，也搅乱了四方百姓的生活安宁。但是由于朝代已更替，即便船山先生心中有怨，也不能直言抨击。白之借用比喻的修辞手法，表达含蓄委婉，但又体现了船山先生的“悲怨”。

“天涯”在船山先生的另一首词《清平乐·咏雨》中也出现过。在《清平乐·咏雨》中，白之将天涯译为 horizon；而在这首诗中，白之根据语境将天涯译为 the sky's edge。结合语境来看，后者的翻译更具有画面感。edge 表示边缘，是译文的点睛之笔。译者的这一用词，试图给目标读者再现“悬崖峭壁”的险境，这既贴合了陌生渔民的劝告，也从侧面反映出船山先生处境艰难。

意象是情感的载体。白之保留原词的代表性意象，采用灵活的翻译方法将意象承载的情感包裹其中，体现了诗词承载情感的功能，再现了译文的“兴”，同时也为之后“怨”的再现奠定了基础。

（二）完整事件的构建和“观”的再现

序言中提及了 T'ung－kuan inlet，上阕中又出现了另一个地点名词 Changsha，综合可知，事件的发生地点为长沙的铜官浦。dusk 和 night 在译文中多次出现，说明事件发生在傍晚。这类信息是原文本中的明显信息，白之只需忠实传递信息，便能完成“观”的再现。

在明确时间地点等基础信息后，译者选择恰当的动词搭配意象，对基础信息进行细节补充，让目标读者更加清楚地了解船山先生所处的时代以及所处的地方，增强了事件的画面感。白之在序言中使用 stretch 一词，暗含“延展，无边无际”的意思。由此可知，铜官江边生长着遍地的芦苇。品读之际，读者的脑海中便会自发浮现“芦苇飘荡”的动感画面。在上阕开头，白之选 announce 用作 drumbeats 的谓语，赋予鼓声以生命。鼓声是清政府的代表，从侧面反映清政府当时对地方控制之严格。上阕结尾处，白之以 light 连接寒烟和猎火，说明猎火之大，大到足以照亮烟雾弥漫的夜空。

船山先生在词中并未直接点明事件的主人公，只是在最后引用了杜甫的典故。由此可知，事件人物的形象是模糊的。为此，白之也进行模糊化处理，选用 our，将定义的权利留给目标读者。

白之的译文对时间、地点、人物、事件内容等基本要素进行了说明，而这些要素构建了完整的事件：夜深之际，漂泊之人辗转来到芦苇遍地的长沙铜官浦；伴随阵阵鼓声，看到船只陆续返航，想到战火荼毒中原大地，不由兴生感伤。这个事件的完整构建，能够让目标读者捕捉到真实信息，实现了“观”的再现。

（三）原词人物形象的勾勒和“群”的再现

《铜官戍火》包含的人物形象主要有三个：故事讲述者、虚构的陌生渔民和杜甫。看似三个不同的身份，其实都和船山先生有关。

故事的讲述者是一个不确定的概念，讲述者的身份和读者的认知有一定的联系，并且会影响读者对整首词的情感把握。白之在翻译第一句话时选用 our，利用第一人称把故事讲述者变成全体读者，使读者仿佛真正置身其中，增加亲切感、画面感和真实感，唤起读者的记忆，更能让读者和船山先生、读者和白之实现一场跨越古今中外的沟通之旅，这样，目标读者、原作者和译者之间的沟通交流便体现了译文的“群”。

上文提及，虚构的陌生渔民是船山先生的虚拟化身，这个形象在读者看来是模糊不定的，白之在处理他时采用转喻的修辞手法，以 voices 代指模糊的人物形象，对其描写的角度从视觉转至听觉，读者也从原本对社会现象的认知转向理性的思考。伴随耳畔的低语，读者会不自觉地思索，而这又意味着更深层次的内心认同。这一虚拟形象的呈现，体现了陌生渔民和船山先生的“群”。

杜甫这一真实的人物和船山先生遭遇相似，他跟船山先生虽未同处一个时代，却依然能给船山先生以精神慰藉。白之在处理这一典故时点出杜甫，且以 wandering 修饰 Tu Fu，用词简洁明了，说明船山先生和杜甫两人漂泊无依的共同遭遇，体现了杜甫和船山先生的“群”。

三个不同的人物形象，体现三个不同层次的“群”。白之笔下的“群”，既跨越古今，也穿梭于理想和现实之中。正是因为“群”“怨”的再现才能淋漓尽致。

（四）叙事结构的运用和“怨”的再现

从词汇手段来看，白之选用 sailing，endless voyage home，sail 等有关联的词，从侧面表现主人公想归家却无法归家的苦楚和无奈。从 endless 可以看出，归途似乎无穷无尽，遥不可及。和“归途”有关的词语贯穿全篇，是核心情感贯穿全篇的表现，有助于表现主人公内心悲苦情感的完整性和连贯性。

从语法手段来看，白之选用了 too…to 结构，体现出渔夫劝告的急迫和语言的有力。下阕第三句中，“莫”表示否定的意思，体现了陌生渔民对船山先生的劝告。英语中表达否定最常见的方法便是借助否定词 not，但为了衔接更为紧密，情感流露更为自然，白之采用了 too…to 的结构。船山先生的“怨”是含蓄的，白之笔下表现的“怨”亦是如此，虽不外显，却依然有力。too…to 结构的采用，体现了陌生渔夫极力劝告、阻止主人公前进的步伐，暗含前路处境更为艰难之意。

从“兴观群怨”的相互关系来看，白之再现“兴”“观”“群”三个方面，都与“怨”“悲”的再现有密切关系。白之借助原词意象“寒烟”“猎火”和“天涯”等词，委婉地表现了主人公命运坎坷、家国不复存在的“悲”；完整事件的描述，反映主人公颠沛流离、心生哀伤的“悲”；人物形象的呈现穿越时间空间，引发心灵共鸣，体现了主人公苦楚难诉、愤恨难平的“悲”。

四、结语

《蝶恋花·铜官戍火》包含意象、人物、事件等元素，高度体现了“兴观群怨”。白之在翻译这首诗时通过利用原词意象承载情感、构建原文所述完整事件、根据原文勾勒多样的人物形象、借助叙事结构等方式实现形式与内容的统一，成功再现了“兴观群怨”。“兴观群怨”是重要的诗词理论，不仅指导了船山诗词创作，也对之后的诗词创作产生了重要影响。随着诗词外译日趋频繁，“兴观群怨”这一角度有望为诗词翻译研究提供借鉴和启迪。

参考文献：

[1] 杨伯峻. 论语译注：第 2 版 [M]. 北京：中华书局，1980.

[2] 王夫之. 四书训义：上篇［M］. 长沙：岳麓书社，1996.
[3] 石朝辉. 王船山诗歌创作对“兴观群怨”的诠释［J］. 嘉应学院学报，2018（12）.
[4] 萧蓬父，许苏民. 王夫之评传［M］. 南京：南京大学出版社，2007.
[5] 王船山. 王船山诗文集［M］. 北京：中华书局，1962.
[6] Cyril B. Anthology of Chinese Literature Volume 2：From the Fourteenth Century to the Present Day［M］. New York：Grove Press，1994.
[7] 周念先. 字字楚骚心——王夫之《潇湘怨词》探微［J］. 衡阳师范学院学报，1999（4）.

（原载《衡阳师范学院学报》2020 年第 4 期）

试论牟宗三历史哲学对船山思想的融摄

吴　戬

牟宗三是现代新儒家最具创造力的人物，在王阳明、熊十力、康德等人的影响下，建立了“道德形而上学”的哲学体系，这是其内圣之学。同时牟宗三亦有强烈的经世诉求，体现其外王之学的政治历史哲学则吸纳了王夫之等人的精神成果。

牟宗三对王夫之与黑格尔的历史哲学十分推崇：“这两位不同国度不同时代的大思想家，依照传统的标准说，都不算好的哲学家，而却都是好的历史哲学家。”[1]305 他认为王夫之与黑格尔一样都是杰出的历史哲学家，而其超强的具体解悟力、综合的心量、贯通的智慧、心性理气才情一起表现的思路，用来论述历史古今独步：“他不是好的哲学家，但与黑格尔一样，同是好的历史哲学家。其具体解悟力特别强，故其论历史，亦古今无两。他那综合的心量，贯通的智慧，心性理气才情一起表现的思路，落在历史上，正好用得着。因为人之践履而为历史，也是心，也是性，也是理，也是气，也是才，也是情，一起俱在历史发展中釐然呈现。”[1]310 值得注意的是，王夫之的具体解悟力特别强，又能基于儒者德性之学的立场，因此在历史哲学上比黑格尔更为纯正：“王船山这位伟大的思想家，他也是具体解悟力特别强的人。他虽然没有像黑格尔表现为辩证的综合那种系统性，但他比黑格尔更为纯正。他的传统是孔孟以及宋明儒者的传统，所以他在基本原理与立场上，纯然是儒者德性之学的立场（黑格尔毕竟于内圣方面不足）。”[1]309 牟宗三在《历史哲学》《道德的理想主义》中对船山的历史哲学多有吸收、引用、反思。他的《历史哲学》不仅以王夫之的《读通鉴论》《宋论》为重要史料来源，而且以王夫之历史哲学为基础而进行推进与反省。唐君毅认为，牟宗三的《历史哲学》“吾人既知此书求接契于王船山之论历史”[2]442。牟宗三认为，事理、具体的解悟与历史判断是历史哲学得以成立的关键：“事理、具体的解悟与历史判断，是历史哲学所以可能的关键。”[2]13这与王夫之的思想一脉相承，王夫之不仅肯定了事理的存在独特性，而且认为不可立理限事，强调要因时因地制宜，进行具体灵活的把握。因此，船山历史哲学堪称牟宗三历史哲学的逻辑起点。

一、历史本体论

(一) 理念是历史活动的方向

牟宗三认为理念是历史活动的方向，虽然有黑格尔的烙印（黑格尔认为历史是精神的发展或者其理想的实现），但也受到了王夫之“事因理立，则理即事在”[3]495、理势合一、因理成势、势之必然处见理等思想的影响：“历史是集团生命的活动行程。集团生命的活动，不论其自觉与否，均有一理念在后面支配。理念就是他们活动的方向。因此了解历史是要通过理念之实现了解的。而历史性的事理之事是在表现理念的活动之行程中出现的，因此它们的意义是在表现理念的作用上而被看出。……然而无论如何变换多端，通过其表现理念之作用，一是皆收于历史而为历史性的事理之事。是以其理不能通过物理事件的因果法则而观之也。因为因果法则是机械的，是就物理之事之关系、性质与量度而言的。然而我们看事理之事是通过其表现理念之作用而观之的，不是空头地把它们看成是一物理事件，一自然之器物，而观之的；是如其为事理之事而观其历史的意义，而不是把它们物化而了解其物理的关系、性质与量度。”[2]8-9

超越之理念贯注于集团生命之活动中而被表现，从而使事理之事有其意义：“如其为事理之事而观其历史的意义，这个意义便是它的理。因此，历史性的事理之事之意义就等于一事理之事在表现理念上的作用。这个意义始来自超越面的，那就是说，是理念之体现，而理念是超越的（历史活动中的理念是有层级的，其最低浅者，其超越性只以一般性与公共性而规定，然而其最后总归于最高深而圆满者，此则是真正的超越者。）超越的理念贯注于集团生命之活动中，即事理之事中，而被表现，方使事理之事有意义，有理。这个理（意义）是辩证的，不是机械的物理之理（因果律）。事理底可能是通过事理之事之辩证地体现理念而可能。我们如果把理念拉掉了，又把辩证地体现观念之体现拉掉了，则无事理可言，因而亦无历史可言。”[2]9 在这方面，牟宗三深受黑格尔思想的影响，诚如唐君毅所云：“牟氏之言历史……亦不如马克思以一般社会发展之必然规律，预测人类之历史文化。其以精神之实体或理性之表现，为各形态之历程，以说历史，唯与黑格尔之自理性之表现历程，以言历史者为近。”（《中国历史之哲学的省察——读牟宗三先生〈历史哲学〉书后》）但也与王夫之“性命之理显于事，理外无事也”[4]32、事以理成的思想一致，强调理对于事、势的范导作用和意义价值。

牟宗三强调事理、具体的解悟与历史判断是历史哲学得以成立的关键：“事理、具体的解悟与历史判断，是历史哲学所以可能的关键。”[2]13 这与王夫之的思想一脉相承。王夫之不仅肯定了事理的存在独特性，而且认为不可立理限事，强调要因时因地制宜，进行具体灵活的把握。

牟宗三认为，对于历史和历史哲学而言，历史判断是非常重要的。如果只有道德判断就会抹杀历史，最好的方式是历史判断与道德判断的结合：“历史判断既非道德判断，亦非科学方法下之知识判断。道德判断足以抹杀历史，知识判断则是把事理之事物理化使之成为非历史（此若用之处理文献材料是恰当的）。但光只道德判断固足以抹杀历史，然就历史而言，无道德判断亦不行。（道德在此不能是中立的。）若无道德判断，便无是非。所以在此，吾人只就道德判断与历史判断两者之对比而融合之而皆予以承认。”[2]12 这意味着牟宗三摒弃了以朱熹为代表的宋明理学以道德判断解读历史的方式，而继承、吸收了王夫之揆理度势这种历史判断与道德判断相结合的历史考察方式，同时也是王夫之理势合一思想的延续。

（二）历史的光明与理想

与王夫之性命之理显于事，势之必然处见理等思想相似，牟宗三认为，历史既不是自然对象，也非漆黑一团，而是有其光明面：“我们只有放在历史里面，归于实践的观点，始能见出历史的光明面。这个光明面是理解历史、判断历史的一个标准。历史不是漆黑一团，亦不是自然对象。”[2]3 历史的光明是根据民族实践活动中的理想而定，如果只将历史理解成近于自然对象的平铺事实，那么历史只会漆黑一团："光明以何而确定？以一个民族的实践活动中之理想而确定。只有从实践中才能抒发理想。若把历史推出去作一个外在体看，而不知其为一实践过程中所形成，则必看不出有理想，只是一大串平铺的事实。此已几近于自然对象，而终必归于漆黑一团。"[2]3-4在实践活动中，道德向上的心始终贯穿着人的实践，从而使实践不同于自然而具有理想性与光明面："在实践活动中，人类的那颗道德的向上的心，始终在活跃着，贯彻着他的实践。此就是实践不同于自然。理想就发自那颗道德的向上的心。理想的内容是观念。"[2]4人的本源是向上为善，因而人的实践史是向光明而前进的，人类历史中是具有光明的："人以向上向善为本愿，没有人以动物性的发作乖谬为对，这就表示人的实践史总是向光明而趋，人类历史中是有光明的。我们就于人的本愿中认取光明。"[2]5这其实受到王夫之理势论的影响，王夫之认为理势即理之势，得理则自然成势，又在势之必然处见理，理势不可分，而势以理成："言理势者，犹言理之势也，犹凡言理气者，谓理之气也。理本非一成可执之物，不可得而见也；气之条绪节文，乃理之可见者也。故其始之有理，即于气上见理；迨已得理，则自然成势，又只在势之必然处见理。"[3]601 "理与气不相离，而势因理成，不但因气……理势不可以两截沟分。"[3]601王夫之认为，理之顺逆决定了势之难易、顺逆："势之难易，理之顺逆为之也。理顺斯势顺也，理逆斯势逆矣。"[4]86但同时，王夫之强调气本论，认为理乃气之理，而气善理善："理以纪乎善者也，气则有其善者也（气是善体）。"[3]662这就意味着在历史中依然充满着光明和理性。即使在社会动荡、民生凋敝之际，依然道存乎人，独握天枢以争剥复："体定于百年之虑，而后机不失于俄顷之利钝。"[5]892 "生之与死，成之与败，皆理势之必有，相为圜转而不可测者也。既以身任天下，则死之与败，非意外之凶危；生之与成，抑固然之筹画。生而知其或死，则死知其固可以生，败而知有可成，则成而抑思其且可以败。生死死生，成败败成，流转于时势，而皆有量以受之。如丸善走，不能逾越于盘中。其不动也如山，其决机也如水，此所谓守气也。"[5]892

（三）现实的发展推动精神观念的发展与丰富

牟宗三认为，观念随现实发展而日益丰富，而且只有从实践中肯定观念理想之光明性才能说明现实是发展的："现实层层发展，观念形态即层层丰富。而亦唯有从实践中肯定观念形态之光明性，才能说明现实是发展的，而亦唯因现实是发展的，所以观念才是步步丰富的。"[2]6牟宗三认为观念形态在逐步客观化中丰富、完善自己，在现实的发展过程中，观念日益丰富，道德心灵不断诱发出来，最终趋于各民族文化之会通："这个发展的过程，丰富的过程，不是外部的，物量的，而须收摄于精神表现的过程中以了解之。抒发理想以实践，就是精神的表现。观念形态在现实发展中丰富其自己也是精神的表现。而精神的表现是有理路的，在理路中表现，就是逐步客观化它自己。而观念形态也就在精神之逐步客观化中逐步丰富它自己，完整它自己。因此，在现实的发展过程中，观念形态的丰富过程中，道德的心可以全部诱发出来，而在开始各民族之不同，可以逐步期于会通，在精神表现的理路中会通。这就是人类的前途与夫各民族之所以有未来之故。"[2]6-7这其实受到王夫之道因时而万殊思想的影响。同时王夫之的《读通鉴论》《诗广传》《思问录》均揭示了在物质匮乏走向物质丰富的进程中，人类由野蛮走向文明，心智日益开化拓展。由于世益降，而物益备。物为器，而道在器中，由于器的日渐丰富，道因而也日渐丰富。

（四）历史文化的民族特殊性与共通性

牟宗三认为，由于抒发理想的道德之心，其内容方面丰富且具有创造性，加之人受动物性、族群性、物质性等因素的限制，导致其不能一时全体实现，而在不同民族的实践中表现为不同的方向、不同的发展形态："在民族生命的集团实践中，从抒发理想的道德的心而来的观念形态，各民族是不会一样的，就现在讲，东方与西方的文化系统就不同。其原因是在：那抒发理想的道德的心，其内容与方面非常丰富，而其本身又带创造性，而人又受动物性的限制（广言之，即物质性或古人所谓气质的限制），所以它不能一时全体表现。既不能一时全体表现，则自有各种方向。其首先出现哪个方向，具备何种形态，这是没有逻辑的必然理由的，只有集团实践中历史的理由。然虽无逻辑理由，而总必有一表现。这个总必有一表现，也不是逻辑分析所能证明，而是直本于人性的向上向善之必然性。（这是道德的必然性。）"[2]5-6这说明牟宗三认识到，各个民族的观念形态并不一样，这源于观念形态本身的内涵丰富且具有创造性，也因为受到物质性、生物性的限制，无法一时全体呈现。同时牟宗三认为，观念形态在现实发展中实现，又受到历史阶段的限制："在总必有一定表现中，无论哪一方向，哪一面，即经表现，便都是道德实践上的必然真理。唯是这个必然的真理既不同于逻辑上的推理式，亦不同于数学上的数目式，故并不是一定永定，一现全现，而是需要在现实发展中表现的，受现实历史阶段的限制的。"[2]6可见牟宗三的历史哲学深受王夫之的人性论与理势论的影响。

王夫之认为生存环境和发展经历会对民族性格和文化风俗产生至为深远的影响："天有殊气，地有殊理。"[6]132 "夷狄之与华夏，所生异地，其地异，其气异矣；气异而习异，习异而所知所行蔑不异焉。"[5]372牟宗三亦然，历史文化由民族实践而成，因而有其特殊性。观念形态是实践生活之方向和态度，由于道德心灵的丰富性以及人自身条件的有限性，这就意味着心德之内容只能逐步自觉、逐渐实现，从而有其历史性："历史文化是一民族实践之所成，自有其特殊性。……一个民族的人文历史之开始断自观念形态的开始，而现实的发展断自氏族社会。这是起点问题。从民族实践以为精神表现言，观念形态不但是历史的开始，而且亦是历史文化特殊性之所由存。盖观念形态是由抒发理想的道德心而涌现。故观念形态实是实践生活之方向或态度。但道德心灵之内容即所谓心德无穷无尽，而人又是有限的存在，故其心德之内容决不能一时全现，而必待于在发展中步步自觉，步步实现，因而亦步步有所成就。此即所以有历史之故。假若一时全现，则即无历史可言。上帝本身（神心本身）并无所谓历史。"[2]463由于道德心灵不能一时全现，因此各民族之历史文化具有差异性和特殊性："既不能一时全现，而各民族在其实践生活中又必有其观念之方向，是即必有其心德内容之凸出，故各民族之历史文化必有差异。假若一时全现，则即不能有差异：所有的全是一，所有的空是一。此差异，若内在于一民族之自身而言之，即为其历史文化之特殊性。此为特殊性之精神表现的解析，此是形上地必然的。"[2]464

受王夫之文化民族主义思想的影响，牟宗三认为各民族实践以尽其性，成其历史文化，皆有值得肯定之价值，故兴亡继绝为大善大德："因特殊性是形上地必然，故各民族实践以尽其性，以成其历史文化，皆有被肯定之价值，此亦是形上地必然的。故亡国（无论自亡或他亡）为大恶，而兴灭国继绝世为大善，为大德。”[2]464

牟宗三认为，心德内容在有限制中表现凸显，则体现为民族历史文化之特殊性，而心德内容在历史发展中的扩显，又是历史文化之可融通性之依据：“心德内容在有限制中表现凸出，为一民族之历史文化之特殊性，然而无穷无尽之心德内容在历史发展中步步扩大与彰著，则亦是各民族之历史文化之可融通性之依据，依此而言历史文化之共通性：此亦是实践上、精神发展上之必然的。此共通性或可融通性是由心德内容在实践中所表现之精神发展之理路而说明。此理路即其法则性，此在各精神发展线上是相同的。心德内容必在发展中始表现而为精神价值、种种形态、种种成果。不经过发展，心德内容只是潜隐地存在，不是实现地存在。在发展中精神表现之理则性与其成果性是内在地关联的。”[2]464牟宗三认为文化形态虽有不同，但在同一发展理路中，并不相妨碍，而可以相参赞，这就意味着民族历史文化具有可融通性：“理路是相同的，在发展过程中，其种种形态之内容虽有及与不及，有尽与不尽，然而在发展中，在同一的发展之理路中，它们是不相碍的，而且是相参赞的。凡是价值都当实现，而且都能实现；凡是价值都不相碍，都当相融，而且都能相融：一时的僵滞与固执并无关系。此便是各民族之历史文化之可融通性。然而融通仍不舍离其特殊。因为无论如何融通，它不能是纯形式。”[2]464－465这与王夫之一本万殊思想也有相似之处。

二、史学本体论与史学方法论

（一）历史哲学以事理为对象

王夫之将理分为物理和事理，并认识到事理的客观性与具体性，反对主观臆断和教条主义：“理者，物之固然，事之所以然也，显著于天下，循而得之，非若异端孤守一己之微明，离理气以为道德。”[7]168 “万物皆有固然之用，万事皆由当然之则，所谓理也，乃此理也。唯人之所可必知，所可必行，非人之所不能知、不能行，而别有理也。”[8]377 “治有治之理，乱有乱之理。存有存之理，亡有亡之理。”[5]742 “有即事以穷理，无立理以限事。”[9]586 “古之圣人治心之法，不倚于一事为万事之枢，不逐于一物而为万物之宰。……事无定名，物无定象，理无定在，而其张弛开合于一心者如是也。……用一而执之，不如其弗用矣。”[4]32 “性命之理显于事，理外无事也。天下之务因乎物，物有其理矣。循理而因应乎事物，则内圣外王之道尽。”[4]32受王夫之情理势历史分析法的影响，牟宗三认为历史哲学是以客观的事理、主观的情理为对象而进行的哲学阐释：“历史哲学就是以事理与情理为对象而予以哲学的解释。事理是客观地或外部地说，情理是主观地或内部地说者。”[2]6情理偏于内部、主观之理，事理偏于外部、客观之理，事理相当于外事，情理相当于内事。因此情理均可统摄于事理之中，历史哲学也可称为以事理为对象而加以哲学的解释：“是以主观地或内部地说之，就是情理，而客观地或外部地说之，就是事理。事理之事是由内部深微曲折的情理之情而发出者。内部的深微曲折之情亦是在活动中呈现，故亦是事，此可曰内事。故吾人可把情理统摄于事理之中，通内事外事合而为一，统名曰事理。这种以事理为对象而予以哲学的解释，便是历史哲学。”[2]6事理之事具有动态性、历史性、独特性、不可重复性，不能用科学方法来处理，因此历史哲学史面对历史性的事理之事作出的哲学解释为：“事理之事是动态的，是有历史性的，而且是独一无二的（不能重复）。这种事理之事不能用科学方法来处理。科学方法所能处理于历史的，严格言之，不是历史，而是历史上的文献材料。历史哲学是直接面对历史上有历史性的事理之事作一哲学的解释，即如其为一有历史性的事理之事而哲学地解释之。”[2]7

历史哲学只以事理之事为对象，不以物理之物为对象，后者是科学的对象：“所以历史哲学单只以事理之事为对象，而不以物理之物为对象。”[2]7事理之事都是独特的、无法重复的，因此不能用科学的归纳法得其通则：“有历史性的事理之事都是独一无二的，不是可以机械地重复的。故文献材料可用科学方法来归纳整理，而事理之事则不能用归纳法得其通则。”[2]7事理之事，不能作物观，只能作事观，这是历史哲学得以成立的关键观念：“所以事理之事，如正如其为事理之事，而不使之变质，必须哲学地解释之。反过来，这个事理之事，若真作事观，不作物观，则正是历史哲学所由以建立的关键观念。”[2]8牟宗三认为理即事理之事的意义所在：“事理之事的意义就是它的理。”[2]8理为历史哲学提供了前提和可能，如果把事理之事物化，则不但会取消历史的意义、否定历史哲学，而且会走向自我毁灭：“有理，始有历史哲学。若无理，则历史哲学亦不可能了。今之治史者，大都是把历史性的事理之事予以物化，因而不能了解其意义，因而亦不知其有理，甚至断言其无理，所以他们反对并轻视历史哲学。然实则这正是他们的自我否定，自我毁灭。”[2]8事理之理并不符合物理性的因果律，事理之理一旦物化，则历史的意义和价值就会泯灭，堪称自我毁灭。目前大多数史学家缺乏历史意识，只有材料，而不知历史之意义，这是令人遗憾的：“物理实践底理是当作物理看的那因果律，但有历史性的事理之理则不是当作物理看的那因果律。事理之事不能以其物化而有物理而有理的。若一旦物化而为物理之事，则它们便丧失其事理之事之身份，而事理亦不可言。此是，历史或只是一大堆文献材料，或只是归于物理事件，如是，则历史之义泯矣。是之谓自我毁灭。故今之治史者大都无历史意识，因其实横断散列的头脑故。故只记得一大堆材料，而不知历史之意义。”[2]8

（二）置身历史

牟宗三认为，审视历史，应当置身历史，让个体生命与历史生命相贯通，同时又注意从实践的角度将历史视为民族的实践过程，从而对历史既能感同身受，也能省察理解：“吾人看历史，须将自己放在历史里面，把自己个人的生命与历史生命通于一起，是在一条流里面承续者。又须从实践的观点看历史，把历史看成是一个民族的实践过程史。把自己放在历史里面，是表示：不可把历史推出去，作为与自己不相干的一个自然对象看。从实践看历史，是表示：历史根本是人的实践过程所形成的，不是摆在外面的一个既成物，而为我们的知性索要去理解的一个外在体。归于实践，所以区别理解。置身历史，所以区别置身度外。这两义是相连而生的。”[2]3这其实与王夫之的“设身易地以求其实”的躬逢代筹之法相似：“设身与古之时势，为己之所躬逢；研虑于古之谋为，为己之所身任。取古人宗社之安危，代为之忧患，而己之去危以即安者在矣；取古昔民情之利病，代为之斟酌，而今之兴利以除害者在矣。得可资，失亦可资；同可资，异亦可资也。”[5]956

（三）道德判断与历史判断的结合

受王夫之揆理度势思想的影响，牟宗三认为，理解历史、诠释历史，应以道德判断和历史判断相结合为佳。王夫之史论既重道德判断，有坚定的是非标准，同时又特别重视历史判断，有权变的历史眼光，对于史事、人物的社会影响和历史意义有全面的评价，从而将理势合一的哲学思想在历史领域得到充分地展示与落实。黑格尔的史论，则普通权变不错，但道德判断似有不足。对于历史而言，道德判断和历史判断缺一不可，既需要道德判断的理性主体性，又需要历史判断的客观真实性："对于历史，道德判断与历史判断无一可缺。道德判断足以保住是非以成褒贬，护住理性以为本体，提挈理想以立纲维；而历史判断则足以真实化历史，使历史成为精神之表现与发展史，每一步历史事实皆因其在精神之表现与发展上有其曲折之价值而得真实化。无道德判断，而自由历史判断，则历史判断只成为现象主义、历史主义，此不足以真实化历史；无历史判断，而只有道德判断，则道德判断只是经，而历史只成为经之正反事例，此亦不足真实化历史。"[10]245－246 历史判断可以通权达变，而道德判断明辨是非，对于考察历史均不可或缺。朱熹治史恪守道德判断，而通变有缺；黑格尔论史，则坚持辩证通变，而道德有憾；惟有王夫之于道德判断与历史判断皆能兼顾："观历史，历史判断与道德判断两者皆不可缺。前者通权达变，后者立是非之标准。近人治史只是考据材料，尚说不上历史判断，去道德判断更远不可及。朱子治史惟以道德判断为准，此固于通变有缺，然其意义即在立是非之标准，而其当身即表示一以理生气之心愿也。船山于此两者皆能顾及。黑格尔论史，以其辩证之发展观，而有凡存在即合理一语，此固足以通变，而于道德判断稍有憾，人或以此讥之。可见两者皆备之重要。"[11]288 纯粹的道德判断，会抹杀大部分的历史，使真正的历史无法引进来，因道德判断偏于理想，而现实的历史很少能符合严格的道德法则，如要引进历史必须在道德判断之外，加以历史判断："道德判断时对一个人的行为问它是否依当然之理而行，即对行为之动机作探究，看其是否依一无条件的命令而发动，而无条件的命令是发自自由意志（或良知）的。历史是由集团生命的行动而演成的。集团生命的行动（历史性的事理之事）亦应接受道德判断。但历史上的集团生命的行动很少合乎严格的道德法则，即有少分合者亦多夹杂不纯。所以若依道德判断而论，则大部分历史便须抹去。那就是说，历史引不进来。是以若想引进，便须在道德判断以外，复有历史判断。"[2]11 历史判断是辩证地通晓事理之辩证性的判断，它既有辩证直觉的具体解悟，也有辩证思维的理性鉴别："历史判断者，依辩证直觉之具体解悟对于辩证之理中的事，就其辩证地体现理念之作用或意义而辩证地鉴别之也。故历史判断即是辩证地通晓事理之辩证的判断。故唯辩证的判断始能如历史性的事理之事而鉴别之而不丧失其辩证之理中的作用或意义，此即是把历史引进来而不泯灭。即依此故，名辩证的鉴别曰历史判断。”[2]11

历史判断并非现象主义地了解历史事项，因此不同于经验主义的知识判断，而是辩证地鉴别事理之事而足以引进历史，恢复历史之动态，因此这一判断即是具体活动的，又是辩证理性的：“历史判断并非只是现象主义地了解一历史事象也。若只是如此了解而承认之，如所谓承认既成事实者，则只成经验主义的知识判断，而非所谓历史判断。是故吾所谓历史判断唯是指辩证地鉴别事理之事而足以引进历史，即如历史之动态而足以恢复之而不令丧失者而言。”[2]11-12因道德判断足以抹杀历史，而知识判断则物化历史为非历史。历史判断既非道德判断，也非知识判断。但对于历史而言，亦需要道德判断来确立价值是非，因此对于历史而言，要实现道德判断与历史判断的融通：“历史判断既非道德判断，亦非科学方法下之知识判断。道德判断足以抹杀历史，知识判断则是把事理之事物理化使之成为非历史（此若用之于处理文献材料是恰当的）。但光只道德判断固足以抹杀历史，然就历史而言，无道德判断亦不行（道德在此不能是中立的）。盖若无道德判断，便无是非。所以在此，吾人只就道德判断与历史判断两者之对比而融和之而皆予以承认。”[2]12朱熹和陈亮虽针锋相对，但均未能引进历史判断。朱熹的理性主义，只停留于道德判断，流于知性的抽象，而不能了解历史之真实动态；而陈亮的英雄主义、直觉主义，只了解自然生命之原始价值，也未能引进历史判断：“朱子是理性主义，对于历史只停在道德判断上，而不能引进历史判断以真实化历史，其理性本体只停在知性之抽象阶段中。而陈同甫力争汉唐，谓天地并非牵补度日，汉唐英雄之主亦有价值。此俨若能引进历史判断以真实化历史。然考其实，彼只是英雄主义、直觉主义，只能了解自然生命之原始价值，而非真能引进历史判断以真实化历史者。”[10]245朱熹的道德主义与陈亮的英雄主义都不能引进历史，前者取消了历史，后者虽有英雄生命律动的历史价值，但却遮蔽了非英雄者的历史，因此也非真正的历史判断：“朱子纯依道德判断而言，固不能引进历史，陈同甫为汉唐争一席地，好像能把汉唐之历史引进来。然而须知陈同甫之力争汉唐是以英雄主义为根据。英雄的生命能运转得动，固有价值，然而非英雄者其历史仍然引不进来。是故依英雄主义而推尊汉唐，仍不足以表示历史判断。是则朱子与陈同甫针锋相对，皆不足以言历史判断也。”[2]12 朱熹知性形态的理性主义缺乏辩证的圆融性，而陈亮的生命型态（感性形态）的直觉主义，以天才为尚，必将走向定命论，皆不足以成就历史判断以引进历史：“盖朱子之理性主义是知性型态之理性主义，是分解的，尚未进至圆境也。即是说，他未进至了知主动理性之辩证地实现其自己，故亦不能辩证地通晓事理也。他只是依知性而分解地建立了一个标准。合此标准者为是，否则为非。同时陈同甫是英雄主义下的直觉主义，这直觉主义是从自然生命才智之健旺上言，是属于生命型态的直觉主义，亦可以说是感性型态的直觉主义，是以天才型为尚，因而终于是定命论的。感性型态的直觉主义与知性型态的理性主义固是直接地相对反也，然而皆不足以成就历史判断以引进历史。”[2]12-13

（四）历史须具体的解悟

王夫之已经认识到事理的具体特殊性与动态变化性，强调揆理度势、察情究效，进行兼顾内外的辩证分析。牟宗三强调认识历史，需要辩证直觉的具体解悟，既非感性形态的直觉主义，也非知性形态的理性主义，而是在感性和知性之上，主动理性的辩证融合，道德原则不只是停留在知性的了解中，而是在主动理性中为集团实践所曲折实现：“吾人言辩证直觉之具体的解悟，既非感性型态的直觉主义，亦非知性型态的理性主义，而是依主动理性之辩证地实现其自己以为历史，而即辩证地通晓此中事理之事而还之也。此是在知性与感性以上，相应主动理性之辩证的融和而立言，故既非知性之但分解一道德原则以为标准，亦非生命感性之立场依生命强度以断有无（非全即无，上智下愚不移），故足以成就历史判断以引进历史（即恢复历史）也。道德原则不是停在为知性所了解中，而是在主动理性中为存在的集团实践所实现。而此实现过程是曲曲折折的，因而有历史。”[2]13 在道德原则的曲折实现中，善恶贤愚皆有其意义与作用，并得到相应之报偿。历史判断既辩证地通晓事理之事之价值，又能呈现鲜活的历史事实，既能感受到历史的波澜起伏，又能认识到历史的螺旋前进：“在此曲折实现中，英雄、非英雄、智愚贤不肖，皆在事理中有其意义与作用，得其应得之报偿。即使是荒淫、悖谬、愚蠢、乖戾之极者亦在辩证的事理中一幕一幕呈现其自己，消融其自己，转化其自己，皆得其所应得之报偿。而荒淫总是荒淫，悖谬总是悖谬，愚蠢乖戾亦总是愚蠢乖戾，此即是价值判断也。然而皆在历史性的事理之事中辩证地通晓之，则亦是活生生的历史事实，此即历史判断也。有了历史判断，始见历史之可歌可泣，而亦令人起苍凉之悲感者。然而千回百转，总期向上，则亦无疑。”[2]13

每一民族之政治历史之创建与发展阶段具有其特殊性和差异性，只有通过具体的解悟才能有效地把握：“每一民族之创制建国以尽其性，可以说都是独一无二的，而且在创造中每一阶段都有不同的形态。此只有在客观实践中，通过存在的证悟，具体的解悟，以把握之。”[2]463具体的解悟能把握具体的普遍性，通过存在的证悟可以把握动态的历史；而抽象的解悟只能得到表面的知性知识，因此无法把握真正的历史：“具体的解悟把握具体的普遍性：此是践履的、动态的；此并不要通过归纳分类，而只要通过存在的证悟，在精神发展之认识中以把握之。故此种认识过程即是创造过程。凡抽象的解悟，用于历史，皆只能是就已创造出来的现象排比整理，统计分类，此只是表面的、事后的知性工作。故抽象的解悟不足以通历史。”[2]463抽象的解悟是静态的观解，对于科学行之有效，但在主客观实践范围则显得捉襟见肘：“抽象的解悟是静态的、观解的，通过归纳分类以把握种类概念之本质或抽象的普遍性。此在逻辑、数学、科学知识范围内，为恰当有效，而在主观实践与客观实践范围内不是恰当有效的。”[2]462由于事理之事非物理的事件，因此分解的知性并不适合了悟历史，而需要具体的解悟：“此种知性不适宜于有历史性的事理之事之了悟，因为事理之事并非物理的事件，而吾人了解事理之事亦不是把此事当作一物理对象而辨别其物性，而是如其为一事理之事而了解其对于理念的表现之作用或意义。此种对于事理之事之了解，了解其在理念的表现上之作用或意义，显非上述之抽象的解悟，因此，可名曰具体的解悟。具体者如其为一有历史性的独一无二的事理之事而即独一无二地了解其意义或作用，而不是依分类而归纳地了解其物性之谓也。”[2]10事理之理即事理之事的意义、作用，它是辩证的理。了解此事理之理，须是具体而通贯，这需要辩证的直觉，即具体的解悟。抽象的解悟是知解，具体的解悟是智慧。王夫之有此智慧，故能通晓历史之精微。事理与具体的解悟分别是历史哲学可能之客观、主观根据，而具体的解悟之所以可能在于事理之理辩证地体现了理念："事理之事的意义或作用即是它的理，此理是辩证的理，即由此事之辩证地体现理念，因而此事遂有它的意义，此即是辩证的理。吾人之了解此事理之事之意义或作用一方是具体的，一方亦是通贯的，但此通贯却不是类概念之概括，而是如此事理之事之辩证地体现理念而亦辩证地通之。唯辩证地通之，始能通晓其辩证的理（意义）。此种通晓亦可名曰直觉，但此直觉既不是感触的直觉（给吾人以对象者），亦不是形式的直觉（构造一数目或一几何图形者），复亦不是智的直觉（创生万物之圆觉）。吾人只好名之曰辩证的直觉，但只适宜于了解事理、情理以及品题人物者。抽象的解悟是知解，成科学知识；而此种属于辩证的直觉的具体的解悟则是智慧，通情达理的具体智慧，它不能使吾人有科学的知识，此即中国人所谓明白、通达，亦尽有苍凉之悲感与幽默感。孔子有此智慧，老庄亦有此智慧（稍偏而嫌干冷），张良亦有此智慧。儒者中，王船山亦有此智慧，故彼能通历史。惟具有此种智慧，始能使究天人之际，通古至今之变不为虚语。是故事理是历史哲学可能之客观根据，而辩证直觉之具体解悟则是其可能之主观根据。具体的解悟如何可能？即依事物之理之辩证地体现理念而可能也。"[2]10-11这与王夫之所说的道因时而万殊、反对立理限事，而强调即器明道、即事明理、即用得体是一致的。

参考文献：

[1] 牟宗三. 中国近代思想家文库：牟宗三卷 [M]. 北京：中国人民大学出版社，2015.

[2] 牟宗三. 历史哲学 [M]. 台北：联经出版事业公司，2003.

[3] 王夫之. 读四书大全说 [M]. 北京：中华书局，1975.

[4] 王夫之. 尚书引义 [M]. 北京：中华书局，1962.

[5] 王夫之. 读通鉴论 [M]. 北京：中华书局，1975.

[6] 王夫之. 宋论 [M]. 北京：中华书局，1964.

[7] 王夫之. 张子正蒙注 [M]. 北京：中华书局，1975.

[8] 王夫之. 船山全书：第七册 [M]. 长沙：岳麓书社，2011.

[9] 王夫之. 船山全书：第五册 [M]. 长沙：岳麓书社，2011.
[10] 牟宗三. 政道与治道 [M]. 台北：联经事业出版公司，2003.
[11] 牟宗三. 道德的理想主义 [M]. 台北：联经事业出版公司，2003.

（原载《衡阳师范学院学报》2019 年第 2 期）

媒介融合背景下王船山思想的全媒体传播

杨旭明

自王船山之子王敔整理刊刻船山遗著后启动船山思想学术研究以来，船山思想的研究历经了清、民国和新中国三个时期，被研究的船山思想领域涉及哲学、史学、文学、语言学、艺术学、政治学、经济学、法律学、伦理学、美学、心理学、宗教学、军事学、教育学、科学等多个方面。船山思想两百多年来弦歌不绝，人际传播、大众传播功不可没。近年来，有学者开始从传播学角度研究王船山思想的流传情况，如船山思想在20世纪初中国香港、台湾，以及海外的传播[1]72-80，船山后裔与船山遗著的刊刻传播[2]24-29，湘军与船山学传播[3]1-4，嘉庆道光以前船山记忆船山形象的演变和清末报刊中的船山思想传播[4]55-62。

上述传播研究主要勾勒了船山思想在明清和民国时期纸质媒介中的传播情况，显示了船山后裔、湘军和书刊报的传播力量，但缺乏针对当前媒介融合背景下的船山思想传播研究。本文观照媒介融合理论，结合王船山诞辰400周年纪念活动中的学术论坛、电视讲座、微信推送、报纸报道、通俗读本、文艺汇演等文本，阐释融媒时代王船山思想的传播盲区及其对策，为历史文化名人思想的有效传承提供思路和对策。

一、媒介融合及其发展趋势

罗杰·菲德勒以口头语言、书面语言和数字语言为标志，划分出了人类传播媒介形态的三次变化。时至今日，3D报纸、云报纸、多媒体电子杂志、5G手机、微信等新媒介，验证了这位新媒介技术专家对于数字技术基础上媒介相互融合的预言。媒介融合意指各种媒介呈现出多功能一体化的趋势。其中，媒介是指传递图、文、声、像等符号信息的工具或手段，如大众传播的书刊报等纸质媒介和电视网络等电质媒介。作为工具的媒介本身不能融合，媒介能够融合，“通常是由于可感知的需要、竞争和政治压力，以及社会和技术革新的复杂相互作用引起的”[5]39。按照保罗·莱文森的“补偿性媒介”理论，人类媒介进化的过程，本身就是媒介纵向融合的过程。“媒介即人的延伸”，没有一种媒介是完美的，都有其这样或那样的先天缺陷或不足，而人类的生物传播本性和媒介生态环境总要求媒介做一些其他媒介不能做的事情，于是，更好地满足人的需要的媒介就被发明或被保留了下来。补救性媒介，或者说新媒介，指的就是修正了之前媒介缺点的媒介，如广播电视就是对书刊报印刷媒介的功能叠加。据此来看，融合不只是媒介数量的组合，更是媒介功能的结合，不仅是一种静态的表征，更是一个动态的过程。

为了适应数字化生存，中国传媒业界自 20 世纪 90 年代便开始了媒介融合的实践探索。这一探索历程大体可分为两个发展阶段。20 世纪 90 年代至 2014 年为一个阶段，传统媒体借力互联网技术和平台，进行以“互联网 +”为径向的融合，如报纸 + 网络融合为数字报纸或手机报纸，杂志 + 网络融合为电子杂志。2014 年，中央全面深化改革领导小组第四次会议审议通过了《关于推动传统媒体和新兴媒体融合发展的指导意见》，将媒体融合纳入国家发展战略，提出要以先进技术为支撑、内容建设为根本，推动传统媒体和新兴媒体在内容、渠道、平台、经营、管理等方面的深度整合，标志着媒介融合进入了新的发展阶段。由于此阶段媒介融合的主体是主办和经营媒介的机构或组织，如报社、电视台等媒体，且融合的内容和范围更广，也有人称之为媒体融合阶段或融媒时代。这一阶段，媒介融合国家战略的重要目标是建设新型主流媒体。2014 年以来，新华社人工智能平台媒体大脑、AI 合成新闻主播，中央广播电视总台整合优势资源集聚 350 多家媒体机构形成矩阵打造的全国广电联合舰队，人民日报数字传播中央厨房、新媒体中心等，不断刷新媒介融合的表现形态，同时给历史文化名人的信息传播带来了机遇和挑战。

二、融媒时代王船山思想传播的盲区

王船山思想的传播之灯，从船山在世时的口头传播、手写传播，照射到其身后的书籍传播、报刊传播、书院传播，并触碰到了今天的数字传播。在数字技术的场域下，传统媒体和新兴媒体在媒介形态和内容等诸多层面的优势互补、相互融合方兴未艾。媒介融合的内涵主要包括：物质即工具层面的融合、操作即业务（包括新闻业务和经营业务）层面的融合、理念即意识层面的融合。[6]92-99从融媒的内涵和传播的要素层面看，王船山思想的传播出现了诸多被忽视的地方，主要表现为五大盲区。

传播主体诉求的盲区。王船山思想的传播主体，包括船山亲友、后人，政府开明官员，专家学者，草根群体。长期以来，以知识分子和政府官员为代表的精英阶层是传播主体的中坚力量，掌握了传播的主要话语权，导致传播主体诉求单一，偏重精英阶层的需求而轻视甚至忽视草根民众的需求。有论者指出，近代以来湖湘知识群体的船山阐释，具有鲜明的地域文化建构的意义，表达了湖湘文化建构、发展的迫切需求。[7]101-108精英阶层将船山思想优秀因子转化为时代精神和社会文化力量的诉求，当然值得肯定，但是不能止步于船山思想的精英化、学理化，还应该关注船山思想的大众化、普及化。因为融媒时代的草根群体不再是被动地接受信息，而是主动地选择甚至建构信息。遗憾的是，当今对王船山的宣传和研究，缺乏草根群体的身影和声音，“往往起于学术、止于学术，大多在一个封闭的小圈子里打转，枯燥晦涩，有思想性缺可读性”[8]13。

传播内容选择的盲区。王兴国先生认为，船山学的传播内容丰富，应该包括船山生平活动、著作的刊刻出版历史的研究；船山各个方面的思想研究；船山的家庭、父兄、子侄、师友、交游的研究；船山思想渊源、影响及在世界思想史、中国思想史和湖湘文化史上历史地位的研究；船山学研究著作的研究，等等。[9]16-18然而，在不同历史时期和不同类型媒介中，这些传播内容的呈现度是不相同的。总体来说，船山思想类占比最大，船山生平、家世、交游等内容偏少。思想类中，经、史、子类占比较大，集类占比偏少，对思想的梳理整合较多，对思想的创新开掘较少。政府官方记忆多，家族私人记忆少，关于船山人生经历和内心体验的民间记忆极少。

传播媒介整合的盲区。船山思想主要依靠人际传播、组织传播和大众传播，但大众传播着力不够，网络、手机和微信等新媒介介入不够。明清时期，除王船山本人和亲友之间的人际传播外，书籍是传播船山思想的主要媒介。

民间年间，《大公报》等报纸和《船山学报》等期刊，开始成为传播船山思想的大众媒介。船山书院、石鼓书院、岳麓书院、思贤讲舍，是船山思想传播的重要阵地。近年来，以大学生王船山研究学会和湘商会为代表的社团、组织，和以船山思想传播为主旨的网络平台、电视节目、微信公众号，成为传播船山思想的新渠道，但研究者对这些新媒介的传播关注较少，缺乏新旧媒介融合的实践和反思。

传播话语转换的盲区。船山思想传播的话语体系，包括党和政府的话语、学术精英的话语和民间大众的话语。在传播实践中，话语内部和话语之间的转换均存在盲区。长篇历史小说《王船山》的作者阿山（王若柏）认为，在通俗小说中，“叙述人是现代的，语言自然应该是现代的。但人物的语言要合乎人物所处的时代语境，不能让古代人说现代的话。而王船山的思想太丰富，一般的文字似乎很难充分表达他的思想，因此往往自设新词自造新句，更令人难测其义”[10]337。对于普通大众来说，王船山还是那样模糊，那样抽象，那样飘渺，那样想接近却无法接近，想阅读却无法深入阅读，原因之一就在于，精英话语向大众话语转换过程中，缺乏话语协调机制，精英话语多，大众话语少，雅俗共赏的话语更少。

传播受众实践的盲区。从注意、认同、行为等传播效果层面看，两百年来，王船山思想一直得到民间、官方和学界的重视和研究，船山学已成显学，影响波及海内外，但民间大众对船山的认知度和认同度不高，日常生活自我实践者更少。《东方杂志》1904 年 9 月 4 日第一卷第一期曾指出，王船山经济思想不逊于西方的亚当·斯密，但西方经济迅速发展而我国经济日益匮乏，原因之一就在于“我国士大夫于船山之学说，读之者百无一焉，读之而解其理者千无一焉，读之而能措诸政事者万无一焉”。笔者针对衡阳市民和大学生的在线问卷调查表明，86. 99% 的被调查者认为书籍是认知船山的最主要渠道，82. 88% 的被调查者最想了解船山的文学思想，但 60% 以上的被调查者从未读过现今留存的 49 种船山著作，70% 以上的被调查者从未实地参观过湘西草堂，从未参与过祭祀船山的活动。

三、王船山思想的全媒体传播

关于全媒体，目前学界对这一概念尚缺乏统一界定。一般认为，全媒体是一个开放兼容的传播体系。微观而言，它是融合了产品 + 平台 + 用户 + 服务的多维度多层次复合体系；中观或宏观而言，它是不同媒体机构的产品、平台、用户、服务各自相对优势共同构筑的综合体系。[11]32-39 2019 年 1 月 25 日，习近平总书记在中共中央政治局第十二次集体学习时指出："全媒体不断发展，出现了全程媒体、全息媒体、全员媒体、全效媒体，信息无处不在、无所不及、无人不用，导致舆论生态、媒体格局、传播方式性发生深刻变化，新闻舆论工作面临新的挑战。"[12] "全媒体"概念的提出，启发我们在新媒体时代从信息生产发布、内容表现形式、主体多元互动、传播效能提升等不同维度，创新王船山思想的传播。在王船山诞辰 400 周年之际，衡阳市政府等主办了一系列纪念活动，将传统的讲学、办书院和现代的书刊报广电网结合起来，变小众传播为大众传播、分众传播，变由上而下的传播为上下联动的传播，变单一媒介的传播为多媒介的整合传播，是一次成功的节庆传播，更是一次全媒体传播尝试，其经验值得总结。

传播主体多元互动。针对船山思想现有传播主体诉求的盲区，突破单一主体尺度，从一对多变成多对多互动传播。在由衡阳市人民政府主办的纪念王船山诞辰 400 周年系列纪念活动中，中央电视台、新华网、衡阳市电视台、网易、搜狐、腾讯、红网，以及《光明日报》《衡阳日报》《衡阳晚报》等不同级别、不同地域、不同形态的媒体联动，整合发出船山声音，主打诉求各有侧重：央视《百家讲坛》栏目连续六天在央视十套科教频道播出户外实景录播节目《天地大儒王船山》；《光明日报》国学版两次整版刊发了专家学者的船山论文；衡阳市广播电视台推出了长达 70 分钟的《船山梦 · 中国梦》纪念王船山 400 周年经典诗歌吟诵会晚会直播节目；微信公众号"四维国学讲谈"，分 9 个专题推出了王船山研究专家的访谈录；红网和《衡阳晚报》掌上衡阳客户端，相继推出了王船山的动漫作品。

传播内容多维呈现。全息媒体要求加强媒介产品的策划意识，利用 VR、AR 等新技术实现新旧媒体的整合和优势互补。针对现有传播内容选择的盲区，可优化船山思想传播内容，实现多维内容的同平台呈现。例如，衡阳日报社策划了"一位思想家的思想地图——纪念王船山先生诞辰 400 周年"大型历史文化采访报道，从船山一生的 160 多个地点中选择 24 个地点，10 多位王船山研究专家、20 多位记者及特约撰稿人兵分数路，历时 3 个多月，总行程近7000公里，形成了海量的图、文、声、像素材，连续十期整版推出，同时将报道素材整理出版成专著《船山悟道——一位思想家的行与思》和15集的手机扫码即可观看的视频节目。该社将船山的生平、事迹、思想等内容，有机地投入到了所属的报纸、书籍和视频产品之中，实现了全息传播。

传播媒介全程跟进。全程媒体要求在选题策划、新闻产品创意设计、读者市场营销推广等产品链条上，全程实现媒介的参与。针对现有船山思想传播渠道整合的盲区，可突破时空尺度，实现媒介的全方位全过程参与。笔者在百度上以“王船山诞辰400周年”为关键词检索，发现自衡阳市政府宣布启动开展纪念活动以来，不少媒体对此全程跟踪关注：衡阳新闻网、《衡阳日报》先后报道了纪念活动筹备会和调度会的情况；新华社6月2日报道了纪念活动的开篇之作——船山书院文化旅游周开幕式；《潇湘晨报》9月29日报道了湖南各界公祭船山的盛况；中新网10月7日报道了王船山纪念邮票首发情况。10月28日至30日的纪念活动，媒体大多进行了报道或转载，会后，《北京日报》等媒体还继续推出专家文章，介绍王船山的思想及影响。

传播话语多方转换。全媒体传播追求全面的社会效益和经济效益，这就要求转换话语方式，寻找精英话语和大众话语的契合点，探索船山思想传播的文本理论话语向通俗叙事话语、主流文化话语向大众文化话语、意识形态话语向日常生活话语转换的路径，实现船山思想的创造性转化和创新性转换，最大程度吸引各阶层人员的参与。央视百家讲坛《天地大儒王船山》节目中，国内8位专家学者，用通俗的语言，配合节目视频材料，从忠孝家风、寻梦之路、匹夫之责、返本开薪、薪尽火传、民族脊梁六个方面，形象地呈现了王船山的历史使命和现实影响，精英话语在船山思想学理化基础上，实现了通俗化表达。为纪念王船山而出版的读本《王船山的船与山》，将船山先生的人生经历、学术史料与当下青年的流行表达融会贯通，用网络化的语言和新时代的表达，褪去王船山以往的高冷与严肃，还原王船山的鲜活人生，吸引了众多年轻读者的关注。该书以其科普化、流行化和通俗化的话语，在众多已出版面世的船山通俗读本中独树一帜。

传播受众实践参与。受众是媒体的重要资源。传播学受众理论研究表明，受众从来都不是铁板一块，而是有个体和群体差异的，不是被动接受信息，而是主动选择信息。受众的关注、认同和参与，直接关乎媒体的生存和发展。

针对现有王船山思想传播受众实践的盲区，我们不但要保持和提升精英群体和政府官员对船山的参与度，还要设法调动草根群体和年轻受众对船山的认知度、美誉度、参与度。本次纪念活动参与者众多，参与形式多样，参与程度较深。来自国内外的百余名学者、官员和衡阳当地三所高校数千名学子参加了王船山思想学术研讨会。部分专家参观了船山故居和船山纪念馆。不少民众参加了船山公祭活动，购买了首发的船山邮票，阅读了各类媒介推送的船山信息。今后，我们要进一步营造良好的舆论氛围，优化受众实践环境，如建设好船山故里美丽乡村，推出船山文化旅游精品，提供受众日常生活实践船山思想的必要硬件和软件，增强受众参与船山思想文化传播的获得感、体验感。

参考文献：

[1] 罗锡冬. 王船山学术思想在港、台、海外的传播 [J]. 船山学刊，1995 (1).
[2] 彭大成. 船山后裔与船山遗著的刊刻传播 [J]. 船山学刊，2010 (1).
[3] 朱迪光. 湘军与船山学传播 [J]. 衡阳师范学院学报，2017 (4).
[4] 张晶萍. 清末船山思想的传播及其特点 [J]. 安徽史学，2018 (3).
[5] 菲德勒. 媒介形态变化：认识新媒介 [M]. 明安香，译. 北京：华夏出版社，2000.
[6] 丁柏铨. 媒介融合：概念、动因及利弊 [J]. 南京社会科学，2011 (11).
[7] 朱汉民，刘觅知. 湖湘知识群体的船山诠释与文化建构 [J]. 中国哲学史，2012 (3).
[8] 胡哲，聂茂. 王船山的船和山 [M]. 长沙：岳麓书社，2019.
[9] 王兴国. 船山学研究的新进展——2002 王船山国际学术研讨会综述 [J]. 船山学刊，2003 (1).
[10] 阿山. 王船山：上卷 [M]. 长沙：湖南文艺出版社，2016.
[11] 支庭荣. 全媒体传播体系的全息透视：系统建构、功能耦合与目标优化 [J]. 西北师大学报（社会科学版），2019 (6).
[12] 习近平. 加快推动媒体融合发展，构建全媒体传播格局 [J]. 奋斗，2019 (6).

（原载《衡阳师范学院学报》2020 年第 1 期）

贺麟思想建构中的船山学渊源

吴　戬

贺麟（1902—1992），四川金堂人，中国著名的哲学家、哲学史家、翻译家。1919 年考入清华学堂，1926 年赴美国留学，先后在奥柏林大学、哈佛大学获得学士、硕士学位。1930 年，贺麟转赴德国柏林大学专攻德国古典哲学，回国后长期任教于北京大学哲学系。1955 年以后，贺麟历任中国科学院哲学所西方哲学史研究室主任、哲学研究所学术委员会副主任、中华全国外国哲学史学会名誉会长，著有《近代唯心主义简释》《文化与人生》《当代中国哲学》《现代西方哲学讲演集》，主要译作有《小逻辑》《黑格尔》《黑格尔学述》《哲学史演讲录》《精神现象学》等。贺麟在 20 世纪 40 年代建立了新心学的思想体系，是现代新儒家的早期代表人物之一。贺麟认为，现代与古代之间其实有着连续性，任何现代新思想都有其传统渊源："在思想和文化的范围里，现代决不可与古代脱节。任何一个现代的新思想，如果与过去的文化完全没有关系，便有如无缘之水，绝不能源远流长、根深蒂固。文化或历史虽然不免经外族的入侵和内部的分崩瓦解，但也总必有或应有其连续性。"[1]11 在中国古代思想家中，贺麟对王夫之的评价很高，认为他是继王阳明之后的哲学第一人，其哲学地位高于同时代的顾炎武和黄宗羲："王船山是王阳明以后第一人。他在中国哲学史上的地位，远较与他同时代的顾亭林、黄梨洲为高。"[1]254 贺麟对王夫之的历史思想进行深刻阐发，并将其与黑格尔相提并论。同样值得注意的是，贺麟的认识论、道德观、人生论、政治观等方面均有船山思想的鲜明印记，而且其哲学精神与王夫之也有颇多相似之处，如均以合为特征，具有鲜明的辩证色彩（贺麟将王夫之视为辩证法的高峰），葆有积极正向的思维态度，强调社会参与，注重个人与社会的互动，等等，可见传统思想的催化作用与现代张力。

一、哲学思想的吸收与转化

（一）心物知行合一论

贺麟强调心物合一，认为心与物是不可分的整体："心与物是不可分的整体。为方便计，分开来说，则灵明能思者为心，延扩有形者为物。"[2]132这与王夫之非常相似，王夫之认为，"心无非物也，物无非心也"[3]5。同时，王夫之强调物不可绝、身心一体。贺麟也确实注意到了王夫之这方面的言论。所不同者，贺麟以心为体，以物为用，坚持了心本体论的立场，与王夫之形成对反。

贺麟对王夫之的知行观颇为关注。他认为，"王阳明之后，对知行问题有重大贡献的哲学家要推王船山"[4]210。他从知可诡而行不可诡、行可兼知而知不可兼行两方面说明王夫之的知行观是唯物的或重行的知行合一说，并将其与黑格尔进行比较分析。贺麟强调知行合一，从表面上看是受王阳明的影响，但实际上贺麟将自己的知行合一观称之为"自然的知行合一说"，而称王阳明的知行合一观为"价值的知行合一说"。虽然两者都有销行为知的唯心倾向，但贺麟与王阳明对于知行之界说不同："自然知行合一论者与价值知行合一论者对于知行的界说不同。前者认纯意识活动为知，纯生理物理动作为行；后者任显行隐知为行，认显知隐行为知。"[4]145因此，贺麟的知行合一论对知行的界定与王夫之反而相似一些，而王阳明则甚至把意识的活动也当作行。同时，贺麟的知行合一观强调主观意识与生理动作的相关性，"自然的知行合一说者，以显行与隐知合一，或显知与隐行合一，换言之，以每一活动里知行两者自行合一，同时合一"[4]146。这实际上是受到了王夫之知行相资以为用思想的影响。不过，贺麟强调，知是行的本质，行是知的表现；知是行的体，行是知的用；知是目的，行是手段，知主行从，等等。贺麟的知行观刚好是王夫之知行观的对反，贺麟奉行重知的知行合一观，而王夫之奉行的则是重行的知行合一观。

（二）信心观与人的使命

与王夫之继善成性、相天造命思想一致，贺麟亦强调积极有为、乐观进取的人生态度。

贺麟认为，乐观与仁爱密不可分，人有仁爱就容易养成乐观的心境：“一个人有了仁爱，他就可以化恶为善，化险为夷；看得见人性中最光明的一面，因而养成乐观的心境。所以乐观实与仁爱不可分。至圣至仁就是至乐观之人，未有不仁的人而会成为真正的乐观论者。”[1]115 “仁爱好像光明，光明一到，黑暗消散，仁爱所至，悲苦绝迹。”[1]115乐观即是对自己、别人、天道有信心，因此也可称之为信心观：“乐观也可以叫做信心观。所谓信心包含有三方面，就是对自己有信心，对别人有信心，对天道或宇宙法则有信心。”[1]115对自己有信心则必然乐观，在困境中不会丧失自信：“凡对自己有信心的人必然是乐观的人。他俯仰无愧，内省不疚。自觉足跟站得稳实，根本没有动摇，无论在任何艰难困苦的境地中，他不会失掉自信力。他努力不懈，相信自己有转败为胜，转恶为善，转不幸为幸的权衡。”[1]115对他人有信心则相信人性本善，使人具有同情心和包容力，相信不善可以感化：“所谓对他人有信心就是相信人性本来是善的，相信人同此心、心同此理，人心是有公道的。相信不善的人终是可以感化转变的。还有，对人有信心，也就是勿猜疑、怀疑别人的动机，勿以小人之心，去揣度他人行为的动机，这也就是古人所谓‘不逆诈，不臆不信’。”[1]115对天道有信心则会相信天道的公正、合理，这是乐观态度的起点：“所谓相信天道，就是相信天道是公正的，相信在全宇宙的法则里，善人终必战胜恶人，理性终必战胜无理性，公理终必战胜强权。有了这种由体验、由学养而达到的信心，就是乐观态度的出发点。”[1]115信心观是一个人对自己、他人、世界的前途未来充满信心和希望，因此形成乐观的人生态度，也即希望观：“信心观实际上也可以说是希望观。一个人对于自己和别人的前途乃至世界的将来有信心，也就是说他具有希望。对于将来的无穷的信心和希望，自然会形成对于世界与人生的乐观的看法。”[1]115－116与乐观充满同情、仁爱、信心、希望、朝气不同，悲观则往往流于无情、不仁、冷眼、怀疑、绝望、暮气：“与乐观正相反的悲观，就是一种无情观、不仁观，以别于同情观、仁爱观。悲观是一种冷眼观、怀疑观、绝望观，以别于乐观之为信心观、希望观。我们真可以说乐观是精神发皇蓬蓬勃勃的朝气观，悲观是志气消沉衰老颓丧的暮气观。”[1]116 真正的乐观是对创伤灾难、悲观幻灭的顽强克服与坚决奋斗：“要想克服悲观、赢得乐观，实是难事。所以真正的乐观，必然是生活过程中再接再厉所达到的境界。它是弥补了创伤的仁爱，稳定了动摇的信心，恢复了幻灭的希望，而后坚持着的一个观点。”[1]116 乐观相信社会历史的进化，如近代西洋进化思想洋溢着强烈的乐观色彩，而中国数千年传统则笼罩在退化观的阴影之下，认为历史演化一代不如一代，引人叹息：“乐观可以说是进化观。假如一个人能够在变动生长的过程中，看出发展的阶段，进步的程序，他就会养成一种逐渐向上、日新不已的乐观态度。近代西洋进化思想的盛行，不论是达尔文生物学上的进化论，或是黑格尔辩证法和逻辑上矛盾发展的进化论，都带有强烈的乐观色彩。中国数千年来大都在退化观的思想笼罩之下，一般人大都把黄金时代放在远古，认为历史的演变，总是一代不如一代。”[1]116 因此贺麟认为，进化观与退化观既是近代与中古精神的分水岭，也是乐观论与悲观论的划分依据：“进化观与退化观不仅是近代精神与中古精神的分水岭，而且是划分乐观论与悲观论的最大关键。”[1]117 悲观论并非毫无价值，它可以荡涤肤浅、庸俗的乐观。受现实环境的影响，即使乐观者也容易受到悲观思想的侵蚀，而无力自拔。因此，真正的乐观需要基于学养阅历、眼光毅力，克服环境，战胜悲观：“不过须知悲观论亦有其相当价值。悲观论足以否定浅薄轻易、恬嬉自满、不学无术的乐观。并且须知悲观主义每挟现实以俱来，其传染于人有如疾病，亦非可轻易摒除。同情心稍有不丰，仁爱稍有不诚，信心稍有不坚，希望稍有不真，而为退化观的旧说所动，则悲观思想便乘虚而入，无能自拔。更须知乐观亦非轻易可得，必须基于学问修养、经验阅历，有眼光，有毅力，能克服恶劣险阻的环境，战胜悲观，方可达到真正健全而无流弊的乐观思想。”[1]118

理想主义者的回到自然，与道家的消极避世精神不同，是一种积极的社会集体路向，从自然中发现人生真理、增强生命力量，是征服和借助自然来充实人生：“在中国，道家可以说是代表到山林去的人生路向。但是理想主义者所提出的回到自然，根本精神却与道家不同。道家所谓到山林去，乃是少数隐君子消极厌世、想脱离政治社会的行径。理想主义者之回自然去，是多数人，整个时代，或整个社会，指出一种积极的路向。接近自然的目的，乃在从自然中间，发现人生的真理，增强生命的力量。道家之到山林去，是个人遁世的高雅生活，理想主义者之回自然去，却是一种有社会性的集体的活动。道家是要离开人生而相忘于自然，一往而不知返。理想主义者是要达到对于自然的精神的征服，借自然来充实人生。”[1]127这其实正是王夫之经过尽性竭能后的天人合一，经过人道奋斗后的天人合一。因此贺麟所强调的回到自然，并非道家思想的因袭，而是儒家思想的扩充：“本文所讲的回到自然，同儒家思想近，隔道家思想远。所以我们所讲的回到自然与其说是道家思想的承袭，不如说是儒家思想的扩充。”[1]127

受王夫之继善成性、尽性立命、珍生务义论以及费希特思想的影响，贺麟强调人的责任与使命，追求人生价值的自我发现与自我实现：“人之知天知物，人之希天用物，即是人的使命、人的天职。”[1]88受王夫之尽性立命思想的影响，贺麟认为，发现自我，实现自己的使命才是尽性之道：“自我发现，即发现自己的使命；自我实现，即实现自己的使命。这种知天知物的努力，即人的必然本性，即尽性，亦即发现自我，完成人的使命。”[1]88贺麟认为，个人使命即是个人的终身事业，完成这种使命，既可实现自我的本性，也可对社会人类作出贡献：“个人的使命，就是个人的终身事业或终身工作。这种终身工作，一方面是自己自由考察、自己选择或自己担负起来的工作，一方面也可以说是时代所赋予的，师友或知己所提醒的使命。在完成此种使命，努力此种终身工作里，一方面实现自我的本性，一方面也就是贡献于社会国家人类的使命。”[1]89人要有自觉的使命感，这样生活才有价值和意义：“一个人要认真生活，认真做人，就需要有自觉的正大的使命，这样生活才有意义与价值。从知的方面说，要认识什么是人的使命，须从知物、知自然、知天或知天道着手，使人生观建筑在宇宙观上。从行的方面说，要完成人的使命，需要有鞠躬尽瘁，死而后已的终身工作。”[1]90受王夫之拔出流俗、壁立万仞只争一线思想的影响，贺麟强调通过理想来提高生活，改造现实：“理想构成人格的要素，人类所以异于禽兽，伟人所以异于常人，全看理想的有无和高下。人类能够凭借他的理智，构成一理想的世界，以提高其生活，改造现实，征服现实。”[1]107

与王夫之精魂不朽、天德流行思想相似，贺麟强调为使命而工作，使自己的事业庄严而有意义，不因个体生命的终止而消灭：“有了这种终身工作，就会感到自己生平事业的庄严而有意义：能够长久发展，不随个人的死亡而消灭。”[1]90

（三）理欲调融与伦常敦睦

受王夫之理欲合一、“天假其私以济天下之大公”以及黑格尔理性的机巧思想的影响，贺麟强调假私济公，实现人欲与天理的调和，公意与私心的共济：“近代伦理思想上有一大的转变，早已超出了中古僧侣式的灭人欲、存天理、绝私济公的道德星跳，而趋向于人欲与天理的调和、求公与私的共济，而一方面更进一步去设法假人欲以行天理，假自私以济大公。”[1]71贺麟认为，将情欲等作为实现道德理想的工具与材料，才是现代人所要求的充实丰满的生活，否则会导致道德生活的枯寂与虚空：“假如不能动员人类的欲望、情欲、利己心等，以作实现道德理想的工具与材料，则道德生活必然是空虚与贫乏，不是现代人所要求的充实丰富、洋溢生命力的生活。”[1]71这与王夫之“吾惧乎薄于欲者之亦薄于理”[5]60“即此好货、好色之心，而天之以阴骘万物，人之以载天地之大德者，皆其以是为所藏之用”[6]520的思想一致。

与王夫之注重社会性和秩序性、反对人生的虚无相似，贺麟亦认为五伦说注重社会群体生活，注重正常的人伦关系，也有符合人性、稳定社会的健康一面，有其在道德和政治上的合理性：“五伦说反对人脱离家庭、社会、国家的生活，反对人出世。……这种注重社会团体生活，反对枯寂遁世的生活，注重家庭、朋友、君臣间的正常关系，反对伦常之外别奉主义、别尊巨子的秘密团体组织的主张，亦是发展人性，稳定社会的健康思想，有其道德上政治上的必须，不可厚非。”[1]59

（四）经济与道德之关系

贺麟认为，经济富足可以促进一般道德的良好，经济贫穷可以引起一般道德的堕落，但有高度道德的贤人君子则不在此列：“就道德与经济的关系言，国民经济的富足，可以促进一般道德之良好。国民经济的贫穷，可以引起一般道德的堕落，惟有特别有道德修养的士或君子是例外。”[1]31经济有时会影响甚至支配道德，但为经济所决定的道德并非真正的道德，真正的道德或不道德均非经济所能转移、所能决定，为经济所影响所决定的道德，其实是经济问题："在某种意义下，经济可以决定或支配道德，但为经济所决定的道德非真道德。而真正的道德或不道德均非经济所能转移，所能决定。为经济所决定的道德，可随经济的改进而改进，可随经济问题的解决而解决，因为其本身即纯是经济问题，而非真正的道德问题。但真正的道德既非经济所能转移，所能决定，故不随经济状况的改进而改进，亦不随经济问题的解决而解决。"[1]34因此贺麟认为经济与道德无必然的关系："经济的贫乏与道德的好坏间无必然的函数关系。"[1]33这其实与王夫之对《管子》所言"仓廪实而知礼节，衣食足而知荣辱"的批评一脉相承。王夫之认为，衣食财富并非礼乐廉耻的必然前提，因此从经济财富的角度来提升道德礼仪是一种本末倒置、执末求本的行为，虽未忘本，但会成为舍本逐末者的借口："曰衣食足而后廉耻兴，财富阜而后礼乐作，是执末以求其本也。执末以求其本，非即忘本也，而遗本趋末者托焉。故曰：衣食足而后廉耻兴，财富阜而后礼乐作，管商之托辞也。"[5]77

王夫之认为，末资本用，非待末而有本。如果依赖经济财富的充实满足而后有礼乐廉耻可言，则会导致社会道德的堕落，而无法匡救："夫末者，以资本之用者也，而非待末而后有本也。待其足而后有廉耻，待其阜而后有礼乐，则先乎此者无有矣。无有之始且置之，可以得利者无不为也。于是廉耻刓而礼乐之实丧。迨乎财利荡其心，慆淫骄辟，乃欲反之于道，犹解巨舰之维于三峡，资一楫以持之而使上，末由得矣。"[5]77同时，当社会道德荡然，则欲望更难满足，想依靠物质财富来推进道德无异痴人说梦："且夫廉耻刓而欲知足，礼乐之实丧而欲知阜，天地之大、山海之富，未有能厌鞠人之欲者也。"[5]77同时，王夫之指出，虽然财物、声色会让人陷溺，但不可因噎废食，而废弃财物、声色，应当肯定物质、声色的价值以及正常欲望的合理性："货导人以黩，虽然，不可以废货也。色湛人以乱，虽然，不可以废色也。"[5]104应当慎于所求，不因现实欲望而失去廉耻节操，同时也应注意保持正常的生命健康："求高梁者于生为急，而急则或堕其廉耻；求药石者于生或缓，而缓则自深其疢疾。圣人以愚贱之廉耻为尤，而深恤其疢疾，故屯以慎于所求为贞，而蒙以远于所求为困。"[7]18在经济财富的增进、使用的过程中，应当注意唤醒民众的道德意识，这样才是本末兼该，立本达末之道：“先王以裕民之衣食，必以廉耻之心裕之；以调国之财用，必以礼乐之情调之；其异于管商之末说，亦辨矣。”[5]77

（五）儒家思想开展的新方向

贺麟认为，儒学融诗教、礼教、礼学三者为一体，即艺术、宗教、哲学三者的有机结合，因此新儒家思想的开展应循艺术化、宗教化、哲学化的方向前进：“儒学是合诗教、礼教、理学三者为一体的学养，也即艺术、宗教、哲学三者的谐和体。因此，新儒家思想的开展，大约将循艺术化、宗教化、哲学化的途径迈进。”[1]16

对儒家思想的狭隘化理解不仅背离真正的儒家精神，而且会使儒家内容日益贫瘠，无法吸收西洋的艺术、宗教、哲学以充实发展自身，应对新时代的挑战：“企图将儒家偏狭化、浅薄化、孤隘化，不惟有失儒家的真精神，使儒家内容贫乏狭隘，且将儒家思想无法吸收西洋的艺术、宗教、哲学以充实其自身，因而亦将不能应付现代的新文化局势。”[1]16

儒家思想有三大有机组成部分：理学寻求智慧；礼教规范行为，诗教美化生活。“因儒家思想本来包含有三方面：有理学以格物穷理，寻求智慧。有礼教以磨炼意志，规范行为。有诗教以陶养性灵，美化生活。”[1]15循艺术化、宗教化、哲学化方向开展，儒家思想可以得到扩展深化，可以用艺术陶养道德，宗教充实道德，哲学引导道德，从而克服狭隘道德的束缚，奠定科学思想的基础：“儒家思想循艺术化、宗教化、哲学化的方向开展，则狭义的人伦道德方面的思想，均可扩充提高而深刻化。从艺术的陶养中去求具体美化的道德，所谓兴于诗，游于艺，成于乐也是也。从宗教的精诚信仰中去充实道德实践的勇气与力量，由知人进而知天，由希贤、希圣进而希天，亦即是由道德进而为宗教，由宗教以充实道德。在哲学的探讨中，以为道德行为奠定理论基础，所谓由学问思辨而笃行，由格物致知而诚正、修齐是也。而且经过艺术化、宗教化、哲学化的新儒家思想不惟可以减少狭义道德意义的束缚，且凡可以提高科学兴趣，而奠定新科学思想的精神基础。”[1]17可见贺麟儒家思想新开展的三方向，实际上融先秦儒学（诗教、礼教）与宋明理学（理学）于一体。而船山思想在融汇先秦儒学与宋明理学方面堪称典型，既有宋明理学的思辨精微，也有先秦儒学的社会生活向度，在儒家思想的艺术化、宗教化、哲学化三个方面均作出了贡献。儒家思想艺术化方面，王夫之以《诗经》为其起点，融汇吸收释道，形成了与儒家内圣之学高度契合的文艺美学思想；宗教化方面，他注重礼学，强调继善成性、尽性立命；哲学化方面，他对儒家思想进行了系统阐释，对宋明理学进行了精深的研究，而且推陈出新，构建了自己博大精深的哲学体系。

受孔子、王夫之仁智合一、德业兼具思想的影响，贺麟强调新儒者当品学兼优，既有道德修养，又有学问技能："凡有学问技能而又具道德修养的人，即是儒者。儒者就是品学兼优的人。"[1]18 当然，新儒者以道德品质为必要条件，而知识技能只是充分条件："儒者故需品学兼优，但因限于资质，无才能知识而卓有品德的人亦可谓为儒者。所谓'虽曰未学，我必谓之学矣'。唯有有学无品，有才无品，只有知识技能，而无道德，甚或假借其知识技能以作恶者，方不得称为儒者，且为儒家所深恶痛绝之人。"[1]18 这显然受到了孔子、王夫之仁体智用思想的影响。

受孔子和王夫之兴诗立礼、诗礼并重、重雅正和顺思想的影响，贺麟亦强调诗、礼意味对于儒者气象的极端重要性。贺麟认为趣味低下，即是缺乏诗意，粗莽暴乱即是缺乏礼意："就意味或气象来讲，则凡具有诗礼风度者，皆可谓之有儒者气象。凡趣味低下，志在名利肉欲，不知美的欣赏，即是缺乏诗意。凡粗暴卤莽，扰乱秩序，内无和悦的心情，外无整齐的品节，即是缺乏礼意。无诗意是丑俗，无礼意是暴乱。"[1]19

贺麟认为，不宜把儒家礼教和诗教看得太机械狭隘，现代社会同样可以有儒者气象，因此，用诗礼表达儒者气象是恰当的，且可以扩展延伸："以诗礼表达儒者气象是甚为切当的。如谓工商化、民主化的近代社会缺乏诗礼意味，无有儒者气象，则未免把儒家的诗教礼教看得太呆板、太狭隘了。"[1]19 儒家的态度要求符合理性、时代、人情："就作事的态度言，每作一事，皆须求其合理性、合时代、合人情。及可谓为儒家的态度。合人情即求'反诸吾心而安'，合理性即所谓'揆诸天理而顺'，合时代就是审时度势、因应得宜。"[1]19 其实这正是受到王夫之情理势分析法的影响。情即人情，理即理性，势即时代。

贺麟的儒家思想的新开展，既是对孔子、王夫之思想的继承，同时也是对其思想的一种推进、扩充和发展，因其融入了现代意识和西方元素，如须以西洋的哲学发挥儒家的理学，须吸收基督教的精华以充实儒家的礼教，须领略西洋的艺术亦发扬儒家的诗教等，具有鲜明的时代气息。正如贺麟所言："在儒家思想的新开展里，我们可以得到现代与古代的交融，最新与最旧的统一。"[1]11

二、政治思想的传承与创化

贺麟具有强烈的爱国情感与民族意识，致力于民族复兴和国家富强，强调学术与政治的互动关系，以学术推动政治的健康发展。与王夫之注重族类自固，强调道统、治统分立而互动，文化高于政治等观点相似。

（一）政治与道德之关系

贺麟认为，政治与道德有着最为密切的关系，道德是政治的本质，而政治则是道德的实现。若无政治信仰，则道德信仰会脱离社会群体，陷于空虚枯寂，无法有效实现："政治与道德关系最密。道德为政治的本质，政治为道德的实现。有道德信仰的人，自不能不连带有他的政治信仰。只有道德信仰，若无政治信仰以充实之，则其道德信仰必陷于空虚，与社会人群无关，不能实现出来。"[1]101王夫之亦强调政治的道德性，反对苛政、暴政，提倡宽仁为本，在权力的更迭中也强调民生的重要性，在国家利益面前，也不可泯灭人性。

王夫之强调士大夫对于民族国家的政治责任感，贺麟亦认为作为国家公民，应有政治信仰："人既是政治组织中一分子，既是国家的一个公民，理论上他应有信仰政治或政治信仰的义务。"[1]101贺麟认为，作为国家公民，当有政治信仰的义务。政治信仰有利于发挥人的政治本性，同时有助于道德的实现，如果多数民众毫无政治信仰，则是社会生活的病态，后果十分严重，甚至有亡国之虞："就任何人皆为国家的公民而言，应有政治信仰的义务。就人为政治的动物而言，应有政治信仰以发挥其本性。就认为道德的存在而言，应有政治信仰以求道德实现。假如一个国家内，大多数人民，特别大多数有智识的青年人，皆毫无政治信仰，或皆对政治漠不关心，则该国必灭亡无疑，因为这实是社会生活的严重病态。"[1]101

贺麟认为政治信仰与做官完全不同，而贪官污吏更是毫无政治信仰："有政治信仰与做官乃截然二事，应该严格划分。有政治信仰与做贪官污吏，更是风马牛不相及的两码事。甚至可以说，凡贪官污吏大都是惟利是视，根本没有政治信仰的人。"[1]101 有政治信仰，并不一定要参加直接的政治活动，也可在自己的本职岗位尽心尽力，为国家服务："一个专家学者或关心国家前途的青年学生，尽可以有鲜明的政治信仰，而不做政治活动，不加入政党，而站在自己学者专家的岗位，做自己本分内的事以效献于国事。"[1]101 做官而无政治信仰殊为可耻，有政治信仰，并非一定要直接参与政治管理，也可以学者专家的立场督助政府、表达民意："无政治信仰而做官吏是可耻可鄙的事情。有政治信仰，不做管理，站在学者专家的立场，赞助政府，监督政府，表示民意，正是现在中国最值得提倡的事情，是每个有智识的青年国民应尽的义务。一个国内这类的人愈多，则政治愈可上轨道，民主政治愈有力的保证。"[1]101 如果毫无政治信仰，以政治为污浊之事，而讳言政治，以自鸣清高，这其实是不健康的态度："假如因为自己由于性情、才能、环境地位的关系，不愿意做官吏，于是就绝对不抱任何政治信仰，认政治为污浊，讳言政治，以自鸣清高，这可以说是极不健康的名士态度。"[1]101 这与王夫之对政治的重视以及反对无政治使命感而非议政治的思想一脉相承。

（二）学治的政治

贺麟在政治上提倡学治主义，反对力治主义："我愿意提出学治或学术建国的观念以代替迷信武力、军权高于一切的力治主义。"[1]27 贺麟提出用学治来代替申韩式的法治，并认为申韩式的法治其实也是一种力治主义："我愿意提出学治来代替申韩式的急功好利、富国强兵的法治。申韩式的法治实即厉行严刑峻法，剥削人民的苛政，乃是贯彻力治或武力征服的工具。"[1]27 王夫之反对申韩式的酷政，呼吁奉行宽仁型的简政："君子所甚惧者，以申韩之酷政文饰儒术，而重毒天下也。"[3]12 "玄宗初亲政，晋陵尉杨相如上言：'法贵简而能禁，刑贵轻而必行。小过不察，则无烦苛；大罪不漏，则止奸慝。'斯言也，不倚于老氏，抑不流于申韩，洵知治道之言乎！后世之为君子者，十九而为申韩，鉴于此，而其失不可揜已。"[7]652 "夫曰宽，曰不忍，曰哀矜，皆帝王用法之精意，然疑于纵驰藏奸而不可专用。以要言之，唯简其至矣乎！”[8]651 王夫之认为，修身上，应敬以自治，对自我道德严加约束与管理；而行政管理上，应宽以临民，抓大放小，保证社会的和谐与稳定：“简者，宽仁之本业，敬以行简者，居正之原也。敬者，君子之自治，不以微疵累大德；简者，临民之上理，不以苛细起纷争。”[7]651 王夫之强调道统与治统互为兴替，认为道统与治统的合一才能使天下大治，而道统更为关键：“儒者之统，与帝王之统并行于天下而互为兴替。其合也，天下以道而治，道以天子而明，及其衰，而帝王之统绝，儒者犹保其道以孤行而无所待，以人存道，而道不可亡。”[8]429 王夫之认为，道德与文化比政治功业更具延续性，具有潜移默化的影响，并为政治提供了知识基础与理论指导，当社会政治动荡、道德风俗败坏之际，更有守先待后、力挽狂澜的意义：“见之功业者，虽广而短；存之人心风俗者，虽狭而长。一日行之习之，而天地之心，昭垂于一日；一人闻之信之，而人禽之辨，立达于一人。其用之也隐，而抟捖清刚粹美之气于两间，阴以为功于造化。君子自竭其才以尽人道之极致者，唯此为务焉。有明王起，而因之敷其大用。即其不然，而天下分崩、人心晦否之日，独握天枢以争剥复，功亦大矣。”[7]237-238 可见，道统为体、治统为用，政治应该建立在道德、学术的基础上。贺麟亦认为应当以学治补充德治：“我愿意提出学治以补充德治主义。”[1]28 贺麟甚至认为道德基于学术，道德行为需要学术的培养和指导，因此德治应以学治为基础：“故道德基于学术，真道德基于真学术。道德必赖学术去培养，行为必须以真理为指导。所以德治必须以学治为基础。”[1]28 这受到了王夫之智以知仁、智贯通四德思想的影响。

贺麟认为，学术是建国的基石，无论是民族复兴还是民主政治都要以学术为前提和保障：“学术是建国的钢筋水泥，任何开明的政治必须是基于学术的政治。一个民族的复兴，即是一民族学术文化的复兴。一个国家的建国，本质上必是一个创进的学术文化的建国。”[1]28 学术是建国的重要基础。健康的法治、礼治、德治本质上应当是一种学治，开明的政治就是学治的政治，离开学术的政治，就会急功近利、束缚个性、粉饰虚华：“任何建国运动，最后必然是学术建国运动。离开学术而言建国，则国家无异建筑在沙上。学术是建筑国家的钢筋水泥。政治上所谓真正的健康的法治，或者儒家所提倡的礼治、德治，本质上皆应当是一种学治。开明的政治就是学治的政治。离开学术而讲法治就是急功好利、残民以逞的申韩之术；离开学术而谈德治，就是束缚个性、不近人情、不识时务的迂儒之见；离开学术而谈礼治，就是粉饰太平、虚有其表、抹杀性灵的繁文缛节与典章制度。”[1]246从功利型的法治经由道德型的法治而发展为民主型的法治，这是法治发展的必然阶段，不容倒退：“由申韩式的基于功利的法治，进展为诸葛式的基于道德的法治，再由道德的法治进展为基于学术的民主式的法治，乃法治之发展之必然阶段，理则上不容许颠倒。所以为政者切戒开倒车或倒行逆施。”[1]54

受王夫之思想的影响，贺麟认为学术是政治的命脉，统纪有学统与政统之分，如果不可兼得，则优先保持学统的延续：“学术既然成为政治的命脉，所以中国学者有所谓学统、道统与政统、治统的分别（王船山《读通鉴论》卷十三）。个人贡献其孤忠以维系他自己所隶属的统纪。有时二者不可兼得，深思忧时之士，宁肯舍弃政统的延续，以求学统、道统的不坠。”[1]246他认为王夫之等人以学术来维系政治命脉、民族兴衰，而且生活超出政治，具有高洁的人格：“如孔子、孟子、顾亭林、王船山等人，他们的学术维系政治的命脉、民族的兴衰，然而他们的生活却是超出政治，高洁无瑕的。”[1]248学者应保持学术的尊严，提高学术的创造力，但不可轻蔑政治：“学者维持学术的尊严，须在学术创造的自身上努力；而不在放任怪癖的性情，抱虚骄的态度。轻蔑政治，笑傲王侯，本来是文人习气。”[1]248轻蔑政治只是文人习气，并不可取，而且轻蔑政治比反对政治更为糟糕：“轻蔑政治的文人习气，既然为诗人高士所不取，所以现代的人更不能够吸取这种态度，作为保持学术自由独立的护身符。而且轻蔑政治比反对政治还要坏。”[1]249脱离政治、轻蔑政治，是不良风气，既不利于学术的健康发展，也不利于民主政治的实现：“这种脱离政治、轻蔑政治以求学术自由独立的传统风气，在学术上是不健康的风气，在政治上，也不易走上近代民主政治的道路。”[1]249这与王夫之对叔孙通和鲁两生的评价非常相似。[8]16-17

受王夫之思想的影响，贺麟认为真正的学者在兴亡继绝之时还要担负延续学统、道德的责任和使命，可见学统、道统的重要，因此尊重学术即是培植国家元气、天下命脉：“王船山说：‘天下不可一日废者，道也。天下废之，而存之者在我，故君子一日可废者，学也。……一日行之习之而天地之心昭垂于一日，一人闻之信之，而人禽之辨立达于一人。’（《读通鉴论》卷九）足见一切政治改革，甚至于在种族复兴没有希望的时候，真正的学者，还要苦心孤诣，担负起延续学统、道统的责任，所以王船山又说，‘当天下分崩，人心晦否之日’负延续道统学统的使命就是‘独卧天枢，以争剥复’的伟业。从学统、道统的重要以及其与政统的关系看来，我们就可以知道，政府尊重学术，就是培养国家的元气，学者自己尊重学术，就是小之尊重个人的人格，大之培养天下的命脉。”[1]247在王夫之的思想世界中，政治是其中重要一环。王夫之一方面注重学理的探讨，另一方面也有着强烈的社会政治关怀。他强调体以致用，用以备体。贺麟亦是如此。他认为，学术与政治是体用关系，政治是学术理想的社会应用，没有学术做基础，政治就无灵魂；没有政治的功效，学术就会流于空虚：“学术和政治的关系，也可以说是体和用的关系。学术是体，政治是用。学术不能推动政治，学术就无用，政治不能植基于学术，政治无体。”[1]245 “政治是学术理想在社会人生的应用、组织和实现，由小规模而大规模，由少数人的探讨研究到大多数人的身体力行。政治没有学术作体，就是没有灵魂的躯壳，学术没有政治作用，就是少数人支离空疏的玩物。”[1]247学术的独立自由有利于学术和政治都步入健康的轨道，没有独立自由的学术支撑，政治会走向病态失序，因此尊重学术，也是政治家的责任：“学术的独立自由，不仅使学术成为学术，亦且使政治成为政治。因为没有独立自由的学术来支持政治，则政治亦必陷于衰乱枯朽，不成其为政治了。所以正确学术的独立于自由，不只是学者的责任，而尊重学术的独立与自由，亦即是政治家的责任了。”[1]247

贺麟认为，道德为立国根本，是维系国家的命脉：“就立国根本言，道德为立国的大本。国家的基础不是建筑在武力上，也不是建立在经济上，而道德才是维系国家的基础的命脉。”[1]31这与王夫之的思想有一致之处。王夫之认为道统为体，治统为用，道统（儒者之统）比治统（帝王之统）更具有连续性，儒者有保持道统延续的责任：“儒者之统，与帝王之统并行于天下，而互为兴替。其合也，天下以道而治，道以天子而明。及其衰，而帝王之统绝，而儒者犹保其道以孤行而无所待，以人存道，而道不可亡。”[8]429王夫之认为，儒者之统孤行无待，道存乎人，但人不可以多得，虽不免悲哀，但道终究是亘古长存、不会消亡的：“是故儒者之统，孤行而无待者也；天下自无统，而儒者有统。道存乎人，而人不可以多得，有心者所重悲也。虽然，斯道亘天垂地而不可亡者，勿忧也。”[8]430

参考文献：

[1] 贺麟. 文化与人生 [M]. 上海：上海人民出版社，2011.
[2] 贺麟. 哲学与哲学史论文集 [M]. 北京：商务印书馆，1990.
[3] 王夫之. 尚书引义 [M]. 北京：中华书局，1962.
[4] 贺麟. 五十年来的中国哲学 [M]. 上海：上海人民出版社，2011.
[5] 王夫之. 诗广传 [M]. 北京：中华书局，1964.
[6] 王夫之. 读四书大全说 [M]. 北京：中华书局，1975.
[7] 王夫之. 周易外传 [M]. 北京：中华书局，1975.
[8] 王夫之. 读通鉴论 [M]. 北京：中华书局，1975.

（原载《衡阳师范学院学报》2018 年第 2 期）

张岱年思想建构中的船山学渊源

吴 戬

张岱年对王船山哲学一直颇为关注。他不仅写了船山学方面的相关论文，且在《宋元明清哲学史提纲》《中国唯物主义思想简史》《中国哲学史史料学》《中国哲学史方法论发凡》中均对船山有不少分析论述，并给予高度评价。二十世纪三四十年代是中国哲学的体系化时期，熊十力的新唯识学、冯友兰的新理学、贺麟的新心学在这一时期形成，而张岱年亦建立了新气学的思想体系，对王夫之哲学予以继承与发展。张岱年认为中国近三百年中有创造贡献的哲学家都是倾向唯物的，而王船山是“这三百年中最伟大的思想家”[1]273。张岱年认为王夫之等代表着今后中国新哲学的发展方向：“现代中国治哲学者，应继续王、颜、戴未竟之绪而更加扩展……新的中国哲学，应顺着这三百年来的趋向前进。”[1]273实际上张岱年的哲学思想虽融汇了马克思主义、新实在论等西方思想，但与王夫之亦颇多相通之处，其形上哲学、知识哲学、人生哲学、文化思想以及哲学史研究均打上了船山思想的鲜明烙印，值得注意。

一、形上哲学

“物统事理”“一本多级”是张岱年哲学的中心观念，张岱年自己认为这是他将中国传统与辩证唯物主义结合的产物：“关于哲学理论问题，我不自量力，试图将马克思主义哲学唯物论与中国哲学的优秀传统结合起来，提出了一些管窥之见，其中比较重要的一条是物统事理、一本多级。”[2]525

（一）物原心流，一本多级

所谓物原心流，是指“宇宙演化是由物质（一般物质）而生物（有生命的物质）而有心物（有心知的有生物质）。物为基本，生命心知为物质演化而有之较高层级的形态。物为本原，心乃物质演化而有，为支流，物原而心流。物为一本，生命与心知以物为基础，一本而多级”[2]600。关于“一本多极”，即“物有不同层次，最基本的是无生命的物质，无生命的物质是基本粒子构成的，物质变化产生了有生命的物质，有生命的物质演化而产生了有心知的有生命物质，物质是一本，生命与心知是较高的层级所具有的特性，是谓一本多级”[3]4。“物有不同层次，最基本的是无生命的物质，无生命的物质是基本粒子所构成的。物质演变而产生了有生命的物质，有生命的物质演化而产生了有思维的人类。物质是一本，生命与思维是较高的层次所具有的特性。故云一本多级，这是我的中心观点。”[2]525 而一本多级，则深受张载、王夫之气本论的影响。张岱年强调物质的基础本源性与王夫之以气作为宇宙的本源相似。张岱年认为物质演变而产生了有生命的物质和有思维的人类，这与王夫之所谓的阴阳二气的变合而产生人类和万物一致。按照王夫之的观点，形色为气，性为理，也是气之理。“盈天地间，人身以内，人身以外，无非气者。”[4]465

（二）物统事理，理在事中

所谓物统事理，是指物的存在具有过程的变化性（事）和内在的规律性（理）：“物的存在都是过程，就过程的变化而言，谓之事；就其变化中的恒常而言，谓之理；凡物都是事事相续而具有一定之理的过程，可以说是物统事理。”[3]4 “管见以为，物的存在都是过程，就过程的变化而言，谓之事。就变化的恒常而言，谓之理。凡物都是事事相续而具有一定之理的过程。故云物统事理。”[2]525 “凡物皆历程，指其历程中之变化而言谓之事；指其变化中之规律而言谓之理。物统事理。事为实有，理亦实有，统含事理之物亦实有。”[2]600

物统事理，吸收了张载“心统性情”的逻辑结构，进行创造性的转化，有王夫之道器论、理气论、道物论、理事论的影响，尤其与王夫之“道在器中”的思想极为相契，张岱年所谓的物其实相当于王夫之所言之器。在王夫之看来，器有成毁，因此器有过程性，而张岱年认为物是一个过程。器有其内在的运行机制或秩序条理，即所谓道，具有一定的稳定性、恒常性，这正是张岱年所谓的理。器表现在人际即为事，即现实与历史活动的展开。王夫之的道器论、理气论具有逻辑的一贯性。因此，物统事理实际上是王夫之道在器中、理在气中的发展。另外，王夫之认为：“道者，物所众著而共由者也。物之所著，惟其有可见之实也。物之所由，惟其有可循之恒也。既盈两间而无不可见，盈两间而无不可循，故盈两间皆道也。”[5]178

张岱年在二十世纪三十年代还对事理关系进行了探讨，接受了王夫之“道在器中”、李塨“理在事中”的观点：

> 《事理论》讨论了事物与规律、共相以及有关的问题，提出了一个唯物的本体论，对于实有（客观实在）、事物与空时、理与性、对立统一、事与理的相互关系进行了较详的分析。篇中首先确定了实有即客观实在的意义，认为实有之基本内容为事、理、物。实有乃事事相续的历程。事事相续而有一定的恒常谓之理。事事相续而有一恒常之理通贯于其中而无间断，则成为一物。事、理、物俱为实有的内容。吾人所在之宇宙即事事永延之宇宙。事续续不已，物生生不已。事物变化之基本规律为对立统一，谓之两一。事与理孰为根本？有事斯有理，未尝有无理之事；有理斯有事，未尝睹无事之理。但可云事函理，而不可云理证事。如必求一本，当肯定事较理为根本。王船山（夫之）说：“道者器之道，器者不可谓之道之器也。”李恕谷（塨）云：“夫事有条理曰理，即在事中。”我赞同王船山、李恕谷的观点。[2]512

其实张岱年的事理关系论，实际上与王夫之“道在器中”“道丽于器”“即事以穷理”“即物以穷理”“因物事而得理”“离事无理”等思想相一致。

（三）永恒两一，和为存基

所谓永恒两一，是指“一切事物皆在变化迁流之中，一切对立莫不有其统一”[2]600。这是对王夫之两不立而一不可见、两端一致思想的发挥。以矛盾为变化之源，以和谐为存在之基，深受王夫之的影响。王夫之强调动乃道之枢，以两端一致作为宇宙人生的法则："以气化言之，阴阳各成其相，则为对，刚柔、寒温、生杀必相反而相为仇。乃其究也，互以相成，无终相敌对之理，而解散仍归于返于太虚。"[6]25 "一气之中，两端既肇，摩之荡之，而变化无穷。"[6]26 "雷风不相薄，水火不相射，男女不相配，自有天地以来，未有能为尔者也。"[5]163 "易者，互相推移以摩荡之谓……纯乾纯坤未有易也。而相峙以并立，则易之道也。"[7]41可见，王夫之非常注意万事万物的矛盾对立性。王夫之也注意对立双方的相通性与统一性："杂因纯起，即杂以成纯；变合常全，奉常以处变；则相反而固会其通。"[5]286同时王夫之也强调和顺的重要："穷理而失其和顺，则贼道而有余。"[5]250 "天地以和顺而为命，万物以和顺而为性。继之者善，和顺故善也。成之者性，和顺斯成矣。"[5]248 "是故《易》以阴阳为卦之仪，而观变者周流而不可为典要；以刚柔为爻之撰，而发挥者相杂而于以成文；皆和顺之谓也。和顺者性命也，性命者道德也。以道德徙义而义非介然，以道德体理而理非执一。大哉，和顺之用乎!"[5]249

（四）大化三级，胜乖兼和

所谓大化三极，是指"宇宙大化有三极，一元极，二理极，三至极。元极是最根本的物质存在。理极是最根本的原理即最普遍的规律。至极是最高的价值准则。最高的价值准则是兼赅众异而得其平衡，可称为兼和"[2]600。元极、理极、至极分别是对王夫之气—理—道的继承与发展。而这种兼和所表现出来的差异化、多元化的动态平衡统一与王夫之思想更是同条共贯。

关于"兼和为上"，"我以为中庸不如兼和，兼是兼容歧异，和是保持一定的平衡。在一定条件下，可以容许过之。我认为，矛盾是变化的根源，而和谐是物体存在的基础。和实生物，新事物的产生实由于一定的和谐。故曰兼和为上"[3]5。与王夫之的思想更是血脉相通，王夫之强调分殊性、差异性，同时也注意整体性。王夫之对理一而分殊的新阐释就体现了这一点。他对事物对立双方矛盾的认识，以及相反相成相通的阐释，最终归结于一种动态的和谐。这正是张岱年兼和为上的思想意蕴。

关于"胜乖以达和"，就是"要克服生活中的种种矛盾以达到和谐"[2]513。这与王夫之的思想非常一致。王夫之认为："相反而固会其通。"

“君子乐观其反。”[5]286 “君子善其交而不畏其争。”[5]154 “以在人之性情言之，已成形则与物为对，而利于物者损于己，利于己者损于物，必相反而相仇，然终不能不取物以自益也，和而解矣。”[6]25

二、知识哲学

在知识论方面，张岱年的思想也与王夫之颇多相似相通之处。如在知识的来源问题上，张岱年认为：“知不能离物，而受物之决定。非存在即受知，而是知觉基于存在。”[1]275张岱年与王夫之一样均肯定外物的客观存在性，强调知觉与外物的触发才产生认识。在知行观方面，张岱年强调知与行的两一，认为“行是知之基，亦是知之成。知原于行而成于行”[1]275。这与王夫之是一致的。在知识的性质方面，张岱年强调知之群性，强调感与思的两一，注重知识的社会性、感性认识和理性认识的辩证统一，与王夫之思想若合符节。在真知方面，张岱年强调真知之变与常，也与王夫之大体相似，因王夫之认识到道是器（物事与时代）的运行规律和秩序条理，因而具有相对稳定性、恒常性，从宏观而言，“道随器变”“据器而道存”“离器而道毁”，实际上注意到了道的历史性与相对性。

（一）知通内外

所谓“知通内外”，是指“心为内，物为外，知乃所以通内外。有外物然后有感觉，感觉为知识之开端。人之知识又依凭于实践”[2]600。这与王夫之《张子正蒙注》所言相一致：“内心合外物以启，觉心乃生焉。”[6]326 “虽圣人不能舍此而生其知觉，但即此而得其理尔。此内外之合，圣之同于庸也。”[6]325 “形也，神也，物也，三相遇而知觉乃发。”[6]18

（二）真知三表

所谓真知三表，是指“真知有三个标准，一曰自语贯通，即非自语相违；二曰与感觉经验之内容相应，即欲感觉经验相符合；三曰依之实践，结果如所预期。真知在于认识、经验、实践三者之一致”[2]600。张岱年认为真知在于认识、经验、实践三者的一致，与王夫之的思想未尝不一致，王夫之对陆王心学、佛老的抨击以及对程朱理学的批评往往体现出对第一个标准的重视。而真知的第二个标准与感觉经验之内容相符，即王夫之所言的名实相符的标准。王夫之认为，“名从实起”[8]54，“无实不能有名”[6]241，“名非天造，必从其实”[8]53，“信者不爽也，名实不爽，先后不爽之谓也”[4]54。尤其是真知的第三个标准，是王夫之“行焉可以得知之功效”[9]“知者非真知也，力行而后知之真”[9]“且夫知也者，固以行为功者也”[10]124“知之尽，则实践之而已”[6]173等思想的继承与发展。

三、人生哲学

（一）天人本至，义命合一

所谓天人本至，即“天为人之所本，人为天之所至。本者，本根，至者最高成就”[2]599。这与王夫之思想一脉相承。王夫之认为：“言道者必以天为宗，必以人为其归。”[10]124王夫之强调天生人成，一方面重视天对于人的本源性：“天之所用为化者，气也；其化成乎道者，理也。天以其理授气于人，谓之命；人以其气受理于天，谓之性。”[4]749“是人道者，即天分其一真实无妄之天道，以授人，而成乎所生之性者也。天命之谓性也。”[9]另一方面他又强调人的主体能动性与自觉创造性：“未继以前为天道，既成以后为人道。天道无择而人道有辨。”“圣人赖天地以大，天地赖圣人以贞。……人存而天地存，性存而位存。”[5]186“天用其化以与人，则固谓之命矣。已生以后，人既有权矣，能自取而自用也。”[10]56“可竭者天也，竭之者人也。人有可竭之成能，故天之所死，犹将生之；天之所愚，犹将哲之；天之所无，犹将有之；天之所乱，犹将治之。”[11]617

“分别本至”意味着张岱年强调将世界的本原与人生的最高准则予以区分，在世界的本原上坚持物质本源，而在人生的最高准则上注意道德。这其实与王夫之也颇为相似，王夫之在世界本源上强调气的本源性，而在人生的最高准则方面则在于继善成性。不过与张岱年不同，王夫之的世界本源与人生最高准则之间依然有一定的关联，因王夫之的气不仅是一种物质力量，也是一种精神力量。气既弥漫于天地，而且也充斥于人体。气中有理，理善故气亦善。张岱年的物质性原则是更为彻底的唯物论，因而需要将其进行更为明显的区分，否则将会将人文理想完全斲丧，人将沦为机器、被物所异化，从而实现了自然性与主体性的统一。

关于义命合一，张岱年认为：“义就是应当，命即是自然的限制；义是理想的当然，命是现实的必然。这两种是对立的，然而有其统一。……义是人事方面的，命是环境方面的。……以此，理想要适应现实，又须克服现实；义须顺应命，又要改变命。”[1]286 “如果想得到圆满的生活，必须一方面要认识自然的限制，一方面力践所认为应当的。义须顺应命：完全不可能的事情，便根本不必去想。但命也不是绝对不可以改变的，自然的限制也可以打破。世界没有一成不易的事物，命也常只是相对的。人不当因现实之一时的限制，就放弃当然的努力。不要因命忘义，而当以义易命；务使命之所归，即是义之所宜。这就是义命合一。”[1]287这其实是王夫之珍生务义、尽性至命、相天造命思想的综合发展。

（二）与群为一，群己一体

关于与群为一，张岱年认为：“与群为一，便是与社会国家为一体，即觉得群己合为一体，社会、国家与个人融合无间，群即是我，我即是群。群的利益即是我的利益；群的生命即是我的生命。把整个的精神心思都注入于群，为群而工作，为群而努力。这样，一方面也是无我，不自觉有与群对立的小我；一方也是扩大其我，以群为我。在此种生活境界，也可得到最大的快乐，也可以消弭一切烦恼。”[1]284 “与群为一本是为了修正与天为一思想而提出的。孟子讲万物皆备于我，庄子讲天地与我并生，万物与我为一。程颢宣扬与万物为一体，我以为这些都未免失之玄远，只是精神上的自我陶醉。最高的道德境界应该是爱国家、爱人民、公而忘私，与社会国家合为一体。是谓与群为一。与群为一即是集体主义。[3]4这其实也与王夫之精神大体一致，王夫之有非常强烈的社会责任感和现实关怀，对民族与民生均有深切的情意，倡导以身任天下的豪杰精神，反对流俗。所谓“群己一体”是指“个人不能脱离社会而生活，群与己之关系乃系全与分的关系。群之利害即己之利害，正如一身之利害即四肢之利害”[2]601。这与王夫之强调的“物不可绝”“珍生务义”“以身任天下”的精神一致。王夫之强调救人道于乱世、扶长中夏，推崇以身任天下的豪杰精神，正是基于这种社会关怀以及对国家民族的群体诉求：“只是尽天下之人，尽天下之物，尽天下之事，要担当便与担当，要宰制便与宰制；险者使之易，阻者使之简，无有畏难而葸怯者。……言乎其体，而无理不可胜者；言乎其用，而无事不可任矣。”[4]537

（三）人群三事，拟议新德

所谓人群三事，是指“今亦言三事：一御天，二革制，三化性。御天即改变自然，革制即改造社会，化性即改变人的本性”[2]601。这也与王夫之思想一致，御天即王夫之所言的化天之天为人之天，革制即王夫之的“以义行知”“推行于物”[6]64，化性即王夫之所言的继善成性、已成可革。

所谓拟议新德是指：“道德随时代之不同而变迁，随社会生活之改易而转移。故当审时代之需要而建立新道德。道德之根本惟一，曰公而已矣。旧德之中亦有不可辄废者，亦可借用旧名赋予新义。今提出六达德六基德。达德：一公忠，二任恤，三信诚，四谦让，五廉立，六勇敢。基德：一孝亲，二慈幼，三勤劳，四节俭，五爱护公物，六知耻。”[2]601其中的公忠、信诚、勇敢、孝亲、知耻都是王夫之最为强调的，任恤在王夫之的民生意识中多有体现，谦让、廉立、慈幼、勤俭也为王夫之所肯定。爱护公物则是张岱年在新时代的产物，但王夫之亦强调公意、取伤廉。同时张岱年道德随时代社会而变迁的观点也与王夫之“道因时而万殊”“道随器变”的观点一致。

（四）充生达理，理生合一

关于充生以达理，即是强调生命活力与道德修养的并重：“充生以达理的实际内容即是增健而为公。生之本性为健，人生至德曰公。健者胜物而不屈于物，公者爱己而更爱群。”[2]513这与王夫之的思想更是一脉相承，深受王夫之珍生务义、厚生正德、达情养性、理欲合一、反对惩忿窒欲思想的影响。

关于理生合一，张岱年认为：“所谓生，即是生命、生活，所谓理，即是当然的准则，或道德的规律。”[1]280 “其实生与理两者，是应该并重的，不但是应该并重，而且两者是离不开的。理只是生之理，离开了生，就无所谓理；生也必须受到理的裁制，好的生活即是合理的生活。理离开生，便是空洞的；生离开理，必至于卤莽灭裂。”[1]281要之，生与理是不可相离的。只注重理不注重生，结果必至于违反了理；只注重生不注重理，结果必至于毁坏了生。我们一方面要培养生命力，发展生命力，充实生活，扩大生活；另一方面要实践理义，以理裁制生活，使生活遵循理。而这两方面只是一件事，不过为方便而分开来说而已。生的圆满，即是理的实现；理的实现，就是生的圆满。生活之最高境界，是与理为一；与理为一的生活，也便是达到了生之谐和的生活。[1]283这其实是王夫之性者生理、理欲合一思想的发展。

（五）动的天人合一

关于动的天人合一，张岱年认为："所谓动的天人合一，对静的天人合一而言。……静的天人合一是在内心的修养上达到与天为一的境界；动的天人合一则是以行动实践来改造天然，使天成为适合于人的，而同时人亦适应天然，不失掉天然的乐趣。静的天人合一是个人的，是由精神的修养而达到一种神秘的宁静的谐和；动的天人合一则是社会的，是由物质的改造而达到一种实际的活动的协调。"[1]287-288 "动的天人合一，即是以实践行动，克服天与人之矛盾冲突，使天人相互适合，这是戡天与乐天之统一。"[1]289这其实是王夫之性日生日成、继善成性、君子日动、天人合一思想的发展。王夫之认为："圣人尽人道而合天德。合天德者，健以存生之理。尽人道者，动以顺生之几。"[5]65 "甚哉，继之为功于天人乎！天以此显其成能，人以此绍其生理者也。性则因乎成矣，成则因乎继矣。不成未有性，不继不能成。天人相绍之际，存乎天者莫妙于继，然则人以达天之几，存乎人者，亦孰有要于继乎！"[5]182 "继之则善矣，不继则不善矣。天无所不继，故善不穷。人有所不继，则恶兴焉。"[5]182可见王夫之反对自然原始的天人合一，而强调通过后天的努力修为而达到的天人合一，且这一过程是动态发展的，实际上正是张岱年所讲的动的天人合一。

四、文化思想

文化思想方面，张岱年提出了综合创新论和中华精神论："关于文化问题，我提出了综合创新论与中华精神论。"[2]525

综合创新论是指中国文化的创新应当建立在中西文化之综合和中国传统文化中不同学派之综合的基础上，其核心是马克思主义与中国文化的优良传统相结合：

> 所谓综合有两层含义，一是中西文化之综合，即在马克思主义普遍真理的指导之下综合中国传统文化的精粹内容与近代西方文化的先进成果。二是中国固有文化中不同学派的综合，包括儒、墨、道、法等家的合理思想的综合以及宋元明清以来理学与反理学思想的综合。文化的综合创新的核心是马克思主义与中国文化的优秀传统的结合。[2]525

> 关于文化问题，我始终反对全盘西化论，亦不赞同国粹主义，提出文化综合创新论的见解。所谓综合，有两层含义，一是中西文化之综合，即在马克思主义基本原理的指导下综合中国传统文化的优秀内容与近代西方的文化成果，其中最重要的是吸取、学习西方的科学成就及其与科学发展有密切联系的哲学思想。二是中国固有文化中不同学派的综合，包括儒墨道法各家的精粹思想的综合以及宋元明清以来理学与反理学思想的综合。诸子百家各有所长，儒学定于一尊的时代已过去了。尤其应该将墨家的贡献继承下来。文化的综合创新有一个理论基础，这就是马克思主义的唯物辩证法。文化综合创新的核心是马克思主义理论与中国文化的优秀传统的结合。[3]5-6

可见，张岱年的综合创新论是针对现代学界流行的两种极端论调——全盘西化论和国粹主义而提出的一种新的文化创新思想。其中，张岱年特别提到中国文化中的优良传统，包括宋元明的理学和反理学思想，他在《中国哲学大纲》中明确指出王夫之、颜元、戴震的事学（气学）符合现代思想的趋势，应当予以继承、发展。因此，船山思想在综合创新论中扮演的角色也应当值得重视。从本质而言，王夫之的哲学实际上是一种综合创新，所谓“六经责我开生面”“参万岁而一成纯”，他不仅对张岱年综合创新论中提到的先秦的儒道墨法等思想予以综合，而且对宋明理学予以批判地继承与发展，即对宋明理学予以系统总结，又开启了反理学思潮的序幕。

中华精神论是张岱年对中国文化精神的提炼。他认为，中国民族文化的基本精神是自强不息、厚德载物：“我提出了民族精神的问题，认为中国文化的内在的基本精神主要是‘自强不息、厚德载物’。我也承认中国文化的基本精神含有丰富的内容，但是认为其精微核心即是‘自强不息、厚德载物’。这两句文字虽然简略，然具有极其丰富的涵义。”[2]525-526张岱年对民族精神的提炼其实远绍《易传》精神，近承船山思想。乾德是自强不息，坤德是厚德载物。可见，中华精神论正是王夫之“乾坤并建”思想的现代延续与创造性转化。

五、哲学研究

在哲学研究方面，张岱年特别留意唯物论、辩证法、人本精神：“关于中国哲学史，我所特别注重的有三项：一是彰显其唯物论传统；二是阐发其辩证法思想；三是弘扬其人本精神。”[3]2-3而这三个方面在王夫之思想中有充分体现。关于唯物论传统，张岱年特别提到：“北宋张载提出太虚即气、凡象皆气，反驳有生于无及天地幻化的观点，开创了近古时代的唯物论。明清两代的罗钦顺、王廷相、王夫之、戴震，都继承发展了张载的气化学说，实为中国古典哲学中的优秀传统。”[3]3关于辩证法，张岱年提到：“中国的辩证思维尤为丰富、深湛，孔子讲辨惑，道家讲反衍，《易传》讲一阴一阳之谓道、刚柔相推而生变化都是极其深邃的思想，张载、王夫之更阐发了两一理论。”[3]3关于人本精神，王夫之强调人为天地之心，彰显人极的地位与尊严，认为我为德之主，尽性立命，树立主体的自觉意识，同时又肯定形色、欲望等正当性，并认为民生高于政权之更迭，反对灭绝人性的愚忠，这些都体现出人道主义精神。

马克思主义的辩证唯物论、新实在论的逻辑分析方法、中国哲学的优秀传统是张岱年哲学思想的三大理论源头：“关于哲学理论问题，我始终坚持唯物主义。早在30年代，我学习马克思、恩格斯、列宁的哲学著作，为辩证唯物论的真理光辉所吸引，同时对现代英国新实在论的逻辑分析方法亦颇欣赏，又认为中国哲学的优秀传统亦有可以继承的内容，于是试图将现代唯物论与逻辑分析方法及中国哲学思想精粹结合起来，提出了一些管窥之见。”[3]4而中国哲学的优秀传统中，张岱年更为注重的正是以王夫之等人为代表的唯物主义传统。

在哲学研究方法上，张岱年提倡析古，主张在分析的基础上批判继承。这与王夫之也有相通之处。王夫之最擅长于对哲学问题的分析，并加以批判地反省。这在对格物致知、理一分殊、能所、有无等的新阐释以及对老庄的研究上均可看出来。同时他又善于继承、吸收、发扬古代的优良传统，做到了扬弃结合、推陈出新。在具体的研究方面，张岱年受王夫之的影响，一是特别注意对张载的研究，撰写了不少关于张载的论文和专著；二是以王夫之宋学三系论为基础，构建了宋明理学三系说，将张载、王夫之的气学与程朱理学、陆王心学相提并论，并进一步凸显其进步意义，基本上奠定了当代中国哲学史研究宋明理学的基本框架："北宋以来的新儒家哲学中，最主要的派别，是程朱派、陆王派及清初以来的王、颜、戴一派。程朱派的哲学可名为理学，陆王派的哲学可名为心学，王、颜、戴的哲学向无专名，为与理学心学对待，可名之为气学或事学。王讲天下唯器，颜学以事物为归，戴学以理在事情为宗旨。"[12]664这对冯友兰（后期）、张立文等哲学史家均产生了深远影响。

参考文献：

[1] 张岱年. 张岱年全集：第一卷［M］. 石家庄：河北人民出版社，1996.
[2] 张岱年. 张岱年全集：第八卷［M］. 石家庄：河北人民出版社，1996.
[3] 张岱年. 张岱年学述［M］. 杭州：浙江人民出版社，1999.
[4] 王夫之. 读四书大全说［M］. 北京：中华书局，1975.
[5] 王夫之. 周易外传［M］. 北京：中华书局，1977.
[6] 王夫之. 张子正蒙注［M］. 北京：中华书局，1975.
[7] 王夫之. 周易内传［M］. 长沙：岳麓书社，2011.
[8] 王夫之. 思问录［M］. 北京：中华书局，2009.
[9] 王夫之. 四书训义［M］. 长沙：岳麓书社，2011.
[10] 王夫之. 尚书引义［M］. 北京：中华书局，1962.
[11] 王夫之. 续春秋左氏传博议［M］. 长沙：岳麓书社，2011.
[12] 张岱年. 中国哲学大纲［M］. 北京：昆仑出版社，2010.

（原载《衡阳师范学院学报》2019 年第 4 期）

挖掘船山思想现实价值，弘扬传播船山精神
——王船山纪念活动北京汇报座谈会纪要

中共衡阳市委宣传部

2019年9月26日上午，王船山诞辰400周年纪念活动汇报座谈会在中央党史和文献研究院举行。会议由衡阳市委常委、宣传部长刘丽华主持，中共中央政策研究室原主任、中央文献研究室原主任、国际儒学联合会会长、衡阳市王船山诞辰400周年系列纪念活动总顾问滕文生，中央党史和文献研究院、湖南省社科规划办、中央电视台《百家讲坛》栏目组、衡阳市委宣传部、衡阳县委宣传部、深圳宏博昌荣传媒集团等相关单位负责人，深圳大学、湖南师范大学、衡阳师范学院的船山学研究专家等参加会议。会议就船山思想产生的时代背景及其现实价值、弘扬传播船山精神、2019年船山思想国际学术研讨会等问题达成了一些共识。

一、关于船山思想产生的时代背景

王船山生活在阶级矛盾、民族矛盾十分尖锐的明清之际，其思想有着浓烈的民族主义色彩。当时，中国和世界都悄然面临着一种大的转折，即由农业文明向工商文明过渡、由封建社会向资本主义社会过渡。随着西方文化渐入中国，他通过遍览群籍和审时度势，已经感知到历史的大变局。他觉得不能像宋明理学那样坐而论道，而是要搞实学，解决实质问题。他创新性地提出，“一时之大义”高于“一人之正义”，“古今之通义”高于“一时之大义”，强调要把握好社会发展的规律。他以“六经责我开生面”自励，力图在反省宋明理学的基础上重建新华夏文化，把中国引出历史的怪圈。船山开启了中国文化由理学向“实学”（经世致用）转变和脱“虚”向“实”的航

程。面临国破家亡的王船山，思考的却是民族的未来、人类命运的未来。这种源于家国又超越家国的文化自觉，是重塑中华民族精神、促进人类文明发展的重要资源。王船山是在历史重要转折点上出现的伟大思想家，我们要重新认识和深刻研究船山思想产生的时代背景。如果只看到明清交替的折点、船山的民族主义立场，而忽视历史的重大转折和他对人类文明作出的新贡献，则会缩小或严重低估船山思想的意义和价值。

二、关于船山思想的现实价值

船山思想通过影响曾国藩、郭嵩焘、谭嗣同、杨昌济、毛泽东等杰出的湖湘人士进而影响了中国近代以来的文化走向。船山思想是当代诸多思想的"源头活水"，是一条永不干涸的河流。当今世界风云变幻，要从船山思想中汲取营养，化解当下的矛盾与冲突，构建人类命运共同体。

船山思想的现实价值主要体现在以下几个方面：

王船山"以人为依"、天下为公、"生民之生死重于一姓之兴亡"的民本思想，可以涵养"以人民为中心"的发展思想。

王船山重视"实学"，主张知行并进、经世致用，批判理学家坐而论道、清谈误国，对于今天我们强调实干兴邦、积极应对各种挑战具有方法论意义。

王船山提出社会生产要有适度的自由，行政权力不要过度干预经济，这对我们当下强调市场在资源配置中的关键作用和更好发挥政府职能有借鉴意义。

王船山以接续中华文化"香火"为追求，以博览古代经典为根柢，以"六经责我开生面"为责任担当，提出了许多原创性的思想，铸就了中国思想史上的一座高峰，为我们构建具有中国气派的哲学社会科学体系、实现对中华优秀传统文化的创造性转化和创新性发展提供了参照。

王船山本着民族大义至上和文明发展至上的理念弘扬爱国主义，使传统爱国主义达到历史认识的最高水平，并成为近代民族觉醒的思想旗帜。今天，我们重塑民族精神、奋力实现中华民族伟大复兴的中国梦，可以从中寻求某种原动力。

王船山重视和谐共生，主张天下和合，以实现社会和谐发展为最终价值指归，这为构建人类命运共同体提供了思想滋养。

三、新时代如何弘扬传播船山精神

王船山集中国传统文化之大成，并开出崭新局面，对人类文明作出了新的贡献，对推动现代文明有好处，对现代人的人生有益处。我们要把船山思想回馈社会，服务大众。

实现船山思想的创造性转化与创新性发展的关键在于“续香火”“接地气”。“续香火”是指接续船山思想的精髓，“接地气”是指从中寻求解决现实问题的合理元素。

船山思想原创性强，彰显了中国气派、中国特色和湖湘特点。我们对其要精准把握、精确解读，可以组织重大课题招标，动员全国乃至全球的力量深化对船山文化的研究。

要认真组织好船山著作的注译工作，出版文白对照读本，精准阐释其中的深邃思想。

要认真组织好央视《百家讲坛》船山系列讲座，做出特色，做成品牌，可以在形式上进行创新。可以按精神文明建设“五个一”工程项目打造。

弘扬传统文化，不仅要靠学术传播，还要借助媒介传播。要推动船山文化大众化、普及化，网络、电视、纸质媒体都要重视，还要注意发挥新媒体的作用。

挖掘船山思想，要古为今用，不仅要为中国发展进步服务，而且还要为世界发展服务。要把中国优秀传统文化推向世界，参与国际秩序的建设。

四、关于2019年船山思想国际学术研讨会

2019年船山思想国际学术研讨会的主题暂定为“船山思想的历史价值与构建人类命运共同体”。

国际学术研讨会建议由湖南省政府、中国社科院、国际儒学联合会等单位和组织机构联合主办，具体由湖南省政府牵头主办。在研讨会上，请湖南省政府主要领导或主管领导作主题讲话，安排3位国内外知名的专家学者作中心发言。

要在全国范围内联络动员研究王船山的名家、专家深化研究，为研讨会做好学术准备。

邀请境外的专家学者参加研讨会，要把握好几点：一是政治态度一定要对华友好；二是对船山文化有所研究；三是港台学者在政治上要拥护祖国统一。

（原载《衡阳师范学院学报》2019 年第 1 期）

亦师亦友　钟情船山

——记与王兴国老师的交往轶事

夏剑钦

我与王兴国老师的交往是从1982年10月开始的。那时我刚从复旦大学中文系毕业，被分配到湖南人民出版社工作，恩师邓潭洲先生也从任教的浏阳一中借调到了湖南人民出版社政治理论编辑室。我们都住在出版局——长沙上大垅的一栋楼房里，他家住四楼，我家住六楼。记得有一天晚饭后，我到四楼去看望邓老师，落座不久，便来了一位身材高挑的学者，见面就称“邓公”，很热情地和邓老师打招呼。邓老师一面招呼客人，一面郑重地向我介绍说：“剑钦，这位是我们省里的大笔杆子呀！省社科院哲学研究所即将升任所长的王兴国同志。”原来，王所长当时正在紧锣密鼓地筹备纪念船山逝世290周年的学术讨论会。为了给学术讨论会出版一套《船山研究丛书》，他还通过省教育厅刘寿祺、王向天两位厅长的支持，于年初将正在业余撰著《王船山传论》一书的潭洲先生借调到湖南人民出版社，以便高质量地编辑出版好那套丛书。王所长与邓老师的商谈，我不便过多打搅，但与王所长的初次见面，使我知道了他是一位为船山和船山学出大力、办大事的人，不禁为之肃然起敬。

自从有了这次与王老师的初相识，我从邓老师那里知道的他与船山学的事也就越来越多。如早在1962年，王老师刚从中国人民大学毕业回湖南一年，就有幸参加筹备和召开湖南湖北两省学者纪念王船山逝世270周年的全国高规格学术研讨会；1980年11月，他就负责起草了关于1982年召开王船山学术讨论会向中共湖南省委的报告；1982年5月，他曾参与重建船山学社，并任副社长，还抵制“左”的压力，力推邓老师参加学社并任理事。

1982年11月9日至16日，纪念王船山逝世290周年的大型学术讨论会在衡阳召开，潭洲先生的《王船山传论》和王兴国先生与人合著的《王船山认识论范畴研究》等书都在会前得以出版，并作为会议用书发送给与会专家。会后，《王船山学术思想讨论集》得以编辑出版，该书由王兴国、陈远宁、邓潭洲三位先生负责主编，邓老师任责任编辑。应该说，这次大会的会前筹备，都与王所长的精心策划和努力分不开。至于邓、王二位老师的相知相投和钟情于船山，那更是令我们十分钦羡。通过王所长的努力，邓老师于1984年正式调回湖南省社会科学院哲学研究所。这一年《船山学报》复刊，从1984年的第1期至1989年的第2期，共出版14期，都是哲学所所长王兴国老师任主编，潭洲先生任副主编，他们为学报的高质量作出了不懈努力，促进了船山研究的日臻兴盛。

王老师虽日常工作很忙，还勤于著述，但笃于亲情，曾于1983年亲自陪他叔父王术加先生来湖南人民出版社找过我。我那时在社里的辞书编辑室工作，王术加先生是湘潭师范学院的副教授、语言文字专家。王教授为帮助读者正确理解和使用汉字、学习古汉语，专门编著了一本《偏旁部首解说》，从偏旁部首入手，对汉字的形、音、义进行分析研究。在那个“书荒”的年代，能遇上这部很合我汉语专业口味的书稿十分难得，于是我全身心地投入审读、加工书稿，并将复旦柳曾符先生讲授《说文解字》540部首的笔记和自己研读甲骨、金文的心得都找出来参证，有时还融入其中。我们愉快地完成了这本书的编辑加工，结果一次印行了6900册，受到读者欢迎。后来我调到岳麓书社工作，还出版了术加先生为杨树达先生《词诠》所作的《词诠校注》，并任责任编辑。术加先生这两部书的出版，更增进了我与兴国老师的相知和感情。

自1983年秋天起，我受邓老师的鼓励和指导，也开始研读船山著作和有关船山生平、思想的书，并应上海人民出版社吴慈生同志之约，开始动笔为《祖国丛书》撰写《卓越的思想家王夫之》这本船山传记，同时逐渐被船山一生艰苦卓绝治学的求实精神和博大气象所感染，更对其修养忠爱和一生“白不受点”的高尚人格和气节十分景仰。于是我刻苦攻读、挤时间写作，在两年时间内完成了那本小书的初稿，同时还向邓、王二位老师学习，注意船山思想的研究动态，写了《略论王夫之对谭嗣同的深刻影响》及参与整理

《船山全书》第十二册之所获的系列文章。1995年，我将这本小书改名为《王夫之传略》和一组相关论文编成《王夫之研究文集》后在河北教育出版社出版，承蒙王老师厚爱，为我撰写了一篇热情鼓励的序文。序文认为改革开放以来我国“船山学”研究能够出现一派繁荣景象，与岳麓书社加大力度推动《船山全书》的编辑出版以及社长对船山的情有独钟密切相关。文章回顾了一百多年以来船山研究出现的三次高潮，而第三次高潮的出现，岳麓书社作出了不可磨灭的贡献，这些都使我们备受激励和鼓舞。

当然，作为岳麓书社的原社长，我更当感谢兴国老师的是他为《船山全书》的编辑出版做了很多难能可贵的工作，功莫大焉。他是1982年岳麓书社成立《船山全书》编辑委员会时的编委和编委会办公室副主任，不仅参加了编委会的一些重要会议和书稿调查，还实实在在地做了一些搜集有关船山生平资料和重要书稿的工作，主要是以下四项：

他与陈远宁同志于1982年10月赴衡阳船山十二代孙王鹏老师家得到了王敔所著《大行府君行述》的抄件。这是船山八世孙王德兰在《王氏五修族谱》完成后，“于竹花园古箧内觅得老谱敔公所刊原牒”，然后“照抄无讹”的版本，有4183字，比曾氏金陵刻本《姜斋公行述》的2284字多1899字，比光绪十八年（1892）王之春《船山公年谱》所载《行述》的1623字多2560字，抄件内容丰满，为研究船山的政治态度提供了新材料。诸如船山为拒张献忠而“匿伯父，自刺身作重创，傅以毒药，舁至贼所”，拒李定国之聘而作《章灵赋》以见志，又拒绝给吴三桂作劝进表而作《祓禊赋》，以及对待清政府的巡抚“受米返帛”、投遗民函致谢等船山生平中几件有关忠义名节的大事，都由这个足本《大行府君行述》而得以再现。尤其是末段写船山临终“年七十三”，成绝笔诗，自题遗像，自志墓铭等忠义德行，更使船山的特立卓行、音容笑貌等跃然纸上，弥足珍贵。为此，王老师与陈远宁合著了《研究王船山生平思想资料的一个重要新发现》一文以作专题评介，发表于《中国哲学史研究》1983年第3期。此《大行府君行述》后来收入岳麓书社版《船山全书》第16册，成了最权威的船山生平传记祖本。

1983年6月，王老师受船山全书编委会委托，与刘志盛、徐孙铭同志一起到北京，为《船山全书》的编纂办了三件大事。一是到北京图书馆善本部校对了收入《四库全书》的船山著作《诗经稗疏》《书经稗疏》等；二是与中华书局协商，将王孝鱼等先生已校点的船山著作书稿转让给岳麓书社，竟获支持，共转让了24种著作的校点稿；三是到中国社科院历史所找马宗霍先生之子马雍协商，将马宗霍的《船山遗书校记》手稿复印供编校《船山全书》参考。

1984年11月，王老师与张铁夫赴衡阳，再找王鹏借到并复印了其祖传的船山《张子正蒙注》和《读四书大全说》抄本。其中《张子正蒙注》竟是船山注《正蒙》一书的手抄正本、祖本，用它去校读湘西草堂本、刘氏钞本及其以后各印本，我们便可发现自草堂本开始抄写副本时的跳行脱落以及为避清讳而改字等现象，都历历在目，毋容置疑。而此本之后的副本、钞本、印本等脱文竟有40余处，240余字。这就使岳麓版《张子正蒙注》的质量陡然提高，真正恢复了船山原著的本来面貌。

王老师自1994年至今，一直担任船山学社社长，且长期担任《船山学刊》主编。因重任在肩且对船山情有独钟，他便十分重视对船山佚作的搜集，其通过《船山学刊》发表的佚文、佚诗、佚联共31篇，后集中收入《船山全书》第十五册的“诗文拾遗”，从而增强了全书的完整性。

2005年年底我退休后，随即参与《湖湘文库》的编纂出版工作。兴国老师对《湖湘文库》这一文化工程非常重视和关注，并以自己的博学深思参与了《湖湘文库》选题的策划和论证会，且负责编注了《杨昌济集》，参与重校《毛泽东早期文稿》，撰著《郭嵩焘研究著作述要》，参与审读《湘学史》《湖湘学案》等重要书稿，为《湖湘文库》的成功编纂贡献了自己的智慧和辛劳。

兴国老师是一位雍容大度的学者，著作等身，研究领域宽广而深入，诸如其《贾谊评传》《郭嵩焘评传》《毛泽东与佛教》《杨昌济集》《杨昌济的生平及思想》等，都将像丰碑一样在学术史上亘古不磨。他坐镇船山学社的几十年中，不仅使船山学研究蒸蒸日上，长盛不衰，且使我们这些叨陪左右的人都如沐春风，受益匪浅。

（原载《衡阳师范学院学报》2018年第5期）

第三编

船山学研究资料集锦

首刊《船山遗书》的邓显鹤与邹汉勋

王兴国

邓显鹤（1777—1851），字子立，一字湘皋，湖南新化人，嘉庆九年（1804）举人。曾国藩在《邓湘皋先生墓表》中说他“阐扬先达，奖宠后进，知之惟恐不尽，传播之惟恐不博且久”，“其于湖南文献，搜讨尤勤，如饥渴之于饮食，如有大谴随其后，驱迫而为之者”。他生平纂集的地方文献计有《资江耆旧集》六十四卷、《沅湘耆旧集》二百卷、《楚宝增辑考异》四十五卷、《宝庆府志》百五十七卷、《武冈州志》三十四卷，复搜剔《蔡忠烈遗集》、编校《欧阳文公圭斋集》，重订《周子全书》等。“衡阳王夫之，明季遗老，《国史儒林传》列于册首，而邦人罕能举其姓名，乃旁求遗书，得五十余种，为校刻者百八十卷。”[1]270所以梁启超称他为“湘学复兴之导师”。

一

邓显鹤最早介绍王船山是在道光九年（1829）由他重刊的《楚宝增辑考异》一书的卷第十八文苑中的《王夫之》一文。《楚宝》为明代末年湘潭人周圣楷（1594—1643）所辑。周氏字伯孔，屡试不第，40 岁时犹为贡生，从此绝意科举，专心著述，于地方历史用力最勤。周氏曾历游楚中名胜古迹，网罗楚地古今名人胜事，因成《楚宝》及《湘水元夷》等书，惟存《楚宝》。该书编录楚中人物名胜，分大臣、名臣、大将、智谋、谏诤、文苑、良史、命使、典故、真儒、诸子等二十五门；悉录史志原文，亦间有考证。时人以为该书“去取详慎，于地理废置沿革，尤多辨晰，所论断皆有依据，足补前书所未及”。特别值得称道的是，正当清乾、嘉、道之际，前明文献因文字狱而大多湮灭，读书人皆心存余悸时，邓显鹤却在《楚宝》中增辑了不少明末人物，如黄周星、王夫之、陶汝鼐等前明遗老，从而使该书在思想内容上增色不少。

邓显鹤的《王夫之》传，是继潘宗洛、余廷灿之后，第三个以私人名义撰写的王夫之传记，它具有以下特点：

其一，在概述了王夫之的生平事迹之后，比较集中地论述了船山对张载《正蒙》思想的继承和发挥。余廷灿是最早注意到船山思想与《正蒙》关系的，余氏说："自明统绝祀，先生著书凡四十年。其学深博无涯涘，而原本渊源，尤神契《正蒙》一书，于清虚一大之旨，阴阳法象之状，往来原反之故，靡不有以显微抉幽，晰其奥窔。"[2]92 接着余氏便引述了王夫之《张子正蒙注·自序》的全文。邓显鹤在《王夫之》一文中将余氏这段话全部抄录下来，而在引用王船山的《自序》时，却是摘录其论张载"正学"思想的语句："张子之学，上承孔孟之志，下救来兹之失，如皎日丽天，无幽不烛，圣人复起，未有能易焉者也。惟其门人未有殆庶者。而当时钜公耆儒，如富、文、司马诸公，张子皆以素位隐居，而末繇为羽翼。是以其道之行，曾不得与邵康节之数学相与颉颃，而世之信从者寡，道之诚然者不著。是以不百年而陸子静之异说兴，又二百年而王伯安之邪说熺。其以朱子格物、道问学之教争贞胜者，犹水胜火，一盈一虚而莫适有定。使张子之学晓然大明，以正童蒙之志于始，则浮屠生死之狂惑不折而自摧，陸子静、王伯安之蕞然者亦恶能傲君子以所独知，而为浮屠作率兽食人之伥乎？《周易》者，天道之显也，性之藏也，圣功之牖也。阴阳动静幽明屈伸，诚有之而神行焉，礼乐之精微存焉，鬼神之化裁出焉，仁义之大用兴焉，治乱吉凶生死之数准焉，故夫子曰'弥纶天下之道，以崇德而广业'者也。张子言无非《易》，立天立地立人，反经研几，精义存神，以纲维三才，贞生而安死，则往圣之传，非张子其孰与归？是故《正蒙》者，匠者之绳墨也，射者之彀率也，虽力之未逮，养之未熟，见为登天之难，不可企及，而志于是则可至焉，不志于是未有能至者也。养蒙以是为圣功之所自定，而邪说之淫蛊不足以乱之矣，故曰正蒙也。"

其二，第一次将王夫之与顾炎武、黄宗羲等相比较。他说："船山先生于胜国为遗老，于本朝为大儒，其志行之超洁，学问之正大，体用之明备，著述之精卓宏富，当与顾亭林、黄梨洲、李二曲诸老先生相颉颃，而世尟知者。”邓显鹤这一命题的提出，开近代船山学中关于船山与同时代的大儒的比较研究之先河，为清代末年朝廷批准将王夫之与顾炎武、黄宗羲三大儒从祀孔庙奠定了舆论基础。

其三，第一次明确提出搜集和刊刻船山全部著作。作为一位文献学家，邓显鹤十分重视船山著作的搜集和刊刻。为此，他从两方面进行工作。一方面他注意船山著作的整理。他在谈到船山著作整理出版情况时说：“其所著诸书采入钦定《四库全书》，案《全书提要》凡当代儒硕纂著多断断辨论，独于先生书推崇无异词。乡曲里师，乃不能举其名姓，盖其书之若存若没，湮塞不行久矣。”这说明，王船山的著作质量很高，《四库全书》的编纂者都十分推崇它们，可是由于刊刻太少，流传不多，所以即使是乡曲里师也都不知道他的姓名。“往桐城李海帆观察宗传分巡衡永时，余尝为言，求其全书不得。近武陵赵学博敦怡语余：先生已刻行之板尚存衡阳学署，多残缺。顷衡阳马硕坡同年运銮以《春秋世论》《论语稗疏》《张子正蒙》《庄子解》《楚辞通释》《俟解》六种见赠，盖其诸父湘门太史倚元所刻行者，而全书亦未得见。”[2]102李海帆即李宗传（1767—1840），字孝曾，号海帆，安徽桐城人，师从姚鼐。他曾任衡永巡道，到任首先修理书院，编纂州志，发展生产，提倡文化教育。邓显鹤与他讨论搜求船山全书之事，不是偶然的。马倚元，字湘门，衡阳人，嘉庆进士，翰林院庶吉士，嘉庆十一年（1806）起任合浦知县，迁知钦州。刚直见忌，院司上状言其文人不长吏事，请改学官。归装萧然，居十载，补岳州府教授，年七十一卒。马倚元汇江书屋刻船山著作《春秋世论》五卷、《四书稗疏》二卷、《张子正蒙》二卷、《庄子解》一卷、《楚辞通释》十四卷、《俟解》一卷等若干种。马运銮（硕坡）是马倚元从侄，他送给邓显鹤那六种汇江书屋印本，使邓氏第一次读到船山著作。另一方面，邓氏注意掌握有关船山生平著作的记载。他在1838年二月廿七日致宗稷辰（1792—1867，字迪甫，浙江会稽人，先后主持过湖南群玉、濂溪、虎溪等书院）的信中说：“窃以为王先生著书之精审当在亭林、黎洲二老间，卷帙繁重多至七十余种，四库所收不及十之一二，而世鲜知者，其姓氏仅一见《谢山先生文集》，可慨也。”在1839年冬月初二日的信中又说：“王而农先生遗书七十余种，今所见者十不一二，其能搭刻与否，尚未可知？然此老志节风义，求其位置，当在亭林、黎洲二老之间，而世鲜知者。无论其他，即近时盛传粤中所刻之《皇清经解》，托始二老而不及先生，则以世之知其书者少也。诚不揣固陋，欲发愤刊其全书，上之史馆。顷星陔太史寄示史馆所撰《儒林传稿》有先生专传，知公论在人尚不尽泯，然安得使海内家有其书之为快也？”[3]星陔太史即劳崇光（1802—1867），湖南善化（今长沙市）人，道光十二年（1832）进士，选庶吉士，授编修。这说明，邓氏所见《儒林传稿》是劳崇光寄给他的。在《沅湘耆旧集》的《船山先生王夫之》的按语中，邓氏又说：“先生全书，《四库》著录者六种，存目二种。《国史儒林》有专传。其见于各家记载者：储氏《存研楼文集》，潘氏《书原文集》，余氏《存吾文集》，全氏《鲒埼亭文集》，及《楚宝》增辑《文苑》。”[2]107-108《国史儒林传》记载的船山著作有《思问录》内外篇等九种。“储氏《存研楼文集》”，指储大文所写的《书王姜斋〈九招〉后》一文。储大文（1665—1743），字六雅，江苏宜兴人。他曾和船山之子王敔一道出任湖南巡抚潘宗洛的幕僚。杨坚在收录储氏此文的注释中说此文不见《存研楼文集》[2]396，其实此文是收在《存研楼文集》二集第十八卷，文字也与《楚辞通释》所收本稍有出入。“潘氏《书原文集》”，指潘宗洛的所写的《船山先生传》。潘宗洛（1657—1715），字书原，江苏吴县（一作宜兴）人，曾任湖南巡抚。潘氏此传涉及船山著作有《读四书大全说》等20多种。“余氏《存吾文集》”，指余廷灿所著的《王船山先生传》。其中涉及船山著作与潘传相近。“全氏《鲒埼亭文集》”，指全祖望所写的《刘继庄传》。正是基于上述调查研究，邓氏对以往船山著作的出版很不满意，因而明确提出：“安得士大夫家有珍藏全部善本，重为审校开雕，嘉惠后学，使湖湘之士共知宗仰，岂非羽翼吾道、表扬前哲一大功乎？”[2]105道光二十四年（1844）邓显鹤所刊《沅湘耆旧集》中收船山古体诗54首，近代诗165首。这些诗都是出自船山《五十自定稿》等诗集。他为此书所写的《船山先生王夫之》中再次希望：“安得一大有力者尽搜先生所著书，锓版行世，岂非表扬先哲、嘉惠来学一伟绩哉！”[2]107

二

邓显鹤刊刻船山全书，终于迎来了好机会。正如他自己所说：“尝慨然发愤，思购求先生全书，精审锓木，嘉惠来学，以是强聒于人，无应者。道光己亥（1839）寓长沙，时方辑《沅湘耆旧集》，征求先生遗诗。一日，先生裔孙有居湘潭名世全者，介其友欧阳君兆熊访余于城南旅寓，以先生诗集来，且具道先生六世孙承佺具藏先生各种遗书于家，世全将谋寿诸梨枣。余大喜过望。次年春，遂开雕于长沙，以校雠之役属吾邑人邹汉勋。”[2]409-410邹汉勋（1805—1854），字叔绩，新化（今属隆回）人，咸丰元年（1851）举人。二十岁以后，邹氏精研汉学，“居高平山中，穷年兀兀，日对一编，不与世俗接，亦少朋侪讲习考订之益，心精一缕，独追古初。”[4]他是我国近代杰出的舆地学家、中国近代舆地学奠基人。

邓显鹤整理、刊行《船山遗书》的主张，得到了陶澍的大力支持。1838年，陶澍应邓显鹤的请求，为王船山隐居著书的湘西草堂题写了“衡岳仰止”匾额和楹联：“天下士非一乡之士；人伦师乃（亦）百世之师。”陶澍在《跋》文中写道：“衡阳王船山先生，国朝大儒也，经学而外，著述等身，不惟行宜介特，足立顽懦。新化邓学博来金陵节署，言其后嗣谋梓遗书，喜贤者之后，克绍家声，因体额以寄。道光十八年四月望总督两江使者前翰林院编修安化后学陶澍敬题。”陶澍在《跋》中所说船山“后嗣谋梓遗书”与前述邓显鹤所说王世全拟刻船山遗书是同一回事。但陶澍所系的时间是道光十八年（1838），而邓显鹤所系时间为道光己亥（1839）。考虑到陶澍写《跋》所记时间，是邓显鹤在场的即时纪录，而邓氏自己所说时间是几年之后的回忆，我们认为陶澍所说的时间是最为准确的，也就是说，王氏守遗经屋《船山遗书》的发起，应该是1838年。

这是我国历史上第一次系统刊刻《船山遗书》，封面书版为“道光廿有二年湘潭王氏守遗经书屋刊”16个篆书字，因此人们习惯称它为“湘潭王氏守遗经屋刻本”，简称“王刻本”。在此次刊刻开始之时，作为刊刻的主要负责人邓显鹤曾对邹汉勋“于校刊事宜惓惓启悔”，也就是说邓氏对刊刻这套遗书的一些基本原则提出了具体的要求。按照邓显鹤提出的基本原则，邹汉勋进而就具体款式提出了一些设想，从这些设想来看，开始时拟刊刻者不止于船山的经部著作，而且涉及《庄子》《楚辞》《张子正蒙注》等子集类著作。邹氏还明确表示：“至若版片大小短长，字体肥瘠宽扁，行数字数多寡，悉依新刻《日知录》。”“稗疏每节有标题，旧刻标题与正文为别行，但间一字，或致眉目不爽。宜依《日知录》，别行写标题。”[2]412

此遗书分四类列举了参与刊刻人员的姓名，即审阅姓氏、编校姓氏、校字姓氏、督刊。列于审阅姓氏者有五人：新化邓显鹤湘皋；鄞县沈道宽栗仲（1772—1853），字栗仲，先世鄞县（今浙江宁波）人，籍大兴（今属北京市），嘉庆二十五年（1820）进士，官湖南酃县、桃源知县；道州何绍基（1799—1873），字子贞，诗人、学者、书法家，代表作有《惜道味斋经说》《说文段注驳正》等；长沙毛国翰（1772—1846），号青垣，与沈道宽为文字交，道宽宰酃县，聘国翰教其子，后道宽知茶陵州，亏帑数千金而被劾勒追，国翰赴酃称贷，人感其义，一月而集事；湘潭吴淞半江，情况不详。编校姓氏 8 人：新化邹汉勋叔绩；湘阴左宗植（1804—1872），左宗棠的二哥，字仲基，1832 年与左宗棠同应湖南乡试得解元，先后主讲澧州（今澧县）澧阳书院、衡阳石鼓书院，善诗文，兼治天文，并在刊刻王氏《船山遗书》的过程中负责“覆校《周易内传》，极为详密”[2]414；善化汤彝，字幼尊，嘉庆、咸丰间在世，究心河渠、刑法、盐漕等政务，入湖广总督卢坤、两江总督陶澍幕，著《柚村诗文集》；湘潭马敬之悔初，道光年间诸生，有《四待轩诗钞》；湘潭欧阳兆熊（1808—1874），字晓岑，他实际上是这次刊刻的促进者；湘阴左宗棠（1812—1885），字季高，他与邹汉勋是好朋友；湘潭罗汝怀（1804—1880），字研生，师从邓显鹤、沈道宽等学者，见闻益广，以文字训诂学著称于时；湘潭袁芳英（1814—1859），字漱六，道光乙巳进士，授编修，为湘中精版本之学者。校字姓氏和督刊的 9 人，大多为王氏后裔。从以上名单可知，参与王刻本《船山遗书》审阅和编校工作者，均是一些饱学之士。

在王刻本《船山遗书》正文之前，有唐鉴的《王而农先生全集叙》。唐氏在叙中指出：“吾乡王而农先生，生不逢时，不能行其道，以胜国之孤贞，伏处岩穴，著述四十余年。其书亦未尝行于天下，而天下之人知之重之。嘉庆年间，采入《儒林传》，与亭林顾先生同弁传首。以其书欤？抑以其人欤？”[2]407叙中三次提出这个问题，以说明王船山之所以名垂青史，既是因为“其书”，又“即所以为人”也。书前所收邓显鹤的《船山著述目录》，则是船山逝世后人们第一次编辑的有系统的著作目录，它为后人进一步的研究奠定了一个比较扎实的基础。邓氏这个目录是按照中国传统目录学的经、史、子、集四部分来编排的。

根据邓氏当时的统计，船山的经部著作有22部，已见20部，都164卷，未见2部，无卷数。这里讲的20部，相当现在分类22部，即《周易内传》《周易内传发例》《周易大象解》《周易稗疏》《周易考异》《周易外传》《书经稗疏》《尚书引义》《诗经稗疏》《诗经考异》《诗经叶韵辨》《诗广传》《礼记章句》《春秋稗疏》《春秋家说》《春秋世论》《续春秋左氏传博议》《四书训义》《四书稗疏》《四书考异》《读四书大全说》《说文广义》。在邓氏之后，又发现一种经部著作，即《四书笺解》。邓氏所说的未见经部著作，指《尚书考异》和《四书详解》。这样，现存的船山经部著作为23部，比邓氏目录所录只多了1部。

根据邓氏的统计，船山的史部著作有3部，已见2部，共45卷，未见1部，无卷数。已见2部为《读通览论》《宋论》；未见1部为《大行录》。此《大行录》即《永历实录》，已经发现。此外，在邓氏之后，又发现三部：《箨史》《家世节录》《莲峰志》。这样，现存船山史部著作共有6部，其中《读通览论》《宋论》《家世节录》都在邓目之内，另外3部为邓目之后的新发现，但篇幅都不大。

根据邓氏的统计，船山的子部著作有17部，已见12部，都51卷，未见5部，无卷数。已见12部为：《张子正蒙注》《思问录内篇》《思问录外篇》《俟解》《噩梦》《黄书》《识小录》《龙源夜话》《老子衍》《庄子解》《愚鼓歌〔词〕》《相宗络索》。未见5部为：《近思录释》《吕览释》《搔首问》《庄子通》《三藏法师八识规矩论赞》。邓目之后，新发现2部：《搔首问》《庄子通》。

根据邓氏的统计，船山的集部著作有10部，已见6部，都63卷，未见4部，无卷数。已见6部为：《楚辞通释》《姜斋文集》《姜斋诗集》（实际包括现代分类的10部：《五十自定稿》《六十自定稿》《七十自定稿》《柳岸吟》《落花诗》《遣兴诗》《和梅花百咏诗》《洞庭秋》《雁字诗》《仿体诗》)、《姜斋诗余》（实际包括现代分类的3部：《船山鼓棹初集》《船山鼓棹二集》《潇湘八景词》，注《潇湘八景词》亦作《潇湘怨词》)、《姜斋诗话》（实际包括现代分类的3部：《诗译》《夕堂永日绪论内篇》《南窗漫记》)、《姜斋外集》（实际包括现代分类的4部：《船山制义》《船山经义》

《夕堂永日绪论外篇》《龙舟会杂剧》)、《夕堂永日八代文选》。未见4种为:《买薇稿》《漧涛园初集》《八代诗选》《四唐诗选》。在邓目之后新发现的有:《惜余鬒赋》《姜斋文集补遗》《姜斋诗分体稿》《姜斋诗编年稿》《姜斋诗剩稿》《岳余集》《忆得》《夕堂永日八代诗选评》《夕堂永日唐诗选评》《夕堂永日明诗选评》。[5]通过以上分析可知,邓显鹤的《船山著作目录》所收船山著作的目录是比较完整和系统的。

三

这次王氏守遗经书屋刊刻的《船山遗书》,一般都是说收船山经部著作18种,150卷。这就是邓显鹤所说的《周易内传》十二卷、《周易大象解》一卷、《周易稗疏》二卷、《周易考异》一卷、《周易外传》七卷、《书经稗疏》四卷、《尚书引义》六卷、《诗经稗疏》五卷、《诗经考异》一卷、《诗广传》五卷、《礼记章句》四十九卷、《春秋稗疏》二卷、《春秋家说》七卷、《春秋世论》五卷、《续春秋左氏传博议》二卷、《四书训义》三十八卷、《四书稗疏》二卷、《四书考异》一卷。[2]410但是欧阳兆熊在《重刊船山遗书凡例》中说:“《船山遗书》旧刻于道光二十二年,共成百八十卷”。这里说的卷数比邓显鹤说的多出30卷,这是由于欧阳兆熊在150卷刻出之后,又增刻了《读通鉴论》。据邹汉勋《致左景乔舍人书》称:“《读通鉴论》四册,《宋论》四册,约五六十万言;晓岑怂恿半溪,欲其陆续付梓。勋恐其不能为力,又身在局中,不便赞成。如何如何?”[2]414尽管邹汉勋犹豫,但欧阳兆熊还是说服王世全将《读通鉴论》刊出。曾国藩于道光二十七年(1847)以前致欧阳勋的一通信询问“王船山《读通鉴论》已刷出未?告为代觅一部,行纳价付意城(郭崑焘)处也。”[2]556-557欧阳勋是欧阳兆熊的儿子。欧阳兆熊在道光二十七年(1847)致曾国藩的一封信中也说:“船山遗老续刻有《读通鉴论》。”[6]根据欧阳兆熊的这一说法,王氏守遗经书屋本《船山遗书》,不应该只包括18种经部著作,还应该包括一种史部著作;不是只有150卷,而是如欧阳兆熊在金陵本《船山遗书》“凡例”所说的180卷。

邹汉勋为王刻本做了大量工作。邹汉勋的儿子邹世繇所撰《显考叔绩府君行述》说:“(道光)二十年,应湘潭王氏聘,校衡阳二王遗书;二王者,贞献介之、船山夫之兄弟也。府君既校刊船山遗书经类廿有一部、史类三部、子类十有七部、集类十部，共五十有一部，都为三百十有一卷；又校贞献书五种。均录其序跋，附以案语，仿朱竹垞《经义考》及《直斋书录解题》之例,勒为目录三卷。”（出自邹叔子遗书）这里讲的“目录”大概就是邓显鹤在《船山著述目录》一文中所说的“书成，以全书目录寄示显鹤”之目录。邹氏所编的这个目录，今已不存，但它却为邓显鹤《船山著述目录》的写作奠定了准确可靠的基础，因而其对船山著作目录的研究的功劳是不可埋没的。

邹汉勋在编校船山著作的过程中，某些校勘也是有贡献的。例如，刘毓崧在《王船山遗书校勘记自序》中所说：“前此新化邹叔绩（汉勋）校刻丛书，于经书《稗疏》五种多所点窜，就中能订抄本之讹者，固宜择善而从。”对此，刘氏举了两个例子：其一，《周易稗疏》卷四引《史记·龟筴传》，校本改作“筴”为筴。其二，《诗经稗疏》卷二引《集传》云：“姚崇遣使捕蝗，夜中投火。火边掘坑。”校本改投为设。[2]430邹氏编校工作最受指摘的是对船山五种《稗疏》的增删改易。欧阳兆熊在《重刊船山遗书凡例》中说：“船山遗书录于《四库》者，有《易》《书》《诗》《春秋》四种《稗疏》。前邹氏校本增删窜易，非复本真，或托言先生晚年改本，以掩其迹。”刘毓崧则在《王船山丛书校勘记自序》中指出了邹氏几种错误情况：“断鹤续凫，究非庐山真面；且有既经增改，转不及原本者；有设为问答之说，一似原本自难自解者；有别立一说，反指原本为或说者；有袭取诸儒之说，羼入原本者；有改从近时地名，为原本所不应有者。”[2]430-431对于以上错误，刘毓崧都举出了具体例证，文繁不一一引证。这里，我们只引湖南省文物工作委员会的《王船山著作版本和未刊稿》一文举的一本书为例：“今日根据抄本《书经稗疏》与王刻本试为对校一遍，全书凡一百六十三篇，其中被删去的竟有十五篇，窜改的有一百五篇，与抄本相同一字未改的只有四十三篇。而在被窜改的一百五篇中，有的是全部改掉无一句与原文相同，有的改了大半，有的增添几百字到几千字。故当时刘毓崧说得好：‘邹氏夙称绩学之士，而著述不传，与邹氏厚善者，能就五种稗疏中录其自抒己见之说，选择付刊，仍还其名于邹氏，亦复可传，所谓离之则双美也。’”[7]此文认为，“上面所说就五种《稗疏》而言，其他各书，可能窜改”，因此我们还是应该充分肯定邹汉勋有编校王刻本《船山遗书》的贡献。

参考文献：

[1] 曾国藩. 曾国藩全集·诗文 [M]. 长沙：岳麓书社，1986.
[2] 王船山. 船山全书：第十六册 [M]. 长沙：岳麓书社，1986.
[3] 吴寤堂. 邓显鹤致宗稷辰信札. 新浪博客.
[4] 左宗棠. 邹叔子遗书·序 [M] //邹汉勋. 邹叔子遗书. 长沙：岳麓书社，2011.
[5] 欣子，石舟. 王夫之著作目录考略 [J]. 船山学报，1985 (2).
[6] 欧阳兆熊. 廖天一斋遗稿 [M]. 光绪二十三年刻本.
[7]《湖南历史资料》编委会. 湖南历史资料 [Z]. 湖南人民出版社，1958 (2).

(原载《衡阳师范学院学报》2018 年第 1 期)

日本船山学研究补白及参考资料目录

彭群林　朱迪光

早在 1982 年的纪念王船山逝世 290 周年学术讨论会上，方克立教授曾说过，在世界哲学史中，封建时代的哲学以中国发展得最为完善，最为成熟，最具有典型意义。而船山哲学又代表了中国封建时代哲学的最高成就，由他高度发展了的朴素唯物主义和朴素辩证法相结合的哲学形态，不仅在中国，而且在世界哲学史上都具有典型意义，在整个人类认识史上是不可缺少的重要一环，是一系列圆圈中应该用粗线划的圆圈。船山学不仅是中国人民的历史遗产，而且是全人类共同的思想财富。王船山应该是一个世界性的人物。现在各国学者要召开“国际黑格尔学大会”“国际朱子学大会”，可以预计在不久的将来，世界各国的船山学者也会坐到一起来，召开国际船山学术会议，共同发掘船山学说中所蕴含的丰富的思想宝藏。

方克立教授的这一预言，已经逐步成为现实。船山学逐渐在国际范围内得到传播并引起了国外诸多学者的关注和研究。2017 年 10 月，《域外船山学研究与海外船山学的传播设想》[1]一文对域外的船山学研究，尤其是日本、苏联、西欧、北美等地的学者的研究情况和成果进行了介绍，其中引人注意的是日本船山学研究开展得早而且比较全面，但文中介绍的研究成果基本集中在 1992 年以前。为此，笔者查询了日本的各大图书馆、日本各个大学院系、日本中国学研究书刊的参考文献，将收集的日本船山学研究论文制作成目录（详情参看附录《日本的船山学研究资料目录》）。通过梳理文献发现，21 世纪前日本学者着重于对王船山的政治思想、经济、民族思想、易学、历史观、人性论等方面进行研究；进入 21 世纪后，日本学者的研究重心逐渐转移到王船山的文学创作尤其是诗考以及哲学、史学等方面上了。在此，笔者将进一步补充介绍在之前的论文中未提及的日本船山学各研究领域的研究情况。

一、船山文学思想与文学创作研究

21世纪以后，日本学者开始从宏观把握王船山的文学思想转入到深入细致地考察王船山的诗作并进行详细的诗考。对王船山文学作品的宏观性或某一侧面研究主要有本间次彦、水津有理、小川晴久、儿岛弘一郎。本间次彦在《惊愕与梦魇之间：王夫之〈噩梦〉（叙）注解》一文中，通过解读《噩梦》开头的（叙），来探讨作品为什么取名而且只能取名为“噩梦”。[2]《关于王船山的诗论》一文着重讨论了王船山诗论的“赋比兴”论、“诗形成论”和“现量”论，指出“现量”就是“耳目官能”的一种表现。[3]关于“耳目官能”和“心之官能”，本间次彦在《围绕王船山的“思”概念的思想辐射》（《中国社会与文化》（1））进行了对比，他通过这两篇文章进一步考察了船山诗论占据的地位。水津有理讨论了王船山的《古诗评选》《唐诗评选》《明诗评选》这三部诗歌选本。[4]小川晴久围绕王船山的《尚书引义》和《诗广传》进行了解读。[5]儿岛弘一郎撰《落花诗的变奏——围绕归庄・王夫之诗的写作背景》。[6]

对王船山诗作的个案化研究、批评观念研究、诗作批评接受研究最有力的日本学者有寺内清裕、铃木敏雄。寺内清裕撰《关于王夫之的“志”》[7]。铃木敏雄研究成果颇丰，撰有《论王夫之的〈感遇〉诗及〈拟阮步兵咏怀〉诗》[8]《王夫之〈拟古诗十九首〉训释及其在拟诗上的地位》[9]《王船山〈和白沙〉诗考》[10]《王船山的阮籍〈咏怀诗〉评》[11]《从王船山〈古诗评选〉看批评用语“忍力”》[12]《王船山眼中阮籍〈咏怀诗〉中的“量”》[13]《论王船山〈仿昭代诸家体（三十八首）〉所收的〈刘护军墓（秋兴）〉诗》[14]《论王船山〈仿昭代诸家体（三十八首）〉所收的〈顾秀才开雍（恸哭）〉诗》[15]等多篇船山诗考论著。在《论王夫之的〈感遇〉诗及〈拟阮步兵咏怀〉诗》中，铃木敏雄认为王夫之诗中的爱用之词“骀荡”明显受张九龄的《感遇》诗的影响，传达的是《大雅》中“风雅的源流”，指出他与道家那种隐退的思想不同，是融合了儒、道、佛三教而形成的独特思想，即在明末清初的动乱时期，儒学者在反抗清廷的同时该如何自处的问题。《王夫之〈拟古诗十九首〉训释及其在拟诗上的地位》则从王夫之对原诗的评价和他的拟作诗两方面来探寻写诗意图，并试图探明《拟古诗十九首》在拟作诗史上的地位。铃木敏雄指出《拟古诗十九首》与《古诗评选》有着密切的联系，是根据起源于《诗经》国风的《诗品》，为了继承《诗经》的风雅颂、赋比群怨、“好色不淫，怨诽不伤”等理念而进行的演绎。当然，我们从诗中也可看出，始终坚持不仕清廷的明朝遗臣王夫之自身缘故的一些耐人寻味的地方，暂认为也是为了演绎《诗经》理念的一种做法。

二、船山哲学研究

对于船山哲学思想方面的研究主要集中在王船山的唯物论和辩证法、生死观、格物穷理说等，如村濑裕也《王夫之的唯物论性格》[16]《王夫之的存在辩证法——与黑格尔辩证法的比较考察》[17]、林文孝《他者的死与我/我的死与他者——来自张载·朱熹·王夫之的问题》[18]、国方久史《论王船山格物穷理说的意义》[19]、中岛隆博《理也有不同——莱布尼茨与王夫之之间的关联》[20]等。

村濑裕在已有的研究基础上并没有提出太多新的观点，只是将王夫之视角下的张载和朱熹的言论重新放回原来的论著中，避开讨论张载、朱熹、王夫之三人的既定的生死观的内容，而是从一个新的角度构建关于死的问题，即对死后的思量和对死者的回答，由此展开对关于尊严死、脑死亡、器官移植等现代新的课题的思考，具有一定的现实意义。

对船山哲学思想研究比较集中的学者要数松野敏之。他不仅将陈来教授发表的关于船山哲学思想研究的多篇论文译成日文，如《王船山〈思问录〉内篇思想研究》《王船山〈正蒙注〉思想研究》《王船山〈正蒙注〉中的善恶生死论》；还陆续发表了《王夫之“人心道心”说》[21]《关于王夫之修养论的考察——以“一以贯之”的解释为中心》[22]《王夫之〈正心〉论》[23]《王夫之〈大学〉解释》[24]《王夫之思想研究——以〈读四书大全说〉中“作圣之功”的议论为中心》[25]等论文。研读他的论著可以发现，他主要是围绕以往研究很少提及的王夫之的“正心”论对王夫之的修养论进行探明。在《王夫之〈正心〉论》中，松野敏之说到，王夫之在修养论中并未提出像朱熹的“敬”和王阳明的“致良知”一样的标语，著作的大半都是关于六经四书的注释，关于修养并没有一个统一的构造，只是在解读经书的过程中论及。在《关于王夫之修养论的考察——以“一以贯之”的解释为中心》一文中，松野敏之指出王夫之宣扬的修养是以主体意识的持续为核心，而这也与《大学》中的“正心”所契合。“正心”无论是在王夫之壮年期的四书相关的论著还是晚年所著的《张子正蒙注》中都同样被重视，可以说是王夫之修养论的核心。历来对“正心”的研究都只是基于《读四书大全说》的探讨，很少论及主体意识的问题。他还指出，正心与诚意是互补的修养，正心是未发、静时的修养，诚意是已发、动时的修养，因此，正心为主、诚意为辅。正心是静时的修养，是基于本性、坚持心的志向。松野敏之通过考察“预”和镜的比喻这两个观点来探明王夫之的正心论，并通过与朱熹提出的“敬”比较，得出王夫之的正心论。王夫之主张“过去不忘，未来必预”，将过去和未来联系起来，在应对场合下积累实际感受到的善和自身切实的体会，再应用到下一次的应对场景中，保持向善的志向。他重视心与事物的对应，可以说王夫之的“正心”论是他心性论和世界观的统一融合，也是修养论的核心。

松野敏之在所撰论文《王夫之〈大学〉解释》中说到，王夫之在他的很多著作中都提到了《大学》的修养论，虽然各著作的执笔方针有所不同，但都指出《大学》中提倡的修养论对旨在成为圣贤的儒学者来说非常重要。但是王夫之强调将内心导向善念，却没有论及去除不善之念。在文中，松野敏之探讨了王夫之对“去人欲”“至善”“格物”等概念的观点，重新总结王夫之的《大学》解释的话，就是学习圣贤必先自觉自身内在的至善。他根据正心把握善，根据诚意检查善不善，最终确立向善的志向。

有研究王船山伦理学的，如海老江康二在《王夫之的生死观——围绕气的善恶》一文中，根据《张子正蒙注》中太和篇第三章的注，以气的循环轮回中善恶的问题为中心进行了探讨，对嵇文甫批判王夫之的唯物思想中具有唯心主义思想的杂质提出了质疑，认为嵇文甫是将王夫之所提出的善恶的价值判断局限在了阶级的社会政治领域。

有研究王船山的人性观的，如堀丰撰《王夫之的人性观的一个侧面——围绕“习”的观念的探讨》一文[26]，黑坂满辉以《读四书大全说》为中心对王船山的人性论进行了探讨[27]。

近年有学者关注到王船山的体用论，如沟本章治撰《王夫之的体用论理》[28]。体用问题是中国古典哲学中的重要主题，对于道器之辨、理气之辨、有无之辨、形而上与形而下之分等而言，它具有奠基性的意义。王船山的体用论建立在他所提出的“气—诚—实有”的哲学基础之上。

也有日本学者介绍或综合研究船山思想的：吉田健舟探讨了王夫之的思想中其根本性的东西[29]；黑坂满辉撰《王夫之的命运——青年时期的焦躁和苦恼》[30]，从王船山的生平研究来考察他的思想体系形成过程；佐藤练太郎则通过王船山的著作《搔首问》中对李贽的批判来分析王船山的思想[31]。

三、船山史学研究

船山史学研究方面，日本学者一方面注重研读王夫之的史论著作，把握其对某个具体朝代的思考；另一方面通过将他与其他思想家进行对比来把握他整体的历史观。堀丰通过读王船山的《读通鉴论》和《宋论》来探讨他的史论[32]；本间次彦撰《历史的再编和“道”的修复：读王夫之〈春秋〉论》[33]；齐藤祯则探讨了王船山的历史观和明末观。

齐藤祯在《论王夫之的历史观——围绕宋代新法改革论》一文中指出，历来对王船山的历史观和史学思想的研究成果颇多，并肯定了他的历史观是一种进步的、具有发展性的史观，重视变化则是他历史观的本质。但是，齐藤祯对此提出了疑问。他指出王夫之对宋代王安石变法的批判实则是对明代政策的批判，由此可以窥见王夫之历史观的一角，并说道，“王夫之的历史观虽然是对历史上的各种变化非常关注，但我认为倒不如说他的历史观的本质正是在变化的历史中寻求不会改变的普遍存在”[34]。齐藤祯在论著《王夫之的明末观》中强调，为了明确王船山诸多著述的思想出发点和背景，进一步探明他的历史观，就必须弄清王夫之自身对他所处的明末这个时代的见解。他选取王船山的《骚首问》和《噩梦》这两本以明代为对象的著作，从明末的风纪、“民众”的统治、对明末思想的见解这三个方面进行了考察。[35]

林文孝在《明清时期中国史论中的“公正”》中，提出了对中国的“公正”意识的研究，主要是从王夫之对历史现象的某些“公正”的评判视角出发，来考察其中“公”的概念以及相关概念体系的运用方法和王夫之的见解。文中论及王夫之论述自己史论原则的《读通鉴论》叙论，以李贽在《藏书世纪列传总目前论》中对“是非”的相对性的讨论为线索，探明李、王二人“公正”意识的异同。[36]在《“宋”是“明”吗？——论王夫之所谓的“非正统论”》一文中，林文孝提到，对于《读通鉴论》卷末的《叙论一》中“宋亡而天下无统”的表述，内藤虎次郎和高田淳两位船山研究权威者都支持“宋”即指“明”这种说法，但是他认为并没有这种必然性，而且这样解读的话会导致王船山自身立论的逻辑前后不一致。[37]

四、船山政治思想研究

关于王船山的政治思想，大西克巳论及王船山的“郡县、封建”论，从中论述了其历史理论与政治思想[38]。齐藤祯撰《论王夫之的“华夷”思想》[39]，林文孝撰《“父母”之名：根据王夫之解读〈西铭〉》[40]、《“父母”的政治学：王夫之的“作民父母”解读》[41]。

林文孝在《明清时期中国史论中的“公正”》中还对王夫之的历代经济政策论进行了探讨。根据中国历代经济政策相关的研究来探讨王夫之得出的“公正”判断到底是基于什么逻辑。

王夫之根据唯物主义的哲学观点，形成了进化的历史观，批判了“守其故物而不能自新”的守旧思想，论证了法律具有可变性。研究王船山法律思想的日本学者不多，现在看到的材料似乎还只有一位学者细川一敏，细川一敏于1985年撰《王夫之的法律观》[42]。

综上所述，日本学者对船山学研究还在不断深入和发展，且有从宏观把握转入微观细读的趋向，在以往的研究基础上也不断挖掘出新的考察角度，这不仅丰富了船山学的外延，同时对国内的船山学研究也提供了一定的参考价值。

附录：日本船山学研究参考资料目录

[1] 小岛裕马. 王夫之的经济思想 [J]. 经济论丛，1919 (8).
[2] 松井等. 支那近世政治思潮 [J]. 兴亡史论刊行会，1919 (12).
[3] 小岛裕马. 王船山的经济说 [J]. 支那学，1922 (12).
[4] 内滕虎次郎. 清朝史学 [M] //支那史学史. 弘文堂，1925.

[5] 公田连太郎．读通鉴论 [M] //续国译汉文大成．东洋文化协会，1931．
[6] 后藤基巳．王船山的中华思想 [J]．斯文，1932 (12)．
[7] 有高岩．王船山的民族思想 [J]．史潮，1933 (8)．
[8] 后藤基巳．清初政治思想的成立过程 [J]．汉学会杂志，1942 (10)．
[9] 西顺藏．王船山读书会介绍与船山学社记 [J]．中国近代思想史研究会会报，1959 (2)．
[10] 小川晴久．王夫之关系资料解题 [J]．大安（中国文化研究会），1960 (5)．
[11] 小野和子．民族主义哲学者王夫之 [J]．亚洲的觉醒，1962 (2)．
[12] 上元淳道．王船山《读通鉴论》读书笔记 [C]．东京大学教养学部人文科学纪要，1963 (3)．
[13] 本田济．王船山的易学 [J]．人文研究，1963 (8)．
[14] 上元淳道．王船山《读通鉴论》读书笔记：续 [C]．东京大学教养学部人文科学纪要，1965 (10)．
[15] 桑山龙平．论王夫之的楚辞翻译 [J]．天理大学学报，1966 (17)．
[16] 上元淳道．王船山《读通鉴论》读书笔记：再续 [C]．东京大学教养学部人文科学纪要，1967 (8)．
[17] 青木正见．清代文学评论史 [M]．春秋社，1969．
[18] 佐滕震二．王夫之的易说 [J]．现代精神，1969 (3)．
[19] 后藤基巳．王船山的易说 [J]．易学研究，1969 (12)．
[20] 船津富彦．论王船山的文学思想 [J]．日本中国学会报，1969 (12)．
[21] 西顺藏．王夫之 [G] //中国思想家：下．1969 (5)．
[22] 黑坂满辉．王夫之的思想——围绕这个基调的考察 [C]．山形短期大学纪要，1970 (4)．
[23] 水原重光．王夫之的民族思想 [C]．大分大学教育学部研究纪要，1970 (10)．
[24] 后藤基巳，山井湧编译．李贽的《藏书》与王夫之的《读通鉴论》[G]．明末清初政治评论集，1971．
[25] 后藤基巳译．《读通鉴论》抄解说 [G]．明末清初政治评论集，1971 (3)．

[26] 小仓芳彦. 逆流与顺流 [N]. 读卖新闻, 1974.
[27] 海老江康二. 船山哲学的基本逻辑 [J]. 伦理学研究 (东京教育大学伦理学会), 1975 (3).
[28] 小川晴久. 王船山诗论中“性与情”之中心概念 [J]. 日本文学 (东京女子大学), 1975 (3).
[29] 小川晴久. 王船山与易学——研究《周易》的一个环节 [J]. 中国古代史研究, 1976 (3).
[30] 黑坂满辉. 王船山的学问 [C]. 福开大学教育学部纪要 (人文科学中国学), 1976 (26).
[31] 高田淳. 王夫之的《章灵赋》 [J]. 日本学习院大学文学部《研究年报》, 1976 (23).
[32] 吉田健舟. 论王夫之的理——以《读四书大全说》为中心 [J]. 哲学, 1976 (10).
[33] 吉田健舟. 王夫之的道器论 [J]. 哲学, 1977 (29).
[34] 高田淳. 王船山之《噩梦》或异派非正统论 [J]. 汉文教室, 1978 (1).
[35] 山口久和. 王夫之研究中的要点 [J]. 中国思想研究, 1977 (9).
[36] 山口久和. 从存在到伦理——王夫之《尚书引义》的哲学 [J]. 东方学, 1979 (1).
[37] 吉田健舟. 王夫之的欲望论——以《读四书大全说》为中心 [J]. 哲学, 1979 (31).
[38] 吉田健舟. 王夫之《张子正蒙注》的理气论 [J]. 哲学, 1981 (33).
[39] 高田淳. 1918－1981 年日本研究王船山书目 [G]. 船山学术研究简报, 1982 (3).
[40] 海老江康二. 王夫之的生死观——围绕气的善恶 [J]. 伦理学, 1983 (1).
[41] 高田淳. 清末的王船山 [J]. 船山学报, 1984 (2).
[42] 高田淳. 清末的王船山 [J]. 船山学报, 1985 (2).
[43] 吉田健舟. 王夫之的思想——其根本性的东西 [J]. 日本中国学会, 1984 (36).

[44] 村濑裕也. 王夫之的唯物论性格 [G]. 戴震的哲学: 唯物论与道德的价值, 日中出版, 1984.
[45] 细川一敏. 王夫之的法律观 [J]. 文经论丛 (人文学科篇), 1985 (5).
[46] 高田淳. 王船山的乾坤并建捷立论 [J]. 研究年报, 1986 (33).
[47] 堀丰. 王夫之的史论——以《读通鉴论》《宋论》为中心 [J]. 集刊东洋学, 1986 (11).
[48] 本间次彦. 围绕王船山的“思”概念的思想辐射——以《读四库大全说》为中心 [J]. 中国社会与文化, 1986 (1).
[49] 佐藤练太郎. 论王夫之对李贽的批判 [J]. 中国–社会与文化, 1987 (2).
[50] 村濑裕也. 王夫之的“人为”、“义内”思想 [J]. 船山学报, 1987 (2).
[51] 本间次彦. 关于王船山的诗论 [J]. 日本中国学会报, 1987 (39).
[52] 黑坂满辉. 王夫之的命运——青年时期的焦躁和苦恼 [C]. 福井大学教育学部纪要 (人文科学), 1987 (1).
[53] 堀丰. 王夫之的人性观的一个侧面——围绕“习”的观念的探讨 [J]. 集刊东洋, 1988 (5).
[54] 齐藤祯. 论王夫之的“华夷”思想 [J]. 山口大学文学会志, 1990 (12).
[55] 本间次彦. 河图洛书的问题圈——图象数王夫之 [J]. 东方学, 1991 (1).
[56] 黑坂满辉. 王夫之《人性论》考——以《读四书大全说》为中心 [C]. 福井大学教育学部纪要 (人文科学), 1991 (39).
[57] 明神洋译. 历史的鉴读——王夫之思想的一面 [J]. 东方学, 1991 (82).
[58] 小川晴久. 论王夫之的思想 [J]. 船山学刊, 1992 (1).
[59] 黑坂满辉. 王夫之《老子衍》王「纂注」译注–上– [C]. 福井大学教育学部纪要 (人文科学), 1995 (45).
[60] 林文孝. “父母”之名: 根据王夫之解读《西铭》[J]. 亚洲历史与文

化，1995（10）.
［61］本间次彦．惊愕与梦魇之间：王夫之《噩梦》（叙）注解［C］．惠泉女学园大学人文学部纪要，1996（1）.
［62］寺内清裕．关于王夫之的“志”［J］．国学院中国学会报，1996（12）.
［63］林文孝．“父母”的政治学：王夫之的“作民父母”解读［J］．山口大学文学会志，1997（48）.
［64］林文孝．他者的死与我/我的死与他者——来自张载·朱熹·王夫之的问题［J］．山口大学哲学研究，1997（6）.
［65］大西克巳．关于王船山的“郡县、封建”论——其历史理论与政治思想［J］．日本中国学会，1997（49）.
［66］国方久史．论王船山格物穷理说的意义［C］．吉备国际大学社会学部研究纪要，1998（3）.
［67］齐藤祯．论王夫之的历史观——围绕宋代新法改革论［J］．亚洲历史与文化，1999（10）.
［68］林文孝．“宋”是“明”吗？——论王夫之所谓的“非正统论”［J］．山口大学哲学研究，2000（9）.
［69］林文孝．明清时期中国史论中的“公正”［C］．冈山大学文学部比较史研究会第6回，2000（12）.
［70］儿岛弘一郎．落花诗的变奏——围绕归庄·王夫之诗的写作背景［J］．中国诗文论从，2000（12）.
［71］中岛隆博．理也有不同——莱布尼茨与王夫之之间的关联［J］．立命馆文学，2000（2）.
［72］齐藤祯．王夫之的明末观［J］．亚洲历史与文化，2001（5）.
［73］松野敏之．王夫之“人心道心”说［C］．早稻田大学大学院文学研究科纪要，2004（1）.
［74］水津有理．论王夫之《评选》三作［J］．御茶水女子大学中国文学会，2004（9）.
［75］铃木敏雄．论王夫之的《感遇》诗及《拟阮步兵咏怀》诗［J］．中国中世文学研究，2004（45－46）.
［76］铃木敏雄．王夫之《拟古诗十九首》训释及其在拟诗上的地位［J］.

东洋史访，2004（3）.
[77] 铃木敏雄．王船山《和白沙》诗考［J］．中国中世文学研究，2005（48）.
[78] 小川晴久．对闲人严厉而温和的眼神——王船山《尚书引义》与《诗广传》的世界［J］．日本中国学会报，2006（58）.
[79] 铃木敏雄．王船山的阮籍《咏怀诗》评［J］．东洋史访，2006（3）.
[80] 铃木敏雄．从王船山《古诗评选》看批评用语“忍力”［C］．兵库教育大学研究纪要，2007（2）.
[81] 铃木敏雄．王船山眼中阮籍《咏怀诗》中的“量”［J］．六朝学术学会报，2007（3）.
[82] 铃木敏雄．论王船山《仿昭代诸家体（三十八首）》所收的《刘护军墓（秋兴）》诗［J］．中国中世文学研究，2008（9）.
[83] 松野敏之．关于王夫之修养论的考察——以“一以贯之”的解释为中心［J］．日本中国学会，2008（60）.
[84] 村濑裕也．王夫之的存在辩证法——与黑格尔辩证法的比较考察［J］．唯物论与现代，2008（3）.
[85] 铃木敏雄．论王船山《仿昭代诸家体（三十八首）》所收的《顾秀才开雍（恸哭）》诗［J］．中国中世文学研究，2009（9）.
[86] 松野敏之．王夫之《正心》论［J］．东洋的思想与宗教，2009（3）.
[87] 松野敏之．王夫之《大学》解释［J］．亚洲的文化与思想，2009（12）.
[88] 本间次彦．再编与多样化，或是新主体的发明——王夫之研究的现状和课题［C］．中国社会文化学会，2009（7）.
[89] 志野好伸译．书评：谢和耐，《自然之理——王夫之（1619—1692）哲学研究》［J］．中国社会文化学会，2010（7）.
[90] 松野敏之．王夫之思想研究——以《读四书大全说》中“作圣之功”的议论为中心［J］．早稻田大学出版部，2010（11）.
[91] 本间次彦．历史的再编和“道”的修复：读王夫之《春秋》论［J］．明治大学教养论集，2013（1）.
[92] 沟本章治．王夫之的体用论理［J］．哲学，2013（65）.

参考文献：

[1] 朱弘毅，朱迪光．域外船山学研究与海外船山学的传播设想［J］．衡阳师范学院学报，2017（5）．

[2] 本间次彦．惊愕与梦魇之间：王夫之《噩梦》（叙）注解［J］．惠泉女学园大学人文学部纪要8，1996（1）．

[3] 本间次彦．关于王船山的诗论［J］．日本中国学会报，1987（39）．

[4] 水津有理．论王夫之《评选》三作［J］．御茶水女子大学中国文学会，2004（9）．

[5] 小川晴久．对闲人严厉而温和的眼神——王船山《尚书引义》与《诗广传》的世界［J］．日本中国学会报，2006（58）．

[6] 儿岛弘一郎．落花诗的变奏——围绕归庄·王夫之诗的写作背景［J］．中国诗文论从，2000（12）．

[7] 寺内清裕．关于王夫之的“志”［J］．国学院中国学会报，1996（12）．

[8] 铃木敏雄．论王夫之的《感遇》诗及《拟阮步兵咏怀》诗［J］．中国中世文学研究，2004（45－46）．

[9] 铃木敏雄．王夫之《拟古诗十九首》训释及其在拟诗上的地位［J］．东洋史访，2004（3）．

[10] 铃木敏雄．王船山《和白沙》诗考［J］．中国中世文学研究，2005（48）．

[11] 铃木敏雄．王船山的阮籍《咏怀诗》评［J］．东洋史访，2006（3）．

[12] 铃木敏雄．从王船山《古诗评选》看批评用语“忍力”［C］．兵库教育大学研究纪要，2007（2）．

[13] 铃木敏雄．王船山眼中阮籍《咏怀诗》中的“量”［J］．六朝学术学会报，2007（3）．

[14] 铃木敏雄．论王船山《仿昭代诸家体（三十八首）》所收的《刘护军墓（秋兴）》诗［J］．中国中世文学研究，2008（9）．

[15] 铃木敏雄．论王船山《仿昭代诸家体（三十八首）》所收的《顾秀才开雍（恸哭）》诗［J］．中国中世文学研究，2009（9）．

[16] 村濑裕也．王夫之的唯物论性格［G］．戴震的哲学——唯物论与道德的价值．日中出版，1984．

[17] 村濑裕也. 王夫之的存在辩证法——与黑格尔辩证法的比较考察 [J]. 唯物论与现代, 2008 (3).

[18] 林文孝. 他者的死与我/我的死与他者——来自张载·朱熹·王夫之的问题 [J]. 山口大学哲学研究, 1997 (6).

[19] 国方久史. 论王船山格物穷理说的意义 [C]. 吉备国际大学社会学部研究纪要, 1998 (3).

[20] 中岛隆博. 理也有不同——莱布尼茨与王夫之之间的关联 [J]. 立命馆文学, 2000 (2).

[21] 松野敏之. 王夫之"人心道心"说 [C]. 早稻田大学大学院文学研究科纪要, 2004 (1).

[22] 松野敏之. 关于王夫之修养论的考察——以"一以贯之"的解释为中心 [J]. 日本中国学会, 2008 (60).

[23] 松野敏之. 王夫之《正心》论 [J]. 东洋的思想与宗教, 2009 (3).

[24] 松野敏之. 王夫之《大学》解释 [J]. 亚洲的文化与思想, 2009 (12).

[25] 松野敏之. 王夫之思想研究——以《读四书大全说》中"作圣之功"的议论为中心 [J]. 早稻田大学出版部, 2010 (11).

[26] 堀丰. 王夫之的人性观的一个侧面——围绕"习"的观念的探讨 [J]. 集刊东洋, 1988 (5).

[27] 黑坂满辉. 王夫之《人性论》考——以《读四书大全说》为中心 [C]. 福井大学教育学部纪要 (人文科学), 1991 (39).

[28] 沟本章治. 王夫之的体用论理 [J]. 哲学, 2013 (65).

[29] 吉田健舟. 王夫之的思想——其根本性的东西 [J]. 日本中国学会, 1984 (36).

[30] 黑坂满辉. 王夫之的命运——青年时期的焦躁和苦恼 [C]. 福井大学教育学部纪要 (人文科学), 1987 (1).

[31] 佐藤练太郎. 论王夫之对李贽的批判 [J]. 中国—社会与文化, 1987 (2).

[32] 堀丰. 王夫之的史论——以《读通鉴论》《宋论》为中心 [J]. 集刊东洋学, 1986 (11).

[33] 本间次彦. 历史的再编和“道”的修复：读王夫之《春秋》论 [J]. 明治大学教养论集，2013（1）.

[34] 齐藤祯. 论王夫之的历史观——围绕宋代新法改革论 [J]. 亚洲历史与文化，1999（10）.

[35] 齐藤祯. 王夫之的明末观 [J]. 亚洲历史与文化，2001（5）.

[36] 林文孝. 明清时期中国史论中的“公正” [C]. 冈山大学文学部比较史研究会第6回，2000（12）.

[37] 林文孝. “宋”是“明”吗？——论王夫之所谓的“非正统论” [J]. 山口大学哲学研究，2000（9）.

[38] 大西克巳. 关于王船山的“郡县、封建”论——其历史理论与政治思想 [J]. 日本中国学会，1997（49）.

[39] 齐藤祯. 论王夫之的“华夷”思想 [J]. 山口大学文学会志，1990（12）.

[40] 林文孝. “父母”之名：根据王夫之解读《西铭》 [J]. 亚洲历史与文化，1995（10）.

[41] 林文孝. “父母”的政治学：王夫之的“作民父母”解读 [J]. 山口大学文学会志，1997（48）.

[42] 细川一敏. 王夫之的法律观 [J]. 文经论丛（人文学科），1985（5）.

（原载《衡阳师范学院学报》2018年第1期）

编校金陵本《船山遗书》的功臣刘毓崧、张文虎

王兴国

曾国藩在金陵本《船山遗书序》中谈到此书刊刻过程时说："道光十九年，先生（指船山）裔孙世全始刊刻百五十卷，新化邓显鹤湘皋实主其事，湘潭欧阳兆熊晓晴赞成之。咸丰四年，寇犯湘潭，板毁于火。同治初元，吾弟国荃乃谋重刻，而增益百七十二卷，仍以欧阳君董其役，南汇张文虎啸山、仪征刘毓崧伯山等分任校雠，庀局于安庆，蒇事于金陵，先生之书于是粗备。"[1]419 而张文虎在同治六年（1867）致曾国荃感谢赠全套《船山遗书》的信中说："船山遗书，刘伯山明经用功最深。文虎所参校不及十之二三，而节相弁言乃独以贱名与伯山首署。兹复叨惠钜帙，汗颜滋甚。"[1]622 这两段话表明，刘毓崧和张文虎在金陵本《船山遗书》的编校过程中，是起了中坚作用的，其功绩不可没。

一

刘毓崧（1818—1867），字伯山，江苏仪征人；其父刘文淇（1789—1854），字孟瞻，江苏仪征人；嘉庆己卯优贡生，候选训导；稍长，即精研古籍，贯串群经，于《左氏传》致力特勤。尝谓："左氏之义，为杜注剥蚀已久；其稍可观览者，大抵袭取旧说。爰辑《左传旧注疏证》一书，取贾、服、郑三君之注，疏通证明。凡杜氏所排击者纠之，所勦袭者彰之，其沿用韦昭语注者，亦一一标记。"毓崧道光二十年（1840）举优贡生，从父受经，长益致力于学；治左氏缵述先业，成《春秋左氏传大义》二卷；以文淇考证左传旧疏，因承其义例，著《周易》《尚书》《毛诗》《礼记》旧疏考正各

一卷。

在《王船山遗书校勘记自序》中，刘毓崧讲了他自己在《船山遗书》刊刻过程中的作用："衡阳王氏船山丛书，其目录可考者七十五种，稿本访得者六十一种。湘乡爵相及介弟爵帅捐俸授梓，自甲子（1864）春至丙寅（1866）夏，刻成五十三种。此三年中，延致诸同人或校稿本，或校写本，或校刻本。毓崧亦在局中，专司覆校稿本。合计已刻未刻各书，除未经覆校者六种（《说文广义》《相宗络索》《夕堂八代诗选》《四唐诗选》《明诗选》《词选》），余五十五种，皆检其所引原书、所用故实，为之校勘。"[1]429这说明，刘氏在《船山遗书》编辑刊刻过程中的作用，是对拟收入遗书的船山著作的稿本进行校勘，正如他自己所说"检其所引原书、所用故实"，即对原著中所用引文及所涉及的人物典故是否准确进行核对。

金陵本《船山遗书》整个刊刻工程的负责人是欧阳兆熊，但编校工作的业务负责人则是刘毓崧。所以刘氏在工作过程中形成了两个文件：其一是《刻王氏船山丛书凡例》，其二则是《王船山丛书校勘记》二卷。透过这两个文件，我们可以看出，刘氏校勘工作的细致和校勘水准之高。

先让我们看看《刻王氏船山丛书凡例》。首先，凡例以邓显鹤的《船山著述目录》为参照，介绍了金陵本《船山遗书》所收船山著作53种的情况，其中邓目未载此次刻书访得者4种（《永历实录》《莲峰志》《庄子通》《岳余集》），邓目已载未刊此次访得付刊者23种，邓目已载且王氏守遗经屋刊本已刊，这次又补刻者18种，邓目已载但为别本所刊者今又补刻者8种。接着，凡例就遗书的卷数、缺卷缺篇缺行缺句缺字、字体、避讳等问题如何处理的进行了说明。这些都是一般古籍整理所必须遵循的基本原则。除此之外，凡例有几条颇有特色：

其一，强调尊重船山原著。这突出地表现在纠正邹汉勋在王氏守遗经书屋对五种稗疏所做的窜改："群经稗疏五种，前此所刻，系邹氏汉勋所校，增删改易，非复本真。"刘氏指出，这5种稗疏，其中《周易》《尚书》《诗经》《春秋》四种，《四库》著录，《四书》一种，虽未著录，但原稿犹存。所以金陵本遗书在刊刻这5种稗疏时，就是以阁本和旧抄本为主。"其抄本传写脱误，邹刻补正，至当不易者从之。"邹氏"托诸家藏改本及旧刊本者，均不可凭。""邹刻全条删去者，今皆据原本补刊。"这样，就恢复和确保了船山著作的原貌。其二，强调正确处理旧抄本与旧刻本之关系。刘氏指出："旧抄本可正刻本之误者，固属当从；其中刻本是而抄本非者，不必据传写之讹改校定之确。"为此，刘毓崧举《读通鉴论》卷九"韩遂则与马超相疑矣"，抄本"超"作"腾"；卷十三"慕容翰之追慕容皝"，抄本"皝"作"廆"；卷二十一"有罪可讨而蔡确亦以歌咏论刑"，抄本"蔡确"作"章惇"；卷二十五"穆宗忧而谋于郭钊，钊曰俟之"，抄本两"钊"皆作"暖"，均当以刻本为是。其三，强调正确处理引文。"书中征引群书，得一本可据者，即不须改（如《老子衍》"抟之不得名曰微"，即有作"抟"之本，不须改"搏"；《庄子解》"木中有火"，既有作"木"之本，不须改"水"。）恐别有所出者，即不须删（《诗经考异》引韩诗"墙有茨"，"茨"作"蕡"自来辑韩诗虽无此条，然恐别有所出，后此辑韩诗者不妨增此条也）。未引者概不必增，既引者亦不必去。沿袭俗刻者不必改从旧本，隐括大意者不必改从全文（凡引书不用"云"字"曰"字，而用"谓"字及"以为"等字，多系隐括。）期于各适其宜，无庸执一。"其四，注意语法句读。"各书之中，有文法奥折者，审其句读，则指趣自明。如《四书训义》卷十一《陈司败》章云："乃今观之，君子亦党乎？心有所偏护，不恤理而唯所好之是阿，何也？""阿"字绝句。"何也"二字另一句。"何"字非误非衍。有语势奇险者，识其指归，则气脉自顺。如《读通鉴论》卷十六云："故天子之令不行于郡，刺史之令不行于县，郡守之令不行于民，此之谓一统。""不"字似有误，而实不误。其上文云："故天子之令行于郡而郡乱，州牧刺史之令行于县而县乱，郡守之令行于民而民乱"，下文云："上侵焉而下移，于是牧刺不能治守，守不能治令，令抑不能治民。"合观之，语正相贯。像这样的情况，"均不率加改易，以免纷歧。"[1]422刘毓崧说的这些意见，确是善于校勘者的经验之谈。表现了金陵本遗书的校勘者水平的确很高。

金陵本《船山遗书》有校勘记二卷。一般来说，校勘记的主要内容是说明不同版本的古籍之间的文字异同，即通常所谓的讹、脱、衍、倒的问题，讹：指以讹传讹，错误的文字；脱：缺字、缺句子等；衍：后人增加的文字；倒：文字顺序颠倒等。但《船山遗书》的这二卷《校勘记》却颇为不同，它不是一般的校勘文字，而是校正船山著述中的各种差错。对此，刘毓崧在凡例中有说明："书中年分、地理、姓名、谥法、事迹、训诂，有叙述详而不必求备者，有证佐多而不必求全者，有沿旧说而未暇考核者，有抒己见而未经引申者，有纪载殊异而难于遽定者，有传抄脱佚而难于轻补者，今此所刊，概不增易原文，庶免失其初意。间有记忆偶误、检阅偶差者，欲改之则与本意不符，竟置之又虑阅者滋议，故刻本于此类仍存其旧，而别著于《校勘记》焉。”[1]428－429这个《校勘记》虽然署的是刘毓崧的名字，这与他在遗书刊刻过程中“专司覆校稿本”是分不开的，但其中也记录了其他几位《船山遗书》校勘者的校勘意见，因此可以说这个《校勘记》也是金陵本遗书校勘者的集体劳动成果。

刘毓崧在《王船山丛书校勘记自序》中谈到他在校勘过程中发现书稿中问题形成的原因时指出，除了旧刻本有臆改之误、新抄本有传写之误等情况之外，还有王氏原著自身的原因，其一是检阅之误。刘氏举例：《春秋稗疏》卷上云：贯，“范宁注音古乱反。”又云：厉，“公羊注音赖是已。”今按何、范皆无音切。范宁注当作《谷梁释文》，公羊注当作《公羊释文》。此因注疏与释文合刻，检阅时误采书名也。其二是王氏记忆之误。刘氏举例：《周易外传》卷六云：“杨亿披缁而辱逮于死。”杨亿乃王旦之误。《尚书引义》卷三云：“若夫陆子静、杨诚斋、王伯安之为言也。”诚斋（杨万里）乃慈湖（杨简）之误。《诗广传》卷三云：“刘裕终广固之役，建业虽虚，甫旋兵而孙恩已溃。”孙恩乃卢循之误。《读四书大全说》卷四云：“道安立雪断臂。”道安乃慧可之误。《读通鉴论》卷四云：“况仇士良之以家奴而门生天子乎！”仇士良乃杨复恭之误。卷二十八云：“李山甫李振之流皆以不第而生其怨毒。”山甫乃巨川之误。卷末云：“李存勖三垂岡之叹。”存勖乃克用之误。《姜斋文集》卷三《读陈书书后》云：“鲁悉达之言违于俄顷，玄武之溃应如鼓钟。”鲁悉达乃萧摩诃之误，玄武乃朱雀之误。刘毓崧说，开始时，编校者拟在新刻本中保持原稿中的错误，而将问题胪列在《校勘记》中，但同人有人认为，这种错误“词义显然不必存疑者，于是刻本内此等遂多改易，惟误处须引证而后明，以及改之有碍于上下文者，则未尝改。爰即此类次第编辑，成《校勘记》二卷。”[1]430这说明，上述刘氏所举的例证并没有收入《校勘记》中，而通过核查《船山遗书》的刻本，刘氏《校勘记》所指出的问题，刻本的确“未尝改”。

刘毓崧在校勘《船山遗书》的过程中，还为其中的两本著作作跋，其一为《尚书引义跋》，其二为《永历实录跋》。《尚书引义跋》认为，此书就《尚书》每篇之义引而申之，其体裁近于《韩诗外传》《春秋繁露》，虽不尽与经义比附，而多与明代事有关。其中有显揭其指，人所共知者；亦有即其事未经显揭，然其意可揣测而知者。对于这两种情况，刘氏都举例说明之。刘氏认为，此书之立论不无驳杂，而秉心则甚纯矣。其尤有功于名教大防者，则论《多方》之殷士，谓顽民既迎周而复叛周者，以匪忱不典，自速其辜，不得附托于忠孝，援《春秋》之例，贬反覆者为凶德狂愚，义正辞严，森如斧钺。盖借是斥吴三桂之进退无据，始为贰臣，终为逆臣。此船山所以避伪使之招，自全其贞士逸民之德。其卓识定力，具见于斯，所当表微阐幽，以彰其志节者矣。若夫持论好立异同，前哲名儒，自刘子政（向）以下，皆肆意攻击，此诚识有所偏。然其所著各书，大率类此，且有较甚于此者。只须鉴其失，不必删其书也。[2]439

二

张文虎（1808—1885），字孟彪，又字啸山，自号天目山樵，江苏南汇人，贡生；嗜古博览，不求闻达，于名物、训诂、六书、音韵、乐律、中西算术皆研究深造，尤深校勘之学；于诸书是非得失，源流异同，莫不参稽博考，以得其旨要；而于《史记集解》《索隐》《正义》，考核尤深；馆金山钱熙祚家三十年，所校《守山阁丛书》《小万卷丛书》等凡数百种，时称善本。张氏曾三次赴杭州文澜阁假书校八十余种，钞四百三十二卷。同治初（1862），他与李善兰同客曾国藩幕中，甚受器重，保候选训导；金陵书局开后，其主校席十年；其著作有《古今乐律考》《舒艺室随笔》《舒艺室诗存》《诗存·诗续存·尺牍偶存》《舒艺室全集》《索笑词》《史记札记》《周初朔望考》等。

《张文虎日记》记录了张氏参加金陵本《船山遗书》编辑的全过程。在湘军攻克太平军首都南京之后，张文虎一行在欧阳兆熊率领下，于同治三年（1864）阴历九月二十二日从安庆来到南京，并入住铜作街原太平军慕王（谭绍光）府，至同治六年（1867）三月迁飞霞阁之前，金陵刻书局一直设此。在此期间，张文虎的主要工作是校刻《船山遗书》。据《张文虎日记》记载，同治四年（1865）三月十六日，张氏“校王船山《礼记章句》新刊样本竟。欲作归装，而晓岑（欧阳兆熊）意欲再留”[3]29。四月初八“校王船山《读（通鉴）论》毕”[3]33。五月初七日开始“校王船山《读四书大全》”至五月十八日“校王船山《读四书大全》竟”，并且发表评论：“辨析性理处，颇有发宋儒所未发者，而好恶任情，诋韩、欧、苏、曾为乡愿，至谓子路、子张之气质粗疏，不足与入圣贤之域，则不知其自居何等也?”[3]39-40五月十九日，“晓岑以王船山所选《历代诗选》属校，首为绪论一卷，古乐府歌行一卷……共二十二卷。予以卷帙太繁，而其诗大都家弦户诵，今欲大工急竣，拟仿《郭伯庵诗评》例，只刊其评，或并存其目，晓岑以为然”。五月二十日，“晓岑以刻工急于接手，不及整顿，遂定全刻《历代诗评》，随校随发写”。五月二十一，“从芋仙借《诗纪》校王船山《古诗评》”。五月二十二日，“校《古诗评》竟。复从芋仙借《全唐诗》校《唐诗评》”。二十四日，“灯下校《唐诗评》竟”。二十六日，“校《明诗评》”。二十八日，“校《明诗评》竟”[3]40-41。芋仙，李姓，名士棻（1821—1885），四川忠州人；字重叔，号芋仙，道光拔贡，博学工词；以名孝廉为曾国藩所赏，依其幕府有年；同治初出知彭泽县，移临川；去官后流寓上海近二十年，结社题诗闻名一时。

六月初九日，张氏“复校王船山《读通鉴论》竟”；六月十二日，“校王船山《诗经稗疏》”；六月十四日，“校王船山《诗经稗疏》竟”。张氏在校此书卷三《大雅·黄流在中》“按《说文》：郁，芳草也。十叶为贯，二十贯为筑。筑者，二百叶”时，认为是“误中之误”。在校卷四《商颂·天命玄鸟》“故《天问》亦曰：‘简狄在台，喾何宜？玄鸟至胎，女何喜?”时，张氏曰，“邹（汉勋）刻本胎作诒，与《天问》合。然下文言至云者，若合致之而非燕卵之为胎元也，则元（原）文固作胎矣”（《王船山丛书校勘记》卷一）。六月二十日，张氏“灯下校王船山《宋论》竟”；六月十七日，“校王船山《噩梦》”并发表评论：“所言皆经国治民之事，大都据其时目见而言，补偏救弊，虽卑无高论，而多中肯綮，较他著述为平正，凡一卷。”[3]52七月二十四日，张氏“校王船山《春秋世论》”；七月二十五日，“校王船山《春秋世论》”；七月二十六日，“校王船山《春秋世论》竟。凡六卷，持论尚平正，惟痛诋晋武、赵武，未免深文”[3]53-54。

张文虎校勘《船山遗书》的具体工作，时间都在同治四年（1865），这说明遗书的校勘工作主要是在这一年进行。同治五年（1866）十月二十日日记载："节相（指曾国藩）寄示所撰《〈王船山遗书〉序》，从容详瞻，复简洁不支，固是南丰世家。"[3]68"南丰世家"，此指曾氏古文传统。唐宋八大家之一的曾巩（1019—1083），字子固，建昌军南丰（今江西省南丰县）人。曾国藩的祖籍为江西人，他又推崇古文，所以张文虎说他继承了曾巩的古文传统。同治六年（1867）三月十二日，张文虎与李善兰、戴望等金陵书局同人拜见曾国藩时，曾氏说：王氏守遗经书屋本《船山遗书》刊行时，"中间从《说文》之字，皆邹叔绩（汉勋）所改。其文亦多改窜，非原本。曾致书诤之，不听"。张文虎听后，"乃恍然前为沅帅重校付刊时，于此等处疑船山原本如此，故不敢轻改，今已刊成，无及矣"[3]84。七月二十一日，"节相（曾国藩）送《王船山遗书》，沅帅（曾国荃）寄来也"[3]98。九月初五日，"写谢曾九宫保（国荃）送《王船山遗书》信"[3]103。在这封信中，张氏不仅如前所述，实事求是地说明了他和刘毓崧在编校金陵本《船山遗书》过程中的作用（须知，张氏写此信时，已得知刘氏去世），而且提出将船山一些重要著作单行出版，以利普及："伏思船山先生著述等身，而行世者甚尠，今得重刊全帙，宣布遐迩，讵非盛举？惟卷帙较重，寒士力不能置，亦不便舟车携带。中如诸经《稗疏》《礼记章句》《读通鉴论》《宋论》《张子正蒙注》《庄子解》《楚辞通释》诸书，似可散印单行，各随所嗜。质诸表彰前贤，嘉惠来学之盛心，以为何如？"[1]622十一月初九日，张文虎在谒见曾国藩时，也提出了类似的意见："又请于《王船山遗书》内别印《易》《书》《诗》《春秋》四书《稗疏》为一帙，《礼记章句》为一帙，《通鉴论》《宋论》为一帙，《庄子解》为一帙，《楚词〔辞〕通释》为一帙，《思问录》内外篇、《俟解》《噩梦》《黄书》各一帙。各帙单行，可分可合，俾寒士易于购买，而书亦易于行远广传。节相以为然。此议前寄沅浦中丞书中曾及之，复信亦以为是。"[3]112

张文虎得到《船山遗书》之后，还抽空阅读了其中一些著作，并且发表了读后感。例如同治六年十月初十日日记记载："上月来灯下阅王船山《通鉴论》《宋论》，至此毕。中间极有独出手眼者，有不近人情者，不可以概论，要非矮人观场者所可与语。其《永历本纪（实录）》则似可以不刻。"[3]107张文虎虽然没有说明《永历实录》可以不刻的理由，但这段话表明他认为此书缺乏价值。刘毓崧与他的观点则不一。在《永历实录跋》一文中，刘氏认为，此书记吴三桂之害桂王，“笔挟风霜，词严斧钺，其不畏强御，可谓南、董替人”。“南、董”为春秋时代齐国史官南史、晋国史官董狐的合称，皆以直笔不讳著称，后用以借称忠于史实的优秀史官；“替人”指接替的人。“南、董替人”，就是认为船山是南史和董狐的接班人。接着，刘氏指出，由于船山在南明王朝所处的时间前后只有一年，其后高蹈远引，所以其资料的收集容有未周，故有应立传而无其目，或但有目而无其传，或仅举其字而阙其名，或附见其人而阙其事，或特书其事而未得其情，或不没其名而未核其实。总之，此书有见闻之确，亦有纪录之别，在乎择善而从。至于此书之大概可宝者，也非止一端。其一，是有他书罕见之人：如嗣韩王、嗣通山王皆宗室之良；黄奇遇、黄公辅、管嗣裘、朱昌时，皆朝臣之选；熊兴麟等文臣九人，满大壮等武臣六人，皆忠义之徒；等等。这些于文献均有裨益。其二，有他书罕载之事。如瞿式耜、何腾蛟、焦琏、皮熊、张同敞、严云从、李国辅等人传记所载，并足以资考证。所以这是一本有关掌故之书。刘氏进而指出，此书最为可惜的是，船山于1650年（庚寅）在肇庆、梧州时，“疑五虎（金堡、丁时魁、刘湘客、蒙正发、袁彭年）为正人，引为同志，过信其言”。所以船山纂辑此书之时，未免以先入之言为主，凡金堡等深怒积怨者如朱天麟、吴贞毓、郭之奇、张孝起、鲁可藻、吴炳，传中率加贬词；与金堡等人稍有嫌隙者，如黄端伯、姚奇允、姚端、王兴，亦多不满；虽忠烈如何腾蛟，而与堡不合，则词有抑扬；甚至反复如陈友龙，而褒所私，则语多回护。这样就难免因采访不实，至涉纷歧。尽管有这些缺点，刘毓崧还是认为，船山疾恶甚严，不愧古之遗直（继承了古代正直的遗风），其失误只是由于偏听，而非逞一己之私。我们既然知道此类为金堡等舞文，可以置之不论，那么其全编就仍足以传信而于史学有功。所谓史非一家之书，实千载之书，祛其疑乃能坚其信，指其瑕益以见其美也。故缕析言之，俾阅者知所择焉。[4]561－567刘毓崧这样的分析是十分客观的、实事求是的。

同治七年（1868）五月十六日张文虎日记记载：“阅王船山《易·大象解》，谓《象传》乃孔子学《易》之书，不与彖、文诸传同，甚是。其所著《周易内外传》，大都本伊川（程颐）、横渠（张载）之说而畅发之，净扫汉儒及陈邵之陋，而独取周子《太极图》，不知楚固失之而齐亦未为得也。”[3]140“楚固失之而齐亦未为得”，表示争论双方都有失误，语出汉司马相如《上林赋》。这表明张文虎既不赞成汉儒及陈邵之陋，也不赞成周敦颐《太极图》之说。

张文虎还写过一篇《书王船山说文广义后》的文章。张氏对《说文广义》评价不高，认为王氏对古字的读音“未免矫枉过正，又未见《说文》原本，所据者坊刻《五音韵谱》，舛误百出，颇受其蔽。然明一代人，匙为《说文》之学者，先生始为之。至我朝通儒辈出，讲论益精，而其论发之王氏，功固不可没云”[1]622。

三

刘毓崧在编完《船山遗书》之后，又于同治四年（1865）利用他掌握的船山著作及有关资料，编了《王船山先生年谱》上下两卷，光绪十二年（1886）由江南书局刻板印行。江南书局是光绪初年由曾国藩于同治四年（1865）在南京创立的金陵书局改名而来。光绪十五年（1889），时任两江总督的曾国荃为《王船山先生年谱》作序称：“同治初年，国荃刻其（船山）遗书三十八种，仪征刘毓崧伯山复为撰年谱二卷，事迹多采之先生遗书，掇其只辞片语，想像得之，虽不免于罣漏，要其平生梗概略备矣。后之读是书者，论其世，知其人，则于先生所志所学，犹是圣贤豪杰之用心，方之王（应麟）马（端临）顾（炎武）诸君固无多让，由是上溯荀（卿）王（通）周（敦颐）程（颢、颐）张（载）朱（熹）之道，有不造阈而入室者乎?”刘氏在自序中说，自己虽然编了这个年谱，但是由于书阙有间，挂漏良多，并且具体列举了七种“未备”，“故编辑此谱，时阅半年，仅成初稿，虽草创粗具，尚未讨论，容俟异日续有见阙，重加考订焉”[1]138。可是由于刘氏英年早逝，所以未能“重加考订”，因而留下种种错误或不足之处。但是，从总体上看，此谱的优点也是十分突出的，这主要表现在以下三个方面：

其一，着力揭示谱主的心路历程。王船山家境贫寒，青年时代又处于明清鼎革、汉族政权被满洲贵族取而代之的激烈变更之际，所以其心路历程是极其复杂的。对此，刘毓崧是努力将之表现出来。例如，崇祯十二年（1639）王船山与其兄介之考上举人之后，准备赴北京进行朝考，但家中经济困难。有个姓金的观察使知道后，对船山兄弟说，有一个“劣而枭”的罪犯，按照法律应该处死，但他如果能够出一千两银子支持你们兄弟北上赶考，就可以免除死刑。那个犯人托人找船山兄弟求情，介之问船山：“何如?”船山答曰：“此固不可。”介之高兴地说：“这也是我的心意。”这时有人说：“古人有一种说法：‘千金之子，不死于市’，谁能够保证他能得到这种幸免呢!”此时，兄介之对船山微笑。船山又说：“我怎能令此人必死呢？但我决不介入此事!”介之说：“此人这次如果能够免死，将来会祸害乡里。如果这样，我将会感到愧疚的。弟弟，你说的对。”于是，船山兄弟严辞拒绝了那个罪犯的请求。可是，这个罪犯还是通过资助别人而免死，后来也正如王介之所预料的那样，仍在继续祸害乡里。[1]159这件事说明，王船山兄弟都具有一颗“君子固穷”的心。崇祯十七年（1644）夏四月，船山闻崇祯帝殉社稷，涕泣不食者数日，作《悲愤诗》。年谱引《章灵赋》自注：“甲申春，李自成陷京师，思庙自靖。五行汨灾，横流滔天，祸婴君上，普天无兴勤王之师者，草野哀痛，悲长夜之不复旦也。”[1]163此后，船山一直怀着忠于明王朝即汉族政权之心，并且曾在南明永历小朝廷出任行人司行人，虽因朝廷内部矛盾而被排挤出局，但他的心却是一直向着南明王朝的。顺治九年（1652），船山侨居邵阳耶姜山旁蒸水之源，南明大帅李定国兵下衡州，招船山，不往。年谱引《章灵赋》自注：“时上受孙可望之迎，实为所挟，既拂君臣之大义，首辅山阴严公（起恒）以正色立廷，不行可望之王封，为可望贼杀。君见挟，相受害，此岂可托足者哉？是以屏迹居幽，遁于蒸水之原。而可望别部大帅李定国出粤楚，屡有克捷，兵威震耳。当斯时也。欲留则不得干净之土以藏身，欲往则不忍就窃柄之魁以受命。”[1]196这段话，深刻地反映了船山当时的内心矛盾。顺治十年（1653）夏四月作《章灵赋》，年谱引赋序云：“时孙可望挟主滇黔，有相邀赴之者。久陷异土，既以得主而死为歆。托比匪人，尤以遇巷非时为戒。”又引《章灵赋》自注云：“自违君侧以来，于兹三年，而孤踪屡迁，望属车之清尘而深其慕忆。盖愿得朋以出大蹇，倘值其人，乐与来连者矣。乃如可望者，若巴蛇之饱，飏尾而游，而大君之威，虎为狐假，返退养夫巽顺。若此者，岂足以有为？神器大名，不可以久借，功之无成，固其所矣。桓温失志于枋头，刘裕覆师于关内，今古如一，有心者去之唯恐不速也。”[1]197船山“望属车之清尘而深其慕忆”，即其心中随时都在想着当年是如何追随桂王的车架，但又考虑到“大君之威，虎为狐假”，所以又“去之唯恐不速”。康熙元年（1662）夏四月二十五日，桂王为吴三桂所害。

年谱说，这年诗“大都为桂王而作”。《长相思》第二首云：“长相思，永离别，地坼天乖清泪竭。油卜罢春灯，寒碪谢秋节。宝带裂同心，他生就君结。”刘氏评论说：“其词甚苦，其志尤可悲矣。”接着，年谱还引这年船山所写《金人捧露盘》“和曾纯甫春晚感旧韵”中的词句，以及《烛影摇红》“十月十九日”中的词，并指出：今考“崧台双阙”，谓桂王以肇庆为行阙；“朱邸离宫”，谓衡州为桂藩旧邸；十月十九日系桂王生辰；“魂归无踪”“桥山夜月”，知其时桂王已殁[1]213。这些叙述充分显示了船山对汉民族政权的无限思念。

其二，极力还原谱主生平活动实况。刘毓崧编《王船山先生年谱》时，距船山逝世已经170多年，关于船山生平的许多细节缺乏记载，刘毓崧通过对历史资料的详细搜抓，力图还原谱主当年活动的真实情况。例如，顺治四年（1647）年谱记载，夏五月船山与夏汝弼同登车架山白石峰，主萧常赓家。刘毓崧首先引用夏汝弼所作《白石峰记》：“岁丁亥（1647），月在午，梅雨新霁，与王子而农披榛径登白石峰。”此文在发挥了一通关于天的有无的议论之后说：“于是两人选石而坐，不能去，不能留，歌无声，言无谓，相视久之，不能名其故。日已晚矣，乃遵所登之路而返。”又引邓显鹤《沅湘耆旧集》有关传记或按语，介绍了夏汝弼的生平：“字叔直，号莲峰，一号莲冠道人，衡阳诸生。生有异禀，刚介负气。湘衡乱，佯狂远蹈，或歌或哭，有语及时事，即闭目不答。鼎革后挈家人入九疑山，绝粒死。”又说明船山与夏氏的诗文交往：“《楚风补》仅载其（夏汝弼）《车架山同夕堂作》一诗。……船山诗有《同夏叔直出寺看碑》及《重过莲花峰是夏叔直读书处》二诗。……叔直与船山交甚挚。”又介绍萧长赓：“字一夔，湘乡人，仕履无考。《湘乡流寓志》载：莲冠道人，邑士萧常赓见而识之，邀至家，住月余乃去。”[1]170－171这样，船山与夏汝弼同登车架山白石峰的情况就叙述得比较清楚了。又如年谱顺治七年（1650）二月条：先生由桂林至梧州，偕中书管嗣裘劝大学士严起恒谏诏狱救少詹事刘湘客、给事中蒙正发、金堡、丁时魁。年谱首先引述了王船山在《永历实录·桂王记》中对这事件过程的记述，接着指出：“五虎被劾，据《南疆绎史》在二月丁亥，据《行朝录》言在二月朔日甲申，则丁亥系二月四日。先生劝起恒救五虎即在是日。盖正月在桂林，闻桂王播迁，即往迎扈，是时已至梧州也。”又说：“堡等所弹劾者，自邦傅、吉翔、天寿外，惟王化澄贪鄙无物望，至于朱天麟、吴贞毓诸人，特与堡等意见不合，妄加诋毁，即起恒亦曾为所诬。先生《永历实录》《章灵赋》自注并推重式耜、起恒，允乎公论，而于天麟、贞毓等深为不满，未免意见之褊。故起恒之救五虎，先生之劝起恒，皆不失为君子。而五虎终不得窃附于君子之林，则天下后世固有公论也。”[1]185这说明刘毓崧在编辑年谱过程中力求还原事件历史真相的实事求是的精神。

其三，竭力辩明谱主活动的具体时间地点。过去，关于船山生平活动的历史资料，很多只有年份，而没有月日。刘毓崧在编年谱时，充分利用船山的诗文进行分析，力图把握其具体时间。例如，年谱顺治三年（1646）十二月，船山“至湘阴，上书于兵部侍郎江北巡抚章旷，指画兵食，请同和南北，以防溃变。不省”。“十二月”这个时间是刘毓崧推定的。他的理由是：“《永历实录》：章旷以佥都御史巡抚江北在唐王时，其加兵部右侍郎在永明王即位肇庆之后。庚申系十一月十八日。先生在衡闻晋司马之命，当在月杪。其至湘阴上书，当在腊月。至次年二月，湘阴即失。八月，于野（章旷字）薨于永安。”[1]167年谱顺治七年（1650）条记：“春正月，至桂林，继室郑孺人来归。”原有资料只说郑孺人于这年来归，而没有具体的月份。刘毓崧通过对《五十自定稿》中庚子岁《哭内弟郑忝生》诗的分析，认为“先生与忝生相逢桂林，当即在正月间，孺人来归亦当在正月间”。他又通过对船山与郑孺人所生之子王敔名字的分析，认为“敔字虎止，固取义于止乐之敔作伏虎之形，然虎属于寅，或虎止即生于庚寅之冬欤？其昆仲命名偏旁从文。敔字既从文，又于虎字有关。意者因欲取字于虎，故命名为敔欤？审尔，则郑孺人以正月来归，更可知矣。”[1]181-182年谱顺治五年（1648）冬十月记：“与同年管舍人嗣裘举兵于衡山，战败军溃，由耒阳、永兴、桂阳、郴州走桂林，遂至肇庆。复由浈阳峡过清远，仍还肇庆。”刘氏说明，这些时间和地点的推定，都是根据船山的诗词：“《行述》所云‘膺难’，即指战败兵溃而言。是年春，桂王在桂林，称永历二年。八月，桂王由南宁复至肇庆。十一月，何腾蛟复取衡州。则军溃当在何军未至之前。故知以十月举兵也。先生由衡山至桂林，其涂经桂阳、郴州，见《章灵赋》自注；经耒阳、永兴，见《五十自定稿》。其由浈阳峡至清远，亦见《五十自定稿》，当是自肇庆下峡，周览形势也。知至清远后仍还肇庆者，次年春有晨发端州诗，端州系肇庆旧名，若是冬未还肇庆，则来春不得发轫端州矣。”[1]174-175刘毓崧的这些分析，都是令人信服的。

参考文献：

[1] 王夫之．船山全书：第十六册［M］．长沙：岳麓书社，2011.
[2] 王夫之．船山全书：第二册［M］．长沙：岳麓书社，2011.
[3] 张文虎．张文虎日记［M］．上海：上海书店出版社，2009.
[4] 王夫之．船山全书：第十一册［M］．长沙：岳麓书社，2011.

（原载《衡阳师范学院学报》2018 年第 2 期）

英语世界船山学研究成果目录

吕剑兰

一、博士论文（Dissertations）

1. Ian McMorran. Wang Fu – chih and his political thought. University of Oxford, 1969.

伊恩·麦穆伦. 王夫之及其政治思想. 牛津大学，1969.

2. Alison Harley Black. Nature, artifice, and expression in philosophical thought of Wang Fu – chih. University of Michigan, 1979.

艾莉森·哈利·布莱克. 王夫之哲学思想中的自然、人为和表达. 密歇根大学，1979.

3. Young – Oak Kim. The philosophy of Wang Fu – chih（1619—1692）. Harvard University, 1982.

金容沃. 王夫之哲学（1619—1692）. 哈佛大学，1982.

4. Shoucheng Yan. Coherence and contradiction in the worldview of Wang Fuzhi（1619—1692）, Indiana University. 1994.

严寿澂. 王夫之世界观中的一致性与矛盾性（1619—1692）. 印第安纳大学，1994.

5. Stephen R. Platt. Hunanese nationalism and the revival of Wang Fuzhi, 1839—1923. Yale Universi – ty, 2004.

史提芬·R. 普拉特. 湖南民族主义和王夫之的复兴（1839—1923）. 耶鲁大学，2004.

6. Mingran Tan. Crisis and Hermeneutics: Wang Fuzhi's Interpretation of Confucian Classics in a Time of Radical Change from Ming to Qing Dynasty. University of Toronto, 2010.

谭明冉. 危机与诠释：王夫之明清之际的儒家经典解释和儒学重建. 多伦多大学，2010.

7. Nicholas S. Brasovan. Person in the world: A Neo – Confucian Ecological Humanism. The University of Hawaii at Manoa, 2013.

尼古拉斯·S. 布拉索文. 世界上的人：一种新儒家的生态人文主义. 夏威夷大学马诺阿分校，2013.

二、专著（Books）

1. Alison Harley Black. Man and nature in the philosophical thought of Wang Fu – chih. Seattle: Uni – versity of Washington Press, 1989.

艾莉森·哈利·布莱克. 王夫之哲学思想中的人与自然. 西雅图：华盛顿大学出版社，1989.

2. Ian McMorran. The passionate realist: an introduction to the life and political thought of Wang Fuchi (1619—1692). Hong Kong: Sunshine Book Company, 1992.

伊恩·麦穆伦. 热情的现实主义者：王夫之生平及政治思想导论. 香港：阳光图书公司，1992.

3. Nicholas S. Brasovan. Neo – Confucian ecological humanism: an interpretive engagement with Wang Fuzhi (1619—1692). Albany: State University of New York, 2017.

尼古拉斯·S. 布拉索文. 宋明理学的生态人文主义：对王夫之的诠释运用. 奥尔巴尼：纽约州立大学，2017.

三、章节（Chapters）

1. Ch'i – ch'ao Liang. "Huang Tsung – hsi (1610—1695) and Wang Fu – Chih (1619—1692)" in Intellectual Trends in the Ch'ing Period translated by Immanuel C. Y. Hsu. Cambridge, Massachusetts: Harvard University Press, 1959.

梁启超．徐中约译．“黄宗羲（1610—1695）和王夫之（1619—1692）”（《清代知识潮流》）．剑桥：哈佛大学出版社，1959.

2．Carsun Chang．“Wang Fu－Chih，Advocate of Realism and Change” in The Development of Neo－Confucian Thought（Volume 2）．New York：Bookman Associates，1962.

张君劢．“王夫之：现实主义与变革的倡导者”（《新儒家思想史》）．纽约：书商协会，1962.

3．Wing－tsit Chan．“The Materialism of Wang Fu－chih” in A Source Book of Chinese Philosophy．Princeton，NewJersey：Princeton University Press，1969.

陈荣捷．“王夫之的唯物主义”（《中国哲学文献选编》）．普林斯顿：普林斯顿大学，1969.

4．Mousheng Lin．“Wang Fu－chi：the Philosopher of Nationalism” in Men and Ideas：An Informal History of Chinese Political Thought．Port Washington，New York：Kennikat Press，1969.

林谋盛．“王夫之：民族主义哲学家”（《人类与思想：中国政治思想史稿》）．华盛顿港：肯尼坎特出版社，1969.

5．Joseph Needham．“The reaffirmation of materialism；Wang Chuan－Shan” in Science and Civilization in China．Cambridge：Cambridge University Press，1969.

约瑟夫·尼达姆．“重申唯物主义”（《中国科学与文明》）．剑桥：剑桥大学出版社，1969.

6．Wade Baskin．“Wang Fu－Chih：Man's Nature &. Destiny” in Classics in Chinese Philosophy．New York：Philosophical Library，1972.

韦德·巴斯金．“王夫之：人的本性与命运”（《中国哲学经典》）．纽约：哲学图书馆，1972.

7．Ian Mcmorran．“Wang Fu－chih and the Neo－Confucian Tradition．” in The Unfolding of Neo－Confu－cianism（edited by William Theodore de Bary）．New York：Columbia University Press，1975.

伊恩·麦穆伦．“王夫之与新儒家传统”（《儒学的发展》）．纽约：哥伦比亚大学出版社，1975.

8. Siu – Kit Wong. "Ch' ing and Ching in the Critical Writings of Wang Fu – chih" in Chinese Approaches to Literature from Confucius to Liang Ch' i – Ch' ao edited by Adele Rickett. Princeton: Princeton University Press, 1978.

黄兆杰. "王夫之诗论中的情与景"《中国文学论文集：从孔子到梁启超》. 普林斯顿：普林斯顿大学，1978.

9. Ian Mcmorran. "The Patriot and the Partisans: Wang Fu – chih' s Involvement in the Politics of the Yung – li Court." In From Ming to Ching: Conquest, Region, and Continuity in venteenth – Century China edited by Jonathan D. Spence and John E. Wills, Jr.. New Haven: Yale University Press, 1979.

伊恩·麦穆伦. "爱国者与党人：王夫之参与永历朝廷的政治"（《从明到清：17 世纪中国的征服，地域和连续性》）. 纽黑文：耶鲁大学出版社，1979.

10. Wee – Chong Tan. "The Dialectical Materialism of Wang Fu – Chih (1619—1692 A. D.)" in The Dialectic of Reconciliation. Victoria, B. C. : Victoria House, 1983.

陈慰中. "王夫之的辩证唯物主义（1619—1692 A. D. ）"《中庸辩证法》. 维多利亚：维多利亚书屋，1983.

11. Stephen Owen. "The Discussions to While Away the Days at Evening Hall and Interpretations of Poetry of Wang Fu – chih" in Readings in Chinese Literary Thought. Harvard University Press, 1992.

史提芬·欧文. "王夫之的《夕堂永日绪论》和《诗论》"（《中国文论：英译与评论》）. 剑桥：哈佛大学出版社，1992.

12. Gail M. Presbey; Karsten J. Struhl; Richard E. Olsen. "Neo – Confucian Materialism: Wang Fu – Chih" in The Philosophical Quest: A Cross – Cultural Reader. Boston: McGraw – Hill, 2000.

盖尔·M. 普雷斯利，卡斯滕·J. 斯特鲁尔，理查德·E. 奥尔森. "新儒家唯物主义：王夫之"（《哲学探索：跨文化读本》）. 波士顿：麦格劳希尔集团，2000.

13. Wing – cheuk Chan. "Time in Wang Fuzhi' s Philosophy of History" in Notions of Time in Chinese Historical Thinking edited by Chun – chieh Huang and

John B. Henderson. Hong Kong：The Chinese Uni - versity Press，2006.

陈荣灼. “王夫之历史哲学中的时间”（《中国历史思维中的时间观》）. 香港：香港中文大学出版社，2006.

14. Stephen R. Plat. “The Redicovery of Wang Fuzhi” in Provincial Patriots：The Hunanese and Modern China. Cambridge，Massachusettes，London，England：Harvard University Press，2007.

史提芬·R. 普拉特. “重新发现王夫之”（《地方爱国者：湖南人与现代中国》）. 剑桥：哈佛大学出版社，2007.

15. JeeLoo Liu. “Wang Fuzhi’s Philosophy of Principle（Li）Inherent in Qi.” in Dao Com panion to Neo - Confucian Philosophy.（Ed.）John Makeham. Dordrecht Heidelberg London New York：Springer，2010.

刘纪璐. “王夫之‘理在气中’之哲学”（书籍选文，期刊《道》的宋明理学专辑），2010.

16. Jiefu Xiao &. Jinquan Li. “Knowledge and Action：Wang Fuzhi and A Critical Evaluation of Neo - Confucianism” in A Concise History of Chinese Philosophy：Main Currents of Philosophical Thought from Mythology to Mao. San Francisco：Long River Press，2012.

肖捷父，李锦全. “知识与行动：王夫之与新儒学的批判性评价”（《中国哲学简史：从神话到毛泽东哲学思想的主流》）. 旧金山：长河出版社，2012.

17. JeeLoo Liu “Wang Fuzhi’s Theory of Principle Inherent in Qi”，“Wang Fuzhi’s Theory of Daily Renewal of Human Nature and His Moral Psychology” and “Constructing a Moral World：Wang Fuzhi’s Social Sentimentalism” in Neo - Confucianism：Metaphysics，Mind，and Morality. Malden，MA：Wiley - Blackwell，2017.

刘纪璐. “王夫之的理在气中论”“王夫之的性日生日成论及其道德心理学”“构建道德世界：王夫之的社会情感主义”（《宋明理学：形上学，心性学，与道德哲学》）. 莫尔登：威利 - 布莱克威尔，2017.

18. Cheng - tian Kuo. “The Idea of Chineseness and Ethnic Thought of Wang Fuzhi” in Religion and nationalism in Chinese societies. Amsterdam：Am-

sterdam University Press, 2017.

郭承天. “王夫之的中国性思想与民族思想”(《中国社会的宗教与民族主义》). 阿姆斯特丹: 阿姆斯特丹大学出版社, 2017.

四、期刊论文 (Journal Articles)

1. S. Y. Teng. Wang Fu – chih ' s Views on History and Historical Writing. The Journal of Asian Stud – ies, 1968, 28 (1): 111 – 123.

邓嗣禹. 王船山的历史观与历史撰述. 《亚洲研究》, 1968, 28 (1): 111 – 123.

2. Wai – lu Hou. The Philosophical Thought of Wang Fu – Chih. Chinese Studies in History, 1968, 1 (3): 12 – 28

侯外庐. 王夫之的哲学思想.《中国史学》, 1968, 1 (3): 12 – 28.

3. Ian McMorran. Late Ming Criticism of Wang Yang – ming: The Case of Wang Fu – chih. Philosophy East and West, 1973, 23 (1/2): 91 – 102.

伊恩·麦穆伦. 晚明对王阳明的批评——以王夫之为例. (《东西哲学》), 1973, 23 (1/2): 91 – 102.

4. Yung Sik Kim. Wang Fu – chih ' s revolt against the domination of li. Journal of Chinese Philosophy, 1982, 9 (3): 291 – 305.

金永植. 王夫之对理学统治地位的挑战. 《中国哲学季刊》, 1982, 9 (3): 291 – 305.

5. Jiemo Zhang . On the Aesthetic Significance of Wang Fuzhi ' s Theory of the Unity of Poetry and Music, with Criticisms of Certain Biases in the Study of His Theory of Poetics. Contemporary Chinese Thought, 1990, 21 (3): 26 – 53.

张节末. 对王夫之“诗乐理一论”之美学价值的诠释与批判.《当代中国思想》, 1990, 21 (3): 26 – 53.

6. Kathleen Wright. The fusion of horizons Hans – Georg Gadamer and Wang Fu – Chih. Continental Philosophy Review, 2000 (33): 345 – 358.

凯思林·莱特. 伽达默尔与王夫之的视域融合.《大陆哲学述评》, 2000 (33): 345 – 358.

7. Jeeloo Liu. Is Human History Predestined in Wang Fuzhi ' s Cosmology?

Journal of Chinese Philos - ophy, 2001, 28 (3): 321 - 338.

刘纪璐. 人类历史在王夫之的宇宙论中是否是被预定的?《中国哲学季刊》. 2001, 28 (3): 321 - 338.

8. JeeLoo Liu. "The Status of Cosmic Principle (Li) in the Neo - Confucian Metaphysics." Journal of Chinese Philosophy, 2005, 32 (3): 392 - 407.

刘纪璐. 天理在宋明理学形上学中的地位.《中国哲学季刊》, 2005, 32 (3): 392 - 407.

9. JeeLoo Liu. "The Is - Ought Correlation in Neo - Confucian Qi - Naturalism: How Normative Facts Exist in Natural States of Qi. Contemporary Chinese Philosophy, 2011, 43 (1): 60 - 77.

刘纪璐. 在宋明理学"气实在论"中实然与应然的相应关系.《中国哲学季刊》, 2011, 43 (1): 60 - 77.

10. Wing - Cheuk Chan. Mou Zongsan and Tang Junyi on Zhang Zai's and Wang Fuzhi's Philosophies of Qi A Critical Reflection. Dao: A Journal of Com parative Philosophy, 2011, 10 (1): 85 - 98.

陈荣灼. 批评性地检讨牟宗三与唐君毅对张载及王夫之的气论诠释.《道》, 2011, 10 (1): 85 - 98.

11. JeeLoo Liu. "Moral Reason, Moral Sentiments and the Realization of Altruism: A Motivational Theory of Altruism." Asian Philosophy, 2012, 22 (2): 93 - 119.

刘纪璐. 道德理性, 道德情感, 以及利他主义的实践: 利他主义的动机论.《亚洲哲学》, 2012, 22 (2): 93 - 119.

12. Mingran Tan. Wang Fuzhi's interpretation of spirit/shen in his annotation on zhuangzi. Frontiers of Philosophy in China, 2015, 10 (2): 239 - 254.

谭明冉. 王夫之庄子解中对"神"的诠释.《中国哲学前沿》, 2015, 10 (2): 239 - 254.

五、译著 (Translations)

1. Wm. Theodore de Bary. "The Late Harvest of Confucian Scholarship: Wang Fu - chih" in Sources of Chinese Tradition. New York; London: Columbia

University Press，1960.

威廉姆·西奥多·狄百瑞.《中国传统的起源》：儒家的集大成者——王夫之. 纽约；伦敦：哥伦比亚大学出版社，1960.

2. Fuzhi Wang. Notes on poetry from the ginger studio. (translated with annotations by Siu－Kit Wong. Shatin，N. T.，Hong Kong：The Chinese University Press，1987.

王夫之.《姜斋诗话》. 黄兆杰译. 香港：香港中文大学出版社，1987.

六、书评（Book Reviews）

1. Joshua Fogel. The Weltanschauung of the Chinese Thinker of the Seventeenth Century，Wang Ch'uanshan. The Journal of Asian Studies，1979，39 (1)：129.

约书亚·福格尔. 十七世纪中国思想家王船山的世界观.《亚洲研究杂志》，1979，39（1）：129.

2. Kandice Hauf. Man and Nature in the Philosophical Thought of Wang Fu－chih by Alison Harley Black. Ming Studies，1990（1）：70－74.

坎迪斯·豪夫. 艾莉森·哈利. 布莱克的王夫之哲学思想中的人与自然.《明史研究》，1990（1）：70－74.

3. Siu－kit Wong. Man and Nature in the Philosophical Thought of Wang Fu－chih by Alison Harley Black. Chinese Literature：Essays，Articles，Reviews，1990，12：156－157.

黄兆杰. 艾莉森·哈利. 布莱克的王夫之哲学思想中的人与自然.《中国文学：散文，文章，评论》，1990，12：156－157.

4. Benjamin Elman. Man and Nature in The Philosophical Thought of Wang Fu－chih by Alison Harley Black. Harvard Journal of Asiatic Studies，1991，51 (2)：715－724.

本杰明·艾尔曼. 艾莉森·哈利. 布莱克的王夫之哲学思想中的人与自然.《哈佛亚洲研究杂志》，1991，51（2）：715－724.

5. Morris Rossabi. Man and Nature in the Philosophical Thought of Wang Fu－chih by Alison Harley Black. Journal of the Royal Asiatic Society，1991，1

(2)：328 – 329.

莫里斯·罗萨比. 艾莉森·哈利. 布莱克的王夫之哲学思想中的人与自然.《皇家亚洲学会杂志》，1991，1（2）：328 – 329.

6. John Reese. Man and Nature in the Philosophical Thought of Wang Fu – chih. The Journal of Reli – gion，1992，72（1）：145 – 146.

约翰·里斯. 王夫之哲学思想中的人与自然. 《宗教杂志》，1992，72（1）：145 – 146.

7. Irene Bloom. Man and Nature in the Philosophical Thought of Wang Fu – chih by Alison Harley Black. The Journal of Asian Studies，1992，51（1）：139 – 140.

艾琳·布卢姆. 艾莉森·哈利. 布莱克的王夫之哲学思想中的人与自然.《亚洲研究杂志》，1992，51（1）：139 – 140.

8. Jeeloo Liu. Liu，Liangjian，Heaven，Humans，and Boundary An Exposition of Wang Chuanshan's Metaphysics. Dao，2009（8）：105 – 108.

刘纪璐. 刘梁剑的天·人·际对王船山的形上学阐明.《道》，2009（8）：105 – 108.

（原载《衡阳师范学院学报》2019 年第 2 期）

后　记

2024年年初，《船山思想研究——〈船山研究〉栏目（2018—2022）论文集萃》《船山思想传播研究——〈船山研究〉栏目（2018—2022）论文集萃》两本书终于面世了。它们的出版，是2018—2022年《衡阳师范学院学报》《船山研究》栏目成果的集中呈现，也是对该时段《船山研究》栏目建设的一次小结。它们的面世，是献给船山诞辰405周年的礼物。

本次选编的两本书，之所以命名为“论文集萃”，是因为书中论文是从2018—2022年《衡阳师范学院学报》之《船山研究》栏目中精选而来，没有涵盖全部。按理说，应该将这五年间该栏目刊发的所有文章汇集成册，然而因为诸多原因，最终每本书只选择了20多篇文章。选入时综合考虑了文章的选题、学术质量和反响等。其中，被人大复印报刊资料全文转载的文章无一遗漏，如《试论牟宗三历史哲学对船山思想的融摄》《王船山“合两之道”之生死观阐释——以〈西铭〉与〈太和篇〉两篇批注为例》《王船山人本思想的三层和合逻辑确证》《王船山人本思想天道依据的三层逻辑建构》《从“无心之感”到“治心、治民之道”：王船山的感应论论析——以〈周易〉咸卦为中心》等。编入时，原打算沿用2019年出版的两本论文集的做法，以时间段予以分开而加以命名，考虑再三，最后按照船山本体研究和船山影响研究两个维度来确定两本书的选文范围。诚然，因编者水平和能力所限，在选文取舍和分类上，也许存在这样或那样的不足，不能尽如人意，不当之处，在此恳请作者和读者多多原谅。

需要说明的是，论文参考文献和注释依然保留原文置于篇末的样式，一是为了呈现原文发表样态，二是避免更改导致版面增加。

本书能够与读者见面，首先，要感谢《衡阳师范学院学报》之《船山研究》栏目文章的各位作者。没有他们对栏目的钟爱和热情，就没有栏目发展的今天；没有他们不离不弃的坚守，就没有栏目今天的荣耀。是他们给了《船山研究》栏目持续发展的动能，是他们给了本书得以编辑出版的养料。在这众多作者中，有几位专家学者让我们难忘，他们经常给栏目提供高质量稿件，值得我们铭记，他们是：蔡家和教授、李长泰教授、周广友副研究员、陈力祥教授、朱迪光教授、吴戬博士等。

其次，要感谢学报编辑部的舒易红老师、徐小凤老师。他们牺牲自己的休息时间，加班加点，将刊发过的文章再次进行认真核校，更正错漏，补充完善，包括每一个参考文献和注释都一一核实。他们兢兢业业、不计得失的精神值得赞扬。

最后，《衡阳师范学院学报》之《船山研究》栏目建设到今天，能够不断刊出精品，收获硕果，得益于衡阳师范学院校领导的关心、关爱和关怀。本书能够如期出版，与读者见面，更是与学校的大力支持分不开。在此，特向学校党委行政以及各位校领导表示最诚挚的谢意！

2023 年，《衡阳师范学院学报》荣获了“中国人文社会科学期刊 AMI 综合评价”扩展期刊，获评了“全国高校优秀社科期刊”“湖南省社科基金资助期刊”，《船山研究》栏目获评了全国高校社科学术期刊“特色栏目”。《船山研究》精品栏目的打造迎来了更好的发展春天。我们将以此为契机，踔厉奋发，砥砺前行，不断提高栏目质量，持续推出精品文章，为进一步创新栏目品牌、全面提升期刊学术影响力和辐射力作出更大努力，为进一步繁荣和发展我国哲学社会科学作出更大贡献。

蒋　芳

2024 年 1 月 8 日

图书在版编目（CIP）数据

船山思想传播研究 ：《船山研究》栏目（2018—2022）论文集萃 / 蒋芳，徐小凤主编. -- 湘潭 ：湘潭大学出版社，2024.1
ISBN 978-7-5687-1330-6

Ⅰ. ①船… Ⅱ. ①蒋… ②徐… Ⅲ. ①王夫之（1619-1692）—哲学思想—文集 Ⅳ. ①B249.25-53

中国国家版本馆 CIP 数据核字（2024）第 003265 号

船山思想传播研究——《船山研究》栏目（2018—2022）论文集萃

CHUANSHAN SIXIANG CHUANBO YANJIU

——《CHUANSHAN YANJIU》LANMU（2018—2022）LUNWEN JICUI

蒋芳 徐小凤 主编

责任编辑：李志红
封面设计：李 平
出版发行：湘潭大学出版社
社 址：湖南省湘潭大学工程训练大楼
电 话：0731-58298960 0731-58298966（传真）
邮 编：411105
网 址：http://press.xtu.edu.cn/
印 刷：长沙超峰印刷有限公司
经 销：湖南省新华书店
开 本：710 mm×1000 mm 1/16
印 张：18
字 数：304 千字
版 次：2024 年 1 月第 1 版
印 次：2024 年 1 月第 1 次印刷
书 号：ISBN 978-7-5687-1330-6
定 价：88.00 元